자폐성 장애학생 교육

방명애 · 박현옥 · 김은경 · 이효정 공저

학지사

머리말

    자폐성 장애로 진단된 학생은 매우 다양한 특성을 나타내며, 개인 간 차이뿐만 아니라 개인 내 차이로 인한 발달의 불균형한 프로파일을 나타낸다. 특수교육의 최종 목표는 장애학생 삶의 질을 향상시키는 것이므로 자폐성 장애학생도 다른 학생들과 마찬가지로 인권을 존중받으며 효과적인 교육을 받을 권리가 있다. 이들이 지니고 있는 독특한 특성을 인정하고, 그들이 잠재능력을 최대한 개발하여 가정, 학교, 사회에서 잘 적응하며, 사회의 구성원으로 행복한 삶을 영위할 수 있도록 지원하는 일은 우리 사회 공동체에 맡겨진 사명이자 책임이다.

    이 책은 자폐성 장애학생의 특성에 따라 효과적으로 교육하고 지원하기 위해 필요한 정보와 지식을 모은 책이다. 제1부는 제1장 자폐성 장애의 이해와 제2장 자폐성 장애의 진단과 평가로 구성되어 있다. 제2부는 자폐성 장애학생의 특성에 따른 지도방법을 기술한 것으로, 제3장 자폐성 장애학생의 사회적 상호작용 특성과 지도, 제4장 자폐성 장애학생의 의사소통 특성과 지도, 제5장 자폐성 장애학생의 인지발달 특성과 지도, 제6장 자폐성 장애학생의 행동 특성과 지도, 제7장 자폐성 장애학생의 감각 특성과 지도로 구성되어 있다. 제3부는 자폐성 장애학생을 위한 지원에 대해 기술한 것으로, 제8장 자폐성 장애학생을 위한 교수 환경, 제9장 자폐성 장애학생을 위한 교과지도, 제10장 자폐성 장애학생을 위한 전환교육, 제11장 자폐성 장애학생을 위한 가족지원, 제12장 자폐성 장애학생을 위한 지원 체계로 구성되어 있다. 이효정 교수가 제1, 2, 4장을 집필하였고, 박현옥 교수가 제3, 5, 12장을 집필하였으며, 방명애 교수가 제6, 10, 11장을 집필하였고, 김은경 교수가 제7, 8, 9장을 집필하였다.

    이 책이 자폐성 장애학생의 인권을 존중하며 효과적으로 교육하는 데 귀중한 자료로 사용될 것이라 확신한다. 또한 특수교사를 꿈꾸며 열심히 공부하는 예비 특수교사, 교육현장에서 최선을 다해 자폐성 장애학생을 지도하는 특수교사와 관련 서비스 제공자들, 자폐성 장애를 연구하는 대학원생과 학자들, 자폐성 장애학생을 위해 실효성 있는 정책을 수립하기 위해 노력하는 교육 정책가, 자폐성 장애자녀를 사랑으로 양육하는 부모님과 가족, 그리고 자폐성 장애에 관심이 있는 모든 이에게 도움이 되길 소망한다.

　이 책이 나오기까지 오랫동안 인내하며 기다려 주신 학지사의 김진환 사장님과 예쁘게 편집해 주신 박지영 선생님께 감사드린다. 그리고 늘 기도로 응원해 주는 가족을 허락하시고, 우리의 부족함을 아시고 지혜를 부어 주시며 세밀하게 인도하신 하나님의 놀라운 은혜로 말미암아 이 집필 작업을 마칠 수 있었음을 고백한다.

하나님께서 행하시는 모든 것은 영원히 있을 것이라
그 위에 더 할 수도 없고 그것에서 덜 할 수도 없나니
하나님이 이같이 행하심은
사람들이 그의 앞에서 경외하게 하려 하심인 줄을 내가 알았노라

전도서 3장 14절

2018년 3월
대표 저자 방명애

차례

제2부 자폐성 장애학생의 특성에 따른 지도방법

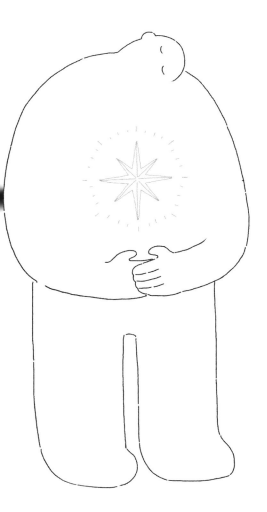

제1부

자폐성 장애의 개관

제 **1** 장

자폐성 장애의 이해

학습 목표

▣ 자폐성 장애 개념과 용어의 역사적 변화과정을 이해할 수 있다.

▣ 자폐성 장애의 추정 원인에 대해 설명할 수 있다.

▣ 자폐성 장애의 현재 개념을 이해하고 설명할 수 있다.

▣ 자폐성 장애와 관련한 특수교육대상자의 법적 기준을 설명할 수 있다.

▣ 자폐성 장애의 현황과 출현율의 추이를 설명할 수 있다.

핵심 용어

- 고기능자폐high functioning autism
- 국제질병분류ICD
- 비구어 의사소통nonverbal communication
- 아스퍼거 증후군Asperger syndrome
- 자폐성 장애autism spectrum disorder
- 정신질환의 진단 및 통계 편람DSM
- 출현율prevalence
- 특수교육대상자

현재 지역대학 도서관에서 계약직 직원으로 일하고 있는 창수 씨는 부모님과 함께 살고 있다. 자폐인과 가족, 관련 전문가 모임에서 창수 씨와 부모님은 가족의 경험에 대해 다음과 같이 이야기했다. 건강하게 태어난 첫째 아들이었던 창수 씨는 생후 18개월까지 다른 아이들과 비슷한 발달을 보였으나 어느 날부터 더 이상 말을 하지 않고 걷지 않는 등 갑작스러운 퇴행을 보였다. 걱정이 된 부모님은 병원을 찾았고 의사는 부모가 아이와의 애착관계를 잘 형성하지 못한 것 같다고 말하며 직장을 다니느라 바빴던 어머니의 양육태도를 지적하였다. 아들의 문제에 대해 죄책감을 느낀 어머니는 직장을 그만두고 오로지 아들의 양육에만 전념하였다. 그러나 창수 씨의 증상은 더욱 악화되었고 다른 전문의에게 진단을 의뢰하였다. 부모님은 이때 처음으로 '자폐증(autism)'이라는 말을 들었는데 담당 의사는 아이의 문제가 부모의 양육태도 때문이 아니며, 이는 생득적인 것이라고 말해 주었다. 하지만 5세인 아들이 심한 '정신지체(현 지적장애)'를 동반하고 있으며 앞으로 평생 부모의 보살핌을 받으며 살아야 할 것이라고 말하였다. 이런 진단이 매우 충격적이었지만 창수 씨의 부모님은 아들을 위해 가족이 할 수 있는 일을 찾기 시작하였다. 예를 들면, 자폐와 관련된 거의 모든 서적을 읽었으며, 관련 전문가를 만나 정보를 얻고, 아들에게 보다 나은 지원을 해 주기 위해 다양한 지역사회 경험을 제공하고, 집안 환경을 변화시키는 등 많은 노력을 하였다. 다른 사람과 관계를 맺고 상호작용하는 데 있어 겪는 창수 씨의 어려움은 여전했으나 일반 초등학교 입학 즈음부터 갑자기 말로 의사소통을 하기 시작했다. 입학 후 다시 받은 지능검사에서 창수 씨는 평균 수준의 지적 능력이 있다는 평가를 받았는데 담당 임상심리사로부터 의사소통에 어려움을 겪는 자폐아동의 경우 지적 능력을 정확하게 측정하지 못하는 경우가 있어 '정신지체(현 지적장애)'가 있는 것으로 잘못 평가되었던 것 같다는 이야기를 들었다. 한편, 창수 씨는 자폐증 진단을 받았지만 그 당시 자폐증은 특수교육대상자의 유형으로 분류되지 않았으므로 '정서장애' 학생으로 지원받았다. 창수 씨는 수학과 과학을 매우 좋아하였고, 악기 연주에도 소질을 보였다. 그의 정확한 진단명은 여전히 자폐증이었지만 전문가들은 어느 순간부터 창수 씨를 '고기능자폐(high functioning autism)'라고 부르기 시작했다. 고등학교를 졸업한 자폐인이 대학을 들어가는 경우가 거의 없던 시절 창수 씨는 자신의 학업능력으로 지역의 어느 전문대학에 입학했다. 성인이 된 이후 창수 씨는 주치의에게 '아스퍼거 장애(Asperger's disorder)'라는 진단을 새로 받았다. 주치의는 창수 씨가 더 이상 '정신지체인(현 지적장애인)'으로 장애인 등록을 할 수 없게 된다고 말해 주었다. 그러나 이후 「발달장애인법」이 제정되면서 창수 씨는 자폐성 장애인으로서 발달장애인을 위한 지원을 받을 수 있게 되었다. 그리고 현재 그의 진단명은 다시 '자폐성 장애(autism spectrum disorder)'로 바뀌었다.

국내에서 자폐성 장애는 다른 장애에 비해 비교적 늦게 관심을 받기 시작했다. '자폐'라는 용어는 1994년 「특수교육진흥법」이 전면 개정되면서 '정서장애'의 일부로 법령에 처음 포함되어 특수교육대상자로 인정되었다. 이후 자폐성 장애가 정서·행동장애에서 분리되어 특수교육대상자의 독립된 장애유형으로 포함된 것은 2007년 「장애인 등에 대한 특수교육법」이 제정되면서부터이다. 따라서 그동안 국내의 자폐성 장애와 관련한 정확한 출현율 조사나 관련 통계 자료는 매우 부족하였으며, 자폐성 장애 분야의 연구와 교육 및 관련 정책을 마련하는 데에도 많은 어려움이 있었다. 특히 장애에 대한 낮은 사회적 인식 역시 자폐성 장애에 대한 지원 부족에 영향을 주었다. 하지만 자폐인과 그들의 가족 이야기가 영화나 드라마 등의 다양한 매체를 통해 소개되면서 자폐성 장애에 대한 우리 사회의 인식이 확대되었으며, 이와 함께 장애에 대한 관심 증가를 가져온 점은 긍정적인 측면으로 볼 수 있다. 또한 국내외적인 추세로 볼 수 있는 자폐성 장애의 급격한 출현율 증가는 특수교육뿐 아니라 다양한 장애관련 정책에도 많은 영향을 미치고 있다. 특히 이러한 관심은 발달장애인에 대한 지원 요구로 이어졌으며, 국내에서는 2014년 제정된 「발달장애인 권리보장 및 지원에 관한 법」(이하 「발달장애인법」)과 2011년 개정된 「민법」에 따라 도입된 성년후견제 등이 대표적인 예라고 할 수 있다.

이 장에서는 자폐성 장애의 개념과 진단상의 기준에 대해 알아보고 현재의 개념이 합의되기까지의 역사적 배경에 대해 살펴본다. 또한 자폐성 장애의 원인과 출현율 변화에 대한 전반적인 내용을 다루면서 자폐성 장애학생을 이해하기 위한 기초를 제공하고자 한다.

1. 역사적 배경

자폐성 장애를 지칭하는 용어와 개념은 그동안 꾸준히 변화해 왔다. 먼저 1990년대까지만 하더라도 국내에서 '자폐'라는 용어는 '자폐증'을 지칭하는 의미로 사용되었다. 그러나 최근 들어 사용되는 '자폐 스펙트럼 장애' 혹은 '자폐 범주성 장애'라는 용어는 기존의 자폐 관련 개념의 변화를 보여 준다. 1990년대 중반부터 미국을 중심으로 꾸준히 사용되어 온 'Autism Spectrum Disorders(ASD)'라는 용어는 현재 국제적으로 통용되고 있으며, 현재 사용되는 자폐성 장애(autism spectrum disorders: ASD)는 자폐증(autism 혹은 autistic disorder), 아스퍼거 증후군(Asperger syndrome 혹은 Asperger's disorder), 비전형자폐증을 포함한 달리 분류되지 않는 전반적 발달장애(Pervasive Developmental Disorder-Not Otherwise Specified: PDD-NOS)를 모두 포함하는 넓은 개념이라고 할 수 있다. 현재 국내에서는 이를 지칭하는 용어로 '자폐성 장애' '자폐 범주성 장애' '자폐 스펙트럼 장애' 등이 다양하게 혼용되고 있다.

이 책에서는 「장애인 등에 대한 특수교육법」의 특수교육대상자 장애유형 분류에 따라 '자폐성 장애'라는 용어를 사용하며, 이는 협소한 의미의 자폐증만이 아닌 관련 장애를 모두 포함하는 개념이라고 할 수 있다. 이러한 용어의 변화는 그동안 '자폐'라는 의미가 지속적으로 확장되어 왔음을 보여 준다.

1) 개념의 출현

역사적으로 자폐증의 증상이 묘사된 문헌은 19세기 이전으로 거슬러 올라간다. 정신질환에 대해 연구하던 한 영국인 의사가 1809년 출판한 책에서 소개하고 있는 7세 소년은 언어발달이 지연되었고 사회성 결함을 보였으며, 심한 몰입을 보여 베들레헴 병원에 의뢰되었다. 13세가 될 때까지 이 소년은 몇 마디 문장만을 말할 수 있거나 자신을 지칭할 때 1인칭 대명사보다는 자신의 이름을 말하였으며, 군인과 관련한 것에 몰두하고 자신이 선호하는 주제에 대해서만 이야기하려는 모습을 보였다고 보고하였다(Scahill, Turin, & Evans, 2014). 또한 1798년 숲에서 발견되어 '아비뇽의 야생소년'으로 잘 알려진 Victor라는 소년의 이야기 역시 프랑스 의사 Jean Itard에 의해 상세히 묘사되었다(Wolff, 2004). 아동에 대한 이러한 묘사는 오늘날 우리가 자폐성 장애라고 부르는 특성을 보여 준다. 이 외에도 Scahill 등(2014)은 여러 19세기 문헌이 언어습득에 어려움을 겪고 타인과 제한된 상호작용을 보이는 아동에 대해 묘사하였다고 보고하였다. 그러나 지금까지도 세계적으로 사용되고 있는 자폐증(autism)이라는 용어는 스위스 정신과 의사였던 Eugen Bleuler에 의해 1911년 만들어졌다. Bleuler는 그리스어로 자신(self)을 의미하는 단어 'autós'를 가져와 조현병(schizophrenia)[1]에서 관찰되는 '공상에 빠지고 자기중심적 사고를 하는' 특징을 지칭하는 말로 이 용어를 처음 사용하였다(Bleuler, 1950).

2) 캐너 보고서

비록 자폐성 장애의 여러 증상에 대한 언급과 '자폐'라는 용어의 사용이 이전에도 있었으나 현재와 같은 의미의 자폐증 역사의 시작은 미국 존스 홉킨스 대학의 교수였던 Leo Kanner의 연구부터라고 볼 수 있다. 존스 홉킨스 대학병원 소아정신과를 창립하기도 한 그는 1943년 자폐 연구의 고전이라고 할 수 있는 보고서를 발표하였다. 이 연구에서 Kanner는 부모에 의해 자신에게 의뢰된 총 11명의 아동을 각각 묘사하면서 이들에게 공통적으로 '정동접촉 자폐장애(affective contact autistic disturbances)'가 있다고 설명하였다. 이후 Kanner의 연구는 이러한 아동들이 보인 일련의 증상을 '자폐증(autism)'이라고 부르게 되는 데 결정적인 영향을 주었다. 그는 이 장애(disturbance)가 인간이 심리적으로 외부세계인 사회를 이해하고 이에 적응하기 위한 생물학적 필수조건의 부재를 반영하는 것이라고 보았다(Goldstein & DeVries, 2013). 따라서 Kanner는 자폐를 유전적으로 결정된 상태로 인식하기는 하였으나 아동의 부모가 대개 학업이나 직업적으로 성공한 경우가 많다는 점을 고려하여 부모의 양육방식이 영향을 줄 수 있다고 제언하였다. 그러나 이러한 추정은 1940년대 미국에서 자녀의 발달에 문제를 느끼고 존스 홉킨스 대학병원의 권위 있는 전문가에게 의뢰할 수 있는 부모의 교육수준과 사회 · 경제적 위치를 생각해 볼 때 매우 편향된 것이었다. 안타깝게도 그의 연구는 이후 부적절한 양육방식이 자폐증의 원인이라는 주장에 영향을 주기도 하였다.

3) 양육방식 논쟁과 부모 운동

Kanner(1943)의 보고서 이후 Bruno Bettelheim(1956, 1967)에 의해 촉발된 '냉장고

---

1) 조현병은 기존에 사용되던 '정신분열병'이라는 용어가 주는 사회적 낙인을 감소시키고자 이를 대체하는 명칭으로 사용되었다. 조현이란 '현악기의 줄을 고르다.'는 뜻으로 증상을 은유적으로 표현한 것이며, 대한의사협회는 공식적으로 2011년부터 정신분열병을 조현병으로 개정했다.

엄마(refrigerator mother)' 이론은 1950년대와 60년대에 걸쳐 미국 사회에 큰 논란을 일으켰다. 시카고 대학의 심리학 교수였던 그는 자폐증의 원인에 대한 관심이 높아질 무렵 다른 정신분석학자들과 함께 자폐증이 아이에 대해 차가운 어머니의 양육태도로 인한 결과라고 주장하였다(Rutter, 2011). 하지만 과학적 근거 없이 임상적 경험에 의해 제기된 이러한 원인론은 결국 자폐아동의 부모에게 깊은 상처와 죄책감을 안기는 결과를 가져왔다. 그는 이후 시카고 대학 부설 기숙제 특수학교를 설립하여 자녀를 부모로부터 분리하는 치료법(parentectomy)을 시행하기에 이르렀으며, 이러한 접근은 미국뿐 아니라 유럽의 의료전문가들에 의해 널리 수용되었다(Scahill et al., 2014).

그러나 1964년 Bernard Rimland 박사가 소아자폐증에 대한 책을 출간하면서 이를 정면으로 반박하였다. Kanner가 서문을 쓴 것으로 유명해진 그의 책『유아자폐(Infantile autism)』에서는 자폐증의 원인을 신경학적인 것으로 추정하였으며, 이는 현재까지도 자폐성 장애의 가장 타당한 원인으로 인식되고 있다. 자폐증이 있는 아들을 둔 아버지이자 심리학자였던 그는 이후 자폐연구소(Autism Research Institute)를 설립하고 과학적인 자료를 기반으로 한 자폐 연구를 촉진하였으며, 추후 미국자폐협회(Autism Society of America)를 설립하며 부모와 전문가의 협력을 통한 옹호활동을 하였다(Simpson, Myles, & LaCava, 2008).

한편 국내의 경우 1985년 한국정서장애아교육연구회를 시작으로 출범한 한국정서·행동장애아교육학회와 1994년 한국자폐학회가 출범하면서 전문학술단체의 활동이 본격화되었다. 또한 2000년대에 들어서면서 자폐성 장애자녀를 둔 부모 단체가 출현하면서 관련 활동 또한 증가하였다.

2. 진단 및 분류 체계

1) 진단 기준의 변화

자폐성 장애를 진단하기 위해 고려되는 가장 중요한 세 가지 영역은 (1) 사회적 상호작용, (2) 의사소통, (3) 행동 영역이다. 이러한 특성을 고려하여 자폐성 장애 진단을 내릴 때 국내외에서 가장 널리 사용되고 있는 자폐성 장애의 진단기준은 미국정신의학회(American Psychiatric Association: APA)가 발간하는 정신질환의 진단 및 통계 편람(Diagnostic and Statistical Manual of Mental Disorders: DSM)이라고 할 수 있다. 이 외에 가장 많이 참조되는 또 다른 국제 진단분류기준은 세계보건기구(World Health Organization: WHO)에서 발행하는 국제질병사인분류(혹은 국제질병분류, The International Statistical Classification of Diseases and Related Health Problems: ICD)이다.

현재 이 두 가지 진단분류체계는 모두 자폐성 장애를 공식적인 진단명으로 포함하고 있으나 역사적 과정을 살펴보면 그동안 많은 변화가 있었다. 1943년 발표된 Kanner의 연구 이후 자폐성 장애에 대한 관심은 지속적으로 증가하였다. 그러나 1979년까지 자폐증은 정신의학계에서 조현병(이하 정신분열과 혼용)의 일부라고 할 수 있는 '소아기 정신분열(childhood schizophrenia)'의 초기 형태로 인식되었다(Wolff, 2004). 따라서 1968년 발표된 DSM-II에는 자폐증이 독립된 범주의 진단명으로 포함되지 않았으며, 대신 '아동기 정신분열(childhood schizophrenic)'이라는 진단명에 포함되며, 일부 행동 특성만 설명되었다(APA, 1968, p. 35). 그러나 자폐증이 발달과정상의 다양한 범위에서 여러 문제를 보이는 것에 대한 관심이 증가하면서 이를 명확히 하려는 연구가 활발해졌다. 결국 자폐증은 1980년에 발표된 DSM-III에 유아자폐(infantile autism)라는 명칭으로 편입되어 드디어 정신분열과는 구별되는 독립적인 공식 진단명으로 사용되었다. 이때 '유아자폐증'은 '전반적 발달장애(pervasive developmental disorders: PDD)'라는 새로운 장애 분류에 포함되었으며, 이 외에도 잔류형 유아자폐(residual infantile autism), 아동기 발현 전반적 발달장애(Childhood Onset Pervasive Developmental Disorder: COPDD), 잔류형 COPDD, 비전형 PDD 등이 함께 포함되었다. DSM-III에서 새롭게 등장한 '전반적 발달장애'라는 용어의 등장은 해당 장애가 매우 복합적인 문제를 포함하고 있음을 의미하는 것으로 이는 자폐증을 정신증의 일부로 이해하던 기존의 것과는 본질적으로 달라진 인식의 변화라고 할 수 있다.

한편 또 다른 국제분류기준인 ICD 체계에서 자폐증을 처음으로 포함한 것은 1967년이었다. 이때 ICD-8(WHO, 1967)에서도 유아자폐증은 조현병의 하위 유형으로 분류되었으며, ICD-9(WHO, 1978)에서는 소아기 정신증(childhood psychosis)으로 분류되었다. 이후 ICD-10(WHO, 1992)은 DSM-IV와 유사한 범주로 재구성되었으며, 현재까지 아동기 자폐증, 아스퍼거 증후군, 비전형 자폐증, 기타 전반적 발달장애, 달리 분류되지 않는 전반적 발달장애, 레트 증후군, 소아기 붕괴성 장애를 모두 포함하여 사용하고 있다.

2) 현재 개념

살펴본 바와 같이 자폐성 장애가 다른 장애와 구분되어 독립적인 진단명으로 포함된 것은 1980년대 이후라고 할 수 있다. 그러나 최근 개정된 DSM-5(APA, 2013)에서는 '자폐 스펙트럼 장애(autism spectrum disorders)'가 공식적인 진단명으로 등장함과 동시에 기존의 전반적 발달장애의 하위유형이었던 자폐성 장애, 아스퍼거 장애, 비전형 자폐증을 포함한 달리 분류되지 않는 전반적 발달장애(pervasive developmental disorders-not otherwise specified: PDD-NOS)를 모두 하나의 진단명으로 통합하였다(〈표 1-1〉 참조). 따라서 기존의 자폐증이나 아스퍼거 장애와 같은 진단명 대신 자폐 스펙트럼 장애라는 진단명으로 통합하여 사용하게 되었으나, ICD 체계는 여전히 이를 구분하여 사용하고 있다.

표 1-1 DSM-5의 자폐성 장애 진단기준

A. 다양한 분야에 걸쳐 나타나는 사회적 의사소통과 사회적 상호작용의 지속적인 결함으로 현재 또는 과거에 다음과 같은 특징이 나타난다(예시는 실례이며 증상을 총망라한 것이 아님, 본문을 참조).
   1. 사회적-감정적 상호성의 결함(예: 비정상적인 사회적 접근과 정상적인 주고받기 대화의 실패, 흥미, 감정이나 정서 공유의 감소, 사회적 상호작용을 시작하거나 반응하는 것의 실패)
   2. 사회적 상호작용에 사용되는 비구어적인 의사소통 행동의 결함(예: 구어와 비구어적 의사소통의 서툰 통합, 비정상적인 눈맞춤과 몸짓 언어, 몸짓의 이해와 사용의 결함, 얼굴 표정과 비언어적 의사소통의 전반적 결핍)
   3. 관계 형성과 유지, 이해의 결함(예: 다양한 사회적 맥락에 적합한 행동 적응상의 어려움, 상상 놀이를 공유하거나 친구 사귀기의 어려움, 또래에 대한 관심 결여)
      현재 심각도를 명시할 것:
      심각도는 사회적 의사소통 손상과 제한적이고 반복적인 행동 양상에 기초함(표 2 참조).
B. 제한적이고 반복적인 행동, 흥미, 활동이 현재 또는 과거에 다음 항목 중 적어도 두 가지 이상 나타난다(예시는 실례이며 증상을 총망라한 것이 아님, 본문을 참조).
   1. 상동적이거나 반복적인 운동성 동작, 물건의 사용 혹은 말하기(예: 단순 운동 상동증, 장난감 줄 세우기, 또는 물체 튕기기, 반향어, 특이한 문구 사용)
   2. 동일성에 대한 고집, 일과(routine)에 대한 융통성 없는 집착, 또는 의례적인 구어나 비구어적 행동 양식(예: 작은 변화에 대한 극심한 고통, 활동 간 전환의 어려움, 완고한 사고방식, 의례적인 인사, 매일 같은 길로만 다니거나 같은 음식 먹기)

3. 비정상적인 강도(intensity)나 초점(focus)으로 극도로 제한되고 고정된 흥미(예: 특이한 물체에 대한 강한 애착 또는 집착, 과도하게 국한되거나 고집스러운 흥미)

4. 감각 정보에 대한 과잉 또는 과소 반응, 또는 환경의 감각 영역에 대한 특이한 관심(예: 통증/온도에 대한 명백한 무관심, 특정 소리나 감촉에 대한 부정적 반응, 과하게 사물의 냄새를 맡거나 만지기, 빛이나 움직임에 대한 시각적 매료)

현재 심각도를 명시할 것:

심각도는 사회적 의사소통 손상과 제한적이고 반복적인 행동 양상에 기초함(표 2 참조).

C. 증상은 반드시 초기 발달 시기에 나타나야 한다(그러나 사회적 요구가 제한된 개인 능력을 넘어서기 전까지는 증상이 완전히 나타나지 않을 수 있고, 나중에 학습된 전략에 의해 증상이 감춰질 수 있다).

D. 증상은 사회, 직업 또는 기타 현재 중요한 기능 영역에서 임상적으로 중대한 손상을 초래한다.

E. 이러한 장애는 지적장애(지적발달장애) 또는 전체적인 발달지연으로 더 잘 설명되지 않는다. 지적장애와 자폐성 장애는 흔히 동반된다. 자폐성 장애와 지적장애를 함께 진단하기 위해서는 사회적 의사소통이 일반적인 발달 수준에서 기대되는 것보다 저하되어야 한다.

주의점: DSM-IV에서 자폐성 장애, 아스퍼거 장애 또는 달리 분류되지 않는 전반적 발달장애로 진단된 사람은 자폐성 장애로 진단되어야 한다. 사회적 의사소통에 결함을 보이지만 자폐성 장애의 다른 진단 항목을 만족하지 않는 경우에는 사회적(화용론적) 의사소통장애로 평가해야 한다.

다음의 경우 명시할 것:

지적 손상을 동반 또는 동반하지 않는 경우

언어 손상을 동반 또는 동반하지 않는 경우

알려진 의학적 · 유전적 상태 또는 환경적 요인과 관련된 경우

(부호화 시 주의점: 관련된 의학적 또는 유전적 상태를 판별하기 위해 추가적인 부호를 사용하시오)

다른 신경발달, 정신 또는 행동 장애와 관련된 경우

(부호화 시 주의점: 관련된 신경발달, 정신 또는 행동 장애를 판별하기 위해 추가적인 부호를 사용하시오)

긴장증 동반(개념 정의를 위해 다른 정신장애와 관련이 있는 긴장증의 기준을 참조)(부호화 시 주의점: 공존 긴장증이 있는 경우 자폐성 장애(ASD)와 관련이 있는 긴장증에 대한 추가적인 부호 293.89[F06.1]를 사용할 것)

출처: American Psychiatric Association (2013).

표 1-2 자폐성 장애의 심각도 수준

심각도 수준	사회적 의사소통	제한적이고 반복적인 행동
3단계 매우 상당한 지원이 필요한 수준	구어 및 비구어적인 사회적 의사소통기술에 심각한 결함이 있고, 이로 인해 심각한 기능상의 손상이 야기되며, 사회적 상호작용을 시작하는 데 매우 제한적이며, 타인의 사회적 접근에 대해 최소한의 반응을 보인다. 예를 들어, 상호작용을 거의 시작하지 않으며 이해할 수 있는 말이 극소수의 단어뿐인 사람으로 오로지 필요한 경우에만 특이한 방식을 사용하고, 매우 직접적인 사회적 접근에만 반응한다.	융통성 없는 행동, 변화에 대처하는 데 극심한 어려움, 기타 제한적이고 반복적인 행동이 모든 분야에서 기능을 하는 데 뚜렷한 방해, 집중 또는 행동 변화에 극심한 고통과 어려움이 있다.
2단계 상당한 지원이 필요한 수준	구어 및 비구어적인 사회적 의사소통기술의 뚜렷한 결함, 지원이 있어도 명백한 사회적 손상이 있으며, 사회적 의사소통 시작이 제한되어 있고, 타인의 사회적 접근에 대해 감소된 혹은 비정상적인 반응을 보인다. 예를 들어, 단순한 문장 정도를 말할 수 있는 사람으로 상호작용이 편협한 특정 관심사에 제한되며, 기이한 비구어적 의사소통이 뚜렷하게 나타난다.	융통성 없는 행동, 변화에 대처하는 데 극심한 어려움, 기타 제한적이고 반복적인 행동이 우연히 관찰하는 사람에게도 명백할 정도로 자주 나타나며, 다양한 맥락에서 기능을 방해한다. 집중 또는 행동 변화에 고통과 어려움이 있다.
1단계 지원이 필요한 수준	지원이 없는 경우 사회적 의사소통의 결함이 알아차릴 수 있는 손상을 야기한다. 사회적 상호작용을 시작하는 데 어려움이 있고, 타인의 사회적 접근에 비전형적이거나 성공적이지 않은 반응을 한다. 사회적 상호작용에 대해 흥미가 감소된 것처럼 보일 수 있다. 예를 들어, 완전한 문장을 말할 수 있는 사람으로 의사소통에 참여하지만, 다른 사람들과 대화를 주고받는 데 실패하며, 친구를 사귀기 위한 시도가 특이하고 대개 실패한다.	융통성 없는 행동이 하나 혹은 그 이상의 맥락에서 기능을 상당히 방해한다. 활동 전환이 어렵다. 조직화(organization)와 계획하기의 문제가 독립을 방해한다.

3) 아스퍼거 증후군의 등장과 변화

Kanner(1943)의 연구가 발표된 바로 다음 해인 1944년 오스트리아 소아과 전문의였던 Hans Asperger는 독특한 행동양식과 사회적 고립을 특징으로 하는 아동에 대한 연구를 발표하였다(Firth, 1991). 그는 이러한 아동에게 '자폐적 정신병질(autistic psychopathy)'이라는 명칭을 사용하였는데 이때 Asperger는 Kanner의 연구를 몰랐거나 적어도 Kanner가 '자폐'라는 용어를 사용한 것을 알지 못했다고 한다(Goldstein & DeVries, 2013). 그러나 Kanner(1943)에 의해 제안된 자폐증이라는 용어는 그 후 꾸준히 사용되면서 1980년에 이르러 DSM-III에 의해 독립적인 진단 범주로 인정된 것과는 달리 비슷한 시기에 독일어로 발표된 Asperger(1944)의 연구는 상대적으로 잘 알려지지 않았다. 그 후 그의 업적은 영국의 정신과 전문의였던 Lorna Wing에 의해 1981년 영어권 사회에 최초로 소개되면서 '아스퍼거 증후군'으로 명명되어 본격적으로 알려지기 시작하였다.

Lorna Wing(1981)은 아스퍼거 증후군을 자폐의 한 유형으로 보았으며, 공감능력 부족, 부적절하고 일방적인 상호작용, 우정 형성의 어려움, 현학적이고 반복적인 언어, 빈약한 비구어적 의사소통 능력, 특정 주제에 대한 강한 집착, 어색하고 상동적인 운동기능 등을 그 특징으로 설명하였다. 이후 아스퍼거 증후군은 1992년 국제보건기구(WHO)의 국제질병분류[International Classification of Diseases, 10th revision(ICD-10), World Health Organization, 1992]에 편입됨으로써 처음으로 공식적인 진단명으로 채택되었다. 또한 1994년 DSM-IV(APA, 1994)는 전반적 발달장애의 하위유형으로 자폐증, 비전형 자폐증 등과 함께 아스퍼거 장애를 포함하였다. 그러나 2013년 출간된 DSM-5(APA, 2013)에서 전반적 발달장애와 그 하위유형이던 자폐성 장애, 아스퍼거 장애, 비전형 자폐증을 포함한 달리 분류되지 않는 전반적 발달장애를 모두 '자폐성 장애'라는 진단명으로 통합하였다. 따라서 DSM 체계에서 아스퍼거 장애라는 진단명은 사라지게 되었다. 그러나 진단명이 이렇게 통합되기 이전부터 지금까지 이에 대한 논쟁은 여전히 지속되고 있다(이효정, 2014; Tsai, 2013, Verhoeff, 2013).

이렇게 전반적 발달장애의 하위 진단명이 자폐성 장애로 모두 통합된 계기 중 하나는 고기능자폐(high functioning autism)와 아스퍼거 장애의 구분에 대한 논쟁이었다. 고기능자폐라는 용어는 공식적인 진단명이 아니었음에도 불구하고 많은 연구자들이 지적장애를 동반한 자폐인과 그렇지 않은 자폐인을 구분하여 연구하였으므로 이 용어는 자주 사용되고 있었다. 일반적으로 연구자들은 고기능자폐인을 '지능지수 70 이상의 자폐성 장애 진단을 받은 집단'으로 정의하였다(Tsai, 2013). 하지만 이런 경우 비교적 인지 수준이 높은 고기능자폐와 아스퍼거 장애의 진단 기준의 차이는 '임상적으로 심각한 전반적인 언어 발달의 지연이 없어야 한다'는 제외기준뿐이었다(APA, 2000). 따라서 이러한 언어 발달의 특징은 대개 진단과정에서 부모의 회상에 의존할 수밖에 없으며, 아스퍼거 장애 진단을 받았더라도 실제 언어 발달 지연이 있었던 경우도 보고되는 등 정확한 추정이 어렵다는 지적이 제기되기도 하였다. 이에 대해 Lai 등(2013)은 DSM-5에서 제시한 자폐성 장애의 하위 유형 통합이 아스퍼거 장애로 진단된 집단과 지적장애를 동반하지 않은 다른 형태의 자폐성 장애 집단(예: 고기능자폐)에 대한 충분한 특성 연구 없이 실행되었다고 주장하기도 하였다.

이 외에도 DSM-5에서는 '사회적 의사소통 장애(social communication disorder: SCD)'라는 진단명이 새롭게 등장하였다. 사회적 의사소통 장애란 "구어 및 비구어 의사소통을 사회적으로 사용하는 것에 있어서의 지속적인 어려움"이라고 정의된다(APA, 2013). 그러나 이러한 사회적 의사소통의 어려움은 자폐성 장애를 진단하는 주요 구성 요소 중 하나이기 때문에 자폐성 장애와 어떻게 변별 진단을 할 수 있을 것인지에 대한 우려가 제기되고 있다(Gibbs et al., 2012; Vivanti et al., 2013).

4) 특수교육대상자 선정기준

우리나라에서 자폐성 장애가 공식적인 특수교육대상자의 장애유형으로 등장한 것은 「장애인 등에 대한 특수교육법」의 전신이라 할 수 있는 「특수교육진흥법」이 전부 개정된 1994년부터이다. 이전까지는 법적으로 자폐성 장애를 정서장애의 일부로 포함하였으며, 따라서 장애유형별로 설립된 특수학교의 경우 자폐성 장애학생은 주로 '정서장애학교'에 포함되어 교육받도록 하였는데, 이러한 특수학교 장애영역의 구분은 여전히 계속되고 있다(교육부, 2017). 이후 「특수교육진흥법」이 폐지되고 2007년 「장애인 등에 대한 특수교육법」이 제정되면서 자폐성 장애는 정서장애와 분리되어 처음으로 독립된 장애영역으로 추가되었다. 또한 자폐성 장애에 '이와 관련된 장애를 포함한다'라고 함께 명시함으로써 기존의 '자폐증'뿐 아니라 관련 특성의 '다양성과 연속성', 즉 스펙트럼(spectrum)이라는 의미를 내포할 수 있도록 하였다.

표 1-3 한국, 미국, 영국 특수교육대상자의 개념 비교

구분	한국	미국	영국(잉글랜드)
법령	「장애인 등에 대한 특수교육법」	「장애인교육법 (IDEA)」	「교육법 (The Education Act)」
명칭	자폐성 장애 (이와 관련된 장애를 포함)	자폐증 (autism)	자폐성 장애 (Autism Spectrum Disorder: ASD)
개념	(시행령 제10조 특수교육대상자의 선정 기준 관련 별표) 사회적 상호작용과 의사소통에 결함이 있고, 제한적이고 반복적인 관심과 활동을 보임으로써 교육적 성취 및 일상생활 적응에 도움이 필요한 사람	자폐증이란 구어 및 비구어적 의사소통과 사회적 상호작용에 심각한 영향을 주는 발달장애로 일반적으로 3세 이전에 나타나며 아동의 교육 수행에 불리한 영향을 준다. 자폐증과 흔히 동반하는 기타 특징으로는 반복적 활동과 상동행동, 환경 변화 혹은 일과(daily routine) 변화에 대한 저항이 있으며, 감각경험에 대한 특이 반응 등이 있다. 아동의 교육 수행에 부정적 영향을 주는 원인이 정서장애인 경우는 자폐증으로 진단되지 않으며, 3세 이후에 진단되었더라도 자폐증의 특성을 분명히 드러내는 아동의 경우 자폐증으로 진단될 수 있다.	[특수교육요구아동과 장애 (SEND) 시행령 6.29] 아스퍼거 증후군과 자폐증을 포함하는 자폐성 장애아동은 사회적 상호작용에 특별한 어려움이 있을 수 있다. 이들은 타인과 관계를 맺는 방법에 영향을 주는 언어, 의사소통과 상상력(imagination)에 어려움을 경험할 수 있다.

3. 장애 원인

현재까지 자폐성 장애의 원인은 다른 많은 장애와 마찬가지로 명확히 밝혀진 바가 없다. 그러나 지금까지 자폐성 장애는 의학, 교육, 심리 분야를 포함한 다양한 영역의 연구를 통해 그 개념과 특성에 대한 상당한 합의를 이루었으며 자폐성 장애가 뇌와 관련이 있는 신경학적 손상이 원인으로 추정된다는 점에서는 대부분 동의하고 있다.

지금까지 밝혀진 연구 결과에 의하면 자폐성 장애는 자폐라는 특성을 공유한 연속성(혹은 스펙트럼)상의 복합적인 장애로서 하나의 원인에 의한 것이기보다는 여러 가

표 1-4   자폐성 장애 원인과 위험 요인

- 과학자들은 자폐성 장애를 유발하는 위험 요인이 되는 유전자들이 있다는 것에 동의한다.
- 자폐성 장애가 있는 형제자매를 둔 아동의 경우 자신 역시 자폐성 장애가 있을 확률이 더 높다.
- 약체 X증후군이나 결절성 경화증(tuberous sclerosis)처럼 특정 유전자나 염색체를 지닌 사람의 경우 자폐성 장애를 갖게 될 확률이 더 높다.
- 임신 기간 동안 경련장애 처방 약물의 일종인 발프론산(valproic acid)이나 임산부와 태아에게 큰 부작용을 가져올 수 있는 탈리도마이드(thalidomide) 처방을 받은 경우 자폐성 장애와 관련한 위험성이 증가된다.
- 출생 전, 출산 시, 혹은 출생 직후는 자폐성 장애와 관련해 매우 중요한 기간이라는 증거가 있다.
- 부모의 연령이 높을수록 자녀가 자폐성 장애를 갖게 될 위험이 더 높다.

출처: CDC (2016).

지 위험 요소 및 원인으로 추정되는 요인이 있을 수 있다는 점이 알려지고 있다. 미국 질병통제 예방센터(Centers for Disease Control and Prevention: CDC, 2016)는 그동안의 관련 연구를 기반으로 자폐성 장애의 원인과 위험 요인에 대해 현재까지 합의된 내용을 다음과 같이 정리하였다.

먼저 유전적인 요인은 자폐성 장애의 주요 위험 요소 중 하나라는 것이 많은 연구를 통해 입증되어 왔다. 이때 유전적인 요인이란 자폐성 장애를 갖게 될 수 있는 가능성을 증가시키는 혹은 이러한 가능성에 영향을 주는 여러 유전자가 있을 수 있음을 의미한다. 유전적인 영향의 중요성에 대한 증거는 쌍생아 연구를 통해 지속적으로 보고되었으며(Rutter & Thapar, 2014), 최근 연구결과 역시 높은 유전가능성(heritability)에 대해 지속적으로 보고하고 있다(Rosenberg et al., 2009; Taniai et al., 2008; Lichtenstein et al., 2010). 또한 자폐성 장애에 영향을 주는 특정 유전자(genes)에 대한 연구와 이를 통해 조기판별을 하려는 노력 등이 계속되고 있다(Dawson et al., 2002; Robinson et al., 2014). 이러한 연구를 통해 자폐성 장애에 영향을 주는 것으로 추정되는 유전자는 이미 수백 개 이상이 보고되었으나 여전히 원인 유전자는 특정하지 못하고 있다.

이처럼 아직까지 자폐성 장애의 명확한 원인이 밝혀지지 않았기 때문에 연구를 통해 입증되거나 확인되지 않은 요인 역시 지속적인 논쟁의 대상이 되어 왔다. 특히 영유아기 백신 접종 논란은 사회적으로 많은 문제가 되고 있으며, 홍역, 볼거리, 풍진을 예방하기 위한 MMR 백신 논쟁이 가장 대표적이다. 기존 백신에 티메로살(thimerosal)

이라는 수은 성분이 소량이나마 포함되어 있었고 이것이 자폐성 장애의 출현율 급증을 가져왔다는 설이다. 그러나 이러한 주장은 여러 연구를 통해 지속적으로 반박되었다(DeStefano et al., 2013; Doja & Roberts, 2006). 또한 오히려 백신을 맞지 않은 학생으로 인해 발생하는 위험(예: 소아마비, 홍역과 같이 오래전에 통제된 질병의 재출현)을 야기하고 있다는 점이 더 큰 문제가 되고 있다. 현재 우리나라를 비롯하여 미국 질병통제예방센터 등은 이러한 주장에 근거가 없음을 공식화하고 있다.

4. 출현율

자폐성 장애의 개념은 그동안 지속적으로 변화 및 확대되어 왔다. 이러한 개념상의 변화는 자폐성 장애의 출현율 증가를 가져온 원인 중 하나이기도 하다. 그럼에도 불구하고 단지 자폐성 장애의 포괄적이고 확대된 개념 변화 때문이라고만 하기에는 너무 급격하게 증가한 자폐성 장애의 출현율로 인해 관련 연구의 필요성이 더욱 커지고 있으며, 이와 함께 자폐성 장애인과 가족에 대한 사회적 지원의 중요성 역시 확대되고 있다.

영국에서 최초로 시행된 출현율 조사(Lotter, 1966) 이후 1998년까지 보고된 여러 나라의 출현율 연구를 분석한 결과, 아동 인구 10,000명당 4~5명이 자폐성 장애가 있는 것으로 추정하였다(Fombonne, 1999). 그러나 최근 미국 질병통제 예방센터의 출현율 조사에 의하면 68명당 1명의 아동이 자폐성 장애(ASD)가 있는 것으로 추정되고 있을 정도로 급격한 증가 추세를 보이고 있다(CDC, 2016). 이러한 자폐성 장애의 급격한 출현율 증가는 자폐성 장애학생 교육에 대한 관심과 집중적인 지원으로 연결되어 그 중요성이 더욱 강조되고 있는 상황이다(National Autism Center, 2015). 미국의 경우 2006년 자폐 관련 특별법 「Combating Autism Act」[2]를 제정하고, 2011년과 2014년에 이를 재승인함으로써 자폐성 장애에 대한 정부차원의 노력이 필요함을 확인했다.

한편 성별에 따른 출현율은 남아의 경우 여아에 비해 약 5배 정도 높은 출현율을 보

---

2) 이 법의 이름은 자폐성 장애를 부정적으로 인식하게 한다는 비판에 따라 2014년 「Autism CARES Act」라는 이름으로 변경되었다.

였으며, 42명당 1명의 남아에게 자폐성 장애가 있는 것으로 보고되었다(CDC, 2016). 이러한 출현율 증가는 자폐성 장애를 핵심 특성을 공유하면서도 다양한 능력과 어려움이 공존할 수 있는 스펙트럼으로 이해하는 접근과 이에 대한 인식 증대, 그리고 꾸준한 진단 및 선별의 노력이 있었기 때문으로 추정된다(Christensen et al., 2016).

우리나라의 경우 정확한 출현율이 보고된 적은 없지만 전체 특수교육대상자 중 자폐성 장애학생의 비율이 최근까지 지속적으로 증가하는 추세를 보이고 있다(교육부, 2017). 자폐성 장애가 독립된 장애범주로 분류된 2007년 이후 처음으로 보고된 장애영역별 특수교육대상학생 현황에 따르면, 자폐성 장애는 전체 장애유형의 6.2%를 차지하였으며(교육과학기술부, 2009) 이 비율은 매년 지속적으로 증가하여 현재 전체 특수교육대상자의 약 13% 정도를 차지하는 것으로 나타났다(교육부, 2017). 이는 특수교육대상자의 장애유형 중 두 번째로 높은 비율이다. 현재까지 국내에서는 정확한 자폐성 장애에 대한 출현율 조사가 전무한 상황이기 때문에 관련 연구가 필요하기는 하지만 기존의 일반적인 자폐성 장애 추정 출현율인 10,000명당 2~5명보다는 국내에 훨씬 더 많은 자폐성 장애학생이 있음을 추정해 볼 수 있다. 이러한 결과는 앞으로 교육 현장에서 더욱 다양한 자폐성 장애학생을 만나게 될 가능성이 증가할 것임을 예측할 수 있게 해 주며, 같은 자폐성 장애 진단을 받았다 하더라도 학생의 능력과 어려움의 스펙트럼은 매우 다양할 수 있음을 시사한다.

요약

☐ 자폐성 장애 개념과 용어의 역사적 변화과정을 이해할 수 있다.

1943년 Leo Kanner에 의해 자폐증이 보고된 이래 자폐성 장애의 개념은 지속적으로 변화되어 왔다. Kanner와 비슷한 시기인 1945년 Hans Asperger가 발표한 연구가 1980년대 이후 영어권 사회에 아스퍼거 증후군으로 소개되면서 자폐성 장애의 개념이 크게 확장되었다. 세계적으로 통용되고 있는 미국정신의학회의 진단기준인 DSM 체계는 지속적으로 개정되었고, 이에 따라 공식적인 진단명 역시 변화하였다. 1994년 개정된 DSM-IV에서는 전반적 발달장애라는 범주의 하위유형으로 자폐증, 아스퍼거 장애, 비전형 자폐증 등을 진단하였으나 최근 개정된 DSM-5에서는 이러한 각각의 진단명 대신 '자폐 스펙트럼 장애'라는 통합된 진단명을 사용하게 되었다. 현재 「장애인 등에 대한 특수교육법」은 이를 '자폐성 장애(이와 관련된 장애를 포함한다)'로 명명하고 있으며 이 용어는 자폐 증상의 다양성과 연속성을 반영한 의미로 사용되고 있다.

□ 자폐성 장애의 추정 원인에 대해 설명할 수 있다.

자폐성 장애의 정확한 원인은 여전히 밝혀지지 않았으나 지금까지의 다양한 연구결과 관련 전문가들은 자폐성 장애가 신경학적 손상으로 인한 것이라는 점에 합의하고 있다. 또한 유전적 요인이나 뇌 구조나 기능 등 다양한 원인에 대한 많은 연구가 활발히 진행되고 있다. 그러나 이러한 합의에 이르기까지 부모의 양육방식이나 MMR 백신 접종과 같이 잘못된 원인 추정으로 인한 사회적 논쟁이 있었으며 여전히 잘못된 정보가 제공되는 경우도 있다. 이에 대해 교육전문가는 가족 및 관련 전문가와의 협력 과정에서 필요한 경우, 증거에 기반을 둔 전문적 견해를 적절히 설명하는 것이 중요하다.

□ 자폐성 장애의 현재 개념을 이해하고 설명할 수 있다.

자폐성 장애의 개념이 자폐의 핵심 특성을 공유하고 있는 다양한 스펙트럼의 개념으로 확정되면서 여러 수준의 능력과 어려움이 있는 학생이 자폐성 장애로 진단되고 있다. 이때 자폐성 장애의 핵심 특성이란 사회적 의사소통 및 사회적 상호작용의 지속적인 결함과 제한적이고 반복적인 행동이나 흥미, 활동 등 행동 영역에서의 특징과 어려움을 의미한다. 현재 자폐성 장애는 사회적 의사소통과 행동 영역에 있어 핵심 특성을 공유하는 스펙트럼이라는 포괄적인 개념으로 사용되고 있다.

□ 자폐성 장애와 관련한 특수교육대상자의 법적 기준을 설명할 수 있다.

국내에서 자폐성 장애가 공식적인 특수교육대상자의 장애유형으로 언급된 것은 자폐성 장애가 정서장애의 일부로 포함된 1994년부터이다. 그러나 「특수교육진흥법」이 폐기되고 2007년 「장애인 등에 대한 특수교육법」이 제정되면서 자폐성 장애는 정서장애와 분리되어 처음으로 독립된 장애영역으로 추가되었다. 현재 자폐성 장애는 특수교육대상자의 장애유형 중 하나로 '사회적 상호작용과 의사소통에 결함이 있고, 제한적이고 반복적인 관심과 활동을 보임으로써 교육적 성취 및 일상생활 적응에 도움이 필요한 사람'으로 정의된다.

□ 자폐성 장애의 현황과 출현율의 추이를 설명할 수 있다.

특수교육대상자 중 자폐성 장애유형이 차지하는 비중은 매년 지속적으로 증가하고 있으며, 세계적으로도 자폐성 장애의 급격한 출현율 증가가 계속 보고되고 있다. 출현율 증가의 요인으로는 포괄적이고 확대된 자폐성 장애의 개념 변화와 지속적인 진단도구의 개발이 주요한 영향을 준 것으로 생각되고 있으나 여전히 정확한 원인은 연구 중이다. 우리나라의 경우 현재 자폐성 장애는 특수교육대상자 중 두 번째로 높은 비중을 차지하는 장애유형이다. 이러한 결과는 앞으로 교육 현장에서 더욱 다양한 자폐성 장애학생을 만나게 될 뿐 아니라 이들의 능력과 어려움의 스펙트럼 역시 매우 다양할 것임을 시사한다.

제 **2** 장

자폐성 장애의 진단과 평가

준호는 36개월에 최초로 자폐성 장애 진단을 받았다. 준호는 둘째였으므로 부모님은 첫 아이에 비해 조금 늦되는 아이라고 느끼고 있었다. 생후 6개월 때 받은 국가에서 실시하는 영유아건강검진 결과 특별한 발달상의 문제는 없었으므로 크게 걱정하지는 않았다. 그러나 생후 12개월이 지날 무렵 부모님은 준호가 눈맞춤을 거의 하지 않으며, 자신의 이름에 반응하지 않는다는 것에 대해 인식했다. 이후 준호는 블록을 끊임없이 줄 세우거나 장난감 자동차의 바퀴를 돌리는 일에 매우 열중하였고, 일반적으로 집중력이 길지 않은 또래와 달리 한 번 시작하면 몇 시간이 지날 때까지 한 자리에서 그대로 놀이를 지속하기도 하였다. 이때 놀이를 중단시키면 극심한 짜증을 내고 울었기 때문에 이를 제지하기가 매우 어려웠다. 또한 자신이 원하는 물건이 있을 때에는 그 물건을 가리키는 대신 상대방의 손을 잡고 이를 마치 도구처럼 사용하려고 하였다. 이 무렵 다시 받은 영유아 건강검진 결과 준호의 사회성과 언어발달이 또래의 평균에 비해 낮은 수준이라는 진단을 받았다. 좀 더 전문적인 발달검사를 받아 보라는 의사의 소견을 듣고 부모님은 소아정신의학과가 있는 병원을 찾았다. 자폐성 장애 진단도구를 활용한 검사결과 준호의 비전형적 언어(예: 억양패턴, 어조, 리듬 등)가 관찰되었으며, 표준화된 행동평가도구의 검사결과 심각한 문제행동 증상은 보고되지 않았으나 의사소통상의 문제, 눈맞춤 회피, 기본적인 사회적 행동에 대한 몰이해, 강박적 행동패턴 등이 있다고 평가되었다. 이러한 평가를 기반으로 준호는 최종적으로 자폐성 장애 진단을 받게 되었다.

현재 중학교 3학년인 민아는 초등학교 6학년 때 '아스퍼거 장애' 진단을 받았다. 민아의 부모님은 어린 시절 민아가 또래와 비슷한 발달을 보였으며, 말은 오히려 또래보다 더 일찍 시작했다고 회상했다. 또한 글자도 빨리 익혔으며 특별히 다른 운동 기능상의 문제도 없었다고 보고하였다. 다만 민아는 고집이 매우 세고 특정 그림책에 과도하게 몰입하는 모습을 보였지만 일상생활을 하는 데 큰 문제는 없었다. 하지만 민아의 어려움은 본격적인 사회적 관계가 시작되는 초등학교 시절부터 두드러지기 시작했다. 담임교사는 민아가 대체로 조용한 학생이기는 하지만 또래로부터 자주 고립되며, 특히 쉬는 시간이나 점심시간에 매우 위축되어 있다고 이야기했다. 또한 민아가 자신이 만든 새로운 단어를 사용하거나 좋아하는 동화책의 주인공에 대해서만 이야기하려고 했기 때문에 주변 사람들이 당황한다고 하였다. 초등학교 고학년이 되자 민아는 확실히 또래 여학생들과 다른 상호작용을 하였다. 이 시기에 일반적인 여학생들이 매우 친밀한 또래집단을 형성하면서 교실 안팎에서 다양한 상호작용을 하는 데 비해 민아는 이러한 집단에 잘 끼지 못했으며, 또래보다는 교사와 이야기하는 것을 더 좋아하였다. 민아의 독특한 행동과 사회적 어려움을 인식한 담임교사는 같은 학교에 있는 특수교사에게 자문을 구했고, 부모님의 동의하에 관할 교육청의 특수교육지원센터에 특수교육대상자 선정을 위한 진단 및 평가를 의뢰하였다. 하지만 좀 더 전문적인 진단이 필요하다는 평가 의견에 따라 민아는 소아정신의학과가 있는 전문기관에 의뢰되었으며, 아스퍼거 장애가 있는 것으로 최종 진단되었다.

자폐성 장애와 같은 비전형적인 행동패턴과 여러 발달 영역상의 어려움을 보이는 아동에 대한 진단과 평가는 매우 체계적이어야 한다. 공식적으로 자폐성 장애를 진단하는 것은 소아정신의학 전문가라고 할 수 있으나 아동의 발달을 가장 가까이에서 오랜 시간 동안 지켜보면서 문제를 가장 먼저 인식하는 것은 양육자인 부모라고 할 수 있다. 특히 자폐성 장애가 있는 아동이 보이는 전형적인 증상들은 대체로 생후 24개월 이내에 인지되는 것으로 알려져 있으나 장애의 정도에 따라 생후 6개월에서 1년 이내에 발달상의 어려움이 나타나기도 한다(Chawarska et al., 2014). 그러나 〈사례 2〉와 같이 인지수준이 높고 일반적인 언어발달을 보인 아동의 경우 진단이 늦어질 수 있으며, 자폐성 장애의 핵심영역이라고 할 수 있는 사회적 상호작용의 어려움이 본격화되는 학령기나 심지어 성인기에 진단을 받기도 한다. 또한 여아의 경우 남아에 비해 자폐성 장애의 특성이 잘 드러나지 않는 경향이 있으며, 따라서 남아에 대해 대체로 더 늦게 진단되는 경우가 많다는 점도 고려되어야 한다(Nichols, Moravcik, & Tetenbaum, 2009).

이 장에서는 자폐성 장애를 진단하고 평가하기 위한 주요 영역을 알아보고 해당 영역에서 아동이 보이는 특성과 어려움의 수준에 대한 정보를 제공해 줄 수 있는 다양한 진단 및 평가 도구에 대해 살펴보고자 한다.

1. 진단과 평가의 중요성

다른 장애와 마찬가지로 자폐성 장애를 정확히 진단하고 평가하는 것은 이후 적절한 지원을 계획하고 제공하기 위한 출발이라고 할 수 있다. 따라서 조기발견과 진단은 자폐성 장애아동에 대한 집중적이고 체계적인 조기지원으로 이어져야 하며, 전문가들은 이때 아동이 구조화된 환경에서 특수교육 및 관련 지원을 받도록 권유하고 있다. 하지만 '자폐 스펙트럼'이라는 명칭에서도 알 수 있듯이 같은 장애유형에 속하더라도 그 능력과 어려움의 수준과 영역이 다양한 자폐성 장애아동을 정확히 진단하고 평가하는 것은 매우 어려울 뿐 아니라 신중해야 한다. 자폐성 장애의 정확한 진단과 평가를 위해서는 부모의 참여와 함께 다양한 전문가들의 협력이 필수적이다. 여기에는 소아정신의학, 심리학, 신경학, 특수교육학, 언어병리학, 재활학 등 매우 다양한 전문 영역이 포함되며, 각 영역 전문가 간의 협력을 기반으로 한 다학문적 접근이 요구된다.

1) 진단과 평가의 목적

자폐성 장애를 진단하고 평가하는 궁극적인 목적은 해당 아동에 대한 정확한 이해를 기반으로 보다 적절한 지원을 제공하기 위해서라고 할 수 있다. 또한 교사는 이를 통해 아동에게 필요한 교육목표와 내용을 결정하고 아동의 장애 특성에 적합한 교수방법을 적용함으로써 학생이 보다 효과적으로 학습하고 이를 통해 자신의 어려움을 최소화하도록 도와줄 수 있다. 자폐성 장애는 아동이 보이는 증상의 특성과 심각도, 증상의 시작시기 등이 매우 다양하며, 개별 아동 간의 차이도 매우 클 수 있다. 따라서 자폐성 장애를 진단하기 위한 선별과 평가의 과정은 매우 세심한 주의가 필요하다. Volkmar 등(2014)은 자폐성 장애를 진단 · 평가하는 데 있어 주요 목표를 다음과 같이 설명하고 있다.

- 추후 좀 더 자세한 평가가 필요한지를 결정하기 위한 선별
- 특정 서비스를 받을 수 있는지 여부(예: 「장애인복지법」)를 판정하기 위한 진단적 평가
- 자폐성 장애를 다른 신경정신과적 증상과 구별하기 위한 감별진단
- 중재 제공 시 진보를 측정할 수 있도록 발달영역에서의 현행 수준 판별
- 중재 목표와 과정을 개발하기 위한 개인의 강점과 요구의 특징 파악
- 발달 영역(예: 언어발달, 사회성 발달 등) 간의 기능수준에 대한 자세한 설명

2) 조기진단의 필요성

자폐성 장애아동의 교육에 있어 조기발견과 진단은 빠른 조기교육과 중재로 이어져 이를 통해 이후 아동의 발달에 큰 영향을 줄 수 있다는 점에서 매우 중요하다. 자폐성 장애아동에 대한 조기중재의 중요성은 그동안 꾸준히 증명되어 왔으며, 보다 빠른 시기에 적절하고 집중적인 지원을 할수록 아동의 예후가 더욱 좋아진다는 점이 강조되

였다(Dawson et al., 2010; National Research Council, 2001). 지원 영역은 언어, 정서, 행동, 학업 발달 등을 모두 포함하며, 결국 이러한 조기중재를 제공하기 위해서는 무엇보다 정확한 조기진단이 필수적이다.

한편, 최근 연구는 유전자 혹은 혈액 검사 등을 통해 자폐성 장애를 객관적으로 측정하고 평가할 수 있는 바이오 마커(biomarker)와 같은 표지자(indicators) 찾기를 강조하고 있다(Plitt, Barnes, & Martin, 2015). 이러한 노력은 자폐성 장애를 보다 빠르고 체계적으로 진단하기 위한 것이지만 여전히 더 많은 연구가 필요한 분야이다. 국내에서도 영유아에 대한 선별도구를 개발하려는 다양한 노력이 지속되고 있으며(박향희 외 2015; 이경숙 외, 2015, 2016), 2007년 이후 전국적으로 시행된 영유아 건강검진 제도 역시 좀 더 체계적인 보완은 필요하나 조기발견에 긍정적인 영향을 주고 있다(은백린 외, 2010; 이소현 외, 2014).

2. 진단과 평가절차

1) 조기발견과 의뢰

일반적으로 장애의 정도가 심한 자폐성 장애학생의 경우 학령기 이전에 이미 장애진단을 받게 된다. 특히 생후 4개월부터 71개월까지의 영유아를 대상으로 시기별 건강검진(「국민건강보험법」 시행령 제25조 제3항)이 본격적으로 실시되면서 영유아 발달에 대한 선별검사가 전체 영유아를 대상으로 실시되고 있어 좀 더 빠른 발견이 수월해졌다. 자폐성 장애가 있는 영유아의 증상은 대체로 생후 1년에서 2년 사이에 인식되지만 장애의 정도가 심하지 않거나 인지 수준이 높은 아동의 경우 학령기 혹은 성인기에 진단을 받게 되는 경우도 있다(APA, 2013).

미국의 질병통제 예방센터에서는 자폐성 장애아동을 위한 서비스 목표로 18~24개월 사이에 자폐성 장애 선별이 이루어져야 하며, 36개월 이내에 아동을 진단하여, 48개월까지는 필요한 지역사회 기반 지원과 서비스를 받을 수 있도록 해야 함을 제언하고 있다. 자폐성 장애아동이 일반적으로 처음 진단 의뢰되는 시기는 자녀의 발달에 대한 부모의 우려가 시작되는 생후 17~19개월 사이라고 보고되고 있으나 미국에서 실제

자폐성 장애아동이 최초 진단을 받는 평균 연령은 약 4.2세인 것으로 나타났다. 일반적으로 미국의 자폐성 장애아동은 약 3.8세(46개월)에 처음 진단을 받게 되는 것으로 나타났으나 아스퍼거 장애와 같이 지적장애를 동반하지 않으며 장애의 정도가 상대적으로 심하지 않은 경우 처음 진단을 받는 시기는 더욱 늦어져 평균 약 6.2세(74개월)인 것으로 보고되었다(CDC, 2016).

우리나라의 경우 부모가 자폐성 장애가 있는 자녀의 문제를 인식하는 시기는 주로 생후 3년 이후(37.2%), 생후 2~3년 미만(26.5%), 생후 1~2년 미만(26.1%)의 순이었으며, 장애 발견 후 진단받은 시기는 '장애 발견(의심) 후 3년 이상(26.0%)'이 가장 높았고, '처음 문제를 발견한 시기와 동일하다'는 비율(26.6%)이 가장 낮은 것으로 나타났다. 이러한 진단 지연 사유는 '자라면서 나아질 것이라고 여겨서(52.2%)' '너무 어려 의사가 예후를 보고 진단할 것을 권유하여(39.7%)' 순이었다(국립특수교육원, 2014).

2) 장애 진단과 특수교육대상자 선정

자폐성 장애는 여러 발달상의 영역에서 어려움을 보이게 되므로 정확한 진단을 위해서는 부모의 정보 제공과 함께 다양한 심리진단도구의 활용과 관련 전문가의 임상적 의견이 중요하다. 이 과정에는 최종적인 의학적 진단을 내리는 소아정신과 전문의를 중심으로 임상심리전문가, 언어병리전문가 등이 포함된다. 하지만 의학적 평가와 함께 학교 현장에서 중요한 것은 교육적 평가라 할 수 있다.

학생에게 특수교육 요구가 있는 경우 특수교육대상자 선정을 의뢰하는 절차를 통해 평가가 실시된다. 이를 위해 해당 지역의 특수교육지원센터로 진단·평가가 회부된 후에는 30일 이내 진단·평가를 시행하고, 교육장 또는 교육감은 특수교육지원센터로부터 받은 최종의견을 통지받은 2주일 이내에 특수교육대상자 선정 여부와 교육지원 내용을 결정하여 보호자에게 서면으로 통지하여야 한다(「장애인 등에 대한 특수교육법」 제16조). 이처럼 해당 절차에 따라 의뢰된 학생에 대한 선별검사나 진단·평가를 실시하는 경우에는 관련 검사를 실시하지만(「장애인 등에 대한 특수교육법」 제2조 제1항) 만약 학생이 이미 장애등록되어 있는 경우라면 관련 증명서나 장애인수첩을 활용할 수 있으며, 의사진단서가 있는 경우 이를 참고자료로 활용할 수 있도록 하고 있다.

그러나 특수교육대상자 선별검사 및 진단·평가 영역과 관련하여 제안된 검사도구에 대해서는 추후 개선이 필요하다. 여전히 장애영역이 정서·행동장애와 함께 표시되어 있으며, 제안된 검사도구가 자폐성 장애의 핵심 특성(예: 사회적 상호작용과 의사소통, 제한적이고 반복적인 행동과 관심)과 다양한 인지 능력을 보이는 고기능 학생의 특성을 적절히 반영하지 못하고 있는 점 등은 고려되어야 할 부분이다.

3) 교육평가

학령기 학생의 장애 진단과 평가를 의뢰하고자 하는 경우「장애인 등에 대한 특수교육법」제14조 제3항에 의하여 '보호자 또는 각급 학교의 장은 제15조 제1항 각 호에 따른 장애를 가지고 있거나 장애를 가지고 있다고 의심되는 영유아 및 학생을 발견한 때에는 교육장 또는 교육감에게 진단·평가를 의뢰하여야 한다. 다만, 각급 학교의 장이 진단·평가를 의뢰하는 경우에는 보호자의 사전 동의를 받아야 한다'. 따라서 학부모가 자녀의 장애에 대한 진단·평가를 의뢰하고자 하는 경우에는 학교장에게 별도의 승인을 받지 않고도 직접 의뢰가 가능하다. 또한 진단·평가를 의뢰받은 교육장 또는 교육감은 의뢰서를 즉시 특수교육지원센터에 회부하여 진단·평가를 실시하도록 하고 그 결과를 보호자에게 통보하여야 한다(「장애인 등에 대한 특수교육법」제14조 제4항). [그림 2-1]은「장애인 등에 대한 특수교육법 시행규칙」에 포함된 특수교육대상자 진단·평가 의뢰서의 제출 및 처리절차이다.

한편 특수교육대상자로 선정된 자폐성 장애학생에 대한 교육평가는 개별화교육계획을 마련하기 위한 기초자료이자 교수를 위한 필수적인 정보로 활용될 수 있다. 교사는 학생의 개별적인 요구에 적합한 교육프로그램을 계획하고 실행하는 데 중요한 기초 정보를 수집하기 위하여 다양한 평가를 활용할 수 있다. 먼저 특수교육대상자에 대한 교육평가는 공식적으로 개별화교육지원팀에 의해 실시된다. 특히 상당한 지원이 필요한 경우 자폐성 장애학생의 특성을 보다 정확히 이해하고 현행수준을 파악하기 위해서는 심리학자, 언어나 작업치료와 같은 관련 치료사, 행동지원 전문가 등이 포함될 수 있다.

또한 개별화교육계획의 실행과 점검을 위하여 학생의 진보를 감독하고 평가하는 것은 매우 중요하다(McLoughlin & Lewis, 2008). 여기에는 최소한 한 학기 단위로 작성되는 개별화교육계획의 장기목표를 달성했는지에 대한 평가와 단기목표 달성에 대한 정기적인 평가가 포함될 수 있다. 또한 교육평가를 위한 영역은 주로 개별화교육계획의 지원영역이라고 할 수 있다. 여기에는 언어 및 의사소통, 사회성, 행동과 같은 자폐성 장애학생의 핵심 지원영역이 포함된다.

미국 특수교육학회(CEC, 2015)가 마련한 발달장애 및 자폐성 장애에 대한 전문가 기준에 따르면 특히 특수교사는 학생의 의학적 고려, 장애 관련 핵심 특성, 동반할 수 있

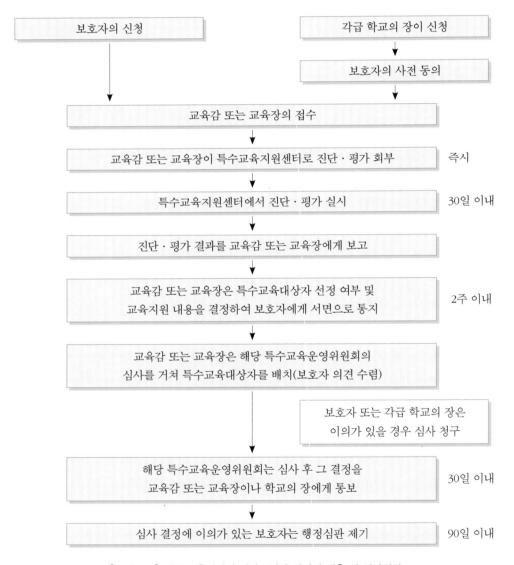

[그림 2-1] 특수교육대상자 진단 · 평가 의뢰서 제출 및 처리절차

출처: 「장애인 등에 대한 특수교육법 시행규칙」 [별지 제1호 서식] 특수교육대상자 진단 · 평가 의뢰서.

는 증상, 감각 문제, 언어 및 의사소통, 적응행동상의 요구, 학습에 영향을 줄 수 있
는 마음이론(theory of mind)이나 중앙응집력(central coherence), 실행기능(executive
function), 학습과 행동에 영향을 주는 신경학적 차이와 자기조절(self-regulation)에 대
해 기초 지식을 갖추어야 한다. 이러한 영역은 학생을 이해하는 데에도 중요할 뿐만
아니라 자폐성 장애학생을 위한 교육계획을 세우는 데 있어 기초가 되는 지원영역이
라 할 수 있다. 또한 평가를 위하여 특수교사는 적절한 평가도구를 선정, 수정, 사용할
수 있고, 지원해야 할 행동의 기능을 파악하여 이를 점검할 수 있는 기술이 필요하다
고 보았다(CEC, 2015).

일반적으로 장애학생의 교육계획을 위한 진단평가 시 일반적으로 많이 활용되는
검사방법은 크게 규준참조검사, 준거참조검사, 관찰 등이 있다. 규준참조검사(norm-
referenced test)란 학생의 점수를 참조하고자 하는 특정 집단과 비교하는 방법으로 이
때 규준이 되는 집단을 규준(normative group) 혹은 표준화 집단(standardization group)
이라고 한다. 이 검사는 특정 영역에 있어 학생의 수행수준이 다른 학생들에 비해 어
떠한지를 알고자 할 때 활용된다(Taylor, 2000). 일반적으로 활용되는 점수 척도는 문항
의 난이도에 따른 것으로 원점수(raw score)를 다양한 유형의 유도점수(derived score)
로 환산(예: 학년 규준, 연령 규준, 백분위 및 표준화 점수 등)하여 사용하며, 지능검사나 대
학수학능력시험 등이 대표적이다.

준거참조검사(criterion-referenced test)란 규준참조검사와는 대조적으로 개별아동의
점수를 또래와 비교하여 상대적으로 평가하지 않는다. 이 검사는 특히 교육목표를 설
정하는 데 중요한 평가 방법으로 또래와 비교하여 얼마나 많이 알고 있는가를 평가하
는 대신 평가하고자 하는 해당 학생이 아는 것 자체를 평가하는 방법이라고 할 수 있
다(Taylor, 2000). 또한 평가하고자 하는 특정 영역에서의 완전한 수행이라고 여겨지
는 목표 목록으로 교육과정상의 기준 등이 준거로 활용될 수 있다. 한편 개인참조검
사(individual-referenced test)는 교수 과정에서 효과를 평가하는 형성평가로 볼 수 있으
며, 교육과정 중심평가(curriculum-based measurement: CBM)와 관련될 수 있다(Nolet &
McLaughlin, 2005). 이러한 평가는 완전히 학생의 수행에 초점을 두어 현행 수행수준과
이전 수행수준을 체계적으로 비교하는 것을 의미하며, 주로 개별화교육계획에서 교육
목표를 설정하고 이를 기준으로 하여 이후 학생의 수행수준을 평가하는 데 많이 활용
된다.

마지막으로 현장에서 가장 빈번하게 활용되는 관찰은 평가자에 의해 수행되는 가장 직접적인 평가방법이다. 관찰은 특히 교과 및 비교과 활동에서 개별화교육계획 목표를 점검하고 개발하는 데 큰 도움을 준다. 관찰평가는 대개 체계적이지 않은 경우가 많으나 행동지원을 위해 실시되는 기능평가(functional behavioral assessment)는 가장 체계적인 관찰평가 중 하나라고 할 수 있다(Taylor, 2000). 기능평가에 대한 보다 구체적인 내용은 제6장을 참조한다.

3. 대표적인 진단 · 평가 영역과 검사도구

　　자폐성 장애처럼 여전히 명확한 원인을 알 수 없으나 신경학적인 손상이라 추정되는 신경발달장애의 경우 해당 장애의 특성이라고 할 수 있는 증상에 기초하여 진단을 내리게 된다. 이때 사용되는 진단 · 평가도구는 한 가지 혹은 여러 영역에서 나타나는 자폐성 장애의 주요 증상과 특성을 측정하게 되며, 평가결과는 자폐성 장애를 진단하는 근거가 되거나 학생이 겪고 있는 어려움의 정도를 파악할 수 있는 정보를 제공한다. 자폐성 장애를 진단 · 평가하기 위한 대표적인 영역에는 언어 및 의사소통, 행동, 인지 영역 등이 포함된다. 교사와 관련 전문가들은 이러한 영역별 특성과 평가 시 고려사항에 대해 잘 알고 있어야 한다. 이를 위하여 일반적으로 자폐성 장애와 관련한 증상을 엄격하게 평가하고자 할 때 다음과 같은 도구나 평가방법이 적용될 수 있다(Volkmar et al., 2014).

- 표준화된 검사도구
- 관찰 프로토콜
- 준거참조검사
- 주양육자와 교사의 설문과 인터뷰
- 평가를 위한 증거기반실제의 사용

　　이 장에서는 자폐성 장애아동에 대한 진단 · 평가가 필요한 주요 영역과 주로 사용되는 표준화된 검사도구를 소개하고자 한다.

1) 자폐성 장애 특성 선별·진단 검사도구

자폐성 장애와 관련한 많은 유전자 연구가 진행되고는 있으나 장애를 명백히 진단할 수 있는 생물학적 표지자(biological markers)는 아직 없다. 따라서 자폐성 장애의 진단은 아동이 발달을 하면서 보이는 사회적 의사소통방식이나 제한적이고 반복적인 행동처럼 장애의 주요 특성이라고 할 수 있는 증상을 관찰함으로써 이루어진다(Lord, Corsello, & Grzadzinski, 2014). 자폐성 장애의 진단을 위해 관찰해야 하는 이러한 증상은 주로 미국정신의학회가 지속적으로 개정하고 있는 DSM 체계의 준거를 기반으로 한다. 여기에서 제시된 사회적 의사소통과 사회적 상호작용, 제한적이고 반복적인 행동 특성 등을 평가하기 위한 도구가 개발되어 왔으며, DSM의 진단 기준이 개정될 때마다 평가 영역도 함께 변화되어 왔다.

현재까지 자폐성 장애를 진단하는 가장 대표적인 도구로 알려진 것은『자폐증 진단 관찰 스케줄(Autism Diagnostic Observation Schedule: ADOS)』과『자폐증 진단 면담 개정판(Autism Diagnostic Interview-Revised: ADI-R)』이 있다. 이 진단도구들은 모두 국제적으로 널리 활용되고 있으며, 자폐성 장애와 관련한 연구를 수행할 때 연구대상의 정확한 장애 평가를 위해 가장 많이 사용되는 도구이기도 하다(Reaven, Hepburn, & Ross, 2008). 그러나 이러한 도구는 전문적으로 훈련받고 자격을 갖춘 평가자(예: 해당 도구의 저작권자에 의해 인정된 진단도구 활용 워크숍과 일정 시간의 연수 이수 등이 필수)만 사용할 수 있어 국내에서의 사용은 여전히 제한적이다.

현장에서 활용도가 높은 도구로는 간단한 체크리스트 형태로 아동의 행동을 평가할 수 있는『아동기 자폐증 평정척도(Childhood Autism Rating Scale: CARS)』와『한국어판 사회적 의사소통 설문지(Korean version of Social Communication Questionnaire: K-SCQ)』가 있다. 또한 사용이 쉽고 간단하기 때문에 자폐성 장애의 선별도구로 가장 많이 사용되고 있는『The Modified Checklist for Autism in Toddlers(M-CHAT)』(Robins, Fein, & Barton, 1999)는 김수진, 승혜경, 홍경훈(2013)에 의해『한국판 영유아 자폐 선별검사(Korean Modified-Checklist of Autism in Toddlers: KM-CHAT)』로 기초연구가 진행되기도 하였다.

〈표 2-1〉은 자폐성 장애를 선별·진단하기 위한 검사 중 한국에서 개발되었거나 국외에서 개발되어 한국어로 번역되었거나 표준화된 도구를 정리한 것이다.

표 2-1 자폐성 장애 선별·진단도구

검사명	연령(범위)	구성과 문항 수	소요 시간	평가자/평가방법	비고
한국판 자폐증 진단 면담 개정판 (Korean version of Autism Diagnostic Interview-Revised: K-ADI-R)	정신연령 2세 이상의 아동과 성인	총 93개 문항 (언어 및 의사소통, 호혜적 사회적 상호작용, 한정되고 반복적이며 상동적인 흥미 및 활동 영역)	1시간 30분 ~4시간	훈련받은 평가자/부모와의 면담과 직접 관찰에 의한 면담도구	Rutter, Le Couteur, & Lord(2003); 유희정(2007) 번역판
자폐증 진단 관찰 스케줄-2 (Autism Diagnostic Observation Schedule-2: ADOS-2)	생활연령 만 1세 이상의 아동과 성인	대상의 표현성 언어와 연령에 따라 4개 모듈 중 한 가지 모듈을 시행	45~60분	훈련받은 평가자/직접 관찰 후 채점	Lord et al. (2002)
한국형 아동기 자폐증 평정척도 (The Korean version of Childhood Autism Rating Scale: K-CARS)	전 연령	총 15개 문항 (사회성-의사소통, 제한되고 반복적인 상동적 행동, 특이한 감각 반응)	30~45분	훈련받은 평가자/아동관찰, 부모면담	Schopler et al. (1988); 김태련, 박랑규(1995) 번역판
한국어판 사회적 의사소통 설문지 (Korean version of Social Communication Questionnaire: K-SCQ)	전 연령	총 40개 문항 (의사소통, 상호 사회적 상호작용, 제한적이고 반복적인 행동과 관심) ADI-R에서 문항을 추출	15분	보호자/예, 아니요로 설문지 작성 및 채점	Rutter, Bailey, & Lord(2003); 김주현 외(2015)
한국판 길리암 자폐증 평정척도 2판 (Korean-Gilliam Autism Rating Scale-2nd edition: K-GARS-2)	3~22세	총 42개 문항 (상동행동, 의사소통, 상호작용 3개 소척도 구성)	5~10분	훈련받은 평가자/구조화된 부모면담	Gilliam(2006); 진혜경, 윤혜주, 박진박 (2011)
한국판 아스퍼거 증후군 진단척도 (Korean version of Asperger Syndrome Diagnostic Scale: K-ASDS)	5~18세	총 50개 문항 (언어, 사회성, 부적응행동, 인지, 감각운동 등 5개의 소척도로 구성)	10~15분	보호자/예, 아니요로 구성된 설문지 작성	Myles, Bock, Simpson(2001); 김주현, 신민섭(2005)
한국판 영유아 자폐 선별검사 (Korean Modified-Checklist of Autism in Toddlers: KM-CHAT)	16~36개월	총 23개 문항 (다른 아동에 대한 관심, 흥미로운 것 가리키기, 소리에 대한 민감성, 어른 모방하기, 이름에 반응하기, 허공 응시 등)	15분	부모/예, 아니요로 작성 후 자가진단	Robins et al. (2001); 김수진, 승혜경, 홍경훈 (2013)
한국판 영유아기 자폐증 선별검사 (Korean Checklist for Autism in Toddlers: K-CHAT)	18개월 이상	총 14개 문항 (부모용 9개, 관찰용 5개)	40~90분	훈련받은 관찰자와 부모관찰 후 평정	Baron-Cohen, Allen, & Gillberg(1992); 김아영, 김현정, 이순행(2002)

2) 지능검사도구

자폐성 장애 진단기준에는 인지적 기능이 포함되지 않으나 자폐성 장애아동은 지적장애를 동반한 경우부터 영재 수준의 지적 능력을 보이는 경우에 이르기까지 매우 다양한 인지적 능력의 스펙트럼을 보인다. Kanner(1943)의 초기 연구에서조차 인지적 어려움은 자폐와 특별히 연관되지 않을 수 있다고 보았으며 일부 자폐아동은 지능검사의 특정 영역을 매우 잘 수행하는 모습을 보였다고 보고하였다. 그럼에도 불구하고 지능검사 결과로 보고되는 자폐아동의 낮은 점수는 자폐아동에 대한 '낮은 기대(negativism)'나 '검사불능(untestability)'의 요인이 많이 작용한 결과라고 추정된다(Clark & Rutter, 1977; NRC, 2001).

좁은 의미의 자폐아동에 대한 연구에서는 전체 아동의 약 2/3가 경도에서 최중도에 이르는 지적장애를 동반한다고 보고되었다(Fombonne, 2003). 그러나 자폐성 장애의 개념이 확장되면서 보고된 최근 조사에 의하면 미국 내 자폐성 장애아동의 약 32%가 지적장애(IQ 70 이하)를 동반하였으며 약 25%는 경계선급(IQ 71~85)이었고, 남은 약 44%의 아동은 평균 혹은 평균 이상의 지적능력을 보인 것으로 나타났다(CDC, 2016). 이는 자폐성 장애의 개념 확장이 지속적이고 급격한 출현율 증가의 한 가지 원인이라는 근거이며, 이전에는 장애 진단을 받지 않았던 인지적 수준이 비교적 높은 아동이 자폐성 장애로 진단받은 결과라고도 볼 수 있다. 따라서 현재의 확장된 장애 개념을 적용할 때 자폐성 장애아동의 인지적 특성 및 수준은 이전 연구에 비해 평균적으로 매우 상승했음을 알 수 있다.

지능검사도구는 대상아동의 연령에 따라 선택할 수 있다. 가장 대표적인 지능검사도구는『한국판 웩슬러 아동지능검사 4판(Korean Wechsler Intelligence Scale for Children 4th edition: K-WISC-4)』이 있으며,『한국판 카우프만 아동용 지능검사 2판(Korean version of the Kaufman Assessment Battery for Children 2nd edition: KABC-II)』역시 장애아동에게는 자주 사용되고 있다. 〈표 2-2〉는 자폐성 장애아동에게 주로 활용되는 지능검사도구를 정리한 것이다.

표 2-2 지능검사도구

검사명	연령(범위)	구성과 문항 수	소요 시간	평가자	비고
한국판 웩슬러 유아지능검사 4판(Korean Wechsler Primary and Preschool Scale Intelligence 4th edition: K-WPPSI-4)	만 2세 6개월~7세 7개월	2세 6개월~3세 11개월용 7개의 소검사 4세~7세 7개월용 15개의 소검사	1시간~1시간 30분	훈련받은 평가자	Wechsler(2012); 박혜원, 이경옥, 안동현(2015)
한국판 웩슬러 아동지능검사 4판(Korean Wechsler Intelligence Scale for Children 4th edition: K-WISC-4)	만 6~16세 11개월	주요 소검사 10개, 보충 소검사 5개로 구성	1시간~1시간 30분	훈련받은 평가자	Wechsler(2003); 곽금주, 오상우, 김청택(2011)
한국판 카우프만 아동용 지능검사(Korean version of the Kaufman Assessment Battery for Children 2nd edition: KABC-II)	만 3~18세	16개 하위검사	1시간~1시간 30분	훈련받은 평가자	Kaufman & Kaufman(2004); 문수백(2014)
국립특수교육원 한국형 개인지능검사(Korea Institute for Special Education-Korea Intelligence Test for Children: KISE-KIT)	만 5~17세	총 167개 문항 동작성 검사(그림 배열, 이름 기억, 칠교놀이, 숨은 그림, 그림무늬, 손동작) 언어성 검사(낱말 이해, 계산, 낱말 유추, 교양, 문제해결, 수 기억)	1시간~1시간 30분	훈련받은 평가자	박경숙 외(2002)

3) 의사소통 평가를 위한 검사도구

자폐성 장애아동이 보이는 의사소통상의 어려움은 Kanner(1943)의 초기 연구에서부터 지금까지 지속적으로 보고되고 있는 가장 핵심적인 평가 영역 중 하나이다. 특히 언어발달에 있어 자폐성 장애아동이 보이는 전반적인 결함 혹은 비전형적인 의사소통 패턴은 이러한 특징에 포함된다(Paul & Wilson, 2009).

언어와 의사소통 발달상의 주요 이정표(milestone)는 대부분의 부모가 자녀의 발달에 문제가 있음을 인식하게 되는 중요한 근거를 제공하는 첫 번째 신호가 된다(Kim et al., 2014). 예를 들어, 생후 약 12개월 즈음은 대부분의 유아가 첫 단어를 말하는 시기로 이 시기에 아동들은 몇 개의 단어나 간단한 문장을 이해하고 있다는 명확한 증거를 보여 주며, 이에 대한 적절한 반응을 보인다. 이후 18개월까지는 수용언어와 표현언어 모두가 점차 증가하고, 사물이나 사람의 이름을 사용하는 법(예: 엄마, 맘마, 까까 등)을 배우며, 폭발적으로 어휘를 습득하는 시기라고 할 수 있다(김영태, 2014; Kim et al., 2014). 언어발달도구는 아동의 연령범위에 따라 선택할 수 있으며, 아동의 읽기수준에 적합한 도구를 활용할 수 있다.

인지수준이 높은 자폐성 장애아동의 경우 일반적인 언어발달을 보이기도 하므로 부모에 의한 인지가 상대적으로 더 늦어지는 경우도 있다. 하지만 일반적인 언어발달을 보이는 아동이라 하더라도 핵심적인 특성이라고 할 수 있는 사회적 의사소통의 어려움을 보이게 되므로 이는 자폐성 장애를 진단하는 데 있어 중요한 영역이 된다. 언어평가의 특성상 한국어를 사용하는 아동의 언어발달과 관련한 진단도구는 국내에서 개발된 것이지만 사회적 의사소통에 대한 평가도구는 『한국어판 사회적 의사소통 설문지(Korean version of Social Communication Questionnaire: K-SCQ)』처럼 한국어로 표준화한 도구를 사용할 수 있다. 〈표 2-3〉은 자폐성 장애아동의 의사소통 평가를 위해 주로 활용되는 검사도구의 예이다.

4) 행동평가를 위한 검사도구

(1) 적응행동 검사도구

행동영역에서의 특성은 자폐성 장애아동이 보이는 비전형성으로 인해 조기선별을 가능하게 하는 초기 증상이라고 할 수 있다. 예를 들면, 이후 자폐성 장애로 진단받은 영유아들은 생후 12개월 내에 여러 핵심 발달영역에서의 명백한 문제를 나타냈으며, 특히 눈맞춤, 사회적인 웃음, 이름에 반응하기, 공동관심 보이기, 시작행동과 같은 사회적 행동이 매우 적었다(Chawarska et al., 2014).

행동상의 이러한 비전형성은 이후 학령기 아동에게도 지속적인 특성으로 나타났다. 따라서 행동 특성에 대한 평가는 자폐성 장애아동을 조기선별할 수 있는 역할을 할 뿐 아니라 학생에게 필요한 지원영역을 파악하고 이를 위한 계획을 세우는 데 중요한 정보를 제공할 수 있다. 행동영역에는 먼저 일상적인 생활기술을 포함한 사회적응능력

표 2-3 의사소통 평가 검사도구

검사명	연령(범위)	구성과 문항 수	소요 시간	평가자/평가방법	비고
그림어휘력검사 (Peabody Picture Vocabulary Test- Revised: PPVT)	만 2세~ 8세 11개월	총 112개 문항	1시간	훈련받은 평가자/ 검사자가 지시하는 그림을 지적하게 하고 반응 채점	김영태 외 (1995)
영·유아 언어발달검사 (Sequenced Language Scale for Infants: SELSI)	만 4~35개월	총 112개 문항 수용언어검사 56문항 표현언어검사 56문항	1시간	훈련받은 평가자/ 행동을 관찰하여 실시	김영태 외 (2003)
취학전 아동의 수용언 어 및 표현언어 발달척도 (Preschool Receptive- Expressive Language Scale: PRES)	2~6세	총 90개 문항 2영역(수용언어, 표현언어) 각 영역별로 45개 문항 3세까지는 3개월 간격, 3~6세까지는 6개월 간격으로 연령단계가 세분화되어 있음	20~30분	훈련받은 평가자/ 문항에 대한 응답 채점	김영태 외 (2003)
한국어판 사회적 의사 소통 설문지(Korean version of Social Communication Questionnaire: K-SCQ)	전 연령	총 40개 문항 의사소통, 상호 사회적 상호 작용, 제한적이고 반복적인 행동과 관심 ADI-R에서 문항을 추출	15분	보호자/ 예, 아니요로 질문지 작성 및 채점	Rutter, Bailey, & Lord(2003); 유희정 (2008)
한국판 맥아더-베이츠 의사소통발달 평가 (MacAthur-Bates Communicative Development Inventory- Korean: M-B CDI-K)	8~36개월	영아(8~17개월)의 경우 어휘: 표현낱말(279개)+ 이해낱말(284개) 제스처와 놀이: 60개 항목 유아(18~36개월)의 경우 어휘: 표현낱말(641개) 문법: 사용정도(5개), 사용의 적절성(32개)	–	아동의 어휘와 의사소 통 수준을 잘 아는 보호자 및 성인/ 체크리스트 형식에 의한 설문 보고	Fenson et al. (1993); 배소영 외 (2006)
수용·표현 어휘력 검사(Receptive and Expressive Vocabulary Test: REVT)	만 2세 6개 월~16세 이상 성인	총 370개 문항 수용어휘력검사 185문항, 표현어휘력검사 185문항	1~2시간	훈련받은 평가자/ 문항에 대한 응답 채점	김영태 외 (2009)
구문의미이해력검사	만 4~9세 (초등학교 3학년)	총 57개 문항 문법형태소/구문구조/ 의미에 각각 초점을 맞춘 문항으로 구성	10~15분	훈련받은 평가자/ 문항에 대한 응답 채점, 연속해서 3번 틀리면 중지	배소영 외 (2004)
언어문제해결력검사	만 5~12세	각각 상황이 다른 17장면의 그림판 그림판은 총 50문항으로 구성	20~30분	훈련받은 평가자/ 그림판을 보여 주며 관련된 검사지의 질문을 하고 대답 채점	배소영 외 (2000)

을 평가하는 적응행동 검사도구가 있다. 〈표 2-4〉는 대표적인 적응행동 검사도구의
예이다.

표 2-4 적응행동 검사도구

검사명	연령(범위)	구성과 문항 수	소요시간	평가자/평가방법	비고
사회성숙도검사(Social Maturity Scale: SMS)	30세 이하	총 117개 문항 자조(39문항), 이동 (10문항), 작업(22문항), 의사소통(15문항), 자기관리(14문항), 사회화(17문항)	1시간	훈련받은 평가자/ 부모 또는 보호자와 면담	Doll(1965); 김승국, 김옥기 (1985)
한국판 적응행동검사 (Adaptive Behavior Scale: K-ABS)	만 3~17세	총 95개 문항 1부는 9개 영역과 56개 문항, 2부는 12개 영역과 39개 문항	30분	훈련받은 평가자/ 보호자와 면담하거나 수검자를 직접 관찰하 여 체크리스트 표시	미국정신지체협회 적응행동검사 학교용(AAMR Adaptive Behavior Scale-School Edition, 1981); 김승국(1990)
국립특수교육원 적응행 동검사(Korea Institute for Special Education-Scale of Adaptive Behavior: KISE-SAB)	만 5~17세(지 적장애학생), 만 21개월~ 17세(비장애 학생)	총 242개 문항 3개의 소검사(개념적/ 사회적/실제적 적응행동 검사, 각 72/68/102문항)	1시간 30분~ 2시간	훈련받은 평가자/ 보호자, 교사 및 서비 스 제공자와의 면담을 통해 수검자의 적응행 동 평가	정인숙 외 (2003)
한국판 적응행동검사 개정판(Korean-Scale of Independent Behavior-Revised: K-SIB-R)	만 11개월~ 17세	총 259개 문항 7영역(독립적 적응행동 4영역, 문제행동 3영역)	20~30분	훈련받은 평가자/ 보호자 면담	Bruininks et al. (1996); 백은희 외 (2007)
지역사회적응검사 (Community Integration Skills-Assessment: CIS-A)	전 연령	총 164개 문항 3개의 하위(기본생활, 사회자립, 직업생활)	1시간~ 1시간 30분	훈련받은 평가자/ 수검자와 면대면으로 그림을 이용하여 적응 기술 평가	김동일 외 (2004)

(2) 문제행동 검사도구

자폐성 장애아동의 문제행동은 학교에서의 통합을 방해하는 주요 원인으로 작용할 뿐 아니라 이후 지역사회에서의 통합을 어렵게 하는 결과를 가져온다. 따라서 문제행동에 대한 평가와 지원은 특히 자폐성 장애아동에 대한 주요 중재 영역이 되며, 무엇보다 아동의 문제행동에 대한 정확한 이해가 선행되어야 한다. 이를 통해 문제행동을 적절하게 지원하기 위한 전략과 중재가 계획되며, 문제행동이 발생하는 상황과 환경을 예방하고 통제할 수 있다. 문제행동에 대한 검사도구로는 『한국판 아동·청소년 행동평가척도(Korean version of the Child Behavior Checklist: K-CBCL)』와 같은 도구가 대표적이며, 『한국판 정서-행동 평가시스템(Korean Behavior Assessment System for

표 2-5 문제행동 검사도구

검사명	연령(범위)	구성과 문항 수	소요시간	평가자/평가방법	비고
한국판 아동·청소년 행동평가척도 부모용(Korean version of the Child Behavior Checklist for Ages 6-18: K-CBCL 6-18)	만 6~18세 (초등학교 1학년 ~고등학교 3학년)	문제행동척도 총 120개 문항(증후군척도, DSM진단척도, 문제행동특수척도), 적응척도 (사회성, 학업수행)	15~20분	보호자 (주양육자)/ 부모보고식 검사	Achenbach & Rescorla(2001); 오경자, 김영아 (2011)
한국판 정서-행동 평가시스템(Korean Behavior Assessment System for Children 2nd edition: K-BASC-2)	초등학교 3~6학년/청소년 (중·고등학생)	초등 3~6학년용 총 139개 문항/청소년용 총 176개 문항	40~50분	본인/ 자기보고식 검사	Reynolds & Kamphaus (2004); 안명희(2007)
	유아(2~5세)/ 아동(6~11세)/ 청소년(12~21세)	유아 134문항/아동 160문항/청소년 150문항	40~50분	부모/ 부모보고식 검사	
		유아 100문항/아동 139문항/청소년 139문항	40~50분	교사/ 교사보고식 검사	
한국판 아동·청소년 행동평가척도 교사용(Korean version of the Caregiver-Teacher Report Form: K-C-TRF)	만 6~18세 (초등학교 1학년 ~고등학교 3학년)	문제행동척도 총 120개 문항(증후군척도, DSM 진단척도, 문제행동특수척도), 적응척도 (성적, 학교적응)	15~20분	아동 및 청소년을 담당하거나 잘 알고 있는 교사/ 교사보고식 검사	Achenbach & Rescorla(2001); 오경자, 김영아 (2011)
한국판 청소년 행동평가척도 자기보고용(Korean version of the Youth Self Report: K-YSR)	만 11~18세 (중학교 1학년~ 고등학교 3학년)	문제행동척도 총 119개 문항(증후군척도, DSM진단척도, 문제행동특수척도, 긍정자원척도), 적응척도(사회성, 성적)	15~20분	본인/ 자기보고식 검사	Achenbach & Rescorla(2001); 오경자, 김영아 (2011)

Children 2nd edition: K-BASC-2)』과 같은 자기보고식 검사는 고기능 자폐성 장애학생에게 직접 사용하기도 한다.

이 외에도 행동의 발생 맥락에 대한 이해를 바탕으로 하는 기능 중심 중재는 효과적인 행동지원 접근 중 하나가 될 수 있다(이효정 외, 2015). 행동에 대한 기능평가(functional assessment)는 교사에 의한 직접 관찰이나 부모 면담 등을 통해 할 수 있으며, 보다 체계적인 실험을 통해 문제행동의 기능(혹은 동기)을 파악하는 기능분석(functional analysis)을 실행할 수 있다. 기능분석은 문제행동을 유발하고, 지속시키며, 후속결과에 영향을 주는 다양한 자극을 파악함으로써 문제행동 감소를 위한 계획을 수립할 수 있게 한다. 〈표 2-5〉는 자폐성 장애학생의 문제행동을 평가하는 데 활용되는 대표적인 검사도구의 예이다.

5) 운동 및 감각특성 평가를 위한 검사도구

자폐성 장애아동이 보이는 상동적이고 반복적인 운동성 동작(예: 몸을 앞뒤로 흔들기, 한 손으로 박수치기, 양손으로 귀를 막거나 두드리기 등)은 그동안 장애 특성의 하나로 포함되어 왔으나, 그에 비해 감각 영역에서의 어려움은 상대적으로 적은 관심을 받아 왔다. 그럼에도 불구하고 전문가들은 자폐성 장애아동이 보이는 감각영역의 특성과 어려움에 대해 꾸준히 보고해 왔으며(Myles et al., 2000; Satmari et al., 2003), 새로운 진단체계인 DSM-5로 개정되면서 이러한 어려움이 진단기준에 포함되었다(APA, 2013). DSM-5에서는 '제한적이고 반복적인 행동이나 흥미, 활동'에 대한 하위항목으로 '감각 정보에 대한 과잉 또는 과소반응'과 '환경의 감각 영역에 대한 특이한 관심'을 포함시킴으로써 감각 영역의 특성을 진단기준에 포함하고 있다. 〈표 2-6〉은 운동 및 감각특성을 평가하는 검사도구의 예이다.

표 2-6 운동 및 감각특성 검사도구

검사명	연령(범위)	구성과 문항 수	소요시간	평가자/평가방법	비고
감각프로파일 (Sensory Profile)	만 3~10세	총 125개 문항 감각영역(3개 요소), 감각요소(9개 요소)	30분	훈련받은 평가자/ 보호자 대상 면담 및 설문조사 방법으로 평가	Dunn (1999)
오세레츠키 운동 적합성 검사2판(Bruininks-Oseretsky Test of Motor Proficiency 2nd edition: BOTMP-2)	만 4~21세	8개의 하위검사 (대운동 4개, 소운동 4개)	45~60분	훈련받은 평가자 (치료사, 체육교사, 특수교사 등)	Bruininks & Bruininks (2005)
한국판 시지각 발달 검사(Korean Developmental Test of Visual Perception 2nd edition: K-DTVP-2)	만 4~8세	총 123개 문항 8개의 소검사로 구성 (눈-손 협응, 공간위치 지각, 모사, 전경-배경, 공간관계, 시각완성, 시각-운동 속도, 형태 항상성)	30~60분	훈련받은 평가자/ 그림책, 반응기록용지, 채점기록지를 사용하여 검사	Hammill et al. (1993); 문수백 외 (2003)

요약

☐ 조기발견과 진단의 중요성을 이해할 수 있다.

조기발견과 진단은 이후 자폐성 장애아동에 대한 적절한 교육과 직결되며, 조기교육의 시기가 빠를수록 이후 아동의 예후와 성과가 더욱 높다는 점에서 매우 중요하다. 특히 조기발견은 추후 평가의 필요성을 결정하기 위한 선별을 위해 중요하며, 아동이 발달영역에서 보이는 현행 수준을 판별하도록 하고, 이후 교육이나 관련 중재를 계획할 때 개인의 강점과 요구의 특징을 파악할 수 있다.

☐ 조기발견과 의뢰의 절차에 대해 설명할 수 있다.

자폐성 장애의 증상은 대체로 생후 1년에서 2년 사이에 인식되며, 장애의 정도가 심하지 않거나 인지적인 능력이 높을수록 아동의 의뢰와 장애 진단은 늦어지는 경향이 있다. 따라서 자폐성 장애와 같은 발달장애의 경우 아동이 보이는 발달상의 어려움에 대해 부모와 교사의 관심과 발견이 중요하다. 부모와 교사의 조기발견은 장애를 정확하게 진단하기 위한 의뢰과정으로 연결된다. 장애가 있는 것으로 의심되는 영유아 및 학생을 발견한 때에는 「장애인 등에 대한 특수교육법」에 따라 보호자 또는 각급 학교의 장이 진단·평가를 의뢰할 수 있으나 각급 학교의 장이 진단·평가를 의뢰하는 경우에는 반드시 보호자의 사전 동의를 받아야 한다.

□ 의학적 진단과 교육적 진단의 개념을 구분하여 설명할 수 있다.

자폐성 장애에 대한 진단과 평가는 소아정신과 전문의를 중심으로 한 의학적 진단과 개별화교육을 개발하고 이를 실행하기 위한 정보 수집과 평가를 목적으로 한 교육적 진단과 평가를 포함한다. 의학적 진단은 기타 신경정신과적 증상과 구별하여 아동의 정확한 장애를 진단함으로써 장애와 관련한 서비스를 제공받을 수 있는 자격 판정을 함과 동시에 발달영역에서의 현행 수준과 발달 영역 간의 수준 차이에 대해 설명하고 이를 통해 추후 아동의 진보를 측정할 수 있도록 한다. 교육적 진단과 평가는 특수교육대상자로 의뢰되거나 선정된 학생의 교육적 요구와 필요한 교육영역별 현행수준을 파악할 수 있도록 한다. 또한 학생을 적절히 지원하기 위한 개별화교육계획을 개발할 수 있도록 정보를 수집하고 추후 아동의 진보를 평가하는 과정을 포함한다.

□ 자폐성 장애를 진단하고 평가하기 위한 대표적인 영역과 검사도구를 이해하고 설명할 수 있다.

자폐성 장애를 진단하기 위한 대표적인 진단·평가 영역에는 언어 및 의사소통, 행동, 인지 영역 등이 있으며, 자폐성 장애 선별·진단도구, 지능검사도구, 언어 발달 및 의사소통 검사도구, 행동평가도구, 운동 및 감각특성 검사도구 등이 있다. 이러한 도구들을 통해 자폐성 장애학생의 특성을 종합적으로 이해하고 이러한 기본적인 정보와 자료를 기반으로 적합한 교육계획을 세우는 것이 중요하다.

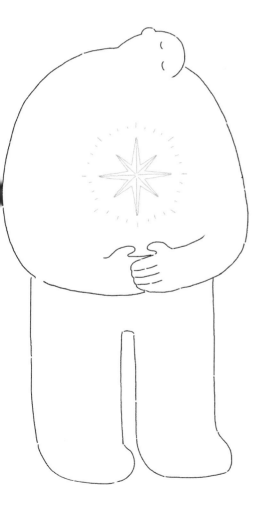

제2부

자폐성 장애학생의
특성에 따른 지도방법

제 **3** 장

자폐성 장애학생의 사회적 상호작용 특성과 지도

　　초등학교 2학년 학생인 현우는 선생님이나 친구들과 대화를 할 때 다른 사람의 얼굴을 잘 쳐다보지 않는 경향이 있다. 현우의 선생님이 현우에게 "선생님 얼굴 보세요"라고 말하면 선생님 얼굴을 잠깐 바라보는 듯하다. 대부분의 시간을 혼자 보내곤 하는 현우를 위해 선생님은 다양한 놀이 활동이나 모둠 활동을 통해 친구들과 사회적 관계를 형성할 수 있는 기회를 제공하고자 노력하고 있다. 그러나 현우는 친구들의 말을 건넸을 때 적절한 반응을 잘 보이지 않으며 친구들에게 먼저 상호작용을 시작하는 행동을 거의 시도하지 않았다. 또한 며칠 전에는 미술 활동을 좋아하고 그림을 잘 그리는 현우에게 미술 활동을 마친 후, 현우를 칭찬하기 위하여 칭찬 스티커를 주었으나 현우는 선생님의 칭찬스티커에 별 반응을 나타내지 않았다.

　　선생님은 현우의 사회적 행동이 다른 학생들과는 매우 다르기 때문에 현우의 사회성 상호작용 특성을 보다 구체적으로 이해하고, 다른 친구들과 보다 적극적으로 상호작용할 수 있도록 사회적 능력을 향상시키기 위하여 구체적인 노력을 기울여야겠다고 생각하였다. 이를 위해 먼저 현우가 사회적 상호작용을 위해 나타내는 행동 유형과 사회적 행동 목록을 파악하고 이를 기반으로 현우에게 필요한 사회적 기술을 지도하고자 하였다. 또한 현우가 습득한 사회적 기술을 또래와의 상호작용이나 성인들과의 상호작용을 위해 적절히 사용할 수 있도록 지도해야겠다고 생각하였다.

　　특수학급 담당 교사인 김 교사는 일반학급에 적응하는 데 많은 어려움을 나타내는 지우를 위해 '친구동아리'를 구성하였다. 친구동아리는 지우을 포함한 5명의 학생들이 함께 모임과 활동을 하여 지우의 사회성과 의사소통 능력을 향상시키기 위하여 구성된 모임이다. 지우의 의사소통 능력은 비교적 좋은 편이며 곤충에 특별한 관심을 나타내고 있었다. 김 교사가 생각할 때 지우가 친구들과 함께 하는 데 가장 큰 어려움은 친구들을 만났을 때 자신이 좋아하는 곤충 이야기를 지나치게 많이 한다는 점이었다. 지우는 친구들과의 모임 시간 대부분을 곤충의 먹이에 대한 이야기로 보내곤 하였다. 친구들은 지우가 곤충에 관하여 많은 지식을 가지고 있다는 점에 놀라워했으나 점차 지우의 이야기에 귀를 기울이지 않게 되었다. 한편 친구동아리 학생들은 지우와 학교 근처 분식집에 갔다가 매우 당황스러웠던 경험에 대하여 이야기하였다. 지우가 분식집 종업원에게 "이 분식집은 메뉴가 올드하고 화학조미료를 너무 많이 사용한 것 같은데요. 청결상태도 엉망이군요"라는 말을 하여 매우 난처했었다고 하였다.

모두가 익히 알고 있는 보편적 명제인 '사람은 사회적 동물이다'라는 말처럼 사람들은 다른 사람들과의 사회적 관계 속에서 지속적으로 상호작용을 한다. 사회성은 다른 사람들과의 관계 속에서 실행되는 관계를 기반으로 하는 능력이다. 이에 따라 유치원 교육과정인 누리과정에서는 사회관계를 교육과정의 한 영역으로 정하였다. 사회성은 사회관계, 사회인지, 사회적 상호작용, 사회성, 사회적 기술 등과 같이 그 범주와 구체적 요소가 매우 다양하고 포괄적이다. 또한 애착과 정서, 놀이 등도 사회적 능력과 매우 밀접한 관련이 있다.

사회성은 사회적 관계 속에서 언어 행동이나 몸짓으로 표현될 수 있다. 예를 들어, 다른 사람에게 인사할 수 있는 사회적 기술을 지닌 아동의 경우, 그 기술은 '안녕하세요?'라는 언어로 표현될 수도 있고, 고개를 숙이며 인사하는 비언어적 행동으로 나타날 수도 있다. 경우에 따라서는 '눈인사'라고 하는 눈으로 인사를 나눌 수도 있다. 이처럼 다양한 표현 양식을 지닌 사회적 행동은 사회적 상황이나 상호작용 대상자에 의해 많은 영향을 받는다. 즉, '안녕하세요?'라는 말로 인사를 할 수 있는 사회적 능력을 지닌 아동의 경우, 친숙한 주변 사람들에게는 인사를 잘 할 수 있지만 낯선 사람에게는 그러한 사회적 능력을 발휘하지 못하고 부끄러워하며 어머니 뒤로 숨는 행동을 하는 경우도 종종 있다. 일반 대학생의 경우에도 모든 상황에서 사회적 능력을 잘 발휘하는 학생들이 있는가 하면, 새롭거나 낯선 상황에서 상호작용을 하는 데 어려움을 보이기도 한다.

다른 사람에게 인사할 수 있는 능력을 가지고 있으면서 실제 상황에서 상호작용 대상자에게 인사를 하는 것은 사회적 능력을 적절히 사용하는 것이며, 다른 사람에게 인사할 수 있는 능력을 갖고 있지만 실제 사람들을 만났을 때 인사하기에 어려움을 보이는 것은 이는 사회적 능력을 '사용'하는 데 어려움이 있는 것이다. 이와 같이 사회성은 사회적 기술을 습득하고 그것을 사회적 상황 속에서 적절히 사용할 수 있어야 한다. 이 사회적 기술을 적절히 사용할 수 있는 사회적 능력에는 여러 다양한 요인이 영향을 미치는데, 개인의 기질이나 성향, 정서적 능력 등도 이러한 요인 중 하나가 될 수 있다.

복잡하고 포괄적인 영역인 사회성의 세계는 자폐성 장애학생들에게는 더욱 어려운 영역이다. 사회적 상호작용에는 다른 사람들과 상호작용을 하는 과정에서 나타나는 복잡하고 다양한 과정이 포함되어 사회적 능력을 갖추고 있어야 할 뿐 아니라 이러한 능력을 적절히 활용할 수 있도록 상호작용 대상자의 관심과 마음 상태를 파악하고, 정서와 동기를 '읽을' 수 있어야 한다. 더불어 다양한 사회적 상황 속에서 발생하는 암묵적인 사회적 규칙을 파악하고 그에 적절한 반응을 할 수 있어야 하는데 자폐성 장애학생들의 경우 이 모든 과정에서 대개 많은 어려움을 나타낸다. 구체적으로 자폐성 장애학생들은 사회성 발달에 어려움을 보일 뿐 아니라 사회적 기술을 사회적 상황에서 적절히 사용하는 부분에서 더욱 어려움을 보인다. 자폐성 장애학생들이 사회적 상황에서 다양한 사회적 상호작용 대상자와 사회적 교환을 하는 데 어려움을 겪는 것은 기본적인 사회적 기술을 습득하지 못한 것 외에도 복잡하고 다양한 사회적 상황에서 사회적 상호작용 대상자의 관심과 마음 상태를 파악하거나 정서와 동기를 읽지 못하기 때문이다. 따라서 복잡하고 예측하기 어려운 사회적 상황에 적합한 사회적 행동을 하는 것은 더욱 어려운 일이 될 수 있다.

이 장에서는 자폐성 장애학생들의 사회적 상호작용의 특성을 살펴보고, 사회적 상호작용에서의 어려움을 개선할 수 있는 적절한 교수적 지원 방안을 제시하였다.

1. 자폐성 장애학생의 사회적 상호작용 특성

앞서 살펴본 바와 같이 사회적 상호작용의 결함은 자폐성 장애 진단의 핵심적 요소이며, 자폐증을 세상에 처음 소개한 Kanner(1943)의 자료에서부터 DSM-5에 이르기까지 모든 관련 문헌에서 사회적 상호작용에서의 질적 결함을 제시하고 있다. Kanner(1943)는 자폐인들은 사회적으로 고립되었으며 구체적으로 다른 사람들로부터 선택되기 위한 예비적 반응을 보이지 않고 혼자 놀이에 빠져 있으며 사람을 사물과 같이 여긴다고 하였다. 이후 자폐성 장애 진단 규준을 구체화시킨 DSM-IV(APA, 2000)에서는 사회적 상호작용의 질적 결함을 자폐성 장애의 핵심 진단 규준으로 규정하였다. (1) 비구어적 사용의 현저한 결함, (2) 발달 수준에 적절한 또래 관계를 발달시키지 못함, (3) 즐거움, 관심, 또는 성취를 자발적으로 나누려 하지 않음, (4) 사회적 또는 정서적 상호성의 결여가 그것이다. 2013년에 개정된 DSM-5(APA, 2013)에서는 자폐성 장애인의 핵심 결함 중 하나를 사회 의사소통에서의 질적 결함으로 제시하였다. 이와 관련한 구체적인 특성은 (1) 사회·정서적 상호성에서의 어려움, (2) 사회적 상호작용을 위해 사용하는 비언어적 의사소통 행동에서의 어려움, (3) 사회적 관계를 형성하고 유지하는 데 어려움으로 기술하고 있다.

〈표 3-1〉은 자폐성 장애학생의 사회 의사소통의 특성과 관련 행동의 예시이다.

표 3-1 자폐성 장애학생의 사회 의사소통 특성과 관련 행동의 예시

사회 의사소통 특성	관련 행동의 예시
사회·정서적 상호성의 어려움	• 다른 사람에게 사회적으로 적절한 접근을 하는 데 어려움 • 다른 사람의 감정 인식의 어려움 • 자신의 감정 표현의 어려움 • 즐거움, 관심, 정서, 애정 등을 다른 사람과 공유하는 데 어려움 • 관심 있는 물건 보여 주기, 가져오기, 가리키기 행동의 어려움 • 다른 사람이 칭찬에 적절한 반응을 나타내는 데 어려움 • 자신의 관심사를 다른 사람과 공유하는 데 어려움
사회적 상호작용을 위해 사용하는 비언어적 의사소통 행동의 어려움	• 눈 맞춤, 응시행동의 어려움 • 다른 사람의 몸짓을 이해하거나 의사소통을 위한 몸짓 사용에서의 어려움 • 얼굴표정을 포함한 비언어적 의사소통행동 사용의 어려움 • 의사소통을 위해 목소리의 크기를 조절하거나 적절한 억양을 사용하는 데 어려움 • 문서화되지 않거나 비유적인 표현(예: 유머 풍자, 속담 등)을 이해하는 데 어려움
사회적 관계 형성과 유지의 어려움	• 사회적 규약과 사회적 기대를 이해하지 못함 • 다른 사람의 사회적 행동을 적절히 해석하는 데 어려움 • 대인 간 사회적 상호작용의 어려움 • 다양한 사회적 맥락에 맞게 행동하는 데 어려움 • 사회적 상호작용을 시작하고 반응하는 데 어려움 • 발달 수준에 적절한 또래 관계 형성의 어려움

출처: American Psychiatric Association (2013)의 진단 규준과 관련 내용을 재구성함.

2. 자폐성 장애학생에게 필요한 주요 사회적 기술

다양하고 포괄적인 기술을 포함하고 있는 사회적 기술은 자폐성 장애학생을 위한 핵심 교육과정의 내용이다. 자폐성 장애학생을 위한 핵심 교육과정의 내용으로 언급되고 있는 몇 가지 사회적 기술은 〈표 3-2〉에 제시된 바와 같다.

표 3-2 자폐성 장애학생을 위한 핵심 교육과정의 내용

1. 의사소통기술
   - 언급하기
   - 다양한 주제로 대화하기
   - 일반적인 상호작용
   - 칭찬해 주고 칭찬 듣기
   - 지시하기
   - 다른 사람에게 인사하기
   - 대화 시작하기
   - 대화에 참여하기
   - 상호작용 유지하기
   - 다른 사람에게 반응하기
   - 다른 사람의 이름 부르기
2. 비구어적 사회적 기술
   - 애정(affection) 주고받기
   - 정서 파악하기
   - 미소 짓기
   - 얼굴표정이나 몸짓과 같은 비구어적 행동 이해하기

3. 협력적 행동
   - 지시 따르기
   - 규칙 따르기
   - 다른 사람 돕기
   - 다른 사람 참여시키기
   - 사회적 기대와 관습 따르기
4. 중심 행동
   - 눈맞춤
   - 시작행동
   - 공동관심 기울이기
   - 도움 요청하기 또는 관심 요청하기
5. 놀이기술
   - 장난감을 가지고 놀이하기
   - 게임 놀이하기
   - 가장 놀이
   - 나누기
   - 스포츠맨십
   - 주고받기
6. 정서 인식과 표현
7. 사회·정서적 상호성

출처: Luiselli (2008), p. 271에서 수정 발췌 및 수정 보완함.

1) 의사소통기술

어떤 학생이 친구에게 "같이 놀자"라고 말을 하면서 상호작용을 시작하는 행동은 의사소통 행동이면서 사회적 기술이다. 이처럼 의사소통기술과 사회적 기술은 명확히 구분할 수 없을 정도로 상호 연계되었다. 이에 따라 DSM-5에서는 사회적 상호작용의 질적 결함과 의사소통에서의 질적 결함을 사회의사소통의 어려움으로 통합하여 이해하고자 하였다.

사회적 상호작용을 위한 의사소통기술에는 상호작용 대상자를 만났을 때 "안녕?"하고 말하며 상호작용을 시작하는 시작행동, 다른 사람들이 이미 이야기를 나누고 있는 상황에서 적당한 때 이야기에 끼어들거나 대화에 참여하기, 대화 주제에서 벗어나지 않으면서 대화 유지하기, 다른 친구들의 시작행동에 반응하기, 다른 사람의 이름을 부르기, 다른 사람에게 칭찬을 하거나 다른 사람의 칭찬을 듣는 행동, 다른 사람에게 인사하기, 무엇인가에 대하여 이야기를 하거나 지시하기, 다양한 주제로 이야기하기 등이 있다(Luiselli, 2008). 이 외에도 다른 사람과 상호작용을 하는 동안 일어나는 모든 행동은 의사소통기술이 될 수 있는데, 이러한 의사소통 행동은 구두어(verbal language)만이 아닌 몸짓이나 얼굴표정과 같은 다양한 행동으로도 이루어질 수 있다. 의사소통기술에 관련한 보다 자세한 내용은 이 책의 제4장을 참조하기 바란다.

2) 비구어적 사회적 기술

사회적 상호작용은 언어를 포함한 다양한 수단을 통해 이루어질 수 있다. 예를 들어, 〈표 3-2〉에 제시된 '다른 사람과 애정을 주고받기'라는 행동은 구체적인 언어로 표현할 수도 있지만 다른 사람을 향한 얼굴 표정이나 눈빛으로 이루어질 수도 있다(Luiselli, 2008). 또한 다른 사람의 얼굴 표정이나 눈빛을 보면서 그 사람의 정서를 이해할 수 있다. 다른 사람을 향해 미소를 짓는 행동은 사회적 시작 행동이기도 하며, 헤어질 때 보내는 인사이기도 하고, 어색한 상황을 부드럽게 하기 위한 행동이 될 수도 있다.

비구어적 사회적 기술은 사회적 단서를 파악하여 이해하고 적절히 사용하는 능력이다. 어린 아이들은 사회적 상호작용을 시작하기 위해 '같이 놀자'라고 명시적 언어로 표현할 수도 있지만 때로는 같이 놀고 싶은 친구 앞에 가서 자동차를 붕붕거리는 행동을 나타냄으로써 같이 놀고 싶다는 표현을 할 수도 있다. 이와 같이 명시적 언어로 표현되지 않은 미묘하고 복잡한 비구어적인 사회적 단서를 이해하는 것은 사회적 상호작용의 필수 요소이다.

사회적 단서에 대한 이해는 다른 사람과 대화를 하거나 다른 사람의 정서를 파악하고 정감을 주고받는 모든 사회적 상황에서 필요하다. 자폐성 장애아동은 복잡한 사회적 단서를 이해하고 사용하는 데 어려움을 보이기 때문에 적절한 사회적 관계를 형성하고 사회적 상호작용을 하는 데 많은 어려움을 나타낸다. 구체적으로 다른 사람의 얼굴 표정이나 눈맞춤, 몸짓과 같은 비언어적 단서를 이해하고 사용하는 데 어려움을 보인다. 언어를 사용할 때도 목소리 크기, 높낮이 등과 같은 운율학적 요소를 적절히 사용하지 못하는데 이 또한 사회적 단서를 이해하고 표현하는 데 어려움이 있는 것으로 해석된다. 이에 따라 자폐성 장애학생의 사회적 능력을 향상시키려면 비사회적 단서를 이해할 수 있도록 지도해야 한다. 사회적 단서 이해와 관련한 내용은 이 책의 제5장을 참조하기 바란다.

3) 협력적 행동

협력적 행동이란 다른 사람의 지시를 따르거나 규칙을 따르고, 다른 사람을 도우며 공동 작업을 해야 하는 상황에서 다른 사람을 참여시킬 수 있는 능력을 의미한다. 사회적 상황에서 다른 사람과 협력하는 행동은 그 사회 내에서 한 구성원으로 인정받을 수 있는 매우 중요한 행동이다. 예를 들어, 교실 청소를 하는 동안 친구들과 함께 청소를 하는 행동이나 가정에서 식사 준비하시는 어머니를 돕기 위해 수저를 가져다 식탁을 차리는 행동 역시 협력적 사회적 행동이다. 교실과 지역사회, 가정의 규칙을 따르는 것과 교사나 부모의 지시를 따르는 것도 협력적 행동에 포함된다(Luiselli, 2008).

사회적 기대와 관습을 이해한다는 것은 사회적 상황과 연령에 적합한 행동을 한다는 것을 의미하여 사회적 상황에서 다른 사람과 행동을 조율하고 조절한다는 의미에서 협력적 행동으로 이해된다. 예를 들어, 도서관에서는 조용히 해야 한다는 것을 알고 조용히 책을 읽는 행동을 한다거나 경기장에서 자신이 응원하는 팀을 위해 큰 소리로 응원하는 것은 사회적 관습이나 기대를 잘 이해하고 다른 사람을 배려하는 행동이다. 이러한 사회적 기대와 관습은 개인이 속한 사회나 연령, 또래 문화 등의 영향을 받는다. 한 어린아이가 지하철에서 어머니 품에 안겨서 작은 소리로 노래를 부른다면 그 행동은 사회적 기대에서 많이 벗어나지 않는 행동이지만 18세 청소년이 그러한 행동을 한다면 그것은 사회적 기대에 적합하지 않은 행동으로 간주될 것이다.

대부분의 자폐성 장애학생들을 이러한 사회적 기대와 사회적 관습을 이해하는 데 많은 어려움이 있기 때문에 사회적 기대에 적합하지 않은 행동을 할 가능성이 높다. 그러므로 대상 학생이 소속된 사회에서 요구하는 사회적 기대와 사회적 관습을 포함한 협력적 행동을 명시적인 언어와 구체적인 내용으로 안내할 필요가 있다.

4) 중심행동

중심행동(Pivotal Behaviors)이란 사회적 상호작용을 위해 필요한 기본 행동을 의미한다. 구체적으로 상호작용 대상자에게 눈을 맞추고 대상자를 바라보는 응시행동, 상호작용 대상자와 공동의 관심 기울이기, 다른 사람의 관심을 이끌어 내는 행동이나 관심 요청하기, 사회적 상호작용을 시작하기 위한 시작행동과 다른 사람들에게 도움 요청하기 등은 사회적 상호작용을 위한 기본적인 행동이다. 사람들은 이러한 행동을 습득하여 점차 복잡하고 다양한 사회적 행동을 하게 된다. 따라서 이러한 행동을 중심행동이라 한다.

(1) 눈맞춤과 응시행동

사회적 상호작용 대상자에게 눈을 맞추고 바라보는 응시행동은 매우 중요한 사회적 행동이다. 어린 아기들은 대부분 어머니와 눈을 맞추고 어머니의 시선을 바라보며, 어머니가 바라보는 곳을 따라 시선을 움직일 수 있다. 즉, 간단하게 눈을 마주치는 행동에서부터 상호작용 대상자의 시선을 계속 추적하는 행동에 이르기까지 다양한 행동을 하게 된다. 이러한 행동은 상호작용 대상자를 향한 방향성(orientation)으로 수많은 사회적 자극 중 필요한 자극에 집중할 수 있도록 조절하기 위한 중요한 생물학적 특성이다. 사회적 방향성(social orienting)은 청각적 자극이나 시각적인 사회적 자극을 향한 행동으로 주로 자극을 향해 머리를 돌리거나 쳐다보는 행동으로 나타난다(Oosterling et al., 2010; Tarbox et al., 2014). 자폐성 장애아동은 이러한 사회적 자극에 대한 방향성을 나타내는 행동인 눈맞춤과 응시행동을 발달시키지 못하거나, 발달시키더라도 일반

아동에 비해 낮은 수준의 행동을 나타낸다(Paparella, Goods, Freeman, & Kasari, 2011). 그러나 일부 자폐아동들은 주양육자인 부모에게 분명한 눈맞춤 행동은 보이지 않지만 어머니의 얼굴을 만지는 것과 같이 자신만의 독특한 행동으로 눈맞춤과 응시행동을 대체하기도 한다(Filipek et al., 1999).

(2) 공동관심

사회적 상호작용 대상자와 상호작용을 하는 과정에서 특정한 사물이나 대화 주제에 서로 같은 관심을 보이는 것 또한 중심 행동의 하나이다. 예를 들어, 어린 아기가 어머니의 관심을 끌기 위해 자신의 장난감을 바라보며 손가락으로 지적하기를 하여 어머니의 관심을 유도하고 어머니도 어린 자녀와 함께 그 장난감에 관심을 기울이는 것은 어머니와 어린 자녀 간의 상호작용이 적절히 이루어지고 있음을 나타낸다. 일반 아동들은 6~18개월 사이에 지적하기(pointing)를 하거나 다른 사람의 시선의 움직임을 따라가면서 그 사람의 관심을 함께 공유할 수 있다(Tarbox et al., 2014). 그러나 자폐성 장애아동은 시선의 움직임이나 지적하기와 같은 시각적 단서를 따르지 못하거나 다른 사람을 관심을 불러일으키기 위한 시작행동을 하거나 다른 사람이 공동관심을 유도하기 위해 나타내는 비구어적 몸짓을 이해하지 못한다.

공동관심(joint attention)에는 '공동관심에 반응하기(response to joint attention: RJA)'와 '공동관심 시작하기(initiation of joint attention: IJA)'라고 하는 두 가지 상호보완적인 행동이 있다. 대개 일반 아동은 양육자가 지적하는 것을 바라볼 수 있으며, 자신이 관심 있는 것을 어머니와 공유하기 위해 스스로 지적하기를 할 수도 있다. 이러한 관심 공유 행동은 사회적 교류와 다른 사람들과의 상호작용에 대한 참여의 기초가 되는데, 자폐아동은 이러한 관심 공유 행동에서 어려움을 보인다.

그러나 일부 자폐아동은 관심 공유행동을 보이지만 다른 사람과 경험을 공유하기 위해 시선을 조절하는 부분에서는 여전히 어려움을 나타낸다. 하지만 자폐성 장애아동의 이러한 몸짓은 눈맞춤과 적절한 조화를 이루지 못하거나 다른 사람과 사회적 상호작용을 시작하기 위한 것보다 자신에게 필요한 것을 충족시키기 위한 행동일 수도 있다(Baron-Cohen et al., 1999; Tarbox et al., 2014).

(3) 사회적 상호작용 시작행동 및 다른 사람의 관심 요청하기

친구를 만났을 때 손을 흔들거나, 말로 "안녕?"이라고 인사하기, 다른 친구들에게 같이 놀자라고 말하기 등은 사회적 상호작용을 위한 시작행동이면서 다른 사람의 관심을 이끌어 내기 위한 행동이다. 다른 친구에게 같이 놀자라는 눈빛을 보내거나 얼굴 표정이나 몸짓으로 말하기도 이러한 사회적 상호작용의 시작행동과 다른 사람의 관심을 요청하는 행동에 해당한다.

자폐성 장애학생들은 이러한 상호작용 시작행동이나 관심 요청하기 행동에 어려움을 겪는다. 따라서 사회적 상호작용을 위한 교육을 실시할 때 이러한 중심 행동을 우선적으로 지도하는 것이 바람직하다.

5) 놀이기술

어린아이들에게서 자연스럽게 나타나는 놀이기술은 매우 다양한 능력을 필요로 한다. 예를 들어, 친구에게 "놀자"라고 놀이를 제안하거나 놀이를 유지하기 위하여 놀이를 구성하고 역할을 정하려면 충분한 의사소통 능력이 있어야 하며, 그와 더불어 인지 능력과 사회적 능력이 필요하다. 또한 유아들의 거친 놀이나 규칙이 있는 게임 등을 위해서는 충분한 운동 능력이 필요하다. 그리고 상상력을 필요로 하는 가장놀이는 놀이에서 매우 많은 부분을 차지하는데, 자폐성 장애학생들의 경우 이러한 놀이기술의 발달에 전반적인 어려움을 보인다.

구체적으로 장난감을 가지고 하는 놀이의 경우에도 장난감을 그 기능대로 사용하기보다는 특정 형태의 상동행동이나 반복행동을 하는 경향이 있으며, 게임놀이의 경우, 게임의 규칙을 적절히 이해하고 참여하는 데 어려움을 나타낸다. 또한 '마치 ~인 체' 해야 하는 가장 놀이에 참여하는 것에서는 더욱더 많은 어려움을 보인다. 예를 들어, 전화기가 아닌 막대를 가지고 전화기인 체하거나 역할 놀이에서 다른 사람의 역할을 수행하는 것, 즉 아빠 역할을 하거나 엄마 역할을 하는 데 많은 어려움을 보인다. 또한 팀을 나누어 경기를 할 때는 경기의 규칙을 이해하거나 경기에서 이기고자 하는 동기의 부족 등으로 팀 경기에 필요한 스포츠맨십을 이해하고 그에 적합한 놀이 행동을 하는 데 어려움을 보인다.

주고받기는 이러한 모든 놀이과정에서 필요한 핵심 기술 중 하나이다. 즉, 다른 한 친구가 이야기를 하면 앞에 있는 친구는 그 이야기에 반응하는 것과 같은 순서를 지키며 놀이 행동을 교대하고 주고받는 행동 또한 매우 중요하지만, 자폐성 장애학생에게는 매우 어려운 기술에 해당한다.

6) 정서 인식과 표현

정서 인식이란 자신과 다른 사람의 다양한 정서를 이해하는 것이다. 사람들의 기본적인 정서는 기쁨, 즐거움과 같은 긍정적인 정서와 불안, 분노, 슬픔과 같은 부정적 정서가 있다. 그 외 수줍음이나 부끄러움, 죄의식 등은 2차 정서로 분류되기도 한다. 사람들은 일상생활을 하는 동안 다양한 정서를 이해하고 표현하게 되는데, 정서 표현의 적절성은 사회적 수용도에서 매우 중요한 요소이다. 예를 들어, 긍정적 정서라 할지라도 과도하게 표현할 경우 다른 사람들이 그러한 정서 표현을 적절한 것으로 판단하기 어렵기 때문이다. 더욱이 부정적 정서를 강하게 표현하거나 사회적으로 적절하지 않은 방식으로 표현할 경우, 그것은 자신과 다른 사람의 일상적인 생활을 방해하고 사회적으로 수용되기 힘든 문제행동이 될 수 있다.

자폐성 장애인들은 다른 사람의 정서를 인식하고 자신의 정서를 표현하는 데 어려움을 보인다. 더불어 다른 사람이 행동하고 생각하고 감정을 느끼는 것과 관련해서 자신의 행동을 조절하는 데 어려움을 보인다. Hobson(2010)은 자폐성 장애인들은 다른 사람의 얼굴표정을 이해하는 능력이 부족하고 다른 사람의 감정을 잘 해석하지 못한다고 하였다. 구체적으로 자폐성 장애아동은 다른 사람의 감정과 정서에 공감하는 데 어려움을 보인다. 다른 사람이 슬퍼하거나 몸이 아프다고 할 때도 일반 아동에 비해 그러한 정서에 관심을 기울이거나 위로하는 행동을 덜 나타낸다. 물론 모든 자폐성 장애아동이 정서를 이해하고 표현하는 능력이 부족하다고 말하기는 어렵지만 일반 아동과 비교했을 때 부족하거나 적절하게 표현하는 데 어려움이 있다. 때로는 자폐성 장애학생의 정서 인식과 표현 양식이 일반학생들과 다른 방식으로 표현되어서 일반인이 이해하기 어렵기 때문에 부족한 것으로 이해될 수도 있다. 예를 들어, 어떤 자폐성 장애학생은 다른 사람이 아파할 때 아픈 사람의 얼굴을 흘깃 바라보며 혼잣말처럼 '아파'라고 표현할 수도 있다. 그러나 대체로 일반인에 비해 다른 사람의 정서적 상태를 이해하는 데 어려움을 보이거나 관심을 기울이지 않는 경향이 있다.

다른 사람의 정서를 잘 이해하고 그에 적절한 반응을 하려면 다양한 정서를 아는 것도 필요하지만 다양한 표현 방식을 이해할 수 있어야 한다. 예를 들어, 어떤 사람은 자신의 정서를 언어로 표현하지만 얼굴표정이나 몸짓, 목소리 톤, 자세 등과 같은 비언어적인 의사소통 양식을 통하여 자신의 정서를 표현할 수도 있다. 그러므로 다양한 방식으로 표현되는 다른 사람의 정서를 이해하려면 대인지각으로 불리는 사회적 인지, 즉 다른 사람의 마음을 이해할 수 있는 마음이해능력이 발달되어야 하는데 자폐성 장애인은 이러한 마음이해능력에 어려움이 있다. 이러한 여러 가지 어려움으로 인하여 다른 사람의 정서를 이해하고 반응하는 부분에서 많은 어려움을 나타낸다. 또한 자신의 정서 이해에 어려움을 보이며 적절한 방법으로 자신의 정서를 표현하고 조절하는 데 어려움을 나타낸다.

7) 사회 · 정서적 상호성

사회 · 정서적 상호성이란 사회적 상호작용을 하는 과정에서 다른 사람과 적절한 사회적 관계와 정서적 상호작용을 하는 것을 의미한다. 예를 들어, 어린 아이들이 어머니에게 안기기 위하여 두 팔을 벌리고 안기려는 자세를 취하는 것, 친구들과 놀이를 하는 것, 좋아하는 친구와 일상적인 대화를 나눈다거나 친구에게 안부를 묻는 것, 애정을 표현하는 것, 사회적 상호작용을 시작하거나 반응하는 행동, 다른 사람과 즐거움을 공유하거나 자신의 성취에 대해 다른 사람에게 자랑하고 인정받고자 하는 행동 등은 사회 · 정서적 상호성에 해당하는 행동이다. 이처럼 다른 사람의 정서에 반응하고 다른 사람을 위로하거나 다른 사람에게 위로를 받는 행동은 사회 · 정서적 상호성에 해당한다.

자폐성 장애학생들은 이러한 사회 · 정서적 상호성에서 많은 어려움을 보이며 때로는 이러한 부분에 전혀 관심이 없는 것으로 보일 수 있다. 그러나 자폐성 장애인들은 표현하는 방식이 일반인의 방식과 다른 형태로 표현할 수도 있다. 따라서 자폐성 장애학생이 나타내는 행동의 기능을 이해하고 이를 사회적으로 적절한 형태로 대체할 수 있도록 바람직한 사회적 기술을 지도할 필요가 있다.

3. 자폐성 장애학생을 위한 사회성 지도 방안

자폐성 장애학생에게 필요한 사회적 기술은 학교 교육과정에 참여하고 일상생활을 하는 동안 자연스럽게 습득될 수 있다. 대개 이러한 사회적 기술을 위하여 특정 교과 시간을 따로 구성하거나 구체적이고 명시적으로 교육하기보다는 학교생활 중에 여러 교육과정 속에서 자연스럽게 습득될 수 있도록 지도하는 경향이 있다. 예를 들어, 점심시간에 줄서기를 하면서 사회적 규칙을 습득하거나, 쉬는 시간 중 또래와 상호작용을 하는 동안 '한 팔 간격 떨어져 앉기'와 같은 적절한 사회적 행동을 지도할 수 있다. 자폐성 장애학생의 사회적 능력을 촉진시키기 위한 교육은 다양한 상황 속에서 여러 친구와 상호작용하는 모든 일과를 통해 자연스럽게 습득할 수 있도록 지도하는 것이 바람직하다. 그러나 때로는 반드시 필요한 사회적 기술을 습득할 수 있도록 지도하고 습득된 사회적 기술을 사회적 상황 속에서 사용할 수 있도록 연습할 수 있는 기회를 의도적으로 제공하여, 적절한 사회적 행동을 습득하고 사용할 수 있도록 지원해야 할 필요가 있다.

이에 따라 이 절에서는 여러 연구를 통해 자폐성 장애학생의 사회성 기술 중재에 효과가 있는 것으로 입증된 몇 가지 중재 방법을 소개하고자 한다.

1) 그림교환의사소통체계

그림교환의사소통체계(Pciture Exchange Communication System: PECS)는 사회 의사소통에 많은 어려움이 있는 자폐성 장애학생들의 사회적 상호작용과 의사소통 능력을 향상시키기 위하여 개발되었다. 그림교환의사소통체계는 어린 아동들의 초기 의사소통을 위해 그림 중심 방법을 주로 사용하였던 Delaware Autistic Program(DAP)에서 개발되었다. 여러 연구결과에 의하면 그림교환의사소통체계는 자폐성 장애학생의 사회·의사소통 능력의 향상과 문제행동 감소에 효과적인 것으로 나타났다(김영익, 권순복, 2006; 문현미 외, 2007; 상지연, 김은경, 2009; 이효신, 이정남, 2004; 한은선, 김은경, 2016; 허은정, 2010; Bondy & Frost, 1994; Charlop-Christy, Carpenter, & LeBlanc, 2002; Lerna, Esposito, Conson, Russo, & Massagli, 2012).

(1) 그림교환의사소통체계의 특성

그림교환의사소통체계를 처음 소개한 Bondy와 Frost(1994)는 그림교환의사소통체계의 특성을 다음과 같이 설명하였다.

- 그림교환의사소통체계는 자폐성 장애학생의 사회 의사소통 능력을 향상시키기 위하여 개발되었다.
- 행동형성, 차별강화, 자극통제의 전이 등과 같은 행동주의 원리와 방법을 기반으로 하지만 사회적 상황 속에서 의사소통 행동을 가르친다는 점에서 자연적 중재 방법도 활용한다.
- 그림교환의사소통체계는 보완대체 의사소통의 한 방법이지만 아동이 의사소통 대상자에게 접근해야 하고 상호작용을 먼저 시작한다는 점에서 차이가 있다.
- 그림교환의사소통체계에서 사용하는 그림 카드는 시각적 지원의 한 방법이므로 자폐성 장애학생들의 특성에 적합하다.
- 그림교환의사소통체계에서 강조하는 주로 강조하는 교육 내용은 아동이 원하는 것을 '요청하기' '질문에 대답하기' 사회적인 상호작용을 위한 '설명하기(comment)' 등이다. 요청하기를 첫 번째 의사소통 행동으로 가르치는 것은 아동이 의사소통 대상자에게 원하는 물건을 요청하고 의사소통 대상자는 그에 대한 반응으로 원하는 물건을 즉각적으로 제공하여 자연적으로 의사소통 행동이 강화받을 수 있게 되며, 이에 따라 의사소통을 하고자 하는 동기를 촉진할 수 있다.
- 그림교환의사소통체계는 일상생활 속에서 의사소통 대상자와 의미 있는 상호작용을 촉진한다.
- 그림교환의사소통체계를 적용하는 초기 훈련 단계에서는 복잡한 선수 기술을 필요로 하지 않기 때문에 초기 의사소통 행동을 습득해야 하는 어린 영유아나 능력이 낮은 자폐성 장애학생에게도 적용할 수 있다.

(2) 그림교환의사소통체계의 적용 방법

Bondy와 Frost(1994)는 그림교환의사소통체계를 적용하기 위한 훈련 절차를 6단계로 개발하였다. 1단계에서는 '교환개념'을 지도하고 2단계와 3단계에서는 각각 '자발적 교환'과 '그림 변별' 훈련을 하며, 4단계에서는 '문장 사용'을 훈련하고, 5단계는 '질문에 대답하는 것'을 지도하며, 마지막 단계인 6단계에서는 '질문에 대한 반응으로 설명하는 것'을 훈련한다.

그림교환의사소통체계를 적용할 때 교사들은 먼저 〈표 3-3〉에 제시된 바와 같은 단계별 훈련 절차를 잘 지켜야 하고 아동의 일과 중에 그림교환의사소통체계를 연습할 수 있는 기회를 자주 제공해야 한다. 그리고 아동과 자주 상호작용하는 가족, 교사, 또래 친구들이 의사소통 대상자로 적극 참여해야 효과적이다(박계신, 박현옥, 이효신 공역, 2015). 그림교환의사소통체계의 훈련 절차와 내용은 다음과 같다(Bondy & Frost, 1994; https://pecsusa.com/pecs/).

표 3-3 그림교환의사소통체계의 단계별 훈련 방법

단계	훈련 규칙 및 절차
1단계 의사소통 방법 지도 (교환 개념 지도 및 교환 훈련)	1. 아동이 원하는 것, 즉 아동의 선호도를 파악한다(선호도는 몇 가지 사물을 책상 위에 올려 두고 아동이 먼저 집거나 가지고 노는 것, 빨리 사용하는 것이 무엇인지 관찰하여 파악할 수 있다). 선호도를 파악하는 과정에서 유의할 점은 훈련자가 아동에게 원하는 것이 무엇인지 질문하지 않아야 한다. 즉, 훈련자는 아동에게 "뭘 줄까? 네가 원하는 것 좀 보여 줘. 이거 줄까?" 등의 말을 하지 않는다. 훈련자는 질문하지 않고 아동이 좋아할 만한 몇 가지 물건을 제시하고 아동이 선택하는 것을 관찰한다. 2. 선호하는 것이 무엇인지 확인되면, 훈련자는 아동이 선택한 선호물을 제외한 모든 물건을 치운다. 3. 훈련자는 아동이 충분히 볼 수 있는 위치에서 선호물을 보여 준다. 그리고 아동이 선호물을 향해 손을 뻗으려 할 때, 훈련자는 선호물의 그림카드를 아동의 손에 놓는다. 4. 아동이 그림 카드를 손에 쥐고 있을 때, 훈련자(또는 보조자)는 아동이 그 그림 카드를 훈련자가 내민 손에 놓도록 신체적 안내를 한다. 5. 아동이 그림 카드를 훈련자에게 주는 순간 훈련자는 아동에게 즉각적으로 미소를 지으며, 아동이 원하는 것을 주면서 "그래, 너는 이거 원했구나? 여기 있어"라고 말한다. 이 단계는 아동이 원하는 것과 아동이 가지고 있는 그림 카드를 교환한 첫 번째 교환 단계이다. 6. 훈련자는 그림카드와 아동이 원하는 것을 교환하는 것을 계속하면서 아동이 그림 카드를 집는 것에 대하여 제공하였던 신체적 촉진을 점차 줄여 나간다. 7. 훈련자는 아동이 그림카드를 집을 때마다 계속 손을 벌려서 아동이 그 손에 그림카드를 놓을 수 있도록 한다. 8. 아동이 훈련자가 벌린 손에 그림 카드를 집어 놓을 수 있게 되면 훈련자는 손 벌리기 단서를 줄여 간다. 9. 이 단계의 최종 목표는 아동이 테이블 위에 있는 그림카드를 집어서 훈련자에게 주고 원하는 것을 받는 것이다. 10. 이 단계에서 훈련자는 아동의 앞이나 뒤에 위치한다.

2단계 자발적 교환 훈련	이 단계에서 훈련자는 아동으로부터 조금 더 멀리 떨어진 곳으로 움직이고 의사소통 판도 아동으로부터 보다 멀리 놓는다. 이 단계에서 아동은 교환을 하려면 의사소통 대상자에게 가까이 가서 그림을 가져야 한다는 것을 배우게 된다. 이때 훈련자는 의사소통 대상자를 향해 아동이 움직이는 것, 특별히 의사소통 대상자의 손을 향해 움직이는 것을 촉진해야 한다. 이 단계를 실행하는 과정에서 유의할 점은 여러 의사소통 대상자(훈련자)에게 훈련을 받도록 하여, 이후 다양한 사람들과 의사소통을 시작할 수 있도록 해야 한다는 것이다. 또한 이 단계에서 2명의 훈련자가 참여하는데 훈련자 1은 아동의 시야에서 조금 멀리 이동하여 아동이 그림을 향해 다가가도록 하고, 훈련자 2는 아동이 훈련자 1의 얼굴이나 어깨를 만지도록 시범 보이거나 신체적으로 촉진한다. 자발적 교환 훈련을 위한 구체적인 방법은 다음과 같다. 1. 훈련자가 아동이 원하는 물건을 들고 있고 아동이 가까이 가려 하면 훈련자는 약간 뒤로 물러나서 아동이 훈련자에게 접근하기 위해 일어나도록 한다. 2. 교환이 이루어지면(아동이 그림 카드를 주면), 훈련자는 아동에게 원하는 물건(과자 제공)과 사회적 강화("음, 너는 이 과자를 원했구나.")를 제공한다. 3. 이와 같은 훈련을 계속하면서 훈련자는 아동과의 거리를 점차 늘려 간다. 4. 이 단계의 마지막에서 아동은 스스로 자신의 의사소통판으로 가서 의사소통판에 있는 그림 카드를 떼어, 훈련자에게로 가서 훈련자의 손에 카드를 놓을 수 있다.
3단계 그림 변별 훈련	1. 이 단계에서는 의사소통 판에 있는 두 가지 이상의 그림을 변별하는 것을 습득하도록 한다. 이 훈련을 위해 교사는 의사소통 판에 아동이 선호하는 것과 선호하지 않는(혹은 중립적인) 2개의 그림카드를 붙이고 아동에게 잘 보일 수 있도록 놓아둔다. 물론 이 단계에서도 언어적 촉진을 하지 않는다. 2. 아동이 그림 카드를 집어서 교사에게 주면 교사는 아동이 원하는 물건과 교환하도록 아동에게 그림카드에 있는 것(예: 작은 과자)을 준다. 3. 만일 아동이 교사가 들고 있는 물건과 다른 그림의 그림카드를 집으려 하면 "우리는 이것을 가지고 있지 않아요"라고 말하면서 적절한 물건의 그림카드를 집을 수 있도록 촉진한다. 4. 그림 변별 훈련 과정에서 아동에게 촉진이나 도움을 제공하여 그림들 간의 차이를 변별할 수 있도록 지속적으로 연습할 수 있다. 기회를 제공하고 연습 회기 중 80% 정도의 정반응을 보일 때까지 계속한다. 5. 이 단계에서 주의할 것 중 한 가지는 그림 카드의 위치를 계속 바꿔 주어 아동이 그림 카드의 위치를 기억하여 그에 따라 반응하지 않도록 해야 한다. 6. 아동이 원하는 새로운 그림 카드를 계속 추가하여 훈련할 수도 있고 그 외에 그림의 크기나 색깔을 달리하여 연습하도록 할 수도 있다. 그림 변별에 어려움을 겪는 아동을 위한 팁은 다음과 같다. • 선호하는 그림 카드는 눈에 띄게 두고 다른 카드는 그림 없이 검정색으로 색칠한 카드를 놓기 • 좋아하는 그림카드와 잘 모르는 그림 카드 놓아두기 • 좋아하는 그림과 좋아하지 않는 그림 놓아두기 • 점차 선호도가 유사한 2개의 카드를 제시하여 그중 정확한 카드 변별하도록 하기

4단계 문장 만들기 지도 (문장으로 표현하는 방법 지도)	1. 앞선 훈련 절차를 거쳐 4단계에 이르게 되면 대개 아동들의 의사소통 판에는 12개에서 20개 정도의 그림카드가 포함된다. 이 단계에서는 그림 카드의 크기를 조금 작게 하여 의사소통 판이나 의사소통 책에 정리해 둔다. 그림 카드의 수가 많아지면 특정 유형이나 영역에 따른 분류 체계에 따라 분류하여 쉽게 사용할 수 있도록 한다. 예를 들어, 음식, 장난감, 활동, 개인적 요구 등과 같이 주제별로 정리하여 색인 표시를 해 둘 수도 있다. 2. 아동은 몇몇 의사소통 대상자와 여러 가지 요구나 바라는 것에 대하여 의사소통적 교환을 할 수 있게 된다. 3. 이 4단계에서 아동에게 "나는 ~을 원해요"라는 문장을 사용하여 '원하는 것 요청하기'를 가르친다. 4. 이때 '나는 원해요' 그림카드는 문장 띠에 미리 붙여 놓고, 아동은 자신이 원하는 사물의 그림 카드를 붙인 후 그 의사소통 띠를 의사소통 대상자에게 제시하도록 한다. '나는 원해요' 그림카드는 대개 오른쪽 구석의 문장 띠에 고정시킨다. 훈련은 아동이 활용 가능한 전체 단어를 문장 띠에 사용할 수 있을 때까지 계속한다. 5. 훈련자/교사는 아동의 일상 환경을 구조화하여 하루 일과 전체를 통해 다양한 의사소통 기회 속에서 연습할 수 있을 때까지 계속한다. > 문장 띠는 약 4인치 × 1.5인치 정도의 크기로 만들어 의사소통 판의 오른쪽 아래 모서리 또는 중앙에 붙인다. 이 문장 띠에 '나는'과 '원해요'라는 2개의 단어를 의미하는 그림카드로 각각 붙이지 않고, '나는 원해요'라는 의미를 포함하는 그림카드를 사용한다.
5단계 질문에 반응하기 훈련	1. 이 단계의 목표는 아동이 일상생활 중 "뭘 줄까?"라는 질문에 대답하고 스스로 원하거나 필요한 물건과 행동을 요청하게 되는 것이다. 2. 훈련은 원하는 물건과 '나는 이것을 원해요'라는 카드를 의사소통 판을 제시하는 것으로 시작한다. 3. 교사는 '나는 이것을 원해요' 카드를 지적하면서 "뭘 줄까?"라고 질문한다. 4. 아동은 자신이 원하는 카드를 들어 문장 띠에 붙여 '문장'을 완성하여 원하는 물건을 그림카드와 교환하게 된다. 점차 "뭘 줄까?"라는 질문과 '원하는 그림'을 지적하는 시간은 0.5초에서 1초 정도로 짧아진다.

6단계 질문에 대한 반응으로 설명하기 훈련	1. 지금까지 아동이 다양한 상황, 그리고 다양한 사람들을 대상으로 '요청하기'라는 의사소통 기능을 사용하도록 훈련하였다.
	2. 6단계의 목적은 '새로운 의사소통 기능을 가르치는 것'이다. 명명하기 또는 이름 붙이기, 즉 "무엇을 보고 있니?"라는 새로운 질문과 앞서 습득한 "뭘 줄까?"라는 질문에 적절히 대답하도록 하는 것이다.
	3. 이 단계는 그다지 원하는 것은 아니지만 이미 요청할 수 있는 물건으로 시작한다. 5단계처럼 지연된 촉진을 사용한다.
	4. 훈련자는 테이블 위에 약간 선호하는 물건을 두고 '나는 이것을 보고 있어요' 또는 '나는 이것을 원해요' 그림카드를 올려 두거나 참조 그림과 문장 띠가 있는 의사소통 판 위에 이와 유사한 구를 놓아둔다.
	5. 참조 물건을 집으면 훈련자는 "뭘 보고 있니?"라고 질문하면서 '나는 ~을 보고 있어요' 카드를 지적하게 한다.
	6. 아동이 이 카드를 바로 지적하지 못할 경우, 이 카드를 문장 띠에 올려놓고 훈련자가 신체적으로 안내하여 아동이 지적하도록 한다.
	7. 카드를 문장 띠에 올려놓은 후 훈련자는 아동이 문장 띠에 원하는 물건의 그림 카드를 올려놓는지 알아보기 위하여 5초 정도 기다린다. 만일 아동이 적절히 반응하면, 훈련자는 "그래, 너는 ~를 보았구나"라고 설명하고 아동에게 아동이 본 것과 연관되지 않은 작은 보상물을 준다. 아동이 이름을 말한 물건은 보상으로 제공하지 않는데 그 이유는 아동이 그 물건을 요청했다는 사인으로 혼동할지 모르기 때문이다.
	8. 아동이 "뭘 보고 있니?"라는 질문에 대답할 수 있게 되면 훈련자는 "뭘 보고 있니?"라는 질문과 "뭘 줄까?"라는 질문을 아동에게 섞어서 제시한다. 이 단계에서 중요한 핵심은 "뭘 줄까?"라는 질문에 답할 경우 원하는 것을 제공하고, "뭘 보고 있니?"라는 질문에 답할 경우 원하는 것을 제공하지 않는다는 점이다. "뭘 보고 있니?"라는 질문에 정확히 답할 경우, 명명한 물건이 아닌 보다 효과적인 강화제에 의해 강화받도록 한다(예: 토큰과 같은 보상물, 칭찬 등).
	9. "뭘 보고 있니?"라는 질문에 따른 반응을 잘 습득하게 될 경우, 점차 물질 강화제는 소거하고 사회적 강화에 반응할 수 있도록 한다. 구체물과 같은 물질 강화를 소거시키는 것은 자발적인 명명하기나 언급하기를 가르칠 때 매우 중요하다.

출처: Bondy & Frost (1994)와 미국 PECS 홈페이지(https://pecsusa.com/pecs/)의 내용을 재구성하여 제시함.

2) 상황이야기

상황이야기(social story, social narrative)는 자폐성 장애학생의 특성을 고려하여 이들이 매일 접하게 되는 비구어적인 사회적 정보를 구체적이고 명시적인 정보로 설명하여 사회적 상황을 예측하게 하고 기대되는 사회적 행동을 할 수 있도록 돕는 것을 목

적으로 한다(Gray, 2015). 상황이야기는 사회적 상황에 대한 구체적 정보를 제공하여
현재 어떤 일이 일어나고 있는지, 왜 그러한 일이 일어났는지 등을 알게 하고 그러한
상황 속에서 다른 사람들은 어떻게 행동할 것인지 혹은 나는 어떤 행동을 해야 하는지
와 다른 사람들의 정서적 반응은 어떠할지 등에 대한 구체적인 정보를 제공한다(박현
옥, 2005; Gray, 2015). 상황이야기는 사회적 상황에 대한 설명에서 시작하여 상호작용
대상자들의 입장과 생각을 명시적으로 안내하고 그러한 상황에서 기대되는 사회적 행
동은 무엇인지를 구체적으로 설명한다(박현옥, 2005; Gray, 2015). 따라서 상황이야기
는 일과의 변화나 일상생활에 적응하는 것을 도울 수 있으며 사회적 상호작용과 의사
소통 능력을 촉진할 수 있고 적절한 사회적 행동을 습득하지 못하여 나타나는 문제행
동을 예방하는 데도 효과적이다(김완숙, 방명애, 2014; 김해선, 김은경, 전상신, 2016; 박현
옥, 2004; 박현옥, 2007; 전상신, 김은경, 2009; Adams, Gouvousis, VanLue, & Waldron, 2004;
Kokina, & Kern, 2010; McGill, Baker & Busse, 2015; Ozdemir, 2008; Scattone, Wilczynski,
Edwards, & Rabian, 2002). 상황이야기는 지난 20여 년간 여러 연구 결과를 통해 중재
효과가 입증된 방법이다(http://afirm.fpg.unc.edu/social-narratives).

(1) 상황이야기의 특성

상황이야기는 다음과 같은 특성을 지니고 있어 자폐성 장애학생에게 적용하기에 매
우 적합한 방법이다(박현옥, 2005; Gray, 2015).

- 상황이야기는 글자와 그림을 기반으로 하는 시각적 자료이다. 상황이야기는 자폐
  성 장애학생들의 강점인 시각적 능력을 활용할 수 있다는 점에서 긍정적이며 반
  복적으로 사용할 수 있다.
- 학생과 상황에 관한 개별화된 정보를 수집하고 그에 따른 이야기를 구성하므로
  개별 학생에게 적합한 내용과 문장으로 구성할 수 있다.
- 학생을 잘 아는 부모와 교사의 직접 관찰에 근거하여 부모와 교사가 직접 작성하
  므로 매우 실제적이고 개별 학생에게 적합한 내용을 구성하여 즉각적으로 적용할
  수 있다.
- 이야기의 주제는 일상생활 중 개별 학생이 어려움을 겪는 사회적 상황에 관련한
  것이므로 사회적 상황에 대한 이해 능력이 향상되고 다른 사람과 적절한 의사소

통 방법을 습득하게 된다.
- 상황이야기는 다른 사람 및 자신의 생각과 감정을 명시적으로 설명하므로 자폐성 장애학생들이 이해하기 어려운 자신과 다른 사람의 감정을 이해하는 데 도움을 받을 수 있다.
- 상황이야기는 학생이 수행해야 하는 적절한 행동을 구체적이고 간략하게 제시하므로 바람직한 사회적 행동을 수행하는 데 도움을 줄 수 있다.

(2) 상황이야기의 개발 및 적용

① 1단계: 상황이야기 주제 선정

상황이야기는 어려움을 경험하는 사회적 상황이나 앞으로 일어날 일에 대해 예측 가능성을 높여 주기 위한 내용들로 구성된다. 따라서 학생에게 필요한 상황이야기의 주제를 선정하는 것이 우선적으로 필요하다. 상황이야기는 1인칭이나 3인칭으로 작성하고, 주제를 선정하고 이야기를 작성하며 적용하는 모든 과정은 개별화되어야 한다. 예를 들어, 학교에서 자신의 담임선생님이 아닌 다른 선생님과 교육을 해야 하는 상황이나 수업 시간표가 바뀔 때 어려움을 겪는 학생의 경우, 그것을 상황이야기 주제로 선정할 수 있다(박현옥, 2005; Gray, 2015).

구체적으로 상황이야기 주제를 설정하기 위한 정보는 부모와 교사와 같이 아동을 잘 아는 사람에 의해 수집될 수 있다. 먼저 학생이 주로 어려움을 경험하는 상황은 어떤 상황인지를 파악한다(박현옥, 2005; Gray, 2015).

② 2단계: 학생과 상황에 관한 개별화된 정보 수집

상황이야기 작성에 앞서 다양한 정보를 수집해야 하는데, 정보를 수집하는 이유는 상황이야기가 필요한 주제를 설정하고 이야기 구성에 필요한 기본적인 정보를 파악하기 위한 것이다. 정보 수집 내용에는 학생이 겪는 어려움은 무엇인지, 어려움의 정도는 어느 정도인지, 어떤 상황에서 가장 많은 어려움이 있는지를 파악해야 한다(박현옥, 2005; Gray, 2015). 두 번째로는 이야기 구성 내용과 작성 방법을 파악하기 위하여 아동의 언어 이해 능력은 어느 정도인지, 글을 읽을 수 있는 아동인지, 좋아하는 것은 무엇인지 등과 같은 아동의 특성과 발달에 대한 정보를 파악해야 한다. 이와 관련된 정보는 교사나 부모와 같이 아동을 잘 아는 사람들과 면담을 하거나 아동을 직접 관찰하는 방법 등을 활용하여 수집될 수 있다(박현옥, 2005; Gray, 2015).

상황이야기는 이러한 과정을 거쳐 개별적으로 수집된 정보에 근거하여 작성되어야 한다. 최근에 개정된『새로운 상황 이야기 책(The New Social Story Book)』(Gray, 2015)에서는 크게 설명문과 코칭문으로 나누어 이야기를 구성하도록 제안하고 있다. 개별 학생을 위한 이야기를 작성할 때 무엇보다 중요한 것은 이야기의 내용이 대상 학생에게 적합해야 하며, 내용이 잘 전달될 수 있도록 작성하는 것이다.

설명문은 사실을 그대로 설명하는 설명문과 다른 사람의 관점을 설명하는 조망문, 설명한 내용을 강조하는 긍정문으로 구분된다. 〈표 3-4〉는 설명문의 유형과 내용이다. 코칭문은 부드럽게 학생의 행동을 안내하는 문장으로, 〈표 3-5〉에 제시된 바와 같이 청자 코칭문, 팀원 코칭문, 자기 코칭문으로 구분된다. 이 외에 내용을 이해했는지 점검하기 위한 미완성문도 이야기 작성을 위한 문장 유형에 포함될 수 있다. 미완성문은 이야기 중에 빈칸을 남겨 두어 청자(대상 학생)가 이야기의 내용을 잘 이해했는지 확인하거나 다음 단계에 어떤 일이 일어날지를 추측하기 위해 사용한다(Gray, 2015). 〈표 3-6〉은 미완성문의 예시이다.

표 3-4 설명문 유형

유형	내용	예시
설명문 (descriptive sentence)	이 문장은 관찰 가능한 상황적 사실을 설명하는 문장과 사실에 관련한 사회적인 가치나 통념에 관련한 내용을 제시한다.	사실 설명: 용돈은 나에게 필요한 것을 살 수 있도록 부모님께서 주시는 돈입니다. 사회적 가치 및 통념: 용돈을 아끼기 위해 필요한 물건만 구입하는 것은 매우 현명한 일입니다.
조망문 (perspective sentence)	이 문장은 다른 사람의 마음 상태나 생각, 느낌, 믿음, 의견, 동기, 건강 및 다른 사람이 알고 있는 것에 대한 정보 등에 관련한 정보를 제시한다.	다른 사람이 알고 있는 것에 대한 정보: 내 친구는 나에게 무엇이 필요한지 알고 있습니다. 느낌과 생각: 우리 부모님은 내가 맛있는 음식을 골고루 먹을 때 매우 기뻐하십니다.
긍정문 (affirmative sentence)	이 문장은 일반적인 사실이나 사회적 규범이나 규칙 등과 관련한 내용을 강조하기 위한 문장으로 '확정문' 또는 '강조문' 등으로 소개된 바 있다.	도서관에서 친구에게 꼭 해야 할 말이 있을 때는 아주 작은 목소리로 말할 것입니다. <u>그것은 매우 중요합니다.</u> 친구의 물건을 사용하고 싶을 때는 친구의 허락을 받은 후 사용할 것입니다. <u>이것은 매우 중요합니다.</u>

출처: Gray (2015), pp. liv-lvi에서 재구성하였음.

표 3-5 코칭문 유형

유형	내용	예시
청자 코칭문 (sentences that coach the audience)	이 문장은 이야기를 듣는 학생이 할 수 있는 행동이나 반응을 제안한다. 기존의 지시문에 해당한다.	쉬는 시간에 나는 그림을 그리거나 책을 읽거나 다른 조용한 활동을 할 수 있습니다.
팀원 코칭문 (sentences that coach the team)	이 문장은 양육자나 교사와 같은 팀 구성원이 학생을 위해 할 수 있는 행동을 제안하거나 떠올리도록 한다. 기존의 협조문에 해당한다.	우리 엄마는 나에게 수건 접는 방법을 알려 주실 것입니다.
자기 코칭문 (self coaching sentence)	이 문장은 학생이 부모나 교사와 함께 이야기를 검토하면서 학생이 이야기 구성에 참여하는 것이다. 자기 코칭문은 학생의 주도권을 인정하고 스스로 이야기를 회상하며 다양한 시간과 장소에서 이야기의 내용을 일반화시킬 수 있도록 돕는다. 기존의 통제문에 해당한다.	선생님이 "눈과 귀를 교실 앞에 두어라"라고 하시면 나는 선생님이 하시는 말씀을 잘 듣고 선생님의 행동을 잘 보라는 것을 뜻하는 것으로 이해하고 그것을 지키려고 노력하겠습니다.

출처: Gray (2015), pp. liv-lvi에서 수정 · 보완하였음.

표 3-6 미완성문의 예시

- 오늘 우리 선생님이 학교에 나오지 못하셨습니다. 왜냐하면 _____.
- 내가 아파서 보건실에 가야 한다면 먼저 선생님께 말씀 드리고 선생님의 허락을 받겠습니다. 만일 허락 없이 보건실로 간다면, 선생님께서는 _____.

③ 3단계: 상황이야기 작성

상황이야기는 개별적으로 수집된 정보에 근거하여 작성해야 하며, 대상 학생의 관심을 이야기에 포함시키고, 다음과 같은 이야기 작성 지침을 따르면서 작성하는 것이 바람직하다(박현옥, 2005; Gray, 2015).

표 3-7 상황이야기 작성 지침

- 상황이야기에서 묘사하는 사회적 상황과 사회적 단서와 반응은 가능한 한 긍정문으로 구성해야 한다.
- 상황이야기를 구성하는 문장 수준은 개별 학생의 전반적인 인지 능력이나 언어 이해 수준 등에 적합해야 한다. 또한 이미 작성된 이야기를 활용할 경우 아동의 수준에 적절하게 수정하여 사용해야 한다.
- 상황이야기에서 제시하는 정보는 사회적 상황에서 어떤 일이 일어나고 있는지, 그럴 때 어떤 행동을 해야 하는지, 다른 사람들의 마음은 어떠한지, 그러므로 나는 어떤 행동을 해야 하는지 등과 같은 구체적이고 명시적인 사회적 정보와 학생이 해야 할 구체적인 사회적 행동이다.
- 이야기의 내용은 학생이 매일 접하는 일상생활과 관련된 내용으로 구성한다.
- 상황이야기는 기본적으로 글자라는 시각적 단서를 활용한다. 더불어 이러한 글로 된 이야기에 대한 이해를 도울 수 있도록 각 이야기에 그림이나 사진을 포함시킬 수 있다. 그림과 사진은 읽기 기술이 부족한 아동에게도 효과적으로 활용될 수 있다. 또한 읽기 능력이 전혀 없는 학생의 경우 그림 자료나 사진 자료만으로 이야기를 구성하여 지도할 수 있다.
- 상황이야기를 구성하는 문장은 1인칭 또는 3인칭 형태로 서술한다.
- 가능한 한 짧은 이야기로 구성하고 각 페이지에 지나치게 많은 정보가 포함되지 않도록 유념한다.
- 학생의 선호도와 흥미가 이야기에 포함되도록 한다.

표 3-8 상황이야기의 예시

기다리는 동안 이런 일을 할 수 있습니다.

놀이공원에 가서 놀이 기구를 타려고 할 때에는 아주 많은 사람들이 줄을 서서 기다리고 있습니다. 많은 사람들이 줄을 서서 기다리기 때문에 내 차례가 되려면 아주 많이 기다려야 할 수 있습니다. 때로는 1시간도 넘게 오랫동안 기다리는 경우도 있습니다.
하지만 기다려야 재미있는 놀이기구를 탈 수 있습니다.
오랫동안 기다린다는 것은 매우 힘듭니다.
나뿐 아니라 다른 친구들도 힘이 듭니다.
이럴 때 친구들에게 간단한 놀이나 게임을 하면서 기다리자고 이야기하면 친구들은 무척 좋아합니다. 지루한 시간을 즐겁게 보낼 수 있습니다.

나는 오래 기다려야 할 때 친구들과 간단한 놀이를 하면서 즐겁게 보낼 수 있습니다.

출처: 박현옥(2005).

④ 4단계: 상황이야기 적용

개발된 상황이야기를 대상 아동에게 적용하는 과정에서는 다음 제시된 내용을 고려해야 한다(박현옥, 2005).

- 조용하고 편안한 장소에서 긍정적인 태도로 이야기를 읽도록 하며 이야기를 소개할 때는 진지하고 침착하게 한다.
- 상황이야기를 처음 소개하는 단계이거나 대상 학생의 연령이 어린 경우 교사와 아동이 나란히 앉아서 이야기를 읽는 것이 바람직하다. 이와 같이 초기에는 교사와 함께 읽다가 점차 학생이 스스로 상황이야기 읽는 것에 익숙해지면 교사의 지원을 줄여갈 수 있다.
- 상황이야기를 읽는 빈도는 아동의 여러 다양한 특성을 고려해서 결정해야 한다. 예를 들어, 상황이야기가 매일 발생하는 일상적인 일에 관련한 내용일 경우 매일 한 번씩 이야기를 읽도록 할 수도 있고 경우에 따라서는 아침 등교 직후에 한 번, 점심 식사 후 한 번과 같이 하루에 두 번 매일 읽도록 할 수도 있다. 그러나 무엇보다 중요한 것은 아동의 요구에 적합해야 하고 읽기 싫은 아동에게 강요하거나 억지로 시키지 않아야 한다는 것이다.
- 상황이야기는 이야기만 읽기보다 실제 상황과 관련된 활동과 연계할 수도 있다. 예를 들어, 이야기 속 상황을 극놀이로 해 보는 것도 하나의 방법이 될 수 있다.

자폐성 장애학생을 위한 상황이야기의 적용과 실제는 『나의 학교 이야기: 발달장애 아동의 사회적 기술 향상을 위한 상황이야기』 『자폐증 아스퍼거 증후군 아동을 위한 사회성 이야기 158』 『자폐아동과 함께하는 사회상황 이야기』를 참고하기 바란다.

3) 파워카드 전략

파워카드 전략(Power Card Strategy)은 아동의 특별한 관심을 사회적 상호작용 교수에 포함시키는 시각적 지원 방법이다. 파워카드 전략은 일상적 일과 속에서 필요한 의사소통 능력, 숨겨진 교육과정으로 알려진 사회 인지 능력 등을 포함한 사회적 능력을 이들의 특별한 관심과 강점을 활용하기 때문에 매우 효과적인 방법으로 밝혀지고 있다(이소현, 서정하, 2008; 이현정, 노승림, 김은경, 2012; Gagnon, 2016). 자폐성 장애아동들은 대부분 제한된 특별한 관심을 보이며 이러한 특별한 관심은 어린 시기부터 나타난다. 오랜 시간 동안 이들의 특별한 관심은 일상생활을 방해하는 부정적 요소로 인식되어 왔으나 최근에는 즐거움을 표현하거나 여가 활동의 일부, 낯선 상황에 적응하거나 불안을 달래기 위한 기능이 있고, 이러한 특별한 관심을 각 아동이 지닌 강점으로 이해하고 긍정적으로 활용할 경우 학업과 발달에 도움이 된다고 한다(박현옥, 장지연, 2015). 파워카드 전략은 이러한 특별한 관심을 긍정적으로 활용한 대표적인 강점 중심의 중재 방법이자 사회적 담화(social narrative)의 한 유형이다.

파워카드 전략은 사회적 상황과 일상적 일과의 의미를 알려 주고, 언어의 의미를 알려 주며, 일상적 일과, 기대되는 행동, 다른 사람의 마음이해 방법, 잠재적 교육과정으로 알려진 일상생활 중 해서는 안 되는 일과 해야 할 일 등을 지도할 때 효과적으로 활용할 수 있다(Gagnon, 2016). 다음은 Gagnon(2016)이 제시한 파워카드 적용 방법이다.

(1) 파워카드 전략의 요소

- 간단한 시나리오: 학생이 영웅시하는 인물이나 특별한 관심사, 그리고 학생이 힘들어하는 행동이나 상황에 관련한 간략한 시나리오를 작성한다. 시나리오는 대상학생의 인지 수준으로 작성한다. 이러한 간략한 시나리오와 더불어 특별한 관심사에 해당하는 그림을 포함한다.
- 첫 번째 문단에서 영웅이나 롤 모델이 등장하여 문제 상황에 대한 해결이나 성공

경험을 제시한다. 두 번째 문단에서는 3~5단계로 나눈 구체적인 행동을 제시하여 새로운 행동을 습득할 수 있도록 한다.

- 명함 크기의 파워카드: 이 카드에는 특별한 관심 대상에 대한 작은 그림과 문제행동이나 상황에 대한 해결 방안을 제시한다. 파워카드는 학생이 습득한 행동을 일반화하기 위한 방안으로도 활용될 수 있다. 파워카드는 지갑이나 주머니에 넣고 다니거나 책상 위에 두고 볼 수 있도록 한다.

(2) 파워카드 전략이 도움이 되는 상황

파워카드 전략을 적절히 활용할 수 있는 상황은 다음과 같다(Gagnon, 2016).

- 학생이 일상생활 중의 규칙과 일과를 잘 이해하지 못하는 경우
- 선택하기를 못하는 경우
- 특정 행동과 그 결과 간에 인과관계가 있다는 것을 이해하는 데 어려움이 있는 경우
- 촉진이 없을 경우에 기억하는 데 어려움이 있는 경우
- 다른 사람의 관점을 잘 이해하지 못하는 경우
- 일반적인 상황에서는 잘 하지만 스트레스 상황하에서는 주어진 일과를 잘 따르지 못하는 경우
- 특정 상황에서 시각적 지원이 있어야만 무엇을 해야 하는지 알고 수행하는 경우
- 일반화에 어려움이 있는 경우
- 동기 유발에 어려움이 있지만 특별한 관심사가 포함된 때에는 동기 유발이 되는 경우
- 성인의 지시 따르기에 어려움이 있는 경우

(3) 파워카드 전략 활용 단계

효과적으로 파워카드 전략을 적용하려면 다음의 절차를 고려해야 한다(Gagnon, 2016).

1. 문제행동이나 문제 상황 파악하기
2. 아동의 특별한 관심 파악하기
3. 문제행동에 대한 기능 분석 실행하기

4. 파워카드 전략이 효과적인 방법인지 확인하기

5. 기초선 자료 수집하기

6. 파워카드에 들어갈 시나리오와 카드 디자인하기

7. 아동에게 시나리오와 파워카드 소개하기

8. 효과 검증을 위하여 중재 자료 수집하기

9. 중재 결과를 평가하고 필요한 경우 수정하기

10. 파워카드 전략의 사용을 얼마나 오랫동안 사용할 것인지를 결정하기 위하여 학생이 스스로 할 수 있도록 하기

11. 아동의 성과를 기초로 파워카드 전략을 사용하는 동안 시나리오 읽는 것을 점점 줄이기

표 3-9 **파워카드 전략의 예시**

치타와 친구들은 미술 시간에 색종이로 꾸미기를 좋아합니다.
그런데 치타에게 색종이가 부족한 경우가 있습니다.
그럴 때 치타는 친구에게 "친구야, 네 색종이를 같이 써도 되니?"라고 친구의 생각을 물어봅니다.
친구 물건을 같이 쓰고 싶을 때는 친구의 허락을 받아야 합니다.
그래야 치타도 친구도 즐겁게 색종이로 꾸미기를 할 수 있습니다.
치타는 친구의 허락을 받고 친구의 물건을 빌릴 수 있습니다.

필요한 물건을 친구에게 빌려야 할 때의 순서
① 치타는 색종이를 가지고 있는 친구 옆으로 간다.
② 친구를 보면서 "친구야, 네 색종이를 같이 써도 되니?"라고 친구의 생각을 물어본다.
③ 친구가 "그래"라고 말하면 친구의 색종이를 사용하여 꾸미기를 한다.

파워카드

① 치타는 색종이를 가지고 있는 친구 옆으로 간다.
② 친구를 보면서 "친구야, 네 색종이를 같이 써도 되니?"라고 친구의 생각을 물어본다.
③ 친구가 "그래"라고 말하면 친구의 색종이를 사용하여 꾸미기를 한다.

4) 짧은만화대화

(1) 짧은만화대화의 특성

짧은만화대화(Comic Strip conversation)는 상황이야기와 같이 여러 다양한 사회적 상황에서 상호작용 대상자들과 교류하는 중에 발생하는 다양한 정보를 보다 용이하게 이해할 수 있도록 시각적으로 안내하는 사회적 담화 방법의 한 유형이다(Gray, 1994). 이 방법은 상황이야기와 같이 자폐성 장애인이 많은 어려움을 겪는 사회적 상황을 보다 잘 이해할 수 있도록 지원한다(Gray, 1994). 짧은만화대화는 국내에 짧은만화대화(이종희, 김은경, 2012) 또는 토막만화대화(이은주, 이소현, 2008) 등으로 소개된 바 있다.

짧은만화대화는 자폐성 장애학생들이 많은 어려움을 나타내는 사회적 상황에 대한 이해, 즉 다른 사람의 생각과 믿음, 동기와 같은 다른 사람의 마음이해를 지원하기 위해 자주 사용된다. 구체적으로 짧은만화대화에서는 2명의 대화상대자를 그림으로 표현하고 그림 속의 주인공들이 자신의 생각과 동기, 믿음 등을 명시적인 그림과 글로 표현하여 사회적 상호작용 능력과 적응 능력을 지원한다(이성봉, 방명애, 김은경, 박지연, 2014; 이종희, 김은경, 2012).

Rogers와 Myles(2001)는 상황이야기와 짧은만화대화를 병행하여 중재를 실시한 결과 아스퍼거 청소년들이 학교 내에서의 사회적 상황을 보다 정확하게 이해할 수 있게 되었다고 하였다. 더불어 학생들은 짧은만화대화를 매우 즐겼고 사회적 상황을 해석하는 데 많은 지원을 받을 수 있었다고 하였다. 그 외에도 여러 연구 결과 상황이야기와 짧은만화대화는 사회적 상황을 이해하는 데 효과적인 것으로 나타났다(Hutchins & Prelock, 2013; Pierson & Glaeser, 2005; Vivian, Hutchins, & Prelock, 2012). 또한 국내 연구에서도 자폐성 장애학생에게 짧은만화대화 중재를 실시한 결과 사회적 상호작용 능력을 향상시키는 데 효과적이었던 것으로 나타났다(이종희, 김은경, 2012).

(2) 짧은만화대화의 적용 방법

짧은만화대화는 2명 이상의 사람들이 간단한 그림을 그리며 대화를 나누는 것을 기본으로 한다. 이때 사용되는 그림은 사회적 상황에서 겪는 어려움을 지원하기 위한 설명으로 사용될 수 있다. 다음은 짧은만화대화 적용 방법이다(Gray, 1994).

제3장 자폐성 장애학생의 사회적 상호작용 특성과 지도

- 짧은만화대화는 8컷 이하의 매우 짧은만화 형식을 사용한다. 만화는 자폐성 장애학생의 강점 영역인 시각적 정보와 학생들이 좋아하는 만화 형식을 이용하여 학생들이 보다 적극적으로 참여할 수 있도록 한다.
- 학생과 의사소통 대상자가 서로 그림을 그리면서 대화 상황을 생각할 수 있도록 돕는다.
- 짧은만화대화는 학생을 잘 알고 신뢰관계가 형성된 부모와 전문가들이 사용할 수 있다.
- 칠판이나 종이 등과 같이 일상적으로 접하는 도구를 활용하여 그림을 그릴 수 있다.
- 짧은만화대화를 하는 동안 정서를 표현하기 위하여 색깔을 활용할 수 있다. 예를 들어, 빨간색은 화가 났다거나 초록색은 기분이 좋다거나 하는 상황을 표현할 수 있다.
- '대화 상징 사전'과 '사람 상징 사전' 같은 상징을 이용하여 그림을 그리고 이야기를 나눈다. 이러한 상징사전은 개인의 필요에 따라 재구성하거나 새롭게 개발할 수 있다.

(3) 짧은만화대화의 적용 절차
짧은만화대화는 다음과 같은 절차로 진행할 수 있다(Gray, 1994).

① 짧은만화대화 소개하기
- 짧은만화대화는 부모와 교사와 같이 아동을 잘 아는 사람이 소개하는 것이 바람직하다. 부모나 교사는 짧은만화대화를 소개할 때 수용적인 태도로 이야기를 시작해야 한다. 또한 학생이 대화를 이끌어 나가도록 하고 대화를 이해하거나 생각을 표현할 때 도움을 줄 수 있다.
- 짧은만화대화를 하는 동안에는 학생이 주로 '쓰고/그리고/말하게' 한다.
- '대화'를 처음 하는 과정에서 부모나 교사가 질문하고 학생은 그 질문에 대한 반응으로 '쓰고/그리고/말하는' 형태로 진행한다. 이 과정에서 아동은 '말하면서 그리는 것'에 익숙해지도록 한다.

② 짧은만화대화 상징 사전 소개하기
짧은만화대화에서는 '대화 상징 사전(Conversation Symbols Dictionary)'과 '사람 상징

사전(Personal Symbols Dictionary)'이라는 두 가지 유형의 상징을 사용한다(Gray, 1994).

- 대화 상징 사전: 기본적인 대화 개념인 '듣기, 방해하기, 조용한 말, 시끄러운 말, 말하기, 생각하기' 등으로 구성된 8개의 상징을 포함한다. 짧은만화대화를 시작하는 초기 단계에서는 하나 또는 두 개의 대화 상징 사전으로 시작하고 이 상징에 익숙해지면 점차 다른 상징을 추가한다.
- 사람 상징 사전: 사람 상징은 학생들이 자주 사용하는 상징이다. 대화를 하는 과정에서 학생들의 사람 사전이 만들어질 수 있다. 이때 사용하는 사람 상징은 가능한 한 대화를 방해하지 않을 정도로 단순하고 빨리 그릴 수 있어야 한다.

③ '가벼운 잡담'으로 대화 시작하며 관련 내용 그림으로 표현하기
- 짧은만화대화와 일반적인 대화의 차이는 그림을 그린다는 점이다. 일반적인 대화는 얼굴을 마주 보며 이야기하지만 짧은만화대화는 옆에 앉아서 그림을 그리며 대화를 한다는 점에서 차이가 있는데, 이러한 자리 배치는 학생이 대화를 주도하는 것을 도울 수 있다.
- 짧은만화대화는 가벼운 잡담과 같이 모든 대화가 진행되는 장소에서 시작될 수 있다. '날씨 이야기'나 '주말에 뭐 했니' 등과 같은 주제는 대화를 시작하기에 아주 좋은 일반적인 주제이다. 또한 날씨는 그림으로 표현하기에도 매우 적절하다(햇볕, 비, 구름 등).

④ 대화를 하면서 나타난 상황을 그림으로 표현하기
- 가벼운 잡담을 마친 후, 이야기 주제를 소개한다.
- 대표적인 장소 상징(location symbols)은 그림판 왼쪽 위에 자리하게 한다. 장소 상징은 이야기 속에 나타난 장소에 대한 그림이다. 예를 들어, 학생이 "어제는 놀이터에 있었어요"라고 말하며 작은 그네를 왼쪽 위에 그릴 수 있다. 그와 관련된 그림을 그 옆에 계속 그려 나갈 수 있고, 다른 주제가 시작되거나 그 영역에 그림이 많아질 경우 새로운 공간에 그림을 그릴 수 있다.
- 일반적으로 학생이 어려움을 겪는 장소가 짧은만화대화의 주제가 될 수 있다. 학생이 가능한 한 빨리 그림을 그리고, 부모/전문가는 질문을 하면서 학생의 그림을

안내하거나("너는 어디 있니?") 보다 이해하기 쉽게 명확히 말해 줄 수도 있다("너를 그려 보렴" "너 주변에 누가 있었는지 그려 보렴").

㉠ 정보 수집하기

부모/전문가가 학생에게 상황과 관련된 질문을 하여 '그림 완성하는 것'을 도울 수 있다(Gray, 1994).

- 너는 어디 있니?(학생이 사람 그림을 그린다.)
- 거기 누가 또 있었지?(학생이 사람을 그린다.)
- 너는 뭐 했어?(학생이 관련된 물건이나 행동에 대한 그림을 그린다.)
- 뭐 했니? 다른 사람은 뭐 했어?(학생이 관련된 물건이나 행동에 대한 그림을 그린다.)
- 너는 무슨 말했어?(대화 상징을 사용한다.)
- 다른 사람들은 뭐라고 말했어?(대화 상징을 사용한다.)
- 네가 그렇게 말할 때 무슨 생각을 했어?(생각 상징을 사용한다.)
- 다른 사람들이 그렇게 말하거나 행동할 때 다른 사람들은 무슨 생각을 했을까?(생각 상징을 사용한다.)

㉡ 부모나 전문가의 관점을 학생과 공유하기

학생이 새로운 생각을 받아들일 준비가 되었을 때, 대화 중 가장 자연스러운 시간을 기다려 부모나 전문가의 관점을 공유하는 것이 바람직하다. 이때 학생의 관점을 이해하는 것과 정확한 사회적 정보를 공유하는 것 사이의 균형을 유지하는 것이 중요하다.

가장 어려운 질문은 다른 사람의 생각과 동기에 대해 설명하는 것이다. 만일 학생이 질문에 답하기를 거부하거나 답할 수 없다면 정확한 답을 제시해 주어야 한다(Gray, 1994).

㉢ 이야기 순서와 내용 구조화하기

대화를 유지하고 이해하기 쉽게 하려면, 학생이 순서 없이 여러 가지 사건에 대해 이야기하려 할 경우, 짧은 이야기 상자를 활용하여 사건의 순서에 따라 이야기를 진행하게 한다.

ⓔ 대화 요약하기

상황에 대한 새로운 해결 방안을 파악하기 전에 학생에게 먼저 대화를 요약해 보도록 하여 상황의 핵심을 검토하게 할 수 있다. 학생이 스스로 요약할 수 없다면 그림을 하나씩 지적하면서 상황을 설명하게 한다. 사건이 발생한 순서에 따라 그림에 숫자를 표시할 수도 있다.

ⓜ 해결 방안 모색하기

이야기 중에 나타난 여러 가지 어려운 상황에 대한 해결 방안을 모색해 본다. 만일 학생이 새로운 방안을 모색하지 못한다면 교사나 부모가 해결 방안을 제시할 수 있다. 이때 제시된 여러 가지 해결 방안의 장단점에 대해 이야기를 나눌 수도 있다. 장단점에 대해 이야기를 나눌 때는 그림을 그리면서 이야기를 할 수도 있고, 이야기를 나누면서 적절한 해결 방안이 아니라고 판단되는 것은 하나씩 지워 나가고 나머지 해결 방안을 제시하여 다음에 문제 상황에서 학생이 사용할 수 있도록 안내한다.

상황이야기와 짧은만화대화를 이미 잘 사용한 학생의 경우 마인드맵을 사용하게 할 수 있다.

⑤ 앞으로 일어날 상황에 대한 그림 그리기

• 짧은만화대화는 자폐아동에게 어떤 일이 일어날지, 언제 그 일이 시작되고 끝날지, 누가 관여하게 될지, 학생에게 어떤 점을 기대하는지 등과 같은 명확하고 정확한 정보를 제공하여 학생을 지원할 수 있다.

• 짧은만화대화를 활용하여 앞으로의 상황에 대해 이야기를 나누게 될 경우 몇 가지 주의할 사항은 다음과 같다.

－자폐성 장애학생은 정보를 글자 그대로 해석하고 행동은 짧은만화대화에서 제시한 것과 동일하게 하려는 경향이 있다. 그러므로 변화가능한 일과를 대화 속에 포함시켜야 한다.

－앞으로 일어날 일에 대해 설명할 때에는 상황이 바뀔 수도 있다는 것을 같이 알려 주어야 한다. 예를 들어, 20일에 체육대회를 계획하고 있더라도 비가 온 경우에는 연기될 수도 있다는 것을 알려 주어야 한다.

5) 또래 매개 교수

또래 매개 교수는 일반 아동을 또래 교수자로 선정하여 자폐성 장애아동과 사회적 상호작용을 촉진하는 방법을 가르치는 것이다(박계신 외 공역, 2015; Strain, McGee, & Kohler, 2001). 또래 매개 교수는 대개 학교 및 교실과 같은 자연스러운 상황, 즉 최소제한적인 환경 속에서 일반 아동들과 자연스럽게 상호작용할 기회를 갖게 됨에 따라 자연스럽게 상호작용할 기회가 증가시킬 수 있다. 또래 매개 교수는 자연스러운 상황 속에서 여러 명의 친구들과 상호작용을 촉진할 뿐 아니라 습득된 사회적 기술을 일반화시키기에 보다 용이하다(Schmidt & Stichter, 2012; Watkins, O'Reilly, Kuhn, Gevarter, Lancioni, Sigafoos, & Lang, 2015). 또한 또래 매개 교수 방법을 형제자매에게 적용하여 자폐성 장애 형제와 상호작용하도록 했을 때에도 긍정적인 성과가 있는 것으로 나타났다(Tsao & Odom, 2006). 또래 매개 교수에는 또래교수, 또래 모델링, 협력 집단 등과 같이 여러 다양한 유형이 있다.

미국 자폐증 센터(National Autism Center, 2015)에서는 또래 교수자가 중재 절차를 정확히 실행할 경우 또래 매개 교수는 자폐아동에게 사회적 기술을 효과적으로 지도할 수 있는 효과가 입증된 증거기반의 중재 방법이라고 하였다. 또래 매개 교수의 긍정적 성과는 사회적 상호작용 능력 및 사회적 의사소통 행동이 향상되고 참여 행동이 향상되는 것으로 나타났다. 그 외에도 공동주의 능력이 개선되고 행동문제 수준이 감소되는 것으로 나타났다(진미영, 2009; Bambara, Cole, Kunsch, Tsai, & Ayad, 2016; Hughes, Golas, Cosgriff, Brigham, Edwards, & Cashen, 2011; Hughes et al. 2013; Jung, Sainato, & Davis, 2008; Koegel, Kim, Koegel, & Schwartzman, 2013; Schmidt & Stichter, 2012; Simpson & Yvonne, 2016).

'버디 프로그램(Buddy Program)'이나 '친구동아리(Circle of Friend)'(Kalyva & Avramidis, 2005)는 또래 매개 교수를 활용한 아동 및 청소년 프로그램이다.

일반적인 또래 매개 교수 적용 절차 및 내용은 다음과 같다.

(1) 또래 매개자 선정하기

또래 매개자를 선정할 때는 사회적 상호작용 대상자로서 4~5명의 일반 아동을 선정하는 것이 바람직하다. 그 이유는 여러 명의 아동이 상호작용 대상자가 될 경우 습득한 기술을 일반화하는 데 보다 효과적이며, 1명의 유아를 선정하여 지속적으로 상호작용하게 될 경우 느끼게 될 수 있는 부담감을 감소시킬 수 있기 때문이다(Strain, McGee, & Kohler, 2001).

또래 매개자를 선정할 때에는 다음의 특성을 고려하는 것이 보다 효과적이다.

- 성인의 지시에 잘 따르는 아동
- 사회적 상호작용에서 긍정적인 행동을 나타내는 아동
- 출석률이 좋은 아동
- 모든 또래 매개 활동에 잘 참여할 수 있는 아동

(2) 또래 매개 교수의 의미 교육하기

또래 매개자에게 자폐성 장애아동과 상호작용하는 방법을 지도하기에 앞서 자폐성 장애 친구와 상호작용하는 방법을 배워야 하는 이유와 자폐성 장애 친구가 교실 내의 다른 친구들과 상호작용하는 것을 배워야 하는 이유와 의미를 설명할 필요가 있다. 더불어 자폐성 장애 친구가 일반 친구들과 어떤 점에서 비슷한지, 그리고 어떤 점에서 차이가 있는지를 설명할 필요가 있다(Strain, McGee, & Kohler, 2001).

(3) 상호작용 기술 훈련하기

사회적 상호작용 기술 훈련 방법은 다음과 같다(Strain, McGee, & Kohler, 2001).

- 교사는 다음의 사회적 기술을 또래 매개자에게 소개하고 시범 보이며 구체적으로 교육한다. 이 단계에서 또래들에게 모델링, 촉구, 강화의 방법을 사용하게 된다.
  - 놀잇감 나누기
  - 물건을 요구하기
  - 놀이 제안하기
  - 시작행동하기
  - 다른 사람에게 반응하기
  - 대화에 참여하기
  - 칭찬하기와 지원하기 및 보살피기
- 또래들은 서로서로 그 기술을 연습한다.

- 또래 매개자는 배우고 연습한 사회적 상호작용 방법으로 자폐성 장애 친구와 상호작용한다.
- 교사는 또래 매개자에게 촉진과 칭찬을 제공한다.

(4) 실제 상황 속에서 실행하기

또래 매개 교수를 실제 상황 속에서 실행할 경우 초기에는 1명의 또래 교수자가 한 명의 자폐아동과 5~6분간의 놀이 회기 동안 상호작용하도록 하여 자폐성 장애아동이 또래와의 상호작용에 적응할 수 있도록 하다가 점차 상호작용의 지속시간과 빈도를 증가시킨다(Strain, McGee, & Kohler, 2001).

또래 매개 교수를 실행할 경우 사회적 상호작용을 촉진할 수 있는 놀잇감과 책, 사물을 선정해야 하며 이때 자폐성 장애아동의 특별한 관심을 활용한다면 더욱 중재 효과를 높일 수 있다.

- 또래 매개자가 자폐아동과 상호작용 지속하기
- 또래 매개 훈련자는 또래 매개자에게 지속적으로 피드백을 주고 칭찬하기

(5) 하루 일과 속에서 연습하기

앞에서 설명한 순서대로 훈련을 한 후에는 하루 일과 전체에 걸쳐 연습할 수 있도록 연습의 기회를 만들고 확장해야 한다.

예를 들어, 미술 시간에 필요한 재료를 친구에게 빌려 달라고 요청할 수 있게 하거나 간식 시간에 서로의 간식을 나눌 수 있는 기회 제공하기 등은 또래와의 사회적 상

표 3-10　친구동아리

친구동아리(Circle of Friend)는 장애학생과 비장애학생이 함께 상호작용 할 수 있는 기회를 체계적으로 제공하여 자폐성 장애학생의 친사회적 행동을 향상시키고 궁극적으로 통합을 촉진하기 위한 프로그램이다. Kalyva와 Avramidis(2005)는 한 명의 자폐성 장애아동과 5명의 일반아동으로 구성된 친구동아리 세 팀을 운영한 결과 참여자들의 사회적 상호작용의 시작행동 및 반응행동이 증가하였고, 의사소통 능력이 향상되었다고 하였다. 이처럼 친구동아리는 사회적 능력과 의사소통 능력을 향상시키는 데 매우 바람직한 또래 매개 모델로 알려졌다. '버디 프로그램'도 친구동아리와 유사한 또래 매개 모델 중 하나이다.

호작용을 촉진할 수 있는 좋은 기회이다. 따라서 교사들은 자폐아동이 또래 교수자인 친구들과 자연스럽게 상호작용할 수 있는 기회를 찾아내고 계획할 수 있어야 한다(Strain, McGee, & Kohler, 2001).

4. 자폐성 장애학생을 위한 포괄적 중재 모델

자폐성 장애학생의 사회적 능력은 어떤 특정한 하나의 중재 방법을 적용하는 것보다 효과가 입증된 여러 다양한 중재를 활용하는 것이 적합하다(Prizant et al., 2006). 중재 모델은 앞서 제시한 여러 가지 중재 방법과 전략을 보다 체계적이고 포괄적인 지원모델로 개발한 것이다. 자폐성 장애학생의 사회성 촉진을 포함하여 전반적인 발달에 효과적인 중재 모델은 다음과 같다.

1) 중심반응훈련

중심반응훈련(Pivotal Response Training)은 자폐성 장애아동의 전반적인 사회적 능력을 향상시키는 데 효과가 있는 것으로 밝혀진 증거기반의 중재 방법이다(Koegel, Koegel, Harrower, & Carter, 1999; Koegel, Koegel, Shoshan, & McNerney, 1999; Koegel, Koegel, Vernon, & Brookman-Frazee, 2017). 중심반응훈련은 응용행동분석 원리를 기반으로 하였으나 성인중심의 전통적인 응용행동분석 방법과 같이 분리된 개별 행동을 중재 목표로 하기보다는 자연적 환경에서 자연적 중재 절차를 사용하므로 자연적 중재 모델이다(김미영, 이소현, 허수연, 2012; 김은경, 2009; Koegel & Koegel, 2012). 〈표 3-11〉은 응용행동분석 원리를 강력히 사용하는 전통적인 방법과 중심반응훈련의 차이를 제시하였다.

중심반응훈련은 자폐성 장애학생에게 반드시 필요한 중심 영역을 중재하고 일반화하는 것을 주요 목표로 하는데, 자폐성 장애학생에게 필요한 구체적인 중심반응행동은 눈 맞춤, 시작행동, 공동관심, 조망 수용, 도움 요청하기 등이다. 이러한 기술이 중심 행동인 것은 이와 같은 능력을 습득할 경우 일상생활 속에서 여러 다양한 행동에 일반화시켜 사용할 수 있는 기본적인 기술이기 때문이다.

표 3-11 비연속개별시행교수와 중심반응훈련 간의 차이 비교

구분	비연속개별시행교수	중심반응훈련
교재 (stimulus item)	• 치료자가 선택 • 준거에 도달할 때까지 반복훈련 • 중재 절차의 시작은 연적 환경에서 기능적인지 여부를 고려하지 않고 목표 과제와 관련된 교재 제시	• 아동이 선택 • 매 시도마다 다양하게 제시 • 아동의 일상 환경에서 쉽게 찾을 수 있는 연령에 적합한 교재 사용
상호작용	• 훈련자가 교재를 들고 있음 • 아동에게 반응하도록 요구함 • 교재는 상호작용하는 동안 기능적이지 않음	• 훈련자와 아동이 교재를 가지고 놀이에 참여함(예: 교재는 상호작용과 가족들과의 일과 중에 기능적인 것임)
반응	• 정반응이나 정반응에 가까운 반응을 강화함	• 반응하고자 하는 시도(자기자극 행동 제외)는 대부분 강화함
결과	• 먹을 수 있는 강화제를 사회적 강화와 함께 제공	• 자연적 강화(예: 교재를 가지고 놀 수 있는 기회 제공)를 사회적 강화와 함께 제공

출처: Koegel, Koegel, & Carter (1999).

중심반응행동을 지도하기 위한 중심반응훈련 영역은 다음과 같다. (1) 동기 유발 (motivation), (2) 복합 단서에 반응하기, (3) 자기 관리하기, (4) 스스로 시작행동하기 (self-initiation), (5) 공감하기이다(Keogel & Keogel, 2006). 일반적으로 중심반응훈련 영역을 이처럼 다섯 가지로 제시하고 있으나 대부분의 훈련 프로그램에서 동기 유발, 복합단서에 반응하기, 자기관리, 스스로 시작행동하기를 제시하고 있으므로 이 책에서는 다음의 네 가지 영역에 대하여 살펴보고자 한다.

미국의 '국립 전문가 개발 센터(National Professional Development Center: NPDC)'에서는 네 가지 중심반응 훈련 영역의 훈련 절차를 다음과 같이 제시하였다. 다음은 NPDC에 제시된 훈련 절차이다(http://autismpdc.fpg.unc.edu/sites/autismpdc.fpg.unc.edu/files/imce/documents/PRT-Complete-10-2010.pdf).

(1) 중심행동: 동기 유발

자폐성 장애학생이 무엇인가를 하고자 하는 동기를 가질 수 있도록 하는 것은 중심반응훈련의 중요 중심반응이다. 학습자의 동기를 유발시킬 수 있는 방법은 학습자의 특성에 따라 다양하게 적용될 수 있다. 학습자의 동기 유발을 위해 가장 중요한 요소

는 다음과 같다(Koegel, Koegel, & Carter, 1999).

표 3-12 동기 유발의 요소

요소	설명
선택 기회 제공하기	아동과 상호작용을 하는 동안 아동에게 선택 기회를 제공할 경우 동기가 강화될 수 있음. 선택 기회 제공이란 아동이 선호하는 교재를 선택하도록 하는 것임
기존에 학습하였던 내용과 새로운 내용을 같이 제시하기	아동에게 이미 성취하였던 과제와 새로운 과제를 같이 섞어서 제시할 경우 학습 동기가 강화될 수 있음
아동의 시도 강화하기	아동이 무엇인가를 하고자 하는 모든 시도를 강화함. 비록 그 시도가 틀린 반응이거나 적절한 반응이 아니라 하더라도 무엇인가를 하고자 하는 시도가 명확하다면 이러한 모든 시도를 강화하여 아동의 동기를 강화할 수 있음
자연적이고 직접적인 강화 제공하기	자연적이고 직접적인 강화는 아동의 학습 동기 강화에 매우 효과적임

출처: Koegel, Koegel, & Carter (1999).

〈표 3-13〉은 학습자의 동기를 유발하고 유지시키기 위한 방법의 단계와 예시이다.

표 3-13 동기 유발 방법

절차	설명과 예시
학습자의 관심 유발하기	교수 활동을 시작하기 위해서는 먼저 학습자의 관심을 유발해야 한다. 이를 위해 먼저 학습자와 눈을 맞추고 그다음에 요구나 지시를 해야 한다.
함께 조절하기	함께 조절하기(shared control) 단계에서는 교사나 전문가가 학생의 일과 중에서 어떤 부분을 교사가 도와주고 어떤 부분을 학생이 스스로 하게 해야 하는지를 결정해야 한다. 즉, 교수 활동을 하는 동안 교사나 부모의 촉진과 지원이 제공되어야 하는데 이 과정에서 아동이 스스로 할 수 있는 것을 찾아 아동이 스스로 해야 하는 부분을 정하고 학습자가 스스로 할 수 없는 부분은 교사가 도움을 주도록 조절할 수 있다. 예를 들어, 친구와 놀고 싶은 아동의 경우, 아동이 친구 어깨를 두드리고 친구가 돌아보면 교사가 '같이 놀래?'라는 말을 해 주어 친구와 놀 수 있도록 하는 것이다. 다시 말해, 아동이 스스로 할 수 있는 부분과 성인의 도움이 필요한 부분을 조절하는 방법이다.
학습자의 선택 활용하기	아동이 스스로 선택하고 좋아하는 것을 활용하는 방법은 학습자의 동기를 유발하는 데 효과적이다. 이를 위해서 먼저 학생의 선호도를 파악해야 하며 파악된 정보는 교재 교구를 선정하거나 물리적 환경 구성에 활용될 수 있다. 또한 공룡을 좋아하는 학생의 경우 활동을 마친 후 공룡 인형을 강화인으로 제공하는 것과 같이 아동의 선호도와 선택을 자연적 강화인으로 활용할 수 있다.

다양한 활동 · 다양한 교재 · 다양한 반응 활용하기	아동에게 새로운 기술을 가르칠 때 다양한 활동과 다양한 교재를 활용하여 가르칠 수 있다. 예를 들어, '공'의 명칭을 가르칠 때, '공 던지기 놀이' '공 그림 그리기' '축구 및 야구 경기 관람' 등과 같은 다양한 활동을 통해 가르칠 수 있다. 또한 여러 가지 다양한 공을 활용하여 가르칠 수 있는데, 탱탱볼과 같이 크고 단단한 공, 스펀지로 만들어진 공, 콩주머니와 같은 형태의 공, 야구공이나 탁구공과 같이 다양한 교재를 활용하여 가르칠 수 있다. 마지막으로 아동이 공이라고 말로 표현할 수도 있고, 그림을 그려 반응할 수도 있는 것과 같이 다양한 반응을 활용하는 방법도 있다. 이와 같이 아동 수준에 맞는 다양한 활동과 교재, 다양한 반응을 사용할 경우 효과적으로 학생의 동기를 유발시킬 수 있으며 습득된 기술을 일반화시키는 데도 매우 효과적으로 사용될 수 있다.
습득된 과제와 유지 과제 같이 사용하기	아동이 이미 습득한 기술, 즉 쉬운 기술과 습득해야 할 새로운 기술, 혹은 어려운 과제를 섞어서 제시할 경우 아동의 학습 동기가 유지될 수 있다. 예를 들어, 세 가지 색깔의 명칭을 가르치고자 하는 아동의 경우, 이미 알고 있는 과일을 활용하여 색을 가르치는 것은 하나의 방법이다.
아동의 시도 강화하기	아동의 목표행동과 관련된 모든 시도를 강화하여 아동이 동기를 지속할 수 있도록 한다. 예를 들어, '안녕'이라는 말을 배우기 시작하는 아동이, '아녀'라는 말을 시도할 경우 교사는 '안녕'이라고 반응하여 아동의 시도를 강화한다.
즉각적이고 자연적인 강화 사용하기	강화는 아동이 목표 행동을 수행한 직후에 바로 제공되는 것이 효과적이다. 또한 제공되는 강화는 아동이 좋아하는 것이면서 활동과 직접 관련되어야 한다. 예를 들어, 친구와 상호작용하기를 배우는 유아의 경우 상호작용을 위한 시작행동을 한 직후 친구가 즉각적으로 긍정적인 반응을 해 주는 것은 즉각적이며 자연적인 강화이다.

출처: http://autismpdc.fpg.unc.edu/sites/autismpdc.fpg.unc.edu/files/imce/documents/PRT-Complete-10-2010.pdf

(2) 중심행동: 복합단서에 반응하기

복합단서에 반응하기는 중심반응 중 하나인데 그 이유는 많은 학습 상황에서 다양한 단서에 반응해야 하는 일이 많기 때문이다(Koegel & Koegel, 2006). 복합단서에 반응하기란 학생이 이미 습득한 중심 행동을 여러 다양한 속성과 특징을 지닌 복잡한 요구에 반응하도록 하는 것이다. 예를 들어, 학생이 '크레파스'라는 명칭을 이미 알고 있다면 이것을 활용하여 새로운 자극인 색깔 자극을 더 제시하여 '파란색 크레파스'에 반응하도록 하는 것이다. 복합단서에 반응을 돕기 위한 방법의 구체적인 예시는 다음과 같다(http://autismpdc.fpg.unc.edu/sites/autismpdc.fpg.unc.edu/files/imce/documents/PRT-Complete-10-2010.pdf).

① 자극을 다양화하고 단서 증가시키기

첫째, 한 가지 속성의 단서를 지닌 자극에 반응하게 한다. 예를 들어, 친구에게 인사를 가르치고자 할 경우 처음에는 '친구'라는 한 가지 속성을 지닌 단서에만 반응할 수 있도록 친구에게 인사하기를 가르치는데, 이때 처음에는 1명의 친구에게 인사할 수 있도록 하고 점차 여러 친구에게 인사하기를 할 수 있게 가르친다.

둘째, 두 가지 단서를 제공하여 학습자가 이러한 하나 이상의 단서에 반응할 수 있도록 한다. 예를 들어, 친구에게 인사하기를 가르칠 경우, 빨간 옷을 입은 친구에게 인사도록 가르칠 수 있다. 여기서 두 개의 단서는 '친구'와 '빨간 옷'이다.

셋째, 보다 복잡한 단서에 반응하게 한다. 예를 들어, '노란 핀을 꽂고 빨간 외투를 입은 친구'에게 인사하기 등과 같이 여러 단서를 제공하여 그에 반응하게 가르친다. 여기서 제시된 단서는 '노란 핀, 빨간 외투, 친구'라는 세 가지 단서이다.

② 강화스케줄 활용하기

자폐성 장애학생들이 다양한 단서에 반응할 수 있도록 강화스케줄을 사용하는 방법은 다음과 같다.

첫째, 다양한 강화인을 활용하여 학습자들에게 목표 기술을 가르치기 위해 동기를 향상시킨다. 예를 들어, 학습자가 만화 보기를 좋아한다거나 컴퓨터 게임하기를 좋아할 경우 그들이 좋아하는 것을 강화인으로 활용할 수 있다.

둘째, 학습자가 목표 기술을 잘 사용할 수 있도록 연속 강화를 제공할 수 있다. 예를 들어, 교사의 질문에 대답할 때마다 매번 간단한 만화를 보게 할 수 있다.

셋째, 학습자가 새로운 기술을 어느 정도 습득하고 나면 점차 강화스케줄을 변경하여 간헐 강화를 제공할 수 있다. 예를 들어, 처음에는 교사의 질문에 반응할 때마다 강화를 하다가 점차 세 번 반응할 때마다 강화를 제공하거나 혹은 평균 세 번 반응할 때 강화를 하는 방법 등과 같이 간헐 강화 방법을 사용할 수 있는데 이러한 간헐 강화의 가장 커다란 강점은 습득된 행동을 유지시키는 데 효과적이라는 것이다.

(3) 중심행동: 자기관리

자기관리(self-management)를 중심행동으로 선정한 이유는 자기관리기술은 여러 상황 속에서 많은 사람과 다양한 행동을 하도록 일반화를 촉진할 수 있으며, 다른 사람의 도움이나 훈련된 중재자의 도움을 거의 받지 않고도 습득된 행동을 할 수 있기 때문이다. 즉, 자기관리기술을 가르치는 것은 부모나 교사에 대해 의존하는 정도를 줄이고 스스로 행동하게 하려는 것이다. 자기관리를 촉진하려면 학습자가 스스로 목표 기술이 무엇인지 확실히 알아야 하고 다음으로는 목표 기술의 발생 여부를 기록하고 모니터링할 수 있어야 한다(http://autismpdc.fpg.unc.edu/sites/autismpdc.fpg.unc.edu/ files/imce/documents/PRT-Complete-10-2010.pdf).

자기관리기술의 일반적인 지도방법은 다음과 같다.

첫째, 자기관리 체계를 갖추어야 한다. 즉, 어떤 행동을 얼마나 수행해야 하는지 알 수 있도록 목표행동은 무엇이며 현재 어느 정도 수행하고 있는지, 강화는 언제, 얼마나 자주 사용할 것인지, 기록 방법은 무엇인지 등에 대해 구체적으로 알 수 있게 해야 한다.

둘째, 자기관리 방법을 가르친다. 자기관리 행동에는 바람직한 행동과 바람직하지 않은 행동을 변별하기, 바람직한 행동의 빈도 수 기록하기 등과 같은 행동이 포함된 다. 따라서 이러한 자기관리기술을 가르쳐야 한다.

마지막으로 성인의 지원을 줄이고 스스로 수행하게 한다. 즉, 성인의 촉진을 점진적 으로 줄이면서 바람직한 반응을 습득하고, 습득된 반응을 다양한 자극에 일반화하게 하고, 스스로 목표행동의 수행을 기록하게 한다(박계신 외 공역, 2015; Koegel & Koegel, 2012).

다음은 자기관리기술 지도 절차의 예시이다(Koegel, Koegel, & Carter, 1999).

- 목표행동을 구체적이고 조작적으로 정의하기
- 기능적 강화 선택하기(기능적 강화란 아동의 일상생활 속에서 쉽게 찾을 수 있는 것으 로 학생이 선택하고 스스로 관리할 수 있는 것)
- 자기 관리 방법이나 관리 도구 계획하기(관리 도구는 반응 빈도인지 반응 간격인지에 따라 달라질 수 있음)
- 자기 관리 도구 사용 방법 가르치기(바람직한 행동과 그렇지 않은 행동을 구분할 수 있도록 지도한 후, 바람직한 행동이 발생했을 때 기록하는 방법을 가르침).
- 자기 관리 도구 사용하는 것을 점진적으로 소거하기
- 일상 환경에서 자기 관리 도구 사용 여부를 확인하기

(4) 중심행동: 자발적으로 시작행동하기

중심반응훈련에서 목표로 하는 네 번째 주요 사회적 기술은 자발적으로 시작행동을 하는 것(self-initiation)이다. 자발적 시작행동을 중심 행동으로 선정한 이유는 스스로 시작하는 상호작용을 통해 학습이 일어나는 일이 많기 때문이다. 사회적 상황에서 상호작용 대상자에게 먼저 말을 걸거나 몸짓으로 의사소통을 시도하는 행동 등이다. 예를 들어, 친구들이 놀고 있을 때, "나도 같이 놀자"라고 말하거나 공을 던지면서 "자, 받아"라고 말하는 것 등이 시작행동을 하는 것에 해당된다. 다른 사람에게 질문하는 것은 중요한 시작행동의 예이다. 따라서 다른 사람들에게 질문하는 것을 가르치는 것도 시작행동을 가르치는 것이다. 아동이 할 수 있는 질문의 예는 "이게 뭐야?" "어디가요?" 등이 있다.

스스로 시작행동하기는 또래를 매개로 하거나 학습자 주도적인 전략을 사용하도록 하여 지도할 수 있다(http://autismpdc.fpg.unc.edu/sites/autismpdc.fpg.unc.edu/files/imce/documents/PRT-Complete-10-2010.pdf).

2) 덴버 모델

덴버 모델(Denver Model)은 1980년대에 2~5세 아동의 조기교육을 위해 콜로라도 대학의 건강 과학 센터에서 개발된 발달적 접근 모델이다. 덴버 모델은 소집단으로 12개월 동안 매일 4~5시간 정도 중재를 실시한다. 덴버 모델의 핵심적 특성은 다음과 같다(Rogers & Dawson, 2010).

- 다영역적 팀이 아동의 개별적 요구를 위하여 모든 영역을 포괄하는 발달적 교육과정 실행
- 대인관계적 상호작용과 참여를 중요하게 다룸
- 시작 행동과 얼굴표정, 놀잇감 등을 상호적이고 기능적이며 자발적으로 사용하기
- 구어적 의사소통과 비구어적 의사소통 강조
- 놀이의 인지적 요소 강조
- 부모와의 파트너십 강조

덴버 모델은 사회적 관계를 매우 중요하게 다룬다. 사회적 관계를 형성하게 하는 방법으로는 첫째, 아동이 사회적 상호작용하는 동안 긍정적 정감(affect)을 경험하고 그것으로 인해 다른 사람들에게 관심을 기울이고 사회적 상호작용에 참여하게 하고, 둘째, 각 아동에게 주 교사를 할당하고, 셋째, 또래 관계를 촉진하고, 넷째, 사회적 행동을 모델링하고 촉진하게 한다(Rogers & Dawson, 2010).

'어린 아동을 위한 덴버 모델(Early Start Denver Model: ESDM)'은 12개월 정도의 어린 자폐아동을 위한 포괄적인 조기 발달 중재 모델이다. ESDM은 덴버 모델을 바탕으로 Rogers와 Dawson(2010)이 개발한 것이다. ESDM은 기본적으로 가정이라는 자연적 환경 속에서 훈련받은 치료자와 부모가 매일의 일과와 자연스러운 놀이를 통해 중재하는 것을 중요하게 다룬다. 유치원이나 어린이집에서 그룹으로 중재를 한 경우에도 효과가 있다(Rogers, Estes, Lord, Vismara, Winer, Fitzpatrick, & Dawson, 2012). ESDM의 주요 목적은 자폐성 장애아동의 모든 발달 영역에서의 발달을 촉진하고 자폐적 성향을 감소시키는 것이다. ESDM은 자폐아동에게 가장 많은 영향을 미치는 사회-정서, 인지, 언어 기술의 촉진을 매우 중요하게 다룬다. ESDM은 행동주의이론, 관계 중심이론, 발달이론, 놀이중심의 접근 등을 병합하여 적용한다. 교수 목표는 ESDM 체크리스트를 기반으로 선정한다. ESDM 체크리스트는 여러 발달 영역의 발달 지표를 유목화한 것으로 놀이 중심의 진단 도구이다. ESDM에서는 작업치료사, 언어치료사, 아동심리학자, 행동분석가, 의사, 특수교사 등과 같은 여러 학문 영역의 전문가들이 아동을 진단하고 중재 목표를 설정한다. 부모는 일상생활 중에 자녀의 교육 목표를 가르치는 방법을 배우게 된다. 집중적인 중재 프로그램에서는 부모는 물론 훈련받은 중재 전문가에 의해 직접교수를 받는다(Rogers, Vismara, Wagner, McCormick, Young, & Ozonoff, 2014).

3) SCERTS 모델

자폐성 장애아동을 위한 SCERTS(사회 의사소통, 정서 조절, 상호교류적 지원: Social Communication, Emotional Regulation, and Transactional Support) 모델은 여러 영역의 전문가들이 중재하는 포괄적인 교육과정으로, 의사소통 능력과 사회-정서 능력을 향상시키는 것을 목적으로 한다(이소현 외 공역, 2014). SCERTS 모델은 체계적이고 종합적인 진단과 그 결과에 근거하여 프로그램을 계획하고 중재를 실행하는 포괄적인 접근이다.

SECRTS 모델의 특성은 다음과 같다(이소현 외 공역, 2014).

- 다학문적 접근으로 의사소통, 사회−상호작용 능력을 촉진한다.
- 이 모델은 1970년대부터 실시되었던 여러 연구 결과를 근거로 개발된 혁신적인 교육 모델이다.
- SCERTS 모델은 자폐성 장애인과 그 가족의 삶의 질을 향상시키기 위한 중재 모델이다.
- 학습은 일상적인 일과 활동과 경험을 할 수 있는 사회적 상황 속에서 가장 잘 일어날 수 있으므로 아동의 발달적 지원을 위한 노력은 다양한 사회적 상황에서 발생하는 일과 내에서 양육자나 친숙한 사회적 상호작용 대상자와 함께해야 한다.
- 주요 목적은 상호교류적 지원으로 사회적 의사소통과 정서 조절을 하도록 하는 것이며 이와 같은 방식으로 아동의 요구에 대해 계획적 지원을 할 경우 아동 발달에 긍정적 영향을 미칠 것이다.
- 이 모델은 다학문적팀 또는 초학문적팀의 전문가들이 가족과 협력하여 아동을 지원한다.

이 모델에 대한 구체적인 내용은 『SCERTS 모델 1: 자폐범주성 장애아동을 위한 종합적 교육 접근』과 『SCERTS 모델 2: 프로그램 계획 및 중재』를 참고하기 바란다.

4) TEACCH

TEACCH(Treatment and Education of Autistic and Related Communication Handicapped Children)는 1970년대 노스캐롤라이나 대학의 Schopler와 동료들에 의해 개발된 중재 모델이다. TEACCH는 여러 다양한 영역에서 개인의 발달을 촉진시키는 포괄적인 지원 방법으로 효과가 입증된 중재 프로그램이다(Mesibov & Shea, 2010). 이 모델의 중재 목적과 중재계획은 아동의 강점과 관심, 대인관계 상황과 지역사회의 요구에 근거하여 이루어진다. TEACCH는 전통적인 행동수정 방법(촉진, 소거, 강화 등)과 신−행동주의 접근(우발교수와 기능적 행동 분석 등), 발달주의 접근 등을 병합하여 적용한다 (Mesibov, Shea, & Schopler, 2004). TEACCH에서 사용하는 주요 교수 전략은 구조화된 교수를 실행하며, 아동의 강점과 선호도 강조하고, 자폐인의 학습에 영향을 미치는 어려움을 지원하는 것이다. 구조화된 교수 전략에는 아동이 매일의 일과를 이해하고 활동을 선택하고 참여하도록 정보를 시각적으로 제시하고 구조화된 환경적 지원을 한다. TEACCH 프로그램은 기본적으로 학급 기반의 프로그램이지만 가정 중심 프로그램으로 활용할 수 있다. 부모는 학급 중심 중재나 가정 중심 중재에서 공동 치료자로 훈련을 받아 습득한 기술을 가정에서도 지속할 수 있게 한다(Reichow & Barton, 2014).

이 모델에 관련한 보다 상세한 내용은 이 책의 제8장을 참조하기 바란다.

5) PEERS

'자폐 스펙트럼 장애 청소년 사회성 기술 훈련(Program for the Education and Enrichment of Relational Skills: PEERS)'은 친구를 사귀거나 친구관계를 유지하는 데 어려움이 있는 자폐성 장애 청소년을 위한 사회적 기술 훈련 프로그램이다. PEERS는 사회적 기술을 발전시키기 위한 프로그램으로 총 14회기로 구성되었으며, 주 1회씩 프로그램을 실행하여 14주 동안 프로그램을 운영하게 된다. Laugeson 등(2012)은 PEERS 프로그램에 참여하였던 청소년들이 사회적 기술에 관련한 지식과 사회적 반응성, 사회의사소통과 사회인지, 사회적 민감성, 사회적 동기, 자기 주장, 협력하기, 책임감 등을 포함한 전반적인 사회적 기술에서 많은 진보를 보였고, 자폐적 매너리즘 행동이 감소하였으며, 또래 상호작용이 향상되었고 하였다. 또한 중재를 마친 후에도 중재 효과가 유지된 것으로 나타났다.

이 프로그램에 대한 보다 자세한 내용은 『부모와 함께하는 자폐스펙트럼장애 청소년 사회기술훈련: PEERS』를 참고하기 바란다.

요약

□ 자폐성 장애학생의 사회적 상호작용 특성을 설명할 수 있다.

자폐성 장애학생은 사회 및 정서적 상호성과 사회적 상호작용을 위한 비언어적 의사소통 행동, 사회적 관계를 만들고 유지하기 등과 같은 사회적 상호작용에 어려움을 나타낸다.

□ 자폐성 장애학생에게 필요한 주요 사회적 기술을 이해하고 설명할 수 있다.

자폐성 장애학생의 교육과정에 포함되어야 할 핵심적인 사회적 기술의 내용에는 의사소통기술, 비구어적 사회적 기술, 협력적 사회적 행동, 중심행동, 놀이기술, 정서 인식과 표현, 사회·정서적 상호성 등이 포함된다.

- 의사소통기술: 의사소통기술에는 다양한 주제에 대하여 의사소통 대상자와 상호작용하고 대화를 시작하고 반응하며, 대화를 유지하는 것, 다른 사람의 이름을 부르거나 다른 사람의 호명에 반응하는 것을 포함한다.
- 비구어적 사회적 기술: 비구어적 사회적 기술이란 사회적 상호작용 대상자들과 애정을 주고받으며, 다른 사람의 정서를 파악하고, 얼굴표정이나 몸짓과 같은 비구어적 행동 이해하기 등이 포함된다.
- 협력적 행동: 지시와 규칙을 따르고 다른 사람 돕기, 사회적 기대와 관습 따르기 등은 협력적 사회적 행동이다.
- 중심 행동: 사회적 상호작용을 위한 기본적인 행동을 일컫는 중심행동에는 눈맞춤, 시작행동, 공동관심 기울이기, 도움 요청하거나 관심 요청하기 등이 포함될 수 있다.
- 놀이기술: 장난감 놀이나 게임, 가장 놀이 등과 같은 놀이기술 역시 매우 중요한 사회적 행동이다.
- 정서 인식과 표현: 자폐성 장애학생들은 자신과 다른 사람의 다양한 정서를 이해하고 적절한 방법으로 표현하는 데 어려움을 보인다.
- 사회·정서적 상호성: 정서 인식과 표현 및 사회·정서적 상호성은 사회적 상호작용을 위해 필요한 사회적 행동이다.

□ 자폐성 장애학생을 위한 사회성 지도 방안을 알고 실행할 수 있다.

자폐성 장애학생을 위한 사회성 사회적 촉진 전략에는 그림교환의사소통체계, 상황이야기, 파워카드 전략, 짧은만화대화, 또래 매개 교수 등이 있다.

- 그림교환의사소통체계: 사회적 의사소통을 촉진하고 문제행동 감소에 효과적인 중재 방법이다.
- 상황이야기: 자폐성 장애학생의 특성을 고려하여 이들이 매일 접하게 되는 비구어적인 사회적 정보를 구체적이고 명시적인 정보로 설명하여 사회적 상황을 예측하게 하고 기대되는 사회적 행동을 할 수 있도록 돕는 것을 목적으로 한다.
- 파워카드 전략: 아동의 특별한 관심을 사회적 상호작용 교수에 포함시키는 시각적 지원 방법으로 일상적 일과 속에서 필요한 사회적 상호작용 능력을 촉진하는데 효과적인 방법이다.
- 짧은만화대화: 상황이야기와 같이 여러 다양한 사회적 상황에서 대화 중에 교류되는 다양한 정보를 보다 용이하게 이해할 수 있도록 보조적으로 사용하는 방법으로 문제 상황과 해결 방안을 시각적으로 안내하는 방법이다.
- 또래 매개 교수: 자연스러운 상황 속에서 여러 명의 친구들과 상호작용을 촉진할 뿐 아니라 습득된 사회적 기술을 일반화시키기에 보다 용이한 방법으로 교육적으로 널리 활용될 수 있다.

□ 자폐성 장애학생의 사회적 기술 촉진을 위한 포괄적 중재 모델을 알고 적용할 수 있다.

자폐성 장애학생을 위한 포괄적 중재 모델에는 중심반응훈련, 덴버 모델, SECRTS 모델, TEACCH, PEERS 등이 포함된다.

- 중심반응훈련: 자폐성 장애학생의 전반적인 사회적 능력을 향상시키는 데 효과적인 것으로 그 효과가 입증된 중재 방법이다.
- 덴버 모델: 다영역적 팀이 아동의 개별적 요구를 위해 모든 영역을 포괄하는 발달적 교육과정을 실행하며, 대인관계적 상호작용과 참여를 중요하게 다루는 중재모델이다.
- SCECRTS 모델: 다양한 영역의 전문가들이 의사소통 능력과 사회-정서 능력을 향상시키기 위해 개발된 모델로 그 중재 효과가 높은 것으로 알려졌다.

- TEACCH: 여러 다양한 영역에서 개인의 발달을 지원하는 포괄적인 지원 방법으로 효과가 입증된 중재 방법이다.
- PEERS: 친구를 사귀거나 친구관계를 유지하는 데 어려움이 있는 자폐성 장애 청소년을 위한 사회적 기술 프로그램이다.

제 **4** 장

자폐성 장애학생의 의사소통 특성과 지도

학습 목표

▣ 자폐성 장애학생의 의사소통 특성을 이해할 수 있다.

▣ 의사소통 증진을 위한 환경의 중요성을 이해할 수 있다.

▣ 의사소통 증진을 위한 다양한 교수-중재를 설명할 수 있다.

▣ 보완대체의사소통의 활용에 대해 설명할 수 있다.

핵심 용어

- 공동관심joint attention
- 그림교환의사소통체계PECS
- 보완대체의사소통AAC
- 비언어적 의사소통
- 사회적 의사소통
- 사회-화용론적 관점social-pragmatic view
- 수용의사소통
- 우발교수incidental teaching
- 표현의사소통
- 행동주의

　　초등학교 3학년인 주희는 지적장애를 동반한 자폐성 장애학생이다. 주희가 가장 큰 어려움을 겪고 있는 영역은 의사소통으로 현재 한두 단어 수준의 기본적인 의사소통만을 하고 있다. 하지만 최근 들어 갑작스러운 돌발행동이나 극심한 짜증을 보이는 문제행동의 빈도가 많아졌다. 주희의 개별화교육지원팀은 이러한 문제행동의 원인이 점차 높아지는 학교에서의 요구나 과제 수준, 그리고 무엇보다 의사소통의 어려움과 관련되어 있다고 판단하였다. 이에 따라 주희의 개별화교육지원팀은 주희에게 보완대체의사소통(AAC) 체계를 활용한 의사소통방식을 학교와 가정에서 가르치는 것에 합의했다. 이를 위해 먼저 특수교사는 기존에 나와 있는 AAC 장비를 검토하고 주희에게 적합한 AAC 체계를 적용하기 위해 관련 전문가에게 도움을 요청하였다. 학교와 가정을 각각 방문한 AAC 전문가는 주희의 수용언어와 표현언어의 현행수준을 평가하고 적합한 상징체계에 대해 개별화교육지원팀 구성원과 협의하였으며, 부모, 교사, 또래 등 대화상대자 교육도 함께 진행하였다. 이러한 자문을 바탕으로 특수교사는 그림과 사진을 활용하여 간편하게 만들 수 있는 의사소통판을 이용해 주희에게 구어와 상징을 연결하도록 교육하였다. 또한 기초적인 교육 이후에는 교실과 급식실 등 여러 장소에서 본격적으로 AAC 장비를 활용하여 주희의 의사소통을 촉진하였다. 점차 주희의 의사소통 레퍼토리가 늘어나기 시작함에 따라 교실과 가정에서 주희의 문제행동이 급격히 감소하였다. 특히 담임교사는 주희에 대한 또래의 관심이 크게 증가하였으며, 쉬는 시간이나 급식시간에도 상호작용이 지속적으로 늘어나고 있음을 보고하였다.

　　수학에 관심이 매우 많은 초등학생 수호는 7세에 아스퍼거 장애 진단을 받았다. 수호는 자신이 관심 있는 분야에 대해 말하는 것을 매우 좋아하며, 나이에 비해 어려운 용어를 자주 사용해 말하기 때문에 담임 선생님은 수호를 '꼬마 학자'라고 부른다. 관심분야에 대해서는 어려운 어휘를 많이 알고 사용하기는 하지만 평소에 수호가 또래나 어른들을 당황스럽게 하는 일이 흔하게 일어난다. 같은 반 친구의 집을 처음 방문한 날, 수호는 친구 집에 들어서자마자 허락도 없이 모든 방문을 열어 보더니 갑자기 친구의 어머니께 좋아하는 수학자가 누구인지 물었다. 수호의 질문에 당황하시는 친구 어머니에게 "좋아하는 수학자의 이름도 모르시는 분이군요"라고 말해 함께 동행한 선생님께 지적을 받았다. 또한 수호는 친구의 집에 수학과 관련된 책이 한 권도 없다고 불평을 하며 자신의 집으로 가겠다고 말해 모두를 당황하게 했다. 특수교사는 수호에게 사회적 의사소통기술을 직접 가르치기로 계획하고 특히 장소와 연령, 성별에 따라 알아야 하는 사회적 상식에 대한 내용도 함께 교수하기로 하였다. 담임교사 역시 수호가 배우게 될 사회적 의사소통기술의 내용을 특수교사와 함께 공유하고 이를 다양한 시간에 활용할 수 있는 기회를 제공하기로 하였다.

자폐성 장애학생이 보이는 언어발달의 정도와 수준은 매우 다양하다. 언어 습득부터 어려움을 보이거나 구어적 의사소통 자체를 힘들어하는 아동이 있는가 하면 관심 분야의 전문 용어를 쉽게 사용하며 학자처럼 말하는 아동도 있다. 그럼에도 불구하고 자폐성 장애학생이 언어와 의사소통 영역에서 보이는 공통적인 특성은 사회적인 의사소통을 하는 데 어려움이 크다는 점이다. 이전에도 자폐성 장애학생의 의사소통 특성과 어려움에 대한 관심은 지속적으로 있었으나 주로 이들이 보이는 의사소통의 특이성에 초점을 두는 경우가 많았다. 예를 들면, 일부 자폐성 장애학생에게서 나타나는 반향어(echolalia, 상대방의 말을 메아리처럼 따라 하는 것)의 사용, '나'와 같은 인칭대명사 사용에서의 혼동이나 역전(reversal)현상, 독특한 억양(intonation)으로 말하는 것 등을 들 수 있다. 그러나 최근 들어 이러한 특성은 자폐성 장애를 진단하는 주요 기준에서 제외되었으며, 이러한 특이성보다는 전반적으로 나타나는 사회적 의사소통의 어려움에 좀 더 초점을 두고 이를 자폐성 장애 진단의 주요한 기준으로 포함하고 있다. 특히 자폐성 장애를 진단하는 주요 기준인 DSM 체계에서는 의사소통에 있어 구어(verbal)와 비구어(nonverbal)적 언어를 사용하는 데 있어서의 특성과 어려움을 주요하게 고려한다(APA, 2013).

의사소통상의 어려움은 일상생활 전반에 영향을 주며, 사회적 관계를 맺고 유지하는 데 있어서의 문제뿐 아니라 적절한 의사소통 수단이 없는 것에서 기인하는 문제행동과도 밀접하게 연관된다. 특히 자폐성 장애아동이 사회적으로 적절하게 의사소통을 하지 못하는 경우 이러한 어려움은 자해행동, 공격행동, 극심한 분노 폭발(tantrums)과 같은 부적절한 행동으로 발전하는 경우도 있다(NRC, 2001). 따라서 의사소통은 자폐성 장애학생의 교육에 있어 매우 중요하게 지원되어야 하는 영역이며 학생이 다양하고 적절한 방법으로 의사소통기술을 증진할 수 있도록 돕는 교수전략은 매우 중요하다.

이 장에서는 자폐성 장애학생의 의사소통 발달과 특성에 대해 알아보고 의사소통의 어려움을 지원하기 위해 사용되는 증거기반 교수전략에 대해 알아본다.

1. 의사소통의 개념과 유형

언어발달을 포함한 의사소통의 특성은 자폐성 장애를 이해하는 데 핵심이 되는 영역이다. 특히 사회적 의사소통의 결함과 특성은 자폐성 장애를 선별하고 진단하는 데 중요한 역할을 한다. DSM-5(APA, 2013)의 진단기준에 따르면 사회적 의사소통상의 결함은 자폐성 장애 진단에 있어 첫 번째 기준에 해당하며 여기에는 일상적인 대화를 시작하고 유지하는 데 있어서의 어려움이나 감정을 공유하는 것과 같은 사회적 접근상의 문제와 함께 눈맞춤, 몸짓 언어, 얼굴 표정의 사용과 같은 비언어적 의사소통 행동에 있어서의 어려움 등이 포함된다. 이러한 사회적 의사소통의 어려움은 결국 사회적 상호작용에 영향을 미치게 되며, 친구 사귀기와 같은 사회적 관계를 형성하고 유지하는 데 전반적인 어려움을 겪는 문제로 이어지게 된다.

일반적인 의사소통을 정의하는 것은 쉽지 않지만 사전적인 개념을 통해 이를 유추해 볼 수 있다. 먼저 국립국어원의 표준국어대사전(2017)에 의하면 의사소통이란 '가지고 있는 생각이나 뜻이 서로 통함'이라고 정의된다. 영어권 문화에서는 의사소통(communication)을 자신의 생각이나 감정 등을 표현하거나 정보 교환을 위해 말(words), 소리(sounds), 부호(signs), 행동(behavior)을 사용하는 과정 혹은 행위라고 사전적으로 정의된다(Merriam-Webster Online Dictionary, 2016). 한편 김영태(2014)는 의사소통을 사람 간에 생각이나 의견, 감정 등의 의사(message)를 교환하는 것으로 정의하고 의사소통은 구어(spoken language)나 문어(written language), 체어(gestured language)와 같은 언어학적인 방법과 비언어학적인 방법(예를 들면, 의사소통 공간, 운동감각, 소리 등)으로 표현된다고 하였다. 이러한 정의를 종합하면, 의사소통이란 다른 사람들과 다양한 형태로 정보를 교환하는 과정이며, 음성언어나 문자언어뿐 아니라 몸짓이나 표정과 같은 비구어적인 의사소통(nonverbal communication)까지 포함하는 매우 포괄적인 개념이라고 할 수 있다(Brown & Elder, 2014; Heflin & Alaimo, 2007).

1) 초기 의사소통 발달

영유아기 의사소통 발달에 있어 가장 초기 단계는 울음, 미소, 눈맞춤과 같이 학습하지 않았어도 태어날 때부터 실행가능한 반사적 의사소통 행동을 통해 자신의 생리적 상태를 표현하는 것이라고 할 수 있다. 이러한 의사소통 행동은 주변인(특히 부모)에게 막강한 영향력을 갖지만 이처럼 초보적인 의사소통 행동은 자신의 행동이 환경에 어떠한 영향을 미치는지에 대한 인식이 없이 이루어진다. 특히 초기에는 수단과 목적 혹은 행위자와 사물 등의 관계에 대해 이해하지 못하다가 생후 3개월 반 정도가 되면 유아는 사물이나 사람을 응시하면서 흥미와 같은 감정을 표현하며, 주변의 사람과 사물의 관계를 배우는 데 있어 이러한 응시하기를 활용하게 된다(Tiegerman & Primavera, 1984). 생후 4~7개월에 아기는 자신의 행동이 환경에 영향을 미치게 된다는 것을 깨닫게 되며, 6~7개월 정도가 되면 옹알이와 같은 말소리와 유사한 소리를 내기 시작한다. 이 시기에 유아는 좀 더 목표지향적인 행동을 하게 되며 9~11개월 정도가 되면 자신이 원하는 물건을 향해 손을 뻗거나 원하는 물건을 얻기 위해 성인의 얼굴을 쳐다보는 등의 몸짓을 활용하게 된다. 생후 12개월을 전후하여 유아는 자신의 행동이 타인과 외부세계에 어떠한 영향을 미치고 어떤 결과를 가져오는지에 대해 이해하는 의도적인 의사소통 단계로 들어선다. 점차 이해하는 어휘가 많아지며 상황에 맞는 어휘를 연결하여 표현하기 시작한다. 특히 요구를 할 때 '엄마'나 '맘마'와 같은 어휘를 일관성 있게 사용한다(김영태, 2014; Wetherby et al., 2004). 이처럼 언어로 의사소통하기 이전 단계에서는 사물에 대해 주로 감각적 경험을 통해 인식을 확장하며 인지적인 기초능력이 발달하고, 상징적 사고를 할 수 있게 되면서 언어를 통해 자신의 의사를 표현하게 된다.

2) 의사소통의 이해와 표현

아동이 타인과 원활하게 의사소통하기 위해서는 자신의 의사를 적절한 방식으로 표현하는 능력과 타인의 의사를 이해할 수 있는 능력이 요구된다. 다른 사람의 의사를 이해하는 능력은 언어 이해와 관련된 것으로 말소리를 변별해 내고 어휘의 의미를 이해하며 나아가 문장의 구조나 문법적 이해를 하게 되는 것 등을 포함한다. 일반적으로 언어이해력은 표현언어에 비해 좀 더 먼저 발달되며, 영아는 생후 2개월 이전에 말소리를 구분하는 것으로 보고되었다(Wetherby et al., 2007). 이러한 수용의사소통에는 음성언어 혹은 구어(verbal)의 의미를 이해하는 것뿐 아니라 상대방의 억양이나 몸짓, 표정과 같은 비구어적(nonverbal) 의미를 파악하는 것 역시 포함된다(김영태, 2014).

반면 자신의 의사를 적절한 방식으로 표현하는 능력은 아동의 언어 표현과 관련된 것으로 옹알이처럼 말소리를 흉내 내어 소리 내는 단계를 시작으로 의미 있는 첫 단어를 말하고 습득한 어휘를 함께 사용하며, 이를 문법규칙에 맞게 문장으로 이야기하는 것 등을 의미한다. 또한 자신의 의사를 구어적으로 표현할 뿐 아니라 몸짓, 표정, 억양 등 비구어적 표현을 함께 사용하는 것이 포함된다. 생후 12개월에서 24개월의 아동은 의사소통 의도를 나타내기 위해 주로 몸짓을 사용하지만 생후 18개월을 전후로 표현언어가 증가함에 따라 단어를 활용한 의사소통을 한다(정경희, 배소영, 2006).

언어를 사회적 맥락에서 이해하려는 사회-화용론적 관점(social-pragmatic view)에서 언어발달은 말하는 이가 의도적(intentional)이고 상호적(reciprocal)이며, 상징과 같은 표상적(representational)인 방식으로 언어를 사용하는 것이라 할 수 있다(Twachtman-Cullen, 2000). 상황에 적합한 의사소통이라는 측면에서 의사소통은 타인에게 영향을 주기 위한 계획된 행동을 포함하며, 특히 말하는 사람의 의도를 '읽고' 이를 맥락 속에서 파악하려는 특성을 의미한다. 이와 같은 사회적 언어는 아동이 외부 세계를 이해하고 오랜 시간을 거치면서 자신과 외부 세계의 상호작용을 좀 더 세련되게 다듬는 방식으로 탐험하면서 경험을 통해 학습한다(Twachtman-Cullen & Twachtman-Bassett, 2014).

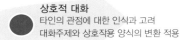

상호적 대화
타인의 관점에 대한 인식과 고려
대화주제와 상호작용 양식의 변환 적용

공유목적의 의사소통 형태 다양화
맥락적으로 의미 있는 상징적 의사소통
단일어휘
유창한 언어

공유목적의 공동관심
공동관심에 반응하기
사물과 사물 사이에서 협응적 주의(attention)
  유지하기
공동관심 시작하기
지속적으로 관심공유(joint engagement)
  행동에 참여하기

양자 간의 상호작용
관심 있는 곳으로 향하기
면대면 상호작용 따라하기

[그림 4-1] 사회적 의사소통의 주요 발달 단계

출처: Bottema-Beutel, Yoder, Woynatoski, & Sandband (2014).

한편 대화를 시작하고 참여하는 기술(예: 말하는 순서 주고받기, 대화 시작하기, 주제에 맞는 대화 이어가기 등)의 발달 역시 중요하다. 대화 능력은 이러한 대화 참여의 기술과 함께 참조적 의사소통(referential communication)의 발달을 포함한다(김영태, 2014). 참조적 의사소통이란 대화 상대방의 입장을 고려한 정보를 제공하고 이해하는 능력으로 참조적 의사소통기술은 대화상대자에게 어떤 의사를 전달하기 위해 상대방과 관련된 사물이나 사건 혹은 생각을 제공하는 매우 중요한 사회적 기술이라고 할 수 있다(San Martin et al., 2014).

2. 자폐성 장애학생의 의사소통 특성

자폐성 장애학생 중에는 또래와 비슷하거나 드물지만 오히려 또래에 비해 더 빠른 언어발달을 보이는 경우도 있다. 그러나 대부분의 자폐성 장애학생은 언어장애를 동반하는 경우가 많으며, 일반적인 언어발달을 보이는 경우라 하더라도 상황에 적절한 말을 사용하여 효과적으로 의사소통을 하는 데는 어려움이 있다. 자폐성 장애학생이 보이는 언어와 의사소통의 발달 수준과 특성은 매우 다양하지만 현행 의사소통 수준은 학생의 추후 성과를 예측하게 해 주는 중요한 지표가 될 수 있다(Garfin & Lord, 1986; NRC, 2003).

언어발달의 지연이 자폐성 장애를 진단하는 기준이 되는 것은 아니지만 많은 자폐성 장애아동의 부모는 자녀의 장애를 알게 된 계기가 자녀의 언어발달문제, 특히 초기에 보인 언어지연 혹은 음성언어 발달에 대한 우려였음을 보고하였다(Short & Schopler, 1988; Kim et al., 2014). 자폐성 장애로 진단받지는 않았으나 추후 진단 가능성이 높은 아동의 경우에도 일반 아동에 비해 특히 초기 사회적 의사소통은 모든 하위영역에서 낮은 수준을 보였다(김은경, 2010). 또한 초기 언어습득단계에 있는 자폐성 장애아동의 초기 의사소통 행동을 지적장애아동과 비교했을 때에도 의사소통 행동의 빈도가 상대적으로 매우 낮은 것으로 나타났으며, 이름에 반응하기와 거부하기 역시 유의하게 낮은 빈도로 사용하는 것으로 나타났다(김미삼, 전진아, 이윤경, 2012).

자폐성 장애아동이 보이는 이러한 의사소통 결함 중 특히 핵심 영역은 사회적 의사소통에 관한 것으로 이는 주로 공동관심(joint attention)과 상징 사용(symbol use)이라는 두 가지 측면에서 논의되어 왔다(NRC, 2003). 공동관심이란 어떤 사물이나 사건에 대한 인식을 공유하기 위해 자신과 상호작용하는 상대방과 해당 사물이나 사건 사이에서 주의(attention)를 끌어 관심을 공유하는 능력을 의미한다(Dawson et al., 2004; Mundy et al., 1986). 모든 의사소통은 적어도 두 사람 이상이 상호 이해를 달성하고자 서로 협력하는 형태로 본질적으로는 사회적인 특성을 내재하고 있다. 타인의 행동을 조절하기 위한 일반적인 의사소통 역시 어떤 의미로는 사회적이라고 할 수 있다. 그러나 '사회적 의사소통'이란 이보다 좀 더 타인과 '공유하려는 욕구'에 의해 내재적으로 동기화된 행동이라고 정의할 수 있다(Bottema-Beutel, Yoder, Woynaroski, & Sandbank, 2014; Tomasello, 2008).

상대방과 함께 어떠한 사람이나 사물 등에 주의를 기울이는 것은 자신의 경험 공유라는 목적을 위해 상대방의 주의를 끌 수 있어야 하며, 반대로 상대방이 자신의 관심을 끌고자 하는 경우 상대방이 응시하는 방향과 대상을 따라 자신의 관심을 옮길 수 있어야 한다. 이처럼 공동관심은 사회적 관계를 형성하고 상호작용을 시작하고 유지하는 데 있어 매우 중요한 역할을 한다. 한편 상징의 사용은 사회가 관습적으로 사용하고 의미를 공유하는 체계라고 할 수 있다. 특히 몸짓, 모방, 놀이와 관련한 상징 사용의 어려움은 사회적 관습이라고 할 수 있는 의사소통에 지속적인 문제를 일으킨다. 따라서 이러한 영역에서의 어려움은 사회적 상호작용과 비언어적 의사소통 행동의 결함이라는 측면에서 자폐성 장애를 진단하는 주요 기준으로 포함되었다.

Chawarska와 Volkmar(2008)는 언어 이전기(prelinguistic stage)의 자폐성 장애아동에 대한 연구를 검토하여 몇 가지 주요 특성을 다음과 같이 정리하였다.

- 이름에 반응하기를 포함해 말(speech)에 주의를 기울이는 것의 결핍
- 공동관심 기술의 결핍: 사람과 사물 간에 주의집중을 하고, 경험을 공유하기 위한 목적으로 물건이나 활동에 대해 타인의 주의를 끌며, 타인의 응시나 몸짓을 따라가고, 타인이 관심을 주도록 지시하기 위한 목적으로 사람과 사물을 번갈아 응시하기 등의 기술 결핍
- 낮은 비율의 의사소통
- 요청과 거절의 제한성: 자신을 위해 타인이 어떠한 행동을 하거나 하지 못하도록 할 목적을 지닌 의사소통 의도의 범위가 제한적임

- '가리키기'와 '보여 주기' 같은 좀 더 관습적인 의사소통 형태를 동반한 언어가 결핍되고 이를 보완하지 못함
- 언어와는 별개로 상징 행동의 결핍과 구어ㆍ비구어 행동의 제한

1) 사회적 의사소통의 결함

자폐성 장애아동에 대한 연구 중 상당 부분이 사회적 의사소통의 결함에 대한 것일 만큼 이 영역은 자폐성 장애를 이해하는 데 가장 핵심적인 특징이라고 할 수 있다. 이 때 사회적 의사소통기술은 개인들 간의 사회적 상호작용에서 사용되는 광범위한 구어와 비구어적 행동을 포함하며, 의사소통기술의 결함은 연령이나 언어능력 수준과 관계없이 자폐성 장애아동에게 매우 보편적으로 나타난다(Tager-Flusberg et al., 2001; Wetherby et al., 2007).

자폐성 장애아동은 초기 의사소통 발달단계에서 몸짓을 이용하여 가리키기를 하지 않거나 주변 사람의 주의를 끌기 위해 이를 활용하지 못하는 경향을 보인다. 또한 타인과의 상호작용에 있어 비전형적인 사회적 접근을 보이거나 적절한 대화의 시작과 유지에 실패하며(예: 처음 보는 사람에게 사적인 질문하기, 누군가를 만나자마자 인사 없이 자신의 특별한 관심사에 대한 이야기를 시작하기), 흥미나 감정을 공유하는 데 어려움을 보이고(예: 상대방의 표정이나 몸짓 반응과 관계없이 계속 혼자 이야기하기), 사회적 상호작용을 시작하거나 이에 반응하는 것의 실패(예: '잘 지내지?'와 같은 상투적인 인사말에 자신의 최근 근황에 대해 매우 자세하게 이야기하기) 등은 이러한 사회적 상호작용의 결함을 보여 주는 예라고 할 수 있다(Rowland, 2009).

또한 의사소통 수준이 높은 고기능자폐 혹은 아스퍼거 장애로 진단된 경우라 하더라도 사회적인 의사소통의 어려움은 꾸준히 보고되고 있다. Paul 등(2009)은 자폐성 장애청소년에게서 가장 지속적으로 보고되는 화용론적 영역의 어려움을 다음과 같이 정리하였다.

- 관계없는 세부사항의 사용
- 부적절한 주제 전환
- 주제에 대한 몰두와 고집

- 대화상대자의 단서에 대한 무반응
- 상호교환의 부족
- 부적절한 설명
- (본인은 알지만) 상대방은 알기 어려운 막연한 언급
- 대본같이 정형화된 대화
- 지나치게 공손한 대화(특히 아스퍼거 증후군이 있는 경우)

2) 비구어적인 의사소통 행동의 결함

일반적인 발달을 보이는 영유아의 경우 생후 1년 이내에 눈맞춤, 음성화, 전언어기 몸짓과 같은 비구어적 의사소통을 학습하며, 이러한 행동은 이후 사회적 상호작용을 형성하고 유지하는 데 중요한 기능을 한다(Stone et al., 1997). 비구어적 의사소통은 점차 다양하고 복잡하게 발달하며, 의사소통에서 사용되는 비율이 증가한다. 또한 의사소통 행동을 하는 동안 소리와 몸짓을 협응하는 능력이 함께 발달한다. 그러나 자폐성 장애아동의 경우 의사소통을 하면서 눈맞춤을 하는 것을 어려워하고 상대방의 몸짓 언어나 얼굴 표정과 같은 비구어적 단서를 이해하거나 의사소통을 위해 이를 사용하는 데 어려움을 보인다. Wetherby 등(2007)은 3세 유아가 보이는 다양한 몸짓(inventory of gestures)은 자폐를 예측하는 강력한 지표 중 하나라고 지적하였다. 또한 서경희(2013)에 의하면 언어발달의 지체가 없는 고기능 자폐장애와 아스퍼거 장애로 진단된 청소년 집단이라 하더라도 비장애 또래 집단에 비해 비언어적 의사소통 행동에 대한 지식이 부족한 것으로 나타났으며, 또래에 비해 부적절한 시선, 얼굴표정, 몸짓/손짓, 신체적 거리 순으로 문제를 보이는 것으로 보고했다.

3. 의사소통 증진을 위한 환경 마련

자폐성 장애학생의 의사소통 증진을 위해서는 특정 기술을 가르치기 위한 교육 프로그램을 계획하고 이를 정해진 시간에 교수(예: 국어시간과 같은 수업이나 언어치료를 위한 치료실 환경)하는 것도 중요하지만 의사소통이란 언제나 자연스럽게 일상적으로

일어나는 것(혹은 일어나야 하는 것)이라는 점을 기억해야 한다. 의사소통 환경이란 어떤 사람이 의사소통하는 능력을 증진하는 모든 영향이라 할 수 있으며, 여기에는 상호작용이나 말하는 방식, 의사소통 체계, 의사소통 기회, 태도, 기대, 물리적 환경이 모두 포함될 수 있다(Potter & Whittaker, 2001). 특히 의사소통을 증진하는 사회적 환경은 주로 자연스럽게 의사소통할 기회를 제공하고, 또래와의 상호작용을 촉진하며, 다양한 상황과 맥락에서 의사소통 환경에 참여함으로써 의사소통기술을 일반화하는 데 도움을 주는 환경이라고 할 수 있다. 자폐성 장애학생에게 일상적인 의사소통의 기회를 만들어 주는 예는 〈표 4-1〉에 제시하였다.

또한 교사는 또래와의 긍정적인 상호작용을 촉진하기 위한 사회적 환경을 설계할 수 있다. 이러한 환경 설계에는 (1) 활동 지원(활동의 목록, 과제 단계 등을 제공), (2) 활동의 전환 지원(예: 타이머, 그림 혹은 사진 일정표 활용), (3) 영역이 표시된 놀이 공간(이름표가 붙은 영역, 탁자, 농구장), (4) 모든 구성원이 최소한의 부분 참여가 가능한 연령에 적합한 활동 등이 포함될 수 있다(Thiemann & Kamps, 2008).

한편 의사소통은 자폐성 장애학생의 일상생활뿐 아니라 문제행동에도 큰 영향을 미치는 영역이라는 점을 이해하는 것이 매우 중요하다. Carr와 Durand(1985)는 공격행

표 4-1 자폐성 장애학생을 위한 의사소통 기회 만들기

- 수업 이외의 일상적인 활동에서 의사소통 기회 만들기(예: 등하교 중에 혹은 복도에서 마주칠 때 학생에게 인사 건네기, 학생에게 특정 물건이 필요한 상황을 포착하여 "무엇을 줄까?" 혹은 "이거 줄까?"라고 말 걸기)
- 학생의 의사소통 수준에 따라 의사소통을 할 때에는 가급적 불필요한 말을 줄이고 최소한의 말만 사용하기
  - 일상적인 대화의 예: 두 개의 사탕을 보여 주면서 "딸기맛 사탕과 포도맛 사탕 중에 어느 것을 먹고 싶니?" "어느 쪽을 먹을래? 딸기? 포도?"
  - 최소한의 말을 사용한 예: 말 없이 두 개의 사탕을 학생에게 내밀고 기다려 준 후 학생이 반응하지 않으면 신체적으로 촉진하기, 학생이 선택하면 "먹어요" 혹은 "먹자" 등으로 간단히 응답하기
- 학생의 선호와 상황에 맞게 개별적으로 동기화하기
- 학생에게 구조화된 의사소통 기회를 제공하기(예: 학생이 자신의 의사소통 차례가 언제인지, 무엇에 대해 어떤 것을 의사소통해야 하는지 알 수 있도록 그림카드나 미리 약속된 수화나 몸짓 등의 비구어적인 방법으로 아동에게 명확히 전달하기)
- 학생이 의사소통 시간과 기회를 경험하도록 학생의 반응 기다려 주기

동이나 자해행동과 같은 문제행동이 발생하는 상황을 판별하고 이를 지원하기 위해 기능적 의사소통 훈련(functional communication training: FCT)을 제안하였다. 행동지원을 위한 기능적 의사소통훈련의 보다 구체적인 내용은 이 책의 제6장을 참조한다.

4. 의사소통 증진을 위한 교수

1) 비연속개별시행교수의 활용

행동주의에 기반을 둔 다양한 교수전략은 그동안 가장 많은 연구가 축적된 분야 중 하나라고 할 수 있다. 그중 가장 대표적인 교수전략으로 비연속개별시행교수(discrete trial teaching: DTT)를 들 수 있다. 이는 Lovaas 등(1966)의 초기연구에서 시작된 것으로 여러 상황에서 각각 분리된 시도를 통해 성인 주도의 집중적인 교수를 제공하며 Skinner(1957)의 조작적 학습과 관련되어 있다. 즉, 선행사건에 대한 반응으로서 의사소통을 포함한 아동의 행동을 형성하고 유지시키도록 하며, 이를 위하여 강화의 원리가 사용된다. 또한 바람직하지 않은 행동 감소를 위해 소거와 벌의 원리가 사용된다. 각 교수별 회기는 미리 계획된 높은 수준의 성인 주도의 지시, 반복된 집중 연습, 정확한 선행사건과 반응에 대한 즉각적인 강화 등을 특징으로 한다.

비연속시행(discrete trial)은 변별자극(예: 교수), 반응, 결과, 시행 간 간격(대체로 0.5초 이내의 매우 짧은 간격) 등의 요소를 포함한다. 즉, 교수를 제공하고 짧은 시간 동안 아동의 반응을 기다린 후 이러한 경험으로부터 아동이 학습하도록 돕는 도구로써 피드백을 제공하며, 다시 교수를 시작하기 전에 짧은 휴식기를 갖는 절차로 이해할 수 있다(Wilczynski et al., 2012). [그림 4-2]는 비연속개별시행을 활용한 의사소통 지도의 예시를 보여 준다.

현재까지 이 방법은 행동주의에 기반을 둔 중재로서 많은 증거를 확보하고 있으며, 특히 자폐아동에 대한 조기중재에 사용되었을 때 가장 효과가 큰 것으로 알려져 있다. 그러나 매우 구조화된 환경(예: 개별 치료실)에서 형성된 반응이 일상적이고 자연스러운 환경(예: 가정, 학교, 지역사회 등)에서 일반화되어 사용될 수 있는지에 대한 지속적인 의문이 제기되었다(Smith, 2001; Sundberg & Partington, 1999). 또한 집중적인 훈련 비연속개별시행교수를 활용한 의사소통 지도는 다음과 같이 진행될 수 있다.

- 1단계
  - 교사는 동그라미와 네모 카드 한 장씩을 아동 앞에 있는 책상에 놓는다.
  - 교사가 아동에게 "동그라미 주세요"라고 한다.
  - 아동은 교사에게 동그라미 카드를 준다.
  - 교사는 아동에게 "그렇지. 잘했어요"라고 말한다.
  - 다음 시도를 하기 전에 매우 짧게 멈춘다.

- 2단계
  - 교사는 동그라미와 네모 카드 한 장씩을 아동 앞에 있는 책상에 놓는다.
  - 교사가 아동에게 "네모 주세요"라고 한다.
  - 아동은 교사에게 네모 카드를 준다.
  - 교사는 아동에게 "그렇지. 잘했어요"라고 말한다.
  - 다음 시도를 하기 전에 매우 짧게 멈춘다.

- 비연속개별시행교수는 각 단계마다 매우 명료하게 정의되고 대본(script)이 있는 구체적인 단계를 거치게 되며 이를 통해 교사는 어떤 특정한 방법이나 전략을 쓸 것인지 혹은 쓰지 않을 것인지를 판별할 수 있다.

- 각 시도는 대체로 다음과 같은 단계로 구성된다.
  - 선행자극 제시하기
  - 촉진하기
  - 반응하기
  - 정반응에 대한 결과
  - 오반응에 대한 결과
  - 각 시행 간 짧은 휴식시간

[그림 4-2] 비연속개별시행교수를 활용한 의사소통 지도의 예시

출처: Smith (2001).

을 시작한 초기 단계에서는 분명한 효과를 보이지만 이후 효과의 지속성과 유지에 대한 어려움이 보고되기도 하였다(이소현, 이은정 공역, 2009; Smith, Groen, & Wynn, 2000; Wilczynski, Rue, Hunter, & Christian, 2012). 따라서 아동이 습득한 언어 기술을 자연스러운 환경에서 사용하도록 지속적으로 기회를 제공하는 것이 중요하다는 점이 강조되었으며, 이를 위하여 영유아기에 있는 자폐성 장애아동의 경우 가정방문을 통한 집중적인 중재와 부모에 대한 훈련을 병행하는 것이 중요하다(Howlin & Rutter, 1989).

2) 환경중심 교수전략의 활용

앞서 설명한 비연속개별시행교수와 같은 집중적인 교수 전략이 새로운 언어기술을 습득하는 데 효과적이었다면 습득한 기술을 자연스러운 환경에서 기능적으로 활용할 수 있도록 하는 자연적 교수 또한 중요하다. 이는 우발교수와 같이 아동의 자발적인 의사소통 시도(예: 원하는 물건을 가리키거나 얻기 위한 의사소통적인 행동) 직후에 피드백이나 촉진을 삽입하고 아동이 원한 물건을 자연스러운 강화제로 활용하는 방법이라고 할 수 있다. 따라서 이러한 의사소통 시도가 많이 일어나도록 하는 환경을 구성하는 것이 중요하며, 해당 환경에서 가장 자연스러운 대화상대자 혹은 교수자(예: 부모 혹은 교사)의 역할이 매우 중요하다.

환경중심 의사소통 중재(milieu language intervention)는 환경중심 교수전략(milieu teaching)을 의사소통에 적용한 것으로 아동이 처한 일상생활 환경에서 아동의 관심과 흥미에 따라 의사소통 증진을 하는 접근방법이다. 국내에서도 환경중심 교수전략을 사용한 다양한 연구가 실행되어 자폐성 장애학생에게 효과적인 중재임을 보여 주었다(김민영, 이소현, 2006; 노은호, 김은경, 2010; 홍지희, 오혜정, 2008). 환경중심 교수전략은 (1) 모델링(modeling), (2) 요구 모델(mand-model), (3) 시간 지연(time delay), (4) 우발교수(incidental teaching)로 구성되는데, 특히 아동에게 해당 기술이 없는 경우 초기 기술 습득 단계에서는 모델링 절차가 적용된다. 이때 교사는 먼저 아동과 공동관심을 형성한 후 아동이 보이는 흥미와 관련한 구어 혹은 몸짓 시범을 제공한다(Christensen-Sandfort & Whinnery, 2013). 아동이 교사의 시범을 따라 한다면 즉각적인 칭찬과 함께 원하는 물건이나 활동을 제공한다. 만약 아동이 따라 하기에 실패한다면 두 번째 시범과 반응 기회가 제공되며, 아동이 다시 오반응을 보이는 경우 교사는 이에 대한 정확한 피드백을 제공하고 즉각적으로 아동이 요구한 물건이나 활동을 제공한다.

이러한 요구 모델의 목적은 아동이 목표기술을 기능적으로 사용하고 이를 일반화하도록 격려하는 데 있다. 예를 들어, 교사는 아동이 원하는 것을 알아챈 다음 바로 아동에게 "무엇을 줄까?"라고 구어적으로 요구(verbal mand)하고 아동의 반응을 기다린다(약 5초 이내). 아동이 적절히 반응하면 칭찬과 함께 즉각적으로 아동이 원하는 것을 제공한다. 이러한 환경중심 언어중재를 좀 더 확장한 '강화된 환경중심 언어중재(enhanced milieu teaching: EMT)'는 대화중심 중재이다. 이는 아동의 흥미와 의사소통 시도를 일상적인 맥락에서 언어를 시범 보이고 촉진하는 기회로 활용하는 전략으로 다음과 같은 요소로 구성된다. (1) 상호작용을 촉진하는 환경 조성, (2) 반응적 상호작용, (3) 놀이 시범 보이기와 확장하기, (4) 의사소통 목표 시범 보이기, (5) 시간지연전략, (5) 일반적인 환경중심 교수절차(Kaiser & Roberts, 2013; Roberts & Kaiser, 2015).

3) 보완대체의사소통의 활용

자폐성 장애가 있는 아동과 성인에 대한 보완대체의사소통(augmentative and alternative communication: AAC)의 활용은 다양한 능력과 어려움이 있는 자폐성 장애아동에게 '기대되는 실제(promising practices)'로 여겨지고 있다(Mirenda, 2009; NAC, 2015). 보완대체의사소통의 활용은 표현 의사소통에 어려움이 있는 자폐성 장애학생을 위해 주로 사용되어 왔으며, 언어발달을 촉진하는 전략으로써 단기간 혹은 지속적으로 사용될 수 있다.

자폐성 장애학생에게 활용될 수 있는 다양한 보완대체의사소통의 방식과 기술은 다음과 같다(Mirenda, 2003).

- 플라스틱 칩 혹은 토큰 강화체계: 무발화 아동을 위한 언어 시작 프로그램(Non-Speech Language Program; Carrier & Peak, 1975; Mirenda, 2003)을 비롯해 다양한 중재에서 효과적으로 사용되었다. 특히 초기 연구에서 Premack 등(1974)은 플라스틱으로 만든 칩으로 이루어진 시각적 체계(plastic visual system)가 자연스러운 언어 습득에 도움을 준다고 보고하였다.
- 수화의 사용: 수화를 사용한 동시 의사소통 혹은 총체적 의사소통(total communi-

cation)은 미국에서 1980년대 중반까지 자폐 혹은 최중도 지적장애인에서 가장 흔하게 사용된 AAC 전략이라고 할 수 있다(Mirenda & Iacono, 2009).

- 그림문자(lexigrams): 최근 들어 보완대체의사소통 체계에서 가장 활발하게 사용되고 있는 것은 그림문자를 활용한 의사소통이라고 할 수 있다. 그림문자는 컴퓨터 혹은 특별하게 고안된 AAC 장비 등과 연계하여 사용될 수 있으며, 그림을 활용한 의사소통판 등으로도 활용이 가능하다.
- 글자단어(written words): 한글이나 알파벳 등 문자언어로 쓰인 단어 역시 AAC 체계로 활용될 수 있다. 문자언어를 읽을 수 있는 아동에게 적용 가능하며, 그림상징과 같은 다른 상징체계와 함께 활용할 수 있다.
- 그림상징체계(visual-graphic pictorial systems): AAC 도구가 다양하게 개발되면서 다양한 그림상징체계가 활용되었다. 특히 그림교환의사소통체계가 대표적이다.
- 음성산출(speech output): 음성산출이 가능한 의사소통 장비(voice output communication device: VOCA)의 개발과 보급으로 상징을 음성으로 출력하여 의사소통하는 체계가 가능해졌다. 1970년대 스탠퍼드 대학 연구진에 의해 처음으로 자폐성 장애학생에게 소개된 이 전략은 컴퓨터 화면에 나타난 상징과 청각 자극을 연합하여 원하는 알파벳을 산출하도록 하였다.

특히 음성산출을 위한 의사소통 장비(혹은 음성출력장치)의 경우 스마트폰이나 스마트패드 등 휴대 가능한 장비의 보편화로 다양한 관련 애플리케이션(예: Proloquo2Go)이 개발되고 있다. 국내에도 관련 제품(예: 마이토키, 나의 첫 AAC, 진소리 등)이 개발되고는 있으나 여전히 한국어 사용자에 국한되어 있다는 점에서 영어권 국가에 비해 관련 연구와 개발에 제한이 있다.

자폐성 장애아동은 일반적으로 시각적 학습자(visual learner)인 경우가 많은 것으로 알려져 있다. 시각적 학습자란 그림이나 사진과 같은 시각적 자료를 통해 정보를 보다 잘 이해하는 특징을 지닌 학습자라는 의미이며, '사진과 같은 기억'의 형태로 정보를 저장하는 경우도 많이 보고되었다(Rao & Gagie, 2006; Shipley-Benamou et al., 2002). 시각적 자료를 활용한 대표적인 의사소통 증진 전략으로 그림교환의사소통체계를 들 수 있다.

그림교환의사소통체계는 구어적 의사소통에 심각한 제한이 있는 자폐성 장애아동

모글(Mogul) AAC모글(Mogul)

AAC 굿 커뮤니케이션
for ipadAssistive Technology

보이스탭 (주)샤크로

With Talk(위드톡)
애플리케이션 (주)밍키핑키

With Talk(위드톡) 7인치형
(주)밍키핑키

WithTalk (위드톡) 10.1인치형
(주)밍키핑키

마이토키 키보드보이스웨어

마이토키보이스웨어

마이토키 스마트보이스웨어

키즈보이스 (주)유비큐

스마트 오케이 톡톡
(주)아리수에듀

오케이 톡톡 for 갤럭시탭
(주)아리수에듀

Pocket AAC for iPad,
iPhone Woonjininfo.Co

클루톡(CluTalk) iphone
AppsClusoft Co.Ltd

My First AAC 애플리케이션

[그림 4-3] AAC 기구의 예시

출처: http://www.myaac.co.kr/web/software/product

이 타인과 상호작용을 시작하도록 교수하는 일련의 매뉴얼이 있는 체계화된 중재 프로그램이다(Bondy & Frost, 2011). 이는 보완대체의사소통의 한 형태라고 할 수 있으나 비교적 독자적인 연구기반의 증거를 구축하고 있으므로 여기에 구분하여 제시하였다(장혜성, 박승희, 2002; 최선미, 곽승철, 2014; 허은정, 2010; Angermeier et al., 2008; Beck et al., 2008; Simpson & Ganz, 2012).

1985년 Lori Frost와 Andy Bondy에 의해 개발된 초기 그림교환의사소통체계는 교실에서 의사소통을 촉진하기 위해 교사가 만든 카드를 사용한 것에서 출발하였다. 이를 위하여 교사는 아동의 요구를 즉시 교환해 주는 의사소통 상대자에게 원하는 물건의 사진을 주도록 가르치기 시작했다(Frost & Bondy, 1994). 이때 교사는 아동이 속한

표 4-2 그림교환의사소통체계의 교수 단계

- 단계 1 의사소통 방법 지도
  - 학생이 정말 원하는 물건이나 활동을 하나의 그림카드와 교환하는 것을 배운다.
- 단계 2 자발적 교환 훈련
  - 2단계에서도 여전히 한 개의 그림을 사용하지만 학생은 여러 장소에서 여러 사람과 여러 거리(distances)에서 그 그림을 사용함으로써 일반화하는 새로운 기술을 학습한다.
- 단계 3 그림 변별 훈련
  - 학생은 자신이 선호하는 것을 요청하기 위해 두 개 이상의 그림을 선택하도록 학습한다. 의사소통을 위해 쉽게 사용할 수 있도록 벨크로 테이프나 링바인더를 활용하여 여러 그림을 넣은 의사소통 책을 활용한다.
- 단계 4 문장 만들기 지도
  - 문장 구조: 학생은 요구하는 물건의 그림 한 개와 함께 '나는 원해요(I want)' 그림을 사용하여 떼었다 붙였다 할 수 있는 문장 끈(sentence strip)을 구성하도록 학습한다.
  - 문장 한정어(attributes)와 언어 확장: 학생은 형용사, 동사, 전치사를 붙여 문장을 확장하도록 학습한다.
- 단계 5 질문에 반응하기 훈련
  학생은 그림교환의사소통체계를 사용해 "무엇을 원하니(What do you want)?" 질문에 대답하는 것을 배운다.
- 단계 6 질문에 대한 반응으로 설명하기 훈련
  이제 학생은 "무엇이 보이니?" "무엇이 들리니?" "그게 뭐지?"와 같은 질문에 대답하도록 배운다. 이때 "나는 ~이 보여요(I see ~)" "나는 ~이 들려요(I hear ~)" "나는 ~을 느껴요(I feel ~)" "그것은 ~입니다(It is a ~)"와 같은 말로 시작하는 문장을 완성하도록 학습한다.

출처: https://www.pecsusa.com/pecs/

환경에서 의사소통에 필요한 목록을 파악하고 해당 항목에 아동이 그에 해당하는 그림을 연결할 수 있도록 가르친다. 그 후 아동은 해당하는 그림을 집어서 교사에게 주는데 이때 교사는 아동이 그림과 함께 점차 문장을 확장하여 함께 사용하도록 한다. 이러한 방법을 통해 아동이 점차 효과적인 의사소통을 할 수 있도록 돕게 되며, 이 방법은 추후 매우 체계화되어 총 6단계로 구성된 그림교환의사소통체계가 되었다(〈표 4-2〉 참조).

4) 포괄적 중재 모델

포괄적 중재 모델은 자폐성 장애학생의 발달을 촉진하기 위해 요구되는 다양한 발달영역(예: 정서조절, 사회성, 언어발달 등)을 포함하여 의사소통을 증진하는 접근이라고 할 수 있다. 이 중에서 특히 사회-화용론적 관점에서 사회적 의사소통 결함을 지원하려는 접근이 지속적으로 연구되었다. 이러한 접근은 감정을 공유하고 상징을 사용하는 데 있어서의 결함을 특징으로 하는 자폐성 장애아동의 의사소통 특성을 중요하게 다룬다(이소현, 이은정 공역, 2009). 대표적인 발달적 언어중재로는 자폐성 장애아동을 위한 종합적인 교육 모델이라고 할 수 있는 SCERTS(social communication, emotional regulation, transactional support) 모델과 '마루놀이(floor time)'로 알려진 발달관계중심모델(Developmental, Individual-Difference, Relational-Based Model: DIR)이 있다.

먼저 SCERTS 모델은 자폐성 장애아동의 사회적 의사소통, 정서조절, 상호교류적 지원에 초점을 둔 종합적인 접근이라고 할 수 있다. 사회적 의사소통에서는 공동관심과 상징의 사용과 관련한 주요 영역에서의 능력을 증진하도록 한다. 공동관심 능력이란 아동이 다양한 사회적 맥락에 적합한 사회적 상호작용에 참여하도록 하는 능력의 기초로서 관심, 정서, 의도 공유하기를 통해 표현된다. 또한 상징을 사용하는 능력은 공동관심을 통해 공유된 의미를 이해하는 것으로 비구어적 의사소통인 몸짓이나 표정, 억양 등의 관습적 의미를 이해하고, 단어를 포함한 언어를 습득하며, 상상놀이와 같은 상황에서 사물을 적절히 사용하고, 다양한 사회적 맥락에서 적절한 사회적 의사소통 행동을 이해하는 것이라 할 수 있다(Prizant et al., 2006).

발달관계중심모델은 정서발달의 단계를 포함하는 Greenspan의 발달이론을 근거로 하는 접근이다. 이러한 발달이론에 근거한 정서발달 단계에는 다음과 같은 내용이 포함된다(Greenspan & Wieder, 2006). (1) 세상 속에서 조절과 흥미를 느끼는 단계, (2) 타인과의 관계에 참여하고 관여하는 단계, (3) 의도성을 가지고 양방향 의사소통을 하는 단계, (4) 사회적 문제해결, 감정 조절, 자아감(sense of self)의 형성 단계, (5) 상징을 개발하고 단어와 생각을 사용하는 단계, (6) 정서적 사고, 논리적이고 현실적으로 사고하는 단계, (7) 다중원인과 검증적으로 사고하는 단계, (8) 정서적으로 변별적인 사고하는 단계, (9) 자아감의 성장과 내적 기준에 대해 반성적으로 사고하는 단계. 이 접근은 놀이와 정서 공유를 통한 상징적이고 상호적인 의사소통을 발달시키는 것을 목표로 한다. 이때 부모는 가장 중요한 역할을 담당하게 되는데 이를 위해 여러 세션을 통해 자녀의 행동에 어떻게 반응하고 아동의 역량을 증진할 기회를 어떻게 제공해야 하는지 등에 관한 교육과 훈련을 받아야 한다(Paul, 2008).

이러한 접근은 기본적으로 자폐성 장애아동의 언어발달 역시 전형적인 아동의 발달과 같은 단계를 따른다는 가정에 근거한다. 즉, 말을 하지 않는 아동에게는 먼저 타인의 행동을 조절하고 상호작용을 통제하기 위한 능력에 있어 의사소통의 가치를 발견함으로써 의도를 가지고 의사소통을 할 여러 도구를 사용하도록 격려해야 함을 의미한다. 따라서 말을 통해 의사소통하기 위한 발판으로서 다양한 비언어적 형태의 의사소통을 사용하도록 한다.

Paul(2008)은 이러한 발달적이고 사회-화용론적 접근을 하고 있는 중재가 다음과 같은 기본적인 견해를 포함한다고 정리하였다.

- 아동의 관심을 따라가며 상호작용의 내용이나 교구의 사용을 아동이 선택하도록 하기
- 중재 목표를 결정하기 위한 최선의 지침으로 일반적인 의사소통 발달 순서를 사용하기
- 사회적 의사소통기술을 학습하기 위한 가장 효과적인 맥락으로서 자폐성 장애아동이 비장애 또래가 참여하는 것과 유사한 활동에 참여할 수 있는 집중적인 기회를 제공하기
- 사전에 결정된 교육과정에 의존하기보다는 상호작용 속에서 자연스럽게 발생하는 '교수 가능한 순간(teachable moments)'과 같은 학습기회 활용하기. 이때 중재는 목욕하기, 옷 입기, 밥 먹기 등과 같은 자연스러운 일과에서 실행하기

- 중재를 위한 기능적인 목표를 정하기(예: 목표행동은 목표가 본래 학습되는 곳과는 별개로 매일 다양한 맥락에서 의미 있는 활동으로 적용 가능한 것이어야 함)
- 언어발달에 있어 몸짓, 눈맞춤, 음성화 등 기타 비음성 도구를 포함한 비구어적 의사소통은 사전에 반드시 습득해야 하는 요건으로 가정하기

또 다른 포괄적 중재 접근으로 중심반응훈련(Pivotal Response Treatments: PRT)을 들 수 있다. 이 접근에서 교수자는 자연스러운 환경에서 교수할 수 있도록 목표행동의 발생가능성을 증가시킬 수 있는 환경을 구성하고 바람직한 반응을 자주 모델링해 준다. 특히 영유아기 아동에게 가장 자연스러운 교수자는 부모이므로 부모에 대한 지속적인 교육이 필요하며 부모는 중재 참여자로서 자녀의 의사소통을 촉발하기 위한 훈련을 받게 된다. 중재 기간에 부모는 수정된 비연속시행 형태(자극-반응-결과)를 사용하여 아동의 반응을 증가시키는데 이때 교수자로서의 부모는 여러 전략을 사용해 적극적으로 참여하기 위해 '모델링'과 '지속적이고 긍정적인 피드백'을 사용하게 된다. 다음은 중심반응훈련의 일반적인 절차이다(Koegel & Koegel, 2006).

- 자극에 대한 흥미를 비롯해 아동이 이끄는 대로 따르기
- 아동의 흥미를 유지하기 위한 과제를 정기적으로 다양화하기
- 행동을 형성하기 위한 (새로운) 과제를 습득하는 동안 (이전에 완수한) 유지 과제를 함께 제시하기
- 아동의 합리적인 시도와 정반응을 강화하기
- 직접적이고 자연스러운 강화 제공하기(과제의 고유한 일부가 되는 강화제의 예: 아동이 요구하는 물건을 가지고 놀 기회)

5. 종합적인 접근과 협력의 중요성

지금까지 살펴본 바와 같이 의사소통 영역은 자폐성 장애아동의 개별적인 요구에 적합한 교육을 제공하는 데 있어 중요하게 지원되어야 할 영역이다. 그럼에도 불구하고 의사소통은 일상적으로 일어나는 활동이기 때문에 이를 하나의 독립적인 교수 영

역으로 다루기보다는 다양한 영역(특히 사회적 영역)과 연계하여 접근하는 것이 중요하다. 자폐성 장애학생을 위해 제안되고 있는 포괄적인 접근(예: SCERTS, 중심반응훈련)은 이러한 경향을 반영한다. 자폐성 장애아동의 의사소통 증진을 위한 교육은 사회-정서적 능력을 증진하는 노력과 연계되어야 하며, 자폐성 장애학생이 어려움을 겪는 여러 영역(예: 사회성 혹은 행동영역)과 함께 지원되어야 한다. 또한 자폐성 장애학생의 성공적인 의사소통 증진을 위한 교육은 보다 다양한 환경에서 여러 주변인을 포함하는 방식을 통해 실행될 때 더욱 효과적이라고 할 수 있다. 이를 위해서는 학생이 속해 있는 여러 환경(예: 가정, 학교, 지역사회)과 상호작용을 하는 대상(예: 가족, 또래, 교사, 지역사회 주민)을 포함할 수 있도록 지원계획을 세우고 실행하는 과정에서 가족 및 관련 전문가(예: 언어치료사)와의 협력이 필수적이다.

요약

□ 자폐성 장애학생의 의사소통 특성을 이해할 수 있다.

의사소통 영역은 자폐성 장애학생을 이해하고 개별적인 요구에 적합한 지원을 제공하기 위하여 기본적으로 고려되어야 할 핵심 영역이다. 특히 사회적 의사소통의 결함은 자폐성 장애를 선별하고 진단하는 데 중요한 역할을 할 뿐 아니라 다양한 문제행동의 원인이 되기도 한다. 사회적 의사소통에 있어 공동관심과 상징 사용의 어려움은 학생의 사회적 상호작용을 힘들게 한다. 이러한 특성은 자폐성 장애학생이 또래와 사회적 관계를 형성하고, 상호작용을 시작 혹은 유지하는 데 있어 특별한 교수가 필요할 수 있다는 점을 보여 준다. 또한 몸짓 언어나 얼굴 표정을 이해하는 것과 같은 비언어적 의사소통의 결함은 맥락이나 연령에 적합한 사회적 상호작용의 문제를 가져온다.

□ 의사소통 증진을 위한 환경의 중요성을 이해할 수 있다.

자폐성 장애학생의 개별적인 요구에 적합한 지원을 제공하기 위하여 의사소통을 증진하기 위한 환경을 이해하고 이를 조성하는 것이 중요하다. 의사소통은 다양한 생활 영역에서 일상적인 상호작용을 시작하거나 유지하기 위한 것에서부터 특정한 상황에서 요구되는 구체적인 경우에 이르기까지 매우 광범위하게 일어난다. 따라서 의사소통은 자연스러운 상황에서 맥락에 적합하게 사용될 수 있어야 하며, 이를 위해 의사소통을 촉진할 수 있는 환경의 마련이 중요해진다. 특히 의사소통을 증진하는 사회적 환경은 자폐성 장애학생이 같은 환경에 있는 또래나 의사소통 상대자와 자연스럽게 의사소통을 할 수 있는 기회를 제공하고 다양한 상황에서 의사소통 환경에 참여할 수 있도록 하는 도움을 주는 환경이라고 할 수 있다.

□ 의사소통 증진을 위한 다양한 교수-중재를 설명할 수 있다.

의사소통 증진을 위한 환경의 이해를 바탕으로 교사는 자폐성 장애학생에게 자연스러운 의사소통 기회를 만들기 위한 다양한 전략을 사용할 수 있어야 한다. 이때 자폐성 장애학생의 개별적인 의사소통 능력(예: 수용언어 수준, 표현언어 수준)에 따라 구체적인 의사소통 증진을 위한 교수계획을 세운다. 먼저 행동주의에 기반을 둔 전략으로 비연속개별시행교수가 소개되었으며, 자연스러운 환경에서의 교수를 강조하는 접근으로 중심반응훈련이 있었다. 또한 주요 의사소통 상대자인 부모에 대한 훈련도 중요하며, 자폐성 장애학생의 자발적인 의사소통 시도를 촉진할 수 있도록 우발교수를 활용할 수 있다. 자폐성 장애아동의 사회적 의사소통 결함에 대한 지원을 강조하는 발달적 언어중재로는 SCERTS 모델과 마루놀이가 포함되었다.

이 외에도 시각적 지원을 기반으로 한 그림교환의사소통과 보완대체의사소통의 활용에 대해 알아보았다. 의사소통을 증진하기 위한 방법은 다양하나 무엇보다도 의사소통을 교수해야 할 하나의 독립된 기술로 접근하기보다는 사회성 혹은 정서적 영역에 대한 연계를 고려한 좀 더 포괄적인 접근이 점차 강조되고 있다.

□ 보완대체의사소통의 활용에 대해 설명할 수 있다.

구어로 의사소통을 하는 것이 어렵거나 의사소통상의 어려움이 매우 큰 자폐성 장애학생의 경우 보완대체의사소통 전략을 활용해 볼 수 있다. 특히 시각적 학습자로 알려져 있는 자폐성 장애학생은 그림이나 사진과 같은 시각적 자료를 통해 정보를 더 잘 이해하는 경우가 많다. 이는 그림교환의사소통과 같은 보완대체의사소통체계의 유용성과 관련이 있다. 또한 보완대체의사소통 장비로 활용될 수 있는 스마트폰이나 태블릿 PC 등 매우 보편적이고 실용적인 일상생활기기 사용의 확대로 다양한 애플리케이션이 보다 유용하게 활용될 수 있다. 이 외에도 간단한 수화의 사용이나 그림상징체계를 사용하여 자폐성 장애아동의 의사소통을 적극적으로 지원하는 것은 결과적으로 사회적 상호작용을 촉진하고 아동의 활동 참여를 증진하며, 나아가 다양한 문제행동을 효과적으로 예방하는 데 도움을 준다.

제 **5** 장

자폐성 장애학생의 인지발달 특성과 지도

학습 목표

▣ 자폐성 장애학생의 인지 특성을 이해하고 설명할 수 있다.

▣ 기억과 모방, 마음이해, 실행기능, 중앙응집능력이 무엇인지 알고 설명할 수 있다.

▣ 자폐성 장애학생의 인지 특성을 반영한 지도방법을 알고 실행할 수 있다.

핵심 용어

- 인지 기능cognitive functioning
- 지적 기능intellectual functioning
- 모방imitation
- 기억memory
- 마음이해Theory of Mind; understanding other minds
- 실행기능executive functioning
- 중앙응집능력central coherence ability

- 마음이해 향상 프로그램teaching program for understanding other minds
- 실행기능 향상을 위한 교육적 지원 educational support for executive functioning
- 약한 중앙응집능력 향상을 위한 교육적 지원 educational support for weak central coherence
- 습득된 과제 회상을 위한 교육적 지원 educational support for recall

　　초등학교 4학년 학생인 지효를 담당하는 김 교사는 지효가 친구관계에 많은 어려움이 있다는 것을 알고 4학년 학생 전체를 대상으로 '장애이해교육 프로그램'을 실시하였으나, 여전히 지효의 또래 관계가 개선되지 않았다. 이에 담임 교사는 지효와 학생들을 위해 필요한 지원이 무엇인지를 계획하기 위하여 지효의 이전 기록을 다시 점검하였으며, 그와 동시에 지효의 행동을 보다 체계적으로 관찰하기 시작하였다.

　　지효의 전반적인 지능은 110으로 비교적 높았으며 오래된 옛날 영화를 좋아하였다. 지효는 영화 제목과 영화 개봉 연도, 영화감독의 이름을 정확히 기억하여 친구들로부터 부러움을 사기도 하였다. 그러나 지효와 영화 스토리에 대한 이야기를 나누려 하여도 지효는 영화의 스토리에는 별 관심을 보이지 않았다. 그리고 수학 시험을 보는 중에는 시간 관리를 잘 하지 못하여서 특정한 한 문제는 매우 잘 해결하였으나 그 문제에 너무 많은 시간을 보내어 다른 문제를 전혀 해결하지 못하고 너무 많은 빈칸을 남겨 둔 채로 시험지를 제출하였다.

　　며칠 전에는 지효 어머니와 지효 담임교사가 상담하는 동안 갑자기 지효가 상담실로 들어와서, "엄마, 우리 선생님이 웃는 거 이상해요. 우리 선생님은 교실에서 잘 웃지도 안고 화만 내요"라고 큰 소리로 이야기하여 상담을 하던 교사와 어머니를 당황시켰다. 또한 쉬는 시간 동안 친구들이 사용하는 농담을 잘 이해하지 못하여 대화에 참여하지 못하고 주변을 돌아다니고 있어서 최근 유행하는 농담 몇 가지를 알려 주었더니 그 농담을 상황에 적절하지 않게 사용하여 친구들이 지효에게 화를 내는 장면이 목격되었다.

　　지효를 이해하기 위하여 지효의 담임교사는 특수교사와 협의하던 중 이러한 지효의 행동 특성을 단순한 문제행동으로 보기보다는 지효의 인지적 특성과 관련된 것이라는 점을 다시 확인하였다. 즉, 지효는 전반적인 인지 능력이 비교적 좋은 편이며 특정 내용을 잘 기억하지만 약한 중앙응집능력으로 인해 전체를 기억하고 이해하기보다는 특정한 사실을 중심으로 기억하고, 실행 기능의 어려움으로 인해 과제 수행을 관리하거나 계획하는 데 어려움이 있다는 것을 이해하게 되었다. 또한 다른 사람의 마음을 이해하는 데 어려움이 있어서 자신이 생각하고 느낀 것을 그대로 이야기하는 경향이 있다는 것도 이해하게 되었다.

　　이에 따라 김 교사는 특수교사와 협력하여 지효의 인지 특성을 이해하고, 그에 적합한 중재 프로그램을 계획하여 실행하기로 하였으며, 그와 동시에 학급의 또래들에게도 지효의 행동 특성을 보다 잘 이해하고 반응할 수 있도록 지도하기로 하였다.

자폐성 장애학생의 인지 능력에 대하여 일반인에게 알려진 몇 가지는 매우 뛰어난 암기력을 지녔다거나 전반적인 것보다는 세부적인 것에 관심을 기울이는 것과 같이 특별하다는 것이다. 이러한 행동 특성 때문에 자폐성 장애학생들의 인지 능력은 일반 학생에 비해 뛰어나거나 일반인과 비슷한 수준에 있을 것으로 생각될 수 있다. 그러나 자폐성 장애학생의 인지 능력은 뛰어난 능력을 지닌 학생에서부터 심각한 지적장애를 동반한 학생에 이르기까지 다양하다. 즉, 자폐성 장애학생의 인지 특성은 개개인마다 서로 다르다. 자폐성 장애학생의 인지 기능에 관련한 초기 연구에서는 전반적인 지적 기능, 기억, 주의집중 능력 등과 같은 일반적인 인지 능력의 특성에 초점을 맞추었으나 최근에는 인지 능력의 여러 요소 중 자폐성 장애인에게 보다 특별하게 드러나는 특정 인지 영역의 특성에 관심을 기울이고 있다. 예를 들어, 마음이해능력, 실행기능, 중앙응집능력 등에서의 결함과 같이 자폐성 장애학생에게서 보다 특별히 나타나는 인지 특성에 관련한 연구가 지속되고 있다. 이에 따라 이 장에서는 자폐성 장애학생의 인지 능력을 다음과 같이 살펴보고자 한다.

1. 자폐성 장애학생의 인지 특성

1) 다양한 지적 기능

자폐성 장애학생들의 지적 능력은 매우 뛰어나고 우수한 능력을 지닌 학생에서부터 낮은 지적 장애를 동반한 학생에 이르기까지 다양하다. 일반적으로 자폐성 장애인의 70% 이상은 지적 장애를 동반하고 있으며 15~30%의 자폐성 장애인이 지능 지수 70 이상의 비교적 높은 지적 기능을 지닌 것으로 알려져 있다. 그러나 자폐성 장애학생의 지적 기능에 대한 평가는 시간의 흐름에 따라 변화하고 있기 때문에 최근에는 38~48% 정도가 지능 지수 70 이상에 해당하는 것으로 보고된 바도 있다. 이러한 변화에 영향을 주는 요인들은 다음과 같이 생각해 볼 수 있다. 첫째, 이전에는 자폐성 장애로 진단받지 않았던 고기능 자폐성 장애인이나 아스퍼거 장애인에 대한 진단 규준들이 보다 잘 개발되었기 때문이다. 이들은 추상적인 내용을 이해하는 데 어려움이 있지만 대부분 정상적인 지적 능력을 나타낸다. 둘째, 자폐성 장애인에게 제공되었던 조기 중재의 혜택을 본 학생의 수가 많아졌고 그로 인해 지능 검사로 측정되는 인지 영역에서 긍정적인 성과가 나타났을 수도 있다(박현옥 외 공역, 2010).

그리고 자폐성 장애학생들은 평균 이상의 높은 지능을 가진 경우에도 영역별로 차이가 심한 능력을 보인다(APA, 2013). 지적 능력이 좋은 자폐성 장애인의 경우에도 특정 영역에서는 뛰어난 능력을 보이지만 다른 영역에서는 적절한 기능을 발휘하지 못한다. 예를 들어, 고기능 자폐성 장애인인 현우는 수학 계산 능력은 매우 뛰어나지만 문장제 수학 문제를 해결하는 데는 어려움을 보인다. 또한 가게에서 필요한 물건을 구입하기 위하여 예산을 계획하거나 자신이 가지고 있는 돈에 해당하는 물건을 구입하는 데는 어려움을 보이기도 한다. 이처럼 자폐성 장애학생의 인지 능력은 일반 학생이나 지적장애학생들과는 다른 양상을 보인다.

자폐성 장애학생의 지적 능력에 관하여 유의할 것은 전체 지능 지수가 얼마인가를 파악하는 것보다 지적 능력의 프로파일이나 그 양상이 어떠한가이다. 다음은 자폐성 장애학생의 지적 능력과 관련된 특성이다(이효신, 방명애, 박현옥, 김은경 공역, 2010; Hippler & Klicpera, 2004; Miller & Ozonoff, 2000).

- 전반적으로 언어 이해력과 그림 배열에서 낮은 점수를 보이고 블록 디자인과 숫자 기억(digit span) 등에서는 높은 점수를 보인다.
- 전반적인 지능 검사 프로파일은 발달 수준에 따라 매우 다양하게 나타난다.
- 전체 지능 지수가 85 이하인 경우 동작성 지능 검사지수가 언어성 지능 검사 지수에 비해 높은 점수를 보인다.
- 고기능 자폐인들은 언어성-동작성 지능 검사 지수에서의 차이보다 단순 과제와 추상적 과제 간의 차이가 보다 크게 나타난다.
- 고기능 자폐성 장애학생의 언어성 지능 지수와 동작성 지능 지수 간의 차이는 연령이 증가하면서 그 격차가 줄어든다.
- 고기능 자폐성 장애학생은 사실적 지식과 어휘 지식에서 높은 점수를 얻는 경향이 있다.
- 고기능 자폐성 장애학생 중 몇몇 학생은 동작성 검사나 시각적 추론 검사 중 블록

을 이용하는 검사에서 높은 점수를 얻는 경향이 있다.
- 고기능 자폐성 장애학생은 그림 배열이나 서열적 추론이 요구되는 과제에서는 상대적으로 낮은 수행을 보일 수 있다.
- 웩슬러 아동 지능검사(WISC) 결과 고기능 자폐인들은 사회적 상황과 관련된 과제 수행에서 낮은 점수를 보이고 비사회적인 과제에서 높은 수행을 보이는 경향이 있다.
- 웩슬러 아동 지능검사 결과 개개인마다 다양한 양상을 보이는데, 이러한 결과는 자폐인들의 신경 심리학적 검사 측정에서의 결함과 관련이 있다고 추정된다.
- 고기능 자폐인들의 인지 능력은 개별 학생들의 전반적인 지능에 따라 상당히 다양한 양상을 나타낸다.

2) 기억과 모방

(1) 기억

사람들의 기억은 여러 가지로 구분될 수 있다. 일반적으로 암묵적 기억과 명시적 기억으로 구분하는데 명시적 기억은 의미 기억과 일화 기억으로 나뉠 수 있다. 또한 기억 능력은 다양한 감각 기관으로 측정될 수 있다. 예를 들어, 청각적 기억, 시각적 기억, 시-청각적 기억, 촉각적 기억 등과 같이 감각 양상에 따른 기억을 측정할 수 있다. 기억과 학습은 밀접하게 연결되어 서로 영향을 주고받을 수 있다. 따라서 기억 능력의 결함은 학습과 발달에 영향을 준다.

암묵적 기억은 비분석적이고 비언어적인 '사용'으로서의 기억을 의미한다. 즉, 의도적인 기억의 인출이나 회상을 요하지 않으며, 자연스러운 상황 내에서 무의식적으로 사용되는 기억으로 수행 방법을 회상하려는 경우보다 어려움을 느끼게 되지만 필요한 경우 의식적인 노력 없이 행동하는 기억이다(박현옥, 2001c). 명시적 기억은 기억하고자 하는 의식적인 의도에 의해서 이루어지는 기억으로 선언적 기억이라고도 한다. 명시적 기억은 의미기억과 일화기억으로 구분되는데, 의미기억은 사실에 대한 지식이나 외부 세계에 대한 지식을 의미하지만 그 지식이 환경과 밀접한 관련이 있는 것은 아니다. 그에 반해 일화기억은 특별한 경험을 회상하는 기억으로 환경이나 상황과 연계된 기억이다.

자폐성 장애학생의 기억 특성은 다음과 같다.

첫째, 자폐성 장애학생들은 의미 기억을 회상하는 데 어려움을 보인다. 즉, 자폐성 장애학생들은 의미가 연결된 단어 목록을 회상하는 과제 수행에 어려움을 보였는데, 이는 습득된 과제를 회상하기 위하여 의미적 연관성을 사용하는 회상 전략을 사용하는 능력이 부족하기 때문이다. 예를 들어, 일반 아동의 경우 '비행기'라는 어휘를 기억하기 위해 '하늘, 날다'와 같이 의미적으로 연관되는 어휘를 생각하거나 활용할 수 있다. 또한 '비행기, 하늘'이라는 두 개의 단어를 제시하였을 때, "비행기가 하늘을 날아간다"와 같이 두 단어를 연결하여 의미 있는 문장을 생성하여 기억하고자 하는 경향이 있지만 자폐성 장애학생들은 이와 같은 회상 전략을 사용하는 데 어려움을 보인다.

둘째, 자폐성 장애학생들은 일화 기억에 어려움을 보인다(Tsatsanis & Powell, 2014). 일화 기억은 환경 내 상황과 연계된 기억인데 자폐성 장애학생들에게 일상적 경험을 자유롭게 회상하도록 했을 때 회상하는 데 어려움이 있었다. 또한 일화 중 가장 두드러진 점이나 요점을 말하는 데 어려움을 보였고, 사회적으로 관련된 것을 표현하는 데 더욱 많은 어려움을 보였다. 예를 들어, 자신이 자주 사용하는 물건을 어디에 두었는지 기억하지 못한다거나 학교 시간표를 기억하지 못하는 것 등이 이에 해당한다.

셋째, 자폐성 장애학생들은 회상을 할 때 사회적 상황과 관련된 내용을 기억하는 데 어려움을 보인다. 예를 들어, 자폐성 장애학생들에게 기억해야 할 내용을 제시한 후 이야기 내용을 회상하도록 했을 때, 사실에 관련된 내용은 비교적 잘 기억해 냈지만 사회적 상황과 관련된 내용을 기억하는 데는 어려움을 보였다. 즉, 특정 정보를 단순히 암기하지만 이러한 과제들을 의미 있는 방법으로 해석하거나 변화시키거나 적용하지 않고 그대로 저장하거나, 사회적으로 의미 있는 방식으로 습득된 정보를 회상하고 사용하지 못하는 경향이 있다.

넷째, 자폐성 장애학생은 무의미 숫자 폭(digit span) 과제와 의미적으로 관련이 없는 단어 항목 회상 과제 수행 능력에서는 비교적 결함이 적은 것으로 나타났다. 웩슬러 아동 지능검사 결과 자폐성 장애학생들은 사실적 정보나 어휘 지식 과제를 비교적 잘 수행하는 것으로 나타났다. 구체적으로 특정 영역에서 매우 뛰어난 기계적 암기 능력을 보인다. 예를 들어, 전철역의 이름을 모두 기억한다거나 특정 책을 통째로 암기하는 것과 같은 사례 등이 이에 해당하는데, 그 이유는 기억해야 할 과제를 의미 있는 내용으로 해석하거나 변화시키지 않고 사실과 정보를 있는 그대로 저장하기 때문이다

(Tsatsanis & Powell, 2014).

다섯째, 자폐성 장애학생은 암묵적 기억 과제를 다른 과제에 비해 비교적 잘 수행한다. 암묵적 기억은 과제를 수행하기 위하여 많은 인지적인 노력을 기울이지 않고 이미 오랫동안 반복된 경험의 결과로 자동적으로 수행할 수 있는 능력을 의미한다. 우리가 습관적으로 하는 행동, 예를 들어 아침에 일어나서 세수하고 이를 닦는 행동이나 운전하기 등은 이러한 암묵적 기억 과제에 해당한다. 따라서 자폐성 장애학생에게는 지속적이고 체계적이며 반복된 경험을 누적하여 암묵적 기억 과제 목록을 확장할 수 있도록 지도할 필요가 있다(박현옥, 2001c).

(2) 모방

모방은 사회적 상호작용 대상자의 행동을 따라 하는 기본적인 행동으로 기본적으로 상호작용 대상자에 대한 반응행동이다. 모방 행동은 혀 내밀기, 하품하기 등과 같은 간단하고 기본적인 행동에서부터 복잡한 놀이 행동에 이르기까지 매우 다양한 행동 형태로 나타날 수 있다. 사람들은 일생 동안 주변 사람을 모방하는데 이는 인지 발달 과정에서 매우 중요한 요소일 뿐 아니라 사회적 상호작용 대상자의 행동을 모방한다는 차원에서 매우 사회적인 속성을 지니고 있다(박현옥, 2016). 또한 다른 사람의 행동을 모방하려면 상호작용 대상자와 공동관심을 형성하거나 모방 대상자의 행동을 주의 깊게 바라볼 수 있어야 한다. 어린 유아들은 상호작용 대상자와 모방 놀이를 자주 하는데 예를 들어, 양육자가 얼굴 찡그리기를 할 때 유아는 양육자의 얼굴 찡그리기를 모방하고 다시 양육자는 유아의 행동을 모방하는 행동을 주고받는 놀이가 이에 해당한다. 이와 같은 행동을 모방적 교환이라고 하는데 이를 통해 다른 사람에게 유아 자신의 행동이 어떻게 보이는지 알게 된다. 이처럼 모방은 다른 사람의 행동을 보고 그것을 내적으로 표상화한 후 다시 자신의 행동으로 표현하는 것이므로 다른 사람의 행동에 대한 표상을 내면화할 수 있을 때 가능하다. 이러한 모방 행동의 결함은 다른 사람에 대한 이해 능력, 즉 마음이해능력의 결함과도 관련되어 있다(박현옥, 2001b).

모방은 즉각적 모방과 지연 모방으로 나뉠 수 있는데, 즉각적 모방은 다른 사람의 행동을 바로 그 자리에서 즉각적으로 따라 하는 것이고 지연 모방은 일정 시간이 흐른 뒤 다른 사람의 행동을 따라 하는 것이다. 모방은 첫째, 전반적인 발달을 촉진시키고, 둘째, 대인관계의 매개 요소로 다른 사람들과 사회적 의사소통의 방법이며, 셋째, 자신과 다른 사람을 이해하는 데 영향을 미친다. 또한 전언어기 자아 및 다른 사람에 대한 인식 능력을 측정하는 방법으로도 활용될 수 있다(박현옥, 2001b).

자폐성 장애학생은 다음과 같은 측면에서 모방행동에 어려움을 보인다(박현옥, 2001b).

첫째, 자폐성 장애학생의 모방 능력은 이들의 전반적인 인지 능력에 비해 낮은 수행을 보인다. 대개 사물 항상성을 습득한 아동은 다른 사람의 움직임을 쉽게 모방할 수 있는데 자폐성 장애아동은 사물 항상성을 습득한 경우에도 다른 사람의 움직임을 모방하는 과제 수행에서 낮은 수행을 보였다. 또한 자폐성 장애아동은 다른 사람의 신체 움직임을 모방하려는 시도 행동에서도 일반 아동과 약간 다른 형태의 행동을 보인다. 이처럼 전반적인 인지 능력에 비해 모방 행동에서 보다 낮은 수행을 보이는 것은 모방을 하기 위해서는 다른 사람에 대한 관심과 이해가 필요하기 때문인 것으로 해석될 수 있다.

둘째, 자폐성 장애학생은 사물 모방보다 사람의 행동 모방 행동에서 보다 낮은 수행을 보였다. 예를 들어, 자폐성 장애아동은 사물의 움직임을 모방하는 과제보다 '까꿍놀이'나 '코 만지기'와 같은 신체 모방 행동에서 보다 낮은 수행을 보였는데, 이 또한 모방의 사회적 기능과 관련된 것으로 이해할 수 있다.

셋째, 자폐성 장애아동은 정서 표현을 모방하는 데 보다 많은 어려움을 보인다. 자폐성 장애학생은 정서를 이해하고 표현하는 데 많은 어려움이 있고, 따라서 다른 사람의 정서 표현을 모방하는 데 보다 많은 어려움이 있다.

넷째, 자폐성 장애학생의 모방 능력의 결함은 사회 인지 능력의 결함과 관련된 것으로 이해할 수 있다. 즉, 모방은 지극히 상호작용적인 행동이며 따라서 다른 사람에 대한 관심이 있고, 다른 사람과 공동관심을 기울일 수 있을 때 자연스럽게 발달할 수 있다. 또한 모방은 마음이해능력이 발달하기 위해 필요한 행동이다. 그러므로 자폐성 장애학생의 모방 능력의 결함은 사회 인지 능력의 결함과 관련되었다.

지금까지 살펴본 바와 같이 자폐성 장애학생들은 모방행동에 어려움이 있지만, 사람들의 친숙한 행동과 친숙하지 않은 사물의 움직임을 잘 모방할 수 있었고, 연령이 높은 경우 얼굴 움직임도 잘 모방할 수 있었다. 또한 반향어는 자폐성 장애학생들이 모방 능력이 있다는 것을 의미하는 것으로 이해될 수 있는데 반향어와 같은 언어 모방은 사람의 움직임을 모방하는 것과는 다른 차원으로 이해해야 한다. 언어 행동은 청각적으로 모두 듣고 자신이 모방하는 것을 그대로 들을 수 있지만 다른 사람의 행동, 특별히 얼굴 표정 등과 같이 자신이 스스로의 행동을 보지 못하면서 모방하는 것은 일단 다른 사람의 행동을 대뇌에 저장한 후 표현해야 하며, 내가 볼 수 없는 나의 얼굴 표정 을 머릿속으로 개념화해서 행동할 수 있는 감각양상 간 통합이 이루어져야 한다.

3) 마음이해능력

마음이론(Theory of Mind)으로 일반인에게 잘 알려진 마음이해능력은 다른 사람의 생 각과 마음을 이해하는 능력을 의미한다. 마음이해능력은 다른 사람의 행동을 이해하고 그 사람의 행동을 통해 그 사람이 다음에 어떤 일을 하게 될 것인지를 추론하는 능력을 의미한다(박현옥, 2011). 즉, 다른 사람이 생각하는 것, 믿고 있는 것, 원하는 것, 의도 등 을 인식하고 이해하는 능력이다. 마음이해능력은 '마음 읽기' 혹은 '생각의 원리'라고도 소개된 바 있다. 일반 아동은 대개 5세 정도가 되면 다른 사람의 생각이나 느낌을 나타 내는 여러 가지 사회적 단서를 이해하고 파악하는 능력이 발달한다(박현옥, 2008).

마음이해능력은 사회 인지 발달 영역의 한 부분이며 조망수용 능력(perspective taking)이나 공감(empathy), 조금 더 일반적인 용어로는 '눈치' 등과 같이 다른 사람의 입 장과 견해를 이해하는 능력을 포함한다. 마음이해능력은 넓은 의미와 좁은 의미로 이 해할 수 있는데, 넓은 의미의 마음이해능력은 다른 사람의 마음에 대한 모든 지식을 모두 포함한다(박현옥, 2008). 예를 들어, 어린 학생이 무엇인가를 하기 위하여 어머니 의 얼굴을 쳐다보는 것과 같은 행동이 이에 해당한다. 이와 달리, 보다 제한된 의미의 마음이해능력은 앞서 언급한 바와 같이 다른 사람의 믿음과 바람, 의도 등과 같이 다 른 사람의 행동을 보면서 직접적으로 관찰할 수 없는 정신적 상태를 추론하고 이러한 추론에 의하여 다른 사람의 정서적 상태나 정보적 상태를 예측하도록 하는 심리적 체 계이다(박현옥, 2011). 일반 학생의 마음이해능력은 일상생활 속에서 매우 자연스럽게 발달하므로 누구나 습득하는 '상식'이다. 그러나 자폐성 장애학생의 경우 이들의 연령 에 적합한 수준에서 다른 사람의 감정이나 생각, 믿음, 바람 등을 나타내는 단서를 인 식하거나 이해하는 데 어려움을 보인다.

박현옥과 이소현(2010)은 자폐성 장애학생을 위한 마음이해 향상 프로그램을 개발 하여 적용한 결과 정서-믿음 과제 수행능력과 심리적 상태에 관련한 어휘 사용 및 사 회성에서 긍정적인 성과가 있었다고 하였다.

(1) 자폐성 장애학생의 마음이해능력

자폐성 장애학생들은 대부분 다른 사람의 마음을 이해하고 추론하는 데 어려움이 있지만, 개개인이 지니고 있는 다양한 개인차 변인, 즉 지능이나 연령 등에 따라 비교적 좋은 능력을 발휘하는 학생에서부터 매우 낮은 능력을 보이는 학생에 이르기까지 다양한 능력을 나타낸다(박현옥, 2008).

자폐성 장애학생의 마음이해능력 특성을 살펴보면 다음과 같다(박현옥, 2008; 박현옥, 이소현, 2010; 박현옥, 2011).

첫째, 자폐성 장애학생은 다른 사람의 정서적 표현을 이해하고 이에 관심을 기울이는 능력이 부족하다. 예를 들어, 자폐성 장애학생과 지적장애학생 및 일반학생을 대상으로 다른 사람에 대한 이해 능력을 측정한 결과 다른 두 집단은 사람들을 얼굴표정(슬픈 얼굴, 기쁜 얼굴 등)에 따라 분류하였으나, 자폐성 장애학생의 경우 심리적 상태보다는 외현적 상태, 예를 들어 모자의 모양에 따라 사람들을 분류하는 것으로 나타났다.

둘째, 자폐성 장애학생들은 언어 연령을 일치시킨 일반 학생 집단에 비해 심리적 상태에 관련한 표현 어휘의 빈도와 다양도에서 유의하게 낮은 수행을 보였다. 즉, 일반학생은 다양한 정서를 나타내거나 마음 상태를 나타내는 어휘인 '재미있는' '신나는' 등과 같은 용어를 자주 사용하는 것에 비해 자폐성 장애학생들은 이러한 용어를 적게 사용했다(박현옥, 이소현, 2001).

셋째, 자폐성 장애학생들은 일반 학생에 비해 다른 사람의 정보적 상태에 대한 이해 능력에서 어려움을 보인다(박현옥, 2001a). 예를 들어, 다른 사람의 시각적 조망 수용을 이해하거나 다른 사람의 틀린 믿음을 이해하는 데서 많은 어려움을 보인다. 틀린 믿음 이해란 '나는 알고 있지만 다른 사람은 알지 못하는 것'을 이해하는 것을 의미한다. 예를 들어, 한 학생이 초콜릿을 먹고 자신의 책상 서랍에 넣어 둔 채 잠시 외출하는 상황을 가정해 보자. 이때 그 학생의 동생이 형이 먹던 초콜릿을 형의 책상 서랍에서 찾아 꺼내 먹은 후 냉장고로 옮겨 둘 경우, 이러한 사실을 알지 못하는 형이 집으로 다시 돌아왔을 때, 그 형은 어디에서 초콜릿을 찾아 먹으려 할까라는 상황을 이해하는 것이 틀린 믿음을 이해하는 것이라 할 수 있다. 이와 같은 시나리오를 일반 학생에게 보여 줄 경우, 만 4~5세 정도의 일반 학생은 이 상황을 잘 이해하고 그에 대해 적절한 반응을 보이지만, 자폐성 장애학생의 대부분은 이를 잘 이해하지 못한다. 이에 따라 자폐성 장애학생은 다른 사람의 마음을 이해하는 능력에서 어려움을 보인다는 것을 알 수 있다.

(2) 마음이해능력의 결함이 일상생활에 미치는 영향

자폐성 장애학생은 마음이해능력의 결함이나 마음이해능력 발달 지연으로 인해 다음과 같은 어려움을 겪는다.

표 5-1 마음이해능력의 결함이 일상생활에 미치는 영향

일상생활에 미치는 영향	설명 및 예시
다른 사람의 얼굴 표정에 나타난 사회·정서적 메시지 이해의 어려움	• 얼굴 표정이나 눈빛을 통해 다른 사람의 정서적 상태, 즉 즐거움, 슬픔, 화남, 두려움 등과 같은 정서를 이해하는 데 어려움 • 다른 사람의 정서를 이해하기 위해 눈을 바라보지 않으며, 다른 사람의 눈을 바라보더라도 그 의미를 잘 읽지 못함
글자 그대로 해석하기	• 의사소통 중에 여러 가지 의미를 가진 어휘를 구분하는 데 어려움. 예를 들어, '배'에는 먹는 배, 신체적인 배, 물 위에 떠다니는 배가 있는데 그 세 가지 의미 중 대화 상황에 적합한 의미를 찾는 데 어려움이 있음 • 은유와 비유를 이해하는 데 어려움이 있음. 예를 들어, '사과 같은 얼굴'이라는 표현을 이해하는 데 어려움이 있음 • 농담과 속담을 이해하는 데 어려움이 있음. 예를 들어, '열 길 물속은 알아도 한 길 사람 속은 모른다'와 같은 속담을 이해하는 데 어려움이 있음
다른 사람을 존중하지 않는 듯한 태도	• 자신이 좋아하는 주제와 관련된 내용을 다른 사람의 관심 여부와 상관없이 끊임없이 이야기함. 즉, 다른 사람이 지루해 하는지 혹은 흥미를 가지고 있는지 등을 살피지 않고 계속 이야기함
지나친 솔직함	• 사회적 상황에 적절하지 않은 이야기를 지나치게 솔직히 말함. 예를 들어, 본인이 못생겼다고 생각하는 여학생 앞에서 "난 너 싫어. 진짜 못생겼어"라고 말하는 행동 • 도덕적 원칙이나 윤리적 원칙을 매우 중요하게 생각하고 도덕적 원칙에서 벗어나는 일을 하지 않을 뿐 아니라 그러한 사람들을 폭로하는 경우도 있음 • 가끔 거짓말의 가치를 알고 사용하는 경우도 있음. 다른 사람들이 다 알수 있는 거짓말을 하지만 다른 사람들이 자신이 거짓말한다는 것을 알고 있는 것에 대해 잘 인식하지 못함
다른 사람의 실수, 장난과 의도적 행동을 구분하는 데 어려움	• 친구들과 상호작용하는 중에 친구들이 의도적으로 괴롭히는 행동과 친밀감으로 장난하는 것을 쉽게 구분하지 못하여, 때로는 가벼운 장난에 매우 격하게 반응할 수도 있고, 의도적인 괴롭힘을 당하는 경우도 있음

갈등 관리의 어려움	• 자신이 한번 정한 규칙이나 결정을 바꾸기 어렵기 때문에 여러 상황에서 다른 사람들의 견해를 수용하거나 조절하는 데 어려움이 있을 수 있음
당황스러운 정서이해의 어려움	• 여러 사람 앞에서 발표하는 친구의 실수를 친구가 부끄러워한다거나 당황스러워할 수 있다는 점을 고려하지 않고 많은 사람들 앞에서 지적하는 행동을 할 수 있음
다른 사람의 정서적 상태 이해의 어려움	• 상황에 근거한 정서나 다른 사람의 믿음과 바람에 근거한 정서를 이해하는 데 어려움이 있음. 예를 들어, 선물을 받았기 때문에 기쁘지만, 내가 좋아하는 선물이 아니어서 약간 실망스럽다와 같은 정서를 이해하고 표현하는 데 어려움이 있음
심리적 상태 관련 어휘 사용의 어려움	• 심리적 상태에 관련한 어휘 사용 빈도가 낮으며 다양한 어휘를 사용하는 데 어려움이 있음
다른 사람의 정보적 상태 이해의 어려움	• 다른 사람이 알고 있는 것은 내가 알고 있는 것과 다를 수 있다는 것, 다른 사람이 보고 있는 것은 내가 보고 있는 것과 다를 수 있다는 것을 이해하는 데 어려움이 있음. 예를 들어, 나는 그림의 앞면을 보고 있으나 다른 사람은 그림의 뒷면을 보고 있기 때문에 나와 다른 장면을 볼 수 있다는 것을 이해하는 데 어려움이 있을 수 있음
목소리 톤이나 운율 이해와 사용의 어려움	• 다른 사람과 대화할 때, 대화 상대에 적합한 목소리 톤, 크기 등을 사용하지 못하거나, 다른 사람의 목소리 톤을 들으며 그 사람의 정서를 이해하는 데 어려움이 있음

출처: 박현옥(2011)과 이효신 외 공역(2010)의 내용을 재구성함.

4) 실행기능

실행기능(Executive Functions)은 두뇌의 전두엽에 의해 조정되는 인지적 변인이다 (Ozonoff, 1995). 실행기능은 앞으로 발생할 행동을 안내하는 적절한 문제 해결 방안을 계획하고 충동을 통제하며 행동과 사고를 유연하게 하도록 돕는다. 실행기능은 일부 기억이나 주의집중과 중복되는 특성을 지니고 있으나 기억이나 주의집중에 비해 보다 포괄적인 기능을 한다. 실행기능의 주요 요소와 역할은 다음과 같다.

- 조직 및 계획 능력
- 작업 기억
- 반응 억제 및 충동 조절

- 자기반성 및 자기점검
- 시간 관리 및 우선순위 결정
- 복합적이거나 추상적인 개념의 이해
- 새로운 전략 사용 및 유연한 사고

(1) 자폐성 장애와 실행기능

실행기능의 문제는 전두엽에 시각적인 손상을 입은 환자들에 의하여 처음 밝혀졌는데 자폐성 장애인도 전두엽에 손상을 입은 사람이 나타내는 것과 같은 어려움을 보인다(Ozonoff, Pennington, & Rogers, 1991). 실행기능은 전두엽에 의해 조정이 되기 때문에 자폐성 장애인들은 전두엽에 손상이 있을 것으로 가정할 수 있다. 전두엽 손상은 상위 인지 능력에서의 결함을 초래하기 때문에 자폐성 장애인들의 상위 인지 능력에서의 결함은 전두엽에서의 손상과 관련된 것으로 보인다. 자폐성 장애학생들은 반응을 억제하는 데 어려움을 보이고 반복적이고 전형적인 행동을 나타내며 제한된 관심을 보이고, 다른 사람의 입장을 이해하지 못한다. 또한 환경 내의 작은 변화에도 많은 어려움을 나타내며 특별하고 사소한 것에 관심을 기울이는 경향이 있으며 계획하는 일에 서툴고, 융통적인 사고 능력이 부족하며, 반응 억제에도 어려움을 보인다. 또한 의미 있게 사용할 수 없는 정보들이 포함된 긴 이야기를 이해하는 데도 많은 어려움을 보인다(Tsatsanis & Powell, 2014).

실행기능의 어려움은 자폐성 장애인에게서만 나타나는 것은 아니며, 주의력결핍 과잉행동장애(ADHD) 아동도 실행기능의 어려움이 많은 것으로 알려져 왔다. 그러나 자폐성 장애인과 ADHD 집단 간에는 실행기능의 어려움에서 임상적인 차이가 있다. 대개 자폐성 장애인들은 계획하기와 인지적 유연성, 반응선택과 반응 모니터링에서 더 많은 어려움을 나타내고, ADHD 집단은 반응 억제 과제에서 보다 많은 어려움을 보인다(Kleinhans, Akshoomoff, & Delis, 2005).

자폐성 장애학생의 실행 기능과 관련된 특성은 다음과 같다.

첫째, 자폐성 장애학생들은 반응 억제와 충동조절에 어려움을 보이는데 이는 실행기능의 결함과 관련된 추론한다. 고노고 과제(Go-no-Go Task)는 반응 억제 능력 측정을 위해 주로 사용되는 과제이다. 물론 반응억제 능력의 결함은 ADHD 아동에게서도 주로 나타나는 특성이지만 자폐성 장애학생들에게서도 자주 나타난다(성경선, 방명애,

2012; 이종숙, 조희정, 2009; Happé, Booth, Carlton, & Hughes, 2006). 반응억제 능력이란 어떤 행동을 하거나 말을 하기 전에 생각한 후에 반응하는 능력을 의미한다. 고기능 자폐아동의 경우 어느 정도 반응억제 능력을 사용할 수 있지만 스트레스를 받거나 감정적으로 어려움을 경험하게 될 경우 반응억제에 어려움이 있어 충동적으로 행동하게 될 가능성이 있다.

둘째, 자폐성 장애학생들은 작업 기억을 사용하는 데 어려움을 보인다. 작업기억은 정보를 일시적으로 저장하여 그것을 사용할 수 있도록 하는 두 가지 기능을 가지고 있는데 자폐성 장애학생들은 일시적으로 저장된 정보를 회상하고 조직하는 데 어려움을 보인다. 특별히 자폐성 장애학생들의 경우 특별한 암기 능력을 가지고 있어서 특정 책의 내용을 모두 암기할 수 있으나 그와 관련된 정보를 회상하거나 적절히 사용하는 데 어려움이 있다.

셋째, 자폐성 장애학생들은 특정 학업 과제 및 일상적인 과제를 조직하고 계획하는 데 어려움을 보인다. 실행기능은 특정 과제를 수행하기 전에 구체적인 계획을 하거나 목표를 달성하기 위하여 필요한 하위 목적을 계획하는 능력을 포함하는데 자폐성 장애학생들의 경우 이러한 능력에서 많은 어려움을 나타낸다. 특별히 자폐성 장애학생들은 여러 단계의 수행 절차를 포함하고 있는 복잡한 학업 과제를 해야 할 때 보다 많은 어려움을 느끼게 된다. 예를 들어, 높은 인지 능력을 지니고 있더라도 특정 주제에 대하여 토론을 해야 하거나 여러 가지 정보를 종합해야 하는 과제에서는 보다 많은 어려움과 혼란을 경험한다. 이와 같은 계획 능력은 '하노이 탑 과제'로 측정하는데 자폐성 장애학생들의 경우 다른 집단에 비해 낮은 수행을 보인다. 그 이유는 계획하기와 목표-하위 목표 갈등 해결에서 어려움이 있기 때문인 것으로 해석될 수 있다(Goldstein, Johnson, & Minshew, 2001; Ozonoff, Cook, Coon, Dawson, Joseph, Klin, & Rogers, 2004). 그 외에도 조직화 능력을 측정하는 Rey 복합도형 검사 과제에서도 어려움을 나타낸다.

넷째, 자폐성 장애학생들은 시간 관리나 여러 가지 과제를 수행해야 할 때 우선순위를 결정해야 하는 데서 많은 어려움을 나타낸다. 시간 관리의 어려움은 일반 학생들에게서도 종종 나타나는 현상이지만 자폐성 장애학생의 경우 보다 심각하다. 예를 들어, 20개의 수학 문제를 해결해야 하는 수학 시험 시간에 한 문제를 해결하기 위하여 모든 시간을 사용하고 나머지 문제를 빈칸으로 제출하는 경우는 이와 같은 시간 관리의 어

러움 때문이다. 또한 여러 가지 해야 할 일 중 가장 먼저 해야 할 일과 그다음에 해야
할 일들을 결정하는 데 어려움을 보인다.

다섯째, 자폐성 장애학생들은 인지적 융통성의 어려움으로 인해 새로운 전략을 사
용하거나 유연하게 생각하는 데서도 어려움을 보인다. 구체적으로 자폐성 장애학생들
은 특정 과제를 수행하는 과정에서 실수를 하게 될 경우에도 잘못된 전략을 계속해서
사용하는 경향이 있는데 이러한 특성은 인지적 융통성의 어려움 때문인 것으로 이해
할 수 있다(Kleinhans et al., 2005).

여섯째, 자폐성 장애학생들은 복잡하고 추상적인 개념을 이해하는 데 어려움을 보
인다. 자폐성 장애인들이 대부분 추상적 사고 능력이 부족한 것은 전반적인 인지 능력
의 결함이나 지적 능력의 결함 때문인 것인 것으로 해석될 수 있으나 여러 정보를 내
적으로 표상화하고 추론하는 능력이 부족하기 때문인 것으로 이해될 수도 있다. 또한
새로운 정보와 선행지식을 연결하고 조직화하는 실행 능력의 어려움으로 이해될 수도
있다. 즉, 실행기능은 전두엽에 의해 조절되는데 자폐성 장애인들은 전두엽에 손상이
있으며 이로 인해 추상적 개념과 같은 상위 인지 능력에서 어려움을 겪는다(Goldstein
et al., 2001; Minshew, Meyer, & Goldstein, 2002).

일곱째, 자폐성 장애인들은 규칙 학습과 규칙이나 범주 내에서의 전환은 정상 범주
에 있었으며 고기능 자폐인들의 경우 개념 파악 및 규칙과 절차 학습은 비교적 잘 수
행하는 것으로 나타났다(Ozonoff et al., 2004).

(2) 실행기능 검사 방법

실행기능 검사 방법은 매우 다양하지만 일반적으로 여러 연구와 임상 현장에서 자
주 사용하는 검사 방법 및 검사도구는 '위스콘신 카드 분류 검사'와 '델리스-카플란 실
행 기능 검사' '하노이 탑 과제' 'Go-no-Go 과제' 등이 있다. 〈표 5-2〉에는 검사도구
와 관련 내용을 제시하였다. 이 절에서 검사도구를 제시한 이유는 검사도구에서 무엇
을 검사하는지 알게 될 경우 실행기능이 무엇인지 이해하는 데 도움이 될 수 있기 때
문이다.

표 5-2 실행기능 검사도구의 예시 및 각 검사도구에 나타난 자폐성 장애아동의 특성

검사도구	설명	관련 연구
위스콘신 카드 분류 검사(Wisconsin Card Sorting Test: WCST)	• 인지적 융통성과 문제해결 능력 검사 　－전략적 계획, 조직화된 탐색, 인지적 세트를 바꾸기 위해 환경적 피드백 사용하기, 목표 지향적 행동, 충동 조절 능력 검사 자극 카드 반응 카드 • 자폐아동의 경우 인지적 유연성의 결함과 새롭고 추상적인 개념 이해 능력의 결함으로 복잡한 정보나 새로운 상황에서 어려움을 보임	Monchi, Petrides, Petre, Worsley, & Dagher(2001)
델리스-카플란 실행 기능 검사 (Delis-Kaplan Executive Function System: D-KEFS)	• 대표적인 실행기능 검사로 9개의 하위 과제로 구성되었음 　－흔적 만들기 　－구어 유창성 검사 　－디자인 유창성 검사 　－색깔－단어 간섭 검사 　－분류 검사 　－스무 가지 질문 검사 　－단어 상황 검사 　－타워 검사 　－속담 검사	Delis, Kaplan, & Kramer(2001)
	• 자폐성 장애인의 경우 이 검사의 하위 과제인 흔적 만들기 과제, 색깔－단어 간섭 검사, 단어 유창성 검사, 디자인 유창성 검사에서 어려움을 보임 　－이 과제는 모두 인지적 융통성을 요하는 과제임. 개념적 융통성과 지각 및 주의집중의 융통성은 자폐성 장애인에게 매우 부족한 부분임	Kleinhans, Akshoomoff, & Delis(2005)

하노이 탑 과제	• 3개의 막대와 막대에 넣을 수 있는 여러 가지 크기의 원반 조각으로 구성됨 • 계획 능력 측정, 즉 행동하기 전에 계획하는 능력과 목표 달성에 필요한 하위 목적 계획 능력 측정에 활용됨 • 이 과제는 규칙 학습과 절차적 학습 능력과 관련됨 • 자폐성 장애인들은 이 과제 수행에서 어려움을 보이는데 그 이유는 계획하기와 목표-하위 목표 갈등 해결에서 어려움이 있기 때문인 것으로 해석될 수 있음	Bishop, Aamodt-Leeper, Creswell, McGurk, & Skuse(2001); Borys, Spitz, & Dorans(1982) Ozonoff et al. (2004); Goldstein et al. (2001)
Go-no-Go 과제	반응 억제 기능 측정	Happé, Booth, Carlton, & Hughes(2006)
스트룹 검사	인지적 억제 능력 측정	Lezak et al. (1995)
Rey 복합 도형 검사	조직화 능력 측정	Meyers & Meyers(1995)

5) 중앙응집능력

중앙응집능력(central coherence)이란 외부 환경에서 입력된 정보를 의미 있게 연계하고 총체적인 형태로 처리하는 능력을 의미한다. 중앙응집능력은 장의존성(field-dependent) 대 장독립성(field-independent)이라는 장이론(field theory)을 근간으로 한다. 장이론은 인지 처리 양식을 설명하는 학습 이론으로 어떤 학습자의 경우 장의존적인 인지 양식을 선호하고 또 다른 학습자는 장독립적인 인지 양식을 선호한다. 일반적으로 장의존적인 학습자는 제시된 정보를 통합된 전체로 인식하고 이야기의 흐름과 의미의 요점을 파악하는 능력이 좋은 편이다. 이에 반해 장독립적인 학습자는 보다 분석적이고 세부적인 부분에 초점을 맞추고 정보를 처리하는 데 사회적 맥락이나 주변

제5장 자폐성 장애학생의 인지발달 특성과 지도

요소들을 적극적으로 활용하지 못하는 경향이 있다. 이에 따라 장독립적인 학습자는 중앙응집능력이 비교적 약한 것으로 파악되는데 자폐성 장애학생들은 이러한 특성을 지닌 인지 처리자로 이해된다. 자폐성 장애인들은 지엽적이고 세부적인 정보를 보다 잘 처리하고 전체적이고 상황과 관련된 정보를 처리하는 데 어려움을 보이는 독특한 인지 양식을 나타내어 중앙응집능력이 낮은 것으로 알려졌다(Aljunied & Frederickson, 2013). 그러나 자폐성 장애학생들의 약한 중앙응집능력을 결함으로 이해하기보다 인지적 성향으로 이해해야 하며, 세부적인 과제를 잘 수행할 수 있는 강점이 될 수도 있다는 점에 보다 많은 관심을 기울여야 한다(Happé & Frith, 2006).

(1) 자폐성 장애학생의 중앙응집능력

자폐성 장애학생들은 전체보다는 부분적인 것에 초점을 맞추는 경향이 있다. 이러한 인지적 특성은 장독립적인 학습자들의 인지 특성과 유사하며 따라서 여러 가지 인지 과제를 처리하는 데 어려움을 갖기도 하지만 긍정적으로 활용될 수도 있다. 약한 중앙응집능력과 관련된 인지 양식과 그로 인한 어려움은 다음과 같다.

첫째, 외부의 여러 복잡한 정보 중에서 필요한 정보를 선택하고 그 정보를 의미 있게 연계하고 사용하는 데 어려움을 보이며, 복잡한 정보를 처리하는 데 어려움을 나타낸다. 일반 학생들은 외부의 여러 복잡한 정보 중에 현재 상황에서 가장 필요한 정보가 무엇인지를 쉽게 파악한다. 예를 들어, 외부 소음과 교사의 수업 내용 중에서 외부 소음에 집중하는 것이 아니라 교사의 수업 내용에 집중해야 하는 것을 아는 것은 중앙 응집능력이 있기 때문이다. 그러나 자폐성 장애학생들의 경우 이러한 부분에 어려움을 보이는 경향이 있다. '잠입도형검사(embedded figure test: EFT)'는 중앙응집능력을 측정하는 데 자주 사용되는데, 자폐성 장애학생들이 그림의 전체를 보기보다는 세밀한 부분을 보는 인지적 특성을 비교적 잘 파악할 수 있는 검사 방법이다.

둘째, 학습해야 할 여러 가지 정보와 메시지를 요약하거나 핵심 부분을 선택하고 기억하는 데 어려움을 보인다. 이로 인해 자폐성 장애학생들은 이야기 내용의 특정 부분이나 사소한 내용을 잘 기억하지만, 이야기의 주요 주제나 전체 흐름을 파악하는 데 어려움을 보인다.

셋째, 자폐성 장애학생들은 여러 가지 정보를 종합적으로 이해하는 데 어려움을 보인다. 일반 학생들의 경우 학습을 할 때 총체적이고 통합적으로 학습하고자 하지만,

자폐성 장애학생의 경우 외부 정보를 분리된 채로 학습하여 정보를 종합하거나 분석하는 데 어려움을 보인다. 자폐성 장애학생들이 이야기의 흐름과 관련 없는 내용을 말하는 것도 이와 같이 개별적인 정보를 통합하거나 기존의 습득된 정보와 연계하고 분석하는 능력이 부족하기 때문인 것으로 파악할 수 있다.

(2) 중앙응집능력 검사

중앙응집능력 검사 방법도 매우 다양하다. 〈표 5-3〉에는 연구와 임상 현장에서 자주 사용하는 검사도구의 예시와 설명을 제시하였다. 이 절에서 검사도구를 제시한 이유는 검사도구에서 무엇을 검사하는지 알게 될 경우 중앙응집능력이란 구체적으로 무엇인지를 이해하는 데 도움이 될 수 있기 때문이다.

표 5-3 중앙응집능력 검사도구의 예시

검사도구명	설명	관련 연구
아동용 잠입 도형 검사 (Children's Embedded Feature Test: CEFT)/ 잠입 도형 검사(Embedded Feature Test)	사물을 인식할 때 장을 고려면서 인식하는지 혹은 장과 상관없이 사물을 분석적으로 인식하는지 여부를 살펴봄	Brian & Bryson(1996); Jolliffe & Baron-Cohen(1997)
	자폐성 장애아동은 장에 대한 고려 없이 사물을 분석적으로 인식하는 경향이 있음. 따라서 도형 잠입 검사를 보다 잘 수행함	
블록 디자인(Block Design) 검사(웩슬러 지능검사의 블록 디자인 과제 수행)	지적 능력을 일치시켰을 경우 블록 디자인을 보다 잘 수행하는 경향이 있음	Shah & Frith(1993)

2. 자폐성 장애학생의 인지 능력 향상을 위한 교수 방법

자폐성 장애학생의 인지 능력 향상을 위한 교육은 이들의 인지적 특성을 적절히 반영해야 한다. 자폐성 장애학생들은 마음이해능력이 부족하고, 실행기능과 중앙응집능력에 어려움이 있기 때문에 이러한 결함을 보완해야 한다. 그러나 이러한 어려움은 일반인과는 다른 인지적 특성으로 긍정적 요소로도 활용될 수 있다. 다시 말해서 자폐성 장애학생의 전반적인 특성을 이해하고 그에 적합한 여러 가지 교수 방안, 특별히 자폐성 장애학생의 장애 특성을 고려한 환경 지원이나 구조화된 교수 등은 자폐성 장애학생들의 실행 기능을 촉진시키는 데 많은 도움이 될 수 있다.

1) 활동 중심의 마음이해능력 향상 프로그램

(1) 활동 중심의 마음이해 향상 프로그램

마음이해능력을 촉진시키기 위하여 여러 가지 프로그램으로 교육과 중재를 실시했을 때 다른 사람의 마음 상태에 대한 이해 능력이 어느 정도 향상될 수 있다(박현옥, 이소현, 2001). 다음은 마음이해 향상 프로그램의 예시이다. 이 프로그램은 크게 제1부와 제2부로 구성되었으며, 제1부는 정서이해를 중심으로 한 활동으로 구성되었고, 제2부는 믿음이해를 중심으로 한 활동으로 구성되었다. 이 프로그램은 마음이해능력을 향상시키기 위한 다양한 활동으로 구성되었으며 제1부에서 36개 프로그램과 제2부에서 36개 프로그램, 총 72개 프로그램으로 구성되었다. 〈표 5-4〉와 〈표 5-5〉에는 마음이해 향상 프로그램의 주제와 활동 내용이 제시되었다(박현옥, 2011). 마음이해 향상 프로그램에 관련한 보다 자세한 내용은 『자폐아동을 위한 마음이해 향상 프로그램』을 참고하기 바란다.

표 5-4 제1부 정서이해 향상 프로그램

주제	활동 내용 및 설명	활동 예시
1단계: 얼굴 표정 인식	• 얼굴표정 이해 향상 활동 • 즐거움, 슬픔, 화남, 두려움의 감정을 알고 사진이나 그림 속에서 찾기 • 여러 가지 감정을 그림으로 표현하기	• 어떤 표정일까요? • 얼굴표정 콜라주
2단계: 상황에 근거한 감정	• 여러 가지 상황을 이해하고 그에 따른 감정 이해를 위한 활동 • 생일 선물을 받고 즐거워하는 그림을 보면서 그림 속 주인공의 감정은 어떤 감정일지 알아보는 활동	• 내가 행복할 때 • 우리 엄마와 아빠가 슬플 때 • 친구가 무서울 때
3단계: 바람에 근거한 감정	• 상호작용 대상자가 원하는 것이 무엇인지를 알고, 원하는 것, 즉 바람이 이루어졌을 때의 감정과 바람이 이루어지지 않았을 때의 감정의 이해를 위한 활동 • 생일 선물로 장난감 자동차를 원했는데, 어머니께서 책을 선물한 경우 어떤 감정일지 생각해 보는 활동	• 오늘은 나의 생일 • 친구가 바라보는 음식은? • 새 자전거를 갖고 싶은 내 친구

4단계: 믿음에 근거한 감정	• 다른 사람의 믿음을 이해하고 추론하며 이러한 믿음에 대한 감정을 이해하고 이후의 결과에 대한 감정을 이해할 수 있는 활동 • 친구가 생일 선물로 원하는 것이 장난감 자동차이고, 친구는 생일 선물로 장난감 자동차를 받을 수 있을 것으로 믿고 있는데, 실제 선물로 책을 받았다면 그 친구의 감정이 어떨지를 생각하고 말로 표현하기	• 내 마음을 아는 우리 엄마 • 내 생각에 우리 엄마는 • 놀이 공원에 가고 싶은 내 친구

출처: 박현옥(2011).

표 5-5 제2부 믿음이해 향상 프로그램

주제	활동내용 및 설명	활동 예시
1단계: 시각적 조망 수용	• 다른 사람의 시각적 조망에 대한 이해 촉진 활동으로 나와 다른 위치에서 사물을 바라볼 때 다른 것을 볼 수 있다는 것을 이해하도록 하는 활동	• 선생님은 무엇을 보고 계실까요? • 선생님에게는 어떻게 보일까요?
2단계: 경험을 통한 인식의 이해	• 사람들은 자신이 경험한 것은 잘 알지만 경험하지 않은 것은 알 수 없다는 것을 이해하는 활동 • 나는 과자 상자에 무엇인가를 넣는 것을 보아서 알지만 다른 친구는 넣는 것을 못 봤으므로 알 수 없다는 것을 이해하는 활동	• 친구는 무엇을 감추었는지 알 수 있을까요?
3단계: 사실과 일치하는 믿음의 이해	• 다른 사람이 생각하거나 믿고 있는 것이 사실과 같은 것을 이해하는 활동 • 예를 들어, 친구는 초콜릿을 냉장고에 넣어 두었다고 생각하는데, 실제로 초콜릿이 그 친구의 생각과 같이 냉장고에 있는 경우	• 어디에 있는 자동차를 가지고 놀까? • 친구는 어디에 있는 블록을 가져올까?
4단계: 틀린 믿음의 이해	• 다른 친구가 생각하고 있는 것이 사실과 일치하지 않는 것을 이해하는 활동 • 예를 들어, 친구가 초콜릿을 냉장고에 넣어 두었고, 친구는 초콜릿이 냉장고에 있다고 생각하는데, 사실은 다른 친구가 냉장고에 있는 초콜릿을 다른 장소로 옮겨 두었지만, 여전히 그 친구는 냉장고에 있을 것이라고 생각하는 것을 이해하는 활동	• 내 과자 상자 • 내 초콜릿은?

출처: 박현옥(2011).

표 5-6 마음이해 향상 활동 예시 1: 정서이해를 중심으로 한 마음이해 향상 프로그램

1단계: 얼굴 표정 인식	
활동명	얼굴 표정 콜라주
활동목표	여러 사람들의 다양한 얼굴 표정을 인식할 수 있다.
활동자료	신문이나 잡지에서 속 다양한 얼굴 표정 사진, 4절지 도화지 4장, 가위, 풀
활동 과정 및 방법	1. 지난 시간의 활동을 회상하면서 사람들의 다양한 표정에 대하여 이야기를 주고받는다. 2. 준비한 잡지의 얼굴 표정 사진을 보여 주면서 각 표정에 대하여 아동들에게 질문한다. 3. 교사가 미리 완성한 얼굴 표정 콜라주를 보여 주면서 활동 방법에 대하여 설명한다. 4. 학생들에게 '행복해요'라는 글과 행복한 얼굴 표정이 한 장 붙여져 있는 도화지를 제시하고 행복한 얼굴 표정의 잡지 사진을 나누어 준 후 도화지에 행복한 얼굴 표정 콜라주를 만들어 보도록 한다. 5. '슬퍼요, 무서워요, 화나요'도 각각 4와 같은 방법으로 진행한다. 6. 완성된 작품을 보면서 각각의 얼굴 표정에 대하여 학생들이 설명하도록 한다. 7. 학생들에게 오늘의 활동에 대하여 피드백을 주고 칭찬한 후, 활동을 정리한다.
확대 활동	1. 여러 가지 얼굴 표정을 만들어요(준비물: 검정 도화지, 눈동자, 풀, 색종이). 2. 얼굴 표정 퍼즐

출처: 박현옥(2011).

표 5-7 마음이해 향상 활동 예시 2: 믿음이해를 중심으로 한 마음이해 향상 프로그램

4단계: 틀린 믿음의 이해	
활동명	내 초콜릿 상자
활동목표	1. 자신의 틀린 믿음을 이해하고 틀린 믿음에 근거한 자신의 행위를 생각해 볼 수 있다. 2. 다른 사람의 틀린 믿음을 이해할 수 있다. 3. 다른 사람의 틀린 믿음에 근거한 행위를 예측할 수 있다.
활동자료	초콜릿 상자, 안경

활동 과정 및 방법	1. 오늘의 활동은 아동이 학교에서 활동을 잘 수행하여서 부모님께서 상으로 초콜릿을 선물로 주는 과정과 관련한 상황임을 설명하고 활동을 시작한다. 2. 교사와 교사를 보조하는 한 학생을 선정하여 사건을 역할극으로 시범 보인다. 　2-1. 엄마께서는 학교에서 돌아오는 은효가 그림 상을 받았다는 이야기를 듣고 아빠에게 전화를 한다. 　2-2. 전화한 엄마께서는 아빠께 선물로 초콜릿을 사 오시라고 부탁한다. 　2-3. 퇴근하신 아빠는 아동에게 초콜릿을 선물한다. 　2-4. 선물을 받고 즐거운 은효는 초콜릿을 다 먹고 빈 상자에 안경을 넣어 둔다. 　2-5. 옆집 친구가 놀러와서 초콜릿 상자를 보고 뚜껑을 연다. 　　이때 옆집 친구는 상자 안에 무엇이 들어 있다고 생각할까에 대하여 질문하고 이야기를 나눈다. 　2-6. 상자 안에는 초콜릿이 아닌 안경이 들어 있다. 3. 다른 학생들에게 왜 새로운 아동이 초콜릿이 들어 있다고 생각했는지에 대하여 질문하고 이야기를 나눈다. 4. 역할놀이를 통하여 활동을 연습한다. 　4-1. 역할을 정한다. 　4-2. 활동을 수행하고 연습한다. 　4-3. 역할을 바꾸어 가며 활동을 연습한다. 5. 활동을 정리한다.
확대 활동	내 보석은 어디에서 찾을 수 있을까요?

출처: 박현옥(2011).

(2) 이야기책을 이용한 마음이해 향상 프로그램

정서 및 인지적 용어를 포함하고 있는 글 없는 그림책 교수를 실시한 결과 자폐성 장애아동이 심리적 상태를 나타내는 낱말을 보다 다양하게 자주 사용할 수 있었다(이정원, 이소현, 2002). 따라서 정서 및 인지적 용어가 포함된 그림책이나 이야기책을 활용할 경우 자폐성 장애아동의 마음이해능력을 향상시킬 수 있다는 것을 알 수 있다.

(3) 상황이야기

상황이야기(Social Narratives 혹은 Social Stories)는 마음이해능력을 촉진시키기 위한 여러 가지 전략 중 하나이다. 상황이야기는 다른 사람의 마음이해능력을 발달시킬 수 있는 중요한 정보를 제공하는데, 주로 다른 사람들이 알고 있는 것과 이들의 생각, 믿음, 그리고 그러한 상황과 관련된 느낌 등을 잘 설명한다. 또한 상황이야기는 심리적 상태를 표현하는 용어에 대한 이해와 어휘 능력을 향상시킬 수 있다. 예를 들어, '알다' '추측하다' '기대하다'와 같은 용어가 글과 그림으로 잘 설명되어 제시되므로 다른 사람의 마음을 이해하는 데 많은 도움이 될 수 있다(이효신 외 공역, 2010). 제3장에서 상황이야기를 구체적으로 다루었으므로, 이 장에서는 마음이해 향상을 위한 예시를 제시하였다. 〈표 5-8〉은 다른 사람의 마음이해능력을 향상시키기 위한 상황이야기 목록의 예시이며, 〈표 5-9〉는 상황이야기 자료의 예시이다(박현옥, 2005).

표 5-8 마음이해능력 향상을 위한 상황이야기의 예시

나와 친구들의 마음을 잘 알게 되었습니다.	
친구를 위로합니다.	친구에게 슬픈 일이 생겼을 때는 친구에게 말을 겁니다.
	따돌림을 당하는 친구를 도와 줍니다.
	슬픈 친구의 이야기를 들어줍니다.
	슬픈 친구의 어깨를 두드려 줍니다.
	친구가 좋아하는 놀이를 함께합니다.
	슬픈 친구에게 작은 선물을 줄 수도 있습니다.
화가 납니다.	다른 사람에게 나의 기분을 알리겠습니다.
	화가 난 이유를 잘 생각해 봅니다.
	그림으로 내 기분을 표현해 볼 수 있습니다.
	기분이 좋지 않을 때 노래를 부를 수도 있습니다.
	친구가 놀릴 때는 이렇게 합니다.
	놀린 친구들과 잠시 동안 멀리 떨어져 지낼 수도 있습니다.
내 기분을 표현합니다.	친구에게 내 생각을 이야기합니다
	여러 친구들의 마음을 알려 줍니다.
화해할 때는 이렇게 합니다.	잘못했을 때는 '죄송합니다' 또는 '미안해'라고 말할 수 있습니다.
	친구와 악수하면서 사이좋게 지내려 합니다.

출처: 박현옥(2005).

표 5-9 상황이야기 자료의 예시

4-1. 친구를 위로합니다.

4-1-1. 친구에게 슬픈 일이 생겼을 때는 친구에게 말을 겁니다.

학교에는 많은 친구들이 있습니다.

그런 친구들 중에는 가끔 아주 속상한 일을 당한 친구가 있습니다.

선생님께 꾸지람을 받았거나 친구들이 따돌릴 때, 친구들과 싸웠을 때.

이런 여러 가지 일들로 마음이 많이 슬픈 친구가 있습니다.

이런 친구들이 있을 때 나는 그 친구에게 다가가 먼저 이야기합니다.

재미있는 이야기를 해 줄 수도 있고, 나와 같이 놀이를 하자고 할 수도 있습니다.

그럴 때 친구가 싫다고 하면 조용히 자리에 가서 그 친구 마음이 좋아질 때까지 기다립니다.

친구가 마음이 아파도 옆에 도와주는 친구가 없다면 그 친구의 슬픔은 더욱 오래갈 것입니다.

친구 마음이 많이 슬플 때 친구에게 다가가 이야기를 건네는 것은 그 친구의 속상한 마음을 덜어 주는 것입니다.

나는 친구에게 슬픈 일이 생기면 먼저 그 친구 곁에 가서 친절한 이야기를 합니다.

출처: 박현옥(2005).

(4) 짧은만화대화

제3장에 제시한 바와 같이 짧은만화대화는 자폐성 장애학생의 사회성 능력과 사회 인지 능력을 향상시키는 데 효과적인 방법이다. 짧은만화대화는 '대화'를 하면서 대화 속 인물들의 생각과 느낌, 기분과 동기를 이해하는 데 용이하게 사용될 수 있다. 따라서 다른 사람의 마음이해능력을 향상시키기 위하여 짧은만화대화를 적용할 수 있다. 짧은만화대화 적용에 관련한 구체적인 내용은 제3장을 참조하기 바란다.

2) 약한 중앙응집능력을 고려한 교육적 지원

자폐성 장애학생은 약한 중앙응집능력으로 인해 여러 가지 어려움을 경험하지만 그와 달리 이러한 학습 양식으로 인해 여러 가지 긍정적 요소도 많이 있을 수 있기 때문에 중앙응집능력의 결함이나 약한 중앙응집능력이라는 표현보다는 '세부 중심의 인지 처리자(detail focused cognitive processer)'라는 표현을 사용하는 것이 바람직할 수 있다. 다시 말해서 자폐성 장애인들은 약한 중앙응집능력으로 인해 지엽적인 처리 과정에서 보다 뛰어난 능력을 발휘할 수 있다. 이와 관련하여 몇 가지 강점을 나타내기도 하는데, 예를 들어 일반인이 쉽게 파악하지 못하는 세부적인 것을 보다 용이하게 파악할수 있으므로 이러한 인지적 특성에 적합한 일을 찾을 경우 성공적인 직업생활을 할 수도 있다. 그리고 세부 항목에 주의를 기울일 수 있으므로 이러한 능력을 필요로 하는회계사나 원고 편집자로 발전할 가능성도 있다(이효신 외 공역, 2010). 또한 자폐성 장애인들에게 구체적이고 명시적으로 제시된 정보를 통합적으로 처리하도록 요청할 경우 통합적으로 정보처리를 할 수도 있다.

지금까지 살펴본 바와 같이 자폐성 장애인들의 중앙응집능력이 일반인에 비해 취약하긴 하지만 그것을 결함으로 보기보다는 이들의 인지 처리 성향으로 이해하고 이러한 특성을 잘 활용할 수 있도록 강점 기반의 교육적 지원이 필요하다(Happé & Frith, 2006).

또한 자폐성 장애학생들은 사실적 정보에 관련한 지식을 보다 잘 습득하고, 암묵적과제를 잘 수행하는 경향이 있다. 따라서 이와 같은 인지적 강점을 교육적으로 잘 활용하여 진로 지도에 활용할 수도 있다. 예를 들어, 무의미 철자와 같은 무의미 단어가규칙적으로 연결된 전철역이나 도서관에서 책을 정리하는 업무는 자폐성 장애학생의인지 특성을 적극적으로 활용한 진로 지도로 볼 수 있다. 또한 인지적 자원을 많이 사용하지 않으면서 과제를 수행할 수 있는 암묵적 기억의 양을 향상시킬 경우 일상생활에 적응하는 데 보다 용이하도록 할 수 있을 것이다.

3) 실행기능 향상을 위한 교육적 지원

자폐성 장애학생의 실행 기능을 촉진시키기 위해 교사들은 다음의 내용을 이해한 교육적 지원을 실행해야 한다(이효신, 2002; 이효신 외 공역, 2010).

첫째, 특정한 실행기능 기술을 개발시킨다. 예를 들어, 학생들은 과제를 작은 단계로 나누어 가르쳐 계획하기를 도와주고 점진적으로 복잡한 목표와 순서를 발달시킬수 있도록 한다.

둘째, 과제 수행을 관리하고 수행할 수 있도록 구체적이고 체계적인 안내를 한다. 이효신 등(공역, 2010)은 이를 '실행비서'라고 하였는데 이 실행비서는 수행해야 할 과제를 조직하고 계획하는 방법을 구체적으로 안내하는 것과 같은 방법이다. 구체적으로 시간표 적기, 숙제 검토, 교과서 분류, 대안적 전략과 검목표 '체크하기' 독려, 각 활동에 걸리는 시간 설정하기 등과 같이 구체적인 안내를 할 경우 실행 기능의 문제로 인해 겪을 수 있는 혼란을 줄일 수 있다.

셋째, 외부 환경의 구조화를 통하여 스스로 독립적인 실행기능을 발휘할 수 있도록 돕는다(이효신, 2002). 자폐성 장애학생들은 계획과 조직, 자기조절 능력에서 어려움이 있기 때문에 환경 구성이나 환경 내 인적 구성원이 외적 구조화를 제공하는 방법이다. 예를 들어, 시각적 지원을 포함한 환경 구성, '먼저-그리고'와 같이 수행해야 할 과제의 순서 제시하기, 시각적 시간표 사용하기, 수행한 과제에 체크하도록 하기 등을 통해 실행 기능을 지원할 수 있다. 외부환경의 구조화를 위한 여러 다양한 교수 방법이나 구조화된 교수 방안은 제6장에서 구체적으로 살펴볼 수 있다.

넷째, 실행기능의 목표를 포함시킨 놀이 활동이나 교육 과정 중에 실행 기능 향상의 목표를 달성하게 할 수 있다. 예를 들어, 행동 조절이나 구조화 능력, 계획 능력을 향상시킬 수 있는 '가위바위보나 할까 말까 놀이' 등과 같이 규칙이 있는 게임 활동으로 실행기능의 목표를 향상시킬 수 있다(박지현, 송현주, 2016).

다섯째, 구조화의 정도가 높은 교육환경을 제공한다. 교육 환경 내에서 구조화는 크게 사회적 환경의 구조화, 물리적 환경의 구조화, 시간표의 구조화 등을 들 수 있다. 구조화 교수에 대한 자세한 내용은 이 책의 제8장을 참조하기 바란다.

- 사회적 환경의 구조화 방법: 교사 대 학생 비율이나 교수 집단의 크기 조절하기, 학교생활을 같이하는 짝이나 모둠 친구들 구성하기, 학생과 교사 비율 및 교수 집단의 크기 조절하기 등
- 물리적 환경의 구조화 방법: 안전하고 예측 가능한 환경을 제공함. 예를 들어, 학교 지도 및 학급 지도(map) 게시하기, 내 자리에 이름표 붙이기, 교실공간에 영역 표시하고 이름표 붙이기 등
- 시간의 구조화: 학생들에게 예측가능성을 증가시켜 학교 환경에 대한 적응을 높일 수 있음. 예를 들어, 주간 시간표나 일일 시간표 및 일일 활동표, 특별한 행사 알리미, 활동에 걸리는 시간을 알려 주기 위한 스톱워치 사용하기, 먼저-그리고를 알려 주는 시각적 단서 표시 등이 있음

4) 습득된 과제 회상을 위한 교육적 지원

자폐성 장애학생의 기억을 촉진하기 위한 지도 방안으로는 여러 가지 방법이 있는데, 간략히 살펴보면 다음과 같다.

첫째, 자폐성 장애학생들은 이미 습득된 과제를 회상하는 데 어려움이 있다. 구체적으로 이전의 경험을 통해 습득하여 저장된 정보를 필요한 상황에서 사용하기 위하여 회상하는 데 어려움을 겪는다. 이러한 어려움을 위해 입력된 과제를 회상할 수 있도록 촉진을 제공할 경우 회상의 어려움이 적었다. 따라서 회상을 도울 수 있는 상황적 단서를 제공할 필요가 있다.

둘째, 자폐성 장애학생의 약점을 보완하고 강점을 강화할 수 있는 교수 방법이 필요하다. 자폐성 장애학생들은 학습 과제를 기억하는 데 많은 어려움이 있지만 암묵적 기억 과제와 의미적 연관성이 적은 과제 기억에서는 어려움이 적은 것으로 나타났다. 따라서 다양한 사례를 중심으로 실행적 차원에서 교육을 실시할 경우, 자폐성 장애학생의 기억 능력을 촉진시킬 수 있을 것이다(박현옥, 2001c).

셋째, 반응촉진 전략을 사용한다. 자폐성 장애학생은 특정 학습 내용을 습득하는 데 어려움이 있지만, 이미 습득한 과제를 회상하는 데도 어려움이 있다. 따라서 교사들은 이러한 어려움을 최소화하기 위하여 다양한 촉진 전략을 사용할 수 있다. 예를 들어, 특정 어휘를 기억하지 못하는 학생에게 해당 어휘의 일부를 알려 주어 전체 단어를 회상하도록 지원하는 방법이나, 그와 관련된 그림이나 사진을 시각적으로 보여 주는 방법 등이 모두 반응촉진 전략에 해당한다. 반응촉진 전략은 모든 교사들이 자주 사용하는 교수 방법이며, 자폐성 장애학생을 위한 효과가 입증된 교수 방법의 하나이기도 하다. 일반적인 반응 촉진 전략의 유형으로는 언어적 촉진, 시각적 촉진, 신체적 촉진 전략이 있으며, 이러한 촉진 체계를 어느 정도 사용하는가에 따라 최소 촉진, 최대 촉진으로 구분한다. 이를 교육적으로 활용할 경우 최소 촉진에서 최대 촉진을 할 수도 있으며, 그와 반대로 최대 촉진에서 최소 촉진으로 활용하기도 한다.

요약

□ 자폐성 장애학생의 인지 특성을 이해하고 설명할 수 있다.

자폐성 장애학생의 인지 특성은 개개인마다 서로 다르다. 자폐성 장애학생의 인지 기능에 관련한 초기 연구에서는 전반적인 지적 기능, 기억, 주의집중 능력 등과 같은 일반적인 인지 능력의 특성에 초점을 맞추었으나 최근에는 인지 능력의 여러 요소 중 자폐성 장애인에게 보다 특별하게 드러나는 특정 영역에서의 특성에 관심을 기울이고 있다. 예를 들어, 마음이해능력, 실행기능, 중앙응집능력 등에서의 결함이 전반적인 자폐 성향과 관련되었다.

- 다양한 지적 기능: 자폐성 장애학생들의 지적 능력은 매우 우수한 능력을 지닌 학생에서부터 지적장애를 동반한 낮은 지적 능력을 지닌 학생에 이르기까지 매우 다양하다. 또한 높은 지능을 지닌 학생의 경우에도 발달 영역 간에 고르지 못한 발달 특성을 나타낸다. 이처럼 자폐성 장애학생의 지적 능력은 일반 학생이나 지적 장애학생들의 발달 프로파일과는 다른 양상을 나타낸다.

- 기억: 자폐성 장애학생들은 의미기억과 일화기억을 회상하는 데 어려움을 보이며, 사회적 상황과 관련된 내용을 기억하는 데 보다 많은 어려움을 보인다. 이에 반해 무의미 숫자 폭이나 의미적으로 관련 없는 단어 항목 회상 과제에서는 비교적 어려움이 덜할 수 있고, 명시적 기억 과제에 비해 암묵적 기억 과제를 보다 잘 수행하는 경향이 있다.

- 모방: 자폐성 장애학생은 모방 과제 수행에 어려움을 보이는데 이러한 어려움은 전반적인 인지 능력에 비해 보다 낮은 경향을 보이며, 사람의 행동이나 정서 표현을 모방하는 데 보다 많은 어려움을 보인다.

- 마음이해능력: 자폐성 장애학생들은 다른 사람의 마음을 이해하는 데 많은 어려움을 보이고, 이러한 마음이해능력의 결함은 일상생활에 많은 영향을 미칠 수 있다. 따라서 교사들은 자폐성 장애학생의 마음이해능력과 그에 따른 일상생활의 어려움을 이해하고, 이러한 어려움을 지원할 수 있는 마음이해 향상 프로그램을 계획하고 적용할 수 있어야 한다.

- 실행기능: 자폐성 장애학생들은 실행 기능의 어려움으로 인해 반응억제와 충동조

절에 어려움을 보이고, 작업기억을 사용하는 데 어려움을 보인다. 또한 학업 과제 및 일상적 과제를 조직하고 계획하는 데 어려움을 보인다.

• 약한 중앙응집능력: 자폐성 장애학생은 약한 중앙응집능력을 지녔기 때문에 전체 보다는 부분적인 것에 초점을 맞추는 경향이 있다. 구체적으로 외부의 여러 복잡한 정보 중에서 필요한 정보를 선택하고 그 정보를 의미 있게 연계하고 사용하는 데 어려움을 보이며, 학습해야 할 여러 정보를 요약하거나 핵심 사항을 선택하고 기억하는 데 어려움을 보인다.

□ 자폐성 장애학생의 인지 특성을 반영한 지도방법을 알고 실행할 수 있다.

• 마음이해 향상 프로그램: 자폐성 장애학생의 마음이해능력을 향상시키기 위한 프로그램으로는 다른 사람의 정서적 상태 이해 프로그램과 다른 사람의 정보적 상태 이해 프로그램을 발달단계에 따라 구성한 활동 중심 프로그램을 적용할 수 있다. 이 외에도 그림책을 활용하거나 상황이야기, 짧은만화대화 등을 활용하여 마음이해능력을 향상시킬 수 있다.

• 약한 중앙응집능력을 고려한 교육적 지원: 자폐성 장애학생들은 사물의 특정한 부분에 보다 관심을 기울이는 경향이 있으므로 이러한 인지 특성을 이해하고 이를 긍정적 요인으로 활용할 수 있는 강점기반의 교육적 지원이 필요하다.

• 실행기능 향상을 위한 교육적 지원: 자폐성 장애학생의 실행 기능을 향상시키려면 특정한 실행 기능 기술을 개발할 수 있도록 지원하거나 과제 수행을 관리할 수 있도록 구체적이고 체계적인 안내가 필요하다. 그리고 구조화된 교수와 예측가능성을 향상시킬 수 있는 교육적 지원이 필요하다.

• 습득된 과제 회상을 위한 교육적 지원: 자폐성 장애학생의 기억을 돕기 위해서는 회상을 도울 수 있는 상황적 단서를 제공하거나 약점을 보완하고 강점을 강화할 수 있는 교수 방법 적용, 다양한 반응 촉진 전략 사용 방법 등이 있다.

제 **6** 장

자폐성 장애학생의 행동 특성과 지도

　　진희는 10세 자폐성 장애학생으로 지적장애를 동반하고 있고, 구어로 의사소통을 하지 못하며, 소근육 운동의 발달이 지체되어 있고, 눈과 손의 협응에 어려움을 나타낸다. 김 교사가 진희에게 가위를 사용하는 과제를 부여할 때마다 진희는 과제를 회피하기 위하여 소리를 지르며 울고, 소리에 예민하여 밤에 수면이 부족한 다음 날에는 학교에서 문제행동을 더 심하게 나타낸다. 김 교사는 진희가 소리를 지르며 울 때마다 가위를 사용하는 과제를 면제해 주고 진희가 좋아하는 놀이를 할 수 있도록 허용해 주기 때문에, 진희는 자신이 하기 싫은 과제를 해야 할 경우마다 문제행동을 보였다.

　　김 교사는 긍정적 행동지원팀의 도움을 받아 진희의 문제행동에 대한 가설을 세우고, 간접평가와 직접 관찰평가뿐만 아니라 기능분석을 하여 진희의 문제행동의 기능이 자신이 싫어하는 과제로부터 회피하고자 하는 부적 강화라는 것을 알게 되었다. 진희를 위한 긍정적 행동지원의 계획은 선행사건 중심의 중재, 후속결과 중심의 중재, 기술습득 중심의 중재, 및 생활양식 중재로 구성되었다. 선행사건 중심의 중재로서 진희의 소근육 운동 발달 수준에 적절한 난이도의 과제를 부여하고, 가위에 대한 동화 이야기로 흥미를 유발하고 진희가 자를 도형을 스스로 선택하게 하였다. 또한 진희가 힘을 적게 들여 자를 수 있는 특수 가위와 얇은 종이와 종이 고정 장치를 사용하였다. 후속결과 중심의 중재로서 진희가 가위를 사용하는 과제를 수행하면 칭찬해 주며 게시판의 진희 사진 옆에 칭찬 스티커를 붙여 주고, 문제행동을 보이면 칭찬 스티커를 빼앗으며 대체행동을 알려 주었다. 진희는 칭찬 스티커를 모아서 자신이 원하는 강화물이나 선호하는 활동과 교환할 수 있다. 기술습득 중심의 중재로서 진희의 소근육 운동발달을 촉진하는 활동과 눈과 손의 협응을 향상시킬 수 있는 활동을 실시하였고, 휴식이 필요하거나 과제가 어려울 경우에는 손을 들어 의사소통을 할 수 있도록 지도하였다. 생활양식 중재로서 가족과 협력하여 진희의 취침시간을 앞당기고 취침시간 동안에 가정의 소음을 줄여서 진희가 충분한 수면을 취할 수 있도록 하였다. 또한 김 교사는 가족매개 중재를 통해 가정에서도 진희 부모가 학교와 일관성이 있는 행동중재를 실시할 수 있도록 지원하였고, 부모와 알림장을 통하여 진희의 수면과 문제행동 등에 대한 정보를 지속적으로 교환하여 행동중재의 효과를 검증하였다.

은 자폐성 장애학생이 상동행동, 자해행동, 공격행동 등의 문제행동을 나타내고, 이는 자신의 학습과 발달을 저해할 뿐만 아니라 사회적 상호작용을 할 기회도 제한하여 가족생활뿐만 아니라 지역사회 참여에도 문제를 초래한다. 이러한 자폐성 장애학생의 문제행동을 체계적으로 변화시키기 위하여 행동원리를 적용하는 행동수정이라는 용어가 오랫동안 사용되어 오다가 1960년대 말에 행동수정의 내용을 기초로 하여 개별화의 원리와 기능평가의 방법을 적용하는 응용행동분석이라는 용어가 사용되기 시작하였다. 2000년대에 들어서면서 기능평가 등의 응용행동분석의 원리를 포함하고 문제행동의 예방을 강조하며, 포괄적이고 종합적인 중다요소 중재를 강조하는 긍정적 행동지원(positive behavior support: PBS)이라는 용어를 사용하게 되었고, 최근에는 긍정적 행동중재 및 지원(positive behavior intervention and support: PBIS)이라는 더 포괄적인 개념의 용어를 사용하고 있다. 이 장에서는 긍정적 행동지원 또는 PBS라는 용어를 긍정적 행동중재 및 지원이라는 용어와 같은 의미로 사용하였다. 자폐성 장애학생의 문제행동을 감소시키기 위한 효과적인 실제로서 주목받고 있는 긍정적 행동지원의 목표는 다음과 같다. 자폐성 장애학생의 삶의 질을 향상시키기 위하여 문제행동의 기능평가에 기초한 장기적이고 체계적인 증거기반의 실제를 생태학적 관점에서 적용하여 자폐성 장애학생의 문제행동을 감소시키고, 문제행동을 대체할 수 있는 바람직한 행동과 기술을 습득하도록 지원하여 자기통제 능력을 향상시키고 생활양식을 바꾸는 것이다. 이 장에서는 자폐성 장애학생의 행동 특성, 긍정적 행동지원의 특성과 실행절차, 자폐성 장애학생의 행동중재 방법에 대해 살펴보았다.

1. 자폐성 장애학생의 행동 특성

모든 자폐성 장애학생이 본인이나 주변 사람들의 건강과 안전을 위협할 정도의 심각한 문제행동을 나타내는 것은 아니지만, 많은 자폐성 장애학생이 상동행동, 자해행동, 공격행동 등을 나타낸다. 몸을 앞뒤로 흔드는 등의 반복적이고 제한된 행동과 공격행동 등의 문제행동은 학습과 발달을 저해할 뿐만 아니라, 자폐성 장애학생이 다른 사람과 사회적 상호작용을 하는 데 방해가 되어 사회성기술과 의사소통기술을 학습할 기회를 저해한다. 뿐만 아니라, 자폐성 장애학생의 문제행동은 적절한 서비스에 접근하는 데 있어서도 실질적인 문제를 야기하며 가족의 기능에도 문제를 초래한다.

자폐성 장애학생이 많이 나타내는 문제행동을 반복적이고 제한된 행동범주와 파괴적 행동범주로 분류할 수 있는데, 하위범주 간 중복되는 특성들이 있으며, 각 하위범주에 포함되는 구체적인 행동의 예는 다음과 같다(박현옥, 김은경, 방명애, 2016; Neitzel, 2010). 반복적이고 제한된 행동범주에는 동일한 행동을 목적 없이 반복하는 상동행동, 판에 박힌 순서대로 일상생활을 수행하는 등의 독특한 의식이나 강박행동, 소음이나 특정 어구를 반복하는 행동, 동일한 길로 등하교를 하는 등의 동일성 고집, 자동차 번호판에만 관심을 가지는 등의 제한된 관심과 집착, 한 활동에서 다음 활동으로의 전이를 거부하는 등의 변화와 전이 거부 등이 포함된다. 파괴적 행동범주에는 자신을 때리는 등의 자해행동, 다른 사람을 할퀴기 등의 공격행동, 교실에서 갑자기 뛰쳐나가는 등의 돌진행동, 갑자기 소리를 지르고 심하게 우는 등의 폭발적 행동 등이 포함된다.

DSM-5에 제시된 자폐성 장애의 진단기준에는 반복적이고 제한된 행동 범주만 포함되어 있으나, 반복적이고 제한된 행동 범주와 파괴적 행동 범주 간에는 상관관계가 있다(Barnard-Brak et al., 2015; Gabriels et al., 2005). 자폐성 장애학생은 반복적이고 제한된 행동을 하는 것을 방해받을 때 파괴적 행동을 나타내기도 한다. 예를 들어, 학교 식당이나 스쿨버스에서 자기가 선호하는 자리에 다른 사람이 앉아 있을 때 자폐성 장애학생은 자신의 의사를 사회적으로 수용될 수 있는 방법으로 표현하지 못하고 소리를 지르며 우는 행동으로 나타낼 수 있다. 두 범주의 행동 모두가 자폐성 장애학생이 효과적으로 학습하고 적절하게 발달하는 것을 저해한다. 그러나 반복적이고 제한될 행동 범주와 파괴적 행동범주에 속한 모든 행동이 행동중재의 대상은 아니다. 일부 자폐성 장애학생은 경도의 상동행동을 다른 사람들이 모르게 은밀히 하거나 혼자 있을 때만 특정 방식으로 물건을 배열하는데, 이런 경우에는 학습이나 발달을 저해하는 것이 아니므로 중재를 할 필요가 없다.

자폐성 장애학생은 자신이 원하는 것을 얻거나 자신의 요구를 충족시키는 데 필요한 의사소통 능력과 사회성 기술이 없어서 자신의 요구를 문제행동으로 표현하기도 한다. 예를 들어, 친구가 가지고 노는 장난감을 빌리고 싶으나 사회성 기술이 결여되어 있는 경우에 적절한 상호작용을 통해 자신이 원하는 장난감을 빌리는 것이 아니라 친구를 때리고 장난감을 빼앗을 수도 있다. 동일성을 고집하고 변화를 거부하는 성향이 있는 자폐성 장애학생은 갑자기 시간표가 바뀔 때 불안을 느끼기 때문에 물건을 집어 던지는 문제행동을 나타낼 수도 있다. 따라서 교사와 가족은 자폐성 장애학생이 나타내는 행동이 학습 상황이나 일상생활 기능을 수행하는 데 중요한 문제를 야기하는지에 대해 관찰하여야 한다.

문제행동의 기능으로는 부적 강화, 사회적 강화, 물질적 강화, 그리고 감각적 강화 등의 가설이 제안되고 있다(방명애, 이효신 공역, 2013). 부적 강화는 학생이 회피기능을 가진 문제행동을 보임으로써 문제행동의 후속 결과로 자신이 싫어하는 사람이나 상황을 회피하거나 요구를 감소시키거나 제거하는 것이다. 사회적 강화는 문제행동의 후속 결과로 사람들의 관심을 끌게 되는 것이고, 물질적 강화는 문제행동의 후속 결과로 음식물이나 장난감 등 원하는 물질을 획득하게 됨으로써 문제행동이 강화되어 재발생하게 되는 것이다. 사회적 강화와 물질적 강화는 정적강화에 속한다. 감각적 강화 또는 자동강화는 학생이 문제행동의 후속 결과로 감각적(예: 시각적, 청각적, 촉각적) 자극을 얻기 위해 자기자극적 기능을 가지는 문제행동을 나타내는 것이다.

한 문제행동이 여러 가지 기능을 나타낼 수도 있으며, 여러 형태의 문제행동이 하나의 기능을 나타낼 수도 있지만, 중요한 점은 많은 문제행동이 학습된 행동이며 개인의 사회적, 물리적 환경과의 상호작용을 통하여 획득된다는 것이다. 즉, 같은 양상의 자해행동이라도 각기 다른 학생들에게 있어 다른 기능을 가지고 있을 수 있다. 예를 들어, 한 학생은 과제로부터 회피하기 위해 자해행동을 보인 반면에, 다른 학생은 관심을 끌기 위해 유사한 자해행동을 보일 수 있다. 따라서 특정 행동이 모든 상황에서 동일한 기능과 관련이 있다고 단정 지을 수는 없다. 뿐만 아니라, 똑같은 문제행동이라도 그 행동의 기능과 학생의 특성에 따라 효과적인 중재 방법이 다를 수 있다.

자폐성 장애학생의 행동문제와 정서문제에 대해 성인기까지 추적조사를 실시한 Gray, Keating, Taffe, Brereton, Einfeld와 Tonge(2012)에 따르면, 개인 간의 차이는 있으나 일반적으로 성장하면서 자폐성 장애의 사회적 특성과 의사소통 특성은 감소하지만 제한적이고 반복적인 행동은 자폐성 장애 성인에게도 지속적으로 나타났으며, 성장하면서 행동문제와 정서문제도 전반적으로 감소하지만 우울정서는 감소하지 않았다. 그러나 심한 지적장애를 수반하는 자폐성 장애학생의 경우, 시간이 지나면서 자폐성 장애의 증상이 더 증가하기도 하였다. Magiati 등(2016)은 자폐성 장애학생의 불안이 반향어와 상동행동과 상관이 있다고 주장하였다.

자폐성 장애학생의 어머니들은 비장애학생이나 다른 유형의 장애학생 어머니들에 비해 현저하게 많은 스트레스를 받는다(Obeid & Daou, 2015). 자폐성 장애학생의 문제행동은 부모의 스트레스, 불안, 우울 등과도 밀접한 관계가 있는데 부모의 정서적 안정성과 자녀의 장애를 수용하는지 여부가 두 변인의 관계에 있어서 매개 역할을 한다. 따라서 자폐성 장애학생의 문제행동을 감소시키고 바람직한 행동을 교수하는 교육적 중재를 제공하고 가족이 자폐성 장애자녀를 양육하는 것에 대해 효과적으로 적응할 수 있도록 가족을 지원하는 것이 자폐성 장애학생의 삶의 질뿐만 아니라 가족 구성원 모두의 삶의 질을 향상시키는 데 있어서 매우 중요하다.

2. 자폐성 장애학생을 위한 긍정적 행동지원

1) 긍정적 행동지원의 특성

긍정적 행동지원의 일차적인 목적은 학생의 문제행동이 발생하거나 재발하지 않도록 학습 환경을 수정하여 예방하고 학생의 바람직한 행동을 증가시킴으로써 학생의 자기통제 능력을 향상시키고 생활양식을 변화시켜서 장기적으로는 자폐성 장애학생의 삶의 질을 향상시키는 것이다(Neufeld, Law, & Lucyshyn, 2014). 이 장에서는 긍정적 행동지원이라는 용어를 긍정적 행동중재 및 지원이라는 용어와 같은 의미로 사용하였다.

긍정적 행동지원의 특성을 자폐성 장애학생의 문제행동에 적용하여 설명하면 다음과 같다(OSEP Technical Assistance Center onn Positive Behavioral Interventions and supports, 2015a, 2015b). 첫째, 긍정적 행동지원의 목표는 삶의 질을 향상시키는 것이다. 긍정적 행동지원은 자폐성 장애학생의 문제행동을 감소시키는 것에만 초점을 두지 않고 가족의 상호작용과 기능 향상, 생활양식의 변화로 인한 가정과 학교와 지역사회의 활동참여 증진, 또래관계 향상, 자기결정능력 향상 등을 통해 자폐성 장애학생뿐만 아니라 가족의 삶의 질을 향상시키는 것을 목표로 한다. 둘째, 긍정적 행동지원은 생태학적 접근이다. 자폐성 장애학생의 문제행동은 환경과의 상호작용으로 인한 결과

이므로 자폐성 장애학생의 문제행동에 대한 중재뿐만 아니라 가정환경, 학교환경, 지역사회 환경에 대한 중재도 강조한다. 셋째, 긍정적 행동지원은 중재 대상자를 존중하는 개별화된 중재접근이다. 각 자폐성 장애학생의 필요와 선호도에 따라 중재를 계획하고 실시하여야 한다. 넷째, 긍정적 행동지원은 기능평가에 기초한 진단중심의 접근이다. 여러 명의 자폐성 장애학생이 유사한 형태의 문제행동을 나타낸다고 하더라도 기능은 모두 다를 수 있으며, 1명의 자폐성 장애학생의 한 가지 문제행동도 상황에 따라 각기 다른 여러 가지 기능을 가질 수 있으므로 문제행동의 기능평가에 근거하여 중재접근을 실시해야 한다. 다섯째, 긍정적 행동지원은 예방적 접근이다. 자폐성 장애학생의 문제행동을 촉발하는 환경적 또는 교수적 요인을 수정하고, 문제행동의 기능을 대체할 바람직한 행동이나 기술을 교수함으로써 문제행동의 발생을 예방하는 것에 초점을 둔다. 여섯째, 긍정적 행동지원은 팀 접근이다. 부모, 특수교사, 일반교사, 학교관리자, 상담교사 등으로 구성된 행동지원팀이 협력적으로 자폐성 장애학생의 행동을 중재하기 위해서 함께 행동을 진단하고, 중재를 계획하고 실행하고 평가한다. 일곱째, 긍정적 행동지원은 중다요소 중재접근이다. 긍정적 행동지원은 행동주의에 기초한 선행사건 중심의 중재, 후속결과 중심의 중재, 기술습득 중심의 중재뿐만 아니라, 삶의 질을 높이기 위해 의학적 중재 접근, 심리적 중재 접근 등도 포괄적으로 포함한다. 여덟째, 긍정적 행동지원은 교육적 접근이다. 긍정적 행동지원은 단기적인 효과보다는 장기적이고 지속적인 효과를 얻기 위하여 자폐성 장애학생의 문제행동 기능을 충족할 수 있는 대체행동 또는 대체기술로서의 의사소통기술, 사회성기술, 자기관리기술 등을 교수하여 문제행동을 감소시키고 삶의 양식을 변화시켜 삶의 질을 향상시키는 교육적 접근이다.

긍정적 행동지원은 학생의 바람직한 행동을 증가시키기 위하여 각 단계의 지원과 중재의 강도를 높여 가는 단계별 중재 모델에 기반을 두는 예방적 중재이다(OSEP Technical Assistance Center on Positive Behavioral Interventions and Support, 2015a). 자폐성 장애학생의 긍정적 행동중재 및 지원 모델인 단계별 접근(tiered approach) 방법은 특정 행동중재 전략이나 방법을 적용하는 데 있어서 지원의 강도를 단계별로 점차 늘려 가는 것이다. 단계별 접근에서 실시하는 행동의 기능평가를 통해 문제행동의 기능을 분석하고, 포괄적인 행동중재 계획에 포함시킬 행동중재 전략을 모색하고 적용함으로써 장기적으로 자폐성 장애학생의 삶의 질을 향상시키는 것이다. 제1단계인 1차 예방은 학교 차원과 학급 차원에서 모든 교직원과 학생들을 대상으로 점검하고 예방하는 중재이다. 1차 예방의 핵심은 모든 학생을 대상으로 바람직한 행동을 습득하고 문제행동을 감소시키도록 기대행동을 가르치고 긍정적인 학교 분위기를 조성한다는 측면에서 보편적인 중재이다. 제2단계인 2차 예방은 1단계 예방적 중재에도 불구하고 위험행동을 보이는 학생들을 위한 특수화된 집단 중재 시스템이다. 2차 예방의 목표는 위험학생으로 구성된 소집단을 대상으로 멘토링 프로그램, 자기관리기술, 사회성 기술 등의 중재를 적용하는 것이다. 제3단계인 3차 예방은 1차와 2차 예방적 중재에도 불구하고 삶의 다양한 영역에서 문제행동과 위기를 나타내는 고위험군에 속한 학생들을 위해 특수화된 개별 중재를 제공하는 것이다. 긍정적 행동지원의 연속적 행동지원 체계를 [그림 6-1]에 제시하였다.

긍정적 행동지원의 단계별 접근은 다층체계 모델을 적용하고, 자료를 수집하여 의사결정을 하고, 증거기반중재를 사용하며 선별 및 진단평가뿐만 아니라 향상도를 평가한다는 측면에서 중재반응모형과 유사한 특징을 가지고 있다(Hawken, Vincent, & Schumann, 2008). 긍정적 행동지원을 학교차원, 학급차원, 개별차원으로 나누어 설명하면 다음과 같다. 학교차원의 긍정적 행동지원은 특정 개념적 모델이나 교육과정이 아니라, 증거기반의 행동중재 절차와 학교체계의 변화 전략을 통합하여 적용하는 과

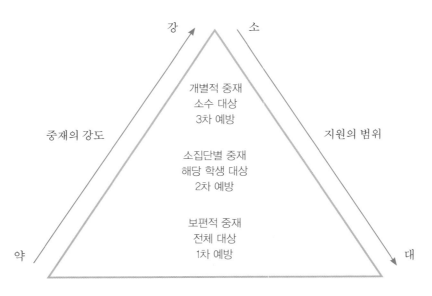

[그림 6-1] 긍정적 행동지원의 연속적 행동지원 체계

출처: 양명희(2016), p. 56.

정이다(OSEP Technical Assistance Center on Positive Behavioral Interventions and Support, 2015b). 즉, 학교차원의 긍정적 행동지원은 학교의 긍정적인 사회 문화(social culture)를 구축하기 위해 증거기반의 실제를 적용하여 전교생의 문제행동 발생을 예방하고, 학습 관련 교육성과와 사회 문화 관련 교육성과를 성취하기 위하여 집단 또는 개별화된 행동지원 전략을 적용한다. 학교차원에서 모든 학생의 행동지도에 대한 공동의 목표와 접근방법을 모색하고, 학생 모두에게 기대되는 바람직한 행동을 학교 규칙으로 정하여 가르치고, 지속적으로 행동의 발생을 모니터링하고 평가하는 것을 포함한다. 또한 바람직하지 못한 행동에 대해 사전교정을 실시하고 바람직한 기대행동에 대해 단서를 제공하고 바람직한 행동의 발생에 대해 강화함으로서 모든 교직원이 적극적으로 모든 학생의 행동을 관리 감독한다. 김영란(2012)은 지적장애학생과 자폐성 장애학생이 재학하고 있는 특수학교에서 초등부 모든 학생을 대상으로 학교차원의 팀 중심 보편적 지원과 개별지원을 제공하여 학생의 행동관리와 개별화교육 목표 성취에 긍정적인 영향을 미쳤다고 보고하였다.

학급차원의 긍정적 행동중재 및 지원은 학급에서 기대되는 긍정적인 행동과 학급규칙을 교수하고 적극적으로 관리감독하며, 바람직하지 못한 행동에 대해서는 사전교정 방법을 적용하고 재지도하여 학급 전체 학생의 행동관리와 학습지도를 효과적으로 하고, 개별지원을 필요로 하는 학생들에게 개별화된 행동중재와 지원을 제공하는 것이다. 강삼성과 이효신(2012)은 초등 통합학급에 학급차원의 보편적 긍정적 행동지원을 제공하고 통합된 중증 자폐성 장애학생에게 개별적 지원을 제공한 결과, 비장애학생의 학교생활 만족도가 향상되고 자폐성 장애학생과 비장애학생의 문제행동이 감소하였다고 보고하였다. 이 연구에서 중증 자폐성 장애학생의 경우, 학급차원의 보편적 지원만 제공하였을 때 문제행동에 의미 있는 변화가 없었고, 시각적 지원과 선호하는 활동을 사용하는 등 배경사건 중심의 중재, 선행사건 중심의 중재, 대체기술 교수중재, 후속결과 중심의 중재 및 생활양식 중재를 포함한 개별지원을 포괄적으로 제공하였을 때 문제행동이 감소하였다. 이는 학교 또는 학급차원의 긍정적 행동지원을 계획하고 실행함에 있어서 개별차원의 지원이 중요함을 시사한다.

최근 학교차원 또는 학급차원의 긍정적 행동지원이 활발하게 연구되고 있지만, 아직도 개별지원에 대한 연구가 가장 많으며, 개별차원의 긍정적 행동지원의 효과를 검증하는 연구가 유치원, 초등학교, 중학교, 고등학교, 전공과 수준에서 다양하게 진행되고 있다. 개별차원의 중재가 필요한 경우, 긍정적 행동지원팀이 행동의 기능에 대한 자료에 근거하여 포괄적인 행동지원 계획을 하며, 자기관리기술과 사회성기술을 교수하고 개별화교육을 위하여 교수적 수정을 할 수도 있다. 한홍석과 박주연(2011)은 중증 자폐성 장애 고등학생 1명을 대상으로 선행사건 중심의 중재, 후속결과 중심의 중재, 기술습득 중심의 중재, 생활방식 중재를 포함하는 긍정적 행동중재 및 지원을 제공한 결과, 손으로 얼굴을 때리고 머리를 벽에 찧는 자해행동과 상대방의 멱살을 잡고 손톱으로 할퀴는 공격행동이 감소되었다고 보고하였다. 이 연구에서 선행사건 중심의 중재로서 교사가 대상학생의 심리적 안정을 위하여 껴안고 얼굴과 손을 마사지를 해 주고, 아침 식사를 못한 경우에 문제행동이 증가하므로 부모의 동의를 얻어 행동지원실에서 간단한 식사를 하도록 하였다. 대체기술 중심의 중재로서 자신이 원하는 요구가 있거나 쉬고 싶을 때 음성, 몸짓, 사진카드를 이용하여 표현하도록 의사소통기술을 교수하였다. 후속결과 중심의 중재로서 대상학생이 과제를 완수한 경우에 언어적 칭찬을 하고 선호하는 활동을 선택하도록 하였고, 문제행동을 보일 경우에 언어적인 경고를 하고 행동을 제지하였다. 생활방식 중재로서 시각적 자료를 이용하여 대상학생이 자발적으로 실내화를 갈아 신고, 식사 후에 급식 판을 반납하고, 가방에서 알림장을 꺼내 제출하고, 외투를 벗어 걸 수 있도록 지도하고 습득한 기술을 적용할 수 있도록 기회를 제공하였다. 또한 수면이 부족하거나 배고픈 상황에서 문제행동이 증가하므로 가정과의 연계를 통해 규칙적으로 식사하고 숙면하는 습관을 기르도록 지원하였다.

2) 긍정적 행동지원의 실행절차

긍정적 행동지원의 실행절차는 크게 다섯 단계로 구성된다(방명애, 이효신 공역, 2013; 이성봉 외, 2014). 첫 번째 단계는 중재 대상을 선정하고 긍정적 행동지원팀을 구성하는 것이다. 행동중재의 우선순위는 학생 자신이나 타인의 안전이나 생명을 위협하는 파괴행동이며, 그다음은 학생 자신이나 타인의 학습과 사회적 관계를 방해하는 행동이다. 팀의 구성원은 긍정적 행동지원 전문가, 특수교사, 일반교사, 학교 관리자, 관련 서비스 제공자, 보조인력, 부모를 포함할 수 있다. 두 번째 단계는 목표행동의 기능을 평가하는 것이다. 문제행동의 기능을 진단하기 위하여 주요 생활사건, 건강 및 신체적 문제, 문제행동의 내력, 과거에 실시된 중재, 과제 수행, 강점과 약점, 선호성, 전반적인 삶의 질 등에 대한 정보뿐만 아니라, 문제행동을 유발한 선행사건, 배경사건 및 후속결과에 대한 정보를 수집해야 한다. 세 번째 단계는 목표행동에 대한 조작적 정의를 하고 가설을 설정하는 것이다. 네 번째 단계는 선행사건과 배경사건 중심의 중재, 후속결과 중심의 중재, 기술습득 중심의 중재, 삶의 형태를 변화시키기 위한 장기적이고 지속적인 지원으로 구성된 긍정적 행동중재 계획을 수립하는 것이다. 다섯 번째 단계는 긍정적 행동지원 계획을 실행하고 효과를 평가하는 것이다. 즉, 긍정적 행동지원 계획을 실제로 실행하였는지, 문제행동이 감소하였는지, 대체행동이 문제행동의 기능을 수행하였는지, 사회적 관계 및 학습에 긍정적인 영향을 미쳤는지 등을 기준으로 평가한다. 긍정적 행동지원의 실행절차의 이해를 돕기 위하여 문제행동의 기능평가, 가설설정, 중재계획, 중재 효과의 시각적 분석을 중심으로 구체적으로 살펴보겠다.

(1) 기능평가와 가설설정

자폐성 장애학생의 문제행동의 중재를 계획하기 위해서 기능평가를 할 때 무엇보다도 먼저 해야 할 일은 행동을 발생시키거나 유지시키고 그 행동과 기능적 관계가 있는 선행사건과 후속결과를 찾아내는 것이며, 문제행동의 기능과 동일한 기능을 수행할 수 있는 대체기술이나 대체행동을 파악해야 한다. 즉, 기능평가의 목적은 중재에 앞서, 문제행동과 환경 간의 기능적 관계를 파악하는 것이다. 문제행동의 기능분석 결과, 문제행동이 조작적으로 정의되고 기능이나 목적이 파악되면, 특정 시간이나 특정 상황하에서 문제행동이 일어날 것을 예상할 수 있게 된다. Hanley, Jin, Vanselow와 Hanratty(2014)는 자폐성 장애학생의 부모로부터 타당성을 입증받은 효과적이고 포괄적인 기능평가와 행동중재를 적용하여 자폐성 장애학생의 문제행동을 감소시켰고, 기능적 의사소통, 지시에 따른 순응행동 및 강화가 지연되는 것을 인내하는 행동이 증가하였다고 보고하였다.

문제행동의 기능평가를 수행할 경우의 장점은 다음과 같다(양명희, 2016; Barnhill, 2005; Matson & Nebel-Schwalm, 2007). 첫째, 문제행동을 유지하게 만드는 선행사건과 문제행동에 대한 가정적 진술을 할 수 있다. 문제행동의 기능과 가설의 예시를 〈표 6-1〉에 제시하였다. 둘째, 행동의 기능평가 과정에서 가정적 진술인 가설을 지지하고 입증하는 자료를 수집할 수 있다. 셋째, 기능평가에서 수집한 자료를 기반으로 행동지원

표 6-1 문제행동의 기능과 가설의 예시

문제행동	1. 학생들 간에 수시로 말다툼이 일어난다. 2. 복도에서 뛰어다닌다. 3. 급식실에서 배식줄에 서거나 식사할 때 시끄럽다.	
관련 상황	문제행동 발생과 관련된 요소	문제행동 무발생과 관련된 요소
시간 및 장소	교실(수업시간), 복도(쉬는 시간), 급식실 (점심 시간)	교사가 주시하고 있는 시간
상황 교실 (수업 시간)	• 모둠 학습 상황에서 학생들이 해야 할 활동이 정확하게 전달되지 않은 경우 • 학생이 수업 맥락과 관계없는 말이나 행동을 하는 경우 • 또래 간의 말다툼 시 교사나 또래의 중재가 없는 경우	• 학생이 독립적으로 수행할 수 있는 수준의 개별 과제가 제시된 경우 • 교사가 주의를 환기할 수 있는 집중구호나 동작을 하는 경우 • 또래의 정서나 행동 이해를 위한 활동을 진행한 경우
복도 (이동 시간)	• 학생들끼리 교과실로 이동하는 경우 • 교사의 사전 교수가 없는 경우	• 교사가 함께 이동하기 전에 바람직한 행동을 안내한 경우 • 교사가 쉬는 시간 및 교과실 이동 전에 복도에서 걸어 다녀야 함을 안내한 경우
급식실 (점심 시간)	• 교사의 관리 없이 배식 줄을 서는 경우	• 교사가 사전에 바람직한 행동을 안내한 경우
문제행동의 기능과 가설	• 학교 환경에서 지켜야 하는 행동을 명확하게 교수하면 학생들의 문제행동이 감소할 것이다. • 또래 친구의 감정과 행동을 이해하는 활동을 하면 학생들의 또래에 대한 수용도가 높아질 것이다.	

출처: 김보경, 박지연(2017), p. 92.

계획을 세울 수 있다. 즉, 기능평가 자료를 통해 알게 된 문제행동의 기능과 학생의 전반적인 삶의 질과 관련된 정보를 이용하여 구체적으로 어떻게 학생의 학습환경과 생활환경을 변화시키고 대체행동이나 대체기술을 가르칠지에 대한 행동지원 계획을 세울 수 있게 된다. 넷째, 행동의 기능평가를 통하여 수집한 자료를 통해 문제행동을 악화시킬 수 있는 위험요인을 찾아내어 제거할 수 있다.

기능적 행동평가(functional behavior assessment)의 방법은 세 가지가 있다(Cooper, Heron, & Heward, 2007). 첫째, 간접평가는 개별화교육계획, 생활기록부, 또래 도우미

일지, 교사일지, 부모 상담 일지, 회의 자료 등의 문서를 검토하거나, 학생 본인이나 부모, 교사 또래 등과 면담을 하거나 평가척도나 질문지 등을 작성하도록 하여 자료를 수집하는 것이다. 문제행동의 동기평가척도나 면담지 등을 이용하여 수집된 자료를 분석하여 회피변인, 감각변인, 관심변인, 물질적 보상변인에 대한 동기를 측정한다. 둘째, 직접 관찰평가는 일정 기간 학생의 행동을 다양한 상황에서 직접 관찰하는 것으로서 (1) 문제행동이 자주 발생하는 시간대를 시각적으로 쉽게 파악하기 위한 행동분포 관찰기록, (2) 직접 관찰한 내용을 이야기 식으로 기록하는 일화관찰 기록, (3) 시간의 흐름에 따라 선행사건(A: antecedent), 행동(B: behavior), 후속결과(C: consequence)를 관찰하며 기록하는 A-B-C 관찰기록 등의 방법이 있다. 셋째, 기능분석은 행동에 영향을 미치는 변인에 대해 가설을 설정하고 그 변인을 체계적으로 조작하여 행동에 미치는 영향을 평가하는 것이다. 문제행동에 대한 검증 가능한 가설 문장은 대상학생의 이름, 문제행동이 일어나기 전의 배경사건 또는 선행사건, 관찰 가능하고 측정 가능한 행동, 행동의 추정되는 기능이 포함된다(예: 진희는 가위를 사용하는 과제가 주어지면 과제를 회피하기 위하여 소리를 지르며 운다). 간접평가, 직접 관찰평가 기능분석의 세 가지 방법을 모두 사용하는 것이 유익하지만 기능분석이 시간과 비용이 많이 소요되며 빈번히 일어나는 행동에만 적용할 수 있기 때문에 특수교육 현장에서는 간접평가와 직접 관찰평가 방법만 사용하여 기능을 평가하기도 한다(Gresham, Watson, & Skinner, 2001).

(2) 중재계획

긍정적 행동지원의 계획은 배경사건과 선행사건 중심의 중재, 대체기술 중심의 중재, 후속결과 중심의 중재, 생활양식 중재를 포함할 수 있다. 교사가 긍정적 행동지원을 제공하여 자폐성 장애학생의 부적응행동을 감소시킨 개별지원 중재계획의 예시를 〈표 6-2〉에 제시하였다.

표 6-2 긍정적 행동지원의 개별지원 중재계획의 예시

행동	배경사건/선행사건 중심의 중재	대체기술 중심의 중재	후속결과 중심의 중재	생활양식 중재

자해행동	**환경 변인**
	
	• 대상 학생이 좋아하는 사진들로 시각적 단서 구성 및 제공하기
	  −대상 학생의 교내 활동 모습을 찍은 사진으로 일과표 제시하기
	  −직업 부서별 활동 사진으로 직업 순환 계획표 제시하기
	• 비선호 활동 피하기
	  −교실 이동 시에 경사로와 계단 피하기
	
	교수적 변인
	
	• 선호 활동 활용하여 흥미 유발하기
	  −학습 활동을 시작하기 전 손으로 리듬치기로 흥미 유발하기
	  −학생이 지루함을 느낄 때 과자를 활용하여 게임 형식으로 학습 활동 유지시키기
	• 단서 제공하기
	  −난이도가 적절한 과제 제시하기
	  −대상 학생의 사진자료를 활용한 스티커지 제공하기
	  −비선호적인 활동에 적절한 도움과 단서 제공하기
	• 선택 기회 제공하기
	  −긍정적 행동을 했을 때의 보상물(획득할 수 있는 선호 활동)을 선택하고 약속하기
	• 교사가 물리적 제재를 가하기 전에 예고하기
		의사소통기술 촉진
		
		• 원하는 것을 요구하는 기술 가르치기
		  −교사와 손바닥을 부딪치고 싶을 때 억지로 교사의 옷을 잡아당기기보다는 완성한 활동지를 교사에게 보여 주기
		  −스티커 붙이기 활동을 하고 싶을 때 손으로 스티커 활동지 가리키기
		  −과자가 먹고 싶을 때 교사에게 자신이 완성한 학습지를 보여 주기
		  −더울 때 옷을 벗는 제스처로 외투를 벗겨 달라는 요구하기
		  −화장실에 가고 싶을 때 보조원의 손을 끌어 문으로 향하기
		  −목이 마를 때 컵 가져오기
		  −교사의 도움이 필요할 때 손 들기
			긍정적 행동 수행 시
			
			• 선호 활동 제시하기
			  −리듬감 있게 손바닥 마주쳐 주기
			  −스티커 활동지를 하도록 허락하기
			  −선택한 보상물 제공하기
			  −알림장에 스티커 붙여 주기
			  −긍정적 행동에 대해 즉각적으로 칭찬해 주고, 행동에 대해 진술해 주기
			
			자해행동 발생 시
			
			• 약속에 대해 다시 이야기하고 대체 행동 알려 주기
				• 쾌적한 환경 구성하기
				  −교실 내 불필요한 물건을 정리하여 최대한 쾌적하고 넓어 보이도록 구성하기
				• 학생의 상태 체크하기
				  −늦게 등교하는 월요일은 학생이 학습에 참여할 준비가 될 때까지 기다려 주기
				  −알림장을 통해 전날 하교부터 등교 전까지 일어난 사건에 대해 파악하여 학생에게 피드백하기
				  −건강 상태 체크하여 활동 수준 조정하기
				• 학급 내 역할 부여하기
				  −우유 받아 오기, 보조 인력과 함께 친구들에게 알림장 나눠 주기 등의 역할 부여하기

출처: 최승희, 이효신(2011), p. 63.

(3) 중재효과의 시각적 분석

자폐성 장애학생의 행동중재 효과를 검증하는 방법 중에 개별적 긍정적 행동지원 연구에서 가장 많이 사용하고 있는 방법은 단일대상연구 방법이다. 단일대상연구에서는 중재를 적용하기 전부터 중재가 끝난 뒤까지 매 회기마다 목표행동을 측정함으로써 연구대상자의 행동이 어떻게 변화하는지 그 경향을 분석한다.

단일대상 연구방법 중 중다기초선 설계의 경우, 자료의 분석은 수집한 자료를 이용하여 그래프를 작성하고 자료의 수준, 자료의 경향, 자료의 변화율, 자료의 중첩도 및 효과의 즉각성에 기반을 두고 실시된다(양명희, 2015). 첫째, 자료의 수준이란 그래프의 세로좌표에 나타난 자료의 평균치이다. 한 상황 내에서의 수준을 의미하는 평균선을 그리는 방법은 한 상황 내의 모든 자료점의 Y축 값을 합한 것을 그 상황 내의 전체 자료점의 수로 나누어 얻은 값을 X축과 평행하게 긋는 것이다. 둘째, 자료의 경향이란 한 상황 내에 있는 자료의 방향과 변화 정도를 의미하는 것이며, 경향선이란 자료의 방향과 변화 정도를 가장 잘 나타내 줄 수 있는 직선의 기울기를 말한다. 셋째, 자료의 변화율은 자료 수준의 안정도를 의미한다. 즉, 경향선을 중심으로 자료가 퍼져 있는 범위를 의미한다. 주로 자료의 Y축 값의 하한선 값과 상한선 값으로 그 범위를 나타낸다. 일반적으로 자료점의 80~90%가 경향선의 15% 범위 내에 들면 안정적 수준이라고 한다. 넷째, 상황 간 자료의 중첩 정도는 두 상황 간의 자료가 세로좌표 값의 같은 범위 안에 들어와 있는 정도를 의미한다(Bozkus-Genc & Yucesoy-Ozkan, 2016). 두 상황 간 자료의 세로좌표 값이 서로 중첩되지 않을수록 자료의 변화를 잘 나타내 주는 것이다. 중복비율이란 두 실험조건 간의 자료점이 중복되는 비율로서 비교 대상이 첫 번째 실험조건(예: 기초선)의 자료점의 범위를 결정하고, 두 번째 실험조건(예: 중재)의 자료점들이 이 범위 안에 몇 개 중복되는지를 계산하여 두 번째 실험조건의 자료점 총수로 나누어 100을 곱하여 산출한다. 이때 중복비율이 낮으면 낮을수록 중재의 영향이 크다고 할 수 있다. 동일 자료에 대해 두 실험 조건 간의 자료점이 중복되지 않는 비율인 비중복비율을 산출하여 분석할 수도 있다. 다섯째, 효과의 즉각성 정도란 중재 효과가 얼마나 빠르게 나타났는지를 평가하는 것으로서 한 상황의 마지막 자료와 다음 상황의 첫 자료 사이의 차이 정도를 의미한다. 예를 들어, 기초선의 마지막 자료점과 중재의 첫 자료점 간의 차이가 즉각적으로 크게 나타났다면 중재효과는 강력하며 중재와 행동 간의 기능적 관계가 있다고 할 수 있다. 유현아, 방명애, 홍점숙(2016)은 대상자 간 중다간헐 기초선 설계를 작용하여 자폐성 장애학생 3명을 대상으로 스마트러닝 기반의 수세기 학습지도를 실시하였다. 그 결과, 자폐성 장애학생들의 수세기 학습과 수업참

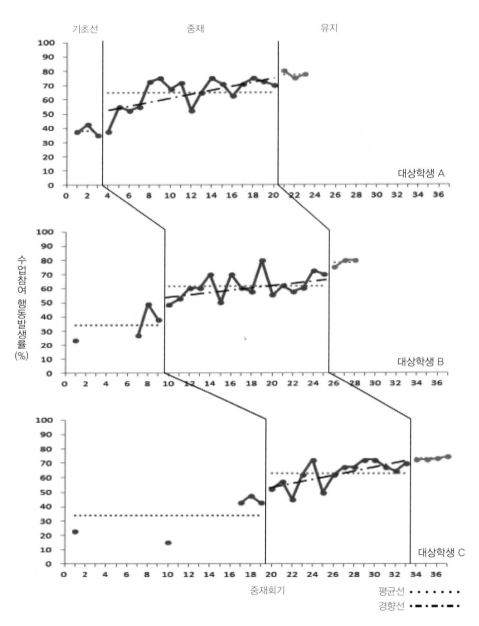

[그림 6-2] 대상자 간 중다간헐 기초선 설계를 적용한 중재의 예시

출처: 유현아, 방명애, 홍점숙(2016), p. 42.

여 발생률이 향상되었으며 중재효과 검증 예시를 [그림 6-2]에 제시하였다. 이 사례에서 평균선과 경향선과 비중복비율에 근거하여 중재가 효과가 있었음을 알 수 있다.

3. 자폐성 장애학생의 행동중재 방법

이 장에서는 자폐성 장애학생의 문제행동을 감소시키고 대체행동을 증가시키는 전략과 방법을 선행사건 중심의 중재, 후속결과 중심의 중재 및 기술습득 중심의 중재로 나누어 기술하였다.

1) 선행사건 중심의 중재

선행사건 중심의 중재는 문제행동의 원인이 될 수 있는 선행사건을 수정하거나 제거하여 문제행동을 유발하지 못하도록 환경을 재구성하는 것이다. 자폐성 장애학생의 문제행동을 예방하기 위한 선행사건 중심의 중재전략은 다음과 같다(Kabot & Reeve, 2010; Mesibov, Shea, & Schopler, 2004). 첫째, 자폐성 장애학생의 특성을 고려하여 교실의 물리적 환경을 구성하여야 한다. 자폐성 장애학생이 필요로 하는 학급 규칙 등의 시각적 단서는 쉽게 확인할 수 있는 교실 출입구에 배치하되, 교실 내 불필요한 시각적 자극은 최소화해야 한다. 규칙을 연상시키기 위한 시각적 연상 자료(예: 사진, 포스터) 또는 청각적 연상 자료(예: 타이머, 교사의 손뼉)를 사용하는 것이 좋다. 규칙을 지켰을 때는 강화가 일관성 있게 제공되어야 하며, 규칙을 지키지 않았을 때도 일관성 있는 후속결과(예: 반응대가)가 제공되어야 한다. 색 테이프나 칸막이를 이용하여 각 활동영역의 경계선을 표시해 주고, 교수 자료의 배치는 접근성이 좋아야 하며, 학습과 행동지원이 필요한 자폐성 장애학생은 교사와 가까이 앉게 한다. 자폐성 장애학생의 시각, 청각, 촉각 등 감각적 역치를 고려하여 조명, 소음, 온도, 습도, 냄새 등의 환경적인 변인도 수정하여야 한다.

둘째, 학급 일정표 또는 개인 일정표를 사용하여 자폐성 장애학생에게 언제 어떤 활동을 할지 미리 알려 주어 불안감을 감소시키고 최대한 학습활동에 참여할 수 있도록 격려한다. 자폐성 장애학생의 경우, 비구조화된 시간에 문제행동을 많이 보이므로 휴식시간을 주기 전에 휴식 시간의 규칙과 선택할 수 있는 활동 목록 등을 제시하는 것이 필요하다. 동일성에 대해 집착을 보이는 자폐성 장애학생의 경우에 장소의 이동이나 활동의 전이가 어려워서 문제행동을 보일 수 있으므로 시각적 일정표를 만들어 학급에 게시하고 개인 일정표를 통해 다음 활동을 예측할 수 있게 하면 문제행동 예방에 도움이 된다. 시각적 일정표는 어떤 일이 어떤 순서로 진행될지에 대해 활동들을 순차적으로 작성하여 시각적으로 일과를 안내하여 주는 것으로 각 활동이 끝나면 학생이 일정표에 활동이 끝났다는 표시를 하도록 하는 것도 다음 순서의 활동이 기다리고 있음을 이해하는 데 도움이 된다. 일과 시간표는 학생들이 최대한으로 교수활동에 의미 있게 참여할 수 있도록 구성되어야 하며, 시간표상의 순서도 고려해야 한다. 예를 들어, 학생들의 집중도가 높은 아침 시간에 주요 과목을 배치하고, 학생들의 학습 동기가 낮은 학습활동 다음에 학생들의 학습동기가 높은 학습활동을 배치하는 것이 좋다.

셋째, 자폐성 장애학생의 특성을 고려하여 교수적 선행사건을 체계적으로 계획하여 효율적이고 효과적인 학습을 할 수 있도록 구성하여야 한다. 과제의 난이도는 자폐성 장애학생이 집중하여 노력하면 성공적으로 성취할 수 있는 수준이어야 하며, 일반적으로 시각적 정보를 청각적 정보보다 효과적으로 처리하는 자폐성 장애학생들을 위해 각 학생의 흥미와 선호성을 고려하여 시각적 교수 자료를 제공해야 한다. 또한 교사는 학습의 습득단계, 숙달단계, 유지단계, 일반화단계를 고려하여 각 단계에 효과적이고 적절한 전략을 사용하여야 한다. 습득단계의 학습자는 일반적으로 숙달된 학습자보다 과제를 수행하는 속도가 느리고 서투르며 정확도가 낮으므로 높은 수준의 정반응을 촉진하는 교사주도의 직접교수가 효과적일 수 있다. 학생이 새롭게 습득한 기술을 연습함에 따라 주어진 시간 내에 정확하게 과제를 완성하는 숙달단계에서 철자나 어휘의 숙달을 위해서는 또래교수가 효과적이며, 또래 간 사회성기술의 숙달을 위해서는 구조화된 놀이활동이 유익하다. 유지단계에서는 학습한 기술을 시간이 지나도 계속 유지할 수 있도록 기억전략(예: 무지개색 기억-빨주노초파남보)을 사용하거나 유지 스케줄에 따라 간헐적인 연습을 하는 유지전략을 사용하여야 한다. 일반화 단계에서 학생이 습득한 기술을 다른 환경, 다른 대상자, 다른 교수자료에 대해 사용할 수 있도록 교수가 제공되어야 한다. 상황 일반화는 학생이 기술을 처음 배운 환경이나 상황이 아닌 조건에서 그 기술을 수행할 수 있는 것을 의미한다. 대상 일반화는 학생이 교사에게 새로 배운 기술을 교사 이외의 사람에게도 사용하는 것을 의미한다. 과제 일반화란 학생이 처음 사용했던 교수자료가 아닌 다른 교수자료를 가지고도 습득된 기술을 수행할 수 있음을 의미한다.

넷째, 학생에 대한 교사의 관심 및 감독이 문제행동을 감소시킬 수 있는 중요한 변인이다(이성봉 외, 2014). 교사는 학생에게 기대되는 행동에 대한 지시를 구체적으로 진술하고, 학생의 눈을 보면서 긍정적인 표현을 사용하여 대화해야 한다. 교사가 지시나 꾸중을 할 때 학생에게 다가가서 부드럽고 단호한 목소리를 사용하는 것이 좋으며, 학생에게 지시를 한 후 학생이 반응할 시간을 주고 지시 따르기를 기다려야 한다. 교사는 특별히 문제행동을 나타내는 학생과 개인적이며 긍정적인 관계를 형성하여 학생의 문제행동을 예방할 수 있는 보호요인의 역할을 수행하여야 한다.

다섯째, 이완훈련은 깊고 느린 호흡기법, 근육이완, 심상(mental image)을 통해 불안장애를 가지고 있는 자폐성 장애학생의 긴장 수준을 낮추는 것이다(방명애, 이효신 공역, 2013). 사람은 스트레스를 받을 때 숨을 적게 쉴 뿐만 아니라 짧고 얕은 호흡을 하는 경향이 있다. 아동이나 청소년을 바닥에 편안한 자세로 눕게 하고 한 손은 배 위에 얹고 한 손은 가슴 위에 놓도록 한다. 깊은 호흡인 복식호흡을 바르게 하면 배 위의 손은 아래위로 움직이지만 가슴 위의 손은 움직이지 않아야 한다. 또한 호흡을 느리게 하기 위하여 들숨을 쉬면서 열까지 세고, 숨을 참으면서 열까지 세고, 다시 날숨을 쉬면서 열까지 세고, 숨을 참으면서 열까지 세는 것이다. 학생이 어린 경우는 넷이나 다섯까지만 세면서 느린 호흡을 연습해도 된다. 교사는 학생이 깊고 느리게 호흡하는 방법을 습득할 수 있도록 시범을 보이고 학생과 함께 연습한다. 사람은 스트레스를 받아서 긴장되거나 염려스러울 때 근육이 단단해지고 두통 등의 신체적인 증세가 나타난다. 따라서 깊고 느린 호흡을 연습한 후 신체의 각 부분을 이완시키는 것이 필요하다. 예를 들어, 손을 있는 힘껏 세게 쥐어 8~10초 동안 있다가 풀게 하면 손가락과 손에 열이 나면서 긴장이 풀어지고 편안한 느낌을 받게 한다. 이러한 방법으로 얼굴, 어깨, 팔, 배, 다리, 발 등을 차례로 이완시킨다.

이 외에도 아침밥을 못 먹고 등교하여 배가 고플 때 문제행동을 더 많이 나타내는 자폐성 장애학생에게 음식을 제공하는 것, 수면이 부족하여 피곤할 때 문제행동을 더 많이 나타내는 학생을 안정실이나 진정공간에서 쉬게 하는 것, 불안을 나타내는 학생의 손발을 문지르며 마사지를 해 주는 것 등도 배경사건 또는 선행사건 중심의 중재가 될 수 있다.

2) 후속결과 중심의 중재

(1) 바람직한 행동의 습득과 증가를 위한 전략

바람직한 행동을 습득시키고 증가시키는 후속결과 중심의 중재로서 토큰경제, 행동계약, 자극통제, 촉진, 용암, 행동연쇄, 행동형성에 대해 살펴보면 〈표 6-3〉과 같다 (Brandt et al., 2016; Simonsen & Myers, 2015).

표 6-3 **바람직한 행동의 습득과 증가를 위한 전략**

전략	설명	예시
토큰경제	목표행동의 수행에 대해 토큰을 부여하고, 학생이 취득한 토큰으로 강화물이나 강화 활동과 교환해 갈 수 있도록 하는 행동관리 체계이다.	정현이는 5분 동안 과제에 집중하여 토큰을 1개씩 받고, 모아 놓은 토큰 10개를 과자와 교환하였다.
행동계약	목표행동에 대한 강화와 벌에 대해 학생과 교사가 동의한 내용을 계약서로 작성하는 것이다.	박 교사는 지혜가 수학시간에 5번 이상 자리를 이탈하지 않으면 방과 후 컴퓨터 게임을 30분 할 수 있도록 계약을 하여 자리이탈을 감소시켰다.
자극통제	특정 자극이 주어졌을 때만 특정 반응을 하도록 변별자극을 확립하여 행동을 통제하는 것이다.	사과가 그려진 카드를 보여 준 후 미현이가 "사과"라고 말하면 칭찬을 해 주고, "배"라고 하면 "배가 아니고 사과야"라고 교정해 준다.
촉진	반응촉진은 행동이 일어날 가능성을 높이기 위해 추가적인 자극을 제공하는 것으로 신체적 촉진, 언어적 촉진, 시각적 촉진, 몸짓 촉진이 있다. 자극촉진은 변별자극을 변화시키는 자극 내 촉진과 변별자극에 대한 외적 단서를 제공하는 가외 자극촉진이 있다.	다운이가 순서대로 제시된 이 닦기 단계의 사진을 보고 이를 닦는다면 이는 시각적 촉진이다.
용암	촉진을 점차 제거하여 촉진을 제공하지 않고 변별자극만 제공되어도 바람직한 반응을 하도록 하는 절차이다.	영희가 수저와 컵의 그림이 그려져 있는 식탁의 매트 위에 수저와 컵을 점차 성공적으로 놓게 되면 수저와 컵의 그림을 점차 희미하게 지운다.

행동연쇄	행동을 여러 단계로 과제분석하여 첫 단계부터 지도하는 전진 연쇄법, 마지막 단계부터 지도하는 후진 연쇄법, 매 회기 첫 단계부터 마지막 단계까지 모두 지도하는 전체과제 제시법이 있다.	윤희에게 세수하기를 가르치기 위해 과제분석의 첫 단계인 준비물 챙기기를 가르친 후, 습득하면 두 번째 단계를 가르치는 것은 전진연쇄법이다.
행동형성	목표행동에 점진적으로 가까운 행동을 체계적이고 차별적으로 강화하여 새로운 행동을 형성하도록 한다.	준수에게 '우유'를 가르치기 위하여 첫 번째 단계에서는 '우'만 발음해도 강화를 제공하고, 점진적으로 강화를 받을 수 있는 행동을 목표행동에 가깝게 하며, 최종적으로는 '우유'를 정확히 발음해야 강화를 제공한다.

(2) 문제행동의 감소를 위한 중재전략

바람직하지 않은 행동을 감소시키는 중재의 위계를 가장 긍정적인 것부터 가장 혐오적인 순서대로 나열하면 강화에 근거한 중재, 강화인의 철회, 강화자극 또는 강화기회의 제거, 혐오자극의 제시이다. 문제행동의 감소를 위한 중재는 '최소 강제 대안의 원칙(the principle of the least intrusive alternative)'에 따라 최소한의 혐오적인 중재부터 적용해야 한다. 즉, 덜 강제적인 중재를 먼저 시도하고 그것이 효과가 없다고 입증될 때 더 강제적인 중재를 시행하여야 한다는 것이다. 학생은 안전하고 인간의 존엄성을 중시하는 중재를 받을 권리가 있으므로 학생의 인권을 침해하거나 모욕해서는 안 된다. 문제행동을 감소시키기 위한 중재전략을 살펴보면 〈표 6-4〉와 같다(양명희, 2016; Cullinan, 2007).

표 6-4 문제행동의 감소를 위한 중재전략

전략	설명	예시
차별강화	바람직한 행동에 대해 강화를 제공하여 증가시키고 문제행동을 감소시키는 전략이다. 빈도가 감소할 때 강화하는 저빈도행동 차별강화, 목표행동이 일정 간격 동안 발생하지 않으면 강화하는 타행동 차별강화, 일정기간 문제행동과 동시에 발생할 수 있으나 장기적으로 문제행동을 대체할 행동을 강화하는 대체행동 차별강화, 문제행동과 동시에 발생할 수 없는 행동을 강화하는 상반행동 차별강화 등이 포함된다.	민규가 손가락으로 하는 상동행동과 동시에 발생할 수 없는 상반행동으로서 그림을 그리거나 장난감을 가지고 놀 때 강화하여 상동행동을 감소시켰다면 상반행동 차별강화이다.

소거	문제행동을 촉발하고 유지하는 것으로 여겨지는 강화를 제거함으로써 문제행동을 감소시키는 것이다.	순정이가 감각적 강화 때문에 자신의 뺨을 손바닥으로 때리므로 순정의 손에 장갑을 끼워, 순정이가 원하는 감각적 강화를 제거하는 감각적 소거 전략을 사용하였다.
반응대가	문제행동을 보이면 지니고 있는 강화를 잃게 함으로써 행동의 발생률을 감소시키는 벌금 절차이다.	민희가 교사의 허락 없이 자리를 이탈할 때마다 민희가 이미 습득한 스티커를 한 장 빼앗음으로써 민희의 자리이탈을 감소시켰다.

반응대가 외에도 타임아웃과 과잉교정이 벌의 유형이다. 문제행동의 발생에 대한 후속결과로서 일정 시간 동안 정적 강화를 받지 못하도록 분리시키는 타임아웃은 비격리-비배제 타임아웃(예: 학급의 과자파티를 관찰할 수 있으나 참여할 수는 없다), 비격리-배제 타임아웃(예: 교실 뒤편에서 벽을 바라보고 5분간 서 있는다), 격리 타임아웃(예: 타임아웃을 위해 교실 외 장소로 보내진다) 등을 포함한다. 과잉교정은 바람직하지 않은 행동이 발생하면 그 행동과 관련된 바람직한 행동을 반복시키는 정적연습 과잉교정(예: 비행기가 날아가는 흉내를 내는 방해행동을 하면 '머리, 어깨, 무릎, 발, 무릎, 발'을 짚으며 30번 노래한다)과 문제행동이 환경에 미친 상황을 원 상태보다 더 나은 상태로 회복시켜 놓도록 하는 상황회복 과잉교정(예: 한쪽 벽에 낙서한 학생에게 모든 벽을 청소하게 한다)을 포함한다.

(3) 행동유지와 일반화를 위한 교수전략

자폐성 장애학생은 새로운 기술이나 행동을 습득하고 숙달하는 것뿐만 아니라, 이미 습득한 기술이나 행동을 유지하고 일반화하는 데도 어려움을 나타낸다. 어떤 행동이나 기술이 유지된다는 것은 교수가 끝난 후에도 그 기술을 계속 필요할 때마다 사용할 수 있는 것을 의미한다. 즉, 목표행동을 교수할 때 사용했던 강화나 촉진이 소거된 상태에서도 목표행동이 계속 유지되는 것을 의미한다. 자폐성 장애학생이 습득한 기술이나 행동의 유지를 촉진하기 위한 중재전략을 〈표 6-5〉에 제시하였다(Storey & Post, 2012).

습득된 행동이나 기술의 일반화를 촉진하기 위해서는 다음과 같은 요소들을 고려해

표 6-5 습득된 기술과 행동의 유지를 위한 중재전략

전략	설명	예시
과잉학습	학생이 적절한 수준으로 기술을 수행하는 것을 학습한 후에도 계속해서 연습한다.	김 교사는 은미에게 목표행동인 인사하기를 20회기 동안 교수하여 적절한 성취기준에 도달한 후, 10회기 더 연습시켜 습득된 행동이 유지되도록 하였다.
분산연습	목표행동을 한꺼번에 몰아서 연습하지 않고 여러 차례 분산시켜 연습한다.	황 교사는 미연이에게 목표행동인 가위질을 연속해서 20분 동안 연습시키지 않고 5분씩 4회기로 분산시켜 연습시킴으로써 습득된 눈과 손의 협응 기술의 유지 가능성을 높였다.
간헐강화	강화계획에 따라 강화를 간헐적으로 제공함으로써 강화와 강화 사이에 점점 더 많은 목표행동을 하거나(고정/변동비율 간헐강화) 더 많은 시간이 경과하도록 하는 것이다(고정/변동간격 간헐강화).	박 교사는 은영이가 냅킨을 접는 기술이 습득될 때까지는 한 개의 냅킨을 접을 때마다 칭찬을 하였으나, 냅킨 접는 기술이 습득된 후에는 5개를 성공적으로 접은 후에 칭찬을 하였다(고정비율 간헐강화).
연습기회 삽입	새로운 기술을 교수할 때 학생이 이미 학습한 기술을 기초로 하여 교수하거나 새로운 기술의 학습 시 습득된 기술을 삽입하여 연습하도록 한다.	이 교사는 곱셈을 학습한 규연이에게 나눗셈을 가르칠 때 곱셈을 연습할 수 있도록 학습기회를 삽입하여 곱셈 능력을 유지하였다.
유지 스케줄	자주 사용되지 않거나 매우 불규칙하게 사용되는 기술에 대해 규칙적으로 연습할 기회를 제공하여 습득된 기술이 유지되도록 한다.	지 교사는 학생들이 지진에 대처하기를 학습한 후에 한 달에 한 번씩 규칙적으로 가상 지진훈련의 연습기회를 주어 습득한 기술을 유지하도록 하였다.
다양한 환경	기술이나 행동이 습득된 후에 초기 교수 장소 이외의 여러 환경과 장소에서 기술을 연습하여 기술이나 행동을 유지하도록 한다.	은 교사는 학교에서 독립적으로 이 닦기를 학습한 지우가 집과 지역아동센터에서도 독립적으로 이를 닦도록 하여 이 닦는 행동을 유지시켰다.

야 한다. 첫째, 지역사회 중심의 교수를 하며 다양한 교수 상황에서 다양한 교수자로부터 훈련받는 것이 바람직하다. 둘째, 교수사례를 선정할 때는 자연적인 환경에 존재할 가능성이 높은 변별자극을 교수에 사용해야 한다. 셋째, 목표행동은 자연적인 상황에서 강화를 받을 가능성이 높은 일반화가 용이한 행동을 선택하여야 한다. 넷째, 행동에 뒤따라오는 후속결과를 선택할 때는 자연적인 강화를 선택하여야 한다. 마지막

으로 학생이 자신의 행동을 스스로 기록하고 평가하고 목표 달성 시 스스로 정한 강화를 제공하는 등의 자기조절기술을 습득하는 것이 효과적이다.

일반화는 일반적으로 자극일반화와 반응일반화로 나눈다. 자극일반화를 환경에 대한 일반화, 사람에 대한 일반화 및 과제에 대한 일반화로 나누기도 한다. 자극일반화는 학습할 때 있지 않았던 자극하에서도 반응을 수행하는 것을 말하며, 반응일반화는 교수프로그램에서 목표하고 가르치지 않았던 행동의 변화가 일어난 것을 말한다. 예를 들어, 김 교사가 철수에게 양말 벗기를 가르친 후에 철수가 집에서도 양말 벗기를 잘한다면 이는 자극일반화이며, 철수가 양말 벗기를 학습한 후에 양말 신기까지 할 수 있게 되었다면 이는 반응일반화인 것이다. 자극일반화의 유형 중 환경에 대한 일반화의 예는 은지가 학교 수영장에서 개인물품 보관함 사용하는 것을 학습한 후 지역사회의 수영장에서도 개인물품 보관함을 사용할 수 있게 된 것이다. 사람에 대한 일반화의 예는 보람이가 담임교사와 인사하기를 학습한 후에 다른 선생님들에게도 인사를 할 수 있게 된 것이다. 과제 일반화의 예는 진희가 컴퓨터 보조학습으로 한 자릿수 덧셈을 학습한 후 학습지에 제시된 한 자릿수 덧셈도 할 수 있게 된 것이다.

3) 기술습득 중심의 중재

기술습득 중심의 중재란 문제행동을 대체할 바람직한 기술이나 행동을 습득하도록 함으로써 장기적으로 문제행동을 예방하거나 감소시키는 것을 의미한다. 이 장에서는 대체기술 중 자기관리기술, 기능적 의사소통기술 및 사회성 기술을 살펴보았다.

(1) 자기관리기술

최근의 많은 연구가 자폐성 장애학생에게 새로운 기술이나 행동을 가르치고 문제행동을 감소시키기 위해 자기관리기술을 가르치고 있다. 자폐성 장애학생은 외부적인 지원이 제공되지 않으면 자신의 행동을 통제하고 유지하고 일반화하는 데 어려움을 나타낸다(Wilkinson, 2008). Southall과 Gast(2011)는 자폐성 장애학생이 성공적으로 통합되고 독립적인 삶을 영위하기 위해서는 중심반응(pivotal response)과 관련된 기술과 행동을 직접교수해야 하며, 중심반응인 자기관리 능력이 향상되면 제한적이고 반복적인 행동은 감소되고, 사회성 기술, 의사소통기술, 직업기술은 향상된다고 주장하였다.

또한 저자들은 차별강화와 같은 증거기반의 실제와 중심반응훈련과 우연교수 등의 자연주의적 접근법을 결합하여 적용할 경우 자폐성 장애학생의 바람직한 행동이 증가하였다고 보고하였다.

자기관리 중재의 장점은 자폐성 장애학생의 자기성찰과 자기점검의 결함을 감소시키고 사회적 반응을 증가시킴으로써 습득한 행동을 다양한 환경에 일반화시키기에 용이하다는 것이다(Cooper et al., 2007). 또한 교사가 자폐성 장애학생의 행동 통제에 쏟는 시간을 교수 시간에 할애할 수 있게 된다는 것도 장점이다. 행동중재를 하는 궁극적인 목적은 타인에 의한 행동지도 및 관리로부터 학생의 독립적인 자기관리로 바꾸는 것이다. 학생이 스스로 자기 행동을 통제하는 자기관리기술은 목표설정, 자기점검, 자기평가, 자기강화, 자기교수, 문제해결기술, 분노조절 기술, 긴장완화 훈련 등을 포함한다. 자기관리기술을 교수하는 것은 인지적 행동교정 전략 또는 초인지적 전략으로서 아동이 스스로 독립적인 학습을 할 수 있도록 돕고 문제행동을 중재하는 데 효과적이다. 일부 연구자들은 자기관리기술에 자기점검, 자기평가, 자기강화, 자기교수 등을 포함시키고, 인지행동중재에 문제해결기술, 분노조절기술, 긴장완화 훈련을 포함시키기도 하는데 이 장에서는 자기관리기술과 인지행동중재를 같은 의미로 사용하였다.

Southall과 Gast(2011)는 자기관리절차에 자기점검, 자기기록, 자기평가, 자기강화, 그리고 자기 벌을 포함시킨다. 기초선 자료에 근거해 적절한 수행목표를 세운 후, 자기점검은 자폐성 장애학생으로 하여금 목표행동이 발생하였는지 여부를 판단하도록 하는 것이고, 자기기록은 목표행동의 발생 여부를 자료수집 양식에 기록하는 것이다. 연구자에 따라 자기점검(self-monitoring)과 자기기록(self-recording)을 합쳐서 자기점검법이라고 지칭하기도 한다. 즉, 자기점검법은 자폐성 장애학생으로 하여금 자신의 문제행동이나 바람직한 과제지향적 행동의 발생 여부를 그림단서, 일정표, 점검표 등을 이용해 지속적으로 점검하여 기록하게 하는 것으로서 문제행동을 감소시키고 바람직한 행동을 습득시키며, 과제에 대한 주의집중과 완수율과 정확도를 높이기 위하여 많이 사용된다. 자기평가(self-evaluation)는 특정 행동의 목표 성취수준을 설정하고 자신의 행동이 목표 성취기준에 부합하는지를 결정하기 위해서 사전에 선정된 준거와 자기점검 자료에 근거하여 자신의 행동을 평가하는 것이다. 자기강화(self-reinforcement)는 자폐성 장애학생이 자신이 설정한 특정 행동의 목표 성취수준을 달성했을 경우에 스스로 강화하는 방법이다. 즉, 자기강화법은 학생이 스스로 정한 목표를 달성했을 경우에 스스로 선택한 강화를 자신에게 제공하는 것이다. 예를 들어, 목표행동인 줄넘기 100번을 성공적으로 달성하면 자신이 강화로 선택한 컴퓨터 게임을 10분동안 하는 것이다. 반면에 자기 벌(self-punishment)은 학생이 자신이 설정한 특정 행동의 목표 성취수준을 달성하지 못하였을 경우에 스스로 강화를 철회하는 것이다. 예를 들어, 목표행동인 줄넘기 100번을 성공적으로 달성하지 못하면 자신이 이미 습득해 놓은 컴퓨터 게임시간 10분을 스스로 반납하는 것이다.

　　자기교수(self-instruction)는 내적으로 말을 하는 언어적 진술문을 학습하여 자신의 행동을 조절하도록 하는 것이다(Carr, Moore, & Anderson, 2014). 자기교수법은 과제의 수행순서를 스스로 말해 가면서 과제를 수행하는 것으로서 제3자가 언어적 촉진과 단서를 제공하는 것이 아니라 자기 스스로 언어적 촉진과 단서를 제공하는 책임을 지게 하여 행동적, 학업적 또는 사회적 행동을 습득하거나 문제를 해결하도록 하는 것이다. 즉, 자기주도적인 언어전략을 이용해 바람직한 성과를 성취할 수 있도록 적절한 행동을 수행하는 것이다. 예를 들어, 아동이 '화장실에 들어가면 문부터 잠가야 해'라는 내적 언어로 화장실 문을 잠그는 자신의 행동을 통제한다면 이는 자기교수법에 해당한다. 자기교수의 단계는 연구자에 따라 단계의 수에 차이가 있으나, 공통적으로 인지적 모델링, 외적 안내, 외적 자기교수, 자기교수 용암, 내적 자기교수의 단계가 포함된다(이성봉 외, 2014). 1단계인 인지적 모델링 단계에서는 교사가 큰 소리로 말하면서 과제를 수행하고 학생이 관찰한다. 2단계인 외적 안내 단계에서는 교사가 하는 말을 학생이 큰 소리로 따라 말하면서 과제를 수행한다. 3단계인 외적 자기교수 단계에서는 학생이 혼자서 큰 소리로 말하면서 과제를 수행한다. 4단계인 자기교수 용암 단계에서는 외현적 자기지도의 감소 단계로, 학생이 작은 소리로 혼잣말을 하면서 과제를 수행한다. 5단계인 내적 자기교수의 단계는 내재적 자기지도 단계로, 학생이 마음속으로 혼잣말을 하면서 과제를 수행한다.

(2) 기능적 의사소통기술

　　기능적 의사소통 훈련은 자폐성 장애학생으로 하여금 문제행동의 기능을 대체할 의사소통기술이나 행동을 습득하여 사용하도록 함으로써 자신의 삶에 있어서 자주성과 통제력을 행사할 수 있게 하는 것이다. 자폐성 장애학생이 보이는 문제행동이 의사소통기술이 결여되어 발생하는 경우에 기능적 의사소통기술을 훈련하여 문제행동을 감소시키거나 제거할 수 있다. 예를 들어, 구어로 의사표현을 잘 하지 못하는 자폐성 장애학생이 전학을 왔는데, 수업시간에 교사의 허락을 받지 않고 갑자기 교실 문을 발로 차는 행동을 보일 때마다 교사는 야단을 치고 제자리로 돌아가 앉게 하였다. 이 학생은 제자리로 돌아가서 앉자마자 자신의 머리를 잡아당기는 문제행동을 보이다가 곧 바지에 오줌을 싸곤 했다. 이 학생의 문제행동에 대한 자료를 수집하여 기능분석을 한 결과, 학생은 화장실에 가고 싶다는 표현을 구어로 하지 못하므로 수업 중에 교실 문을 발로 차는 문제행동을 보인 것이었다. 교사는 학생에게 화장실에 가고 싶을 때마다 책상 위에 있는 노란 카드를 들어서 화장실에 가고 싶다는 의사표현을 할 수 있도록 훈련하여 학생의 교실 문을 발로 차는 문제행동을 제거하였다. 즉, 문제행동의 기능평가에 기초하여 중재전략을 적용함으로써 문제행동을 감소시킬 수 있다.

의사소통의 기능은 수단적 기능, 사회적 기능, 그리고 개인적 기능을 포함한다(Reichle & Wacker, 2017). 수단적 기능은 의사소통을 통해 물건이나 정보를 얻거나 도움이나 허락을 받는 것을 포함한다. 사회적 기능이란 인사를 하거나 질문을 하고 대답하는 등 사회적 상호작용에 사용되는 의사소통의 형태를 포함한다. 개인적 기능은 주로 자기의 생각과 감정을 표현하는 의사소통 형태를 포함한다. 일반적으로 자폐성 장애학생은 사회적 기능과 개인적 기능의 의사소통에 비해 자신이 원하는 것을 얻는 데 사용되는 수단적 기능의 의사소통(예: 영미가 자신이 좋아하는 장난감이 있는 선반으로 교사의 손을 끌고 가서 손가락으로 장난감을 가리킨다)을 많이 한다.

자폐성 장애학생을 위한 기능적 의사소통 교수계획에는 문제행동이 지닌 의사소통적 기능에 대한 이해가 있어야 한다(Huang et al., 2016). 예를 들어, 자폐성 장애학생의 반향어는 제거되어야만 하는 문제행동이라기보다는 주장, 응답, 요구 등의 의사소통적 기능이 있으며, 자기 상해적인 행동은 수업활동이 지루해진 것을 표현하는 의사소통적 기능을 가진 행동일 수도 있다는 것이다. 기능적 의사소통 훈련은 문제행동의 기능이 무엇인지 분석하여 그 기능에 상응하는 의사소통체계를 훈련시키는 것이다. 의사소통방법은 아동의 수준에 따라 구어일 수도 있고, 의사소통판, 의사소통 전용 기자재, 컴퓨터, 수화, 몸짓, 그림카드일 수도 있다. 자폐성 장애학생의 의사소통기술을 습득하면 상황을 조절하고자 하는 자신의 의도를 부적절한 문제행동으로 표출하지 않고 사회적으로 수용될 수 있는 방법으로 의사소통하는 것이다. Park 등(2012)은 자폐성 장애 유아의 수용성 의사소통기술이 사회성 기술이나 생활기술과는 정적 상관관계가 있

표 6-6 **자폐성 장애학생의 문제행동에 대한 긍정적 행동지원 중재계획의 예시**

상황	배경사건/선행사건 중심의 중재	대체기술 중심의 중재	후속결과 중심의 중재	생활양식 중재
교실수업	**환경변인** • 자리 배치하기 −교실 뒤쪽 보조교사 앞에 좌석 배치하기 • 대상 학생이 선호하는 동물캐릭터 그림이나 사진들로 시각적 단서 제공하기 −수업 시작 전 하루 일과표(그림, 사진으로 구성) 제시하기 • 또래지원망 제공하기 −수업 중 직접적인 도움을 줄 수 있는 친구를 짝으로 배정하기 **교수적 변인** • 선호 활동 또는 물건을 활용한 동기/흥미 유발하기 −수업시작 전 선호 활동(산토끼 노래 부르기, 동물 울음소리 등)을 활용하여 동기 유발하기 −학생의 자세가 흐트러질 경우 선호하는 젤리형 사탕을 이용하여 학습 활동에 집중 및 유지시키기 • 학생이 발언 막대를 이용하거나 손을 들어 의사를 표현하는 경우 적극적으로 칭찬하기 • 학생에게 적극적인 관심 표현하기 −학생의 이름을 자주 불러 주기 −수업 중 학생의 요구에 대응하기 힘들 경우 "○○아! 잠깐만 기다려"라는 언어적 단서 제공하기	**의사소통기술 촉진** • 요구하기 기술 지도하기 −교사의 보조나 도움이 필요한 경우 발언 막대를 사용하도록 지도하기 −화장실 가고 싶을 경우 보조 교사의 손을 잡고 교실 뒷문으로 향하기 • 제시된 활동지를 완성했을 경우 손을 들어 교사에게 확인받기	**긍정적 행동 수행 시** • 긍정적 행동을 했을 경우 칭찬 스티커를 주고 ○○ 칭찬 통장에 붙여 주기 • 칭찬통장에 일정한 스티커가 모이면 약속된 강화제 제공하기 • 선택판에서 강화제 직접 선택하기 제공하기 **문제행동 수행 시** • 문제행동 발생 시 시각적인 단서로 강화제를 상기시키고 행동 재지도하기 • 문제행동 발생 시 학생이 이해 가능하도록 그림카드(동물캐릭터)를 이용해 진술해 주고 학생이 반복해서 말하도록 지도하기 • 교사의 피드백 제공하기	• 쾌적한 교실 환경 구성하기 −교실 내의 공간을 최대한 넓고 아늑하게 보이도록 구성하기 • 학생의 상태 확인하기 −보건 선생님과 특수 학급 선생님과 매일 학생의 심리 및 건강상태 확인하기 • 선호하는 활동을 이용한 학급 내 역할 부여하기 −학급 당번과 함께 교실 화분에 물 주기 역할 부여 • 담임 교사와 특수 교사의 협의하에 일반 학급에 머무는 시간을 융통성 있게 조절하기

출처: 강삼성, 이효신(2012), p. 15.

으며, 문제행동과는 부적 상관관계가 있다고 보고하였다. 즉, 의사소통기술이 향상되면 문제행동이 감소된다는 것이다. Mancil(2006)은 자폐성 장애학생을 대상으로 하는 기능적 의사소통훈련에 관한 연구들을 분석한 결과, 기능적 의사소통훈련을 받은 자폐성 장애학생의 문제행동은 감소하고 의사소통기술은 향상되었으나 대부분의 기능적 의사소통 훈련에 관한 연구가 '요구하기'에 초점을 맞추고 있고 유지효과와 일반화효과를 검증하지 않았다고 지적하였다. 강삼성과 이효신(2012)은 자폐성 장애 초등학생 1명의 문제행동의 기능분석을 한 후 학급수준의 보편적 지원과 중다요소의 개별지원으로 구성된 긍정적 행동중재 프로그램을 적용하여 자폐성 장애학생의 소음내기, 자리이탈, 규칙 위반 등의 문제행동을 감소시켰다. 중재 프로그램은 배경사건 및 선행사건 중심의 중재, 대체기술 중심의 중재, 후속결과 중심의 중재 및 생활양식 중재를 포함하였으며, 대체기술 중심의 중재는 화장실에 가고 싶을 때 보조 인력의 손을 끌어 문으로 향하고, 교사의 도움이 필요할 때 발언막대를 사용하며, 과제를 완성하면 손을 들어 교사에게 확인받도록 기능적 의사소통훈련을 하였다. 이 연구의 자폐성 장애학생의 문제행동에 대한 긍정적 행동지원 중재계획의 예시를 〈표 6-6〉에 제시하였다.

(3) 사회성기술

대부분의 자폐성 장애학생은 독립적인 삶을 영위하고 자신이 속한 사회의 구성원으로서 성공적으로 적응하기 위해서 필요한 사회적 능력에 결함을 보인다. 사회성 발달은 자폐성 장애학생의 발달적, 인지적, 언어적 수준과 깊은 연관성이 있다. 예를 들어, 자폐성 장애학생에게 시선 맞추기, 미소 짓기, 인사하기 등의 사회적 행동을 집중적으로 훈련시켰더라도 그 행동들을 사용할 적절한 상황과 시간을 식별하는 것은 각 학생의 사회적 단서를 처리하는 인지 능력에 따라 달라진다. 또한 자폐성 장애학생의 사회적 능력의 결함은 의사소통을 방해하는데, 의사소통을 할 때 상대방에게서 사회적 단서를 감지하고 그 단서가 의미하는 것을 해석한 후 적절한 방법으로 반응해야 하기 때문이다.

문제행동의 대체기술로써 적절한 사회성 기술이 발달하면 긍정적인 사회적 상호작용은 증가하고 불안감이 감소되므로 문제행동이 일어날 가능성이 감소한다. 사회성 기술의 하위유형은 다음과 같다(Baker & Myles, 2003; Simpson & Bui, 2016). 첫 번째 하위기술은 또래관계기술로서 칭찬하기, 도움이나 지원 제공하기와 받기, 감사 표현하기 등을 포함하며, 두 번째 하위기술은 자기관리기술로서 자신의 기분 인식하기와 통제하기, 갈등상황에서 타협하기, 자신의 행동 기록하기 등을 포함한다. 세 번째 하위기술인 학업기술은 개인과제 완성하기, 교사의 지시 경청하기 및 협력과제에 참여하기 등을 포함하며, 네 번째 하위기술인 순응기술은 지시 이해하기, 규칙 준수하기, 자유시간 활용하기 등을 포함하고, 다섯 번째 하위기술인 자기주장기술은 대화 시작하기, 칭찬과 비판 수용하기, 놀이에 또래 초대하기 등을 포함한다. 자폐성 장애학생의 사회적 놀이기술과 또래상호작용을 촉진하기 위해 또래주도 전략과 교사주도 전략 등을 사용할 수 있다. 또래 주도의 교수전략은 비장애학생이 장애학생에게 사회적 상호작용과 사회적 놀이기술을 또래시범과 또래교수를 적용하여 교수하고 교사가 집단강화를 하는 것이다. 교사주도의 교수전략은 교사가 직접활동과 놀이를 주도하여 장애학생에게 사회성기술을 교수하고 사회적 상호작용을 강화하고 촉진하는 것이다. 이외에도 환경적인 교수전략으로서 교사는 물리적 공간, 교재와 장난감의 종류, 집단 활동의 종류와 구조 등을 학생의 특성과 기능 수준에 맞게 조절해야 한다. 사회성 기술이 부족한 자폐성 장애학생은 비구조화된 활동에서는 무엇을 어떻게 해야 할지 학생자신이 결정해야 하므로 인지적, 사회적 요구를 감당하기 어렵게 되어 사회적 상호작용을 적게 나타내기도 한다. 따라서 교사가 활동의 주제, 참여자의 역할, 규칙 등을 정하여 활동을 구조화시키면 자폐성 장애학생의 상호작용을 증가시킬 수 있다.

Olcay-Gul과 Tekin-Iftar(2016)는 12~16세 자폐성 장애학생의 가족으로 하여금 사회적 상황이야기를 개발하여 교수하도록 가족매개 중재를 적용한 결과, 사회성기술이 향상되었으며, 습득된 사회성기술은 유지되고 일반화되었다. 이 연구자들은 중재효과가 나타난 이유가 연구대상 학생들이 지적장애를 수반하지 않은 자폐성 장애학생들이었고, 사회적 상황이야기 책에 수록된 그림을 좋아하였으며, 각 가족이 목표행동을 정확하게 규명하고 사회적 상황이야기 책을 개발하고 적용하였고, 시각적 자료를 사용하는 사회적 상황이야기 중재의 특성이 자폐성 장애학생의 특성과 부합하였기 때문이라고 주장하였다. Laugeson 등(2014)은 자폐성 장애 청소년에게 정보 교환, 유머 사용, 소문에 대한 대처, 말다툼에 대한 대처, 친구 선택, 대화 기술, 집단대화에 참여 등으로 구성된 사회성기술 프로그램(The UCLA PEERS)을 14주 동안 교수한 결과, 자폐성 장애학생의 의사소통과 사회적 능력이 향상되었으며 자폐성 장애의 매너리즘과 불안이 감소하였다고 보고하였다. 방명애(2012)가 전환기 장애학생을 위해 개발한 사회성기술 교수를 위한 활동의 예시를 [그림 6-3]에 제시하였다.

하위척도	하위영역	활동주제	년 월 일
7. 사회성	(7) 다른 사람의 기분을 이해하기	① 다른 사람의 기분 알기	이름 :

 다음 상황에서 친구의 기분은 어떨까요?

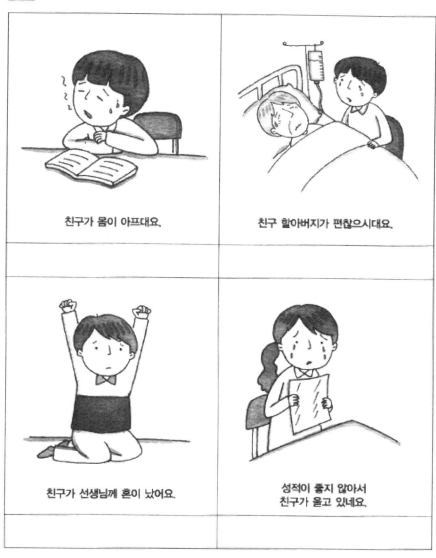

[그림 6-3] 사회성기술 교수를 위한 활동의 예시

출처: 방명애(2012), p. 291.

요약

□ 자폐성 장애학생의 행동특성을 설명할 수 있다.

자폐성 장애학생의 문제행동은 크게 반복적 상동행동 범주와 파괴적 행동 범주로 분류할 수 있다. 반복적 상동행동 범주는 상동행동, 독특한 의식이나 강박, 반향어, 동일성 고집, 독특하고 제한적 관심과 집착, 변화와 전이에 대한 어려움 등을 포함한다. 파괴적 행동 범주는 자해행동, 공격행동, 도망가기, 폭발적 행동 등을 포함한다. 문제행동의 기능으로는 부적 강화, 사회적 강화, 물질적 강화, 그리고 감각적 강화 등의 가설이 제안되고 있다. 부적 강화는 학생이 회피기능을 가진 문제행동을 유지하여 문제행동의 후속 결과로 싫어하는 사람, 상황, 그리고 요구들을 감소시키거나 제거한다는 것이다. 사회적 강화는 문제행동의 후속 결과로 사람들의 관심을 끌게 되는 것이고, 물질적 강화는 문제행동의 후속 결과로 음식물이나 장난감 등 원하는 물질을 획득하게 됨으로써 강화되어 문제행동은 재발생하게 되는 것이다. 사회적 강화와 물질적 강화는 정적강화에 속한다. 감각적 강화 또는 자동강화는 학생이 문제행동의 후속 결과로 감각적 자극을 얻기 위해 자기자극적 기능을 가지는 문제행동을 일으키고 유지하는 것이다.

□ 긍정적 행동지원의 특성에 대해 설명할 수 있다.

긍정적 행동지원의 특성을 자폐성 장애학생의 문제행동에 적용하여 설명하면 다음과 같다. 첫째, 긍정적 행동지원의 목표는 삶의 질을 향상시키는 것이다. 긍정적 행동지원은 자폐성 장애학생의 문제행동을 감소시키는 것에 초점을 두지 않고 가족의 상호작용과 기능 향상, 생활양식의 변화로 인한 가정과 학교와 지역사회의 활동참여 증진, 또래관계 향상, 자기결정능력 향상 등을 통해 자폐성 장애학생뿐만 아니라 가족의 삶의 질을 향상시키는 것을 목표로 한다. 둘째, 긍정적 행동지원은 생태학적 접근이다. 셋째, 긍정적 행동지원은 중재 대상자를 존중하는 개별화된 중재접근이다. 넷째, 긍정적 행동지원은 기능평가에 기초한 진단중심의 접근이다. 다섯째, 긍정적 행동지원은 예방적 접근이다. 자폐성 장애학생의 문제행동을 유발시키는 환경적 또는 교수적 요인을 수정하고, 문제행동의 기능을 대체할 바람직한 행동을 교수함으로써 문제행동의 발생을 예방하는 것에 초점을 둔다. 여섯째, 긍정적 행동지원은 팀 접근이다. 일곱째, 긍정적 행동지원은 중다요소 중재접근이다. 긍정적 행동지원은 행동주의에 기초한 선행사건 중심의 중재, 후속결과 중심의 중재, 기술습득 중심의 중재뿐만 아니라, 삶의 질을 높이기 위해 의학적 중재 접근, 심리적 중재접근, 생활양식의 변화 등도 포괄적으로 포함한다. 여덟째, 긍정적 행동은 교육적 접근이다. 긍정적 행동지원은 단기적인 효과보다는 장기적이고 지속적인 효과를 위하여 자폐성 장애학생의 문제행동의 기능을 대체할 수 있는 의사소통기술, 사회성기술, 자기관리기술 등을 교수하여 문제행동을 감소시키고 삶의 양식을 변화시켜 삶의 질을 향상시키는 교육적 접근이다.

□ 긍정적 행동지원의 실행절차를 설명할 수 있다.

긍정적 행동지원의 실행절차는 크게 다섯 단계로 구성된다. 첫 번째 단계는 중재 대상을 선정하고 긍정적 행동중재 팀을 구성하는 것이다. 행동중재의 우선순위는 학생 자신이나 타인의 안전이나 생명을 위협하는 파괴행동이며, 그다음은 학생 자신이나 타인의 학습과 사회적 관계를 방해하는 행동이다. 팀의 구성원은 긍정적 행동지원 전문가, 특수교사, 일반교사, 학교 관리자, 관련 서비스 제공자, 보조인력, 부모를 포함할 수 있다. 두 번째 단계는 목표행동의 기능을 평가하는 것이다. 문제행동의 기능을 진단하기 위하여 주요 생활사건, 건강 및 신체적 문제, 문제행동의 내력, 과거에 실시된 중재, 과제 수행, 강점과 약점, 선호성, 전반적인 삶의 질 등에 대한 정보뿐만 아니라, 문제행동을 유발하는 선행사건, 배경사건 및 후속결과에 대한 정보를 수집해야 한다. 세 번째 단계는 목표행동에 대해 조작적 정의를 하고 가설을 설정하는 것이다. 네 번째 단계는 선행사건/배경사건 중심의 중재, 후속결과 중심의 중재, 기술습득 중심의 중재, 삶의 형태를 변화시키기 위한 장기적이고 지속적인 지원으로 구성된 긍정적 행동중재 계획을 수립하는 것이다. 다섯 번째 단계는 긍정적 행동중재 계획을 실행하고 효과를 평가하는 것이다.

□ 선행사건 중심의 중재에 대해 설명할 수 있다.

선행사건 중심의 중재는 문제행동의 원인이 될 수 있는 선행사건을 수정하거나 제거하여 문제행동을 유발하지 못하도록 환경을 재구성하는 것으로 다음과 같은 중재전략을 포함한다. 첫째, 자폐성 장애학생에게 학급에서 요구되는 규칙과 절차를 가르치

고, 교사가 명확하고 구체적인 지시를 제공하며, 물리적 환경을 수정한다. 둘째, 일정
표를 사용하여 자폐성 장애학생에게 언제 어떤 활동을 할지 미리 알려 주어 불안감을
감소시키고 최대한 학습활동에 참여할 수 있도록 한다. 셋째, 자폐성 장애학생의 특성
을 고려하여 교수적 선행사건을 체계적으로 계획하여 효율적이고 효과적인 학습을 할
수 있도록 구성한다. 넷째, 학생에 대한 교사의 관심 및 감독이 문제행동을 감소시킬
수 있는 중요한 변인이다. 따라서 교사는 학생에게 기대되는 행동에 대한 지시를 구체
적으로 진술하고, 학생의 눈을 보면서 긍정적인 표현을 사용하여 대화해야 한다. 다섯
째, 이완훈련은 깊고 느린 호흡기법, 근육이완, 심상을 통해 불안장애를 가지고 있는
자폐성 장애학생의 긴장 수준을 낮추는 것이다.

□ 후속결과 중심의 중재에 대해 설명할 수 있다.

후속결과 중심의 중재는 바람직한 행동의 습득과 증가를 위한 중재전략, 문제행동의
감소를 위한 중재전략 및 행동유지와 일반화를 위한 중재전략을 포함한다. 바람직한
행동을 습득시키고 증가시키는 후속결과 중심의 중재는 토큰경제, 행동계약, 자극통
제, 촉진, 용암, 행동연쇄법, 행동형성법 등을 포함한다. 문제행동을 감소시키는 중재
는 강화에 근거한 중재로서의 차별강화, 강화인을 제거하는 소거, 벌의 유형인 반응대
가 등을 포함한다. 습득된 기술과 행동을 유지시키기 위한 중재전략은 과잉학습, 분산
연습, 간헐강화, 연습기회 삽입, 유지스케줄, 다양한 환경에서의 연습 등을 포함한다.

□ 기술습득 중심의 중재에 대해 설명할 수 있다.

기술습득 중심의 중재란 학생으로 하여금 문제행동의 기능을 대체할 바람직한 기술
이나 행동을 습득하도록 함으로써 장기적으로 문제행동을 예방하거나 감소시키는 것
을 의미하며, 자기관리기술, 기능적 의사소통기술, 사회성 기술 등을 포함한다. 자기
관리기술은 자기점검, 자기평가, 자기강화, 자기교수를 포함한다. 자기점검은 학생이
자신의 문제행동이나 바람직한 과제지향적 행동의 발생 여부를 그림단서, 일정표, 점
검표 등을 이용해 지속적으로 점검하여 기록하게 하는 것이다. 자기평가는 특정 행동
의 목표 성취수준을 설정하고 자신의 행동이 목표 성취기준에 부합하는지를 결정하기
위해서 사전에 선정된 준거와 자기점검 자료에 근거하여 자신의 행동을 평가하는 것
이다. 자기강화는 자신이 설정한 특정 행동의 목표 성취수준을 달성했을 경우에 학생

이 스스로 정한 강화를 자신에게 부여하는 것이다. 자기교수는 내적으로 말을 하는 언어적 진술문을 학습하여 학생이 자신의 행동을 조절하도록 하는 것이다. 기능적 의사소통 훈련은 자폐성 장애학생으로 하여금 문제행동의 기능을 대체할 의사소통기술이나 행동을 습득하고 사용하도록 함으로써 자신의 삶에 있어서 자주성과 통제력을 행사할 수 있게 하는 것이다. 의사소통기능은 수단적 기능, 사회적 기능, 그리고 개인적 기능을 포함한다. 문제행동의 대체기술로써 적절한 사회성 기술이 발달하면 긍정적인 사회적 상호작용은 증가하고 불안감이 감소되므로 문제행동이 일어날 가능성은 줄게 된다. 사회성 기술의 하위유형은 다음과 같다. 첫 번째 하위기술은 또래관계기술로서 칭찬하기, 도움이나 지원 제공하기와 받기, 감사 표현하기 등을 포함하며, 두 번째 하위기술은 자기관리기술로서 자신의 기분 인식하기와 통제하기, 갈등상황에서 타협하기, 자신의 행동 기록하기 등을 포함한다. 세 번째 하위기술인 학업기술은 개인과제 완성하기, 교사의 지시 경청하기 및 협력과제에 참여하기 등을 포함하며, 네 번째 하위기술인 순응기술은 지시 이해하기, 규칙 준수하기, 자유시간 활용하기 등을 포함하고, 다섯 번째 하위기술인 자기주장기술은 대화 시작하기, 칭찬과 비판 수용하기, 놀이에 또래 초대하기 등을 포함한다.

제 **7** 장

자폐성 장애학생의 감각 특성과 지도

학습 목표

◉ 감각처리과정을 정의할 수 있다.

◉ 감각체계를 설명할 수 있다.

◉ 자폐성 장애의 감각처리패턴을 설명할 수 있다.

◉ 자폐성 장애의 감각처리패턴별 상호작용 및 수업 참여 증진 접근을 기술할 수 있다.

◉ 자폐성 장애학생의 감각 관련 학습 지원 전략을 설명할 수 있다.

핵심 용어

- 감각 민감sensory sensitivity
- 감각 추구sensory seeking
- 감각 회피sensory avoiding
- 감각처리과정sensory processing
- 감각체계sensory system
- 고유수용계proprioceptive system
- 낮은 등록low registration

- 둔감 반응hyposensitivity
- 민감 반응hypersensitivity
- 습관화habituation
- 역치threshold
- 자기자극행동self-stimulatory behaviors
- 전정계vestibular system

수현이는 촉각에 민감하여 김 교사가 학습지 등 종이를 활용한 교수–학습 활동을 시행하면 종이의 표면을 만져서 거칠게 느껴지면 활동을 거부하고 손에 들고 있는 연필 또는 사인펜으로 자신의 살갗이나 자신 또는 타인이 입고 있는 옷의 부드러운 천에 자신만의 그림을 그린다. 수현이의 이러한 민감 반응으로 인한 과제수행 거부 행동은 수업 중 빈번하게 나타난다. 김 교사는 수현이의 촉각적 민감 반응을 고려하여 그리기 활동 계획을 한다. 김 교사는 수현이의 책상 위에 얇은 담요를 접어서 놓고 그 위에 부드러운 천을 놓은 후 책상 네 귀퉁이에 압정을 박아서 천을 고정시킨다. 아크릴 물감을 푼 물통 5개(색깔별로 물감을 풀어 놓은 것임)를 가지런히 하나의 쟁반에 놓는다. 이 쟁반을 수현이 책상 옆 보조 책상 위에 놓는다. 김 교사는 수현이가 좋아하는 파란색 물감이 풀어져 있는 물통에 먼저 자신의 손을 담근다. 물감이 묻는 손을 수현이 손에 살짝 묻혀 준 후에(수현이가 물감의 느낌을 느껴 보도록 하기 위한 것임) 책상 위에 고정된 천으로 가져가서 문지른다. 그 뒤 수현이의 손을 잡아서 물감통으로 이끌어 준다. 수현이는 자신의 손에 물감을 묻히고 물감이 묻지 않은 손으로 책상 위의 부드러운 천을 만져 본 후에 물감 묻은 손으로 천 위에 칠을 한다. 이날 그리기 활동 시간에 수현이는 적극적인 과제 참여행동을 보이고 학급 내에서의 수업 방해행동도 보이지 않는다. 김 교사는 수현이가 수업 시간에 그린 것에 고정처리(세탁으로도 물감이 빠지지 않도록 하는 처리)를 하고 흰 티셔츠에 박음질을 하여 수현이만의 티셔츠를 다음 미술 시간에 선물한다.

우리는 일상생활에서 매일 많은 양의 정보를 감각 기관을 통해 받는다. 우리의 중추신경계는 감각 기관을 통해 수용된 정보를 처리한다. 이러한 감각처리과정을 통해 우리는 나와 주변을 이해하고 적응해 나간다. 우리의 감각 특성과 경험은 학습에 영향을 미친다. 그러나 독특하며 이질적인 감각 특성을 보이는 자폐성 장애학생은 비정상적 감각 특성으로 인해 학습을 포함한 다양한 영역의 기능 수행에서 어려움을 갖는다. 감각처리능력은 사회 및 학문적 기술 등과 같은 다른 영역의 중요한 기술을 학습하는 데 수단이 된다. 현재의 많은 교육환경은 감각적으로 매우 복잡하고 예측 불가능한 요소를 가지고 있다. 그렇기에 자폐성 장애학생의 성공적인 교육 참여를 위해 교사를 포함한 관련 사람들은 학생의 독특한 감각 특성을 이해하고 이를 고려한 교육과 지원을 제공해야 한다. 이에 이 장에서는 자폐성 장애의 감각 특성을 살펴보고 자폐성 장애의 감각 특성을 고려하여 학습 참여를 증진시킬 수 있는 교수 및 지원 방안을 알아보고자 한다.

1. 자폐성 장애학생의 감각 특성

자폐성 장애의 감각 특성을 이해하기 위해서는 우선 일반적인 감각처리과정에 대해 간략히 살펴볼 필요가 있다. 감각처리(sensory processing)라는 용어는 주로 장애와 관련하여 진단을 위해 사용되는 용어이며, 감각통합(sensory integration)이라는 용어는 주로 중재 또는 이론과 관련하여 사용되는 용어이다(Miller et al., 2007). 일반적인 감각처리과정에 대한 이해에 근거하여 자폐성 장애학생이 보이는 감각처리과정에서의 특성을 파악할 수 있을 것이다. 이는 자폐성 장애학생의 감각처리능력에 대한 구체적이고 객관적인 진단·평가를 할 수 있게 하며 궁극적으로 이러한 진단·평가 결과는 학생에게 적절한 치료 및 교육을 위한 결정에 중요한 자료가 될 수 있을 것이다.

1) 감각처리과정

　감각처리과정(sensory processing)은 감각과 지각으로 이루어진다. 감각(sensation)은 감각 기관을 통해 들어온 정보(자극)를 탐지하고 이를 중추신경계로 전달하기 위해 전기 화학적 에너지로 변화시키는 내적인 과정이며, 지각(perception)은 탐지된 감각정보를 중추신경계의 지식 및 인지 체계로 조직하고 해석하며 의미를 부여하는 사고 과정이다(Schiffman, 1996). 감각처리과정은 청각, 시각, 후각, 촉각, 미각, 고유수용감각, 전정 감각과 같은 감각체계로부터 들어오는 정보를 감지하고, 조정하고, 해석하며, 조직하는 중추신경계(central nervous system: CNS) 내에서 이루어지는 복잡한 과정이다(Miller & Lane, 2000). 감각처리과정은 일상생활에서 직면하는 감각 정보를 우리의 신체가 지각하고 반응하며 사용하는 방식을 의미한다(Dunn, 1997). 우리는 감각정보 처리과정을 통해서 자신, 다른 사람, 환경 등 내부와 외부의 환경을 느끼고 지각하고 학습한다. 생애 첫 1년 동안에 우리의 감각처리능력은 운동능력 발달의 핵심이 된다(Bertenthal, 1996). 감각정보 처리과정은 기본적인 생존기술, 학습을 통한 정보의 획득 및 처리 기술, 정서 반응의 발달을 포함하여 다양한 기능수행의 핵심이 된다(Bertenthal, 1996; Chow, 2005; Kimball, 1999). 그래서 감각처리능력의 문제는 일상생활에서의 다양한 기능수행 및 활동 참여에 어려움을 초래할 수 있다(Dunn, 1997). 따라서 감각처리능력의 문제를 보이는 학생의 교육 및 중재 시에는 학생이 보이는 감각처리 관련 특성들이 고려되어야 한다.

　중추신경계는 감각체계인 시각, 청각, 후각, 미각, 촉각, 고유수용 감각, 전정 감각을 통해 일상생활에서 지속적으로 자극 정보를 받는다(Newman, 2003). 학생과 무관한 대부분의 자극은 학생에게 지각되지 않는다. 감각 자극 흐름의 균형을 유지하거나 조절하려는 두뇌의 본유적 특성으로 인해 학생은 일상생활에서 효과적으로 기능을 수행하는 데 필요한 최상의 주의집중 수준을 유지할 수 있게 된다(Dunn, 1997). 중추신경계가 감각 자극의 균형을 적절하게 유지 및 조절하지 않으면, 각성 수준이 과도하게 높거나 낮게 된다. 감각 조절의 분열은 학생의 일상생활에 많은 영향을 미친다. 이는 새로운 과제에 주의집중하여 학습하는 능력, 익숙하지 않은 상황에 적응하는 능력, 사회적 상호작용에 참여하는 능력, 또는 자신의 행동을 조절하는 능력의 발달을 방해한다(Cohen et al., 2000; Kimball, 1999). 각성수준이 높은 학생은 감각 자극을 선별하여 과제에 참여하는 데 어려워 산만하거나 민감한 반응을 보인다. 반면에, 각성수준이 낮은 학생은 적절한 자극을 받지 못하여 환경에 관심을 보이지 않아서 무반응, 위축, 또는 둔감한 반응을 보인다. 이러한 감각처리의 제한이 학령전기에 나타나면 지각능력, 언어발달, 감각통합, 정서발달의 어려움을 초래한다(Bertenthal, 1996; DeGangi, 1991; Dunn, 1999). 낮은 감각처리능력을 가진 학생은 몸의 움직임, 즉 운동 계획과 조정 능력에서 그리고 언어와 학습 능력에서 문제를 보인다(Fisher, Murray, & Bundy, 1991; Kimball, 1999).

감각체계는 주어진 모든 자극을 등록하지는 않는다. 감각 자극의 등록은 개인의 생물학적 특성, 감각에 대한 학습된 반응인 습관화(habituation), 신체적 및 정신적 상태에 의해 영향을 받는다. 개인마다 행동이 발생할 수 있도록 자극을 인식 및 반응하는 데 필요한 자극의 양이 다르다. 이러한 행동이 발생할 수 있는 수준을 역치(threshold)라고 한다(Dunn, 1997, 2001). 생물학적 특성에 따라 개인마다 서로 다른 역치를 갖는다. 낮은 역치를 가진 사람들은 경험하는 모든 감각 자극이 등록되어 자극을 피하거나 불안 및 우울을 보인다. 반면에 행동 발생을 위한 높은 역치를 가진 사람들은 자극이 등록되지 않아 둔감하거나 무관심한 반응을 보인다. 중간 정도의 역치를 가진 대부분의 사람은 관련 없는 자극은 걸러 내고 관련 있는 감각 자극의 중간 수준을 등록하여 일상생활에서 중요하거나 필요한 과제를 수행할 수 있다. 감각 자극에 대한 민감성은 반복적으로 자극을 많이 경험할수록 자극에 대해 보다 둔감해질 수 있다. 그렇게 되면 감각 자극을 익숙한 것으로 받아들여서 더 이상 등록하지 않게 된다. 감각 자극의 등록을 감소시키는 학습된 반응인 습관화가 되면 그러한 감각 자극을 더 이상 등록하지 않고 익숙한 것으로 받아들이게 된다(Dunn, 1997). 대부분의 사람은 신체적으로나 심리적으로 편안하지 않을 때 감각 자극에 대해 보다 낮은 역치를 보이는 경향이 있다. 배가 고프거나 피곤하거나 화가 나 있는 상태에서는 역치가 낮아져서 자극이 쉽게 등록되어 민감한 반응을 보이게 된다.

우리의 감각체계는 위험이 될 수 있는 자극에 주의를 기울이게 하는 보호 기능과 환경과 상호작용하고 자신의 반응을 조직 및 계획하는 식별 기능을 한다(Lane, 2002). 일반적인 상황에서 기능수행을 위해 이 두 가지 기능은 상호 보완적인 관계를 갖는다. 감각체계의 보호 및 식별 기능의 균형을 통해 많은 자극 중에서 중요한 자극에 주의를 기울이고 상황에 맞는 적절한 행동을 할 수 있게 된다. 자폐성 장애학생은 상호 보완적인 균형 관계가 깨지면서 왜곡된 정보에 반응을 하여 일반적이지 않은 비전형적인 행동을 보이게 되는 것이다(Simpson & Myles, 2008). 중추신경계에서 등록된 자극을 위협적으로 여기면 보호 반응(protective response)을 유발한다. 이러한 보호 반응은 자동적인 반응으로, 개인이 활동을 수행하는 중에 갑작스런 자극이 위협적으로 등록이 되면 수행에 방해를 받게 된다. 한 학생이 글을 쓰는 과제를 수행하고 있는 예를 들면, 시각 감각과 손가락의 고유수용 감각이 정보를 받아들여서 쓰기 과제를 수행하고 있는데 갑작스런 소음이 들리면 글을 쓰던 손이 미끄러지면서 글쓰기의 올바른 수행을 방해하게 된다. 고유수용 감각을 제외하고 대부분의 감각체계는 감각 정보로부터의 보호 반응을 제한하고 무효화하는 식별 기능(discrimination)을 가지고 있다(Heflin & Alaimo, 2007). 예를 들어, 친구와 대화를 하는데 친구에게서 좀 전에 먹은 음식의 이상한 냄새가 나면 감각 각성이 되어 보호 반응으로 얼굴을 찡그리거나 손으로 코를 가릴 수 있다. 그러나 친구가 상처를 받을 수 있다고 생각하여 이러한 보호 반응을 제한하고 무효화하는 식별 기능이 작동하여 인상을 쓰지 않고 친구에게 인사를 하고 자리를 피하거나 자연스럽게 껌이나 사탕을 줄 수 있다. 이러한 식별 반응은 사회적 관습과 기대에 대한 이해에 근거한다. 그러나 자폐성 장애학생은 사회적 상호작용의 결함으로 인해 사회적 관습 및 기대를 학습하지 못하여 상황에 적절한 식별 반응을 하지 못하고 자신에게 투입되는 감각 정보에 의한 보호 반응에 영향을 받아서 비정상적인 감각 반응을 보일 수 있다.

감각처리의 어려움은 크게 감각조절 제한, 감각운동 제한, 감각식별 제한으로 구분될 수 있다(Miller et al., 2007). 감각조절(sensory modulation)은 중추신경계가 감각 자극에 관한 메시지를 조절하는 것으로 감각조절에 제한이 있을 경우, 유입되는 감각 정보의 강도 및 특성과 관련된 적절한 행동 반응을 하는 데 어려움을 보이게 된다. 상황의 요구에 맞지 않게 반응하고 일상생활에서 경험하는 감각적 도전에 대해 융통성 있게 반응하지 못한다. 또한 적절한 정서적 반응과 주의집중에도 영향을 미친다. 감각조절의 어려움은 감각적 민감반응, 감각적 둔감반응, 감각적 자극추구의 반응으로 나타난다. 감각운동(sensory-based motor) 제한이 있는 경우, 상황의 요구에 맞게 움직이거나 자세를 취하는 데 어려움을 보인다. 특히 익숙하지 않은 감각운동 관련 움직임과 협응을 수행하는 데 어려움을 보인다. 감각식별(sensory discrimination)은 감각 자극의 질을 해석하고 자극 간의 유사점과 차이점을 지각하는 것으로 감각식별에 제한이 있을 경우 자극이 주어지고 있음을 지각할 수는 있고 자극에 대해 자신의 반응을 조절할 수는 있으나 그 자극이 무엇인지 또는 어디에서 오는지를 정확하게 식별하지 못한다. 예를 들어, 청각 감각식별에 어려움이 있는 경우, 청각자극을 제외한 다른 감각 자극은 식별을 잘 하지만 청각자극에 대해서는 식별에 어려움을 보여서 말소리를 구별하는 데 어려워하거나 구어적 지시를 처리하는 데 많은 시간을 필요로 한다.

2) 감각체계

중추신경계에 정보를 제공하는 7개의 감각체계(sensory system)는 시각, 청각, 후각, 미각, 촉각, 전정 감각, 고유수용 감각체계이다. 감각체계는 감각 수용기를 통해 자극을 등록하고, 입력된 자극은 중추신경계 내에서의 해석과 사용을 위해 전기화학적인 신호로 전환되어 복잡한 신경계의 통로를 거처 중추신경계로 전달된다(Heflin & Alaimo, 2007; Lane, 2002). 감각체계는 자신에 대한 정보, 환경에 대한 정보, 자신과 환경과의 상호작용에 관한 정보를 중추신경계에 제공한다(Dunn, 1991a; Simpson & Myles, 2008). 일반적으로 잘 알고 있는 감각체계인 시각, 청각, 후각, 미각 체계는 환경에 대한 정보를 제공하고, 촉각과 신체 위치 감각이라고 하는 고유수용 감각체계는 우리 자신의 신체에 대한 정보를 중추신경계에 제공하며, 움직임 체계라고도 하는 전정 감각체계는 신체가 환경과 어떻게 상호작용 하는지에 대한 정보를 제공한다. 이 절에서는 감각체계에 관해 간략히 살펴보고자 한다.

(1) 시각 체계

시각 체계는 기능수행과 관련하여 가장 신뢰할 수 있는 감각 중 하나이다(Lane, 2002). 시각 체계의 감각 등록기는 눈의 구조들이다. 시각은 청각 정보가 무엇이며 어디서 오는 소리인지를 확인하거나 촉각 정보가 투입되었을 때 피부에 닿은 것이 무엇인지를 확인하는 것과 같이, 다른 감각 정보의 투입을 확인하는 데도 사용된다. 낮은 시각 역치를 가지고 있는 학생은 시각적 자극에 매우 민감하게 반응하는 반면에, 높은 시각 역치를 가지고 있는 학생은 밝은 빛을 뚫어지게 쳐다보거나 자신의 손가락을 눈 앞에서 흔들며 자극을 추구하기도 한다.

자폐성 장애학생은 눈 응시를 할 때 시각 체계를 일반적이지 않은 방식으로 사용한다(Landry & Bryson, 2004). 이는 신경계의 차이와 관련이 있을 수 있다(Palermo & Curatolo, 2004). 자폐성 장애학생은 대화를 하는 상대방의 눈을 응시하지 않고 상대방의 입이나 다른 신체 부위를 보거나 대화와 상관없는 다른 사물에 초점을 둔다. 또한 상호작용하는 사람들의 대화에 따라 응시 이동을 보이지 않거나, 사회적 특징에는 초점을 두지 않고 상황의 물리적 특징에 주의를 둔다(Bayliss & Tipper, 2005; Klin et al., 2002a, 2002b; Rosenblatt et al., 1995). 대부분의 자폐성 장애학생은 시각적 강점을 가지고 있어서 시각적 학습자라 하지만(Brian et al., 2003), 시각적 초점을 상대방의 눈에 두지 않고 사회적 상호작용과는 관련이 없는 물리적 환경의 특징에 주의를 두기에 사회적 상호작용에 제한을 보인다.

(2) 청각 체계

청각 체계는 감각 등록기인 귀를 통해 들려오는 자극 중에서 관련 있는 자극을 식별할 수 있다. 그래서 교실에서 다양한 청각 자극 중에서 중요한 소리인 교사의 음성에 보다 관심을 기울여 등록하고 다른 청각 자극은 배경으로 인식하여 등록에서 배제한다. 또한 청각 체계는 의사소통을 위해 사람의 음성을 등록하기도 하고 환경 내에서 자신과의 관계 및 방향을 파악하기 위해 소리의 방향, 거리 등의 방향정위(orientation)를 하는 데 활용된다. 자폐성 장애학생은 사람의 소리보다는 사물 소리를 더 선호하거나 소음이 많은 상황에서 사람의 말소리를 식별하는 데 어려움을 보이며 청각 자극에 대한 반응에서 차이를 보인다(Alcantara et al., 2004; Rogers et al., 2003). 청각 역치가 낮은 학생은 일반적으로 사람들이 불편해 하지 않는 정도의 소리에도 매우 불안해하며 안절부절못하거나 거부적인 반응으로 소리의 등록을 차단하고자 자신의 손으로 귀를 막는다. 반면에 청각 역치가 높은 학생은 일반적인 소리에 반응을 하지 않거나 스스로 소리를 내며 소리 자극을 찾기도 한다.

(3) 후각 체계

후각 체계의 감각 등록기인 코를 통해 수용되는 냄새에 대한 반응은 개인의 경험과 생물학적 특성과 관련이 있다. 개인의 생물학적 요소와 경험의 연계를 통해 우리는 좋은 냄새와 불쾌한 냄새를 구별하며 이는 개인적으로 매우 다양하게 나타난다. 냄새에 대해 낮은 역치를 가지고 있는 자폐성 장애학생은 많은 냄새에 대해 매우 거부적인 민감 반응을 보인다(Dunn et al., 2002; Soussignan et al., 1995). 일부 자폐성 장애학생은 교사가 학습 자료를 제시하거나 급식을 받았을 때 먼저 냄새를 맡으면서 주위 냄새에 따라 활동 참여를 결정하기도 한다. 따라서 교사는 환경 분석을 통해 학생이 민감한 반응을 보이는 자극과 선호하는 자극을 판별하여 학생이 활동에 참여할 수 있게 해야 한다.

후각 체계는 미각 체계와 더불어 뇌의 각성 체계와도 직접적으로 연계된다. 개인의 생물학적 특성과 학습된 경험의 결합에 의해 유쾌한 냄새와 맛 또는 불쾌한 냄새와 맛의 반응을 보인다. 특히 친숙하지 않은 냄새에 대해서는 민감하게 반응하여 부적응의 문제를 보일 수 있다(Heflin & Alaimo, 2007; Simpson & Myles, 2008). 낮은 역치를 가진 학생의 후각 체계는 주변 사람들에게는 등록되지 않는 냄새를 등록하고 과도하게 위협적인 자극으로 받아들일 수 있으므로, 부모와 교사는 향이 강한 샴푸, 세제 등의 사용을 자제하는 것이 좋다.

(4) 미각 체계

미각 체계의 감각 등록기는 혀이다. 미각 체계는 후각 체계와 더불어 개인의 생물학적 특성과 경험의 결합에 따른 반응을 이끈다. 맛감각은 냄새 감각의 영향을 받는다. 냄새를 맡지 못하면 음식의 맛이 다르게 느껴질 수 있다. 맛과 냄새에 일반적이지 않은 반응을 보이는 자폐성 장애학생은 특정 음식만을 선호하는 편식을 보일 수 있다. 한정된 음식만을 섭취하고 새로운 음식을 거절하여 건강상의 문제를 보일 수 있다(Ahearn, 2003; Levin & Carr, 2001; Rogers et al., 2003). 또한 일부 자폐성 장애학생은 유동액 섭취에 문제를 보인다(Hoch et al., 1994; Luiselli et al., 2005). 유동액에 대한 미각 경험의 불쾌 또는 유쾌에 따라 민감 또는 둔감 반응을 보일 수 있다. 이는 앞서 언급한 생물학적 특성과 학습된 경험에 따른 결과로 볼 수 있다.

(5) 촉각 체계

피부는 촉각 체계의 감각 등록기이다. 촉각 체계는 사물과 환경의 질(예: 접촉, 압력, 촉감, 거침, 부드러움, 날카로움, 무딤, 뜨거움, 차가움, 고통 등)에 관한 정보를 제공한다(Myles et al., 2000). 신체의 촉각 수용기의 밀집 정도가 다르다. 촉각 수용기가 밀집될수록 보다 민감하게 된다. 손과 입 주변 등이 그 예가 된다. 반면에 배와 등은 감각 수용기가 밀집되어 있지 않아서 덜 민감하다. 높은 촉각 역치를 가진 학생은 촉각 자극에 반응하지 않고 벌레가 피부 위로 기어가는 것도 느끼지 못하며 꽉 끼는 옷을 입었을 때 불편함을 느끼지 못하고 지속적인 자극 추구를 위해 무언가를 계속 만지거나 심지어는 자신의 팔을 물거나 심할 때는 연필 끝으로 팔을 찌르는 등의 자해 행동을 보일 수 있다(Heflin & Alaimo, 2007; Simpson & Myles, 2008). 자해행동의 정도는 다른 사람에게는 엄청난 고통을 느끼게 하는 정도이지만 이 학생은 고통을 느끼지 못하며 행동 반응을 위해 더 강한 자극을 필요로 할 수 있다. 반면에, 낮은 촉각 역치를 가진 학생은 다른 사람이 자신을 만지거나, 옷의 상표가 몸에 닿거나 달라붙는 것에 과도하게 민감하여 상대를 밀치거나 옷을 벗는 등의 문제 행동을 보일 수 있다. 또한 손이 더러워지는 활동이나 손에 색풀을 묻혀 그림을 그리거나 손에 쉽게 묻는 크레파스로 그림을 그리는 활동을 거부하기도 한다.

(6) 고유수용 감각

촉각 체계와 더불어 자신에 대한 정보를 제공하는 고유수용 감각은 움직임의 방향과 속도를 감지하며, 근육, 힘줄, 관절 내 감각 수용기를 통해 등록되는 감각 정보를 다룬다(Heflin & Alaimo, 2007). 자신의 신체에 대한 정보를 중추신경계로 전달하는 촉각은 외부 세계로부터의 자극 정보를 등록하는 반면에, 고유수용 감각은 신체 내부로부터의 감각 정보를 등록한다. 고유수용 감각 정보는 학생이 자신을 둘러싼 환경과 자신의 신체에 대해 느끼는 것을 조절하는 데 도움이 된다. 자신의 신체에 대한 지속적인 정보를 통해 중추신경계는 무엇인가를 할 수 있도록 자신의 신체를 사용하는 방법을 계획할 수 있게 된다. 고유수용 감각체계는 신체 도식(body schema) 개발과 운동계획 발달에 중요한 역할을 한다. 반복적인 움직임을 통해 고유수용 감각체계가 능숙해지면 신체 도식의 개발과 움직임 계획 능력의 발달이 이루어진다(Kingsley, 2000; Lane, 2002).

고유수용 감각은 전정 감각과 더불어 몸의 적절한 긴장수준과 자세를 조절하는 기능을 한다(Simpson & Myles, 2008). 고유수용 체계와 전정 체계는 학생이 과제 수행을 하기에 용이하도록 자세를 유지시켜 다른 감각체계를 통한 정보가 중추신경계에 제공될 수 있도록 한다. 학생이 글쓰기 과제를 수행하기 위해서는 적절한 자세로 책상에 앉아서 적절한 압력으로 연필을 잡고 자세를 조절 및 유지해야 시각과 청각 체계가 글쓰기 과제 수행을 위한 환경 정보를 전달하여 과제 수행을 할 수 있게 된다. 그러나 학생이 주어진 공간에서 자세를 조절하고 유지하는 데 과도한 에너지를 쏟아야 하면 환경 정보 전달을 통한 인지 및 사회적 활동을 수행하지 못하게 된다. 고유수용 감각체계의 어려움이 있는 학생은 앉거나 서는 데 불안정한 자세를 보이거나 계단을 오르내리는 데 어려워하거나 신체적 문제가 없음에도 불구하고 깨금발 뛰기를 못하거나 어색한 몸동작을 보인다.

(7) 전정 감각

움직임 체계라고도 하는 전정 감각체계의 일차적 수용기는 내이(inner ear)이다. 전정 감각체계의 일차 수용기는 머리의 움직임에 의해 자극을 받고 다른 감각체계, 특히 시각 체계를 통해 등록된 것과 통합되어 자극을 받는다. 전정 감각체계는 신체의 움직임, 자세, 균형, 협응과 관련이 있다. 그렇기에 전정 감각체계의 일차 수용기인 내이의 감염과 내이 구조의 장애는 균형, 조절, 움직임에 문제를 가져온다. 전정 감각체계는 나의 몸이 어디에 있으며 내 자신이 어느 방향으로 움직이는지, 또는 내가 움직이는지, 내 주변이 움직이는지 등에 관한 정보를 제공한다. 그래서 전정 감각체계의 자극을 통해 회전·수평·수직·직선 움직임을 조절하여 안정적인 자세와 움직임의 활동을 유지할 수 있게 된다(Dunn, 1991a; Heflin & Alaimo, 2007). 자폐성 장애학생이 보이는 서투른 몸동작은 이러한 전정 감각체계와 앞서 언급한 고유수용 감각체계의 제한과 관련이 있다고 볼 수 있다.

낮은 전정 감각 역치를 가진 학생은 움직이는 활동에 참여하는 것을 힘들어할 수 있다. 또한 신체 움직임의 속도나 방향을 바꾸는 것을 어려워하고 신체 자세를 유지하는 데 어려워한다. 마치 발이 땅에서 떨어지는 것에 대해 심한 두려움을 갖는 것처럼 보이기도 한다. 낮은 전정 감각 역치로 인해 전정 감각의 민감 반응을 보이는 자폐성 장애학생은 체육 시간에 체조를 할 때 특히 머리의 움직임을 포함한 새로운 자세를 취하기 어려워하거나 구르기 활동을 회피하는 경향이 있다. 반면에 높은 전정 감각 역치를 가진 학생은 몸을 앞뒤로 흔들거나, 좌우로 흔들거나, 회전하거나 머리를 흔드는 것과 같은 전정 감각 자극 추구행동을 한다. 높은 전정 감각 역치로 인해 전정 감각의 둔감 반응을 보이는 자폐성 장애학생은 움직임을 시작하거나 멈추는 활동을 하는 데 어려워한다. 그래서 체육 시간에 100미터 달리기를 할 때 다른 친구들이 출발한 후에 출발하고 도착점에 와서도 속도를 줄여 멈추지 못하기도 한다. 또한 넘어지려 할 때 몸의 균형을 잡으려는 시도를 하지 못한다.

3) 자폐성 장애의 감각처리패턴

　　많은 자폐성 장애학생이 독특한 감각 반응을 보이지만 이러한 감각 특성이 공식적인 자폐성 장애 진단 준거에 포함된 것은 2013년에 발행된 미국정신의학회(American Psychiatric Association)의 정신질환의 진단 및 통계 편람(Diagnostic and Statistical Manual of Mental Disorders)의 다섯 번째 개정판(DSM-5)이다. 감각 결함이 DSM-Ⅳ-TR에서는 진단 기준으로 제시되진 않았지만, 진단 기준으로 제시되었던 상동행동과 의식적인 행동들은 자폐성 장애학생이 감각정보의 등록 및 처리에 어려움을 가지고 있음을 보여 주는 것이었다. DSM-5에서는 '제한적이고 반복적인 행동, 관심, 활동' 영역에 감각 관련 항목을 제시하고 있다. 제시된 항목에서 자폐성 장애의 감각 특성으로 감각 자극에 대한 둔감 혹은 민감 반응 또는 환경의 감각 양상에 대한 특이한 감각적 관심을 언급하며 이해를 돕기 위한 설명으로, 고통 또는 온도에 대한 분명한 무감각, 특정 소리나 감각에 대한 혐오적 반응, 과도하게 냄새를 맡거나 과도하게 사물을 만짐, 빛이나 움직임에 대한 시각적 강한 관심 등을 예로 제시하고 있다(APA, 2013).

　　자폐성 장애학생의 비전형적인 감각처리과정은 감각 자극에 대한 민감반응, 둔감반응 또는 자극추구 행동 등으로 나타난다(Baranek, 2002; Kientz & Dunn, 1997; Saulnier, 2002). 이러한 감각 반응은 학생 개인 간에, 개인 내에서 다양하게 나타난다. 자폐성 장애학생의 이질적 특성을 그대로 반영하여 학생들 간에 하나의 감각 자극에 대한 반응이 다양하게 나타나며, 개인 내에서도 감각 자극에 대해 과민반응과 둔감반응이 함께 나타나기도 한다. 자폐성 장애학생의 감각 특성을 이해하고 적절한 지원을 제공하기 위해 여기에서는 Dunn(1997)이 제시한 감각처리 모델(model of sensory processing)을 중심으로 살펴보고자 한다.

　　Dunn(1997)은 개인의 신경학적 역치와 자기조절 전략 간에 관계가 있으며 이들 변인 간의 상호작용에 의해 [그림 7-1]에 제시된 바와 같은 네 가지 기본적인 감각처리패턴이 나타난다고 한다. 신경학적 역치(neurological thresholds)는 앞서 언급한 바와 같이 행동이 발생할 수 있는 감각 자극의 수준으로 우리가 주목하거나 반응하는 데 필요한 자극의 양을 의미한다. 자극이 역치에 도달할 만큼 충분하면 활동을 유발한다

(Dunn, 2007). 신경학적 역치는 행동 발생을 위한 역치가 높아서 자극이 충분히 등록되지 않은 수준과 역치가 낮아서 대부분의 자극이 등록되어 적은 자극에도 민감하게 반응을 하는 수준으로 구분된다. 대부분의 사람은 중간 정도의 역치를 가지고 있다. 일반적인 중간 정도의 역치를 가진 사람에게 활동을 유발할 정도의 적절한 자극이 역치가 낮은 사람에게는 과도한 자극으로 여겨질 수 있는 반면에, 역치가 높은 사람에게는 활동을 유발할 정도로 충분하지 않아서 등록이 되지 않을 수 있다. 그런데 한 개인이 모든 감각체계에서 동일한 역치를 갖지는 않는다. 예를 들면, 한 개인이 낮은 청각 역치와 높은 시각 역치를 보일 수 있다.

행동 반응이라고도 하는 자기조절 전략(self-regulation strategy)은 자극과 반응을 조절하기 위해 적극적인 자기조절 전략을 사용하는 것과 수동적인 자기조절 전략을 사용하는 것으로 구분된다. 수동적인 자기조절 전략을 사용하는 학생은 자신의 주변에서 일이 일어난 후에 반응을 한다. 예를 들면, 자폐성 장애학생이 놀이 상황에서 또래들의 놀이 집단 무리 속에 앉아 있다. 놀이 영역에서의 모든 소음으로 인해 짜증이 난다. 모든 소음 때문에 불편함을 느끼면서도 수동적인 자기조절 전략을 사용하는 학생은 이 시끄러운 놀이 공간에 남아 있다. 적극적인 자기조절 전략을 사용하는 학생은 자신이 이용할 수 있는 자극의 양과 유형을 조절하기 위한 행동을 한다. 앞서 언급한 것과 동일한 상황에서 적극적인 자기조절 전략을 사용하는 학생은 과도한 청각 자극이 주어질 때 조용한 장소로 엎드려 기어서 이동하거나 귀를 막는다. 적극적인 자기조절 전략은 투입되는 감각 자극의 양을 조절할 수 있도록 자신의 자세 및 위치를 수정하는 것이다(Dunn, 2007). 행동 반응과 신경학적 역치라는 이 두 가지 변인은 각각 두 가지 양상으로 구분되는 것이 아니라 연속체라 할 수 있다. 이 두 연속체의 상호작용에 의해 낮은 등록, 감각 추구, 감각 민감, 감각 회피라는 네 가지 감각처리과정 패턴이 나타난다([그림 7-1] 참조). 각 패턴에서 나타나는 특징적인 행동은 진단적 준거가 아니라 개별 학생이 보이는 패턴을 파악하여 이에 대한 적절한 지원을 제공하는 데 근거가 되는 행동으로 이해되어야 한다. 각 패턴별로 보다 구체적인 지원 전략은 이 장의 후반부에 제시되어 있다(〈표 7-3〉 참조).

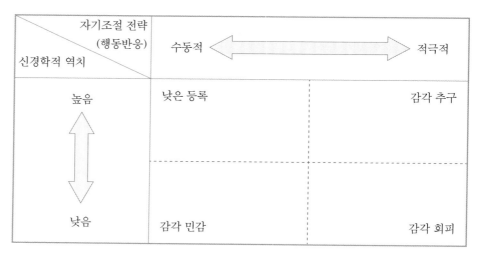

자기조절 전략 (행동반응) 신경학적 역치	수동적 ⟺ 적극적	
높음	낮은 등록	감각 추구
낮음	감각 민감	감각 회피

[그림 7-1] Dunn의 감각처리 모델

(1) 낮은 등록

높은 역치를 가지고 수동적인 자기조절 전략을 사용하는 낮은 등록(low/poor regi-stration) 패턴의 학생은 자극에 대해 둔감반응을 보인다. 학생은 소음에 반응하지 않거나 학생 가까이에 있는 시각 자극에 전혀 반응을 하지 않는다. 또한 손으로 꽉 쥐거나 거칠게 몸을 넘어뜨리는 놀이와 같은 과도한 신체적 자극을 찾는 등의 자극에 대한 적절한 추구행동을 하는 데 어려움을 보인다(Watson et al., 2011). 이들은 적절한 방법으로 자극에 반응하는 데 시간이 오래 걸리고 둔하거나 관심 없는 것처럼 보이며 일상생활에서 중요하거나 필요한 과제에 집중하기 위한 적절한 신경학적 활성화를 보이지 않거나 위축되어 보이거나 참여하기 어려워하거나, 자신의 생각에 몰두하거나, 쉽게 지치거나 무감각해 보인다.

이러한 둔감반응은 환경 자극의 지나치게 제한된 범위에만 반응하는 것과도 관련이 있다(Lovaas et al., 1981). 자폐성 장애학생은 소리, 빛, 촉감 자극과 같은 다양한 감각 자극에 한정된 흥미를 보이며(Kolko et al., 1980), 복잡한 시각 자극에 한정된 흥미를 보이고, 언어 지시 또는 사회적 자극에 한정된 흥미를 보인다(Burke & Cerniglia, 1990). 낮은 등록의 행동 반응 패턴을 보이는 학생을 위해서는 환경 내 관련된 감각 단서에 주목하고 반응하도록 지도해야 한다. 이를 위해 일상적인 일과에서 과제와 맥락의 특성을 강조하여 제시할 수 있다. 즉, 감각 경험의 강도, 빈도 또는 지속시간을 높이는 활동을 제공하는 것이다. 분명한 자극을 제공하고 대비를 증가시키거나 자극을 추가하여 역치를 충족시키면 반응 가능성이 높아져서 두뇌에 자극을 보내는 기회가 많아질 수 있다. 색의 대비를 극대화하는 것과 같이 활동을 위한 보다 강력한 시각적 단서를 추가하거나, 등하교 시 신체적 접촉을 추가하여 인사하기와 같은 사회적 일과 또는 손 씻고 로션 바르기와 같은 자조 기술 관련 일과에 촉각 자극을 추가할 수 있다. 또한 움직임을 경험할 수 있는 활동을 추가하거나 활동 내에 보다 강력한 후각 또는 미각 요소를 추가할 수 있다.

(2) 감각 추구

높은 역치를 가지고 적극적인 자기조절 전략을 사용하는 감각 추구(sensory seeking) 패턴의 학생은 역치를 충족시키고자 매일의 일상적 사건에 시각, 청각, 촉각, 고유수용계 등의 자극을 추구한다. 이들은 감각 자극의 유입을 통한 감각 경험을 즐기기 때문에 지속적으로 자극을 추구하여 학교생활에서 학업 수행과 과제 완수 등의 제한을 보인다. 감각 추구 패턴의 학생은 반복된 행동 패턴을 보이며 자신의 높은 역치까지 자극을 끌어올리기 위해 특별한 관심 및 행동에 대한 강력한 추구 행동을 보이기도 한다. 구어 발달이 이루어진 자폐성 장애학생 중에서 감각 추구 패턴의 학생은 말을 많이 하고 과다행동을 보이며 부주의한 특성을 보이기도 한다. 감각 추구 패턴의 학생은 낮은 등록 패턴의 학생과 마찬가지로 행동 반응을 위해 강력한 감각 자극을 필요로 한다. 그러나 낮은 등록 패턴의 학생과는 달리 적극적인 자기조절 전략을 사용하여 자극을 추구한다(Dunn, 1991b). 지속적으로 감각을 찾고자 하는 행동으로 인해 일상생활에서 필요한 수행에 방해를 받게 된다.

감각 추구 패턴을 보이는 학생은 장난감이나 사물을 가지고 놀 때 일반적으로 해당 장난감이나 사물의 기능에 맞게 놀이를 하기보다는 전정계 자극이나 감각적 자극을 추구한다. 예를 들어, 자동차 장난감을 가지고 놀 때 차를 굴려 움직이며 놀기보다는 주로 자동차의 바퀴를 눈앞에서 손으로 돌리거나 자동차 문을 열었다 닫았다 하며 논다. 감각 추구를 하는 학생은 자신의 역치에 자극이 도달하도록 자극 추구의 적극적 반응 행동으로 손가락을 튕기거나, 몸을 돌리거나, 흔들거나, 굴리는 등의 상동 행동 또는 자신의 피부를 꼬집기, 머리카락을 잡아당기기, 머리를 벽이나 바닥에 부딪히기 등과 같은 자기 자극적인 자해 행동을 보이기도 한다(Jordan & Powell, 1995).

감각 추구 패턴을 보이는 학생을 위해서는 학생의 감각적 요구에 맞는 강도 높은 감각 활동을 선정하여 지도하면 감각 추구 행동으로 인한 방해를 최소화하고 수업 참여를 이끌 수 있다. 이때 해당 활동은 사회적으로 수용 가능한 행동이어야 한다. 학생이 일과 중 어떤 감각을 좋아하는지를 파악하여 원하는 감각을 일과 내로 병합시키는 것이 가장 효과적이다. 예를 들어, 또래들에게 학습지 등의 과제물을 나누어 주거나 또래들이 완성한 과제를 걷거나 책상과 의자를 정리하게 하거나 책상을 닦게 하는 감각적 요구를 병합한 사회적으로 수용 가능한 적절한 활동을 하도록 한다. 또는 촉각과 고유수용계 자극을 지속적으로 추구하여 팔과 다리 등 몸을 지속적으로 문지르는 경우 해당 행동을 못하게 하기보다는 몸에 꼭 끼는 옷을 입게 하거나 무게감이 있는 조끼를 입게 하여 동시에 피부 표면의 추가 압력을 충분히 느끼며 학습 활동에 참여하게 할 수 있다. 이렇듯 역치가 충족되면 보다 쉽게 일상적 과제의 기능적 측면에 초점을 맞추어 활동에 참여할 수 있게 된다.

(3) 감각 민감

낮은 역치를 가지고 수동적인 자기조절 전략을 사용하는 감각 민감(sensory sensitivity) 패턴의 학생은 자극에 대해 과민하게 반응한다(Sagarin, 1998). 학생이 자극에 대해 낮은 역치를 가지고 있으면, 학생의 감각은 소리가 너무 크거나, 맛이 너무 강하거나, 촉감이 너무 거칠거나, 실제 일반적인 감각에 비해 과부하가 되어 감각신호를 왜곡하게 된다. 그래서 소리에 민감하거나, 촉각으로 느끼는 것을 두려워하거나, 다른 사람의 사회적 접근이나 접촉 또는 눈 응시를 피하는 등의 비정상적 감각 반응양식을 보인다(Baranek et al., 2014). 감각 민감 패턴의 학생은 낮은 역치로 인해 적은 자극에도 민감하여 또래보다 더 많은 것에 주의를 기울이며 계속해서 새로운 자극에 주의를 기울여 과잉행동 또는 산만한 경향을 보인다. Saulnier(2002)은 감각 자극에 대한 비정상적 반응에서 자폐성 장애학생이 지적장애학생 또는 일반학생보다 많은 민감반응, 둔감반응, 자극추구행동을 보였으며 특히 민감반응으로 과도한 주의집중의 변경이 자폐성 장애학생에게서 보다 많이 나타났다고 한다.

감각 민감 패턴을 보이는 학생을 위해서는 예측 가능하도록 물리적 환경을 구조화하고, 예기치 않은 자극의 유입을 최대한 차단하며 일반 활동에서 발생할 수 있는 감각적 혐오감을 줄여 주는 것이 도움이 된다. 과제 또는 일과 내에 예측 가능한 감각 경험의 패턴을 제공할 수 있다. 예를 들면, 교실 자리 배치 시 가장 앞줄 또는 맨 뒷줄에 앉게 하거나 줄을 설 때에도 가장 앞줄에 세운다. 학생이 어려운 과제를 참여하는 동안에는 환경 내 과도한 자극을 최소화한다. 예기치 못한 감각 경험으로부터 학생을 보호할 수 있는 분리되거나 구조화된 공간을 제공한다.

(4) 감각 회피

낮은 역치를 가지고 적극적인 자기조절 전략을 사용하는 감각 회피(sensory avoiding) 패턴의 학생은 유입되는 자극의 감소를 위해 활동 참여를 강력히 거부하는 경향을 보이며 이는 친숙하지 않은 활동에 대해서는 더욱 그러하다. 과도한 자극의 유입으로 인한 불편한 느낌을 피하기 위해 자신의 활동을 줄이고, 위축되거나 통제할 수 없는 자극을 줄이기 위해 타인에게 해당 장소에서 나가게 해 달라는 강력한 요구의 표현으로 공격적인 행동을 보이기도 한다. 감각 회피 패턴을 보이는 학생들은 낮은 역치를 가지고 있어서 감각 자극에 의해 쉽게 방해되기 때문에 감각 유입을 제한하기 위한 자기조절 전략으로 적극적인 회피 전략을 사용한다. 이들은 소음이 있는 공간에서 벗어나거나 촉각에 과도한 자극을 주는 과밀 공간에서 벗어나거나 과도한 미각 자극을 회피하기 위해서 심한 편식을 하기도 한다. 감각 민감 패턴과는 달리 적극적인 자기조절 전략을 사용하는 감각 회피 패턴의 학생은 자극 유입의 차단 또는 감소를 위해 활동 참여를 적극적으로 거부한다. 특히 이들은 적극적인 자기조절 전략으로 일상에서 판에 박힌 일이나 의식을 만들어 이에 집착한다. 이러한 전략은 과도한 자극의 유입을 조절하기 위해 사용하는 적응 전략이므로 이를 존중해 주고 학생의 역치 수준, 즉 편안함을 의식하는 수준(예: 친숙한 자극)에서 아주 작은 변화(예: 새로운 자극)를 주어 학생이 추가되는 변화에 주목하지만 과도하게 불안해하지 않고 일과에 참여할 수 있도록 체계적인 지원을 제공해야 한다.

4) 반복 행동과 감각 조절의 관계

DSM-5에서는 '제한적이고 반복적인 행동, 관심, 활동' 영역에 감각 관련 항목을 제시하고 있다. 반복적인 상동행동과 자기자극행동은 자폐성 장애학생이 감각정보의 등록 및 처리에 어려움을 가지고 있음으로 인해 나타나는 행동 중 하나라 할 수 있다. 자폐성 장애학생은 상동행동과 자기자극행동을 통해 감각 자극의 입력을 조절하기도 한다. 자기자극행동은 학습을 방해할 수 있지만, 상동행동과 자기자극행동을 못하게 하면 보다 심화된 기능수행을 촉진할 수 없다. 교사는 환경 수정을 통해 상동행동의 잠재적 효과를 평가할 수 있으며, 그와 같은 효과를 얻을 수 있는 사회적으로 수용 가능한 대안행동을 지도하는 것이 바람직하다(Dunn, 2001). 학생은 상동행동을 할 수 있는 적절한 시간과 장소를 학습할 수 있으며, 이때 자기자극행동이 확실한 동기부여의 기제로 사용될 수 있다. 예전에는 학생이 상동행동, 반복 행동, 또는 판에 박힌 일이나 의식적(ritual) 행동을 하면 바람직하지 않은 행동으로 보고 우선적으로 제거되어야 하는 행동으로 여겼으나 이제는 상동행동과 자기자극행동, 의식적 행동이 스트레스 감소, 각성 수준 도달 등의 일상생활에서 중요한 기능을 수행한다고 판단하여(Meyer & Evans, 1989) 환경에서 학생의 행동이 갖는 의미를 파악하고 이에 근거한 지도를 해야 함이 강조되고 있다.

자극의 양이 아주 적거나 아주 없을 때 우리는 스스로 상동행동이나 자기자극행동 등을 통해 자극을 만들어 내거나 과다한 자극으로 인한 불편함을 덜어 내고자 한다(Fisher et al., 1991; Guess & Carr, 1991). 우리는 일반적으로 다리 떨기와 같은 상동행동을 지루하거나 자극이 적을 때에 자극을 추구하기 위해서도 하지만 긴장되거나 불안이 클 때에도 이를 완화 및 감소시키고자 이러한 행동을 하기도 한다. 상동행동과 자기자극행동은 최적의 발달을 위해 필요한 양의 자극을 제공할 뿐만 아니라 각성시키거나 스트레스를 감소시키는 역할을 한다.

자폐성 장애학생은 환경에서 자극이 적은 경우 각성 상태를 증가시켜 최적의 각성 상태인 자신의 역치에 도달하도록 상동행동을 하기도 한다(Repp et al., 1992). 각성 상태를 증가시키기 위해 하는 상동행동이 사회적으로 용인될 수 있는 형태(예: 연필 돌리기, 다리 떨기, 머리카락 꼬기 등)로 이루어지는 경우가 일반적이지만, 사회적 관습 및 기대를 인지하지 못하는 자폐성 장애학생은 자신이 하는 상동행동이 사회적으로 수용될 수 있는 행동인지를 판단하지 못하여 다른 사람들이 문제 행동으로 인식하는 형태를 보이는 경우가 많다. 각성 상태를 증가시키기 위해 상동행동을 하는 경우, 환경 내 감각 자극을 추가해 상동행동을 감소시킬 수 있다(Brusca et al., 1989).

상동행동은 자극이 과도하게 많거나 스트레스를 받았을 때에도 나타난다(Howlin, 1998). 상동행동은 신체 내의 스트레스 수준을 감소시켜 주는 생리적인 반응을 만들어 신체를 효과적으로 진정시킨다. 중추신경계는 스트레스 수준이나 과도한 각성을 줄이기 위해 전정계, 고유수용계, 촉각체계 활동을 촉진한다. 전정계와 고유수용계를 함께 촉진하는 활동은 스트레스 감소에 효과적이다(Hirstein et al., 2001). 스트레스를 받거나 과도하게 각성된 자폐성 장애학생은 스트레스 감소를 위해 상동행동 또는 의식적 행동을 하여 최적 각성 수준으로 회복시킨다.

자폐성 장애학생은 자극에 대한 생물학적 요구, 각성 상태 증가, 스트레스 감소뿐만 아니라 환경 내 다른 사람을 조절하기 위해 상동행동, 자기자극행동, 의식적 행동을 하기도 한다(Guess & Carr, 1991). 어려운 과제를 회피하기 위해 또는 상호작용을 회피하기 위해 상동행동을 하기도 한다(Baumeister et al., 1980; Repp et al., 1983). 환경을 조절하기 위해 나타나는 상동행동의 경우, 행동의 의사소통 기능을 파악하여 사회적으로 수용 가능한 적절한 의사소통의 형태를 형성시켜 주는 것이 바람직하다(Smith & Houten, 1996). 또한 상동행동을 무조건 못하게 하기보다는 특정 시간 또는 장소에서만 할 수 있도록 지도하거나 강화제로 활용하면(Lovaas, 2003; Sugai & White, 1986) 상동행동과 자기자극행동의 감소와 더불어 수업 및 과제 참여 증가에 도움이 될 수 있다.

2. 자폐성 장애학생의 감각 지도

자폐성 장애학생이 보이는 비정상적 감각 특성은 다른 영역의 기능수행에도 부정적인 영향을 미친다(O'Neill & Jones, 1997). 감각 문제로 인해 시끄러운 소리를 내거나 혼자서 중얼거리며, 과다각성이 되어 필요한 자극에 대한 선택적 주의집중이 어렵고 선호하는 인지학습 형태만을 고집하기도 한다(Casanova et al., 2002). 감각처리 능력은 사회 및 학문적 기술 등과 같은 다른 영역의 중요한 기술을 학습하는 데 수단이 되며 현재의 많은 교육환경이 감각적으로 매우 복잡하고 예측 불가능한 환경이므로, 자폐성 장애학생의 성공적인 교육 프로그램 참여를 위해 자폐성 장애학생의 비정상적 감각 관련 특성이 학습 활동과 연계하여 다루어져야 한다.

1) 환경 분석

학교 환경은 학생들에게 친숙한 감각 정보를 가지고 있는 환경이다. 그러나 가정환경과는 다른 부가적인 감각 경험을 제공하는 환경이기도 하다(Dunn et al., 2002). 한 공간에 동일한 크기의 책상과 의자가 여러 개 놓여 있는 교실은 움직여야만 집중할 수 있는 학생에게는 견디기 힘든 환경이 될 수 있다. 소리와 냄새에 민감한 학생에게는 점심시간에 여러 명이 한곳에 모이는 급식실이 감각 조절을 하기 매우 힘든 환경이 될 수 있다. 또는 촉각에 민감한 학생에게는 쉬는 시간 많은 학생들로 북적여 쉽게 접촉이 일어날 수 있는 복도나 계단이 효과적으로 감각 조절을 하기에 어려운 환경이 될 수 있다.

학교 환경에의 적응과 활동 참여를 위해, 교사는 자폐성 장애학생의 감각처리 요구를 판별하고 자폐성 장애학생이 일상적으로 생활하는 학교 맥락과 주된 과제가 지닌 감각적 특성에 대해 면밀히 파악한다(Dunn et al., 2002). 앞서 언급한 Dunn의 감각처리패턴 중에서 높은 역치를 가진 자폐성 장애학생은 최적 각성 상태가 되지 못하면 수업에 참여할 수 없을 것이다. 반면에 낮은 역치를 가진 자폐성 장애학생은 자극에 의해 쉽게 과다 각성되어 자신을 불쾌하게 만드는 감각 자극으로부터 자신을 보호하기 위해 모든 자극의 유입을 차단하려 할 것이다. 예를 들어, 낮은 역치를 가진 감각 회피 패턴의 학생이 보이는 활동 참여 거부행동은 활동 자극에 민감하게 주목하여 이를 회피하고자 나타나는 것인 반면에 높은 역치를 가진 낮은 등록 패턴의 학생이 보이는 무반응 또는 활동에 참여하지 않으려는 행동은 활동에 아예 주목하지 않아서 어떤 일이 벌어졌는지 알지 못하여 나타나는 것이다. 특정한 행동의 발생만으로 학생의 감각처리패턴을 파악할 수는 없다. 따라서 보다 면밀한 환경 분석이 필요하다.

감각 자극에 대한 반응은 학생마다 다르고 심리 및 생리적 요인에 의해 영향을 받는다. 〈표 7-1〉은 감각 자극에 대한 학생의 반응을 살펴보는 데 도움이 되는 자료이다. 자폐성 장애학생의 감각 자극에 대한 반응을 분석하여 학생의 학습에 도움이 되도록 환경을 유지하면서 개별적인 감각 요구에 대한 적절한 지원을 제공하는 데 기초 자료로 활용될 수 있다. 개별 학생의 감각적 요구에 대한 정확하고 효과적인 환경 분석을 위해서는 다양한 상황(예: 수업시간의 학급 교실, 쉬는 시간의 학급 교실, 복도, 급식실, 음악실, 체육관, 운동장 등), 다양한 사람(예: 교사, 또래, 특수교육 보조원, 부모 등)이 포함된 상황, 다양한 활동(예: 개별 활동, 집단 활동, 구조화된 활동, 비구조화된 활동 등), 다양한 시간대(예: 오전 수업 시간, 오후 수업 시간, 점심시간 전, 점심시간 후, 등교시간, 하교 시간 등)에서 관찰 및 평가가 이루어져야 할 것이다.

표 7-1 감각 자극에 대한 반응 분석의 예시

<table>
<tr><td colspan="4" align="center">감각 자극에 대한 반응 체크리스트</td></tr>
<tr><td>학생명</td><td></td><td>생년월일</td><td>년　월　일</td></tr>
<tr><td>평가자명</td><td></td><td>평가일</td><td>년　월　일</td></tr>
</table>

▶ 대상 학생에게서 관찰되는 감각 관련 행동에 ✓ 표시를 하십시오.
▶ 제시된 행동 이외에 대상 학생에게서 관찰되는 행동을 기타 칸에 구체적으로 기술하십시오.

감각 체계	둔감반응	민감반응
시각	□ 사물이나 사람을 얼굴 가까이에서 응시한다. □ 움직임과 색의 변화에 반응이 없거나 느리다. □ 사물을 주목하는 데 시간이 오래 걸린다. □ 밝고 화려한 색의 컴퓨터 화면, 비디오 게임 등을 추구한다. □ 밝은 빛(햇빛, 밝은 불빛, 형광등 조명 등)을 추구한다. □ 사물이나 그림의 세부적인 색, 모양, 크기 등을 주목하여 보지 못한다. □ 물건을 눈앞에서 돌리거나, 손가락을 눈앞에서 흔든다(예: 장난감 자동차 바퀴를 눈앞에서 돌린다). □ 사람이 교실에 들어오는 것을 알아차리지 못한다. □ 눈을 깜박이거나 교실 불을 켰다 껐다 하는 시각적인 반복 행동을 한다. □ 복잡하게 어질러진 책상, 서랍장, 책장 등에서 자료나 물건을 찾지 못한다. 기타:	□ 밝은 빛(햇빛, 밝은 불빛, 형광등 조명 등)을 불편해하거나 피한다. □ 밝은 곳에서 눈을 감거나 가늘게 뜬다. □ 밝고 화려한 색의 컴퓨터 화면, 비디오 게임, TV 쇼 보는 것을 회피한다. □ 다른 사람들이 빛에 익숙해진 다음에도 밝은 빛 때문에 성가셔 한다. □ 실내의 구석이나 탁자 또는 책상 아래 다소 어두운 곳에 있는 것을 좋아한다. □ 눈맞춤을 피한다. □ 여기저기 시선을 자주 돌린다. 과제를 하는 중에 교실에서 일어나는 모든 일에 주의를 기울이며 눈길을 돌린다. □ 복잡하게 어질러진 서랍, 책상 등에서 무언가를 찾을 때 쉽게 좌절한다. 기타:
청각	□ 갑작스럽게 나는 큰 소리를 감지하지 못한다. □ 소리가 발생하는 위치를 알지 못한다. □ 다른 사람이 말하는 것을 듣지 않는 것처럼 보인다. 다른 사람의 말을 무시하는 것처럼 보인다. □ 청각에 문제가 없음에도 불구하고, 이름을 불렀을 때 반응하지 않는다. □ 혼잣말을 하며 소리를 만든다. □ 손 또는 발로 소리를 만든다. □ 이상한 소음을 즐기며 소음 만드는 것을 좋아한다. 기타:	□ 갑작스런 소음(예: 수업 종소리, 소방 경보 소리, 천둥소리, 청소기 소리 등)에 울거나 몸을 웅크린다. □ 갑작스런 큰 소리에 고함을 치고 귀를 막는다. □ 소리(예: 급식실에서의 시끄러운 말소리)가 들릴 때 귀를 보호하기 위해 두 손으로 귀를 막는다. □ 주의가 시끄러우면 산만해지고 과제를 마무리하지 못한다. □ 일상적인 소음에도 과제수행이 어렵다. □ 지속적인 배경 소리(예: 냉장고 소리, 형광등 소리 등)에 주의가 흐트러진다. □ 교실, 복도 등에서 나는 다른 소리로 인해 수업활동에 집중을 하지 못한다. □ 주변이 조용해야 소리 없이 읽는 활동을 할 수 있다. 기타:

후각	□ 냄새를 맡으면서 냄새로 환경을 탐색한다. □ 지속적으로 사물의 냄새를 맡는다. □ 음식이 아닌 사물의 냄새를 맡는다. □ 강한 악취를 맡지 못하는 것처럼 보인다. □ 자극적인 냄새를 추구한다. □ 특정한 냄새에 대해 강한 선호를 보인다. □ 다른 사람의 냄새를 맡는다.	□ 자극적인 냄새를 찾아내고 피한다. □ 다른 사람이 알아차리지 못하는 냄새를 찾아내고 피한다. □ 일반적으로 먹는 음식의 특정한 냄새를 피한다. □ 교사나 부모의 향수 냄새를 피한다. □ 특정한 냄새를 적극적으로 피한다. □ 특정한 냄새가 나는 장소(예: 실험실, 급식실 등)를 피한다.
	기타:	기타:
미각	□ 강한 맛을 찾는다. □ 모든 음식의 맛이 같다고 한다. □ 음식 맛의 차이를 알아차리지 못한다. □ 입안의 상처를 잘 알아차리지 못한다. □ 특정한 맛에 대한 강한 선호를 보인다. 특정한 맛을 찾는다. □ 특정한 음식을 너무 좋아한다. □ 음식이 아닌 사물을 씹거나 핥는다. □ 사물을 입에 넣는다. □ 먹어서는 안 되는 것을 입에 넣는다.	□ 항상 같은 음식을 먹는다. 같은 음식만을 먹으려 한다. □ 새로운 음식 먹는 것을 거부한다. □ 특정 식감의 음식 먹는 것을 싫어한다. 특정 식감의 음식을 거부한다. □ 특정 식감의 음식만을 먹으려 한다. □ 특정 온도의 음식만을 먹으려 한다. □ 입안에 있는 음식의 식감이나 수저 때문에 음식을 삼키지 못하고 쉽게 구역질을 한다. □ 특정한 맛을 가진 음식만을 먹으려 한다. □ 음식의 식감과 관련하여 까다롭게 군다.
	기타:	기타:
촉각	□ 끊임없이 사람을 만진다. 다른 사람을 짜증 나게 할 정도로 사람을 만진다. □ 특정 장난감이나 접촉면, 직물 등 지속적으로 사물을 만진다. □ 복도 등을 걸을 때 벽에 계속 손을 대거나 치면서 걷는다. □ 다른 사람이 자신의 등이나 팔을 만지는 것을 알아차리지 못하는 것처럼 보인다. □ 자신의 신체가 다른 사람 또는 사물과 접촉되었을 때 신체의 어디가 접촉되었는지를 알지 못한다. 강한 접촉이 있어야 반응한다. □ 머리카락을 꼬거나, 손톱, 연필, 지우개, 셔츠 소매 끝을 물어뜯는다. □ 통증에 대해 둔감하다. □ 온도에 대해 둔감하다. □ 신발 신기를 거부하고 맨발로 다니는 것을 좋아한다. □ 얼굴이나 손이 더러워져 있는 것을 알지 못하는 것처럼 보인다. □ 옷을 제대로 벗지 않고 몸에 둘둘 말려 있는 채로 둔다.	□ 다른 사람이 자신의 신체를 가볍게 두드리거나 건드리는 것에 대해 과민 반응을 보인다. □ 안아 주는 것을 싫어한다. □ 줄을 서거나 사람들에게 가까이 가는 것을 힘들어한다. 다른 사람과의 신체적 간격이 가까워지는 것을 견디지 못한다. □ 모래 또는 잔디에 앉거나 걷기를 싫어한다. □ 풀, 물감, 분필 등이 피부에 닿는 것을 피한다. □ 풀, 모래, 물감, 접착테이프 등의 사용을 꺼린다. □ 특정한 질감의 옷만 입으려 한다. □ 항상 모자를 쓴다. □ 옷에 붙은 라벨 또는 솔기에 민감하여 옷 입기를 거부한다. □ 자신이 좋아하는 질감의 옷만 입는다. □ 특정 감촉의 천에 민감하다. □ 신발이나 양말을 신지 않으려 한다. □ 몸단장(예: 이발, 세수, 손톱 깎기)을 할 때 과도하게 저항하거나 운다. □ 치과진료나 양치를 할 때 울거나 저항한다.
	기타:	기타:

고유
수용
감각
	☐ 연필을 강하게 잡고 압력을 가해 글씨를 진하게 쓴다.
	☐ 놀이를 하는 동안에 과도한 위험 행동을 보인다(예:
	   나무에 높이 올라가거나 높은 가구에서 뛰어내린다).
	☐ 놀이를 하는 동안에 자신의 안전을 위협하는 위험한
	   동작이나 기어오르는 활동을 한다.
	☐ 발을 구르거나 손으로 두드리며 자극을 추구한다.
	☐ 자신의 안전에 개의치 않고 쉽게 넘어진다.
	☐ 떨어지는 것을 즐긴다.
	☐ 상대방을 보기 위해 몸 전체를 돌린다.
	☐ 움직이는 활동 중에 과도하게 흥분한다.
	☐ 끊임없이 움직인다.
	☐ 얌전한 놀이 활동을 피한다.
	☐ 움직이는 활동에서 천천히 느리게 움직인다.
	☐ 교실 바닥에 눕는 행동을 자주 보인다.
		☐ 연필을 너무 약하게 또는 힘없이 쥐고 글씨를 쓴다.
		☐ 뛰어내리는 것 또는 높은 곳을 두려워한다. 올라
		   가거나 점프하는 것을 피하고 울퉁불퉁하거나
		   평평하지 않은 곳을 피한다.
		☐ 벽이나 난간을 붙잡고 있는다.
		☐ 서 있거나 특정한 자세를 유지하고 있을 때 쉽게
		   피곤해한다.
		☐ 계단이나 인도를 오르거나 내려갈 때 머뭇거린
		   다. 움직이기 전에 조심스러워 하거나 멈춘다.
		☐ 계단을 오르내릴 때 사람이나 난간에 몸을 기댄다.
		☐ 책상에 경직된 자세로 앉는다.
		☐ 물건을 잡는 힘이 약하다. 근육이 약해 보인다.
		☐ 무거운 물건을 동일 연령의 또래에 비해 들지 못
		   한다.
		☐ 실내에서 앉은 채로 할 수 있는 활동(예: 책 읽기,
		   TV 보기, 컴퓨터 보기 등)을 선호한다.

	기타:	기타:

전정
감각
	☐ 움직이는 활동을 추구한다.
	☐ 빙글빙글 도는 활동을 좋아한다. 흔들리거나 돌아가
	   는 놀이기구(예: 놀이터에 있는 그네, 뺑뺑이 등)를
	   타거나 어른이 빙글빙글 돌려 주는 것을 좋아한다.
	☐ 움직이는 장난감을 사용하여 계속 움직이려 한다.
	☐ 빙글 도는 활동을 해도 쉽게 어지러워하지 않는다.
	☐ 계속해서 움직이며 이러한 움직임으로 인해 일상의
	   활동을 하는 데 어려움이 있다. 가만히 앉아 있을 수
	   가 없으며 안절부절못한다.
	☐ 자주 스스로 빙빙 돌고 회전한다. 어지러운 느낌을 좋
	   아하는 것처럼 보인다.
	☐ 책상, 의자, 바닥에서 앞뒤로 반복해서 움직인다.
	☐ 가만히 앉아 있지 못한다. 앉아 있거나 서 있는 동안
	   계속 몸을 흔든다.
	☐ 머리를 거꾸로 하는 활동(예: 물구나무서기, 텀블링,
	   구르기 등)을 좋아한다.
	☐ 균형 감각이 좋지 않아 쉽게 넘어진다.
	☐ 교실에 있는 사물이나 책걸상에 쉽게 부딪친다.
		☐ 움직이는 활동을 회피한다.
		☐ 빙글 도는 활동 중에 쉽게 어지러워한다.
		☐ 차멀미를 자주 한다. 차 타는 것을 싫어한다.
		☐ 두 발이 바닥에서 떨어질 때 불안해하거나 힘들
		   어한다.
		☐ 머리를 거꾸로 하는 활동(예: 머리감기, 물구나
		   무서기, 구르기 등)을 싫어한다.
		☐ 운동장의 놀이기구(예: 그네, 뺑뺑이)나 움직이는
		   장난감을 피한다.
		☐ 몸을 숙이거나 기댈 때에도 머리를 똑바르게 고정
		   한다. 활동 중에도 경직된 자세를 계속 유지한다.
		☐ 머리의 움직임이 유연하지 못하고 뻣뻣하다. 움
		   직임이 경직되어 있다. 긴장된 상태로 있다.
		☐ 몸을 숙였다 폈을 때 몸의 중심을 잡지 못한다.
		☐ 몸의 자세를 빠르게 바꾸는 활동을 못한다.

	기타:	기타:

2) 환경 수정 및 지원

환경 분석 또는 기능적 행동평가(Functional Behavioral Assessment) 등을 통해 학생이 보이는 문제행동이 감각 조절과 관련이 있다고 판단된 경우, 즉 감각 자극을 획득하거나 회피하고자 문제행동을 보이는 경우 대체 자극원을 제공하거나 풍부한 환경을 제공하는 등의 선행사건 중재계획을 통해 감각조절 관련 문제행동의 발생을 예방할 수 있다(〈표 7-2〉 참조).

- 대체 자극원 제공: 감각 자극에 대한 요구와 관련되어 있고 기능(감각 획득 또는 회피)이 동일한 특정 대체 자극원을 제공한다. 청각적 · 시각적 · 신체적 자극 등의 다양한 자극을 제공한다.

표 7-2 감각 요구에 따른 환경 수정과 지원의 예시

구분	자극 추구(둔감 반응)	자극 회피(민감 반응)
선행 사건	• 활동/과제 수행 동안 또는 사이에, 자극이 되는 활동이나 자료 제공	• 일시적으로 이용할 수 있는 낮은 자극 영역(예: 소음이나 시각적 자극이 적은 곳) 조성
중재 고려 요소	• 전이시간도 활동 중심으로 계획 • 조용히 기다려야 하는 시간과 수동적인 활동 시간을 최소화 • 조용한 활동 중심의 수업 중에서도 사이사이에 몸을 움직이는 활동(예: 하이파이브)을 삽입 • 배운 내용을 스스로 연습할 시간을 짧게 자주 허용 • 다양한 교수자료와 교수방법을 사용하여 학생의 수업 참여 방식을 다양화 • 학생의 연령에 맞는 감각적 자극 제공 • 조용한 활동을 적절히 삽입하여 다음 활동에 잘 이어지도록 계획	• 자리배치나 대체활동을 통해 자극 수준을 조절 • 예측 가능한 일정 수립 • 구조화된 환경 조성 • 교수 전달, 교사-학생 상호작용의 속도 감소 • 자극 수준이 높지 않은 목소리 톤 사용 • 자극적인 활동을 하기 전에 학생의 주의를 환기시키는 활동을 통한 준비 제공 • 선호하는 시간적 단서를 활용
지도 초점	• 지도 시 자극의 강도를 높여 제공하거나 보다 많은 자극을 얻을 수 있는 기회를 제공	• 지도 시 보다 구조화된 자극을 제공하거나 가능한 한 자극을 최소화하여 제공
시각	• 교실 내 시각 자극을 추가 • 밝은색 또는 대비 효과가 큰 색을 활용하여 환경판 구성 • 색깔이 있는 학습지를 제시 • 향이 나는 펜이나 불빛이 나는 펜, 또는 컬러 펜을 제공	• 교실 내 장식물의 수를 최소화 • 교실 내 책장, 책상, 의자 등의 색을 가능한 한 통일 • 교실 내 책장을 교실 벽과 같은 색의 시트지로 붙임 • 강한 빛을 차단할 수 있는 가리개 설치 • 교실 내 빛의 밝기 정도를 조절

청각	• 크고 **빠른** 음악 제공 • 노래, 음량 등 소리 변경 • 음악 들을 때 헤드폰 사용 • 소리를 내거나 소음을 내는 활동 구성 • 과장된 음성의 높이와 크기를 활용 • 이야기 들려주기에서 효과음 넣기, 배경 음악 넣기, 등장인물의 목소리를 인물별로 뚜렷이 구분되게 넣기	• 교실 내 최대한 소음 차단 • 부드럽고 잔잔한 음악 사용 • 학생이 선호하는 친숙한 음악 사용 • 독립 과제 시 귀마개 사용 • 플라스틱 또는 나무 소재의 수저 사용 • 소리 나는 형광등 사용 교체 • 조용한 또래 옆자리에 좌석 배치
후각	• 향한 것(향이 강한 로션, 향이 강한 사탕, 페퍼민트향, 감귤향 등) 활용 • 향이 나는 펜 활용	• 향이 강한 화장품이나 향수의 사용 자제 • 교사나 학생들 옷 세탁 시 무향 세제 사용 • 교실에서 음식 섭취 자제 • 냄새가 나는 것(예: 휴지통)에서 떨어진 곳에 학생의 자리 배치
미각	• 강한 양념을 음식에 첨가 • 음식의 온도를 다양하게 하여 제공 • 질감이 다양한 음식 제공 • 찬 음료 제공	• 음식이 섞이지 않도록 분리된 그릇에 배식 • 학생이 선호하는 음식의 맛과 질감에서 매우 미비하게(각성이 일어나지 않을 정도) 변화 제공 • 미지근한 음료 제공
촉각	• 과제를 수행하면서 다른 손으로 만지작할 수 있는 쿠쉬볼, 스트레스볼 등을 제공 • 진동이 있는 연필과 교구 제공 • 거친 질감의 종이 제공	• 옷에 붙어 있는 라벨 제거 • 갑작스런 접촉 자제 • 또래와의 접촉이 적은 곳에 자리 배치 • 한 줄로 설 때 제일 앞에 배치
고유수용감각	• 강한 압박으로 누르기 • 바디 삭스 사용하기 • 수업 전에 교사를 도와 무거운 물체 옮기게 하기 • 고유수용 감각을 자극할 수 있는 기구[예: 미니 트램펄린, 작은 기포 고무가 든 자루 의자(bean bag chair)]를 교실 내에 배치 • 의자에 앉아 있을 때 무릎 위에 무거운 물체 놓기 • 우유 간식 담당을 맡아 우유가 담긴 상자 나르기 • 도서관 책 정리 담당을 맡아 도서관 책 나르기	• 천천히 스트레칭하기 지도 • 꽉 끼는 옷 입게 하기 • 무게감 있는 조끼 입게 하기 • 천천히 근육 이완하는 방법 지도
전정감각	• 전정 감각을 자극할 수 있는 활동을 수업 시작 전 또는 쉬는 시간에 하도록 하기(예: 빠르게 구르거나 돌거나 흔들기, 앉아서 돌기, 체육기구 위에서 거꾸로 매달리기) • 수업시간에 또래들에게 자료 나누어 주는 활동 구성 • 앉아서 움직임을 추구할 수 있는 공기가 주입된 쿠션을 학생의 의자 위에 놓기 • 짧게 움직임을 할 수 있도록 교사의 심부름하기	• 전정 감각 자극을 최소화할 수 있는 활동(예: 같은 방향으로 천천히 구르거나 돌거나 흔들기)으로 구성

• 풍부한 환경 제공: 감각 자극이 풍부하고 좋아하는 활동이나 사람이 많은 환경을 구성해 주어 바람직하지 않은 행동을 감소시키고 참여와 학습을 증진시킨다.

이 절에서는 감각처리패턴인 낮은 등록, 감각 추구, 감각 민감, 감각 회피 패턴에 따라 Dunn(1991b)이 제시한 학습 지원 전략을 살펴보고자 한다(〈표 7-3〉 참조). 앞서 언급하였듯이 개별 학생이 보이는 패턴을 이해하고 이에 근거하여 적절한 지원을 하는 것이 학생의 수업 및 상호작용에의 참여 증진을 위한 바람직한 접근이라 할 수 있다.

(1) 낮은 등록 패턴 학생을 위한 지원

낮은 등록 패턴 학생을 위한 학습 지원 전략의 초점은 감각 자극의 강도를 높여 제공하는 것이다. 교사는 학생의 높은 역치에 도달할 수 있는 정도로 강도를 높인 감각 자극을 활동에 포함시켜 학생이 활동에 주의를 두고 참여할 수 있도록 한다(〈표 7-3〉 참조). 예를 들어, 신체 활동을 할 때 무게감 있는 조끼를 입게 하여 고유수용 감각에

표 7-3 감각 반응 패턴별 지원 전략의 예시

반응 패턴	특성	지원 전략의 예시

낮은 등록	• 행동 반응을 위해 강력한 감각 자극을 필요로 함
	• 높은 신경학적 역치를 가지고 있고 수동적인 자기조절 전략을 사용함
	• 높은 역치에 감각 자극이 도달할 수 있도록 적극적으로 자극을 추구하는 행동을 하지 않음
	• 적절한 방법으로 자극에 반응하는 데 오랜 시간이 걸리고 둔감함
	• 환경에 관심이 없고 자신에게만 몰두하거나 따분해하거나 무감각해 보임
		• 환경 내 감각 단서에 주목하여 반응하도록 지도함
		• 감각 경험의 강도, 빈도, 지속시간 등을 높이는 활동을 제공함
		• 강력하고 충분한 자극(강한 자극 추가 또는 대비 증가)을 제공함
		  −색이 대비되는 자료 제시하기
		  −색이 있고 향이 나는 학습지와 밝은색 펜 제공하기
		  −거친 질감과 향이 나는 펜 제공하기
		• 감각 자극의 강도를 높여서 제공함
		  −등교 시 교사와 하이파이브 등의 신체 접촉을 추가하여 인사하게 하기
		  −무게감 있는 조끼 입히기
		  −다양한 질감, 온도, 향의 음식을 색이 대비되는 그릇에 담아 제공하기
		• 움직임을 경험할 수 있는 활동을 추가함
		  −하나의 과제를 수행할 때 필요한 자료들을 여러 곳에 배치하여 움직임을 통한 충분한 자극을 획득할 수 있게 하기
		  −시각적 일과표를 학생의 자리에서 떨어진 곳에 배치하여 움직임 활동을 제공하기

2. 자폐성 장애학생의 감각 지도

감각
추구
	• 행동 반응을 위해 강력한 감각 자극을 필요로 함
	• 높은 신학적 역치를 가지고 있고 적극적인 자기조절 전략을 사용함
	• 높은 역치 충족을 위해 지속적으로 감각 자극을 찾고자 일상에서 다양한 감각 자극을 추구함
	• 상동행동, 반복행동, 자해행동 등의 다양한 자극추구 행동을 보임
	• 자극추구 과정에서 과다행동을 보이거나 충동행동을 보임
		• 활동 내에서 감각 추구를 할 수 있는 기회를 포함시켜 제공함
		• 전정 감각 추구 행동에 대한 활동의 예
		  −학생들의 학습 자료를 여러 차례 나누어 주는 활동
		  −또래들이 완성한 과제를 걷는 활동
		  −책상과 의자를 정리하는 활동
		• 촉각과 고유수용 감각 추구 행동에 대한 활동의 예
		  −쓰기 활동을 하는 동안에 글씨 쓰기를 하지 않는 손(예: 왼손)에 만지작거릴 수 있는 사물을 주어 강한 촉각 자극 제공하기
		  −몸에 꼭 끼는 옷 입게 하기
		  −무게감 있는 조끼 입게 하기

감각
민감
	• 낮은 신경학적 역치를 가지고 있고 수동적인 자기조절 전략을 사용함
	• 적은 자극에도 민감하여 계속해서 새로운 자극에 주의를 기울여 과잉행동 또는 산만한 반응을 보임
	• 환경의 변화에 대해 매우 불안해함
		• 자극의 구조화를 통해 예측 가능성을 증진시킴(물리적 환경을 예측 가능하도록 구조화하여 제공)
		• 예기치 않은 자극의 유입을 최대한 차단함
		• 과제 또는 일과 내에 예측 가능한 감각 경험의 패턴을 제공함
		  −교실에서 가장 앞줄 또는 맨 뒷줄 자리에 배치하기
		  −이동 시 맨 앞 또는 뒤에 서도록 배치하기
		  −출입문에서 떨어진 곳에 배치하기
		• 외부 자극의 등록을 차단할 수 있도록 몸에 달라붙어 피부 압력을 주는 옷을 입게 함

감각 회피	• 낮은 신경학적 역치를 가지고 있고 적극적인 자기조절 전략을 사용함 • 과도한 감각 자극의 유입을 제한하기 위해 적극적인 회피 전략을 사용함 • 유입되는 자극의 감소를 위해 활동 참여를 강하게 거부하는 경향을 보임 • 적극적인 자기조절 전략으로 판에 박힌 일이나 의식을 만들어 이에 집착함	• 자극을 최소화하여 제공함[학생의 낮은 신경학적 역치 수준(편안함을 의식하는 수준)에서 아주 작은 변화(학생이 변화에 주목은 하지만 과도하게 불안해하지 않는 정도의 변화)를 제공하여 활동에 참여할 수 있도록 지원] • 새로운 과제 제공 시 예측 가능한 구조화된 자극 또는 친숙한 자극을 제공함 • 학생의 의식적 행동에 새로운 자극을 점진적으로 병합하여 제공함 • 활동을 여러 단계로 나누어 제시함(한 번에 한 단계씩 수행하도록 한 후에 다음 단계로 진행)

충분한 자극을 제공하면 학생이 신체 활동에 참여할 수 있다. 낮은 등록 패턴의 학생은 등교 준비에 어려움을 보일 수 있다. 학생의 높은 역치에 맞게 충분한 자극이 주어져야 학교에서 활동에 참여하여 학업 수행을 할 수 있게 된다. 교사는 부모와의 협의를 통해 낮은 등록 패턴의 학생의 경우, 아침 식사로 다양한 질감, 온도, 향의 음식을 색이 대비되는 그릇에 담아 음식이 잘 보이도록 하며 학생이 수저를 가져와서 식사하

도록 하고 음악을 틀어 식사에 참여할 수 있도록 충분한 자극을 제공하도록 안내할 수 있다. 또한 옷을 입을 때에도 옷(예: 상의, 하의, 양말 등)을 여러 곳에 배치하여 옷을 입기 위해 여러 번 왔다 갔다 하도록 하여 충분한 자극을 얻도록 할 수 있다.

　교사는 학생의 주의를 이끌기 위해 지속적으로 학생의 이름을 부르거나 말을 하거나 신체적 자극을 제공한다. 교사는 다양한 감각 매체를 활용한 활동을 통해 학생이 높은 역치에 도달할 수 있도록 하여 학생의 과제 참여와 준비를 지원할 수 있다. 또한 학생의 높은 역치에 부합하도록 과제 활동에 감각 자극을 포함시키거나, 손을 뻗거나 몸을 움직여 감각 자극에 접근할 수 있는 높거나 낮은 위치에 시각적 지원을 배치할 수 있다. 학습지를 색지로 제시하고 향이 나는 밝은색 펜을 제공하여 과제 참여를 이끌 수 있다. 과제 수행 후 학생이 자신의 책상에서 일어나 움직여 활동 완수를 표시할 수 있도록 자리에서 떨어진 위치에 시각적 일과표를 부착하고 거친 질감과 향이 나는 펜으로 표시하게 할 수 있다. 이렇듯 다양한 감각 자극을 강도 높게 제공해 교사는 학생의 수업 및 활동 참여를 이끌 수 있다.

(2) 감각 추구 패턴 학생을 위한 지원

　감각 추구 패턴 학생을 위한 학습 지원 전략의 초점은 활동 내에서 감각 추구를 할 수 있는 많은 기회를 포함시켜 제공하는 것이다. 교사는 학생의 높은 역치에 도달할 정도의 감각 자극을 활동에 포함시켜 수업 참여를 방해하는 감각을 학생이 추구하지 않도록 한다. 자극 추구를 위해 상동행동이나 반복 행동을 하는 경우, 해당 행동이 어떤 감각과 관련이 있는지를 파악하여 학습 관련 활동에 이러한 감각 자극을 추구할 수 있는 활동을 포함시켜 학습 과정에 참여할 수 있게 한다. 예를 들어, 몸을 움직여 도는 전정 감각 추구 행동을 하는 학생의 경우, 교사가 학생들을 위한 학습 자료를 나누어 주는 일을 여러 차례 하도록 하여 충분히 감각 경험을 하도록 하여 이후의 학습 활동에 참여를 촉진시킬 수 있다. 손가락 촉각 감각을 추구하는 학생에게는 글씨 쓰기 활동을 하면서 왼손에 강한 촉각 자극을 줄 수 있는 만지작거릴 수 있는 사물을 잡게 하여 쓰기 활동에 집중할 수 있도록 한다.

(3) 감각 민감 패턴 학생을 위한 지원

　감각 민감 패턴의 학생을 위한 학습 지원 전략의 초점은 보다 구조화된 자극을 제공하는 것이다. 감각적 각성을 높이지 않는 식별 요소를 고려하여 감각정보를 제공하는 것이다. 대표적인 식별 요소는 예측가능성을 가진 구조화라 할 수 있다. 즉, 자극의 구조화를 통해 예측이 가능하도록 하면 학생의 감각을 각성시키지 않기에 과제를 완수할 수 있게 된다. 교사는 학생의 낮은 역치를 고려한 식별 감각 정보를 제공하여 학생이 학습에 참여할 수 있도록 한다. 예를 들어, 몸에 착 달라붙어서 피부 압력을 줄 수 있는 옷을 입게 하거나 접촉을 피할 수 있도록 머리를 묶게 하면 학생은 새로운 자극으로 인해 각성되지 않고 활동에 참여할 수 있다. 피부 압력이 가해지면 가벼운 접촉에 대한 각성이 되지 않아서 활동에 참여할 수 있게 된다.

(4) 감각 회피 패턴 학생을 위한 지원

감각 회피 패턴의 학생을 위한 학습 지원 전략의 초점은 자극을 최소화하여 제공하는 것이다. 낮은 역치를 가진 감각 민감 패턴과 마찬가지로 감각 회피 패턴의 학생들에게 교사는 식별 감각 정보를 제공한다. 새로운 과제를 제공할 때 예측 가능한 구조화된 자극 또는 친숙한 자극을 제공한다. 예측 가능성과 구조화는 학생에게 심리적 편안함을 제공하여 두뇌에 새로운 자극이 아닌 친숙한 습관적인 자극으로 지각되어 각성을 시키지 않아서 활동에 참여할 수 있게 한다. 새로움과 변화는 불안을 유발하고 이는 학생의 감각 각성을 일으킨다. 그래서 감각 회피 패턴의 학생은 앞서 언급하였듯이 의식적으로 행동하여 자극의 유입을 적극적으로 차단한다. 또는 아예 자극에 무관심하거나 특정 자극에만 몰두하는 행동을 보이기도 한다. 이들이 보이는 친숙한 자극으로 구성된 의식적 행동에 새로운 자극을 점진적으로 병합시켜 학생이 이 새로운 자극을 수용할 수 있도록 한다. 이때 추가되는 새로운 자극과 변화는 매우 작은 변화여야 한다. 그래서 학생이 작은 변화에 주목하지 않고 의식적 행동을 할 수 있도록 해야 한다. 새로움의 정도와 변화에 학생이 주목하게 되면 이는 감각 각성을 일으켜 불안해하여 위축 또는 공격행동을 유발할 수 있다. 학생이 하는 의식적 행동을 못하게 하는 것이 아니라 의식적 행동에 학습적 요소를 점진적으로 추가하여 학습 활동이 의식적 행동의 일부가 되게 해야 한다.

3) 감각 관련 학습 지원 전략

(1) 활동 준비 전략

학습 활동을 하기 전에 해당 활동과 관련 있는 자료 또는 과제 수행 과정을 미리 제시해 주면, 학생은 활동에의 참여와 상호작용을 위해 기대되는 것이 무엇이며 실제적으로 어떤 활동이 이루어지는지를 예측하여 불안감을 감소시키고 활동에의 참여를 준비할 수 있게 된다(Dunn et al., 2002). 학생의 감각 특성에 따라 학생의 활동 준비를 지원할 수 있다.

- 둔감 반응 학생에게는 활동, 자료, 과정 중에 감각 자극을 추가하여 학생의 높은 역치에 감각 자극이 도달하여 학생이 반응할 수 있도록 한다. 예를 들면, 다음과 같다.
  - 준비시간에 빠른 음악을 크게 틀어서 제공하기
  - 또래들에게 자료 나누어 주는 기회 제공하기
  - 교사의 사물 이동을 돕도록 하기
  - 수업 준비를 위한 자료를 책장의 높거나 낮은 곳에 두어 학생이 몸을 움직여 자료를 찾도록 하기
  - 수업 시작 전에 해먹이나 트램펄린에서 충분한 감각 자극을 얻도록 하기(단, 학생의 관절 등 근골격계 이상이 없음을 확인한 후에 트램펄린 활동 제시)

- 민감 반응 학생에게는 친숙한 감각을 제공하여 민감해 하는 자극의 유입을 줄여 주는 등 학생의 낮은 역치로 인해 민감 또는 회피 반응을 최소화할 수 있도록 한다. 예를 들면, 다음과 같다.
  - 몸에 착 달라붙어서 피부 압력을 줄 수 있는 옷을 입게 하기
  - 접촉을 피할 수 있도록 머리를 묶게 하기
  - 급식실에 들어가기 전에 친숙한 향을 뿌려 급식실에서 나는 냄새 자극을 줄이기
  - 조용한 또래를 옆자리에 배치하기
  - 학생이 많이 움직이지 않고 자료를 뺄 수 있도록 학생의 가슴 높이의 선반에 자료 놓기

－다음 활동이 무엇인지 정보를 미리 알려 주기

(2) 독립 과제 수행 지원 전략

　독립 과제 수행 지원 전략은 다른 사람의 도움이나 활동에 대한 저항 없이 독립적으로 과제를 완수할 수 있도록 개인 및 환경적 자원을 사용하는 전략이다(Dunn et al., 2002). 학생이 독립 과제를 수행하기 전에 이러한 전략에 대한 교수와 더불어 충분한 연습 및 적용 기회가 제공되어야 한다.

- 둔감 반응 학생에게는 작업 과제 내에 학생의 높은 역치를 충족시킬 수 있는 감각 자극을 포함시킨다. 또는 수행을 지원해 주는 방식으로 선호하는 감각에 접근 기회를 제공한다. 예를 들면, 다음과 같다.
  － 독립 과제를 색깔이 있는 학습지에 제공하기
  － 향기가 나거나 밝은색 펜으로 과제 수행하게 하기

- 민감 반응 학생에게는 식별 요소(각성시키지 않은 요소)를 고려한 작업과제를 제공한다. 학생의 역치보다 낮은 수준의 감각 자극을 포함한 과제를 하도록 한다. 예를 들면, 다음과 같다.
  － 독립 과제 수행 시 혼잡하지 않은 영역에서 작업하도록 하기
  － 시각적 단서를 제공하기
  － 작업 과제 시 피부 압박을 주는 옷을 입게 하기

(3) 시각적 지원 전략

　시각적 지원은 학생이 해야 할 활동이나 앞으로 일어날 일을 예측하고 기대할 수 있게 하며 전이 과정을 보다 쉽게 경험할 수 있고 상황에 대한 기대를 할 수 있게 한다. 시각적 지원은 다양한 방식으로 제공할 수 있다.

- 둔감 반응 학생에게는 감각 자극을 얻을 수 있는 위치에 시각적 지원을 배치한다. 학생의 주의를 유지시킬 수 있도록 감각 자극을 시각적 지원에 추가한다. 예를 들면, 다음과 같다.

-움직임 요소 넣기, 글자에 색 넣기, 다양한 그림 제공 등의 시각적 관심을 끌 수
있는 단서를 시각적 지원에 포함시키기
-활동의 전이를 알리는 음악을 자주 변경하거나 소리의 크기를 조절하기, 움직
이면서 시각적 일과표를 살펴보도록 하기

• 민감 반응 학생에게는 낮은 감각적 요구가 포함된 시각적 지원을 제공한다. 학습
자에게 친숙한 감각 자극을 시각적 지원으로 활용한다. 예를 들면, 다음과 같다.
-단일한 색 또는 간략한 그림이 포함된 시각적 지원 제공하기
-일관된 시각적 지원 제공하기, 학생이 선호하는 친숙한 감각을 포함시키기

(4) 안정을 위한 지원 전략

개인의 일상 환경으로부터 분리된 곳은 학생에게 자신을 안정시키고 회복하는 기회
를 제공한다. 그렇기에 학생이 자신을 안정시킬 수 있는 별도의 공간을 교실 내에 마련
해 줄 수 있다. 안정 공간은 과제를 회피하거나 처벌과 연계된 공간이 아닌 학생에게 긍
정적인 분위기를 제공하는 공간이다(Dunn et al., 2002). 안정 공간으로의 접근 기회는
하루를 시작하거나 쉬는 시간 또는 점심시간 등 학생의 일과 내에서 제공될 수 있다.

• 둔감 반응 학생에게는 학생이 충분한 자극을 취할 수 있는 안정 공간을 제공한다.
안정시키는 감각을 포함한 사물을 안정 공간에 배치한다. 학생의 높은 역치에 도
달할 수 있는 감각 자극을 안정 공간에 배치한다. 예를 들면, 다음과 같다.
-교실 뒤편에 흔들의자, 해먹, 트램펄린 등을 제공하여 충분한 자극을 얻도록
하기
-자신의 책상이나 의자 등을 움직여 교실 내 구석에 자신만의 공간을 만들도록
하기
-안정 공간에서 감각 자극을 얻을 수 있는 스트레스 볼 등 만지작거릴 수 있는
자극을 제공하기

• 민감 반응 학생에게는 학생이 흥분하거나 불안한 상태에서 자극의 유입을 차단하
여 안정된 상태로 회복할 수 있는 안정 공간을 제공한다. 안정 공간 환경은 선호

하는 감각을 활용하여 감각적으로 안정시키는 공간으로 만든다. 예를 들면, 다음과 같다.

　-학생이 선호하거나 친숙해 하는 그림 등을 안정 공간에 배치하기
　-움직임을 최소화할 수 있는 의자를 안정 공간에 배치하기

4) 감각 중재 관련 유의점

　자폐성 장애학생의 비전형적인 감각처리에 대한 감각 중재로는 감각통합치료(sensory integration therapy: SIT), 감각통합 중심의 접근(sensory integration-based approaches), 감각 자극기법(sensory stimulation techniques), 청각통합훈련 및 관련 청각 중재(auditory integration training: AIT, and related acoustic intervention), 시각치료(visual therapies), 감각운동 통제 기법(sensorimotor handling techniques), 신체연습(physical exercise) 등이 있다(Baranek, 2002). 이 중에서 가장 보편적으로 활용되는 감각통합치료는 감각 정보의 신경학적 처리과정에 직접적으로 중점을 두는 방법이다. 이는 감각 경험이 학습에 효과적이라는 가정에 근거한다. 자폐성 장애학생을 위한 감각통합치료는 전정 감각 또는 고유수용 감각을 자극하는 활동을 통해 자폐성 장애학생의 감각적 비정상성을 극복하는 것을 목적으로 한다(Schaaf, 2011). 감각통합치료는 특별한 장비(예: 그네, 트램펄린 등)가 요구되는 임상 환경에서 직접적으로 일대일 중재를 실시하는 모델이다. 치료계획은 개별적으로 고안되며 숙련된 치료자에 의해 이루어진다. 이러한 직접적인 중재와 더불어 학교나 가정에서의 프로그램, 과제 및 환경 수정, 전문가의 자문 서비스가 제공된다(Baranek, 2002; Schaaf, 2011).

　감각통합은 적응적인 반응을 만들기 위해 뇌에서 이루어지는 감각정보 조직화의 과정이다(Ayres, 1979, 1989). 즉, 시각, 촉각, 미각, 후각, 청각의 모든 감각을 등록하고 조직하고 조절하고 통합함으로, 학생은 자신 및 다른 사람 또는 사물과 효과적으로 상호작용할 수 있다. 그리고 학생이 환경에서 들어오는 도전에 성공적으로 직면할 때 적응적인 반응이 일어난다. 감각통합과정은 학생이 학습을 하는 데 중요할 뿐만 아니라 환경에 적절하게 반응할 수 있는 적응행동의 발달에도 중요하다(Fisher et al., 1991). 감각통합치료는 자폐성 장애학생의 놀이기술, 참여행동, 성인과의 상호작용, 운동 및 감정에 대한 반응의 향상에 효과적이었으나(Case-Smith & Bryan, 1999; Linderman

& Stewart, 1999), 또래와의 상호작용에서는 의미 있는 변화가 나타나지 않았다(Case-Smith & Bryan, 1999). 감각통합치료는 자폐성 장애를 위한 증거기반실제(Evidence-Based Practice: EBP)로 판별될 수 있는 경험적 증거가 부족하다(Lang et al., 2012). 질병에 대한 처치로 효과가 검증된 약을 복용하는 것이 중요한 것처럼 교수 및 중재 전략과 방법을 선택하고 시행하는 데 있어서 효과가 검증된 전략 및 방법을 확인하는 것이 매우 중요하다. 이는 교수 및 중재의 효과뿐 아니라 효율성 측면에서도 긍정적 결과를 이끌고 부작용을 최소화하는 데 도움이 된다. 효과적인 지도와 중재는 질적으로 우수한 연구를 통해 검증될 수 있으며 이러한 증거기반실제를 파악하여 이를 적용하는 것이 무엇보다도 중요하다(Reichow & Volkmar, 2011). 교사 및 관련인은 검증된 중재를 알고 이를 자폐성 장애학생에게 적용하고 안내할 필요가 있다.

감각 중재는 자폐성 장애학생을 위한 증거기반의 실제로서의 엄정한 연구에 의한 증거가 부족하다(Case-Smith et al., 2015; Kaplan et al., 1993; Mulligan, 2002; Smith et al., 2014). 앞서 언급한 감각 중재 중에서 대표적인 중재인 감각통합치료에 대해서도 경험적 증거가 부족하다는 점(Bundy & Murray, 2002; Lang et al., 2012)을 교사는 유념해야 한다. 그래서 교실 내에서 일상생활과는 별개로 감각통합치료를 제공하기보다는 앞서 언급하였듯이 교실을 포함한 학교 내 일상적인 환경에서 학생이 보이는 감각 반응을 파악하여 환경적 수정을 통해 학생이 감각 조절을 하여 교수·학습 활동에 참여할 수 있도록 시도해야 한다.

요약

□ 감각처리과정을 정의할 수 있다.

감각처리과정은 감각과 지각으로 이루어진다. 감각은 감각 기관을 통해 들어온 정보를 탐지하고 이를 중추신경계로 전달하기 위해 전기 화학적 에너지로 변화시키는 내적인 과정이며, 지각은 탐지된 감각정보를 중추신경계의 지식 및 인지 체계로 조직하고 해석하며 의미를 부여하는 사고 과정이다. 감각처리과정은 청각, 시각, 후각, 촉각, 미각, 고유수용 감각, 전정 감각과 같은 감각체계로부터 들어오는 정보를 감지하고, 조정하며, 해석하고, 조직하는 중추신경계 내에서 이루어지는 복잡한 과정이다.

□ 감각체계를 설명할 수 있다.

중추신경계에 정보를 제공하는 7개의 감각체계는 시각, 청각, 후각, 미각, 촉각, 전정 감각, 고유수용 감각체계이다. 감각체계는 자신에 대한 정보, 환경에 대한 정보, 자신과 환경과의 상호작용에 관한 정보를 중추신경계에 제공한다. 시각은 청각 정보가 무엇이며 어디서 오는 소리인지를 확인하거나 촉각 정보가 투입되었을 때 피부에 닿은 것이 무엇인지를 확인하는 것과 같이, 다른 감각 정보의 투입을 확인하는 데도 사용된다. 청각 체계는 들려오는 자극 중에서 관련 있는 자극을 귀를 통해 식별할 수 있다. 또한 청각 체계는 의사소통을 위해 사람의 음성을 등록하기도 하고 환경 내에서 자신과의 관계 및 방향을 파악하기 위해 소리의 방향, 거리 등의 방향정위를 하는 데 활용된다. 후각 체계의 감각 등록기인 코를 통해 수용되는 냄새에 대한 반응은 개인의 경험과 생물학적 특성과 관련이 있다. 미각 체계는 후각 체계와 더불어 개인의 생물학적 특성과 경험의 결합에 따른 반응을 이끈다. 촉각 체계는 피부를 통해 사물과 환경의 질에 관한 정보를 전달한다. 고유수용 감각체계는 움직임의 방향과 속도를 감지하며, 근육, 힘줄, 관절 내 감각 수용기를 통해 등록되는 감각 정보를 다룬다. 고유수용 감각은 전정 감각과 더불어 몸의 적절한 긴장수준을 조절하고 자세를 조절하기 위한 기능을 한다. 움직임 체계라고도 하는 전정 감각체계는 신체의 움직임, 자세, 균형, 협응과 관련이 있다.

□ 자폐성 장애의 감각처리패턴을 설명할 수 있다.

자폐성 장애의 감각처리패턴은 개인의 신경학적 역치와 자기조절 전략 간의 상호작용에 따라 낮은 등록, 감각 추구, 감각 민감, 감각 회피 패턴으로 구분된다.

• 낮은 등록 패턴의 학생: 높은 역치를 가지고 수동적인 자기조절 전략을 사용한다. 이들은 자극에 대해 둔감반응을 보이며, 적절한 방법으로 자극에 반응하는 데 시간이 오래 걸리고 둔하거나 관심 없는 것처럼 보이며 일상생활에서 중요하거나 필요한 과제에 집중하기 위한 적절한 신경학적 활성화를 보이지 않거나 위축되어 보이거나 참여하기 어려워하거나, 자신의 생각에 몰두하거나, 쉽게 지치거나 무감각해 보인다.

• 감각 추구 패턴의 학생: 높은 역치를 가지고 적극적인 자기조절 전략을 사용한다. 이들은 역치를 충족시키고자 매일의 일상적 사건에 시각, 청각, 촉각, 고유수용계

등의 자극을 추구한다. 이들은 감각 자극의 유입을 통한 감각 경험을 즐기기 때문에 지속적으로 자극을 추구하여 이로 인해 학교생활에서 학업 수행의 방해를 받아 과제 완수 등의 제한을 보인다.

- 감각 민감 패턴의 학생: 낮은 역치를 가지고 수동적인 자기조절 전략을 사용한다. 이들은 자극에 대해 과민하게 반응한다. 감각 민감 패턴의 학생은 낮은 역치로 인해 적은 자극에도 민감하여 또래보다 더 많은 것에 주의를 기울이며 계속해서 새로운 자극에 주의를 기울여 과잉행동 또는 산만한 경향을 보인다.
- 감각 회피 패턴의 학생: 낮은 역치를 가지고 적극적인 자기조절 전략을 사용한다. 이들은 유입되는 자극을 감소시키기 위해 활동에의 참여를 강력히 거부하는 경향을 보인다. 이들은 소음이 있는 공간에서 벗어나거나 촉각에 과도한 자극을 주는 과밀 공간에서 벗어나거나 과도한 미각 자극을 회피하기 위해서 심한 편식을 하기도 한다.

□ 자폐성 장애의 감각처리패턴별 상호작용 및 수업 참여 증진 접근을 기술할 수 있다.

자폐성 장애학생의 감각처리패턴별 학교생활에서의 수업 및 상호작용에의 참여 증진 접근을 요약하면 다음과 같다.

- 낮은 등록 패턴의 학생: 낮은 등록 패턴 학생을 위한 학습 지원 전략의 초점은 감각 자극의 강도를 높여 제공하는 것이다. 교사는 학생의 높은 역치에 도달할 수 있는 정도로 강도를 높인 감각 자극을 활동에 포함시켜 학생이 활동에 주의를 두고 참여할 수 있게 할 수 있다.
- 감각 추구 패턴의 학생: 감각 추구 패턴 학생을 위한 학습 지원 전략의 초점은 활동 내에서 감각 추구를 할 수 있는 많은 기회를 포함시켜 제공하는 것이다. 교사는 학생의 높은 역치에 도달할 수 있는 정도의 감각 자극을 활동에 포함시켜 수업 참여를 방해하는 감각을 학생이 추구하지 않도록 한다.
- 감각 민감 패턴의 학생: 감각 민감 패턴 학생을 위한 학습 지원 전략의 초점은 보다 구조화된 자극을 제공하는 것이다. 감각적 각성을 높이지 않는 식별 요소를 고려하여 감각정보를 제공하는 것이다. 대표적인 식별 요소는 예측가능성을 가진 구조화이며, 자극의 구조화를 통해 예측이 가능하도록 하면 학생의 감각을 각성시키지 않기에 과제를 완수할 수 있게 된다.

· 감각 회피 패턴의 학생: 감각 회피 패턴 학생을 위한 학습 지원 전략의 초점은 자극을 최소화하여 제공하는 것이다. 새로운 과제를 제공할 때 예측 가능한 구조화된 자극 또는 친숙한 자극을 제공한다. 편안하게 느끼는 일과의 의식에서 시작하여 아주 작은 변화를 주어 학생이 변화에 주목하지만 상황에서 당황 또는 위축되지 않고 활동에 참여할 수 있게 한다.

□ 자폐성 장애학생의 감각 관련 학습 지원 전략을 설명할 수 있다.

자폐성 장애학생의 감각 관련 학습 지원 전략으로는 활동 준비 전략, 독립 과제 수행 지원 전략, 시각적 지원 전략, 안정을 위한 지원 전략을 들 수 있다.

· 활동 준비 전략: 실제적인 학습 활동 전에 해당 활동과 관련 있는 자료 또는 과제 수행 과정을 미리 제시해 주면, 학생은 활동에의 참여와 상호작용을 위해 기대되는 것이 무엇이며 실제적으로 어떤 활동이 이루어지는지를 예측하여 불안감을 감소시키고 활동 참여 준비를 할 수 있게 된다.

· 독립 과제 수행 지원 전략: 이는 다른 사람의 도움이나 활동에 대한 저항 없이 독립적으로 과제를 완수할 수 있도록 개인 및 환경적 자원을 사용하는 전략이다. 학생이 독립 과제를 수행하기 전에, 이러한 전략에 대한 교수와 더불어 충분한 연습과 적용 기회가 제공되어야 한다.

· 시각적 지원 전략: 시각적 지원은 학생이 해야 할 활동이나 앞으로 일어날 일을 예측하고 기대할 수 있게 하며 전이 과정을 보다 쉽게 경험할 수 있고 상황에 대한 기대를 할 수 있게 한다. 시각적 지원을 다양한 방식으로 제공할 수 있다.

· 안정을 위한 지원 전략: 개인의 일상 환경으로부터 분리된 곳은 학생으로 하여금 자신을 안정시키고 회복하는 기회를 제공한다. 안정 공간은 과제를 회피하거나 처벌과 연계된 공간이 아닌 학생에게 긍정적인 분위기를 제공하는 공간이다.

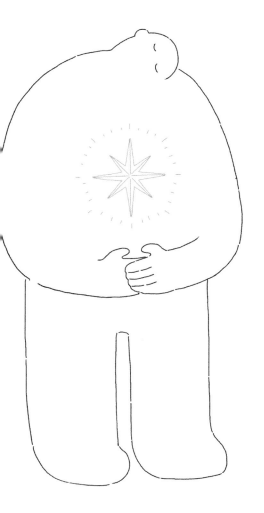

제3부

자폐성 장애학생을 위한
지원

제 **8** 장

자폐성 장애학생을 위한 교수 환경

학습 목표

▣ 구조화된 교수의 개념과 구조화의 유형을 기술할 수 있다.

▣ 자폐성 장애학생의 학습 특성과 연계하여 시각적 지원의 필요성을 이해할 수 있다.

▣ 자폐성 장애학생을 위한 교수 환경 지원을 설명할 수 있다.

핵심 용어

- 공간적 지원spatial support
- 구조화structure
- 구조화된 교수structured teaching
- 사회적 지원social support
- 시각적 지원visual support

- 시간적 지원temporal support
- 예측가능성predictability
- 절차적 지원procedural support
- 조직성organization

교수 환경 지원 사례의 전반부

유진이는 DSM-5에 근거하여 지원을 요구하는 1수준의 자폐성 장애를 가진 특수학교 고등부 1학년 학생이다. 유진이가 속한 소망반은 유진이를 포함하여 8명의 학생들로 구성되어 있다. 4명은 지적장애학생이고 다른 3명은 유진이와 같은 자폐성 장애학생으로 이들은 매우 실질적인 지원을 요구하는 3수준의 장애 정도를 보인다. 소망반 담임인 석 교사는 학급 내 과반수의 학생들이 자폐성 장애를 가지고 있는 점을 감안하여, 학부 시절 수강했던 '자폐성 장애학생 교육' 교과목 수업에서 강조되었던 '구조화'라는 말을 떠올려 학급 교실 환경을 구조화한다. 교실 내 물리적 환경을, 집단 수업을 하는 구역, 개인 과제를 수행하는 구역, 자료를 보관하는 구역, 교재가 비치된 구역, 학생이 안정을 취할 수 있는 안정 구역으로 조직한다. 조직된 구역별로 기대되는 행동에 대한 시각적 자료를 부착하고, 학생이 자신의 것과 다른 사람의 것을 구분할 수 있도록 소유에 대한 시각적 표시를 한다.

물리적 환경에 대한 구조화와 더불어, 석 교사는 학생들이 등교하면 오늘 해야 할 일과에 대해 미리 알아보고 다음 활동을 예측할 수 있도록 시각적 일과표를 개발한다. 학생들의 인지 수준, 선호 상징, 시각적 자료 제시 요구 수준 등을 고려하여 개별 학생에 맞는 일과표를 개발한다. 대부분 학생의 일과표의 상징은 그림 또는 사진으로만 구성된다. 유진이는 소망반에서 가장 기능수행 수준이 높고 그림과 글자가 함께 제시되는 것을 선호하기에 유진이의 시각적 일과표에는 그림과 해당 활동을 나타내는 글자가 함께 제시된다.

또한 석 교사는 학생이 개인 과제를 수행할 때 얼마 동안 착석하여 과제를 수행해야 하는지를 알려 주는 시각적 지원으로 모래시계를 활용한다. 3월과 4월 두 달 동안은 학생들이 시간 길이의 다름(5, 10, 15, 20분 등)을 경험할 수 있도록 모래시계의 크기를 달리하여 제공한다. 가장 작은 모래시계에 5분의 흐름을 보여 줄 모래를 넣는다. 5분짜리 모래시계보다 2배 크기의 모래시계에 10분 분량의 모래를 넣어 시계를 제작한다. 이렇게 하면 학생들은 추상적 개념인 시간에 대해 구체적이며 명확한 시각적 안내를 받을 수 있다. 5월부터는 모래시계의 크기는 같게 하고 모래시계에 담긴 모래의 양을 달리하여 5분짜리, 10짜리, 15분짜리, 20분짜리 모래시계를 만들어 활용한다. 학생들은 모래시계의 크기는 같지만 담긴 모래의 양이 다른 것을 시각적으로 볼 수 있다. 모래시계를 활용하기 전에는 학생들은 교사가 "5분간 활동을 해 보자"라는 말에 1분도 채 되지 않아서 과제 및 자리 일탈 행동을 자주 보인다. 하지만 모래시계를 활용한 시각적 지원을 제공하면서, 학생들은 해당 모래시계의 윗면의 모래가 다 내려올 때까지 과제 참여 행동을 지속하려는 노력을 한다.

자폐성 장애학생의 학업 및 사회적 참여를 위한 교수 환경에는 일반 학생을 위한 효과적인 교수 환경 특성과 더불어 자폐성 장애의 특성과 관련한 요소들이 포함되어야 한다. 교사는 자폐성 장애학생의 특별한 학습 요구를 고려하여 지원적인 교수·학습 환경을 제공해야 한다. 자폐성 장애학생이 학교에서 보이는 많은 문제행동은 이들의 사회적 상호작용 및 의사소통에서의 결함과 직접적으로 관련이 있을 뿐만 아니라 학업적 제한과도 관련이 있다. 이에 자폐성 장애학생을 위한 교과 및 생활 관련 지도가 효과적이기 위해서는 앞선 장에서 살펴본 자폐성 장애의 특성을 고려하여 신중하게 계획된 교수 환경에서 교수·학습 활동이 이루어져야 한다.

이 장에서는 자폐성 장애학생의 학업 및 사회적 참여 촉진을 위해 자폐성 장애학생의 특성을 활용하여 안정감을 증진시키고 동기화시키는 데 근거가 되는 구조화의 개념을 살펴보고 자폐성 장애학생의 시각적 강점의 학습 특성을 반영하며 환경 및 사회적 지원에서 모두 고려될 수 있는 시각적 단서 활용에 관한 시각적 지원에 대해 살펴보고자 한다. 또한 자폐성 장애학생을 위한 교수 환경 지원에 대해 구체적으로 살펴보고자 한다. 이 장에서 기술되는 교수 환경 지원은 교수적 상황뿐 아니라 비교수적 상황에서도 자폐성 장애학생의 학습 및 참여를 용이하게 하는 데 고려될 수 있다. 자폐성 장애학생을 위한 교과 지도 관련 구체적인 전략들은 제9장에서 다룰 것이다.

1. 자폐성 장애학생을 위한 교수 환경 특성

자폐성 장애학생은 사회적 환경에 비해 물리적 환경과의 상호작용에서는 큰 어려움을 보이지 않는다. 물리적 환경과 사회적 환경의 특성을 살펴보면 그 이유를 이해할 수 있다. 물리적 환경은 구체적, 조직적, 예측 가능한, 정돈된, 형태적, 정적인 특징 등을 가지고 있다. 반면에 사회적 환경은 추상적, 비조직적, 예측 불가능한, 유연한, 동적인 특징 등을 가지고 있다. 사회적 능력에 제한이 있는 자폐성 장애학생은 이러한 역동적이고 예측 불가능한 사회적 환경과의 상호작용에서 심각한 어려움을 보인다.

반면에 정적이고 조직적이며 구조화되어 예측 가능한 물리적 환경에 대해서는 사회적 능력의 제한에 따른 불안감이 감소하여 보다 잘 상호작용한다. 이에 사회적 환경에 대한 혼란을 보상할 수 있도록 물리적 환경의 특성을 교수 환경에 반영하여 자폐성 장애학생의 참여를 지원하는 것이 바람직하다. 물리적 환경의 특성을 반영하여 교수 · 학습 환경을 구체적이며 조직적이고 예측가능하도록 구조화하면 자폐성 장애학생의 불안 수준은 낮추고 안정 수준을 높여서 활동 참여를 증진시킬 수 있다.

1) 구조화

구조화(structure)는 학생이 교수 · 학습 활동의 순서와 과제를 예측할 수 있도록 체계적으로 계획하고 구성하는 것이다. 구조화는 매우 포괄적인 개념으로, 학생이 보다 더 참여하고 쉽게 이해할 수 있도록 학습 환경이 설정된 것을 의미한다. 이는 자폐성 장애학생의 시각적 강점과 조직성을 선호하는 특성을 활용하여 이들의 학습 참여를 촉진하도록 안정감과 동기화를 증진시키고자 하는 것이다. 구조화의 목적은 자폐성 장애학생이 무엇을 해야 하는지를 이해하고 과제를 성공적으로 수행할 수 있도록 돕는 것이다(Mesibov et al., 2012). 구조화는 활동이 이루어지는 장소가 어디인지, 사용되는 교재 또는 교구가 무엇인지, 자신의 것은 무엇이고 또래와 함께 공유해야 하는 것은 무엇인지, 해야 하는 행동이 무엇인지, 누구와 함께 해야 하는지, 얼마나 오랫동안 해야 하는지, 언제 끝내는지 등에 대해 예측할 수 있도록 구체적인 정보를 포함하여 체계적으로 교수 · 학습 환경을 구성하는 것이다(Quill, 2000). 자폐성 장애학생은 잘 구조화된 학습 환경에서 안정감과 편안함을 느끼며 자신의 불안을 조절하여 학습에 더 잘 참여할 수 있게 된다. 시각적 정보처리의 강점을 가지고 있는 자폐성 장애학생은 조직성을 갖춘 구조화된 물리적 상황에서는 다른 활동이 일어나는 영역이 어디이고 필요한 교재를 찾을 수 있는 영역이 어디인지를 알 수 있을 것이다(Mackenzie, 2008).

자폐성 장애학생에게 효과적인 프로그램의 핵심 접근 방법은 구조화된 교수(structured teaching)이다. 구조화된 교수를 통한 학습 환경과 활동은 자폐성 장애학생이 자신을 둘러싼 세계에서 의미를 판별하고 이해하는 데 도움을 제공할 수 있다. 구조화된 교수는 자폐성 장애학생의 교육 및 지원을 위한 원리 전략을 의미한다. 구조화된 교수는 특정 공간 및 학습 활동과 연계된 물리적 환경 구성, 시각적 일과표의 활용, 자연적인 상황에서 다양한 기능적 기술의 개별화된 학습 기회 제공, 일관되고 체계적인 접근과 같은 특성을 가지고 있다. 구조화된 교수는 자폐성 장애학생의 학습 과제 참여를 동기화하고 증진시켜 새로운 개념 및 기술의 학습을 돕기 위해 앞서 언급한 자폐성 장애학생의 특성을 활용하는 것이다. 구조화 교수의 목적은 자폐성 장애학생이 무엇을 해야 하는지를 이해하며 성공적으로 과제를 완수할 수 있도록 돕는 것이다. 구조화된 교수의 효과로는 상황에 대한 이해 증가, 혼란과 불안 감소, 학습에 대한 주의력 및 반응성 증진, 행동 조절 가능 등을 들 수 있다(방명애, 1999).

구조화된 교수의 원리 및 전략을 체계적으로 적용한 대표적인 프로그램의 예로 TEACCH(Treatment and Education of Autistic and Related Communication-Handicapped Children)를 들 수 있다. 1990년대에 TEACCH 프로그램 전문가들은 자폐 문화(culture of autism)라 불리는 자폐성 장애의 이론적 개념화(conceptualization)를 이루고 이러한 개념화를 통해 도출된 구조화된 교수라 불리는 교육적 접근을 개발하였다(Mesibov et al., 2012). TEACCH 프로그램에서 적용되고 있는 구조화된 교수에서 일반적으로 주로 활용되는 구조화의 유형은 공간 및 자료의 물리적 구조화, 일과의 구조화, 개별 과제 조직, 구조화된 작업 시스템이다(Mesibov & Shea, 2010).

- 물리적 구조화: 물리적 구조화는 학생이 어디에 있어야 하는지 그리고 거기서 해야 하는 과제와 활동이 무엇인지에 대한 정보를 제공한다. 분명한 특정 경계를 제시하는 것과 같은 예측 가능한 방법으로 학생이 해야 할 활동을 알려 주는 시각 정보를 제공한다. 또한 물리적 구조화는 학생의 주의집중 분산이나 감각자극의 과부화를 유발할 수 있는 환경적 요소를 줄여 준다. 물리적 구조화는 이 장에서 구체적으로 살펴볼 환경적 지원 중 공간적 지원에 해당한다고 볼 수 있다.
- 일과의 구조화: 일과의 구조화는 하루에 일어나는 일의 계열을 조직하고 의사소통하기 위해 일과를 구조화하는 것이다. 일과의 구조화는 주로 일과표(schedule)의 개발과 활용을 통해 이루어진다. 학생은 일과표를 통해 자신이 언제 무슨 과제 또는 활동을 할 것인지를 알 수 있다. 이는 언제 활동이 일어날 것인지, 어떤 활동을 할 것인지, 다음에 어떤 활동을 할 것인지, 자신이 좋아하는 활동은 언제 일어날 것인지 등에 관한 정보를 제공한다. 시각적 일과표는 활동의 예측가능성을 제

공하므로 학생의 불안 감소에 도움이 된다. 일과표의 가장 중요한 특징은 학생에게 시각적이고 의미 있는 정보를 제공하며 변경 또는 갱신이 용이하다는 점이다. 일과의 구조화는 이 장에서 구체적으로 살펴보게 될 시간적 지원에 해당한다고 볼 수 있다.

- 과제 조직: 개별 과제 조직은 학생이 수행할 과제의 자료를 조직하는 것으로, 학생이 해야 하는 과제가 무엇인지, 어떻게 과제를 수행해야 하는지, 얼마 동안 과제를 해야 하는지, 얼마나 많은 과제를 해야 하는지, 과제를 완수할 때까지 자신의 수행을 어떻게 점검할 수 있는지, 과제의 완성을 어떻게 확인할 수 있는지, 다음에 해야 하는 것이 무엇인지에 관한 정보를 시각적 지원을 활용하여 학생에게 제공하는 것이다. 시각적 지원은 이러한 조직화된 개별 과제를 지도하는 데 필수 요소이다. 시각적 지원을 통해 학생은 과제 완성 전략을 학습하고 무엇을 성취해야 하는지를 명확하게 학습할 수 있다.

- 작업 시스템: 개별 작업 시스템이라고도 하는 구조화된 작업 시스템은 교사의 직접적인 지도와 감독을 통해 습득된 개별 과제를 연습하거나 숙달하는 시각적으로 조직화된 공간을 의미한다(Hume & Odom, 2007; Schopler et al., 1995). 작업 시스템(work system)의 목적은 학생에게 독립적으로 작업하는 것을 지도하는 것이다. 이는 학생이 어떤 활동을 독립적인 작업 영역에서 수행해야 하는지를 알게 해 준다. 작업 시스템은 학생이 해야 하는 작업(어떤 작업을 수행해야 하는지), 해야 하는 작업의 양(얼마나 많은 작업을 해야 하는지), 작업이 종료되는 시점(작업은 언제 끝나는지)에 관한 정보를 제공한다. 작업학습 상자와 이에 대한 내용은 항상 볼 수 있도록 왼쪽에 배치한다. 학생들은 왼편에서 오른편으로 작업을 수행한다. 작업 학습 구역을 거친 자료를 오른편에 있는 완료 상자에 넣는다. 왼편의 모든 자료가 없어지면 작업이 끝남을 의미한다. 작업시스템은 작업 공간에서 학생이 독립적으로 모든 활동을 완수하는 것이 목표이므로, 새로운 기술을 가르치는 것보다는 기술의 숙달을 촉진하는 것에 주안점을 두어야 한다. 독립적인 과제 수행을 통해 학생이 습득한 기술이 유창하게 숙달될 수 있도록 학습의 기회를 제공하는 것이다. 교사와 학생의 일대일 또는 소집단 학습 등을 통해 습득한 기술이 숙달되기 위해서는 반복된 학습의 기회가 제공되어야 한다. 학교 현장에서는 학생이 기술의 숙달을 보일 때까지 교사가 충분한 학습의 시간을 일대일 또는 소집단

학습을 통해 제공하기 어렵다. 따라서 이러한 독립적으로 작업할 수 있는 구조화된 작업 시스템을 통해 학생이 기술의 숙달을 이룰 수 있도록 교실 내에 개별 작업 공간을 구성하고 여기에 작업과제를 비치하여 학생이 독립 과제 수행을 반복하여 숙달할 수 있도록 한다. 작업 시스템의 예가 [그림 8-1]에 제시되어 있다.

여기서 분명히 짚고 넘어가야 하는 것은 TEACCH는 자폐성 장애학생의 학습 참여를 지원하기 위해 교수 환경의 구조화를 체계적으로 적용한 대표적인 사례인 것이지 TEACCH의 구성요소가 구조화된 교수의 전부가 아님을 분명히 이해해야 한다는 점이다. Heflin과 Alaimo(2007)는 자폐성 장애학생을 위한 지원적인 학습 환경 조성에 도움이 되는 요소로 물리적 환경 배열하기, 시간구조 확립하기, 시각적이고 구체적인 체제 활용하기, 체계적 교수 제공하기, 감각적 요구 조절하기, 참여 촉진하기, 자극통제 수립하기, 정보 미리 주기를 제안하고 있다.

구조화된 교수는 자폐성 장애학생에게 적합한 접근이라 할 수 있다. 자폐성 장애는 다른 발달장애와는 구별되는 독특성을 가지고 있다(Volkmar & Klin, 2005). 많은 자폐성 장애인이 지적장애를 공존 장애로 가지고 있지만 지적장애만을 가지고 있는 사람들과는 분명 구별되는 특징을 가지고 있다. 그렇기에 자폐성 장애학생을 위한 효과적인 중재 및 지도 전략을 개발하기 위해서는 자폐성 장애의 독특한 특성을 이해하는 것이 무엇보다도 중요하다. 자폐성 장애학생이 예측 가능한 패턴을 선호하여 구조화된 교수·학습 환경에서 활동 참여에 동기화될 수 있음을 내포하는 자폐성 장애의 특성을 제시하면 다음과 같다(Mesibov & Howley, 2003; Mesibov et al., 2012).

- 시각적 정보처리의 상대적 강점과 선호를 가지고 있다.
- 전체보다는 부분에 과도하게 주의를 둔다. 이러한 부분들은 계열화하거나 통합하거나 연결 짓거나 의미를 도출하는 데 어려움을 보인다. 이러한 결함을 보완하기 위해 예측가능성과 반복성에 집착한다.
- 주의집중의 변동성을 보인다. 어떤 때에는 매우 산만하고 또 어떤 때에는 매우 집중을 하여 주의를 효과적으로 돌리는 데 어려움을 보인다. 주의산만으로 인해 외부의 중요 자극을 우선적으로 해석하는 데 어려움을 보인다.
- 발달 수준에 따라 다양한 의사소통 문제를 보인다. 그러나 어떤 발달 수준에서든

라혜가 수행할 작업 시스템

- 작업 시스템 수행 장소: 교실 내 개별 작업 과제 수행 지정 장소
- 수행 작업: 과제 ① 순서대로 숫자 끼우고 세기
  과제 ② 숫자카드에 적힌 숫자에 맞게 집게 꽂기
  과제 ③ 숫자에 맞는 수만큼 클립 넣기

과제 ① 설명	과제 ② 설명	과제 ③ 설명
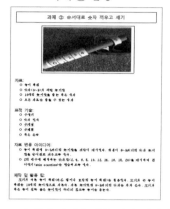		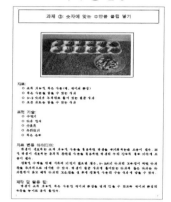

- 수개념 과제수행을 위한 시각적 지원의 예

상자 뚜껑을 연다.	왼손으로 종이 막대를 잡는다.	오른손으로 작은 상자에서 숫자 0이 적힌 종이양을 집는다.	집은 종이양을 종이 막대에 끼운다.	작은 상자에서 숫자 1이 적힌 종이양을 집는다.	집은 종이양을 종이 막대에 순서대로 끼운다.	작은 상자가 비워지면 종이 막대에 끼운 종이양의 숫자(0~9)를 큰소리로 센다.

- 작업 시스템 수행에 관한 시각적 안내판

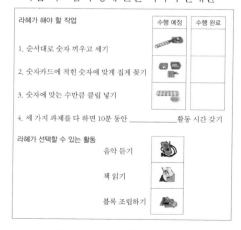

- 작업 시스템 세팅 장면

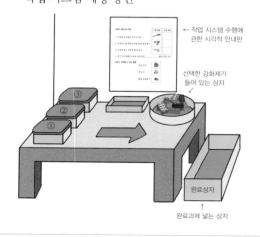

[그림 8-1] 작업 시스템의 예시

언어의 사회적 사용(화용)에서의 제한을 보인다.

- 시간 개념을 잘 이해하지 못한다. 한 활동에서 다음 활동으로 너무 빠르게 또는 너무 느리게 이동을 하거나, '끝'이라는 개념을 포함하여 활동 내 하위 단계를 계열화하는 데 어려움이 있다.
- 특정 상황에서 판에 박힌 일과에 집착하는 경향이 있다. 그래서 본래의 학습상황에서 보인 기술이 일반화되지 못하고 일과가 방해받게 되면 혼란스러워하거나 불안해한다.
- 조직화 기술에 제한을 보인다. 사물이 어떻게 놓여 있어야 하거나 보여야 하는지, 활동이 어떻게 이루어져야 하는지에 대한 동일성의 고집을 보인다. 이러한 동일성 고집 관련 특성은 개별적으로 매우 독특하다. 일반적인 조직화의 기준과는 맞지 않는 경우가 많다.
- 추상적 사고에 제한을 보인다. 교수·학습 상황에서 제시되는 많은 언어들이 대부분 추상적 개념을 가지고 있다. 이러한 추상적 개념을 이해하지 못하여 적절한 학습 참여를 수행하는 데 어려움을 겪는다.
- 선호 활동에 대한 과도한 관심과 충동을 보인다. 그래서 선호 활동에서 벗어나는 데 어려움이 있다.
- 두드러진 감각적 선호 또는 회피를 보인다.

구조화된 교수의 기본 원리는 다음과 같다(Mesibov & Shea, 2010; Mesibov et al., 2012).

- 전략과 목표를 개별화한다: 어떤 2명의 자폐성 장애학생도 동일하지 않다. 자폐성 장애학생 1명에게 효과적이었던 전략을 개별화된 진단 및 평가에 근거한 수정의 과정이 없이 다른 학생에게 그대로 적용하는 것은 바람직하지 않다. 구조화된 교수는 각 학생을 위한 독특하고 개별화된 방식에 일반적인 원리 적용의 중요성을 강조한다. 개별 학생의 수준 및 요구에 따라 사물, 그림 등 구체물 또는 반구체물을 활용하거나 문자, 상징 등의 추상물을 활용할 수 있다.
- 환경과 활동을 구조화한다: 공간, 시간, 과제 구성에 대한 외적 조직을 제공한다. 자폐성 장애학생은 계열화하기와 시간 관리하기에서 어려움을 보이기 때문에 학생이 이해할 수 있는 방식으로 환경과 활동을 구조화하여 지원을 제공하는 것이

학습 활동 참여에 도움이 된다.

• 시각적 지원을 사용한다: 구체적이고 명시적인 구어 지시 및 교수와 함께 시각적 지원을 사용한다. 시각적 지원 등을 활용한 구조화된 교수를 통해 구체적 사고를 촉진하여 추상적 개념의 학습을 할 수 있도록 지원해야 한다. 시각적 지원은 구조화된 교수의 필수요소라 해도 과언이 아니다. 자폐성 장애학생은 시각적 요소를 가진 과제 및 활동에 보다 쉽게 참여한다. 이러한 시각적 지원은 언어적 정보처리과정이 요구되는 교수·학습 과정에서 나타날 수 있는 불안과 혼란을 감소시켜 줄 수 있다.

• 학생의 특별한 관심을 활용한다: 자폐성 장애학생의 제한된 특별한 관심을 활용하여 교육적 지원을 한다(박현옥, 2017). 이들의 특별한 관심을 활용하여 강점 중심의 지원을 실시하면 학생의 학습 참여도 향상, 발달과 학업 성취도 향상, 문제행동 감소, 특별한 능력으로의 발전, 진로와 직업과의 연계의 긍정적 성과를 기대할 수 있다(박현옥, 장지연, 김은주, 2017). 주의집중 및 학습 참여 증진을 위해 자폐성 장애학생의 활동 참여와 과제 완수에 대한 보상으로 학생의 특별한 관심을 활용한다. 또한 교수 학습 자료와 시각적 지원 내에 학생의 특별한 관심을 활용할 수 있다.

2) 시각적 지원

앞서 살펴본 구조화는 시각적 지원을 통해 이루어질 수 있고 시각 정보를 사용한다. 자폐성 장애학생은 구어적(verbal) 정보에 주의집중하고 기억하고 이해하는 데 어려움을 보인다(Cohen & Sloan, 2007). 반면에 상대적으로 시각적 정보처리에서 강점을 보인다(O'Riordan et al., 2001; Schopler et al., 1995). 시각적 지원은 자폐성 장애학생의 독특한 학습 및 사회적 요구에 부합하는 지원으로, 이해와 학습을 증진시키고 전이를 용이하게 하며 문제행동을 감소시키고 의사소통을 촉진할 수 있다(Arthur-Kelly et al., 2009; Ganz & Florez, 2008; Minshew et al., 1992). 시각적 지원은 너무 많은 언어적 정보처리과정이 요구될 때 초래될 수 있는 혼란과 불안을 감소시킨다. 자폐성 장애학생의 학습 참여와 상호작용 촉진을 위한 시각적 지원은 관련 구체적 정보를 제공하며, 무엇을 해야 하는지, 어떻게 말해야 하는지를 구체적으로 상기시킬 수 있는 단서를 제공하고,

독립적으로 수행할 수 있는 기회를 제공한다. 시각적 지원은 이후의 절에서 살펴볼 교수 환경 지원(공간적 지원, 시간적 지원, 절차적 지원, 사회적 지원)에서 활용할 수 있는 지원 전략이다. 이에 시각적 지원의 구체적인 예는 자폐성 장애학생을 위한 교수 환경 지원에 관한 절에서 제시될 것이다. 이 절에서는 시각적 지원의 특징을 중심으로 간략히 자폐성 장애학생을 위한 교수 환경의 특성을 살펴보고자 한다.

교실에서의 시각적 지원은 학생들에게 필요한 정보를 제공하고 분명하고 예측 가능한 기대를 의사소통할 수 있으며 다양한 상황에서 적절한 언어를 제공할 수 있다(Faherty & Hearsey, 1996; Simmons et al., 2014). 교실, 운동장, 식당 등과 같은 학교 내 모든 상황에서 시각적 지원의 활용을 고려할 수 있다. 자폐성 장애학생의 학교생활을 보다 예측가능하게 만들고 학생의 독립성 증진을 지도하는 데 효과적임이 입증된 시각적 지원이 있다. 대표적인 것이 시각적 일과표(visual schedules)이다. 시각적 일과표는 다양한 연령대를 대상으로 과제 참여 행동의 증진, 반응지연 시간의 감소, 부적절한 행동의 감소, 일과 변화에 따른 불안 감소 등을 위해 학급에서 폭넓게 활용되고 있다(Dettmer et al., 2000; Hodgdon, 2011; Massey & Wheeler, 2000; Meadan et al., 2011). 시각적 일과표에 관해서는 다음 절의 시간적 지원 부분에 구체적으로 기술되어 있다.

교수 환경의 구조화를 위한 시각적 지원을 제공하기 위해서는 무엇보다도 학생의 학업 및 사회적인 독립적 기능수행을 증진시킬 수 있도록 과도한 시각 및 청각 정보를 줄이고 기본적인 시각적 정보를 포함하여 학급 환경을 조직하는 것이 중요하다(Simmons et al., 2014). 교사는 자폐성 장애학생에게 구체적인 수행 영역 및 활동을 알려 주는 시각적 안내자로 역할을 할 수 있는 그림이나 사진 등을 전략적으로 교실에 배치할 수 있다. 학급 내 교수·학습 과정에서 지켜야 할 규칙과 이러한 규칙을 지키기 위해 어떤 행동을 해야 하는지에 대한 구체적인 시각적 안내판을 교실 내에 부착할 수 있다. 시각적 지원은 만질 수 있는 구체 정보를 제공하고, 관련된 사회적 정보를 강조하며, 구체적인 단서를 제공하고, 언어 및 사회적 촉구의 의존을 줄여 주며, 독립심을 강조할 수 있고 단서의 용암이 용이하다는 장점을 가지고 있다. 학습자가 시각적 정보를 선호하며, 비조직적이고 언어적인 면에서 어려움을 보이며 공동주의집중의 결함을 보이고 모방을 잘하지 못하고 다른 전략이 효과적이지 못할 때 이러한 시각적 지원이 효과적이다(Quill, 2000). 즉, 자폐성 장애학생에게는 시각적 지원을 제공하는 것이 학습을 촉진하는 교수 환경 구성 시 중요한 고려사항이라 할 수 있다.

교수에 시각적 요소를 추가한 시각 단서 교수(visually cued instruction)는 교수·학습 상황에서 주어지는 다양한 자극 및 정보 중에서 필요한 자극 및 정보에 주의집중하고 적절하게 반응할 수 있도록 지도하여 타인 의존의 외부통제소재를 감소시키고 일반화를 촉진시킨다. 교과 지도와 관련하여 학생의 수업 참여를 지원하는 시각적 전략 중에 하나는 그래픽 조직자(graphic organizers)의 사용이다. 그래픽 조직자는 다양한 교과 영역에서 다양한 방식으로 사용된다. 그래픽 조직자의 활용은 학생이 교과 내용을 이해하고 학습 과제와 교과 지식 간의 관계를 파악하는 데 도움이 된다(Simmons et al., 2014). 자폐성 장애학생의 학습 지원을 위해 다양한 유형의 그래픽 조직자가 활용될 수 있다. 그래픽 조직자를 활용한 교과 지도에 대한 보다 자세한 내용은 이 책의 제9장을 참조한다. 그래픽 조직자뿐 아니라 자폐성 장애학생에게 다양한 기술을 지도하는 데 효과적인 비디오 모델링(video modeling)과 자폐성 장애학생에게 사회적 맥락에서의 다른 사람의 생각이나 감정 등과 같은 사회적 상황에 대한 정보를 제공하고 지도하는 데 효과적인 사회적 상황이야기 또는 짧은만화대화와 같은 스토리 기반의 중재에서도 시각적 지원 전략이 적용된다. 이러한 시각적 지원을 활용한 사회적 의사소통 향상을 위한 효과적인 중재에 관해서는 이 책의 제3장을 참조한다.

　　시각적 지원을 제공하면 자폐성 장애학생은 청각적 정보만 제시되었을 때보다 교수·학습 활동에서 수업 참여의 향상을 보인다. 시각적 지원과 더불어 청각적 지원을 제공할 때에는 보다 구체적인 언어를 사용해야 한다(Boucher & Lewis, 1989; Schopler et al., 1995). 지시를 내릴 때 학생이 수행해야 하는 행동을 구체적으로 묘사하는 명확한 용어를 사용한다. 또한 얼굴표정, 목소리의 높낮이, 몸짓 등 비언어적 의사소통 양식과 더불어 시각적 촉구 등을 활용하여 명확한 구어 지시를 한다(Quill, 1997). 자폐성 장애학생은 비언어적 의사소통에 제한이 있기에 목소리의 높낮이를 통해 전달되는 메시지를 인식하지 못할 수도 있고 교사의 단호한 어조가 경고의 의미임을 알아차리지 못할 수 있다(Lamers & Hall, 2003; Rhea et al., 2005). 그렇기에 시각적 지원을 활용할 때 교사는 보다 구체적이고 명확한 구어를 사용하는 것이 중요하다.

　　시각적 지원은 매우 구체적인 것부터 보다 추상적인 것으로 형태와 범위를 다양하게 할 수 있다(Simmons et al., 2014). 이는 대상학생의 연령 및 발달수준에 적합한 것을 선택하는 것이 좋다. 시각적 지원을 위한 상징의 범위와 유형의 예가 〈표 8-1〉에 제시되어 있다. 자폐성 장애학생을 위한 시각적 지원을 활용할 때에는 학생의 연령의 적합성, 크기, 지속성, 휴대용이성, 접근성, 의사소통 수준 등을 고려해야 한다(Cohen & Sloan, 2007). 교사는 교실에서 자폐성 장애학생을 위해 선택기회를 제공하거나 매일의 일과를 조직하거나 구체적인 지시를 하거나 교실에서의 기대를 알려 주거나 수업 및 교실 전이에 관한 지원을 하거나 적절한 행동을 지도하고자 할 때 이러한 시각적 지원을 활용할 수 있다.

표 8-1 시각적 지원을 위한 상징의 범위와 유형의 예시

범위	상징 유형		예시
구체성 ↕ 추상성	삼차원 상징	실제 사물, 모형 등	• 제시되는 두 가지 사물 중에서 하나를 선택 • 학생이 해야 하는 활동을 상징하는 사물을 제시(블록 활동을 상징하는 블록 제시, 음악활동을 상징하는 카세트테이프 제시, 컴퓨터 활동을 상징하는 컴퓨터 모형 제시 등) • 양치를 할 수 있도록 세면대에 칫솔과 치약 놓기
	이차원 상징	사진, 그림, 선화 등	• 일상 활동 또는 감정을 나타내는 사진 또는 그림 제시 • 과제 수행 순서를 알려 주는 그림 카드 제시
		글자, 단어 카드 등	• 일상 활동 또는 감정을 나타내는 글자 또는 단어카드 제시 • 구체적 활동과 장소가 기술된 일과표 제시

2. 자폐성 장애학생을 위한 교수 환경 지원

자폐성 장애학생은 체계화하고 계열화하는 데 제한을 보이며 시간을 관리하는 데 어려움을 나타내는 특성이 있기에 교수 환경의 조직적 지원이 필요하다. 자폐성 장애학생을 위한 교수 환경 지원은 개별 학생의 감각 요구, 시간의 흐름을 이해하고자 하는 요구, 학습 양식과 강점, 정확하고 신뢰할 수 있는 정보에 대한 요구 등을 고려하여 지원적인 환경을 구성하는 것이다. 개별 학생의 특성에 따라 다양한 교수 환경 지원이 요구될 수 있으나 무엇보다 중요한 것은 자폐성 장애학생별로 신중하게 개별화되어야 하고 사회적으로 타당하며 지속적으로 활용되고 학생의 연령에 적합하며 상황과 대상에 따라 융통성 있게 실행되어야 한다는 것이다(Dalrymple, 1995). 교수 환경 지원은

교사와 학생, 학생과 학생 간의 사회적 상호작용 이외에 학습에 영향을 미치는 환경적 요인을 조성하는 것으로(Earles-Vollrath et al., 2008), 이 절에서 제시되는 교수 환경 지원은 앞서 살펴본 자폐성 장애학생을 위한 교수 환경의 특성인 구조화와 시각적 지원이 반영된 것이라 할 수 있다(Mesibov et al., 2012). 이 절에서는 자폐성 장애학생을 위한 교수 환경 지원을 공간적 지원, 시간적 지원, 절차적 지원, 사회적 지원으로 구분하여 구체적으로 살펴보고자 한다.

1) 공간적 지원

자폐성 장애학생의 학업 및 사회적 참여 촉진을 위한 교수 환경 지원 전략 중 하나는, 교실 및 학교 내 물리적 공간을 구조화하여 공간적 지원을 제공하는 것이다. 공간적 지원은 환경의 조직에 관한 구체적인 정보를 제공하기 위해 사용되는 지원으로, 사물의 위치에 관한 정보와 사적인 공간을 포함하며, 학생이 감각적으로 과부하되었을 때 안정을 취할 수 있도록 지원할 수 있고, 다른 사람에 대한 학생 자신의 공간적 관계를 이해할 수 있도록 지원할 수 있다(Dalrymple, 1995). 대부분의 학생은 작은 변화에 쉽게 적응하거나 언어적 정보 제공만으로도 환경을 이해할 수 있다. 그러나 자폐성 장애학생은 환경 자극에 의해 매우 심각한 영향을 받을 수 있다. 자폐성 장애학생은 매우 작은 변화에 대해서도 상당한 변화가 나타난 다른 환경으로 인식한다. 그래서 교실 내 환경이 어제와 다를 경우, 이에 대한 시각적 안내가 필요하다. 예를 들어, 이전 교실 사진과 세부적으로 변화된 교실 사진을 활용하여 변화에 대해 사전에 안내하면 학생은 자신이 조절할 수 있는 불안감으로 가지고 교실에 들어가서 적응할 수 있게 된다.

(1) 물리적 공간의 구조화

구조화된 물리적 환경은 자폐성 장애학생에게 교실 내 어느 영역에서 개별 활동, 소집단 활동, 대집단 활동이 이루어지는지에 대한 명확한 정보를 제공하고 영역의 한계를 알게 하여 참여를 촉진시킬 수 있다(Schopler et al., 1995; Simpson & Myles, 1993). 구조화된 물리적 환경은 학생에게 분명한 기대를 제공하고, 상황과 관련된 단서에 주의 집중을 이끌며, 학생이 목적에 부합하는 의도된 활동을 할 수 있도록 한다(Dalrymple, 1995). 또한 학생의 독립성을 증대시키고, 다른 사람을 관찰하는 능력을 기르며, 사회적 상호작용을 증진시키고, 학생이 예측할 수 있고 유연하게 변화를 이룰 수 있다 (Quill, 2000).

물리적 공간을 구조화할 때 교실 내에 특정 활동이 이루어지는 장소에 대한 정보를 제공할 수 있도록 경계를 정하여 표시할 수 있다. 해당 활동을 어디에서 해야 하는지에 대한 정보를 제공한다. 색 테이프, 카펫, 색 테이블보 등을 활용하여 경계를 표시할 수 있다. 자폐성 장애학생이 자신이 원하는 것에 접근하는 방법을 알기 위해서는 사물이 놓여 있는 곳을 알거나, 서랍과 같은 닫힌 공간의 외부에 붙은 그림이나 글자를 알거나, 사물함 안에 무엇이 있는지를 알면 도움이 된다. 정돈되고 계획된 환경은 학생이 자신의 세계를 조직하고 보다 효과적으로 활동하는 데 도움이 된다.

자폐성 장애학생을 위한 교실 공간은 일반적으로 다음의 영역으로 구성할 수 있다 (Mackenzie, 2008).

- 출입문 영역: 실내화로 갈아 신는 곳, 신발장에 신발주머니를 넣어 두는 곳, 겉옷을 걸어 놓는 곳
- 일과표 부착 영역: 학생의 시각적 일과표가 부착되어 있는 곳(학급 전체 학생에게 동일하게 적용되는 일과표, 개별 학생의 일과표)
- 집단 활동 영역: 소집단 또는 대집단으로 교수·학습 활동이 이루어지는 곳
- 개별 활동 영역: 일대일 개별 수업이 이루어지는 곳, 개별 독립 과제를 수행하는 곳
- 놀이 영역: 쉬는 시간 동안 자유롭게 놀이가 이루어질 수 있는 교재·교구가 놓여 있는 곳
- 자료 영역: 학생 개인 또는 공동의 자료가 있는 책장, 선반, 사물함이 있는 곳
- 진정 영역: 학생들이 안정을 취할 수 있는 곳
- 교사 영역: 교사 책상 및 자료가 있는 곳

수업 형태에 따라 학생의 자리가 어디인지를 알 수 있도록 자리를 배치한 학습 환경을 구성한다. 교실 내에 특정 공간에서 이루어지는 활동에 대한 기대가 분명하게 드러나도록 교실 가구를 배치한다. 교실의 공간이 넓을 경우, 개별 활동, 소집단 활동, 학급 전체 활동을 할 수 있는 영역으로 구분할 수도 있다. 공간이 제한적인 경우, 가구의 재배열을 통해 다양한 형태의 교수가 이루어질 수 있도록 구성할 수 있다. 자폐성 장

애학생이 산만해지지 않도록 교수·학습 활동이 이루어지는 공간 내 학생의 책상은 가능한 한 교실문 또는 창문을 등지고 앉도록 배치한다. 개별 활동 공간은 칸막이 등을 놓아 활동에 집중할 수 있도록 한다. 경계를 정하기 위해 해당 영역이 무엇을 하는 영역인지 알 수 있는 시각적 단서를 제시한다. 특정 활동을 하는 영역을 명확히 보여 주기 위해 교실 바닥에 색테이프로 구분하여 표시할 수 있다. 또한 해당 공간에서 이루어지는 활동의 그림 또는 사진, 글자를 부착할 수 있다. 이는 학생이 특정 활동이 어디에서 이루어지는지를 이해하는 데 도움이 된다. 교실이 정돈되고 조직된 학습 환경이 될 수 있도록 구성한다. 선반과 책장을 잘 정돈해 놓는 것이 중요하다. 학생이 수업을 할 때 컴퓨터가 시야에 들어올 수밖에 없는 환경이라면, 컴퓨터 모니터 덮개를 덮어 놓는 것이 도움이 될 것이다(Mackenzie, 2008). [그림 8-2]는 교실의 구조화된 물리적 환경의 예이다.

교실 내 공간에 대한 조직과 더불어 교실 내 활동 영역에 따른 공간적 지원으로서 학생 자신의 것 또는 함께 공유해야 하는 것 등 소유에 대한 정보를 제공할 수 있다.

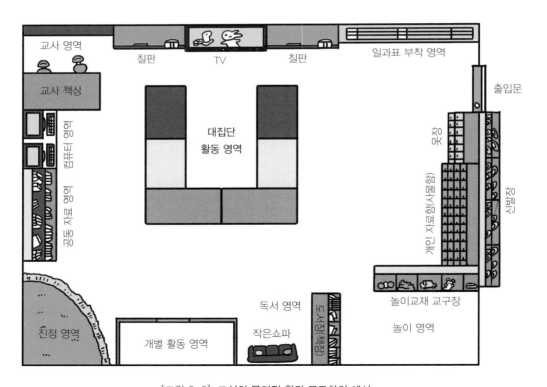

[그림 8-2] 교실의 물리적 환경 구조화의 예시

학생의 이름 또는 내용이 쓰인 라벨 붙이기를 활용하여 학생이 자신의 사물함, 자신의 옷을 걸어 두는 곳, 자신의 신을 놓아 두는 곳, 자신의 책상 등을 알게 할 수 있다. 어린 학생의 경우, 학생의 사진을 붙여 표시하는 것도 도움이 된다. 중등 학생의 경우, 교과별 자료를 찾을 수 있도록 교실 내 책장에 교과명이 쓰인 칸을 부착해 놓을 수 있다. 해당 사물이 보관된 상자에 해당 사물의 사진 또는 이름 라벨을 붙여 표시할 뿐만 아니라 사물의 소유에 대한 표시도 할 수 있다. 소유에는 개인 소유물, 공동 소유물, 특정인의 소유물, 누구에게도 속하지 않는 소유물, 빌린 소유물 등 매우 다양하다. 이러한 소유의 복잡한 특성을 설명하기 위해 교사는 자폐성 장애학생이 환경을 보는 방식을 고려해야 한다. 명확히 구체적으로 소유를 지도하는 정돈된 환경은 자폐성 장애학생이 이러한 개념을 학습하는 데 도움이 된다. 시각적 단서 활용과 더불어 소유물의 사용을 통제하는 구체적인 규칙은 소유의 명확한 의미를 전달하는 데 도움이 된다. 개인 소유의 특정한 공간이 있음을 학습하고 개인의 소유에 대한 책임을 지는 것을 학습하는 것은 자폐성 장애학생이 자신의 환경을 정돈되고 신뢰할 수 있는 환경으로 유지하는 데 도움이 된다.

감각 특성과 관련한 장에서 언급한 바와 같이 자폐성 장애학생은 낮은 역치로 인해 감각 자극의 과부화에 따른 감각 민감 반응을 보일 수 있다. 이때 학생이 안정을 찾을 수 있는 공간이 교실 내에 확보되어야 한다. 이는 '안정 또는 진정 영역'이라 할 수 있는 공간으로(Center, 1999), 학생이 스스로 해당 공간에 가서 이완을 할 수도 있고 교사가 학생에게 해당 공간으로 가도록 안내할 수도 있다. 중요한 것은 과제나 활동을 회피하기 위한 수단으로 안정 공간에 가도록 해서는 안 된다는 것이다. 어떤 상황에서 안정 공간을 활용할 수 있으며 안정 공간에서는 어느 정도의 시간 동안에 어떤 행동을 해야 하는지에 관해서도 지도가 이루어져야 한다. 학생이 구체적인 방식으로 이러한 요구 행동을 할 수 있도록 학생의 의사소통 수준에 맞게 지도해야 한다. 진정(안정) 영역에서 이완하는 것을 학습하면 이는 자기관리와 자기통제를 이끌 수 있다. 다음은 진정 영역 활용의 사례이다.

사례

진정 영역 활용 사례

김 교사는 학생들을 위한 진정 영역을 교실 내에 구성하기로 한다. 대형 냉장고 박스 2개를 하나의 박스로 만들고 출입문을 만든다. 학생들과 미술시간에 다양한 방법으로 박스를 꾸민다. 완성된 진정 공간 박스를 교실 뒤편 창가 쪽에 놓는다. 진정 공간 안에는 학생이 편하게 앉을 수 있는 빈백의자(작은 스티로폼이 백에 들어 있는 의자)를 설치한다. 또한 작은 테이블을 놓고 그 위에 스위치로 켰다 끌 수 있는 은은한 조명의 스탠드와 진정 시간을 알게 해 주는 10분짜리 모래시계를 놓는다. 빈백의자 옆에는 은은한 라벤더 향이 나는 방향제를 놓는다. 또한 학생들이 개별적으로 진정을 위해 활용할 수 있는 활동 재료(예: 음악을 들을 수 있는 장치, 색블록 조립 도구, 공룡 책 또는 자동차 책과 같은 특별한 관심 영역 관련 서적 등)들이 들어 있는 상자를 테이블 옆에 놓는다.

김 교사는 학생들에게 진정 영역 행동 절차에 대해 시각적 지원을 활용하여 지도한다. 또한 학생들에게 진정 영역은 10분 이용할 수 있으며, 하루 3번의 기회를 가질 수 있다고 안내한다. 등교 시 김 교사는 학생들에게 학생의 얼굴 사진이 붙어 있는 막대 3개를 제공한다. 이 막대는 학생이 진정 영역을 사용하고자 할 때마다 교사에게 제출하는 것이다. 체계적인 시각 단서 교수를 통해 학생들은 진정 영역을 활용할 수 있다. 학생은 교실 내 불안의 증가로 진정이 필요하다고 느낄 때 교사에게 진정 영역 활용 막대를 제시하고, 교사의 허락을 받아 진정 영역에 들어간다. 진정 공간에 들어간 학생은 먼저 모래시계를 돌려놓고 진정 시간 동안 진정을 위해 할 수 있는 활동 재료인 자동차 책을 꺼내서 읽는다.

학교 내 물리적 환경을 구조화하면, 자폐성 장애학생에게 환경에 따른 기대를 보다 분명히 전달할 수 있고, 적절한 행동지원을 제공할 수 있다. 교사는 환경 단서에 근거한 연계행동을 지도해야 한다. 이때 교사는 시각적 단서를 활용할 수 있다. 예를 들어, 손 씻기, 양치질하기 등과 같이 화장실에서 기대되는 행동, 복도에서 기대되는 행동, 교실 수업에서 기대되는 행동 등 해당 환경에서 기대되는 행동에 대한 시각적 단서를 제공한다. 또한 자폐성 장애학생은 사적인 공간에서의 사적인 행동에 관해 잘 알지 못할 수 있다. 화장실 사용과 같은 사적인 행동(예: 화장실 문을 닫고 바지를 내리는 행동)을 지도할 때, 이를 자연적인 학습 환경(예: 쉬는 시간에 학생이 이용하는 화장실에서 지도)에 통합시켜 지도하는 것이 중요하다.

자폐성 장애학생은 구체적이고 예측 가능한 상황에서 편안함과 안정감을 갖는다.

그렇기에 적어도 몇 달 동안은 교실 내 영역 구분을 변경하지 않고 활동이 이루어지는 영역에 대한 지정을 변경하지 않는 것이 좋다. 학생이 일정 기간이 지나 교실 영역의 구조에 편안함을 느끼면 점진적으로 작게 변화를 줄 수 있다. 자폐성 장애학생은 작은 변화에도 불안감을 가질 수 있으므로 변화에 대해 앞서 언급한 시각적 지원을 제공하여 학생이 최소한의 불안을 견디면서 환경에 적응할 수 있는 기회를 갖도록 할 수 있다(Mackenzie, 2008). 교실 구조화에서 작은 변화가 주어졌을 때, 학생이 불안해하거나 과제이탈 행동을 보이면, 교사는 필요한 경우 시각적 지원을 통해 학생이 변화에 대한 유연성을 가질 수 있도록 돕는다.

(2) 공간 내 감각 자극 조절

앞서 제7장에서 언급한 바와 같이, 자폐성 장애학생은 비정상적 감각 특성으로 인해 학습 참여 및 반응을 위한 최적의 각성 상태인 신경학적 감각 역치가 과도하게 높거나 낮아서 둔감 또는 민감 반응을 보이고 이러한 반응은 학습 참여를 제한한다. 학습 환경은 감각 자극을 줄인 학습 환경으로 구성되어야 한다. 교실 내 물리적 환경을 구조화할 때, 자폐성 장애학생의 자리는 학생의 감각 특성을 고려하여 가능한 한 감각적 방해를 적게 받는 위치에 배치하고 자주 위치를 바꾸어 주기보다는 정해진 자리를 일정 기간 동안 일관되게 유지하는 것이 좋다. 소리에 민감한 학생의 자리는 에어컨 또는 선풍기, 교실문, 창문과 다소 거리를 두고 배치되어야 한다. 촉각이나 후각에 민감함을 보이는 자폐성 장애학생은 교실 벽의 페인트 색과 냄새에 민감할 수 있다(Dalrymple, 1995). 학습 환경을 계획할 때 소음, 시각적 산만함, 열린 공간, 움직임, 거리감각, 냄새, 촉각적 민감 또는 요구 등이 모두 고려되어야 한다. 학급 교실 외 다른 장소(예: 체육관, 도서실, 식당 등)에도 자폐성 장애학생이 효과적으로 참여하는 데 영향을 미칠 수 있는 요인을 파악하여 이를 고려한 공간 내 감각자극의 조절이 필요하다.

대부분의 자폐성 장애학생은 시각적 학습에 강점을 가지고 있다(Schopler et al., 1995). 자폐성 장애학생의 다양한 학습 양식에 맞는 환경 지원을 제공하는 것이 바람직하다(Mackenzie, 2008). 색은 가능한 한 자연적인 것이 좋다. 교실이 자연채광이 잘되는 곳이라면 좋겠지만, 그렇지 않고 학생이 형광등에 민감한 경우 개별과제를 하는 영역에 불빛을 조절하는 것이 중요하다. 교실 내 복도 쪽의 창이 클 경우, 커튼을 달거나 불투명 시트지를 붙이는 것만으로도 감각 자극을 줄이는 데 도움이 된다. 교사가 교실 내 모든 감각 자극을 조절할 수는 없다. 최선을 다해 학생이 학습에 참여할 수 있도록 감각 자극이 조절된 학습 환경을 구성하는 것이 중요하다.

감각 자극에 대해 민감 반응을 보이는 학생에게는 학생의 학습 참여를 위해 교실환경에서 학생이 민감 반응을 보이는 감각 자극을 줄여 교수 환경을 조절해 줄 수 있다. 빛에 민감한 학생에 대해서는 교실 내 조도를 조절해 주거나 개별 학습 활동 시 윗부분이 덮개로 가려진 책상(일명 독서실 책상)을 활용할 수 있다. 소리에 민감한 학생에게는 귀마개를 제공하거나 복도 또는 운동장 창가와 떨어진 자리에 배치하여 가능한 한 소음이 차단된 환경을 제공할 수 있다. 또는 칸막이를 두어 다른 시각 및 청각적 자극을 차단해 줄 수 있다. 또한 학습 과제 수행 시 학생의 특정한 감각적 요구를 완화시킬 수 있는 교재교구를 제공할 수도 있다(Ontario Ministry of Education, 2007). 스트레스와 피로가 감각 자극에 대한 역치를 낮출 수 있으므로 학생의 수면 및 스트레스 상태를 민감하게 점검하여 이에 대한 대처를 해야 한다.

감각 자극에 대해 둔감 반응을 보이는 학생에게는 학생이 수업 중 자극 추구 행동을 하여 수업 방해 또는 과제 비참여를 이끄는 감각체계가 무엇인지를 판별하여 수업 전에 이를 충분히 경험할 수 있는 환경을 제공하거나 수업 활동 내에서 자극 추구 행동과 참여 행동이 연계 되도록 조성해 줄 수 있다. 또는 과제 완성 또는 학습 요구 및 기대에 대한 강화제로서 감각 활동에 참여하게 할 수 있다(Ontario Ministry of Education, 2007). 학생이 지속적으로 말을 하거나 소음을 내는 것은 자극이 필요함을 의미하는 것일 수 있다. 책상 가까이 램프를 놓아 시각 자극을 제공하거나 헤드폰을 이용하여 청각자극을 증가시킬 수 있다. 전정계와 고유수용계 자극을 추구하는 학생에게는 수업 전 쉬는 시간에 트램펄린을 뛰게 하여(이때 학생이 근골격계 이상이 없음을 확인한 후에 트램펄린을 활용해야 한다) 충분히 자극이 역치에 도달하여 수업에 참여할 수 있도록 한다. 또는 수업 중 자료를 나누어 주는 역할을 학생에게 부여하면 학생은 수업 참여 행동을 하면서 또래들에게 자료를 나누어 주며 자연스럽게 자극 추구 행동을 하게 된다. 또한 과제 참여 행동을 하였을 때 이에 대한 강화제로 트램펄린을 뛰게 할 수도 있다.

2) 시간적 지원

공간적 지원과 더불어 자폐성 장애학생의 학습 참여를 위해 제공되어야 하는 중요한 환경 지원은 시간적 지원이다. 시간의 개념은 매우 추상적이다. 자폐성 장애학생은 수업 중에 "5분만 더 하자" "10분 후에 하자" "이거 먼저 하고 그건 나중에 하자" 등의 시간 개념이 담긴 청각 정보를 많이 접한다. 청각적 정보에 주의를 두고 이해하는 데 어려움을 갖는 자폐성 장애학생에게 시간 개념이 담긴 청각 정보는 학생의 수행에 더욱 혼란과 결함을 초래할 수 있다. 시간적 지원은 추상적인 시간 개념에 대한 이해를 돕기 위해 시간의 구조를 확립하는 것이다.

(1) 시간의 구조 확립

교실의 물리적 구조(공간적 지원)는 해당 공간에서 무엇을 할지에 대한 기대를 전달하고 적절한 행동을 지원하며, 시간적 구조(시간적 지원)는 학습에 대한 동기와 가능성에 영향을 미친다. 시간적 구조는 시간이 어떻게 사용되는지를 의미한다. 자폐성 장애학생은 일상에서 벗어나거나 예측이 어렵거나 혼란스러울 때 심리적 불편감을 심하게 느끼며 학습 등의 일상적인 활동에 참여하는 데 어려움을 보인다(Steingard et al., 1997). 시간이 어떻게 사용되는지에 관한 정보를 제공하는 시간 구조화는 일과를 예상할 수 있도록 지원해 주고 심리적 불안을 완화하여 학습에 대한 동기와 가능성을 높일 수 있다. 시간의 구조화는 활동에 걸리는 시간, 활동의 변화와 순서, 해야 할 활동에 대한 묘사, 시작과 끝에 대한 안내, 활동의 전환 안내 등을 제공한다(Heflin & Alaimo, 2007). 예상할 수 있는 일과를 확립하는 것은 심리적 불안을 일부 완화시켜 줄 수 있고 학생이 학습에 더 집중할 수 있도록 만들어 줄 수 있다. 예측 가능한 일과의 확립은 궁극적으로 융통성을 가르치는 능력을 촉진하게 된다.

시간적 지원은 시간을 조직하기 위해 사용되는 지원으로, 일정, 완료 지침, 대기(기다림) 지원, 시간 변화 수용 전략 등이 포함될 수 있다(Dalrymple, 1995). 일정은 하루의 한 부분, 하루 전체, 일주일, 한 달, 또는 일 년에 관한 정보를 제공한다. 일정에 관한 시각적 지원은 시각적 일과표를 통해 이루어질 수 있다. 완료 지침은 활동이 언제 종료되는지에 관한 정보를 제공한다. 대기 지원은 기다려야 할 때 어느 정도 기다려야 하는지에 대한 정보를 제공하고 기다리면서 할 수 있는 활동에 대한 정보를 제공한다. 시간 변화 수용 전략은 예기치 못한 시간 변화에 대처할 수 있는 전략에 대한 정보를 제공한다.

완료 지침은 활동이 언제 종료되는지에 관한 정보를 제공하는 활동 종료에 대한 신호를 제공한다. 활동이 얼마나 오래 지속될 것이며 언제 끝나는지에 대한 정보를 제공하여 학생의 활동 참여를 증진시킬 수 있다. 종료 신호의 표상 수준은 학생의 기능 수준을 고려하여 적절한 시각적 표상 수준을 적용할 수 있다(Earles-Vollrath et al., 2008). 활동 종료의 신호로, 과제 그림 위에 학생이 받게 될 토큰으로 종료 표시를 하거나 과제 그림 위에 종료를 나타내는 표시를 붙이거나, 일과표를 뒤집어 놓거나 완료한 과제의 그림(또는 사물, 아이콘 등)을 완료 상자 또는 봉투에 넣거나, 앞서 언급한 타이머 또는 모래시계 등을 활용할 수 있다.

대기는 자폐성 장애학생에게 매우 어려운 추상적인 시간 개념이다. 줄 서서 기다리기, 약속 시간 기다리기, 다른 사람이 준비를 할 때까지 기다리기, 버스 기다리기, 식사 기다리기, 다른 사람이 주의를 두도록 기다리기 등 기다림은 상황에 따라 다른 전략과 행동을 필요로 한다. 자폐성 장애학생은 대부분의 학습 상황에서 '기다리기'라는 언어적 지시만을 받는다. 이에 학생들은 상황에 따른 적절한 전략과 행동을 이해하지 못한다. 시간 정보는 어느 정도 기다려야 하는지에 대한 정보를 제공한다. 또는 학생이 기다리는 동안 할 수 있는 '대기 행동/활동'을 지도할 수 있다. 따라서 대기 상황에서 요구되는 시간 정보와 대기 활동이 주어지면 학생은 구체적으로 일정 시간 동안 특정 활동을 하면서 기다릴 수 있게 된다. 대기 행동/활동이 불안정할 경우에는 '지금은 기다리는 시간이다', 즉 '대기 행동/활동을 해야 하는 시간이다'라는 것을 나타내는 구체적인 단서를 지도할 수 있다. 대기 활동의 예로, 헤드폰으로 음악 듣기, 그림책 보기, 손에 쥐고 할 수 있는 소형 게임하기, 퍼즐 맞추기 등을 들 수 있다. 대기 행동은 요구되는 상황에 따라 구체적인 행동이 다르고 복잡하므로 각 상황에 적용되는 행동을 학습할 수 있는 기회가 학생에게 제공되어야 한다.

시간 변화 수용 전략으로 주간 또는 그날의 사건(사상)에 관한 구체적인 정보가 시각적 지원과 함께 주어지면, 단지 구어적 설명만 주어졌을 때보다 더 쉽게 변화에 대해 설명할 수 있다. 구어적으로 변화를 설명하면, 자폐성 장애학생은 계속 반복해서 질문을 하거나 설명된 말의 일부를 반복할 수 있다. 질문이나 말을 하지 않는다면, 학생은 마치 변화가 일어나지 않는 것처럼 계속해서 이전과 같은 것을 할 수도 있다. 예상에 없던 변화에 대한 설명이 학생에게 제공되어야 한다. 교사가 아파서 출근하지 못했을 때, 수업이 변경되었을 때, 수영장이 문을 닫았을 때, 학생이 좋아하는 음료가 떨어졌을 때, 갑자기 차가 고장 나서 멈췄을 때 등 예기치 못한 상황에서 학생이 불안해

지기 전에 대체할 수 있는 것이 주어져야 한다. 변화를 계속 생각하게 하기보다는, 학생이 변화를 이해하도록 무슨 일이 일어나는지에 대한 시각적 자료를 활용하여 정보를 제공하고 대체할 수 있는 활동을 찾아보도록 하며 이 또한 일과임을 안내하는 것이 도움이 된다. 계획하지 않은 일의 발생 가능성을 고려하여 교사가 지도하더라도 예기치 않는 변화는 항상 일어날 수 있다. 학급 시간표(시각적 일과표 활용)를 담당 교과 교사의 사정으로 불가피하게 변경해야 하는 경우, 학생에게 미리 변경 시간표를 제시하여 변화를 미리 알게 해 주면, 학생은 변화에 대해 여전히 불안하지만 스스로 조절할 수 있을 정도의 불안을 가지고 변화를 수용할 수 있게 될 것이다.

교사들은 자폐성 장애학생에게 "5분만 더 하자" "이거 먼저 하고 그다음에 네가 좋아하는 거 하자" "지금은 수학 문제 푸는 시간이야. 10분 동안 수학 문제를 잘 풀면 네가 좋아하는 책을 읽을 수 있어" 등과 같이 시간이라는 추상적 개념을 청각적 자극으로 제시하는 경우가 많다. 시간은 추상적인 개념으로, 추상적 개념 습득에 어려움이 있는 자폐성 장애학생에게 추상적 개념인 시간을 청각적인 언어 자극만 제시하기보다는 시각적 자극을 함께 제시할 때 보다 참여를 용이하게 할 수 있다. 시간의 흐름을 시각적으로 보여 줄 수 있는 모래시계, 시간 타이머(time timer, www.timetimer.com), 시간 타이머 앱(time timer app) 등을 활용할 수 있다.

(2) 시각적 일과표 활용

시간의 구조화를 확립하는 대표적인 방법은 시각적 일과표의 활용이다. 시각적 일과표는 학생의 독립성을 향상시키고 교사의 지속적 감독과 지원에 대한 요구를 줄여 줄 수 있다(Goodman & Williams, 2007). 시각적 일과표는 하루의 한 부분, 하루 전체, 일주일, 한 달, 또는 일 년에 관한 정보를 제공하는 일정에 관한 대표적인 시각적 지원이다. 시각적 일과표를 통해 학생은 해당 일의 활동을 순서에 맞게 진행할 수 있고 시간 구조와 환경적 배열을 이해할 수 있다. 시각적 일과표에서 제시되는 상징의 유형은 다양하다. 낮은 수준인 몸짓에서부터 실제 크기 사물, 소형 모형 사물, 사진, 컬러 그림, 흑백 선 그림, 단어, 문장이나 구절, 수화 아이콘의 높은 수준까지 시각적 표상의 수준은 다양하다(Simpson & Myles, 2008; 〈표 8-1〉 참조). 일과표에 제시되는 시각적 제시 수준은 자폐성 장애학생의 상징 이해 수준에 맞게 적용하는 것이 바람직하다. 시각적 일과표를 활용하여 학생 스스로 일과를 점검하고 조정할 수 있도록 지도하면 이후 독립적 기능수행을 촉진하는 데 도움이 된다. 시각적 일과표는 다양한 정보를 매우 효과적으로 전달한다(Hodgdon, 1995). 시각적 일과표는 구조를 제공하며 프리맥 원리가 적용될 수 있고 시간에 관한 교수가 가능하며 예측과 선택을 학습할 수 있으며 독립심을 증진시킬 수 있고 일과와 관련한 담화를 강화할 수 있으며 학생의 시각적 강점을 활용하는 장점을 가지고 있다(Brown, 1991; Hodgdon, 1995; MacDuff et al., 1993).

　자폐성 장애학생을 위한 시각적 일과표를 개발할 때, 학생의 요구와 강점에 근거하여 시각적 제시 수준, 시각적 제시 배열, 학생의 참여 정도를 결정해야 한다(Earles-Vollrath et al., 2008). 시각적 일과표는 학생이 어떠한 활동을 해야 하는지, 그날에 해야 하는 활동의 순서는 어떻게 되는지를 구체적으로 알 수 있도록 조직된 것이다. 잘 조직된 시각적 일과표는 학생이 독립적으로 수행하고 활동 간 전이/전환을 할 수 있고 보다 더 유연해져서 변화를 수용할 수 있게 된다. 학생은 하나의 일과를 수행하면 자신의 일과표에 가서 해당 일과를 나타내는 카드를 떼어서 '완료' 칸에 넣고 그다음 일과를 확인한 후에 해당 일과를 수행할 수 있다. 이러한 과정을 통해 해당 일의 일과표에 붙은 활동 카드가 모두 '완료' 칸에 들어가게 되면 학생은 교실에서 오늘 해야 하는 일과를 모두 수행한 것이 된다. 시각적 제시의 배열은 가로형과 세로형이 있다. 학생의 선호에 따라 배열을 결정할 수 있다. 가로형으로 제시하는 경우 왼쪽에서 오른쪽으로 배열하여 제시하는 것이 일반적인 읽기에서 요구되는 배열을 따르는 행동 방식을 자연스럽게 익힐 수 있다.

사례

교수 환경 지원 사례의 후반부

　새로운 학년이 되어 새로운 교장선생님이 부임하셨다. 유진이 반은 이전 학년도와 동일한 학급 구성원과 담임교사가 배정되었다. 교과 전담제 시행으로 인해, 신학기부터는 시간표에 따라 교과별로 다른 선생님들이 들어오셨다. 이전까지는 고등부였지만 담임인 석 교사가 대부분의 교과(예체능 교과 제외) 수업을 학급 학생들을 대상으로 시행하였었다.

　학기가 시작되고 2주가 지난 후, 유진이가 등교를 하지 않았다. 석 교사는 유진이의 가정을 방문하여 유진이가 등교하지 않는 이유를 파악하였다. 유진이는 학교가 무섭다며 학교에 가기 싫다고 했다. 학교 가는 것을 좋아한 유진이가 2학기 들어서면서부터 학교가 무섭다는 말을 자주 하더니

급기야 2주가 지나면서부터는 아침에 심한 자해 행동을 보이면서 등교 거부를 하였다고 부모님이 보고하였다. 석 교사는 2학기에 달라진 점이 무엇인지 알아보았다. 유진이 개인의 건강, 약물, 가정 환경 등의 변화, 학교 상황의 변화 등을 면밀히 살펴보았다. 가장 큰 변화는 교과 전담제 시행에 따라 교과별로 수업시간에 다른 선생님이 들어오신다는 것이었다. 유진이에게는 국어, 수학, 과학, 사회 등의 교과명 구분이 명확하지 않았다. 유진이는 2학기 첫날에 수업에 들어오는 선생님의 얼굴을 순서대로 외웠다. 다음날 그 순서대로 들어올 것으로 생각하였으나 다음날 시간표는 달랐기에 선생님이 들어오는 순서는 그 전날과 차이가 있었다. 매일 이렇게 예측할 수 없는 순서로 인해 유진이의 불안은 점점 커진 것이다.

유진이의 등교 거부 이유를 확인한 석 교사는 소망반 수업을 하는 모든 교과 선생님께 양해를 구하고 선생님들의 사진을 배경을 통일하여 찍었다. 선생님들의 얼굴 사진을 가지고 학급의 시간표를 제작하여 교실 내에 부착하였다. 또한 작은 시간표를 만들어 유진이 집에 방문하였다. 요일의 개념을 알고 있는 유진이에게 선생님 얼굴 사진이 붙어 있는 시간표를 보여 주면서 "월요일에는 국어 ○○○ 선생님, 사회 ○○○ 선생님 …… 수학 ○○○ 선생님이 들어오실 거야"라고 설명해 주었다. 3일간 방과 후 가정 방문을 통해 이를 반복 지도하였다. 그다음 주 월요일에 유진이가 선생님 얼굴 시간표를 들고 학교에 등교하였다. 석 교사는 유진이를 반갑게 맞았다. 1교시 수업이 시작하기 전에 석 교사는 해당일이 월요일이므로 화~금요일에 해당하는 선생님 얼굴 사진을 가렸다. 석 교사는 학생들에게 월요일에 해당하는 선생님 얼굴 사진 시간표를 가리키면서 "오늘은 월요일이에요" "오늘은 국어 ○○○ 선생님, 사회 ○○○ 선생님 …… 수학 ○○○ 선생님 순서로 들어오실 거예요"라고 알려 주었다. 유진이는 과연 그러한 순서대로 들어올지 다소 불안해하는 모습이었지만 차분히 자리에 앉아서 국어 ○○○ 선생님이 들어오시기를 기다렸다. 1교시 종이 울리고 국어 ○○○ 선생님이 교실 문을 열고 들어오자 유진이 얼굴에는 불안이 가시고 평안한 미소(자폐성 장애의 특성상 애매한 표정이지만)가 비쳤다. 그날 선생님 얼굴 시간표대로 선생님들이 들어오셨고 다음날 화요일에도 마찬가지였다. 유진이는 학교 가는 것을 다시 좋아하게 되었다. 선생님들의 사정으로 교과 시간이 변경되는 경우에는 담임교사가 해당 일의 1교시 시각 전에 기존의 시간표가 어떠했는데 오늘은 어떤 선생님과 어떤 선생님이 바뀌서 들어오신다고 미리 알려 주었기에 (물론 교실 내 부착된 선생님 시간표는 벨크로 테이프로 만들어졌기에 이동 부착이 가능했다), 유진이는 더 이상 불안해하지 않았다. 선생님 얼굴 시간표에 학급 학생들이 어느 정도 익숙해지자, 석 교사는 가끔 물음표 사진을 시간표 중간에 부착하였다. 그리고 이 시간에는 선생님도 어떤 일이 일어날지는 잘 모른다고 말하며, 뜻밖의 일이 가져다주는 즐거움을 경험할 수 있고 변화를 수용할 수 있는 기회를 제공하였다.

시각적 일과표의 다른 예로, '교수 환경 지원 사례의 후반부'에서 소개한 교사 사진 시간표를 들 수 있다. 교과 전담 교사들에게 의해 수업이 진행되는 특수학교 중등 학급의 경우 교실 앞에 붙어 있는 교과명이 적힌 시간표 대신에 해당 교과 담당 교사의 사진으로 시간표를 제시한다. 월요일에는 다른 요일의 시간표를 가리고 화살표 표시를 하여 현재 수업 시간에 어떤 교사가 들어오는지를 알게 할 수 있다. 교사의 사정으로 시간표가 변경되는 경우, 담임교사는 조회시간에 먼저 본래의 시간표 순서대로 지적을 하면서 말한 후에, "오늘은 국어 ○○○ 선생님과 사회 ○○○ 선생님이 순서를 바꾸어 들어오실 거야"라고 하며 해당 사진을 바꾸어 붙인다. 그런 다음 변경된 시간표를 가리키며 순서대로 안내한다. 학생은 시간표가 변경되어 다소 불안해 할 수 있으나 교사가 미리 알려 줌으로 인해 감당할 수 있는 수준의 불안을 갖고 수업에 참여하게 된다. 교실 내 수업 시간표와 별도로 개별 시간표를 만들어 학생에게 제시할 수 있다(〈표 8-2〉 참조). 시각적 일과표를 활용하여 공간적 지원과 시간적 지원을 함께 제공할 수도 있다. 〈표 8-2〉에서 보는 바와 같이 은진이의 시각적 일과표 내에 월요일의 교과 순서와 더불어 해당 교과가 어디에서 이루어지는지에 대한 정보가 함께 제시되어 있다.

시각적 일과표는 제공하고자 하는 범위에 따라 다양하게 구성될 수 있다. 하루 일과에 대한 일과의 순서를 제시하는 일과표의 예는 〈표 8-2〉와 같다. 〈표 8-2〉에 제시된 월요일 시간표에 해당하는 교과의 순서는 국어-사회-수학-미술-과학-음악 순이다. 하나의 일과 내에 이루어지는 활동의 순서를 제시하는 일과표의 예는 [그림 8-3]과 같다. [그림 8-3]에 제시된 국어 수업 시간을 보면, 도입-전개-정리 중 전개 단계에서 학생이 수행해야 하는 활동의 순서는 '활동 1 같은 낱자 찾기'-'활동 2 같은 낱자로 시작하는 단어 찾기'이다. 이는 '활동 간 일과표'에 해당한다. 하나의 과제 수행을 위한 단위행동의 순서를 제시하는 일과표의 예는 [그림 8-3]에서 '활동 2 같은 낱자로 시작하는 단어 찾기' 활동을 수행하기 위한 단위행동을 과제분석하여 이를 순서대로 제시한 것과 같다. 이는 '활동 내 일과표'라고 할 수 있다. 과제구성도라고도 하는 '활동 내 일과표'에 제시되는 특정 활동을 완수하는 데 필요한 단위행동은 다음 절에서 제시되는 절차적 지원과도 연계된다.

표 8-2 특수학교 재학 중학생의 개별 시간표의 예시

2018 년 3 월 5 일 (월) 요일) 중등 1-1반   은진이 시간표

과목	선생님	은진이가 해야 할 일			장소	완료 (○표시)
국어		문단 읽기	문단 요약하기	발표하기	1-1반 교실	
사회		우리 전통문화를 살펴보기	전통문화 경험하기	전통문화 활동 경험을 소개하기	1-1반 교실	
수학		구체물로 곱셈하기	반구체물로 곱셈하기	추상물로 곱셈하기	1-1반 교실	
미술		밀가루 풀의 느낌 표현하기	다양한 색의 밀가루 풀 만들기	자신의 느낌을 밀가루 풀로 그리기	3층 미술실	
과학		여러 가지 물건 쌓아 보기	샌드위치 지층모형 만들기	고무 찰흙으로 지층 쌓기	2층 과학실	
음악		다양한 가락악기의 소리 탐색하기	좋아하는 가락악기의 소리 내 보기	친구들과 함께 가락악기 연주하기	4층 음악실	

[그림 8-3]은 특수학급 교사와 통합학급 교사가 협의하여 제작한 일반초등학교에 재학 중인 준수의 수요일 일과표이다. 초등학교에서는 담임교사가 담당 학급교실에서 대부분의 교과 수업을 진행하고 영어과와 예체능 교과에 한해 전담 교사가 전담 교과 교실에서 수업을 진행한다. 준수는 특수학급에서 국어와 수학과의 수업을 받고 나머지 교과는 통합학급에서 또래와 함께 수업을 받는다. [그림 8-3]에서 보는 바와 같이 준수의 수요일 일과표에는 해당 요일의 일과에 대한 일과 순서와 특수학급에서 이루어지는 국어와 수학과 수업 내에서 이루어지는 활동의 순서가 함께 제시되어 있다.

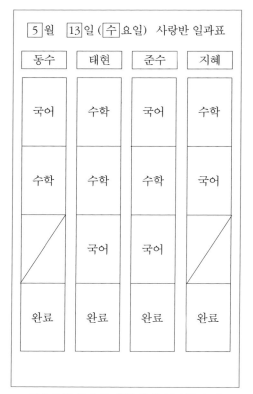

특수학급 사랑반 개별 학생 일과표의 예 　　　　　 사랑반 준수의 일과 중 활동일과표의 예

준수의 국어과 '활동 2 같은 낱자로 시작하는 단어 찾기' 내 일과표인 과제구성도의 예

[그림 8-3] 초등 특수학급 재학생의 개별 일과표의 예시

더불어 특정 활동을 완수하는 데 필요한 단위행동을 과제분석하여 제시한 과제구성도 (활동 내 일과표)가 함께 제시되어 있다.

　시간의 구조화는 예측가능성을 제공한다. 자폐성 장애학생은 앞으로 일어날 일이 무엇인지를 알 때 안정감과 편안함을 느낀다. 그러나 설정된 일과에서 벗어나는 일은 언제나 있을 수 있다. 이러한 변화를 수용할 수 있어야 한다. 우선 교사는 예측할 수 있는 일과를 가지고 학생이 이 일과에 익숙해질 때까지 일관성을 유지해야 한다. 학생이 일상적인 일과에 익숙해지고 완전하게 따를 수 있게 되면 일과에서 벗어나거나 예측할 수 없는 일의 발생에 대한 이해를 지도할 수 있다. 처음에는 작은 변화부터 소개하는 것이 바람직하다. 앞으로의 변화를 미리 알려 주는 구체적인 시각적 지원 자료를 활용하여 정보를 미리 제공하여 자폐성 장애학생이 변화에 보다 유연하게 적응하는 것을 도울 수 있다. 학생의 시각적 일과표에 변화를 표시하여 미리 알려 주게 되면 자폐성 장애학생은 일과의 변화로 다소 불안해 할 수는 있으나 어떻게 변화되는지를 미리 알게 되어 학습 환경 및 일과에서 발생하는 변화에 대해 효과적으로 준비할 수 있다.

학생이 변화에 대처하는 데 도움이 될 수 있는 성공적인 방법 중 하나는 '새로운 것은 좋은 것이다'라는 캠페인이다(Mackenzie, 2008). 교사가 먼저 새로운 티셔츠를 입고서 학생 앞에서 "나는 새로운 티셔츠를 입었어요. 나는 새로운 티셔츠가 좋아요. 새로운 것은 좋은 거야"라고 말한다. 학생이 '새로운 것은 좋다'라는 개념에 익숙해질 때까지 새로운 활동 또는 사물을 가지고 지속적으로 캠페인을 한다. 학생이 이 개념에 익숙해지면, 교사는 학생에게 새로운 것을 소개한다. 처음에는 학생이 불쾌감(또는 불안감)을 전혀 느끼지 못할 정도로 작은 것부터 시작하여 자폐성 장애학생에게 '생각을 바꾸는 것'을 점진적으로 소개할 수 있다. 처음에는 상대적으로 매우 사소한 변화에 대해서 학생에게 매우 익숙한 것을 가지고 시작한다. 예를 들어, 학생이 교사와 일대일 수업에서 매번 네 가지 활동을 하고 학생이 원하는 순서대로 활동 그림을 붙이고 활동을 하였다. 학생에게 변화를 지도하기 위해, 교사는 활동 두 가지의 그림 순서를 바꾸고 "내 생각이 바뀌었어요"라고 말한다. 학생은 의심스러운 듯이 새로운 계획을 쳐다본다. 교사는 학생에게 "사람들은 생각을 바꾸기도 한다. 이는 괜찮다"고 설명한다. 교사는 학생이 활동 카드의 순서를 바꾸고 내 생각이 바뀌었다고 말할 때까지 이를 지속한다. 또한 일과표 중에서 하나의 일과에 물음표 표시를 하여 예측할 수 없는 일의 발생, 즉 일과의 불확실성을 소개할 수 있다(Mesibov et al., 2012). 물음표 표시가 된 '뜻밖의 일'로 학생이 선호하는 활동이 주어지면 학생은 예기치 않았던 '뜻밖의 일'에 대한 긍정적 경험을 할 수 있다. 학생이 '뜻밖의 것'에 편안함을 느끼기 시작하면, 학생은 뜻밖의 일이 발생했을 때 긍정적인 예상을 준비하고 전형적인 일과의 수정에 대해 보다 개방적으로 경청하며 변화를 수용하는 유연성을 가질 수 있게 된다. 교사는 점진적으로 '뜻밖의 것'의 강도를 높여 학생이 예측할 수 없는 것에 대해 대처할 수 있도록 지원할 수 있다.

3) 절차적 지원

절차적 지원은 활동 단계 간의 관계 또는 사물과 사람과의 관계를 조직하기 위해 사용되는 지원이다(Dalrymple, 1995). 절차적 지원이 요구되는 대표적인 것이 일과 (routine)이다. 일과는 활동 내에서 순서를 설명하는 지원이다. 앞서 언급한 활동 내 일 과표(과제구성도)가 이러한 일과 지원의 한 예가 될 수 있다. 예를 들어, 학교 식당에서 줄서기를 위한 일과인 일련의 단위행동으로 식당 앞에 줄 서는 위치 확인하기, 가장 뒤에 서 있는 학생 뒤에 서기, 앞 학생의 뒤를 따라 천천히 이동하기, 식판을 집어 들 기 등을 들 수 있다. 환경적 단서인 학교 식당과 식당에서 줄서기 위한 일련의 단위행 동의 사진 자료가 시각적 지원으로 학교 식당 내에 제시되어 있으면 학생은 학교 식당 에서 줄서기의 일과를 보다 쉽게 학습할 수 있다. 필기하기, 수업 준비하기 등과 같이 환경적 단서가 명확하지 않지만 학습 상황에서 필요한 일과의 경우, 해당 활동 내의 일련의 단위행동을 순서에 맞게 조직하여 시각적 지원과 더불어 제시하여 예측 가능 한 방식으로 일과를 반복 경험하게 되면 자폐성 장애학생은 보다 빠르게 일과를 학습 할 수 있다. 다양한 교과 내용과 학습 상황에 걸쳐서 일과를 연습할 수 있는 다양한 기 회를 제공하면 학습 과제 수행 시 학생의 참여, 독립성, 상호작용을 증진시킬 수 있다 (Prizant et al., 2006).

(1) 일과 조성

자폐성 장애학생의 교수 · 학습 활동 일과는 특정 과제를 수행하기 위해 요구되는 일련의 단위행동을 포함한다. 또는 한 과제에서 다른 과제로 전환할 때 할 수 있는 간 단한 행동이 될 수도 있다(Mackenzie, 2008). 학생이 무엇을 해야 하며 얼마나 해야 하 는지를 분명하게 이해할 수 있는 익숙한 활동들로 일과를 구성한다. 일과에는 일관된 시작, 활동 내 사상의 일관된 계열, 일관된 마침이 포함된다(Quill, 2000). 이러한 일과 에 대한 지원은 앞서 언급한 시각적 지원을 통해 이루어질 수 있다. 시각적 지원을 통 해 시각적 안내가 있는 학습 환경을 구성하는 것은 앞서 언급된 공간적 지원과 시간적 지원에서 모두 고려될 수 있는 요소이다. 교실 내 영역이 구분되고 이에 대한 시각적 안내가 제시되면 자폐성 장애학생의 참여를 촉진할 수 있다. 교실 내 영역을 구분만 하고 해당 영역에서 무엇이 이루어지는지에 대한 시각적 안내가 없을 경우, 학생에게 는 여전히 혼란되고 비구조화된 교실로 간주될 수 있다(Mackenzie, 2008). 일과 조성을 통해 교실에 들어오면 어떠한 활동이 이루어지는지를 알려 주는 활동 내 일과표(과제 구성도)가 학생별로 시각적으로 제시되고 해당 활동이 어느 영역에서 이루어지며 해당 활동이 어떠한 단위행동으로 이루어지는지 그 절차를 알려 주는 시각적 지원이 제공 될 필요가 있다. 모든 과제와 활동은 명확한 기대와 시작과 끝을 가지고 있다. 학생에 게 과제와 활동은 잘 조직되고 중요해야 하며, 관련 정보가 이용 가능해야 한다. 그래 서 앞서 언급한 바와 같이 과제와 활동에 대한 명확한 기대가 시각적으로 제시되어야 한다. 과제에 참여해야 하는 시간, 완수해야 하는 과제의 양, 과제의 질에 대한 시각적 지원을 제공한다. 이는 앞서 구조화된 교수에서 살펴본 작업 시스템과 과제 조직과 연 계될 수 있다.

(2) 선택기회 제공

자폐성 장애학생의 학습 참여를 촉진하기 위해 학생의 흥미를 통합하여 활동을 수 정하는 효과적인 전략 중 하나는 선택기회의 제공이다. 선택하기는 일상생활에서 필 요하고 가치 있는 의사결정과정의 중요 요소 중 하나로 선호에 대한 표현을 포함한 다(Guess et al., 2008). 선택하기는 장애학생의 독립적 기능 수행을 위해 필수적인 자 기결정기술의 하위 기술 중 하나로, 자신의 선호를 선택하고 표현할 수 있는 기회를 지속적으로 경험하는 것이 중요하다(방명애, 2006a; Shogren et al., 2004; Wehmeyer & Schalock, 2001; Wehmeyer et al., 2010). 선택하기는 학생의 주의집중과 관심을 이끌고 학습 참여를 동기화시킬 수 있다(Dyer et al., 1990; Kern et al., 1998; Sigafoos, 1998). 자 폐성 장애학생의 학습 참여를 위해서는 동기화가 요구되고, 학생의 동기화를 이끄는 데 선택하기는 매우 중요하다(Koegel et al., 2010). 교사는 교수·학습 상황에서 학생 이 선택할 수 있는 기회를 만들고 지속적으로 선택의 기회를 제공해야 한다(Shogren et al., 2004; Wehmeyer et al., 2010). 교수·학습 상황에서 교사는 여러 과제 또는 활동, 강화제 중에서 자폐성 장애학생이 선택할 수 있는 기회를 갖도록 할 수 있다(Sigafoos, 1998). 선택의 기회가 제공되면, 학생의 학습 및 활동 참여 행동은 증가하고(Kern et al., 1998; Lancioni et al., 1996; Watanabe & Sturmey, 2003) 수업 방해 또는 문제 행동은 감소하며(Dyer et al., 1990; Moes, 1998; Munk & Repp, 1994; Shogren et al., 2004) 긍정적인 학업 성과가 나타날 수 있다. 교사는 학습 과제를 제시할 때 자폐성 장애학생에게 선택의 기회를 제공하기보다는 일방적으로 하나의 과제를 제시하는 경우가 많다. 예를 들어, 쓰기 활동 시간에 교사는 쓰기 주제를 학생들에게 선택하게 하기보다는 학생의 수준에 맞는 하나의 주제를 제공한다. 학생이 제시된 주제로 쓰기 활동에 참여하면 좋지만, 그렇지 않고 소리를 지르거나 학습지를 찢는 등의 문제행동을 보일 수 있다. 반면에 학생의 선호도 평가를 하고 선택 기회를 제공할 수 있다(Kern et al., 1998). 예를 들어, 교사는 쓰기 주제로 학생의 특별한 관심에 해당하는 '기차'와 이를 포괄하는 '탈것(운송수단)'을 제시한다. 그러면 학생은 자신이 선택한 것에 대해 보다 동기화되어 수업 참여의 향상을 보일 수 있다. 선택을 할 때 자폐성 장애학생은 팔을 뻗거나 밀어내는 등의 일반적이지 않은 방식으로 선택을 표현할 수 있으므로 교사는 자폐성 장애학생의 비언어적 표현 방식에 민감해야 한다. 그래서 학생의 선택 표현을 격려하고 다른 사람이 알아차릴 수 있는 일반적인 방식으로 표현할 수 있도록 함께 지도해야 한다.

개별 학생의 선호를 포함한 선택 과제의 제공은 자연스러운 강화제로서 기능할 수도 있다. 교사는 학생의 수업 참여를 증진시키기 위한 다양한 선택의 조건을 만들 수 있다. 예를 들어, 수행할 과제에 학생이 선호하는 요소를 포함시켜 두 가지 과제를 제시하고 먼저 하고 싶은 것을 선택하게 한 후에 두 과제를 모두 수행한 후에 받게 될 강화제의 예를 세 가지 제시하고 선택하게 할 수 있다. 선택의 기회는 자연적 맥락에서 앞서 언급한 일과 및 과제의 구조 내에 포함시켜 제공할 수 있다. 자신의 과제를 완수하고자 하는 순서, 과제 완료 후에 하고 싶은 활동 등을 선택해 보도록 할 수 있다. 예를 들어, 교사는 학생에게 국어 수업 시간 중에 '단어 찾아 쓰기' 활동과 '중심 단어 찾아 표시하기' 활동 중에서 먼저 할 활동을 선택할 수 있는 기회를 제공한다. 학생이 선

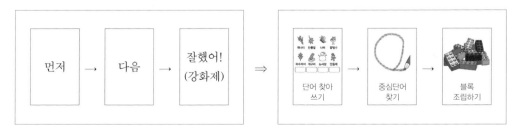

[그림 8-4] 선택하기 시각적 지원의 예시

택한 활동에 해당하는 그림 카드를 선택판의 '먼저' 칸에 붙이고 다른 활동을 '다음' 칸에 붙이도록 한다([그림 8-4] 참조). 선택판에 제시된 학생이 선호하는 강화제(책읽기, 색블록 조립하기, 트램펄린 뛰기) 중에서 하나의 그림 카드를 선택하게 하고 이를 활동 수행 후에 얻게 되는 '강화제' 칸에 붙이도록 한다. 과제 수행의 완료 표시는 스티커, 동그라미 표시, 도장 등의 다양한 방식을 활용할 수 있다. 학생은 선택한 과제를 완료하면 '먼저' 칸에 완료 표시를 하고 다음으로 선택한 과제를 수행하며 이를 완료한 경우 완료 표시를 하면 자신이 선택한 강화제를 받게 된다.

사물, 그림 또는 문자 형식으로 정보가 제공되는 시각적 지원이 자폐성 장애학생이 선택하기를 하는 데 도움이 된다. 구어적으로만 정보가 제공될 경우, 학생은 혼란스러워하고 잘못 이해할 수도 있다. 학생이 실제로 선택을 할 수 있도록 선택의 수를 제한하고 학생이 선택하는 방법을 이해하며 선택한 것을 따르도록 지지해 주는 것이 도움이 된다(Dalrymple, 1995). 시각적 지원과 함께 주어지는 선택하기 일과는 학생이 일상생활에서 사용할 수 있는 기술이다.

4) 사회적 지원

교수·학습 활동에서의 사회적 참여를 위해서는 학생은 사회적 주도를 하거나, 사회적 주도에 반응하거나, 다른 사람의 질문에 답을 하거나, 자신의 요구를 표현하거나 교사 및 또래와 상호작용을 해야 한다(Goodman & Williams, 2007). 그러나 자폐성 장애학생은 사회적 의사소통의 제한으로 인해 교수·학습 활동에서 적극적으로 사회적 참여를 하는 데 어려움을 보일 수 있다. 앞서 언급된 지원들 또한 사회적 참여를 증진시키는 데 도움이 되지만, 무엇보다도 학생의 사회적 참여 증진을 위해 학생의 사회적 지원자인 교사와 또래의 역할이 중요하다. 여기서는 교수·학습 활동에의 사회적 참여 증진을 위한 사회적 지원으로서의 반응적 교사와 또래의 역할에 대해 간략히 살펴보고자 한다.

반응적 교사 및 또래 배치

학교 상황에서 자폐성 장애학생의 주된 사회적 상호작용의 상대는 교사와 또래이다. 자폐성 장애학생의 사회적 상호작용을 돕기 위한 사회적 지원으로 교사는 주도적 또는 지시적인 상호작용자가 되기보다는 반응적 상호작용자가 되어야 한다. 반응적 상호작용은 학생의 상호작용 주도를 촉진하며 반응하는 것이다(Mahoney & Macdonald, 2007). 자폐성 장애학생과의 사회적 의사소통 상대자의 대부분이 학생의 사회적 의사소통 행동에 반응하기보다는 주로 주도적인 상호작용을 해 왔기에 일반적으로 자폐성 장애학생의 주도(시도)에 민감하지 못하다. 자폐성 장애학생이 사회적 상호작용을 주도하는 것을 학습하면 보다 자발적인 사회적 상호작용이 이루어질 수 있고 사회적 참여의 향상이 나타날 수 있다(Goodman & Williams, 2007; Hall, 2009; Hart & Whalon, 2008). 자폐성 장애학생이 효과적이며 호혜적인 상호작용을 경험하게 되며, 학생의 사회적 참여와 사회적 의사소통이 향상될 수 있다(Fredeen & Koegel, 2006). 자폐성 장애학생과 상호작용할 때, 교사는 자폐성 장애학생의 시도에 민감하게 주의하여 이에 반응을 하여 자폐성 장애학생으로 하여금 교사가 자신의 어떠한 시도에도 반응을 해 주는 사람으로 인식하게 하는 것이 중요하다.

교사는 자폐성 장애학생과의 균형적인 상호작용을 이끄는 반응적 상호작용자로서 좋은 사회적 지원자가 될 수 있다. 사회적 의사소통이 요구되는 교수·학습 활동 상황에서 학생이 상호작용의 반응과 주도를 균형 있게 할 수 있도록 교사는 반응적 상호작용 전략을 활용할 수 있다(Hancock & Kaiser, 2002). 교사가 반응적 상호작용 전략을 활용하여 상호작용을 하게 되면, 학생은 교사가 자신의 어떠한 시도(주도)에도 반응을 해 주는 사회적 지원자로 인식하는 데 도움이 된다. 교사가 활용할 수 있는 반응적 상호작용 전략으로는 의사소통의 차례 주고받기, 학생의 의사소통에 반응하기, 학생의 목표 수준에서 대화하기, 학생의 행동을 반영해 주기, 학생의 주도에 따르기, 학생의 의사소통 확장하기, 학생의 활동을 확장하기 등(Hancock & Kaiser, 2002; Kaiser et al., 2000)을 들 수 있다. 이는 자폐성 장애학생의 사회적 의사소통 향상을 위해 적용되는 강화된 환경중심 언어지도(Enhanced Milieu Teaching)의 세 가지 구성요소(환경배열, 환경중심언어 지도절차, 반응적 상호작용 전략) 중 반응적 상호작용 전략과 관련이 있다(Hancock & Kaiser, 2002). 반응적 상호작용 전략은 학생과의 호혜적 상호작용을 만들고 학생이 사회적 의사소통에 참여할 수 있도록 지원한다.

반응적 교사되기와 더불어 교사는 자폐성 장애학생을 위한 또 다른 사회적 지원자로서 반응적인 또래를 선정하여 훈련하고 자연적인 상황에서 상호작용이 이루어질 수 있도록 활동 안에서 반응적 또래를 배치할 수 있다. 또래 관계는 사회적 발달에 중요한 역할을 한다(Hartup, 1996). 또래의 수용은 사회적 능력의 제한이 있는 자폐성 장애학생과 같은 학생의 고립 또는 거절을 줄여 준다(Asher & Paquette, 2003; Dodge et al., 2003; Koegel et al., 2005; Petursdottir et al., 2007; Wang & Spillane, 2009). 자폐성 장애학생의 또래 상호작용의 기회를 제공하기 위해 또래 모델링, 또래 교수, 또래 놀이 친구, 또래 네트워크 등의 다양한 또래 활용 전략이 적용될 수 있다(Koegel et al., 2005). 물론 이 또래들은 앞서 언급된 반응적 또래로 교사의 지도와 감독을 받아야 한다. 또래 활용 지원 전략에 관한 보다 상세한 내용은 이 책의 제3장에 제시된 또래 매개 교수를 참고하기 바란다.

자폐성 장애학생의 주된 사회적 환경인 교사와 또래는 상호작용에서 자폐성 장애학생이 시도할 수 있는 환경을 조성하여 기회를 제공하고 학생이 시도를 할 수 있도록 기다려 주고 학생의 시도에 반응하고 학생의 시도를 격려해야 한다. 학생의 시도가 일반적이지 않은 방식이더라도 학생의 사회적 의사소통 방식에 민감하게 반응해야 한다. 이를 위해 교사는 자폐성 장애학생의 독특한 의사소통 방식을 파악하고 있어야 한다.

요약

☐ 구조화된 교수의 개념과 구조화의 유형을 기술할 수 있다.

구조화는 학생이 교수·학습 활동의 순서와 과제를 예측할 수 있도록 체계적으로 계획하고 구성하는 것이다. 구조화된 교수는 자폐성 장애학생의 학습 과제 참여를 동기화하고 증진시켜 새로운 개념 및 기술의 학습을 돕기 위한 것이다. 구조화된 교수에서 일반적으로 주로 활용되는 구조화의 유형은 공간 및 자료의 물리적 구조화, 일과의 구조화, 개별 과제 조직, 구조화된 작업 시스템이다. 물리적 구조화는 학생이 어디에 있어야 하는지 그리고 거기서 해야 하는 과제와 활동이 무엇인지에 대한 정보를 제공한다. 일과의 구조화는 하루의 일어나는 일의 계열을 조직하고 의사소통하기 위해 일과를 구조화하는 것이다. 일과의 구조화는 주로 일과표의 개발과 활용을 통해 이루어진다. 개별 과제 조직은 학생이 수행할 과제의 자료를 조직하는 것이다. 작업 시스템은 학생이 개별 과제를 독립적으로 작업할 수 있도록 지원하는 것이다.

□ 자폐성 장애학생의 학습 특성과 연계하여 시각적 지원의 필요성을 이해할 수 있다.

시각적 지원은 자폐성 장애학생이 보이는 시각적 정보처리 기술에서의 강점을 활용한 접근으로, 언어 이해와 같은 자폐성 장애학생이 어려움을 겪는 영역의 학습을 지원하는 데 도움이 된다. 시각적 지원은 자폐성 장애학생에게 취약한 청각적 정보처리를 보완하는 정보를 제공한다. 시각적 지원을 통해 자폐성 장애학생은 주어진 과제에 주의집중할 수 있고 해당 과제에서 요구되는 기대가 무엇인지를 명확히 알 수 있으며 어떻게 수행해야 하는지에 관한 구체적 정보를 확인하여 과제에 참여할 수 있다.

□ 자폐성 장애학생을 위한 교수 환경 지원을 설명할 수 있다.

• 공간적 지원은 교실 및 학교 내 물리적 공간을 구조화하여 학생에게 물리적 환경의 조직에 관한 구체적인 정보를 제공하기 위한 지원이다. 구조화된 물리적 환경은 자폐성 장애학생에게 교실 내 어느 영역에서 개별 활동, 소집단 활동, 대집단 활동이 이루어지는지에 대한 명확한 정보를 제공하고 영역의 한계를 알게 하여 참여를 촉진시킬 수 있다. 교실의 물리적 공간은 일반적으로 출입문 영역, 일과표 부착 영역, 집단 활동 영역 개별 활동 영역, 놀이 영역 자료 영역, 진정 영역, 교사 영역 등으로 구분될 수 있다. 이러한 구분은 교실 내에서 특정 활동이 이루어지는 장소에 대한 정보를 제공할 수 있다. 학교 내 물리적 환경을 구조화하면, 자폐성 장애학생에게 환경에 따른 기대를 보다 분명히 전달할 수 있고, 적절한 행동지원을 제공할 수 있다.

• 시간적 지원은 학습에 대한 동기와 가능성에 영향을 미친다. 시간이 어떻게 사용되는지에 관한 정보를 제공하는 시간 구조화는 일과를 예상할 수 있도록 지원해 주고 심리적 불안을 완화하여 학습에 대한 동기 및 가능성을 높일 수 있다. 시간의 구조화는 활동에 걸리는 시간, 활동의 변화 및 순서, 해야 할 활동에 대한 묘사, 시작과 끝에 대한 안내, 활동의 전환 안내 등을 제공한다. 시간적 지원은 학생을 위해 시간의 연속을 조직하기 위해 사용되는 지원으로, 일정, 완료 지침, 대기 지원, 시간 변화 수용 전략 등이 포함될 수 있다. 시간의 구조화를 확립하는 대표적인 방법은 시각적 일과표의 활용이다. 시각적 일과표는 하루의 한 부분, 하루 전체, 일주일, 한 달, 또는 일 년에 관한 정보를 제공하는 일정에 관한 대표적인 시각적 지원이다. 시각적 일과표를 통해 학생은 해당일의 활동을 순서에 따라 잘

맞게 진행할 수 있고 시간 구조와 환경적 배열을 이해할 수 있다.

- 절차적 지원은 활동 단계 간의 관계 또는 사물과 사람과의 관계를 조직하기 위해 사용되는 지원이다. 절차적 지원이 요구되는 대표적인 것이 일과이다. 일과는 활동 내에서 순서를 설명하는 지원이다. 자폐성 장애학생의 교수 · 학습 활동일과는 특정 과제를 수행하기 위해 요구되는 일련의 단위행동을 포함한다. 또는 한 과제에서 다른 과제로 변환할 때 할 수 있는 간단한 행동이 될 수도 있다. 학생이 무엇을 해야 하며 얼마나 해야 하는지를 분명하게 이해할 수 있는 익숙한 활동들로 일과를 구성한다. 일과에는 일관된 시작, 활동 내 사상의 일관된 계열, 일관된 마침이 포함된다.

- 사회적 지원은 교수 · 학습 활동 참여에 동기화되도록 학생의 사회적 환경인 교사와 또래가 반응적 지원을 하는 것이다. 자폐성 장애학생은 사회적 의사소통의 제한으로 교수 · 학습 활동에서 적극적으로 사회적 참여를 하는 데 어려움을 보일 수 있다. 이들의 사회적 참여 증진을 위해 반응적인 교사와 또래가 학생의 사회적 지원자가 될 수 있다. 자폐성 장애학생과 상호작용을 할 때, 교사는 자폐성 장애학생의 시도에 민감하게 주의하여 이에 반응하여 자폐성 장애학생으로 하여금 교사가 자신의 어떠한 시도에도 반응을 해 주는 사람으로 인식하게 하면 효과적으로 사회적 상호작용에 참여할 수 있다.

제 **9** 장

자폐성 장애학생을 위한 교과 지도

학습 목표

- ◉ 자폐성 장애학생의 읽기 지도를 위한 지도 영역을 기술할 수 있다.
- ◉ 자폐성 장애학생의 쓰기 지도를 위한 지도 영역을 기술할 수 있다.
- ◉ 자폐성 장애학생의 수학 지도를 위한 지도 영역을 기술할 수 있다.
- ◉ 자폐성 장애학생의 교과학습을 지원할 수 있는 그래픽 조직자의 활용을 설명할 수 있다.

핵심 용어

- 그래픽 조직자graphic organizers
- 글씨 쓰기handwriting
- 단어재인word recognition
- 도식기반전략schema-based strategy
- 명시적 교수explicit instruction
- 문장제 문제math word problems
- 발현적 문해 기술emergent literacy skills

- 연산arithmetic
- 읽기 선수 기술early literacy skills
- 읽기이해reading comprehension
- 작문composing, written expression
- 직접교수Direct Instruction
- 철자spelling

재민이는 일반중학교 3학년에 재학 중인 자폐성 장애학생이다. 재민이는 국어와 수학 교과목 수업은 특수학급에서 받고 있다. 수학 수행과 관련하여, 재민이는 두 자릿수까지의 수 개념이 형성되어 있고 숫자를 읽고 쓸 수 있고, 두 수 중 큰 수와 작은 수를 변별할 수 있으며 숫자를 앞으로 세거나 거꾸로 셀 수 있다. 연산과 관련하여 재민이는 받아 올림 또는 내림이 없는 한 자릿수 덧셈과 뺄셈을 교사의 도움 없이 할 수 있다. 특수학급 김 교사는 교사연구회를 통해 탐구한 자폐성 장애학생의 수학지도에 효과적인 Touchmath 원리와 직접교수 방법을 재민이에게 적용해 보기로 한다. 김 교사는 재민이의 수학 연산 지도에 대해 받아올림이 있는 (한 자릿수)+(한 자릿수) 문제에서부터 받아올림이 있는 (두 자릿수)+(두 자릿수) 문제까지 단계별로 지도 계획을 세운다. 각 단계별로 2~3문항으로 총 25문항으로 구성된 사전 평가에서 재민이는 100점 만점에 15점을 보인다.

받아올림이 있는 (한 자릿수)+(한 자릿수) 연산 지도를 하기 전에, 먼저 각 숫자가 갖는 고유점(touchpoints)의 일정한 위치 및 점을 찍는 순서를 지도한다. Touchmath의 기본원리에 따라 구체적 수준–반구체적 수준–추상적 수준으로 김 교사가 시범을 보이고 안내된 연습을 하도록 하고 독립된 연습을 하도록 하여 완전히 숫자의 고유점의 위치와 순서를 익힐 때까지 반복 연습한다. 구체적 수준에서 김 교사는 크기와 색이 다른 원 모양의 스티커를 이용하여 각 숫자가 갖는 고유점의 위치와 고유점을 찍는 순서의 시범을 보인다. 재민이는 교사의 시범을 주의 깊게 본 후, 교사의 안내에 따라 도움을 받으며 스티커를 숫자에 붙인다. 재민이가 독립적으로 일정한 위치에 숫자의 고유점에 해당하는 스티커를 붙인다. 반구체적 수준에서는 종이에 연필이나 재민이가 좋아하는 파란색의 향이 나는 펜을 이용하여 앞서 언급된 시범–안내된 연습–독립된 연습의 순으로 고유점 찍기를 연습한다. 추상적 수준에서는 고유점을 그리지 않고 연필을 이용하여 숫자에 고유점의 위치를 가리키거나 머릿속으로 점의 위치를 떠올리며 연습을 한다.

숫자의 고유점에 대한 학습이 완료된 후에, 김 교사는 연산 단계에서 필요로 하는 시각적 단서(예: 화살표 표시는 오른쪽에 있으며 화살표가 있는 쪽부터 계산을 시작한 뒤, 왼쪽으로 이동하여 다음 계산을 한다)와 약속하기(예: 두 수 중 큰 수를 고르고, 그 수의 이름을 말한 후, 계속해서 앞으로 센다)를 소개한다. 김 교사가 먼저 예제를 들어 설명하며 시범을 보인다. 재민이가 연산을 위한 시각적 단서와 약속하기의 내용을 이해하고 숙달하도록 구두로 따라 말하도록 안내된 연습의 기회를 제공한다. 덧셈과 뺄셈의 연산지도는 구체적 수준에서의 교수, 반구체적 수준에서의 교수, 추상적 수준에서의 교수의 순서로 진행한다. 각 수준별 교수 시 김 교사는 시범–안내된 연습–독립된 연습의 순으로 지도한다. 체계적인 지도를 통해 3개월 후 재민이는 각 단계별로 2~3문항으로 총 25문항으로 구성된 사후 평가에서 100점 만점에 96점을 보인다. 또한 이후 덧셈과 뺄셈 연산 문제를 풀 때 머릿속에서 계산을 하는 추상적 수준으로 문제를 해결하는 모습을 보이고 높은 주의집중과 더불어 수학 시간의 수업 참여 행동의 증가를 보인다.

2017년 교육부의 「특수교육 연차보고서」에 따르면, 특수교육 대상 자폐성 장애학생의 58.43%에 해당하는 6,674명이 일반학교에 재학하고 있다(교육부, 2017). 일반학급에 통합된 특수교육대상자들은 또래와 함께 개인의 교육적 요구에 적합한 교육을 받아야 한다(「장애인 등에 대한 특수교육법」 제2조 제6항). 이를 위해서는 특수교육대상학생의 의미 있는 교과학습 참여가 중요하다. 자폐성 장애학생은 핵심결함인 사회적 의사소통의 결함으로 인해 교과 학습의 제한을 보인다. 적절한 사회적 기술의 부재는 학교생활 적응에 부정적인 영향을 미친다. 또한 자폐성 장애학생은 학교 및 지역사회에서의 사회적 관계를 이해하지 못하여 또래와의 관계를 개발 및 유지하지 못하거나 과제 수행을 유지하지 못한다(Jolliffe & Baron-Cohen, 1999; Myles & Simpson, 2001). 앞서 언급한 바와 같이 통합교육 수혜 자폐성 장애학생 수의 증가는 이들의 학업 수행 및 성취에 대한 관심 증대로 이어지고 있다. 그렇기에 자폐성 장애학생의 사회적 의사소통의 결함에 대한 지원과 더불어 학업 수행 및 성취의 지원이 함께 이루어져야 할 것이다.

이에 자폐성 장애학생을 위한 학교 기반의 교수 중재 연구들은 학업기술, 의사소통 기술, 기능적 생활 기술, 놀이기술, 사회적 기술에 중점을 두고 있다(Machalicek et al., 2008). 그러나 학교교육을 통한 통합적 접근이 아닌 특정 기술을 지도하는 방법에 주로 초점이 맞추어져 있다. 방법적인 면 못지않게 중요한 것이 내용적인 면일 것이다. 어떠한 내용을 가르치느냐가 학교 교육과정의 핵심이다. 그런데 자폐성 장애학생의 경우 무엇을 가르칠 것이냐보다는 어떻게 가르칠 것이냐에 주로 초점이 맞추어져 왔다(김소연, 이소현, 2011; 방명애, 2000; 이효정, 2010). 이는 효과가 검증된 증거기반 실제를 강조하는 최근의 요구에 부합하는 것이기도 하다(Bruin et al., 2013). 그러나 학교교육을 통해 자폐성 장애학생이 알아야 하는 것과 할 수 있어야 하는 필수학습 요소에 대한 판별이 없이 어떻게 가르칠 것이냐에 대한 강조는 자폐성 장애학생의 학업적 요구에 부합하지 않을 뿐 아니라 교육적 불균형을 초래할 수 있다. 따라서 교사는 교과 지도 시 학생이 학습해야 하는 내용, 즉 학생이 알아야 하는 것과 할 수 있어야 하는 필수학습 요소를 우선적으로 파악하고 그다음으로 이를 효과적으로 지도하는 방법 및 전략에 대해 신중히 계획해야 할 것이다. 이 장에서는 모든 교과의 기초가 되며 일상생활과 밀접한 관련이 있는 도구적 교과(Dunlap et al., 2001)라고도 하는 읽기, 쓰기, 수학 지도의 내용과 자폐성 장애학생을 위한 지도법에 관해 살펴보고자 한다.

1. 자폐성 장애학생을 위한 읽기 지도

글을 읽고 이해하는 능력은 사회 구성원으로서 독립적 기능 수행을 하는 데 중요한 수단이다(Wahlberg & Magliano, 2004). 특히 학령기 학생에게 읽기 능력은 교과서 위주의 학교 수업 환경에서 의사소통 및 학습 기회의 확장과 밀접한 관련이 있다(Nation & Norbury, 2005). 읽기는 쓰기 및 수학과 더불어 다른 교과를 학습하는 데 기초가 되는 도구적 기술이다(Dunlap et al., 2001; Mastropieri & Scrugg, 1997). 교과서가 주된 교수 자료로 활용되는 학교 수업에서는 학생이 교과서의 내용을 읽고 읽은 내용을 이해하며 해당 내용에서 핵심적인 지식을 학습한다. 그렇기에 읽기는 학교에서의 학업 수행과 밀접하게 연계된다. 또한 학령기뿐 아니라 이후 직업 생활과 지역사회의 적응을 위해 필수적으로 요구되는 능력으로서 그 중요성은 더욱 강조된다(Duffy & Roehler, 1989; Durkin, 1993; National Reading Panel, 2000). 낮은 읽기 능력은 수업결손, 학습흥미저하, 자신감 결여 등의 여러 가지 문제로 이어지며 또래 관계에도 악영향을 미쳐서 낮은 학업 수행 결과뿐 아니라 학교생활 부적응을 초래할 수 있다. 이렇듯 읽기는 학령기에 학습되어야 할 필수적인 기술이다(김소연, 이소현, 2011; Travers et al., 2011).

읽기는 글의 의미를 파악하는 복잡한 과정이다. 읽기는 인지적 정보처리과정(cognitive processes), 언어적 능력(linguistic abilities), 관련 지식(relevant knowledge)에 의해 영향을 받는다(Zein et al., 2014). 읽기를 위해서는 다양한 지식과 기술이 필요하며 이러한 다양한 지식과 기술들이 복잡하게 상호작용한다(National Reading Panel, 2000). 성공적인 읽기를 위해서는 읽기 선수 기술(음운인식, 자모지식, 낱자-소리 대응관계 등), 단어재인(word recognition), 읽기 유창성(reading fluency), 어휘(vocabulary), 읽기이해(reading comprehension)와 관련된 지식과 기술이 필요하다(National Reading Panel, 2000). 자폐성 장애학생은 읽기에서 많은 제한을 보이며 자폐성 장애의 이질적 특성만큼이나 다양한 읽기 특성을 보인다. 단어를 읽고 그 의미를 이해하는 단어 수준의 이해(lexical comprehension)와 관련이 있는 읽기 선수 기술 또는 해독(decoding) 및 단어재인에 제한을 보일 수 있다. 또는 단어 수준 이해에는 어려움이 없으나 문장 구성 단어를 유창하게 읽거나 문장 구조를 이해하는 등의 구/절 읽기 유창성, 문장 읽기 유창성, 어휘력, 문장구조 이해 등과 관련한 문장 수준의 이해(syntactic comprehension)에서 어려움을 보일 수 있다(Huemer & Mann, 2010). 또는 단어와 문장 수준의 이해에서는 어려움이 없으나 문단으로 구성된 글을 읽고 그 내용을 이해하는 글 수준의 이해(text comprehension)에서 제한을 보일 수 있다(Davidson & Weismer, 2014). 앞서 언급한 바와 같이 다양한 읽기 특성을 보일 수 있으므로, 자폐성 장애학생의 읽기 지도를 위해 교사는 학생의 현재 읽기 수준을 구체적으로 파악하고 이에 적합한 읽기 지도를 계획 및 실행해야 한다. 이 절에서는 자폐성 장애학생을 위한 읽기 지도의 영역을 읽기 선수 기술, 단어재인, 읽기이해로 나누어 살펴보고자 한다.

1) 읽기 선수 기술

발현적 문해 기술(emergent literacy skills) 또는 초기 읽기 기술(early literacy skills)이라고도 하는 읽기 선수 기술은 단어 해독 및 재인, 읽기 유창성, 읽기이해, 쓰기 등과 같이 읽기와 쓰기의 문해 능력의 발달과 밀접한 관련이 있다(National Early Literacy Panel, 2008). 읽기 선수 기술로는 문자가 어떻게 사용되는지를 이해하는 인쇄물 인식, 자모 이름·소리에 대한 지식과 자모 이름·소리를 빠르고 정확하게 산출하는 자모지식, 말소리를 식별하는 음운인식, 구어를 통한 듣기 이해, 읽기에 대한 동기, 자모음의 이름 말하기, 숫자이름 말하기, 사물이름 말하기, 색깔이름 말하기 등을 들 수 있다(김애화 외, 2012; 김영태, 2014; National Early Literacy Panel, 2008). 읽기 선수 기술의 습득은 학령전기부터 이루어진다. 유아기의 다양한 읽기 선수 기술 관련 활동으로는 그림책 보기, 이야기 듣기, 이야기 다시 말하기, 낙서하기, 지역사회에서 볼 수 있는 표지판 또는 인기 상표 읽기 등을 들 수 있다. 일반적으로 읽기 선수 기술은 학령기 이전에 다루어지지만 학령기 자폐성 장애학생의 경우 읽기 선수 기술이 부족하다(Travers et al., 2011). 이러한 읽기 선수 기술 관련 경험이 이후의 읽기 능력 발달에 영향을 미치므로, 읽기 선수 기술의 제한을 보이는 학령기 자폐성 장애학생을 위해 학교에서 의도적으로 읽기 선수 기술 관련 경험을 지속적으로 충분히 제공할 필요가 있다(Koppenhaver & Erickson, 2003). 자폐성 장애학생의 읽기 선수 기술(발현적 문해) 관련 활동을 극대화할 수 있는 방안의 예로 다음을 들 수 있다(Breit-Smith & Justice, 2010; Heflin & Alaimo, 2007).

- 함께 책 읽기: 교사와 학생이 책의 내용과 그림에 관해 대화를 하면서 책을 읽는다. 교사와 학생이 번갈아 가면서 책을 읽거나 책의 내용 또는 그림을 가지고 대화를 한다. 함께 책 읽기 활동은 일대일 또는 집단으로 시행될 수 있다. 자폐성 장애학생은 소집단으로 함께 책 읽기 활동에 참여하기 어려워할 수 있다. 학생의 참여를 촉진하기 위해 다음의 방식으로 읽기 활동 상황을 구조화할 수 있다.
  - 소집단으로 함께 책 읽기를 할 때 동일한 교재의 내용을 단순화하거나 수정한 버전의 책을 자폐성 장애학생에게 제공한다. 학생이 책을 들고 페이지를 넘기는 활동을 하면서 동시에 소집단의 읽기 경험에 참여하고 주의집중할 수 있도록 한다.
  - 보조 공학 또는 보완대체의사소통을 제공하여 책 읽기 활동을 하는 동안에 의사소통에 참여할 수 있도록 한다.
  - 촉진을 제공하기 전에 학생의 반응을 기대하는 '기대에 찬 눈빛으로' 반응을 기다린다. 자폐성 장애학생은 정보를 처리하는 데 다소 시간이 걸린다. 교사는 활동 중에 자폐성 장애학생이 소집단 책 읽기 활동에 참여할 수 있도록 학생에게 직접적인 질문을 할 수 있다. 질문 후에 교사는 학생이 반응을 할 수 있는 시간을 주고 반응을 기다린다.
- 이야기 말하기: 학생이 이야기를 만들어 말하거나 교사 또는 또래가 말한 것을 듣고 다시 말하거나 읽은 이야기를 다시 말하도록 한다. 일반적으로 잘 알려진 이야기를 활용한다. 이때 중요한 것은 학생이 자유롭게 각색하는 과정을 통해 학생이 이야기의 중요 요소를 학습할 수 있도록 지원하는 것이다. 교사는 먼저 학생에게 이야기 말하는 방법을 시범 보인다. 학생이 이야기에 참여하고 익숙해지면, 교사는 사건의 순서를 나타내는 그림을 사용하거나 이야기와 연계된 그림을 그리는 것과 같은 다양한 이야기 관련 기술을 활용하여 지원을 한다. 학생이 말하는 것을 지원할 수 있도록 앞서 제8장에서 언급된 시각적 지원을 활용할 수 있다. '먼저-다음에'라는 것을 활용하여 그림을 붙이고 학생의 언어 수준에 맞게 표현할 수 있도록 촉진한다. 학생이 독립적으로 이야기를 재연할 수 있도록 점진적으로 지원

을 줄여 간다.

- 상호작용적 일과 활동하기: 동일한 일과 내에서 예측 가능하고 반복되는 행위(동작)는 발현적 문해 능력을 발달시킨다. 일과는 이와 연계된 언어 및 문해 학습이 일어날 수 있는 좋은 맥락을 제공한다. 교사는 학교에서 동일하게 반복되는 일과를 판별하여 관련 언어 및 단어를 사용하여 자폐성 장애학생에게 일과를 지도하고 역할을 부여하여 지도한다. 이때 일과와 역할에 대한 인쇄물을 교실 내에 부착한다. 학생이 상호작용적 일과에 참여하면서 문해 학습을 할 수 있도록 부착된 인쇄물에 학생의 주의를 명확하게 이끌어야 한다.

- 음악과 함께 움직이기: 자폐성 장애학생이 선호하는 음악을 활용하여 학생을 진정시키고 행동을 조절하게 할 수 있다. 또한 음악을 통해 자폐성 장애학생의 놀이와 의사소통을 자극할 수 있다. 공동주의집중하기, 차례대로 하기, 활동 간에 전이하기, 매일의 일과에 참여하기 등을 돕기 위해 음악을 활용할 수 있다. 음악은 자폐성 장애학생의 문해 기술을 발달시킬 수 있는 맥락을 제공한다.

- 언어 경험 활동하기: 언어 경험 활동을 통해 교사는 학생이 함께한 경험(예: 현장학습, 요리 실습, 과학 실험 등)에 대한 자료를 가지고 탐험에 관한 토론을 이끌고 학생의 생각, 질문, 언급 등 다양한 표현을 기록한다. 학생의 참여를 이끌기 위해 초반에는 함께한 경험을 간략히 요약하면서 활동을 시작한 후에 학생이 이와 관련한 표현을 할 수 있도록 기다려 준다. 언어 경험 활동은 요약하기, 경험 말하기, 경험 정보 목록 만들기, 감사글 말하거나 쓰기, 동시 말하기 또는 쓰기 등 다양한 장르로 이루어질 수 있다. 언어 경험 활동을 통해 산출된 결과물을 교실 내에 부착하여 학생들이 다시 읽어 보는 기회를 제공할 수 있다.

- 이름 쓰기: 이름 쓰기 활동은 학생의 발현적 쓰기 향상을 위한 실제 맥락에서 이루어진다. 첫째는 학교에 등교해서 출석의 의미로 자신의 이름을 쓰는 출석 확인(signing-in) 절차이다. 아침에 등교해서 학생은 종이에 자신의 이름을 쓴다. 또 다른 절차는 차례 지키기의 목적으로 자신의 이름을 쓰는 등록 확인(signing-up) 절차이다. 쉬는 시간 또는 점심 시간에 색블록 조립을 하고자 하는 경우, 해당 사물이 있는 책장에 이용자 이름을 쓰는 종이를 부착하여 학생이 자신의 이름을 쓰고 자신의 순서에 해당 사물을 사용하도록 한다. 자신의 이름을 독립적으로 쓰지 못하는 자폐성 장애학생을 위해서는 처음에는 점선으로 학생의 이름이 적혀 있는

종이를 제시하고 이를 따라 쓰도록 할 수 있다. 또는 교사는 학생의 이름의 시작점과 중간점, 마침점을 찍어서 제시하고 학생이 이 점을 기준으로 자신의 이름을 쓰도록 할 수 있다.
- 문해 게임하기: 일반적으로 발현적 문해 기술이 발달되는 유아기에는 놀이를 통해 학습을 한다. 놀이의 한 유형으로 게임을 활용하여 문해 기술을 지도할 수 있다. 자폐성 장애학생은 다른 사람과 함께 게임을 하는 사회적 상황에의 참여를 어려워한다. 그러나 자폐성 장애학생의 특별한 관심과 연계하여 교사와 보다 구조화된 게임 형식을 활용하여 활동을 하게 되면 학생들은 게임에 참여할 수 있다. 문해 게임의 목적은 자폐성 장애학생이 활동에 참여하고 공동주의집중하여 발현적 문해 기술의 진보를 보이는 것이다. 교사와 학생, 학생과 학생, 또는 학생과 컴퓨터와 문해 게임을 할 수 있다. 문해 게임은 카드 게임 형식으로 같은 자모 또는 낱자 짝 맞추기, 분류하기, 기억하기 등의 활동으로 이루어질 수 있다.

앞서 언급한 활동을 위해 학급 내에 풍부하고 다양한 문해 도구 및 자료를 비치하여 문해 도구 및 자료를 쉽게 이용할 수 있게 한다. 교사는 자연스러운 상황에서 적절한 문해 행동의 시범을 보이고 학생이 발현적 읽기 및 쓰기 문해 활동을 하는 동안 적극적으로 학생과 상호작용한다.

2) 단어재인

단어의 발음과 의미를 파악하여 읽는 단어재인(word recognition)은 시각적으로 제시된 단어를 구어로 발음하는 해독(decoding)을 포함하는 개념이다. 단어재인을 위해서는 해독의 과정이 필요하다. 단어에 대한 해독이 될 때 그 의미를 인식할 수 있는 것이다. 해독이 이루어지면 학생은 자신이 가지고 있는 단어에 대한 지식 목록에서 말소리에 해당하는 어휘를 탐색하여 의미와 연결을 지어 신속하게 재인한다. 단어 해독 및 재인 능력은 일반적으로 초등 저학년 시기에 습득된다. 습득된 단어재인 능력에 기초하여 문장 및 문단 수준의 읽기이해가 이루어질 수 있다(Chall, 1983).

자폐성 장애학생은 단어재인에서 다양한 특성을 보인다. 구어 발달이 늦은 자폐성 장애학생은 단어 해독 및 재인에 어려움을 보인다. 단어재인 능력의 심각한 제한을 보이는 자폐성 장애학생도 있는 반면에, 일부 자폐성 장애학생은 의미 이해와 상관없이 뛰어난 수준의 해독 기술을 보인다(Frith & Snowling, 1983). 자폐성 장애학생은 시각적 자극을 처리하는 데 뛰어난 능력을 가지고 있기도 한다(Prior & Ozonoff, 2007). 인지 발달에 제한을 보이지 않는 일부 자폐성 장애학생은 단어 해독에서는 뛰어나지만 읽기이해 능력은 낮은 과독증(hyperlexia)을 보인다(Criag & Telfer, 2005; Gately, 2008; Grigorenko et al., 2002). 이들에 대해서는 다음 절에서 다루는 읽기이해 향상을 위한 교수 전략들이 읽기지도에서 중점적으로 적용되어야 한다.

　읽기지도와 관련하여 자폐성 장애학생을 대상으로 한 관련 교과 지도 효과성 검증 연구가 부족하지만 지속적인 연구로 인해 성과가 기대되는 교수 방법(promising instructional method)이 제안되고 있다(Flores et al., 2013; Flores & Ganz, 2007, 2009). 효과적인 교수 실제인 직접교수(Direct Instruction)는 학업 수행에 제한이 있는 학생들의 읽기 학습을 지도하는 데 활용되고 있다(Flores et al., 2013; Spencer et al., 2014). 읽기지도 시 촉진, 용암, 강화 등과 같은 행동중재에 적용하는 기법을 함께 적용하는 것이 효과적이다(Spencer et al., 2014).

　직접교수는 구조화, 예측 가능성, 명료한 교수, 학생의 빈번한 반응 요구 등 자폐성 장애학생의 학습에 도움이 되는 많은 구성요소를 포함하고 있다(Heflin & Alaimo, 2007). 그래서 자폐성 장애학생에게 단어 해독 및 재인을 지도하는 데 직접교수가 유용할 수 있다. 직접교수의 절차는 읽기 기술의 숙달을 촉진하는 데 효과적일 수 있다(Flores & Ganz, 2007, 2009; Flores et al., 2013; Spencer et al., 2014). 직접교수는 단어의 음소의 분석 또는 결합을 통해 글자 소리 대응(letter-sound correspondences)과 같은 기본적인 음운론적 재인 능력을 지도하는 대표적인 음운 기반 접근(phonics-based approach)이다(Engelmann et al., 2002; Fredrick et al., 2013). 직접교수는 자폐성 장애학생의 읽기뿐 아니라 쓰기와 수학 능력 향상에 효과적인 중재로 적용되고 있다(최혜승, 2015). 직접교수에서 교사는 학생에게 지도하고자 하는 단어재인 관련 특정 기술을 지도할 때 다음의 절차를 따른다.

- 시범: 학생이 학습할 특정 기술에 대한 시범을 보인다.
- 안내된 연습: 학생이 학습할 특정 기술 또는 행동을 교사의 안내에 따라 연습할 수 있도록 한다.

• 독립된 연습: 학생이 독립적으로 기술 또는 행동을 수행할 수 있도록 한다.

지적장애학생을 위한 효과적인 단어재인 교수로 일견단어교수가 읽기 지도 초기에 적용된다(Browder et al., 2006). 일견단어교수(sight word instruction)는 개별 단어의 낱자와 소리의 관계에 대한 명확한 분석 없이 표의문자(logographs)로 단어를 인식할 수 있도록 지도하는 의미중심 접근(meaning-based approach)의 하나로 주로 지적장애학생의 단어재인 학습에 적용되고 있다. 일견단어교수는 시각화된 단어의 반복적인 노출을 통해 단어의 시각적 형태·음·의미를 연합할 수 있도록 지도하는 것이다. 일견단어교수가 갖는 제한점으로 인해 자폐성 장애학생에게 적용하는 데 제한이 있을 수 있으나, 추상적이며 청각 기반의 개념을 학습하는 데 어려움이 있는 자폐성 장애학생을 위한 읽기 지도의 초기 단계에 적용될 수 있을 것이다(Alberto et al., 2013; Spector, 2011). 또한 건물이나 지역사회에서 흔히 볼 수 있는 표지판, 음식점 메뉴, 식료품 목록, 동물 이름, 상표 등과 같은 기능적 읽기 과제 수행에 도움이 될 수 있다(Browder & Xin, 1998). 특히 일견단어교수는 반복적인 단어 노출, 체계적인 촉진, 강화 제공, 시각 지원의 활동을 함께 적용될 경우, 단어재인에 제한을 보이는 자폐성 장애학생의 초기 읽기 지도에 도움이 될 수 있다(Spector, 2011). 일견단어교수 시 교사의 지도와 컴퓨터를 활용한 지도를 병행할 경우 컴퓨터 프로그램이 지속적으로 단어와 촉진을 제공하여 집단 활동 중심의 수업에서 교사의 지속적인 중재 없이도 학생의 동기 수준을 높여 줄 수 있다(Spencer et al., 2014; Yaw et al., 2011). 일견단어교수 시 자극촉진, 강화, 교정적 피드백, 시간지연, 최소촉진 등의 전략을 함께 적용할 수 있다(이성용, 김진호, 2016). 시각적 학습자인 자폐성 장애학생을 위해, 제시되는 단어 카드에 처음에는 카드의 3분의 2면에 해당하는 크기로 해당 단어의 컬러 사진과 3분의 1면에 해당하는 단어 글자를 함께 제시할 수 있다. 학습이 진행되면서 사진의 크기를 줄이고 단어 글자의 크기를 점진적으로 늘려 갈 수 있다. 또한 컬러 사진을 흑백 사진으로 대체할 수 있다. 궁극적으로는 단어 카드에 단어 글자만 제시된 카드를 가지고 지도한다.

단어재인의 경우, 응용행동분석 원리에 근거한 비연속개별시행교수(Discrete Trial Training/Instruction: DTT/DTI)를 적용하여 지도할 수 있다(이동원, 이효신, 2014). 비연속개별시행교수는 구조화된 교수 환경에서 특정 기술을 가르치기 위해 응용행동분석의 원리를 적용한 기본 교수 단위로, 단어재인뿐 아니라 교과 내용 지도에도 적용될 수 있다(Heflin & Alaimo, 2007). 비연속개별시행교수의 기본 요소에는 주의집중, 자극 제시, 학생 반응, 피드백, 시행 간 간격이 포함된다.

- 주의집중: 매 교수 시행마다 시행의 시작을 위해 학생의 주의를 이끈다. 학생의 주의집중은 학습의 과정에서 가장 중요한 첫 단계라 할 수 있다. 교사는 학생의 이름을 부를 수 있다. 그러나 시행마다 학생의 이름을 부르는 것이 학생의 주의를 이끄는 데 도움이 되지 않을 수 있다. 교수 초기 단계에서는 학생이 좋아하는 사물을 잡아 보게 하며 학생과 눈맞춤을 할 수 있다.
- 자극 제시: 교수 또는 지시를 하는 것으로 학생의 반응에 대한 변별 자극을 제시한다. 변별 자극은 일관되고(consistent) 명확하며(clear) 간결해야(concise) 한다. 학생이 해야 하는 반응에 대한 구체적이고 간략하고 분명한 지시 또는 질문을 한다.
- 학생 반응: 교사의 자극(단서)에 대해 학생이 반응을 한다. 학생은 정반응, 오반응, 무반응을 보일 수 있다. 학생이 오류 없이 학습을 할 수 있도록 변별 자극과 더불어 촉진을 제공할 수 있다. 학생이 촉진 없이도 자극이 제시되었을 때 정반응을 할 수 있도록 점진적으로 촉진을 용암시켜야 한다.
- 피드백: 학생이 정확한 반응을 하면 교사는 즉시 칭찬, 안아 주기, 음식물, 장난감, 활동 등 적절한 강화제를 가지고 강화를 한다. 학생이 무반응 또는 오반응을 보이면 즉각적으로 교정적 피드백을 제공한다.
- 시행 간 간격: 교사는 대략 3~5초 정도의 간격을 두고 다음 개별시행을 실시한다.

〈표 9-1〉은 이동훤과 이효신(2014)이 만 6~7세 자폐성 장애학생의 단어재인을 지도하기 위해 비연속개별시행교수를 적용한 지도 절차의 예이다. 이 연구에서는 비연속개별시행교수와 더불어 위치에 대한 시각적 단서의 제공이 단어재인의 사고 과정에 효율적임을 확인하였다. 위치단서 유무에 관련 없이 비연속개별시행교수는 자폐성 장애학생의 단어재인 학습에 효과적이었다. 위치단서를 제공한 비연속개별시행교수가 위치 단서를 제공하지 않은 비연속개별시행교수에 비해 단어재인 학습의 기간을 단축시키고 단어재인 유지에 효과적이었다.

비연속개별시행교수는 학생이 교사가 제공하는 단서(변별 자극)에 반응하는 것이기 때문에 분명한 단서가 제시되지 않을 때는 행동을 자발적으로 보이지 못하는 자극 의

표 9-1 비연속개별시행교수를 활용한 단어재인 지도 절차의 예시

지도 단계	위치단서 제공 비연속개별시행교수 단계별 지도 절차
	위치단서 제공 비연속개별시행교수
1단계 그림 보고 말하기	1. 화이트보드에 그림카드 1개를 붙인다. 2. 교사가 '○○'라고 말하면 학생은 듣고 따라 말한다. 3. 동일한 방법으로 6개 그림카드를 붙인다. 4. 교사가 그림카드를 가리키며 "이것은 무엇입니까?"라고 질문하면 학생은 해당 단어를 말한다. 5. 교사가 6개 그림카드를 순서대로 가리키면 학생은 단어를 말한다. ※ 필요한 경우, 해당 단어를 다시 말해 주거나 단어의 첫 음절을 말하는 등의 구어 촉진을 제공할 수 있다. 	가방 그림	바나나 그림
감 그림	목도리 그림
개 그림	당근 그림	
2단계 언어적 보조 받으며 단어 읽기	1. 처음에 제시한 그림카드 1장을 떼어 내고 해당 단어카드를 붙인다. 2. 교사가 단어를 가리키며 읽으면 학생은 듣고 따라 말한다. 3. 동일한 방법으로 6개 단어카드를 붙인다. 4. 교사가 단어카드를 가리키며 "읽어 보세요"라고 지시하면 학생은 해당 단어를 읽는다. 5. 6개 그림카드를 순서대로 가리키며 단어를 말한다. ※ 필요한 경우, 해당 단어를 말해 주거나 단어의 첫 음절을 말하는 등의 구어 촉진을 제공할 수 있다. ※ 그림 6개의 위치, 단어 6개의 위치, 그림과 단어의 위치를 서로 매칭시킬 수 있도록 그림판을 단어판 옆에 두되, 학생의 수행 정도에 따라 그 거리를 조절할 수 있다. | 가방 그림	바나나 그림		가방	바나나
---	---	---	---	---
감 그림	목도리 그림		감	목도리
개 그림	당근 그림		개	당근	
3단계 단어 읽기	1. 순서에 상관없이 교사가 가리키는 단어를 학생이 읽는다. 2. 빈 화이트보드에 교사가 쓰는 단어를 학생이 읽는다. ※ 이 단계에서는 1, 2단계와는 달리 단어의 첫 음절을 말하는 등의 구어 촉진을 하지 않음으로써 가능한 한 언어적 보조 없이 단어를 읽을 수 있도록 한다. ※ 오반응 시 단어판을 옆에 두어 회상 단서로 활용하여 지도한다.

출처: 이동훤, 이효신(2014).

존성의 제한점을 가지고 있다. 또한 교사가 엄격하게 통제된 학습 환경을 만들어 지도를 하기 때문에 비연속개별시행교수에서 획득된 기술이 학습 상황과 유사한 상황에서 나타나는 일반화의 제한을 가지고 있다. 예를 들면, 교사가 '사과'라는 카드를 들고 "이 글자를 읽어 보세요"라고 하면 학생은 "사과"라고 읽는다. 교사는 정반응에 대한 피드백을 제공한다. 이때 제공되는 피드백은 실제 사과가 아닌 점수, 스티커 등의 다른 강화제가 된다. 이 경우 학생은 '사과'라는 낱말을 명명(tact)한 것이다. 심지어 교사가 실제 사과를 들고 "이것이 무엇이지요?"라고 질문하고 학생이 "사과"라고 말한 후에 사과가 아닌 점수 또는 다른 강화제를 받는다면 이 또한 사과를 명명한 것이다. 비연속개별시행교수에서는 교사가 통제된 학습 환경에서 학생이 사과를 명명하는 것을 학습하도록 하는 것이므로 학생이 자연적인 상황(예: 엄마가 사과를 들고 있을 때)에서 사과를 요구할 때 사과라고 말하지 못하는 일반화의 제한을 가지고 있다. 또 다른 제한점으로는 교사가 학생과 일대일 상황에서 개별적으로 상호작용하고 지속적으로 자극을 제공해야 한다는 점에서 집단 활동 중심의 학교 상황에서는 매우 제한적이라는 것이다.

이러한 제한점을 줄이기 위해 자연적인 교수 맥락에서 비연속개별시행교수의 요소(주의집중-자극제시-반응-피드백)가 들어가도록 구성하는 것이 중요하다. 실제 특수교육 현장에서는 학급 내 학생들을 대상으로 교수·학습 과정의 전개 과정에서 활동 내에 이러한 요소가 자연스럽게 구현되고 있다. 또한 학생이 획득한 기술을 새로운 환경으로 일반화시키는 데 효과적이며 학생에게 단서를 제시해야 하는 교사의 부담이 보다 적은 우연교수, 또래 개입 교수 및 중재(peer-mediated instruction and intervention: PMII) 등의 방법을 함께 활용할 수 있다.

3) 읽기이해

읽기이해는 읽기의 궁극적인 목적으로서 텍스트에 제시된 정보를 자신이 가지고 있는 배경지식과 연결하면서 의미를 형성해 나가는 역동적이며 능동적인 과정이다(Mastropieri & Scrugg, 2007; Williams, 1993). 읽기 수행과 관련하여 자폐성 장애학생은 기능 수행 수준에 상관없이 보편적으로 읽기이해의 제한을 보인다. 자폐성 장애가 갖는 이질성이 읽기이해 관련 패턴에서도 나타난다. 정확한 단어 해독 능력을 가지고 있는 자폐성 장애학생이 매우 낮은 읽기이해 수행을 보이기도 한다(조은숙, 이윤경, 2006;

Myles et al., 2002; Nation et al., 2006; Perfetti et al., 2013). 자폐성 장애학생을 위한 읽기 지도 관련 선행연구에서도 읽기이해 관련 중재 연구가 상당 부분을 차지한다(Gately, 2008). 읽기이해의 경우 학생의 배경지식이 많은 영향을 미친다. 그런데 자폐성 장애학생은 이러한 자신의 배경 지식을 읽기활동을 할 때 사용하지 못한다(Snowling & Frith, 1986). 자폐성 장애학생은 사회적 상황을 이해하기 위해 자신의 언어, 사회적 이해, 메시지가 담고 있는 정서적 의도를 통합하는 데 어려움이 있다(Quill, 1997, 2000). 그렇기에 읽기이해는 자폐성 장애학생에게 가장 학업적으로 도전이 되는 영역 중에 하나이다. 앞서 언급한 바와 같이 읽기가 다른 교과의 기초가 되는 도구적 기술이기에 학생이 모든 교과 영역에서 학습을 하는 데 읽기 능력이 심각한 영향을 미칠 수 있다 (서경희, 2002).

제5장에서 언급된 바와 같이 자폐성 장애의 인지적 특성과 관련하여 자폐성 장애학생이 보이는 마음이해의 결함, 실행기능의 결함, 중앙응집력의 결함 등이 읽기이해의 어려움을 초래할 수 있다(노승림, 2016; 노승림, 김은경, 2014; 서경희, 2002; 편도원 외, 2009; Carnahan et al., 2011). 자폐성 장애학생은 다른 사람의 사고, 신념, 의도, 태도, 감정 등 마음 상태를 인식하고 자신과 다른 타인의 마음 상태를 이해하며 이러한 마음 상태에 대한 이해에 근거하여 행동을 예측하는 마음이해(theory of mind: ToM)에 어려움을 가지고 있다(Baron-Cohen, 1991). 마음이해에 어려움을 가진 자폐성 장애학생은 다른 사람의 관점을 인식하고 이해하는 데 어려움이 있다(Frith, 2006). 읽기와 듣기에서 이야기 등장인물의 관점을 이해하는 것이 중요하다. 등장인물이 왜 그렇게 행동하는지를 이해하는 것이 정확한 읽기 및 듣기 이해에 중요하다(Colle et al., 2008). 등장인물의 관점을 이해하지 못하면 정확한 읽기이해를 하는 데 제한이 된다. 자폐성 장애학생이 보이는 이야기글 읽기이해의 제한은 자폐성 장애학생의 마음이해의 결함과 관련이 있을 수 있다. 이야기글을 이해하기 위해서는 등장인물의 감정과 동기를 인식하고 이해할 수 있어야 하며, 화용 언어(pragmatic language)를 이해할 수 있어야 하고, 등장인물의 목적을 판단할 수 있어야 하고 틀린 믿음(false belief)을 인지할 수 있어야 하며 속임수(trickery)를 이해할 수 있어야 한다. 이는 마음이해능력과 밀접한 관련이 있다 (Westby, 2004). 마음이해에 어려움을 가진 자폐성 장애학생은 이야기글의 등장인물의 동기 또는 감정을 이해하는 것을 어려워하거나 글의 내용을 예측하거나 추론하는 데 어려워한다.

일반적으로 학생은 읽은 글의 요점을 회상할 때 상세한 사항보다는 글의 구체적인 정보를 아우르는 도식(schema)을 중심으로 글의 전체적인 인상에 기초하여 글의 요점을 구성한다. 그러나 약한 중앙응집력(central coherence)을 보이는 자폐성 장애학생은 글의 정보를 통합하는 도식을 찾지 못하고 글의 세세한 부분 부분만을 언급할 수 있다. 또한 중앙응집력의 결함으로 인해 자폐성 장애학생은 읽은 글의 단어들은 기억할 수 있으나 중심 내용이 되는 문장은 기억하지 못하고 오히려 관련이 없는 글을 기억하며 동음이의어를 문맥에 맞게 뜻을 유추하지 못하여 읽기이해의 제한을 보인다(서경희, 2002; Frith & Happé, 1994; Happé & Frith, 2006; O'Connor & Klein, 2004).

복잡한 과정으로 이루어지는 읽기이해는 단어재인 이상의 인지적 기술, 즉 읽기유창성, 언어이해 등을 필요로 할 뿐만 아니라 작업 기억, 계획하기, 조직화하기, 자기조절과 같은 하위영역을 포함하는 실행기능(executive function)이라는 고차원적 인지 기술에 의해 영향을 받는다(Sesma et al., 2009). 단어재인에 어려움이 없음에도 읽기이해의 결함을 보이는 자폐성 장애학생의 읽기이해 향상을 위해서는 실행기능의 향상을 통한 읽기전략의 습득을 지도할 필요가 있다. 인지와 행동을 조직하고 계획하며 실행하고 자기 점검하며 새로운 지식을 자신이 가지고 있는 경험과 통합하는 능력인 실행기능에서 제한을 보이는 자폐성 장애학생은 읽기와 관련하여 배경 지식을 점검하는 데 어려워하고 읽은 내용을 자신의 이전 경험과 통합하는 데 제한된 능력을 보이며 읽기를 하는 중에 지속적으로 자기 점검을 위한 지원을 필요로 한다. 이러한 마음이해의 결함, 실행기능의 결함, 중앙응집력의 결함과 관련한 자폐성 장애학생이 보이는 장애 관련 특성들이 자폐성 장애학생의 읽기이해 어려움을 초래할 수 있다(서경희, 2001; 서경희, 김미경, 2004; Carnahan et al., 2011).

자폐성 장애학생은 읽기이해에서 독특한 어려움을 보인다(O'Connor & Klein, 2004). 읽기이해 관련 지식 및 기술을 향상시키는 것이 중요하다(Zein et al., 2014). 자폐성 장애학생의 읽기이해 향상에 효과적인 읽기이해 전략 교수에 대한 연구가 매우 미비하다. 그러나 숙련된 독자가 사용하는 다양한 읽기 전략에 대한 연구와 학습장애학생의 읽기이해 전략에 대한 연구에 근거하여 다양한 읽기 전략을 자폐성 장애학생의 읽기이해 지도를 위해 활용할 수 있으며 이러한 전략들은 앞서 언급한 자폐성 장애학생의 인지적 특성에 부합할 수 있다(Gately, 2008). 노승림과 김은경(2014)의 연구에서는 Mason(2004)에서 사용한 읽기이해 전략 TWA(Think Before Reading, Think While

Reading, Think After Reading)를 실행기능의 제한을 보이는 초등 고학년 주의력결핍 과잉행동장애(ADHD) 학생들이 이해하기 쉽도록 우리말로 수정하여 '무지개보인다찾아라'로 만들었다. 전략은 〈표 9-2〉와 같이 읽기과정을 읽기 전, 읽기 중, 읽기 후로 나누고 각 단계에서 필요한 전략을 자신에게 해야 할 질문으로 만들어 제시한 것으로, 아동이 전략 9개를 쉽게 기억할 수 있도록 앞 글자를 모아 '무지개보인다찾아라'라는 전략을 만들었으며 이를 기억술 차트로 제시하였다. ADHD 학생도 아스퍼거 장애학생과 같이 실행기능의 제한을 보이므로 이 연구에서 ADHD 학생에게 적용한 읽기 전략이 아스퍼거 장애학생에게도 적용될 수 있을 것이다.

표 9-2 읽기이해를 위한 TWA 전략의 예시

읽기 과정	앞 글자 (기억전략)	전략 질문(전략)	읽기 전략 기억 학습지 예
읽기 전	무	무슨 내용인가?(무엇에 대한 글인지 생각하기)	
	지	지금 알고 있는 것은 무엇인가?(학생이 알고 있는 것을 생각하기)	
	개(배)	배우고 싶은 것은 무엇인가?(배우고 싶은 것을 생각하기)	
읽기 중	보	보통의 속도로 읽고 있나?(읽기 속도에 대해 생각하기)	
	인	인제 내가 알고 있는 내용과 연결해 볼까?(지식과 연결하며 생각하기)	
	다	다시 읽어야 할 부분은 없나?(다시 읽어야 하는 부분이 있는지 생각하기)	
	찾	찾아볼까? 중심내용!(중심내용에 대해 생각하기)	
읽기 후	아	아주 간단히 요약해 볼까?(요약문 만들기)	
	라(나)	나는 무엇을 배웠는가?(무엇을 배웠는지 생각해 보기)	

읽기 전략 기억 학습지 예:

무지개보인다찾아라

읽기 전	무	
	지	
	개(배)	
읽기 중	보	
	인	
	다	
	찾	
읽기 후	아	
	라(나)	

출처: 노승림, 김은경(2014).

그래픽 조직자 활용

학령기에는 교과서가 주된 교수 자료로서 활용되기에 학생은 교재의 내용을 읽고 이해하며 다양한 관련 과제를 수행할 수 있어야 한다. 초등 중학년 이상부터는 교과서 내에 설명글의 비율이 높아지고 설명글은 국어과뿐만 아니라 다양한 교과 영역의 교과서에 포함되어 있다. 그렇기에 초등 중학년 이상의 자폐성 장애학생은 이러한 설명글 중심의 교재와 교사의 교수를 통해 학습에 참여하게 된다. 제8장에서 언급된 시각적 요소를 추가한 시각 단서 교수는 교수·학습 상황에서 주어지는 다양한 자극 및 정보 중에서 필요한 자극 및 정보에 주의집중하고 적절하게 반응할 수 있도록 한다. 그래픽 조직자, 마인드맵 등을 포함한 시각 단서 교수는 자폐성 장애학생이 텍스트의 핵심 정보에 집중하고 기억하며 독립적으로 과제 수행하는 데 도움이 된다(Gately, 2008). 교과 지도와 관련하여 학생의 수업 참여를 지원하는 시각적 전략 중에 하나는 그래픽 조직자의 사용이다. 그래픽 조직자의 활용은 학생이 교과 내용을 이해하고 학습 과제와 교과 지식 간의 관계를 파악하는 데 도움이 된다(Bethune & Wood, 2013; Simmons et al., 2014). 그래픽 조직자는 언어를 조직화하는 구체적이고 시각적인 지원이다. 그래픽 조직자는 텍스트에서 전달되는 정보에 대한 시각적 표상으로 그림과 텍스트를 결합시켜 정보, 지식, 개념을 구조화한다(Jiang & Grabe, 2007). 그래픽 조직자는 시각적 학습자인 자폐성 장애학생의 읽기이해 향상에 긍정적인 영향을 미칠 수 있다(Gately, 2008). 그래픽 조직자를 사용하면 중요 개념이나 용어를 지도하는 데 유용하고 글의 전체적인 내용과 구조를 파악하는 데 효과적이다.

그래픽 조직자는 읽기이해뿐 아니라 개념적 이해 증진을 위해 관련 교과 영역에서 폭넓게 활용될 수 있는 자폐성 장애학생을 위한 효과적인 교수 전략 중 하나이다(Bethune & Wood, 2013; Hart & Whalon, 2008; Simmons et al., 2014). 학령기 자폐성 장애학생을 대상으로 그래픽 조직자를 활용한 교과 관련 국내 중재 연구로는 읽기 지도(김소연, 이소현, 2011; 심경희, 김은경, 2015; 이효신, 민기연, 2007), 쓰기 지도(방선주, 김은경, 2010), 수학 지도(노승림, 김은경, 2011), 과학 지도(강승모, 2014) 등이 있다.

자폐성 장애학생은 환경에서 대부분의 신호를 이해하는 데 청각적 언어 자극보다 시각적인 것을 더 많이 사용하고 잘 이해하는 시각적 학습자이다(Cafiero, 1998). 또한 자폐성 장애학생은 정보가 조직적이고 예측 가능한 형태로 제시될 때 또는 구체적, 시각적 자료를 활용하여 꾸준히 가르칠 때 가장 잘 학습한다(Quill, 1997). 이러한 특성을 가진 자폐성 장애학생을 대상으로 한 읽기 선행 연구들을 보면 시각적 자료 활용이 읽기이해에 도움이 될 수 있다(편도원 외, 2009). 읽기 지도를 위한 시각적 전략 중 하나인 그래픽 조직자는 그림과 텍스트를 결합시켜 정보, 지식, 개념을 구조화한 시각적 자료이다. 그래픽 조직자를 사용하면 텍스트 구조를 시각화해서 요소들 간의 관계를 더 빨리 알 수 있으며, 정보를 효과적으로 회상하고 저장할 수 있고, 말로 설명할 수 없는 개념을 이해시킬 수 있는 장점이 있어 내용 학습에 어려움을 갖고 있는 학생들을 위한 교수에서 많이 사용되고 있다(국립특수교육원, 2009; Myles & Adreon, 2001). 그래픽 조직자는 글의 중요 개념이나 용어 지도에 유용하고 학생이 글의 전체적인 내용과 구조를 파악하는 데 도움이 되므로, 자폐성 장애학생의 읽기이해 지도에 효과적일 수 있다. 그래픽 조직자를 활용하여 읽기지도를 할 때에는 시각적으로 표현된 개념 사이의 관계를 나타내고 앞으로 읽게 될 텍스트와 관련지어 그래픽 조직자를 제시해야 하며, 새로운 정보를 기존 학습과 연결하고 학생이 스스로 입력하여 분석할 기회를 제공해야 한다(Merkley & Jefferies, 2001). 단순히 그래픽 조직자만을 제공하는 것이 아니라 해당 그래픽 조직자를 활용하는 방법인 구체적인 규칙을 함께 지도해야 한다. 그리고 스스로 이러한 구체적 규칙을 적용해 볼 수 있는 기회를 반복적으로 가져야 한다.

〈표 9-3〉은 심경희와 김은경(2015)이 자폐성 장애 중학생의 설명글 읽기이해를 지도하기 위해 활용한 그래픽 조직자 유형의 예이다. 많은 자폐성 장애학생이 읽기 전,

표 9-3 설명글에 대한 그래픽 조직자 유형의 예시

구조	구조 의미	구조 형태	그래픽 조직자
정의	말의 뜻을 명확하게 밝혀 풀이한다.	A는 B이다.	☐ = ☐
열거	일련의 생각들을 열거한다.	~, ~, ~ 등이 있다.	☐─☐─☐
비교와 대조	공통점이나 차이점을 말한다.	비교는 'A는 B와 ~가 비슷하다.' 대조는 'A와 B는 ~가 다르다.'	⬭⬭
분류	종류에 따라 나눈다.	~으로 나뉜다, ~로 분류된다, ~의 갈래는, ~에 따라 나누면	(분류 도식)

출처: 심경희, 김은경(2015).

중, 후의 전략을 동시에 학습하는 데 어려움이 있으므로 우선 읽기 중 전략만을 지도할 수 있다. 추후 읽기 전과 후의 전략을 점진적으로 연계해 지도할 수 있다. 이 연구에서는 그래픽 조직자를 활용하는 읽기 중 전략을 지도하였다. 시각적 지원 자료인 그래픽 조직자를 활용한 읽기 지도는 자폐성 장애 중학생의 설명글 읽기이해력 향상과 유지에 효과적이었다. 이 연구에서 적용한 그래픽 조직자 활용 읽기 중 전략은 다음과 같다.

- 그래픽 조직자 유형 파악하고 함께 읽기: 교사는 수업 시간에 할 일과 주어진 지문, 그래픽 조직자, 읽기이해 학습지에 대해 설명한다. 지문의 제목을 읽고 지문과 관련된 학생의 경험이나 교사의 경험을 간단히 이야기하며 학생의 동기를 유발한다. 지도 초기 수업의 전개 부분에 지문의 글의 구조 유형(〈표 9-3〉 설명글에 대한 그래픽 조직자 유형의 예 참조)에 대해 파악하고 그래픽 조직자에 대해 설명한다. 지도 후기에는 학생 스스로 파악하도록 하고, 글과 문제를 소리 내어 읽으며 연습하도록 한다.
- 소리 내어 읽으며 문단 나누기: 학생에게 지도 시작 전에 문단 나누는 방법에 대하여 설명해 주고 연습을 시킨다. 교사는 학생과 함께 지문을 읽은 후에 학생 혼자서 소리 내어 읽으며 문단을 나누며「 」표시를 하도록 한다.
- 핵심어 찾기: 학생에게 제공하는 그래픽 조직자 맨 위에 핵심어를 찾아 쓸 수 있도록 한다. 글을 읽으면서 반복적으로 나오는 단어에 동그라미 표시를 하거나 자신만의 표시를 하는 연습을 하도록 한다.
- 그래픽 조직자 빈칸 채우기: 학생이 1~3단계를 거친 후 지문을 보고 그래픽 조직자의 빈칸 채우기 연습을 한다. 지도 시 학습자의 학습 수준을 고려하여 학습자가 힌트를 찾아 쓸 수 있도록 그래픽 조직자에 30% 정도의 칸을 교사가 미리 작성해 놓는다. 작성해 놓은 칸을 토대로 지문을 읽고 앞, 뒤 칸을 채우도록 한다.
- 문제 읽고 그래픽 조직자 보며 해결하기: 완성된 그래픽 조직자를 바탕으로 학습지를 해결한다. 학습지를 함께 읽고 그래픽 조직자를 보며 해결하도록 한다. 오답의 경우 다시 생각할 수 있게 유도하고, 정답의 경우에는 언어적 강화를 제공한다.

읽기 과정에서 요구되는 구조화된 전략을 통해 함께 읽고, 문단을 나누고, 스스로 그래픽 조직자에 나타내고, 문제를 해결하는 과정을 거치면서 이전보다 읽기학습에 동기가 유발되어 적극적으로 읽기 활동에 참여할 뿐 아니라 주의집중 시간의 향상을 보일 수 있다. 또한 이러한 전략의 반복 학습으로 인해 설명글의 구조와 단어, 주제 등에 관심을 보이고 전체적인 글의 구조를 확인하고 회상할 수 있어서 읽기이해 학습지를 해결하는 시간도 감소할 수 있다.

학생이 그래픽 조직자에 흥미를 갖고, 쉽게 배워 독립적으로 수행할 수 있도록 앞서 단어재인에서도 언급된 직접교수를 적용할 수 있다(Flores et al., 2013; Flores & Ganz, 2007, 2009). 직접교수는 단어재인뿐 아니라 읽기이해 지도에도 효과적이다. 그래픽 조직자를 활용한 읽기이해 지도 초기에는 교사와 함께 수행하는 시범단계, 교사주도 연습단계, 지도 후기에는 독립적 단계로 구성한다. 처음에는 교사가 주도하여 그래픽 조직자 칸을 채워 나가다가 점진적으로 학생이 주도하여 독립적으로 칸을 채워 나갈 수 있도록 지원한다. 직접교수를 통해 학생에게 학습하는 방법을 직접적으로 가르쳐 줄 수 있고, 학습내용과 활동을 구조화하여 긍정적인 효과를 주며 학습활동을 점점 학생 주도로 만들면서 학생이 쉽게 이해하여 사용할 수 있다. 각 단계의 지도 활동 내용의 예는 다음과 같다.

- 시범 단계: 교사가 읽기 5단계의 시범을 보인다. 주어진 지문을 교사가 소리 내어 읽으면서 문단을 나누고, 핵심어를 찾아서 표시를 한다. 그다음 지문과 그래픽 조직자를 번갈아 가며 칸을 채우는 방법을 이야기해 주고 시범을 보인다.
- 안내된 연습(교사 주도 연습) 단계: 교사가 읽기 5단계를 다시 한 번 학생에게 상기시켜 주며 함께 수행해 나간다. 교사는 학생과 함께 지문을 읽어 나가면서 문단을 나누고 핵심어를 찾을 수 있도록 도와준다. 문단 나누기, 핵심어 찾기에 어려움을 느낄 때 즉시 방법을 알려 주고 고쳐 준다. 교사 주도하에 학생과 지문에 대한 이야기를 나누면서 함께 그래픽 조직자의 빈칸을 채워 나갈 수 있도록 연습한다. 완성된 그래픽 조직자를 보며 문제를 읽고 해결하는 방법을 자세히 알려 준다. 점진적으로 학생이 주도하여 해결할 수 있도록 유도한다.
- 독립적 수행 단계: 학생이 읽기 5단계를 스스로 숙지하여 수행하며 학생이 어려워하거나 잘못된 부분이 있으면 개입하여 잘못된 부분과 수행 방법을 다시 알려 준다.

마인드맵(mind map)은 시각적 정보를 활용하는 것으로, 다양한 선, 색, 이미지 등을 활용하여 자신의 생각을 지도의 형태로 표현하는 것이다(김소연, 이소현, 2011). 이 또한 앞서 살펴본 그래픽 조직자와 마찬가지로 자폐성 장애학생의 시각적 정보처리의 강점을 활용하는 접근이다.

자폐성 장애학생의 특별한 관심 및 흥미 또는 생활 속 경험을 글감으로 활용하여 읽기이해를 지도하면, 학생의 흥미를 유발하여 적극적인 참여를 유도하고 주의집중 시간이 늘어나 읽기 학습에 도움이 될 수 있다. 자폐성 장애학생의 선호도를 반영하며 일상생활에서 접할 수 있는 경험을 글감을 활용할 때 읽고자 하는 학습 동기를 불러일으켜 읽기 수행에 긍정적인 영향을 미칠 수 있다(김소연, 이소현, 2011). 이는 자폐성 장애학생의 제한된 관심을 문제가 아니라 특별한 관심이라는 강점으로 보고 교수 · 학습 활동에 활용할 수 있음을 내포한다(박현옥, 2012).

2. 자폐성 장애학생을 위한 쓰기 지도

쓰기는 자신의 생각과 정보를 타인에게 효과적으로 전달할 수 있는 일상생활에서 중요 의사소통 영역 중 하나이다(Koppenhaver & Williams, 2010). 쓰기는 연령의 증가와 더불어 생각과 의사를 단순히 표현하는 수준에서 타인과 교류하고 소통하는 도구로써 많이 사용된다. 특히 요즈음과 같이 소통의 도구로 웹기반의 모바일 활용이 활성화된 시기에는 개인이 사회에 능동적으로 참여하기 위해 쓰기가 더욱 중요한 소통의 요소라 할 수 있다. 자신의 의사를 즉각적으로 표현할 수 있는 말하기에 비해, 쓰기는 자신의 생각을 여러 번 다듬은 후에 타인에게 전할 수 있다. 말하기에 비해 쓰기는 구조화와 시각적 지원에 보다 강점을 보이는 자폐성 장애학생이 학습하기에 보다 용이하다고 할 수 있다.

쓰기의 하위 요소에는 글씨 쓰기, 철자, 작문이 포함된다. 글씨 쓰기(handwriting)는 손으로 글자를 쓰는 것을 의미하고, 철자(spelling)는 맞춤법에 맞게 단어를 쓰는 것을 의미하며, 작문(composing, written expression)은 쓰기의 궁극적 목표로 쓰고자 하는 것을 글로 표현하는 것을 의미한다. 이 절에서는 자폐성 장애학생을 위한 쓰기 지도의 영역을 이러한 글씨 쓰기, 철자, 작문으로 구분하여 자폐성 장애학생에게 적용 가능한 쓰기 지도에 대해 간략히 살펴보고자 한다.

1) 글씨 쓰기

전자 의사소통 도구 사용이 최근 증가하고 있으나 일명 손글씨라고도 하는 손으로 글자를 쓰는 글씨 쓰기는 여전히 중요하다. 특히 학령기 학생의 경우 과제 수행 시 타인이 읽을 수 있게 글씨를 쓰는 것이 중요하다. 글씨 쓰기에 참여하기, 즉 필기는 학교생활에서 자폐성 장애학생의 학업 수행 참여에 필수적이다(Carlson et al., 2009; Hart et al., 2010). 학생이 쓴 글자가 교사가 보기에 해독이 어려운 경우 학생의 쓰기 수준을 명확히 판단하기 어려워서 학생 철자 또는 작문 능력이 부족하다고 여길 수도 있다(Graham & Perin, 2007; Graham et al., 2000). 쓰기는 무엇보다도 표현적 의사소통의 수단 중 하나이므로 타인이 제대로 알아볼 수 있도록 바르게 쓰는 것이 중요하다.

자폐성 장애학생은 글씨 쓰기 과제 수행 시 불안을 보이거나 과제 거부 등의 문제행동을 보일 수 있다. 자폐성 장애학생에게 글씨 쓰기는 매우 힘든 신체 활동으로 여겨질 수 있다(Church et al., 2000). 글씨 쓰기 행동은 문자들을 어떻게 구성하는지에 대한 지식을 기억으로부터 끄집어 내는 능력뿐 아니라 종이 위에 문자의 형상을 만드는 신체 움직임의 실행을 필요로 한다. 또한 글씨 쓰기의 어려움은 작문의 제한에 영향을 미친다. 작문을 하기 위해서는 다양한 쓰기 전략이 필요한데 글씨 쓰기에 어려움이 있는 학생은 글씨 쓰기에 상당한 에너지를 소비하여 다른 적절한 쓰기 전략을 기억 및 실행하는 데 많은 어려움을 보일 수 있다(Graham et al., 2000). 자폐성 장애학생은 시각-운동기능 협응 및 소근육 움직임의 통제 등에 어려움으로 인해 필기도구의 사용을 힘들어할 수 있다(Myles et al., 2002). 연령이나 IQ와 상관없이 자폐성 장애학생은 상당히 낮은 소근육 운동 기술을 보이며 이는 쓰기 수행의 제한에 영향을 미친다(Mayes & Calhoun, 2003). 글씨를 쓰는 근육(graphomotor), 즉 소근육 운동 기술(fine motor skill)을 가지고 있는 자폐성 장애학생조차도 글씨 쓰기의 제한을 보이기도 한다(Brown, 2009). 타인이 알아볼 수 있게 글씨를 쓰도록(글씨 쓰기의 명확성) 지도하고 글씨를 유창하게 쓸 수 있도록(글씨 쓰기의 유창성) 지도하는 것이 중요하다.

• 다양한 필기도구 제공하기: 자폐성 장애학생은 감각 자극에 대한 과도한 민감 또

는 둔감 반응을 보인다(제7장 참조). 이러한 감각적 어려움이 글씨 쓰기 수행을 방해할 수 있다(Dunn et al., 2002). 예를 들어, 촉각 자극에 민감한 자폐성 장애학생은 연필의 거친 표면에 대해 민감하게 반응하여 연필 사용을 거부할 수도 있다. 또는 고유수용계 감각 조절의 어려움으로 인해 필압 조절을 잘하지 못하여 연필심이 뾰족하게 깎인 연필이나 샤프펜슬을 사용하기 힘들어할 수 있다. 자폐성 장애학생의 감각적 특성을 보완하고 글씨 쓰기 기술의 향상을 이끌기 위해 개별 학생의 특성 및 요구에 적합한 다양한 필기도구 및 지원을 제공할 수 있다. 개별 학생에게 맞게 연필 또는 펜의 크기를 조절해 주거나 무게감이 있는 연필, 펜, 사인펜, 매직펜 등을 제공할 수 있다.

• 글씨 쓰기에 필요한 기술 지도하기: 글씨 쓰기를 위해서는 바른 자세로 앉기, 올바르게 연필 쥐기, 올바른 위치에 종이 놓기 등의 기술이 필요하다. 자폐성 장애학생의 경우 감각 및 신체적 특성으로 인해 글씨 쓰기에 필요한 기술을 습득하지 못할 수 있다. 이러한 필요 기술에 대한 직접적인 지도가 요구된다. 글씨 쓰기에 필요한 기술을 지도할 때 이에 도움이 되는 보조 도구를 활용하여 학습을 용이하게 할 수 있다. 필기를 할 때 연필을 바르게 잡지 못하여 글씨 쓰기를 어려워하는 경우, 바르게 연필 잡는 것을 도와주는 장치가 부착된 연필을 제공하여 학생의 글씨 쓰기 지원을 해 줄 수 있다. 필기를 하는 노트나 학습지가 고정되어 있지 않기에 일반적으로 학생은 필기를 하지 않는 팔로 노트나 학습지를 누르고 글씨 쓰기를 한다. 일부 자폐성 장애학생의 노트나 학습지를 움직이지 않게 누르고 바르게 글씨 쓰기를 하는 데 어려움을 보일 수 있다. 이 경우 경사판에 종이를 고정시키는 것(또는 고정판에 놓는 것)은 글씨 쓰기에 도움이 될 수 있다.

자폐성 장애학생을 위한 글씨 쓰기 교수의 효과를 알아본 연구는 매우 제한적이지만(정은혜 외, 2013), 글씨 쓰기에 어려움을 보이는 학생을 대상으로 효과적인 글씨 쓰기 교수의 다음과 같은 특성을 자폐성 장애학생에게도 적용할 수 있다(Graham et al., 2000; Hart et al., 2010). 이는 글씨 쓰기뿐 아니라 작문과 읽기이해 교수에서도 적용할 수 있다.

• 매일 짧은 시간 교수를 한다: 글씨 쓰기는 운동 기술의 하나로, 매일 짧은 시간 지

도하는 분산연습을 통해 가장 잘 학습될 수 있다.

- 직접적이고 명시적인 교수를 한다: 타인이 알아볼 수 있도록 명확하게 글씨 쓰기에 대한 시범-안내된 연습-독립된 연습의 기회를 제공한다. 특히 앞서 언급한 글씨 쓰기를 위해 필요한 기술인 바른 자세, 연필 바르게 잡는 법, 종이의 위치를 바르게 놓는 법과 글씨를 올바르게 쓰는 법에 대해 이러한 명시적 교수를 적용한다.
- 글씨 쓰기 연습을 할 수 있는 기회를 반복적으로 제공한다.
- 학생의 수행에 대해 긍정적이거나 교정적인 피드백을 제공한다: 학생이 올바르게 글씨 쓰기를 한 경우 긍정적 피드백을 제공하고 타인이 알아볼 수 없게 글씨 쓰기를 한 경우 교정적 피드백을 제공한다.
- 시각적 단서를 활용한다: 학생의 올바른 글씨 쓰기에 도움이 되는 시각적 촉진을 제공하고 점진적으로 용암한다.

시각-운동기능 협응 및 소근육 움직임의 통제 등에 어려움으로 인해 필기도구의 사용을 힘들어하는 자폐성 장애학생을 위해서는 또래가 필기한 내용을 나중에 옮겨 적게 하거나 또래 또는 지원자가 필기를 해 줄 수 있다(Attwood, 1998; Church et al., 2000; Myles & Adreon, 2001). 일명 먹지라고 하는 특수용지(National Cash Register: NCR 용지)를 활용할 수 있다(Hastings et al., 1997). 두 장이 겹쳐 있는 특수용지에 또래가 필기를 하고 두 장 중 한 장을 자폐성 장애학생에게 준다. 또는 학생이 필기해야 하는 쓰기의 양을 줄여 줄 수 있다(Mayes & Calhoun, 2003). 필기해야 할 내용 중 핵심어를 공란으로 한 프린트를 교사가 사전에 준비하여 학생에게 제시할 수 있다. 핵심어를 쓰는 빈칸을 채워 쓰기 위해 자폐성 장애학생은 수업 내용에 집중하여 들으며 쓰기 관련 활동에 참여할 수 있다.

2) 철자

철자는 한글 맞춤법에 맞게 단어를 쓰는 것으로, 낱자, 글자, 단어 관련 복잡한 지식을 필요로 한다. 또한 철자는 글로 자신의 생각이나 의사를 표현하는 작문 능력에 직접적으로 영향을 미친다. 철자 능력은 낱자-소리 대응 관계에 대한 인식인 음운처리, 낱자와 글자의 형태에 대한 인식인 표기처리, 형태소에 대한 인식인 형태처리 능력을 필요로 한다(Berninger et al., 1994, 2002). 자폐성 장애학생은 철자 수행과 관련하여 다양한 오류 유형을 보일 수 있다. 소리 나는 대로 표기되는 단어를 소리가 다른 단어로 잘못 쓰는 음운처리 오류, 소리 나는 대로 표기되지 않는 단어를 잘못 쓰는 표기처리 오류, 단어 구성 형태소 관련한 형태처리 오류 등이 그것이다. 자폐성 장애학생은 음운처리 오류보다 표기처리 오류를 보일 수 있다(Berninger et al., 1997). 소리와 다르게 표기되는 단어가 있음을 알고 낱자와 글자의 형태에 대한 인식이 있어야 하는데, 자폐성 장애학생은 그러한 관계를 이해하는 데 어려움이 있다(Pennington & Delano, 2012). 그래서 자폐성 장애학생이 보이는 철자 오류의 유형을 판별하여 이에 적절한 철자 교수를 제공해야 한다.

컴퓨터 활용교수(computer-assisted instruction: CAI)를 통해 자폐성 장애학생의 기능적 단어들에 대한 철자 능력을 향상시킬 수 있다(Baumgart & VanWalleghem, 1987). 컴퓨터는 사용자가 모니터에 주의집중할 것을 요구하기 때문에, 많은 감각 정보 중에서 필요한 자극을 선택하여 등록하는 데 어려움이 있는 자폐성 장애학생에게 적합할 수 있다(Pennington et al., 2012). 또한 컴퓨터가 갖는 예측가능성이 자폐성 장애학생의 요구에 부합한다(Heflin & Alaimo, 2007). 컴퓨터는 자폐성 장애학생의 학습, 동기, 주의집중, 반응률, 문제해결 등의 수준을 향상시키는 데 활용될 수 있다. 컴퓨터 활용 교수의 장점은 즉각적인 피드백과 강화를 제공하고 교사의 감독의 양을 줄여 줄 수 있으며 학생의 수행수준에 맞게 교수 내용 및 속도를 조절할 수 있다는 점이다(이성용, 김진호, 2016; Frank et al., 1985; Pennington et al., 2012). 컴퓨터 활용교수는 철자와 작문뿐 아니라 읽기 향상(Heimann et al., 1995), 수학 성취의 촉진(Podell et al., 1992)과 문제해결 기술의 향상(Lancioni et al., 1999)에 효과적이다. 아스퍼거 장애학생, 시각-운동 협응에 어려움을 지닌 학생, 소근육 운동 기술의 제한을 가진 학생의 쓰기 기술 향상에 음성인식 소프트웨어(speech recognition software)의 활용이 효과적일 수 있다. 음성인식 프로그램을 활용할 경우, 컴퓨터 자판의 낱자 위치를 파악하고 키보드를 다룰 수 있는 기술이 필요하지 않다(Higgins & Raskind, 2000). 키보드를 치는 대신 마이크를 통해 말을 하면 컴퓨터가 그 음성을 디지털화된 형태로 변환시켜 준다. 음성인식 소프트웨어는 철자 교수 초기 단계보다는 철자 오류를 교정하는 단계에서 적용하는 것이 효과적이다(Heflin & Alaimo, 2007).

3) 작문

자폐성 장애학생은 무엇을 어떻게 써야 하는지 자신의 생각과 의사를 조직하는 데 어려움을 보일 수 있다(Church et al., 2000). 또한 쓰기 중에서 특히 작문의 과정은 계획하기, 텍스트 작성하기, 조직하기, 교정하기 등의 여러 인지 · 언어 · 운동 과정을 동시에 처리해야 한다. 자폐성 장애학생은 이러한 영역에서의 제한으로 인해 작문 수행에 어려움을 보일 수 있다(Pennington & Delano, 2012). 아스퍼거 장애학생은 일반 또래와 동일한 분량의 쓰기를 하지만, 쓰기 결과물의 내용 면에서 차이를 보인다(Myles et al., 2002). 작문의 기술은 지속적으로 발전되어 가며 텍스트 산출 기술 및 사고 과정 등을 포함한 다양한 기술을 요구한다(Hunt-Berg et al., 1994). 자신의 생각과 의사를 글로 적절하게 표현하기 위해서는 쓰기 전략이 필요하다. 쓰기 과정에는 쓰기 전 단계, 쓰기 중 단계, 쓰기 후 단계 각각에서 요구되는 전략이 있다. 쓰기 과정에서 사용되는 전략은 반복적이고 지속되기 때문에 자폐성 장애학생이 습득하거나 이해하기 용이하다.

쓰기의 과정을 다루는 과정중심 접근법은 자폐성 장애학생의 다음과 같은 특성과 관련하여 이들의 의사표현 능력의 향상을 기대할 수 있다(방선주, 김은경, 2010). 첫째, 글로 자신의 의사를 표현하는 것은 상대방과 얼굴을 마주 보며 하는 의사소통이 아니기 때문에 면대면의 사회적 상호작용에서 어려움이 있는 자폐성 장애학생이 편안하게 의사를 표현할 수 있다. 둘째, 쓰기를 통해 시각적인 단서가 주어지면 자폐성 장애학생은 자발적이고 주도적인 의사소통 참여자가 될 수 있다. 자폐성 장애학생은 청각적 정보처리 능력보다 시각적 정보처리 능력에서 나은 수행을 보인다. 사진이나 그림 같은 시각적 단서는 동시적 특성을 가지기 때문에 시간에 구애받지 않고 충분히 훑어 볼 수 있는 장점이 있다. 셋째, 쓰기에 사용되는 전략은 반복성과 일관성을 가진다. 자폐성 장애학생은 변화하는 것보다 일관성 있는 것에 높은 수행을 보인다.

과정중심 쓰기 교수는 쓰기의 전 과정을 다루는 과정 중심 접근법으로 쓰기 결과물보다는 쓰기의 전체 과정을 중요시한다. 읽기이해와 같이 쓰기 전, 중, 후 과정에서 필요로 하는 전략들을 체계적으로 지도하는 것이다. 〈표 9-4〉는 특수학교에 재학 중인 자폐성 장애 고등학생들의 쓰기 능력 향상을 위해 적용한 과정중심 쓰기 전략의 예이다(방선주, 김은경, 2010).

표 9-4 과정중심 쓰기 전략의 예시

단계	전략	내용
쓰기 전	생각 꺼내기	쓰기 주제 확인하기
		생각 꺼내기 전략(마인드맵)을 활용하여 글감과 관련된 것 떠올리기
		교사는 생각을 떠올리는 과정을 시범 보이기
		생각을 자유롭게 떠올리지 못하는 학생에게는 도움 주기
	생각 묶기	생각 꺼내기 전략(마인드맵)을 통해 작성한 것을 보고 어떻게 쓸 것인지 글을 쓰는 순서를 결정하기
		생각 묶기 전략(다발짓기)을 활용하여 아이디어를 묶거나 분류하기
		교사는 생각 묶기 과정을 시범 보이기
쓰기 중	초고 쓰기	말로 쓰기를 하여 생각을 자연스럽고 편안하게 말하기
		글감에 대한 글쓴이의 풍부한 경험과 지식, 깊은 안목과 폭넓은 생각이 잘 드러나도록 쓰기
	다듬기	체크리스트를 활용하여 글을 다듬기
쓰기 후	평가하기	글을 쓴 목적과 관련지어 평가하기
		객관적이고 합리적인 평가기준을 활용하여 평가하기
		글쓰기 과정 평가하기
		글의 장점과 단점을 잘 파악하게 한 후, 부족한 부분을 보완하기
	작품화하기	글을 발표할 때에는 자신 있게 또렷한 목소리로 읽기
		교실 뒤편에 있는 학급게시판에 쓴 글을 게시하기

출처: 방선주, 김은경(2010).

　　과정 중심 쓰기의 단계 중 쓰기 전 단계에서 생각 꺼내기와 생각 묶기를 위한 전략으로 그래픽 조직자인 마인드맵 또는 이야기 문법 지도(story grammar map) 등이 활용될 수 있다(Bishop et al., 2015). 그래픽 조직자는 시각적 지원과 구조화를 제공하여 시각적 학습자인 자폐성 장애학생(Hart & Whalon, 2008)이 자신의 생각을 구조화하고 지원하는 데 도움이 되고 자신이 쓰고자 하는 것의 개요나 초고를 조직하는 데 도움이 되어 쓰기 학습에 효과적일 수 있다(Bedrosian et al., 2003; Bishop et al., 2015; Safran et al., 2003). 주제와 관련된 단어 및 문장을 회상하고 그에 대한 생각을 표현할 수 있도록 도움을 주는 마인드맵을 학습자 수준에 맞게 단계별(예: 1단계-주가지 3개, 부가지 6개, 2단계-주가지 3개, 부가지 6개, 세부가지 12개, 3단계-주가지 3개, 부가지 9개, 세부가지 18개)

표 9-5	과정중심 쓰기 지도 과정에서 마인드맵 작성 지도의 예시
단계	훈련 및 학습활동
시범단계	• 마인드맵의 구조를 설명한다. • 마인드맵에 쓰이는 준비물을 보여 주고, 작성하는 방법에 대해 큰 소리로 이야기하며, 완성해 나가는 것을 시범 보인다. ① B4 크기의 백지와 사인펜 준비하기: "종이를 준비할 거예요." ② 종이는 가로로 길게 놓기: "종이를 옆으로 길게 놓아요." ③ 중심에서부터 시작하기: "종이 중심에서부터 시작해요." ④ 주제 확인하기: "오늘의 주제는 ○○이에요." ⑤ 종이 중심에 주제 적기: "중앙에 있는 사각형에 사인펜으로 주제를 적어요." ⑥ 주제와 연관된 주가지 정하기: "주제와 관련된 것으로 ○○이 떠올라요." ⑦ 주가지 생각하고 쓰기: "주가지에 바른 글씨로 써요." ⑧ 부가지 생각하고 쓰기: "주가지와 연관된 부가지를 생각하고 부가지에 써요." ⑨ 세부가지 생각하고 쓰기: "부가지와 연관된 세부가지를 생각하고 세부가지에 써요." • 더 이상 떠오르는 것이 없으면 마인드맵을 멈춘다.
교사주도 연습단계	• 교사는 큰 소리로 마인드맵 작성 순서를 이야기하며 시범 보인다. • 학생이 마인드맵 작성 순서를 소리 내어 따라하며 마인드맵을 작성한다. • 교사는 목소리를 점점 작게 하며 시범을 줄여 가고, 학생은 큰 소리로 마인드맵 작성 순서를 말하며 마인드맵을 작성한다.
독립적인 연습단계	• 학생이 작은 소리로 마인드맵 작성 순서를 말하며 마인드맵을 작성한다. • 마음속으로 생각 그물 작성 순서를 말하며 마인드맵을 작성한다.

출처: 방선주, 김은경(2010).

로 제시하여 지도하면 학습자의 단어 및 문장의 증가와 표현 및 사고의 확장을 이룰 수 있다. 〈표 9-5〉는 과정중심 쓰기 지도 과정에서 마인드맵 작성 지도의 예이다.

아스퍼거 장애학생의 경우, 자기조절 전략(self-regulated strategy development: SRSD) 절차를 적용하여 작문 지도를 할 수 있다(Asaro & Saddler, 2009; Asaro-Saddler & Saddler, 2010; Delano, 2007; Mason et al., 2010). SRSD 교수는 쓰기뿐 아니라 읽기와 수학 영역에서 SRSD의 사용을 명시적으로 지도하는 절차로 구성된다(Graham & Harris, 2003). SRSD 교수의 특징인 집중적이고 명시적이며 구조화된 교수라는 점이 아스퍼거 장애학생의 특성 및 요구에 부합하여 효과적인 쓰기 교수가 될 수 있다(Asaro & Saddler, 2009; Asaro-Saddler & Saddler, 2010). SRSD 교수는 연구자에 따라 구성 단계가 다양하다. 아스퍼거 장애 초등학생을 대상으로 쓰기 지도를 한 선행연구(Asaro

& Saddler, 2009; Asaro-Saddler & Saddler, 2010; Delano, 2007; Mason et al., 2010)에서는 SRSD 교수 단계에 다음과 같은 단계를 공통적으로 포함하고 있다. (1) 배경 지식 개발하기, (2) 전략을 모델링하고 촉진하기, (3) 학생과 함께 교사가 협력적으로 쓰기 전략을 연습하기, (4) 안내된 연습을 통해 쓰기 전략 지도하기, (5) 지원 없이 독립적으로 쓰기 지도하기. SRSD 교수에는 학습 과정을 스스로 조절할 수 있는 목표설정, 자기점검, 자기교수, 자기강화, 자기조절 절차들이 포함된다(Graham & Harris, 2003). 이러한 자기조절 절차는 SRSD 교수의 각 단계에 포함되어 적용된다.

　쓰기의 주제로 교과서 속에 있는 경험 혹은 생활과 밀접한 주제를 선정하여 쓰기 교수를 하면 학생의 호기심을 자극하고 동기 유발에 도움이 된다. 자폐성 장애학생도 자신의 생각과 의사를 표현하고자 하는 동기를 가지고 있으므로 교사는 자폐성 장애학생이 의사표현 능력을 기르는 것이 힘들 것이라는 한계를 짓지 말고, 교과에 대한 전문적인 지식을 바탕으로 자폐성 장애학생의 장점을 활용하여 의사표현과 관련된 교수를 활발하게 해야 한다(방선주, 김은경, 2010). 쓰기 지도에서도 읽기 지도와 마찬가지로 시범, 촉진, 용암, 강화 등과 같은 행동중재에 적용하는 기법을 함께 적용하는 것이 효과적이다(Pennington & Delano, 2012; Spencer et al., 2014).

3. 자폐성 장애학생을 위한 수학 지도

　수학은 앞서 살펴본 읽기와 쓰기 기술과 더불어 교과 학습의 기초일 뿐만 아니라 가정생활이나 사회생활, 직업생활에서 필요한 능력이다. 일상생활에서 고차원적인 수학적 지식이 아니더라도 수개념 및 간단한 연산은 독립적인 사회생활을 위해서 필수적이다. 자폐성 장애학생에게도 수학 학습은 매우 중요하다. 자폐성 장애학생에게도 일반 학생과 같은 일상생활에 필요한 수량적인 관계를 이해하고 처리할 수 있는 경험과 더불어 일상생활 중에서 일어나는 사실이나 문제를 수학적으로 관찰하고 조직해 보는 구체적인 경험이 제공되어야 한다(전홍식, 1999). 자폐성 장애학생은 학령기에 수학 교과에서 획득된 능력이 개인의 삶 전체에 걸쳐 상대적으로 안정적으로 유지될 수 있기에(Freeman et al., 1991), 자폐성 장애학생을 위한 적절한 수학 교수가 제공되어야 한다. 이 절에서는 자폐성 장애학생을 위한 수학 지도의 영역을 연산과 문장제 문제해결로 구분하여 자폐성 장애학생에게 적용 가능한 수학 지도에 대해 간략히 살펴보고자 한다.

1) 연산

수학교과는 추상성, 계통성, 논리성, 실용성 등의 특성을 가지고 있다. 추상적 사고의 제한이 있는 자폐성 장애학생에게는 수학의 추상성을 이해하는 것이 쉽지 않은 일이다. 일부 자폐성 장애학생은 복잡한 연산문제를 연산이 의미하고 있는 내용은 이해하지 못하더라도 기계적인 암산으로 계산하거나 무작위로 언급하는 날짜의 요일을 무의식적인 계산능력을 사용하여 맞추는 독특하고 뛰어난 수학 기술을 보인다(Cowan et al., 2003). 반면에 일상생활에서 수학적 개념을 기능적으로 적용하여 문제를 해결하는 데는 어려움을 보인다. 수학 수행을 위해 학생들은 숫자 상징, 수 개념, 숫자 처리과정 등을 이해하고, 연산을 기억으로부터 인출하며, 해당 연산을 실행해야 한다(Berry, 2007). 자폐성 장애학생이 보이는 연산 원리 이해의 제한은 학년이 올라감에 따라 더욱 증가되어 수학교과의 어려움으로 인해 자폐성 장애학생은 문제행동 및 자기자극 행동이 증가할 수 있다. 수학학습에서 누적된 실패감, 자신감 상실은 자폐성 장애학생으로 하여금 수학 수업 시간을 회피하기 위한 수단으로 문제행동을 보이거나 수업내용을 이해하지 못하여 무료한 수업시간을 보내기 위해 자기자극 행동을 보일 수 있다.

앞서 언급한 바와 같이 자폐성 장애학생의 교과 관련 수행에 효과적인 지도 및 중재에 대한 연구가 부족하지만 읽기 및 쓰기 지도와 마찬가지로 기초 학습 교과에 해당하는 수학 지도에 있어서도 국내외 학습장애 또는 지적장애학생을 대상으로 효과가 입증된 중재를 적용할 수 있다. 또는 자폐성 장애학생을 대상으로 효과가 검증된 증거기반실제로 제시된 것을 교과 지도 시 활용할 수 있다. 국내 자폐성 장애학생을 대상으로 이루어진 중재 연구에서 미국 NPDC(National Professional Development Center on Autism Spectrum Disorders)에서 제시한 EBP(Wong et al., 2013) 중 강화, 시범, 시각적 지원을 가장 많이 적용한 것으로 나타났다(김은경 외, 2014). 이는 강화, 시범, 시각적 지원이 자폐성 장애학생에게 효과적이며 보편적으로 적용될 수 있는 지도법임을 시사한다(박혜진, 2013; Cardon & Wilcox, 2011, Myles et al., 2007; Schneider & Goldstein, 2010; Walton & Ingersoll, 2012).

시각적 표상(visual representation)의 활용은 자폐성 장애학생의 수학 개념 학습 및 이해에 도움이 될 수 있다(Barnett & Cleary, 2015; Griswold et al., 2002; Spencer et al., 2014). 자폐성 장애학생의 수학지도를 위해 시각적 표상을 활용한 접근 중 하나로 TouchMath(www.touchmath.com)를 들 수 있다(Barnett & Cleary, 2015; Cihak & Foust, 2008; Fletcher et al., 2010; Waters & Boon, 2011). 이는 해당 숫자가 갖는 개념에 해당하는 시각적 요소를 숫자에 표시해 주는 것으로, 예를 들어 숫자 5에는 5개의 고유점이 제시된다. TouchMath에 사용되는 고유점은 1~9까지의 각 숫자의 고유한 위치에 있는데 이 점들을 통하여 학생들은 추상적인 수에 대한 실제적 가치를 시각적으로 볼 수 있고 덧셈, 뺄셈 등의 기초연산을 할 때에도 기계적인 계산이 아닌 원리를 이해하면서 익힐 수 있게 된다(Green, 2009). 학생은 각 숫자의 고유점의 일정한 위치 및 점을 찍는 순서에 대하여 완전히 익힐 때까지 반복 연습한다. 자폐성 장애학생의 시각적 강점을 활용하여 수학의 추상성을 명시적 교수를 통해 학습할 수 있도록 지도하는 것이다. 자폐성 장애학생의 시각적·구체적 특성을 강조하는 수학 프로그램 중 하나인 TouchMath는 연산, 분류, 시간, 화폐, 문장제 문제 등을 포함하는 수학 기술 획득을 위해 시각 및 촉각 단서들을 제시하는 다감각적 접근방식을 활용한다(Berry, 2007; Scott, 1993). TouchMath에 사용한 시각적 지원이 자폐성 장애학생의 시각적 선호 학습에 적합하다. TouchMath에서 제시되는 고유점, 화살표, 밑줄, 네모, 등의 시각적 단서들은 시각적 자료를 선호하는 시각적 학습자인 자폐성 장애학생이 연산의 원리를 이해하는 데 도움이 된다.

TouchMath 방법은 상징성, 추상성 습득에 어려움을 보이는 자폐성 장애학생을 지원한다. 수학은 추상적인 성격을 갖고 있으며 수학에서 사용되는 숫자(1, 2, 3 등) 및 기호(+, −, ×, ÷) 자체는 그것들이 표상하는 의미를 지니고 있다. 그러나 자폐성 장애학생의 발달과정에서 알 수 있듯이 이들은 모방 및 상징적 놀이를 거의 보이지 않고, 마음이해의 결함을 나타내며, 의사소통에서 사용되는 관용적 어구를 이해하기 힘들어하고 상징적, 추상적 학습에 어려움을 나타낸다. 따라서 수학 학습에서도 기계적인 수 세기 및 연산은 가능하더라도 수 개념 형성 및 연산에 대한 원리를 이해하는 것이 쉽지 않다(김소년, 2001; 방명애, 1999; 전홍식, 1999). Bruner는 학생들의 수학적 개념 이해를 발달시키는 세 가지 표상 모델을 제안하며 어떤 영역의 지식도 동작적, 영상적, 상징적 표상의 세 가지 방법으로 표상해 낼 수 있다고 한다. TouchMath 방법은 이러한 이론에 근거하여 구체물–반구체물–추상물 수준의 세 단계 학습을 통해 자폐성 장애학생이 연산 원리를 이해할 수 있도록 한다(Green, 2009). 학생은 숫자 위의 고유점을 만지고 조작하며 그리는 활동에 반복적으로 노출됨으로써 추상적 사고가 가능하게 되고 자연스럽게 연산의 원리를 이해하게 된다.

　교과 지도에서 효과성이 입증된 직접교수는 구조화되어 있고, 예측가능하며, 교사의 시범을 시각적으로 관찰할 수 있고, 학생의 반응에 대해 적절한 강화 및 지속적인 피드백이 체계적으로 주어지는 것으로, 이러한 직접교수 방법의 명시적, 구조적, 체계적인 성격은 자폐성 장애학생의 학습 특성에 적합할 수 있다(방명애, 2000; Donaldson & Zager, 2010). 학생에게 사전에 계획되고 준비된 과제를 제공하고 매 회기 시범–안내된 연습–독립된 연습으로 구조화되고 학생이 다음 활동 순서를 예측가능하다. 교사의 시범을 시각적으로 관찰할 수 있고, 학생의 반응에 대한 적절한 강화 및 지속적인 피드백이 뒤따르므로 자폐성 장애학생에게 심리적인 안정감을 줄 수 있다. 이렇듯 반복적인 연습과 명시적이고 체계적인 교수를 실시하는 직접교수는 다른 장애보다도 수학 교과의 특성 중 하나인 추상성 획득에 어려움이 있는 자폐성 장애학생의 특수성(방명애, 2000)을 반영하여 자폐성 장애학생의 연산 능력 향상에 효과적일 수 있다(김상은, 김은경, 2010). 다음은 수학지도에 효과적인 구체물–반구체물–추상물(concrete-representational-abstract: CRA) 교수(Donaldson & Zager, 2010; Miller & Mercer, 1993)와 직접교수의 결합을 통한 자폐성 장애학생의 연산 지도의 예이다.

- 덧셈과 뺄셈 연산 시 필요한 시각적 단서 소개: 연산을 위해 필요로 하는 시각적 단서(약속하기, 〈표 9-6〉 참조)를 소개하고 교사가 먼저 예제를 들어 설명하며 시범을 보인 후, 학생이 시각적 단서의 내용을 이해하고 숙달하도록 한 뒤, 새로운 시각적 단서의 내용을 구두로 따라 말하도록 한다.
- 구체물 수준에서의 교수: 연산 과제를 학생에게 제시한 후, 색과 크기가 다른 두 가지 종류의 원 모양 스티커를 이용하여 처음에는 교사가 먼저 정확하고 명료하게 시범을 보인 후, 학생이 해당 과제에 자연스럽게 참여할 수 있도록 유도하고 (안내된 연습), 이후 학생 스스로 과제를 해결하도록 한다(독립된 연습). 학생이 문제 해결 시 오류를 보일 때는 즉시 교정해 준다.
- 반구체물 수준에서의 교수: 연산 과제가 인쇄된 학습지를 학생에게 제시한 후, 교

사는 연필을 이용하여 숫자의 고유점(touchpoints)을 그리며 문제를 푸는 절차를 시범 보인 후, 학생이 해당 과제를 해결하도록 안내하며 유도하고(안내된 연습), 이후 학생이 독립적으로 과제를 해결하도록 한다(독립된 연습). 학생이 고유점을 정확한 위치 및 순서에 맞게 그리는지 살펴보고 오류가 있을 때는 즉시 교정해 준다.

• 추상물 수준에서의 교수: 추상물 수준에서는 필기도구 및 손가락을 이용하여 각 숫자의 고유점 위치를 가리키거나 추상적 수준으로 고유점의 이미지를 머릿속으로 떠올려 문제를 해결하도록 한다. 교수는 구체적 및 반구체적 수준에서의 교수와 마찬가지로 시범-안내된 연습-독립된 연습 순으로 이루어지며 즉각적으로 피드백을 주어 오류를 수정할 수 있도록 한다.

• 학생 연습 및 피드백 제공: 구체물-반구체물-추상물 수준의 교수가 끝나면 학생이 선호하는 방식을 이용하여 스스로 문제를 풀어 보도록 문제지를 제시한다. 학생이 오류를 보이면 피드백을 제공하고 여전히 혼란스러워하거나 잘 이해하지 못하면 시범-안내된 연습-독립된 연습을 통해 반복 연습하여 오류를 수정할 수 있도록 한다.

자폐성 장애 중학생을 대상으로 TouchMath 원리와 직접교수를 적용하여 덧셈과 뺄셈 연산 수행을 지도한 예를 김상은과 김은경(2010)의 연구에서 찾아볼 수 있다. 〈표 9-6〉은 김상은과 김은경(2010)이 자폐성 장애 중학생의 덧셈과 뺄셈 연산 능력 향상을 위해 TouchMath 원리와 직접교수를 활용한 수학 지도 시 적용한 약속하기의 예이다.

표 9-6 약속하기 유형 및 설명

유형	설명
덧셈	두 수 중 큰 수를 고르고, 그 수의 이름을 말한 후, 계속해서 앞으로 센다.
뺄셈	위에 있는 수의 이름을 말한 후, 그 수로부터 거꾸로 센다.
화살표	화살표 표시는 오른쪽에 있으며 화살표가 있는 쪽부터 계산을 시작한 뒤, 왼쪽으로 이동하여 다음 계산을 한다.
네모(받아올림)	네모칸에는 올라가는 수를 적는다.
밑줄(받아내림)	밑줄에는 1을 빌려 주고 남은 수를 적는다.

출처: 김상은, 김은경(2010).

사칙연산의 성질은 동일성을 고집하며 반복적인 행동을 하고 구조화를 요구하는 자폐성 장애학생의 특징과 부합하였다. 이는 자폐성 장애학생이 보이는 제한적이고 반복적인 행동 및 흥미, 틀에 박힌 일이나 반복된 일과에 집착하는 것을 문제가 아닌 자폐성 장애학생만이 갖는 독특한 특성이자 강점으로 봐야 함을 의미한다. 모든 인간에게 다양한 장점이 있듯이 장애학생도 장점을 가지고 있으므로 특수교사는 자폐성 장애학생의 장점을 찾고 이를 활용하는 강점 중심의 지도를 해야 한다. 일반 학생 및 지적장애학생은 반복적이고 단순한 과정의 사칙연산 문제를 풀이하면서 지루해할 수 있으나 자폐성 장애학생은 일련의 동일하게 반복되는 연산풀이 과정에 집중하고 흥미를 느낄 수 있다.

2) 문장제 문제

자폐성 장애학생은 수학적 특성에 있어서 수 세기, 숫자 보고 읽기, 그리고 덧셈과 뺄셈과 같은 기초적 연산은 비교적 잘 수행하는 편이지만 가, 감, 승, 제를 이용한 문장제 문제풀이는 대부분 해결하지 못한다(김소년, 2001). 이러한 자폐성 장애학생의 문장제 문제해결의 어려움은 언어적 결함과 실행기능의 영향으로 인해 나타나는 것으로 볼 수 있다(Rockwell et al., 2011). 문장제 문제해결은 수에 대한 정보(numerical information)만을 활용하는 연산과제와는 다르게, 수에 대한 정보와 함께 문제해결을 위한 의미적(semantic) 정보를 함께 활용하도록 요구한다(Frith & Snowling, 1983). 작고 세밀한 부분에 집착하고 정보를 조각 내 단편적으로 해석하려는 경향을 가진 자폐성 장애학생의 특성은 문자로 된 정보를 해석하고 의미를 이해하는 데 방해 요인이 될 수 있다(이효정, 2010). 이 외에도 자폐성 장애학생의 문장제 문제해결에 부정적 영향을 미치는 요인은 실행기능의 결함으로 볼 수 있다. Zentall(2007)의 연구에 따르면, 주의집중(attention)은 수학적 수행과 성취에 핵심 요소이다. 취약한 주의집중은 배열의 오류(alignment errors), 절차적 계산 오류(procedual calculation errors), 그리고 수학적 지식(math facts)을 학습하는 데 어려움을 가져온다. 또한 지속적 주의와 작업기억에 있어서의 어려움은 수학적 문제해결과 개념 형성을 어렵게 만든다. Geary 등(2007)은 작업기억의 결함은 문제해결 전략의 사용과 절차 과정에 있어서 성숙하지 못한 방법을 활용하도록 하며, 또한 관련이 없는 정보를 억제하는 데 있어서의 어려움으로 인해 문제해결을 더욱 힘들게 하는 영향을 미친다. 따라서 언어적 손상과 실행기능의 문제를 보이는 자폐성 장애학생은 수학적 문제해결에 어려움을 보이게 된다.

자폐성 장애학생의 수학 지도에 효과적인 시각적 표상 활용 접근으로 앞서 언급한 Touchmath 외에도 도식 활용 중재를 들 수 있다(Barnett & Cleary, 2015; Rockwell et al., 2011; Spencer et al., 2014). 특히 문장제 문제 해결을 위해서는 도식(schema)의 습득이 매우 중요하다. 일반적으로 도식은 내용을 어떤 형식에 따라 과학적으로 정리 또는 체계화시키는 틀을 말하지만, 도식기반전략(schema-based strategy)에서의 도식은 "공통의 구조를 공유하면서 유사한 문제해결방법을 요구하는 일련의 문제들을 설명할 때 사용 가능한 묘사방법"이라 정의함으로써 도식기반중재가 문제 유형에 기반을 둔 중재임을 강조하고 있다(나경은, 2010). 또한 수학문장제 해결능력을 향상시키고 향상된 기능을 일반화하기 위해서는 겉으로는 달라 보이지만 구조적으로는 유사한 문제들을 풀어 보는 것이 도움이 되며, 이러한 접근은 문장제 문제 해결 수행을 위한 중요한 기술인 도식적 지식을 향상시킨다(Didierjean & Cauzinlle-Marmeche, 1998; Fuson & Willis, 1989; Mayer & Hegarty, 1996). 여러 수학 문장제 문제해결 중재에 대한 문헌연구(Jitendra & Xin, 1997; 김영표, 신현기, 2008)에서는 도식에 기반한 표상전략들이 수학문장제 문제를 이해하고 해결하는 데 효과적인 전략임을 밝히고 있다. 도식기반중재는 각각의 문제유형의 구조인 유사점을 찾아 유사한 해결방법을 찾아내고 문제를 유형별로 나누어 명시적으로 가르친다.

도식기반전략 교수

자폐성 장애학생은 앞서 언급한 바와 같이 덧셈과 뺄셈과 같은 단순한 기계적 연산(rote computation)에서는 적절한 수준으로 수행하면서도 문장제 문제와 같은 의미적 이해를 필요로 하는 과제에서는 어려움을 보인다(김소년, 2001). 문장제 문제해결을 위하여 도식을 사용하는 것은 정보를 처리하는 속도를 느리게 하고, 의미적 이해를 고려하게 함으로써 문장제 문제해결에 어려움을 보이는 자폐성 장애학생에게 도움이 될 수 있다. 〈표 9-7〉은 덧셈과 뺄셈 문장제 문제의 유형별 도식의 예이고(노승림, 김은경, 2011), 〈표 9-8〉은 뺄셈 · 곱셈 · 나눗셈 문장제 문제해결을 위한 도식의 예이다(홍점숙, 방명애, 2014).

표 9-7 덧셈과 뺄셈 문장제 문제의 유형별 도식의 예시

의미 구조	도식 유형	미지수 위치	문제 예시	관련용어	연산
변화형	변화양 ↗ ↘ 시작양 결과양	결과양 미지수	지영이는 어제 저금통에 동전 18개를 넣었습니다. 오늘 저금통에 동전 25개를 넣었다면 저금통에는 모두 몇 개의 동전이 있을까요?	모두, 총, 결과적 으로	덧셈
		변화양 미지수	과수원에서 처음에 27개의 감 상자를 따고, 다음에 몇 상자의 감을 더 따서 올해 딴 감은 모두 45상자가 되었습니다. 나중에 딴 감은 몇 상자입니까?	처음, 나중, 더, 모두, 합	뺄셈
		시작양 미지수	양계장에 달걀이 몇 개 있었는데, 오늘 닭들이 35개의 달걀을 더 낳아서 모두 52개가 되었습니다. 양계장에는 몇 개의 달걀이 있었습니까?		뺄셈
결합형	부분 부분 → 전체	전체양 미지수	지난 일요일에 동물원에 구경 온 사람은 어른은 57명, 어린이는 34명이었습니다. 동물원에 온 사람은 모두 몇 명입니까?	모두, 합, 총	덧셈
		부분양 미지수	영철이네 반은 모두 38명이 있습니다. 그중 남학생이 20명이라면, 여학생은 몇 명입니까?	그중	뺄셈
비교형	더 많은 양 더 적은 차이	차이량 미지수	지영이네 집에는 동화책이 42권, 만화책이 25권 있습니다. 동화책은 만화책보다 몇 권이 더 많습니까?	보다, 더	뺄셈
		비교 대상량 미지수	영희의 나이는 16세입니다. 병호는 영희보다 세 살이 더 많습니다. 병호는 몇 살입니까?		덧셈
		비교 기준양 미지수	진교는 13세이고 동생보다 네 살이 많습니다. 동생은 몇 살입니까?		뺄셈

출처: 노승림, 김은경(2011).

표 9-8 뺄셈 · 곱셈 · 나눗셈 문장제 문제해결을 위한 도식의 예시

문제유형	중심 단어	도식	도식 모형
뺄셈	보다 더, 남은	비교문제	큰 수 − 작은 수 = 결과값
곱셈	~씩 모두	변이문제	조건 → 조건값 / 단위 → 결과값
나눗셈	똑같이 나누어	배수비교문제	비교기준 / 비교대상 = 결과값

출처: 홍점숙, 방명애(2014).

시각적 표상을 활용한 도식기반중재와 더불어 주어진 수학 과제를 수행하는 데 도움이 되는 인지적 전략을 지도하는 것이 자폐성 장애학생의 수학 지도에 효과적일 수 있다(Barnett & Cleary, 2015). 도식기반전략 교수(schema-based strategy instruction)는 이러한 도식기반의 중재와 전략 교수를 결합한 것이다. 도식기반전략 교수는 문장의 의미적 이해에 어려움을 보이는 자폐성 장애학생이 문장제 문제의 의미를 이해하는 데 도움이 될 수 있다(Whitby, 2013). 문장제 문제를 이해하는 것은 단순히 수와 관련된 지식 혹은 연산 능력만을 필요로 하는 것이 아니라 읽기이해의 과정을 포함하고 있다 (Rockwell et al., 2011). 읽기이해에 어려움을 보이는 자폐성 장애학생은 문장제 문제를 해결하는 데 있어서 수와 관련된 지식 및 연산에 어려움이 없음에도 문장제 문제해결에 어려움을 보인다. 중재 전에는 문장제 문제에 나타난 숫자만을 이용하여 식을 만들고 계산하는 의미 없는 활동을 하던 자폐성 장애학생은 도식을 완성하는 과정을 경험함으로써 문제해결을 위해 문장제 문제의 의미적 이해가 필요함을 학습할 수 있다(노승림, 김은경, 2011). 〈표 9-9〉는 뺄셈 · 곱셈 · 나눗셈 문장제 문제해결 교수의 예이다 (홍점숙, 방명애, 2014).

표 9-9 뺄셈·곱셈·나눗셈 문장제 문제해결 교수의 예시

단계	교수내용		교수활동
도입	주의집중 유도		지난 회기 학습 내용을 기억하는지 점검한다.
중재	1단계	문제 유형 찾기	• 문제를 소리 내어 2회 읽는다. 예: 과자가 20개 있습니다. 한 접시에 5개씩 똑같이 나누어 담으려고 합니다. 몇 접시에 담을 수 있습니까? • 문제의 중심단어와 수치를 찾아 표시한다. 단어에는 밑줄, 숫자에는 동그라미로 표시한다. 예: 과자가 ⑳개 있습니다. 한 접시에 ⑤개씩 똑같이 나누어 담으려고 합니다. 몇 접시에 담을 수 있습니까?
	2단계	문제의 정보를 도식으로 조직하기	• 문제유형에 따른 도식을 제공하고 학생이 모방하여 그릴 수 있도록 설명한다. (예: $\frac{비교기준}{비교대상} = ($ 결과값 $)$) • 문제에서 찾아낸 정보를 도식에 적용한다. (예: $\frac{5}{20} = ($ $)$)
	3단계	문제해결 계획하기	• 도식에 있는 정보를 수학식으로 바꾼다. 예: $20 \div 5$
	4단계	문제해결 하기	• 수학식을 푼다. 예: $20 \div 5 = 4$ • 답을 쓴다. (예: $\frac{5}{20} = ($ 4 $)$) • 답이 맞았는지 확인한다. 예: $20 \div 5 = 4$
평가	평가 실시		• 평가지를 제공하고 작성하는 방법을 설명한 후 아동 스스로 풀 수 있도록 격려한다.

출처: 홍점숙, 방명애(2014).

최근 들어 시각적 강점을 가진 자폐성 장애학생의 교과 지도에 스마트 기기의 활용이 증대되고 있다(유현아 외, 2016; 임해주 외 2013; 최진혁 외, 2015). 스마트 기기를 활용한 스마트 러닝 기반의 학습은 학생의 주의집중을 향상시키며 개인별 수준에 맞는 개별화된 학습과 즉각적 피드백이 가능하다. 스마트 러닝 기반의 중재는 자폐성 장애학

생의 수 세기뿐 아니라 문장제 해결 수행 등 다양한 학업 수행에 적용될 수 있다.

4. 자폐성 장애학생을 위한 교과 지도의 일반적 고려사항

앞서 언급한 바와 같이 특수교육 대상 자폐성 장애학생의 60% 이상이 일반학교에서 교육을 받고 있다. 바람직한 통합교육을 위해서는 물리 및 사회적 통합뿐 아니라 교수적 통합이 이루어져야 한다. 자폐성 장애학생의 경우, 일반 학생을 위한 교수법뿐 아니라 자폐성 장애학생을 위한 적합한 교수법이 적용되어야 한다. 자폐성 장애학생은 이질적 특성을 보이므로 개별 학생의 교과 관련 수행의 강점과 약점을 파악하여 개별화된 교수적 지원이 제공되어야 한다. 이에 교사는 책임감 있는 교육을 통해 학생이 보다 높은 교육적 기준을 성취할 수 있도록 개별학생의 요구에 맞게 효과적인 교수·학습 활동을 제공하여야 한다.

학생의 학습 특성은 학생에게 효과적인 교수 유형을 결정하는 데 영향을 미친다(Tsatsanis, 2004). 자폐성 장애학생은 다양한 학습 특성을 보이며 이는 교수의 유형 및 방식을 결정하는 데 영향을 줄 수 있다. 특히 인지특성이 학업성취에 직접적인 영향을 미치지만, 사회적 상호작용을 시작하는 데 있어서의 어려움, 대화의 주제를 유지하거나 적절한 의견을 제시하는 데 있어서의 문제, 감각통합의 어려움, 판에 박힌 일이나 의식에의 집착, 전이 관련 어려움 등과 같은 자폐성 장애와 연계된 특성도 학업성취에 영향을 줄 수 있다(Mayes & Calhoun, 2003). 자폐성 장애학생은 독특한 학습 형태와 선호도를 지니고 학교에 온다. 교사는 단순한 것(수업에 시각자료를 보완하는 단순한 전략)부터 적절한 보조공학을 활용하여 학생을 평가하는 복잡한 전략에 이르기까지 다양한 전략을 사용할 수 있다. 교사는 제8장과 이 장에서 제시한 자폐성 장애학생의 참여를 증진시키고 학업 및 기능 개선에 효과적인 전략들의 활용을 고려할 수 있다(Kamps et al., 1991, 1994).

자폐성 장애학생이 보이는 사회적 의사소통 및 상호작용의 결함은 학습에도 영향을 미친다. 사회적 의사소통의 결함으로 인해 나타나는 문제행동은 학업 성취와 밀접한 관계가 있다. 앞선 장과 이 장에서 살펴본 바와 같이 자폐성 장애학생은 학습에 제한을 보인다. 교수·학습 과정에 교사와 학생 간에 의사소통이 요구되는, 사회적 의사소통의 제한을 가진 자폐성 장애학생은 교수·학습 과정에서도 이러한 제한으로 인해 새로운 지식과 기술을 습득하는 데 방해를 받게 된다. 습득이 이루어지지 못하면 숙달-유지-일반화의 단계로의 발전이 이루어지지 못한다(Alberto & Troutman, 2012). 개별 학생의 능력에 따라 습득의 차이가 있지만, 교사가 어떻게 가르치느냐에 따라서도 학생의 보다 잘 습득할 수 있다. 특히 교과 지도와 관련하여 교사는 자폐성 장애학생이 가장 잘 학습할 수 있는 방법으로 지도를 하여 습득이 용이하게 이루어지게 해야 한다. 앞서 언급된 직접교수와 명시적 교수가 자폐성 장애학생의 새로운 지식 및 기술의 습득에 효과적이다(Graham et al., 2000; Hart et al., 2010).

명시적 교수(explicit instruction)는 학업기술 지도를 위한 구조화되고 체계적이며 효과적인 방법으로, 명시적이라 함은 교수 설계와 전달 절차를 포함한 분명하고 직접적인 교수 접근임을 의미한다. 명시적 교수는 대부분의 교과 지도에 적용할 수 있는 것으로, 명시적 교수에 포함되는 구체적인 요소는 다음과 같다(Archer & Hughes, 2010). 자폐성 장애학생을 위한 교과 지도 시 교사는 다음의 요소를 고려할 필요가 있다.

- 중요 내용에 수업의 초점을 둔다.
- 습득할 기술을 논리적으로 위계화한다.
- 복잡한 기술과 전략을 작은 교수 단위로 나눈다.
- 조직화되고 중점을 둔 수업을 계획한다.
- 수업 목표와 기대에 대한 분명한 진술로 수업을 시작한다.
- 도입 단계에서 선행 기술과 지식을 점검한다.
- 단계 마다 시범을 보인다.
- 분명하고 구체적이며 일관된 언어를 사용한다.
- 바른 예와 바르지 않은 예를 적절히 제공한다.
- 안내된 지원적 연습을 제공한다.
- 빈번한 반응을 요구한다.
- 학생의 수행을 면밀히 점검한다.
- 확인과 교정적 피드백을 즉각적으로 제공한다.
- 활기찬 속도로 수업을 진행한다.
- 학생이 지식을 조직하도록 도움을 제공한다.

• 분산 연습과 누적 연습의 기회를 제공한다.

습득된 지식 및 기술을 효율적으로 오류 없이 완수할 수 있는 숙달 또는 유창성도 중요하다. 숙달은 습득된 지식 및 기술을 반복하여 연습함으로 이루어질 수 있다. 교사는 학생이 습득한 학업 기술에 대해 체계적으로 연습할 수 있는 기회를 계획하여 제공해야 한다. 습득된 기술 및 지식 숙달을 위한 적절한 연습 형태로는 또래를 활용한 연습 기회를 제공하는 것이다. 또한 독립적으로 수행할 수 있는 구조화된 연습 기회를 제공할 수 있다. 시간이 지나도 습득 및 숙달된 지식 및 기술을 계속 가지고 있는 것도, 유지하는 것도 저절로 이루어지는 것은 아니다(Meese, 2001). 자폐성 장애학생을 위해서는 유지에 대한 교수 계획이 이루어져야 한다. 유지 효과를 높이기 위해서는 완전학습이 될 수 있도록 숙달 기회를 충분히 제공하고 간헐적인 연습 기회를 제공해야 한다. 또한 기억술이나 인지 전략을 사용하여 지도하면 학생의 유지 능력을 향상시킬 수 있다(Scruggs & Mastropieri, 2000).

자폐성 장애학생은 학습된 기술 및 지식을 다른 환경, 다른 대상, 다른 자료에 대해서도 사용할 수 있는 일반화 능력에서도 심각한 제한을 보인다. 일반화 능력은 학습 상황과 유사한 상황에서도 학습된 결과를 보이는 능력으로, 일반화 능력의 제한을 가진 자폐성 장애학생은 학습 상황과 유사한 상황은 유사하다고 보지 못하고 다르다고 인식하여 학습된 지식과 기술을 적용하지 못할 수 있다. 그렇기에 교사는 자폐성 장애학생에게 지도할 지식과 기술을 사용할 맥락은 직접적으로 연계하여 지도할 필요가 있다. 물건 사기, 음식 주문하기, 은행 이용하기 등 학습된 지식과 기술 중에서 일상생활과 밀접한 관련이 있는 경우에는 지역사회 중심 교수(Community-Based Instruction: CBI)를 활용하여 지도할 수 있다.

요약

☐ 자폐성 장애학생의 읽기 지도를 위한 지도 영역을 기술할 수 있다.

읽기는 쓰기 및 수학과 더불어 다른 교과를 학습하는 데 기초가 되는 도구적 기술로, 학교에서의 학업 수행과 밀접하게 연계될 뿐만 아니라 학령기 이후 직업 생활 및 지역사회의 적응 등 성공적인 삶을 영위하기 위해 필수적으로 요구되는 능력이다. 성공적인 읽기를 위해서는 읽기 선수 기술(음운인식, 자모지식, 낱자−소리 대응관계 등), 단어재인, 읽기 유창성, 어휘, 읽기이해와 관련된 지식 및 기술을 필요로 한다.

- 읽기 선수 기술: 발현적 문해 기술 또는 초기 읽기 기술이라고도 하는 읽기 선수 기술로는 문자가 어떻게 사용되는지를 이해하는 인쇄물 인식, 자모 이름 · 소리에 대한 지식과 자모 이름 · 소리를 빠르고 정확하게 산출하는 자모지식, 말소리를 식별하는 음운인식, 구어를 통한 듣기 이해, 읽기에 대한 동기 등을 들 수 있다. 자폐성 장애학생의 읽기 선수 기술 관련 활동을 극대화할 수 있는 방안으로, 함께 책 읽기, 이야기 말하기, 상호작용적 일과 활동하기, 음악과 함께 움직이기, 언어 경험 활동하기, 이름 쓰기, 문해 게임하기 등을 들 수 있다.
- 단어재인: 단어의 발음과 의미를 파악하여 읽는 단어재인은 시각적으로 제시된 단어를 구어로 발음하는 해독을 포함하는 개념이다. 단어재인을 위해서는 해독의 과정이 필요하다. 단어에 대한 해독이 될 때 그 의미를 인식할 수 있는 것이다. 해독이 이루어지면 아동은 자신이 가지고 있는 단어에 대한 지식 목록에서 말소리에 해당하는 어휘를 탐색하여 의미와 연결을 지어 신속하게 재인한다. 자폐성 장애학생은 단어재인에서 다양한 특성을 보인다. 자폐성 장애학생의 단어재인을 지도할 때 직접교수와 비연속개별시행교수를 적용할 수 있다.
- 읽기이해: 읽기이해는 읽기의 궁극적인 목적으로서 자신이 가지고 있는 배경지식을 텍스트에 제시된 정보와 연결하면서 의미를 형성해 나가는 역동적인 과정이며 능동적인 과정이다. 자폐성 장애학생의 읽기이해 향상을 위해 읽기과정을 읽기 전, 읽기 중, 읽기 후로 나누고 각 단계에서 필요한 전략을 지도할 수 있다. 또한 그래픽 조직자는 시각적 학습자인 자폐성 장애학생의 읽기이해 향상에 긍정적인 영향을 미칠 수 있다. 그래픽 조직자를 사용하면 중요 개념이나 용어를 지도하는 데 유용하고 글의 전체적인 내용과 구조를 파악하는 데 효과적이다.

□ 자폐성 장애학생의 쓰기 지도를 위한 지도 영역을 기술할 수 있다.

쓰기는 자신의 생각 및 정보를 타인에게 효과적으로 전달할 수 있는 일상생활에서 중요 의사소통 영역 중 하나이다. 쓰기의 하위 요소에는 글씨 쓰기, 철자, 작문이 포함된다.

- 글씨 쓰기: 글씨 쓰기는 손으로 글자를 쓰는 것을 의미한다. 자폐성 장애학생은 글씨 쓰기 과제 수행 시 불안을 보이거나 과제 거부 등의 문제행동을 보일 수 있다. 자폐성 장애학생의 글씨 쓰기 지원을 위해 개별 학생의 특성 및 요구에 적합한 다양한 필기도구 및 지원을 제공할 수 있다. 더불어 글씨 쓰기에 필요한 기술을 지도한다. 글씨 쓰기를 위해서는 바른 자세로 앉기, 올바르게 연필 쥐기, 올바른 위치에 종이 놓기 등의 기술이 필요하다. 자폐성 장애학생의 경우 감각 및 신체적 특성으로 인해 글씨 쓰기에 필요한 기술을 습득하지 못할 수 있다. 이러한 필요 기술에 대한 직접적인 지도가 필요하다.

- 철자: 철자는 맞춤법에 맞게 단어를 쓰는 것을 의미한다. 철자 능력은 낱자−소리 대응 관계에 대한 인식인 음운처리, 낱자와 글자의 형태에 대한 인식인 표기처리, 형태소에 대한 인식인 형태처리 능력을 필요로 한다. 컴퓨터 보조교수를 통해 자폐성 장애학생의 기능적 단어들에 대한 철자 능력을 향상시킬 수 있다. 컴퓨터 활용 교수의 장점은 즉각적인 피드백과 강화를 제공하고 교사의 감독 양을 줄여 줄 수 있으며 학생의 수행수준에 맞게 교수 내용 및 속도를 조절할 수 있다는 점이다.

- 작문: 작문은 쓰기의 궁극적 목표로 쓰고자 하는 것을 글로 표현하는 것을 의미한다. 자폐성 장애학생은 무엇을 어떻게 써야 하는지 자신의 생각과 의사를 조직하는 데 어려움을 보일 수 있다. 자신의 생각과 의사를 글로 적절하게 표현하기 위해서는 쓰기 전략이 필요하다. 쓰기 과정에는 쓰기 전 단계, 쓰기 중 단계, 쓰기 후 단계 각각에서 요구되는 전략이 있다. 쓰기 과정에서 사용되는 전략은 반복적이고 지속되기 때문에 자폐성 장애학생이 습득하거나 이해하기 용이하다. 과정중심 쓰기 교수는 쓰기의 전 과정을 다루는 과정 중심 접근법으로 쓰기 결과물보다는 쓰기의 전체 과정을 중요시한다. 읽기이해와 같이 쓰기 전, 중, 후 과정에서 필요한 전략들을 체계적으로 지도하는 것이다. 과정 중심 쓰기의 단계 중 쓰기 전 단계에서 생각 꺼내기와 생각 묶기를 위한 전략으로 그래픽 조직자인 마인드맵 또는 이야기 문법 지도 등이 활용될 수 있다.

□ 자폐성 장애학생의 수학 지도를 위한 지도 영역을 기술할 수 있다.

수학은 교과 학습의 기초가 될 뿐 아니라 가정생활이나 사회생활, 직업생활에서 필요한 능력이다. 자폐성 장애학생을 위한 수학 지도의 영역을 연산과 문장제 문제해결로 구분할 수 있다.

- 연산: 자폐성 장애학생은 기계적인 수 세기 및 연산은 가능하더라도 수 개념 형성 및 연산에 대한 원리를 이해하는 것이 쉽지 않다. 자폐성 장애학생은 구체적 수준–반구체적 수준–추상적 수준 세 단계의 학습을 통해 연산 원리를 이해할 수 있다. 반복적인 연습과 명시적이고 체계적인 교수를 실시하는 직접교수 또한 자폐성 장애학생의 연산 능력 향상에 효과적이다.

- 문장제 문제해결: 문장제 문제해결은 수에 대한 정보만을 활용하는 연산과제와는 다르게, 수에 대한 정보와 함께 문제해결을 위한 의미적 정보를 함께 활용하도록 요구한다. 문장제 문제 해결을 위해서는 도식의 습득이 중요하다. 도식에 기반한 표상 전략들이 수학문장제 문제를 이해하고 해결하는 데 효과적인 전략이다. 도식기반중재는 각각의 문제유형의 구조인 유사점을 찾아 유사한 해결방법을 찾아내고 문제를 유형별로 나누어 명시적으로 가르친다.

□ 자폐성 장애학생의 교과학습을 지원할 수 있는 그래픽 조직자의 활용을 설명할 수 있다.

그래픽 조직자는 읽기이해뿐 아니라 개념적 이해 증진을 위한 관련 교과 영역에서 폭넓게 활용될 수 있는 자폐성 장애학생을 위한 효과적인 교수 전략 중 하나이다. 그래픽 조직자는 언어를 조직화하는 구체적이고 시각적인 지원이다. 그림과 텍스트를 결합시켜 정보, 지식, 개념을 구조화하는 그래픽 조직자는 시각적 학습자인 자폐성 장애학생의 읽기이해 향상에 긍정적인 영향을 미칠 수 있다. 그래픽 조직자를 사용하면 중요 개념이나 용어를 지도하는 데 유용하고 글의 전체적인 내용과 구조를 파악하는 데 도움이 되므로, 자폐성 장애학생의 읽기이해 지도에 효과적일 수 있다. 단순히 그래픽 조직자만을 제공하는 것이 아니라 해당 그래픽 조직자를 활용하는 방법인 구체적인 규칙을 함께 지도해야 한다. 그리고 스스로 이러한 구체적 규칙을 적용해 볼 수 있는 기회가 반복적으로 제공되어야 한다.

제 **10** 장

자폐성 장애학생을 위한 전환교육

학습 목표

- ▣ 전환교육 프로그램의 주요 구성요소를 설명할 수 있다.
- ▣ 개별화 전환계획을 설명할 수 있다.
- ▣ 전환교육의 교육성과 영역을 설명할 수 있다.
- ▣ 전환활동 중심의 기능적 교육과정을 설명할 수 있다.
- ▣ 전환교육 성과로서의 자기결정기술의 중요성을 설명할 수 있다.

핵심 용어

- • 가족참여family participation
- • 개별화 전환계획individualized transition plan
- • 교육성과educational outcome
- • 기관 간 협력interangency collaboration
- • 기능적 교육과정functional curriculum

- • 자기결정기술self-determinationn skill
- • 자기관리기술self-management skill
- • 전환교육transition education
- • 전환평가transition evaluation
- • 진로교육career education

　　자폐성 장애학생 진수는 특수학교의 전공과에 재학 중이다. 진수는 손가락을 눈앞에서 흔드는 상동행동을 나타내고, 구어로 간단한 의사소통을 할 수 있으며, 쉬운 낱말들을 읽고 쓸 수 있다. 특수학교의 전환교육 팀은 진수를 위한 전환계획을 의사소통 영역, 사회성 영역, 신변처리 영역, 자기관리 영역, 여가생활 영역, 직업영역으로 나누어 작성하였다. 직업기술은 진수가 관심을 가지고 있는 커피 만들기, 카페 청소하기, 설거지하기, 서빙하기 등을 중심으로 구성하였다. 직업기술의 경우, 시각적 단서를 이용한 자기관리중재를 이용하여 카페에서 판매되는 다양한 유형의 커피를 만드는 것을 교육하였고, 커피 만들기 기술을 습득하기 위해 훈련할 때 사용하였던 동일한 커피 머신을 사용하는 지역사회 여러 카페에서 습득된 기술을 일반화할 기회를 충분히 제공하였다. 진수는 지역사회의 교회에서 운영하는 카페에 시간제로 고용되어 매일 3시간씩 자원봉사자의 도움을 받아 청소하기, 설거지하기, 서빙하기, 커피 만들기 등을 수행하고 있다. 또한 진수는 취미생활을 위하여 장애인 복지관에서 비누 만들기 수업을 수강하고 있으며, 친구들과 자주 등산을 가거나 영화를 본다. 현재 부모님과 거주하고 있는 진수는 내년에 그룹 홈에서 살 계획을 가지고 있으므로 가정생활에 필요한 청소하기, 설거지하기 외에 요리하기, 빨래하기, 공과금 내기 등을 학습할 계획이다. 독립적인 성인생활을 준비하기 위하여 진수의 자기결정기술을 향상시킬 필요가 있으므로 개별화전환계획의 각 영역에 자기인식능력, 자기관리기술, 선택기술, 자기옹호기술, 지원망구성기술, 지역사회활용기술, 사회성기술, 협력기술, 스트레스관리기술 등과 관련된 활동을 포함시켜서 진행할 계획이다.

특 수교육의 최종 목표는 장애학생의 삶의 질을 향상시키는 것이다. 우 리나라에서 1982년부터 한국교육개발원에서 진로교육에 대한 연구 사업을 시작하였고, 1990년에 전국 각 시·도 교육연구원에 진로교육부를 설치하여 진로교육을 위한 자료를 개발하고 교원연수를 시작하였다. 2008년부터 시행되고 있 는「장애인 등에 대한 특수교육법」제4장 제23조에 따르면 중학교 과정 이상의 각급 학교의 장은 특수교육대상자의 특성 및 요구에 따른 진로 및 직업교육을 지원하기 위 하여 직업평가, 직업교육, 고용지원, 사후관리 등을 통해 직업재활 훈련을 제공하여야 하며, 일상생활적응과 사회생활적응 등의 자립생활훈련을 실시하여야 하고, 대통령령 으로 정하는 자격이 있는 진로 및 직업교육을 담당하는 전문인력과 진로 및 직업교육 의 실시에 필요한 시설·설비를 마련하여야 한다. 또한 특수교육지원센터는 특수교육 대상자에게 효과적으로 진로 및 직업교육을 지원하기 위하여 대통령령으로 정하는 바 에 따라 관련 기관과의 협의체를 구성하여야 한다. 이러한 법적 지원과 함께 최근 장 애학생을 위한 전환교육의 중요성이 인식되면서 행정적 지원과 교육적 지원이 점차 증대되고 있으며, 장애학생을 위한 전환교육 프로그램의 개발 및 적용 효과 검증, 전 환교육에 대한 교사의 인식과 부모의 인식, 독립적인 성인으로서 생활을 위한 자립생 활 능력, 직업생활, 의사소통 등 역량 중심의 접근 등에 관한 연구가 활발하게 진행되 고 있다. 이 장에서는 자폐성 장애학생을 위한 전환교육의 구성요소, 개별화 전환계 획, 전환교육의 교육성과 영역, 전환활동 중심의 기능적 교육과정, 교육성과로서의 자 기결정기술에 대해 살펴보았다.

1. 자폐성 장애학생을 위한 전환교육

대부분 장애학생은 성장하여 청소년기에 접어들어도 학습에 어려움을 나타내며, 사 회적으로 고립되고 의존적인 삶을 살며, 삶의 질을 향상시킬 기회를 가지지 못할 가능 성이 높다. 특히 자폐성 장애에 대한 연구 결과가 교육 및 서비스 지원 체계(예: 중등교 육의 교육과정, 전공과 프로그램)에 반영되지 못하여 대부분의 자폐성 장애학생은 적절한 전환교육을 통해 성인생활을 준비하고 있지 못한 실정이다. 현재 실시되고 있는 장애학생을 위한 전환교육이 졸업 후 취업과 독립생활로의 연결이 어렵다는 문제들이 제기되어 왔다(Wehman, 2012). 특히 자폐성 장애학생의 중등학교 졸업 후 취업률은 다른 장애 유형에 비해 가장 낮다. 한국장애인고용공단(2016)이 발표한 '장애인 구인 · 구직 및 취업 동향'에 따르면, 2016년도 1/4분기에 장애인 구직자 수는 13,284명이었고 그중에 4,908명(36.9%)만 취업하였다. 장애유형별 취업자 수는 지체장애가 1,886명(38.5%)으로 가장 많고, 지적장애 1,055명(21.5%), 청각장애 537명(10.9%), 시각장애 432명(8.8%), 뇌병변장애 382명(7.8%), 정신장애 224명(4.6%), 신장장애 103명(2.1%), 자폐성 장애 90명(1.8%) 순으로 나타나 다른 장애에 비해서 자폐성 장애인의 취업률이 저조함을 알 수 있다. 미국에서 장애영역별 취업률을 연구한 Cameto, Marder, Wagner와 Cardoso(2003)에 따르면, 언어장애, 정서장애, 또는 건강장애를 가진 장애학생의 취업률은 비장애학생들의 취업률과 유사한 50~60%로 나타났다. 또한 시각장애 또는 지적장애를 가진 장애학생의 경우에는 33.3%, 지체장애, 농-맹, 중복장애를 가진 장애학생의 경우에는 25%의 취업률을 보인 반면에, 자폐성 장애학생의 취업률은 15%로 가장 낮았다. 따라서 자폐성 장애학생의 성인생활로의 전환이 성공하기 위해서는 어릴 때부터 진로교육을 실시하고, 지역사회의 실제 작업장에서 직업교육을 제공하는 것을 포함하여 전환활동 중심의 기능적 교육과정을 개발하여 적용할 필요가 있으며, 학교와 성인 서비스 제공기관과의 체계적인 협력이 요구되고, 이 모든 전환과정에 가족이 적극적으로 참여할 필요가 있다(방명애, 2008).

자폐성 장애학생을 위한 전환교육을 이해하기 위해 전환교육 프로그램의 구성요소, 개별화 전환계획, 전환교육의 교육성과 영역에 대해 살펴보았다.

1) 전환교육 프로그램의 구성요소

좁은 의미의 직업준비라는 직업교육의 대안으로서, 진로교육이라는 개념이 1970년대에 도입되어 삶의 전반적인 영역의 교육을 강조하는 진로교육운동이 진행되었다. Hoyt(1977)는 진로교육을 '한 개인이 의미 있고, 생산적이며, 만족스러운 삶을 위하여 일하는 데 필요한 지식과 기술과 태도를 습득하고 사용하는 것을 돕는 것'이라고 정의하였다. Brolin(1997)의 생활중심 진로교육 모델(Life-Centered Career Education Model)

에 따르면 진로교육은 학생이 자신의 진로계발을 하도록 돕는 체계적인 계획이며, 가정, 학교, 지역사회에서 중시되는 세 가지 영역의 생활중심 기본 역량을 다음과 같이 포함한다. 첫째, 일상생활영역은 가정경제 관리, 여가생활, 지역사회 이동 등을 포함한다. 둘째, 개인-사회성 영역은 자기인식, 대인관계 기술, 문제해결기술, 의사소통 기술 등을 포함한다. 셋째, 직업영역은 직업탐색, 직업선택, 작업습관, 고용유지 등을 포함한다. 이러한 생활중심 역량은 자폐성 장애학생이 성공적인 성인으로 성장하기 위해 습득해야 하는 기술이다.

1980년대부터 미국에서 학교에서 성인생활로의 전환교육(transition from school to adult life)이 관심을 끌기 시작하였고, 최근에는 특수교육의 궁극적인 목적을 달성하기 위하여 특수교육 과정을 전환교육에 맞추어 개편하고 있는 만큼 전환교육의 중요성이 강조되고 있다. Halpern(1985)은 전환교육 서비스의 목표를 장애학생의 성공적인 지역사회 생활로 규정하면서 장애학생이 직업적응 영역, 주거적응 영역, 그리고 사회생활 적응영역에서 일반적 전환서비스, 시간제한적 전환서비스, 또는 지속적인 고용서비스를 제공받아서 지역사회에 적응하도록 지원해야 한다고 주장하였다. 일반적 전환서비스는 특별한 전환서비스를 필요로 하지 않는 장애학생이 비장애인에게 제공되는 일반적인 직업서비스를 이용하는 것을 의미한다. 시간제한적 전환서비스는 장애학생이 직업재활기관에서 장애학생을 대상으로 일반 직업에 적응하는 것을 돕기 위하여 제공하는 서비스를 일정 기간동안 이용하는 것이다. 지속적인 고용서비스는 중도장애학생이 직업적응을 위하여 직업재활 서비스를 지속적으로 이용하는 것이다.

미국 「장애인교육법(IDEA)」(2004)은 전환서비스(transition services)를 장애학생을 위한 종합적인 활동으로 정의하였다. 즉, 전환서비스는 장애학생이 학교를 떠나 성인생활에 적응하는 것을 돕는 교육성과 중심의 교육과정(outcome-oriented process)을 의미하며, 성인생활 영역에는 고등교육, 직업훈련, 직업적응, 성인 교육(adult education)과 서비스, 자립적인 생활, 지역사회 참여 등을 포함한다. 전환서비스는 장애학생의 교육적 요구에 기초한 것으로서, 장애학생의 특성과 흥미를 고려한 것이어야 하고, 교수, 관련 서비스, 지역사회 경험, 성인생활기술, 일상생활기술 및 기능적 직업평가 등을 증거기반의 교수전략을 사용하여 제공해야 한다(Test, 2011).

Kohler(1996)와 Test 등(2009)은 전환교육 프로그램의 구성요소를 다섯 가지로 분류하여 설명하였다. 첫 번째 구성요소인 학생개발(student development)은 장애학생의 진로 직업기술을 평가하고, 그에 기초하여 실제 생활의 맥락에서 학습기술, 사회성 기술, 자기결정기술, 가정생활기술, 진로인식을 교수하는 것이다. 두 번째 구성요소인 학생 중심의 계획(student-focused planning)은 장애학생의 강점, 선호성 등에 대한 다양한 진단 정보에 기초하여 개별화교육계획(individualized education plan: IEP)과 개별화 전환계획(individualized transition plan: ITP)을 작성할 때 직업영역, 중등과정 이후의 교육영역, 주거영역, 일상생활과 여가활동 영역 등에 초점을 맞추어 측정이 가능한 전환 관련 장단기 목표를 설정하는 것이다. 또한 가능하면 장애학생이 자신의 개별화교육 계획에 적극적으로 참여할 수 있도록 역량을 개발하고 자기결정의 기회를 제공할 필요가 있으며, 개별학생의 전환에 초점을 맞춘 교수활동을 제공하고 장단기 목표의 성취를 평가하여야 한다. 세 번째 구성요소인 프로그램 구조(program structure)는 전환교육 중심의 프로그램 철학과 정책에 기초하여 기능적 교육과정과 프로그램을 개발하고 적용한 후 프로그램의 효과를 평가하는 것이다. 또한 전환교육을 실시하는 인적 자원을 개발하고 자원을 적절하게 할당하는 것을 포함한다. 네 번째 구성요소인 가족참여 (family involvement)는 개별화교육 프로그램, 개별화 전환계획, 전환서비스 등에 대한 정확한 정보를 제공하고, 장애학생의 교육에 대한 의사결정에 가족 구성원을 적극적으로 참여시키고 가족에게 권한을 부여하는 것을 포함한다. 다섯 번째 구성요소인 기관 간 협력(interagency collaboration)은 장애학생의 전환교육을 위한 서비스와 지원을 효과적으로 제공하기 위하여 기관 간 협력 체계를 구축하고 지역사회 서비스 제공 기관이나 전문가와 협력하여 서비스를 제공하는 것을 포함한다. 기관 간 협력을 위해서는 각 기관이 협력체계 구축을 위한 계획을 세우고 인적 자원을 개발해야 하며, 개별 학생의 전환계획에 따라 융통성 있게 협력하여야 하다. 전환교육 프로그램의 구성요소와 포함할 수 있는 교육내용의 예를 〈표 10-1〉에 제시하였다.

표 10-1 전환교육 프로그램의 구성요소

구성요소	교육내용의 예
학생 개발	• 신변처리기술 • 사회성기술 • 의사소통기술 • 직업 전 기술 • 진로인식과 직업교육 • 구조화된 직업 현장경험 • 진로직업기술 평가 • 효과적인 학습을 위한 지원
학생중심의 계획	• 개별화교육계획과 개별화 전환계획 개발 • 학생의 참여와 자기결정의 기회 • 전환교육 목표에 초점을 맞춘 교수활동과 목표 달성 평가
프로그램 구조	• 프로그램 철학 • 프로그램 정책 • 교육성과 중심의 기능적 교육과정 개발 • 프로그램 적용 및 평가 • 자원의 효과적이고 효율적 분배 • 인적 자원 개발과 적절한 배치
가족참여	• 자녀교육에 대한 정보 제공 • 가족교육과 훈련 • 가족지원 • 가족 권한 부여
기관 간 협력	• 개별화 전환계획에 따른 기관 간 협력 • 기관 간 협력체계 구축 • 협력적 서비스 제공 • 기관별 협력 계획 수립 및 실행 • 기관 간 협력을 위한 인적 자원 개발

2) 개별화 전환계획

2004년에 개정된 미국 「IDEA」은 중등 장애학생의 개별화교육 프로그램에 장애학생의 성인생활로의 전환을 어떻게 지원할 것인지에 대한 내용을 포함하도록 규정하고 있다. 이러한 규정을 만드는 이유는 개별화교육 프로그램 팀이 장애학생의 성공적인 성인생활의 적응과 관련된 교육과정이나 교과목에 관심을 집중하도록 하기 위한 것이다. 장애학생의 개별화교육계획에 있는 이와 관련된 부분을 개별화 전환계획이라고 한다. 개별화 전환계획은 장애학생이 성공적으로 성인생활에 적응하는데 필요한 교육 프로그램이나 관련 서비스 형태를 세부적으로 기술하여야 하며, 성과중심의 교육과정 (outcome-oriented process)으로 구성되어야 한다. 「IDEA」는 장애학생의 연령에 적합한 전환평가를 하고, 전환목표를 달성하기 위한 전환서비스를 제공하며, 각 전환서비스에 대해 구체적인 서비스 활동과 1차 책임자 및 각 전환서비스의 시작일과 종료일을 개별화 전환계획에 명시하도록 요구하고 있다. 또한 장애학생의 강점에 기초하여 개별화 전환계획을 작성하여야 하며, 장애학생을 위한 전환계획은 이르면 이를수록 좋다고 제안하고 있다. 장애학생을 위한 IEP/ITP 팀은 네 가지 영역(직업영역, 중등 이후 교육영역, 주거영역, 여가영역)에서 추구하는 교육성과와 목적을 구체화하여야 하며, 이러한 성과와 목적을 성취할 수 있는 개별화된 교수 프로그램과 활동을 개발해야 한다 (McDonnell & Hardman, 2009).

　　호주의 타스마니아주 교육부(2013)는 「2014~2017 학습자 우선 전략적 계획(2014~ 2017 Learners First Strategic Plan)」을 발표하고 개별화 전환계획의 구성요소와 특징을 다음과 같이 기술하고 있다. 첫째, ITP는 장애학생의 직업, 중등 이후 교육, 사회적 관계, 여가활동 등에 대한 희망, 강점, 흥미, 요구 및 자원을 고려하여 장단기 목표를 세워야 한다. 둘째, ITP는 장애학생의 장단기 목표를 성취하는 데 필요한 활동의 내용, 교수전략 및 서비스에 대해 구체적으로 기술하여야 한다. 셋째, ITP는 각 활동의 책임자와 서비스 제공의 시작일과 종료일을 포함하여야 한다. 넷째, ITP는 다양한 서비스와 기관을 포함하여야 한다. 다섯째, ITP는 장애학생의 교육목표나 개인적 관심 또는 환경의 변화를 반영하여 융통성 있게 수정될 수 있어야 한다. 여섯째, ITP는 장애학생의 요구와 관련된 교육과정, 교육경험, 지원 및 서비스를 명시하여야 한다. 일곱째, ITP는 장애학생이 학교교육, 가정교육, 지역사회교육을 연결시킬 수 있도록 도와야 한다. 여덟째, ITP는 학교, 가정, 지역사회 기관의 의사소통과 협력을 향상시키는 데 사용되어야 한다. 아홉째, ITP는 장애학생의 자기결정기술, 진로관리기술, 평생교육(lifelong education) 관리기술 등을 학습할 수 있도록 기회를 제공하여야 한다. ITP는 학생이 직접 참여하고 자신이 원하는 서비스를 결정해야 한다는 것을 기본 원칙으로 하고 있으므로 장애학생들의 자기결정 능력이 요구된다.

「IDEA」(2004)와 관련된 규정은 개별화 전환계획을 개별화교육 프로그램에 포함하고 개별화교육 프로그램 팀으로 하여금 전환계획 과정을 실행하도록 요구하고 있으며, 그 과정을 여섯 단계로 정리하면 다음과 같다(Clark & Patton, 2006; Mazzotti et al., 2009). 첫 번째 단계에서는 전환평가를 실시하는 것이다. 장애학생의 장점, 선호성, 흥미, 요구 및 방해요소 등을 평가하기 위해서 직업, 교육, 주거생활, 사회생활에 대해 비형식적 평가와 형식적 평가를 할 수 있다. 비형식적 평가는 면담, 직접 관찰, 일화기록, 교육과정중심 사정, 선호도 검사 등을 포함하며, 형식적 평가는 직업발달검사, 적성검사, 적응행동검사, 자기결정능력 검사 등을 포함한다. 두 번째 단계에서는 구체적인 전환교육 목표의 성취 일정, 대상 학생의 행동목표와 취업 상황 등을 포함하여 전환교육의 목표를 설정하는 것이다. 예를 들어, "철수는 고등학교를 졸업한 해에 6개월 동안 현장실습 과정을 거쳐 병원 세탁실 보조로 시간제 직업을 얻을 것이다." 세 번째 단계에서는 전환목표를 성공적으로 성취하기 위하여 필요한 직업기술 교육과 훈련, 지역사회에서의 직업 현장경험 등을 포함한 전환서비스를 파악하는 것이다. 네 번째 단계는 전환목표의 달성을 지원하기 위한 개별화교육 프로그램의 연간목표를 설정하는 것이다. 다섯 번째 단계는 전환서비스를 제공하기 위해 관련 기관들과 협력하는 것이다. 중등 장애학생을 위해 전환교육 서비스를 계획하고 실행함에 있어서 학교가 주된 역할을 하며, 주로 특수교사나 직업 담당 교사 또는 코치가 장애학생을 직업세계로 연결시키는 역할을 담당한다. 따라서 학교, 가정, 지역사회의 서비스 지원기관(예: 고용주, 중등 이후 교육, 직업훈련 프로그램, 주거 서비스, 여가 서비스) 간의 협력적 접근이 필수적이며, 장애학생이 최대한 자기주도적 의사결정을 할 수 있는 기회를 부여하여야 한다. 마지막 단계에서는 특수교육을 받고 졸업하는 학생이나 연령이 초과하여 더 이상 특수교육을 받지 못하게 되는 학생들에 대해서도 전환계획을 수행하기 위해 필요한 지역사회 중심 훈련, 직업 관련 서비스, 자립생활을 위한 교육 등의 지원목록을 포함한 전환수행 요약보고서(summary of performance: SOP)를 작성해야 한다.

자폐성 장애학생의 개별화 전환계획을 수립하기 위해서 학생의 주거생활 영역, 사회생활 영역, 여가생활 영역, 직업생활 영역에 대한 현재 수행능력을 평가해야 한다(Flexer et al., 2012). 주거생활 영역은 신변처리, 의복관리, 식생활, 집안 청소, 건강관리, 금전관리 등을 포함한다. 사회생활 영역은 지역사회 시설이용, 대인관계, 이동능력 등을 포함한다. 여가생활 영역은 여가시설이용, 실내외 개인 또는 단체 여가활동 등을 포함한다. 직업생활 영역은 취업정보 획득, 현장실습, 작업수행 능력, 작업태도, 취업 후 직업 유지 등을 포함한다. 자폐성 장애학생의 개별화 전환계획을 수립하기 위하여 가족 상담을 통하여 학생의 다양한 영역에서의 현재 수행능력, 건강 상태, 학생의 강점을 활용할 수 있는 직업적 특성 등에 대한 정보뿐만 아니라, 가족이 원하는 자녀의 진로 계획과 현장직업교육을 위한 자원 제공의 가능성(예: 작물 재배와 관련된 직업교육을 위해 가족이 운영하는 비닐하우스 제공) 등에 대한 조사도 이루어져야 한다.

Wehmeyer 등(2007)은 개별화 전환계획을 작성할 때 각 장애학생의 요구, 능력, 및 선호성에 기초하여 기대되는 교육성과를 고려하도록 제안하고 있다. 각 영역에서 기대할 수 있는 교육성과는 〈표 10-2〉와 같다.

표 10-2 전환계획의 영역별 기대되는 교육성과

영역	기대되는 교육성과의 예
중등 이후 교육	전문대학, 4년제 대학, 직업기술 훈련 프로그램(예: 전공과), 평생교육 등
직업	경쟁고용, 지원고용, 보호 작업장 등
주거	독립적 주거, 지원 주거, 양육 가정, 공동생활 가정, 보호기관 등
여가	독립적 여가활동, 타인과의 여가활동, 지역사회 여가 프로그램 등
이동	독립적 이동, 대중교통, 특수 이동수단, 가족의 이동수단 등
경제적 자원	월급, 생활보호 대상자 지원금, 가족지원, 유산 등
의료 서비스	보험, 보조기기, 물리치료, 작업치료, 언어치료, 시청각 서비스 등
성인 책임	주민등록증, 운전면허증, 장애인 등록증, 투표권, 자기옹호 등
기타	법정 보호자, 가족계획, 주간보호 프로그램 등

3) 전환교육의 교육성과 영역

전환교육이 추구하는 교육성과 영역을 중등 이후 교육 영역, 직업 영역, 주거생활 영역, 여가생활 영역 중심으로 자폐성 장애학생에게 적용하여 살펴보면 다음과 같다.

(1) 중등 이후 교육 영역

자폐성 장애학생이 지역사회의 전문대학이나 직업기술 훈련 프로그램 또는 대학교를 포함한 중등 이후 교육으로 성공적인 전환에 필요한 필수적인 기술을 습득할 수 있도록 지원하여야 한다(방명애, 이숙향, 이영선 공역, 2009). 자폐성 장애학생은 중등학교에서 전환목표를 성취하는 데 필요한 기능적 교육과정에 기초하여 교육을 받아야 한다. 예를 들어, 사회성기술과 의사소통기술은 중등 이후 교육 현장에서뿐만 아니라, 직장생활이나 일상생활에서의 대인관계를 위해서 매우 중요한 요소이다. 또한 자폐성 장애학생은 자신의 장애 특성을 인식하여 필요한 지원을 요청하고 자기의 권리를 주장할 수 있는 능력을 길러야 하며, 성취 가능한 장단기 목표를 계획하고 자기관리를 할 수 있는 자기결정기술과 새로운 지식을 습득하는 학습전략과 문제해결 전략을 학습하여야 성공적인 중등 이후 교육 영역에서의 교육성과를 달성할 수 있다.

(2) 직업 영역

직업은 경제적 지원을 제공할 뿐만 아니라, 개인적인 성취감과 만족감을 얻을 수 있는 기회가 되고 다른 사람들과 사회적 관계를 형성하는 데 있어서도 중요하므로 성인생활의 중요한 요소이다. 한 사람의 직업이 무엇인지는 그 사람이 속한 사회에서의 역할이 무엇인지를 규명하는 기준이 되기도 한다. 자폐성 장애학생의 특성과 선호성 등을 고려하여 적합한 직업을 찾는다면 자폐성 장애학생은 사회의 적극적으로 참여하는 구성원이 될 수 있다. 고용의 하위유형은 경쟁고용(competitive employment), 지원고용(supported employment), 보호 작업고용(sheltered employment)을 포함하며, 각 하위유형의 특성을 〈표 10-3〉에 제시하였다(Heward, Alber-Morgan, & Konrad, 2016).

표 10-3 고용의 하위유형

유형	특성
경쟁고용	• 비장애인들과 통합된 작업환경에서 일을 한다. • 고용을 위해 특별한 기술이나 기능이 요구된다. • 자연적인 지원을 받으며 자연적인 후속결과를 제공받는다.
지원고용	• 비장애인들과 통합된 작업환경에서 일을 한다. • 확장된 개별화 지원고용 서비스를 지속적으로 제공받는다.
보호 작업고용	• 비장애인들과 분리된 작업환경에서 일을 한다. • 지역사회 내 고용이 제한되고 보수가 낮을 가능성이 높다.

(3) 주거생활 영역

장애인 주거시설이 장애인을 사회로부터 격리시킬 뿐만 아니라 장애인 각자가 원하는 개별화되고 안락한 주거생활을 하지 못한다는 이유로 많은 비판을 받으면서, 지난 수십 년 동안 대규모 시설에 수용되어 있는 장애인을 지역사회 안에 있는 소규모 공동생활 가정이나 아파트로 주거환경을 옮기는 탈시설화(deinstitutionalizationi)가 진행되었다. 자폐성 장애인이 선택할 수 있는 지역사회의 주거유형은 지원 생활(supported living), 양육 가정(foster home, 포스터 홈), 공동생활 가정(group home, 그룹 홈) 등을 포함하며 각 주거유형의 특성을 〈표 10-4〉에 제시하였다(Sitlington, Neubert, & Clark, 2010).

표 10-4 주거유형의 특성

주거유형	특성
지원 생활	• 장애인이 지역사회에서 최대한 자립하고 통합되어 생활하는 유형이다. • 각 장애인의 개별화된 요구를 반영한 적절한 지원을 받을 수 있다.
양육 가정	• 가정을 개방하는 가족과 함께 일정 기간 동안 생활하는 유형이다. • 일상적인 가족활동에 참여하고 친밀한 인간관계를 형성할 수 있다.
공동생활 가정	• 소집단의 장애인들이 가족형태의 공동생활을 하는 유형이다. • 그룹 홈 직원으로부터 필요한 지원을 받을 수 있다.

(4) 여가생활 영역

많은 장애인이 장시간 혼자 TV를 시청하거나 고립된 채 무료하게 여가시간을 보내며, 특히 자폐성 장애인은 특별한 활동이나 프로그램이 제공되지 않는 비구조화된 시간에 신체의 일부를 흔들거나 괴성을 지르는 등의 부적절한 행동을 하기도 한다. 여가생활 영역이 전환교육 성과에 포함될 만큼 중요하므로 학령기 장애학생을 위한 기능적 교육과정에 레크리에이션과 여가활동을 포함시켜야 한다(Wehman, 2012). 자폐성 장애학생에게 각 학생의 흥미와 관심에 따라 다양한 게임, 음악 감상, 수영, 사진 찍기, 줄넘기 등을 학습할 기회를 제공하여야 한다. 자폐성 장애인이 지역사회에서 여가활동을 즐기기 위해서 신체적인 능력이나 사회성 기술 등을 습득할 필요가 있다. 예를 들어, 자폐성 장애인이 지역사회 장애인 복지관에서 비누공예를 배우기 위해서는 강사의 지시에 따르고 자기 차례를 기다리는 사회성 기술과 눈과 손의 협응 능력이 필요하다. 또한 장애인복지관까지 오갈 수 있는 이동능력도 필요하다. 자폐성 장애인이 독립적으로 버스나 지하철을 이용하여 목적지에 갈 수도 있고, 장애인 복지관에서 제공하는 차편을 이용할 수도 있으며, 가족이 이동을 도와줄 수도 있다. 이러한 여가활동을 함께 즐길 수 있는 친구가 있으면 성인생활의 만족도를 높이는 데 유익할 것이다.

직업생활 영역과 관련한 개별화 전환계획의 일부 예시를 〈표 10-5〉에 제시하였다.

표 10-5 직업생활 영역 관련 개별화 전환계획의 일부 예시

〈직업생활〉과 개별화 전환계획

작성일: 년 월 일

특수학교 전공과 1학년	성명		지도교사	(인)					
연간 교육목표	금융 기관을 이용할 수 있다.								
1학기 성취목표	통장 만들기, 입금하기, 출금하기, 계좌이체를 할 수 있다.								
현재 성취수준	금융기관의 개념을 말할 수 있다.								

월	단원	제재	교육 내용	교육 방법	평가 방법	평가				
						5점	4점	3점	2점	1점
3	금융 기관의 이용	금융기관의 종류와 하는 일 알기	• 금융기관 알아보기 • 금융기관의 종류와 하는 일 알기 • 금융기관의 사진 붙이고 이름 알기 • 은행 창구의 모습을 담은 동영상 보기 • 은행이용의 장점 이야기하기	인터넷 검색, 직접 교수	수행 평가					
		통장 만들기	• 통장 만드는 데 필요한 준비물 알아보기 • 도장(서명)과 비밀번호가 필요한 이유 알기 • 통장 발급 절차 알기 • 거래 신청서 작성하기 • 비밀번호 만들고 서명하기 • 통장발급 절차 확인하기	모의 상황 훈련, 현장 체험	수행 평가					

월	단원	제재	교육 내용	교육 방법	평가 방법	평가				
						5점	4점	3점	2점	1점
4	금융 기관의 이용	입·출금 하기	• 입금에 필요한 준비물 말하기 • 입금전표 작성하기 • 출금에 필요한 준비물 말하기 • 출금 전표 작성하기 • 비밀번호 기억하여 작성하기	모의 상황 훈련, 현장 체험	수행 평가					
5	금융 기관의 이용	계좌이체 하기	• 계좌이체 설명하기 • 계좌이체하기 위해 필요한 준비물 알기 • 계좌이체 전표 작성하기	모의 상황 훈련, 현장 체험	수행 평가					
6	금융 기관의 이용	현금 인출기 조사하기	• 현금 인출기에 대하여 정보 나누기 • 현금 인출기로 할 수 있는 일 말하기 • 현금 인출기를 이용하기 위해 필요한 준비물 말하기 • 현금 인출기의 구조와 사용 방법 설명하기	직접 교수, 모의 상황 훈련	수행 평가					
7	금융 기관의 이용	현금 인출기 이용하기	• 현금 인출기를 이용하여 입금하기 • 현금 인출기를 이용하여 출금하기 • 현금 인출기를 이용하여 계좌이체 하기 • 현금 인출기를 이용하여 공과금내기	현장 체험	수행 평가					

1학기 지도 결과	NEIS 출력물 첨부	
수행 능력 평가기준	목표의 81~100% 성취	5점
	목표의 61~80% 성취	4점
	목표의 41~60% 성취	3점
	목표의 21~40% 성취	2점
	목표의 0~20% 성취	1점
해당되는 점수 칸에 ✓ 표시함		

2. 전환활동 중심의 기능적 교육과정

자폐성 장애학생을 위한 전환교육에 포함될 수 있는 기능적 교육과정의 내용을 주거생활 영역, 직업 영역, 지역사회 영역, 여가활동 영역으로 나누어 설명하면 다음과 같다(Brolin & Loyd, 2003; Wehman, 2011b). 첫째, 주거생활 영역에 관련된 전환활동은 음식 준비, 청소, 세탁, 수리 관리, 시장 보기, 가사와 관련된 필수품 보관 및 적절한 사용 등을 포함한다. 자폐성 장애학생은 가사활동과 관련된 다양한 과제를 안전하고 능률적으로 수행하는 데 어려움을 가질 수 있다. 따라서 자폐성 장애학생으로 하여금 다양한 가사활동에 참여하고, 가사와 관련된 생활기술을 습득할 수 있도록 기능적 교육과정을 구성하여야 한다. 주거생활과 관련된 생활기술은 세탁하기, 옷 정리하기, 집 청소하기, 음식 만들기, 설거지하기, 식품 구매하기, 냉난방기 조절하기 등을 포함한다. 또한 자폐성 장애학생은 자신의 개인적 관리, 건강, 안전 요구들을 다루고 환경적 위험(예: 지진, 빙판길, 폭풍), 개인적 안전(예: 문 잠그기, 밤에 혼자 걷기), 위험한 사물(예: 움직이는 자동차, 전기 코드)과 같은 잠재적인 위험을 인식하는 데 어려움을 가질 수 있다. 따라서 자폐성 장애학생이 위험과 고통을 인식하고 적절하게 반응하는 전략과 화장실 사용하기, 목욕하기, 옷 입기, 건강관리, 기본적 안전 예방조치 실행 등의 자기관리와 관련된 과제를 수행하는 기술을 습득할 수 있도록 기능적 교육과정에 포함시켜야 한다.

둘째, 직업 영역에 관련된 전환활동은 개인적 작업과제를 효과적으로 관리하기이다. 효과적인 작업자는 자신에게 주어진 시간과 작업재료를 조직하고, 과제를 완수하기까지 수행하여 기대되는 수행기준을 유지하는 전략을 가지고 있어야 한다. 자폐성 장애학생은 일상적으로 완수해야 하는 과제나 자신에게 할당된 새로운 과제를 완수하는 데 어려움을 나타낸다. 또한 과제에 융통성 있게 적응하지 못하고 과제에서 벗어난 행동을 보이기도 한다. 따라서 자폐성 장애학생은 작업과제를 준비하는 개별화된 절차, 과제완수 시간이나 질적 요구를 충족시키는 것에 대해 학습할 기회가 있어야 한다. 직업영역에 관련된 전환활동은 지시 따르기, 시간 약속 지키기, 전화 받기, 메시지 전달하기, 구체적인 직업 관련 업무하기(예: 청소하기, 커피 만들기) 등을 포함한다. 자폐성 장애학생은 집단에서의 상호작용 규칙을 수용하고 집단의 요구를 충족하며, 다양한 상황에 따라 효과적으로 참여하는 데 어려움을 나타낸다. 따라서 자폐성 장애학생은 집단의 사회적 기대를 이해하고 다른 사람이 말하는 것을 주의집중하여 듣고, 다양한 집단 활동에 참여하고 필요에 따라 도움을 요청하는 것 등을 학습하여야 한다. 직업생활에서 필수적인 기술 중 하나가 의사소통기술이다. 효과적인 의사소통자는 의사소통의 능력을 사용하여 자신의 기본적인 필요와 요구를 충족시키고 자신을 변호하며, 다른 사람의 생각과 감정에 반응한다. 반면에 자폐성 장애학생은 다른 사람들의 정보를 정확하게 해석하거나 사회적으로 용납될 수 있는 방법으로 자신의 생각과 감정을 표현하는 데 어려움을 나타낸다. 자폐성 장애학생은 의사소통을 통해 목적을 성취할 수 있는 인지력을 향상시키고, 자신의 인지 능력에 가장 적합한 의사소통 체계를 사용하며, 다른 사람의 의도를 이해하기 위해 필요한 전략(예: 표정과 몸짓 관찰하기, 이해하지 못할 때 다시 설명해 달라고 요청하기)을 습득해야 한다.

최근 자폐성 장애학생이 개인적 작업과제를 효과적으로 완수하도록 돕는 프로그램이 많이 개발되고 있다. 차지숙, 방명애와 장역방(2016)은 시각적 단서를 이용한 자기관리 중재가 자폐성 장애학생의 커피 만들기 기술 습득에 어떠한 영향을 미치는지 밝히기 위하여 일반 고등학교 특수학급에 재학 중인 자폐성 장애 남학생 한 명을 대상으로 기초선, 중재, 일반화 및 유지 단계에 따라 행동 간 중다 간헐 기초선 설계를 적용하였다. 목표행동의 과제 분석 단계에 대한 독립적 수행률의 평균선, 경향선, 비중복비율, 효과의 즉각성을 이용하여 [그림 10-1]에 제시한 시각적 자료를 분석한 결과는 다음과 같다. 첫 번째, 시각적 단서를 이용한 자기관리 중재가 자폐성 장애학생의 핫 카페라떼, 아이스 카푸치노, 핫 카라멜마끼아또 만들기 기술의 습득에 효과적이었다. 두 번째, 자폐성 장애학생이 시각적 단서를 이용한 자기관리 중재에 의해 습득한 핫 카페라떼, 아이스 카푸치노, 핫 카라멜마끼아또 만들기 기술이 지역사회 내에 위치한 카페에서도 일반화되었다. 세 번째, 자폐성 장애학생이 시각적 단서를 이용한 자기관리 중재에 의해 습득한 핫 카페라떼, 아이스 카푸치노, 핫 카라멜마끼아또 만들기 기술이 중재 종료 3주 후에도 유지되었다.

셋째, 지역사회 영역에 관련된 전환활동은 일상생활의 요구들을 충족하기 위한 지역사회 활용이다. 자폐성 장애학생은 지역사회 식당에서 식사하고 물건을 구입하고 은행에서 돈을 찾는 등의 활동을 하기 위해 요구되는 의사소통을 하고 자신의 행동을 관리하는 데 어려움을 나타낸다. 따라서 자폐성 장애학생은 도움 요청하기, 지시 따르

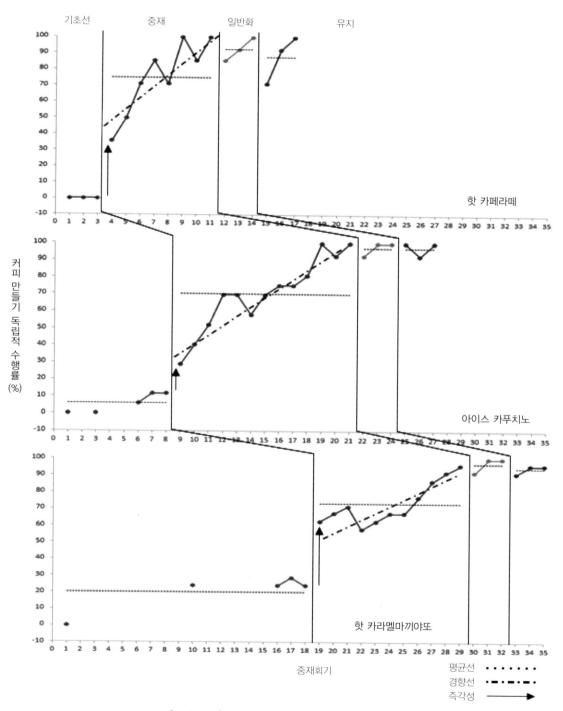

[그림 10-1] 세 가지 커피 만들기 독립적 수행률

출처: 차지숙, 방명애, 장역방(2016), p. 790.

기, 돈 사용하기 등의 생활기술과 지역사회를 활용하기 위해 요구되는 의사소통 등에 대해 학습할 기회가 있어야 한다. 또한 자폐성 장애학생은 지역사회 내에서 이동하는 능력도 습득하여야 한다. 자폐성 장애학생은 사전계획과 훈련이 없으면 지역사회 관련 지점(예: 거리 이름, 지역사회 경계표)과 이정표를 따라 이동하는 데 어려움을 나타낸다. 따라서 자폐성 장애학생은 여행과 이동 상황을 준비하는 개별화된 절차, 지역사회에서 이동하고 접근할 수 있는 기술과 전략을 습득할 기회가 필요하다. 지역사회 영역에 관련된 전환활동은 길 건너기, 대중교통 이용하기, 은행 이용하기, 음식점 이용하기, 상점 이용하기, 의료기관 이용하기 등을 포함한다.

지역사회 영역에 관련된 전환활동을 교수하기 위해 박경석, 방명애, 홍점숙(2015)은 시각적 단서를 이용한 자기관리 중재를 적용하여 3명의 지적장애 고등학생에게 현금인출기 사용기술을 대상자 간 중다 간헐 기초선 설계를 사용하여 적용하였다. 목표행동의 과제분석 단계에 대한 독립적 수행율의 평균선, 경향선, 즉각성, 비중복비율을 이용하여 시각적 자료를 분석한 연구결과는 다음과 같다. 첫 번째, 시각적 단서를 이용한 자기관리 중재가 지적장애 고등학생의 현금인출기 사용기술 중 입금하기와 출금하기 기술을 향상시켰다. 두 번째, 시각적 단서를 이용한 자기관리 중재에 의해 습득된 입금하기와 출금하기 기술은 중재 종료 3주 후에도 유지되었다. 입금하기 독립적 수행률에 관한 연구 결과를 [그림 10-2]에 제시하였다.

넷째, 여가활동 영역에 관련된 전환활동은 비구조화된 시간을 자신이 원하는 활동을 하기 위해 구조화시켜 관리하는 것이다. 자폐성 장애학생은 자신에게 과제가 주어지지 않을 때 또는 차례를 기다려야 할 때 자신을 관리하는 데 어려움을 나타내며, 자신을 몰두시키기 위하여 사회적으로 부적절한 상동행동을 하기도 한다. 자폐성 장애학생은 성인생활로의 성공적인 전환을 위하여 자신이 사용가능한 시간과 활동에 필요한 시간을 인식하고, 비구조화된 시간에 할 수 있는 행동을 탐색하며 필요에 따라 도움을 요청하는 것 등을 학습해야 한다. 여가활동 영역에 관련된 전환활동은 친구 집에 놀러 가기, 자전거 타기, 게임에 참여하기, 운동경기 관람하기, 취미활동하기, 휴가 가기 등을 포함한다. 대부분의 자폐성 장애학생은 자신의 권리를 주장하는 의사소통을 잘 하지 못하고, 때로는 자신의 가장 기본적인 요구도 충족하기 못한다. 자폐성 장애학생이 개인적인 선택을 할 충분한 기회가 주어지지 않고 자신의 욕구를 인식할 기회가 없을 때 학습된 무기력감과 의존성을 가질 수밖에 없다. 따라서 자폐성 장애학생이

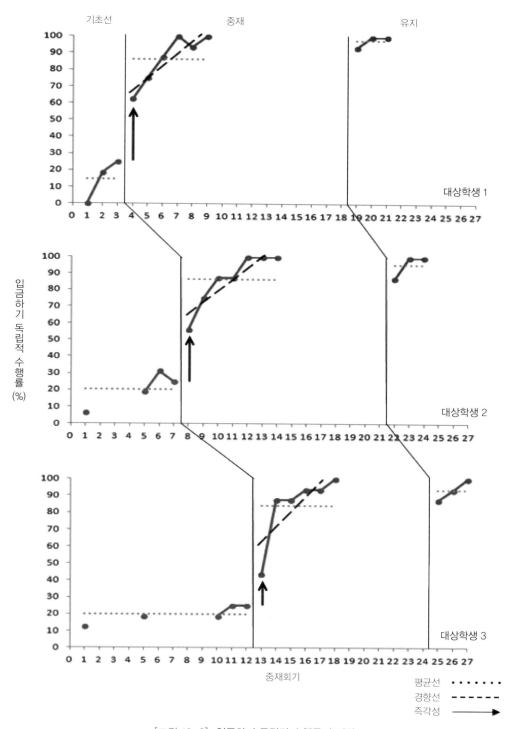

[그림 10-2] 입금하기 독립적 수행률의 변화

출처: 박경석, 방명애, 홍점숙(2015), p. 35.

자신의 욕구를 인식하고 사회적으로 수용될 수 있는 방법으로 적절하게 표현하며 자신이 선택한 것을 주장할 기회를 가져야 한다.

3. 교육성과로서의 자기결정기술

1) 자기결정기술의 중요성

자기결정기술은 장애학생이 능력이 있고 자족하는 성인이 되어 독립적으로 기능하기 위해 반드시 성취해야 하는 교육성과이며, 장애학생의 삶의 질과 깊은 관련이 있고 자기결정기술을 향상시키고자 교수하는 것은 장애학생을 위한 교육의 최상의 실제이다(Wehmeyer et al., 2007). 자기결정이라는 개념은 정상화 원리, 개인주의, 교육 소비자 주의 등이 강조되면서 부각된 개념이다. 미국의 경우, 모든 학생을 위한 질 높은 교육을 내세우는 교육개혁의 물결과 장애학생의 전환교육과 통합교육의 중요성이 부각되면서 교육목표로서의 자기결정기술의 중요성이 특수교육 분야에서 강조되기 시작하면서 법적, 정책적 및 재정적 지원이 활발하다. 자기결정기술이 향상되면 장애학생의 학업적 수행, 고용, 평생교육 프로그램 참여, 독립성, 삶의 질 등의 교육성과가 향상되므로 자기결정 기술을 촉진하는 것은 사회로의 전이를 준비하는 장애 청소년을 위한 교육의 최상의 실제로 간주되고 있다(CEC, 2011). 그러나 대부분의 자폐성 장애학생들은 자기결정능력이 부족하며, 독립적인 생활과 직업생활을 위한 준비가 부족하므로 스스로 여가활동을 선택하고, 자신의 전환계획 회의에 참여하는 등 자기결정을 할 기회를 제공할 필요가 있다.

발달장애학생을 위한 자기결정기술 프로그램의 효과를 검증하는 연구가 초등학생(방명애, 전수정, 2007; 방명애, 최하영, 2003)과 중등학생(방명애, 김수현, 2001; 방명애, 오경숙, 박혜영, 2004)을 대상으로 활발하게 진행되고 있다. 또한 Bang(2008)은 실험집단의 발달장애 성인에게 자기결정기술을 교수하고 동료와 연습하게 하며, 발달장애 성인으로 하여금 자신의 자기결정기술을 점검하고, 장애물이 있을 경우 극복해 나가며 대안적 방법들을 선택하게 한 결과, 실험집단의 발달장애 성인이 통제집단 발달장애 성인에 비해 자기결정 과정에 관련된 인지적 지식과 관찰된 행동에 있어서 통계적으

로 유의하게 긍정적 변화를 나타냈다. 기능수준이 낮은 자폐성 장애학생을 대상으로
한 연구에서도 자기결정기술의 중요성이 보고되고 있다. 자폐성 장애학생은 구체적인
선택군이 주어졌을 때 자기가 선호하는 것을 표현할 수 있었고, 강화제의 종류를 교사
가 선택하는 것보다 학생 자신이 선택한 경우가 훨씬 효과적이었다(Hall, 2012). 자폐
성 장애학생에게 최대한 과제나 강화 등에 대해 선택할 기회는 제공해야 하지만, 선택
의 범위는 교사가 교육적인 것으로 제한하여야 한다.

우리나라에서는 1999년에 제1회 발달지체인의 자기권리 주장대회가 개최됨으로써
장애인들의 자기결정기술의 중요성이 인식되기 시작했고, 많은 연구가 자기결정기술
의 중요성을 강조하고 자기결정기술과 관련된 변인을 밝히며, 장애인의 자기결정기술
을 향상시키기 위해 프로그램을 적용하여 효과를 검증하는 등의 노력을 기울이고 있
다. 방명애(2006a)는 특수학교에 재학 중인 지적장애학생들을 대상으로 60회기에 걸
쳐 자기결정기술 프로그램을 적용한 결과, 스트레스관리기술을 제외한 자기인식능력,
자기관리기술, 선택기술, 자기옹호기술, 지원망구성기술, 지역사회활용기술, 사회성
기술, 협력기술에 있어서 통계적으로 유의미한 향상을 보였다. 방명애(2006b)의 연구
에서는 지적장애 남학생 10명에게 역할놀이 중심의 자기결정 활동프로그램을 12주 동
안 48회기 실시하여 지적장애학생들의 집단 활동에서의 적응행동과 자기결정기술을
향상시켰다고 보고하였다. 임대섭과 방명애(2010)는 전공과 지적장애인들에게 자기결
정기술 중심의 전환교육 프로그램을 적용하여 지적장애인들의 전환계획 인식, 자기결
정기술 및 적응행동을 향상시켰다. 국내의 장애학생의 자기결정기술과 관련된 연구는
대부분 지적장애학생을 대상으로 하였으며, 자폐성 장애학생을 대상으로 한 연구는
미흡하다. 그 이유는 집단 연구에 참여할 수 있는 유사한 특성을 가지고 있는 자폐성
장애학생들을 모집하기 어렵고, 지적장애학생들에 비해 프로그램의 효과가 쉽게 나타
나지 않고 시간이 오래 걸리기 때문으로 추정된다. 지적장애 정도와 자기결정기술 간
에 상관 관계가 있다는 방명애(2001)의 연구결과를 고려할 때 지적장애를 동반하고 있
는 자폐성 장애학생의 자기결정기술을 발달시키기 위해서는 체계적이고 장기적으로
효과적인 프로그램을 적용할 필요가 있다.

자기결정기술을 교수하기 위해 국내외에서 다양한 프로그램이 개발되었다. 개발
된 이후 지속적으로 사용되고 있는 프로그램인 Choice Maker(Martin & Marshall, 1995),
Steps to Self-Determination(Field & Hoffman, 1996)은 장애학생의 생활기술과 자기인

식능력을 향상시키고 전환계획 회의에 참여하도록 격려하며, 고용과 독립된 생활을 강조하고, 목표설정과 자기평가 행동을 교수하며, 자신의 학습을 스스로 조절하도록 교수하는 것에 초점을 맞추고 있다. 국내에서도 『자기결정기술 활동프로그램』(방명애, 2002), 『장애학생을 위한 의사결정기술 교수프로그램』(방명애, 김수현, 2006), 『장애학생을 위한 자기주도적 전환계획 프로그램』(방명애, 이숙향, 이영선 공역, 2009), 『전환기 장애학생을 위한 자기결정기술 활동 프로그램』(방명애, 2012) 등이 사용되고 있다.

2) 자기결정기술의 하위영역

자기결정기술의 하위기술은 사용되는 용어에 있어서 학자 간 견해 차이를 보이고 있으며 의미상 중복되는 부분이 많다. Trainor(2005)는 자기결정기술의 하위기술에 선택기술, 의사결정기술, 목표성취, 관리기술, 자기평가기술, 자기조절기술 등을 포함시켰다. Wehmeyer 등(2010)은 자기결정기술의 하위기술에 사회성기술, 자기평가기술, 자기통제기술, 지원망구성기술, 협력기술, 지구력, 스트레스관리기술 등을 포함시켰다. 이 책에서는 방명애(2012)가 제안한 자기결정기술의 아홉 가지 하위영역인 자기인식능력, 자기관리기술, 선택기술, 자기옹호기술, 지원망구성기술, 지역사회활용기술, 사회성기술, 협력기술, 스트레스관리기술에 대해 살펴보면 다음과 같다.

(1) 자기인식능력

자폐성 장애학생이 자기결정 행동을 하기 위해서는 자기결정을 할 수 있는 기술이 있어야 할 뿐만 아니라, 자기 자신에 대한 인식과 자기결정기술을 사용하도록 요구되어지는 환경에 대한 인식이 있어야 한다. 자기인식이란 자신을 독특한 개인으로서 개념화하는 것을 의미하며, 자기인식 능력을 향상시키기 위해서 다음과 같은 조건이 갖추어져야 한다(방명애, 2012; Wehmeyer et al., 2007). 첫째, 자신의 신체적인 필요와 기능을 인식해야 한다. 예를 들어, 자신이 목이 마른 것인지 배가 고픈 것인지 또는 화장실에 가고 싶은 것인지 등을 인식할 수 있어야 한다. 둘째, 자신의 강점, 단점, 선호성을 인식해야 한다. 예를 들어, 자신이 잘할 수 있는 활동과 자신이 좋아하는 활동에 대한 인식이 있어야 한다. 셋째, 신체적 자아에 대한 지식이 있어야 한다. 예를 들어, 자신의 키, 몸무게, 허리 둘레, 발의 크기 등 자신의 신체 특성에 대한 인식이 있어야 한다. 넷째, 자신의 정서적 상태와 감정을 인식하고 사회적으로 수용될 수 있는 방법으로 적절하게 표현할 수 있어야 한다. 예를 들어, 자신이 언제 어떤 상황에서 기쁘고, 슬프고, 화가 나고, 두려움을 느끼는지에 대한 감정 인식이 있어야 한다. 다섯째, 자신의 행동이 어떻게 다른 사람에게 영향을 미치는지 인식해야 한다. 예를 들어, 자신이 친구에게 돌을 던지는 행동이 어떤 후속결과를 초래하는지에 대한 인식이 있어야 한다. 또한 자기인식은 장애인식(disability awareness)을 포함하는데, 특정 장애의 특성으로 말미암아 초래된 자신의 제한된 능력을 인식하는 것이다. 자폐성 장애학생 자신이 장애로 인해 겪는 어려움을 다른 사람들에게 설명하고 지원을 요청하는 능력도 습득하여야 한다. 예를 들어, 교사가 학습내용을 구어로만 설명하여 자폐성 장애학생이 설명을 이해하지 못할 경우에 교사에게 시각적 단서를 이용하여 다시 설명해 달라고 도움을 요청할 수 있다. 또한 자폐성 장애학생은 자신의 교육받을 권리, 근로의 권리, 공공기관에서 도움을 받을 권리, 장애인으로서 복지혜택을 받을 권리 등에 대해서도 학습하여야 한다.

(2) 자기관리기술

자폐성 장애학생의 특성을 고려하여 이들의 독립적인 기술 습득을 위해 자기관리 전략에 대한 지원이 필요하다. 자기관리 전략은 자폐성 장애학생의 학업 수행, 사회적 행동, 문제행동에 긍정적인 영향을 미친다고 증명된 증거기반의 실제이다(National Autism Center, 2015). 즉, 자기관리 중재는 자폐성 장애학생의 수업 참여 행동, 학습의 정반응, 바람직한 행동, 상호작용 시작행동, 구어적 상호작용 등을 향상시키고 공격행동, 상동행동 등의 문제행동을 감소시킬 수 있다. 자기관리 전략은 자신의 행위를 관리할 수 있는 기술이며, 자기점검, 자기강화, 자기교수, 자기평가, 자기관찰 등의 하위 유형이 포함된다. 자기관리기술의 대표적인 하위유형을 〈표 10-6〉에 제시하였다(제6장 자기교수 내용 참조).

자폐성 장애학생은 복잡한 동작이나 기술을 습득하고 유지하기 어렵기 때문에 학습내용을 여러 단계로 나누어 시각적 단서를 이용하여 제시하면 더 쉽게 습득할 수 있다(유현아, 방명애, 홍점숙, 2016). 또한 시각적 단서를 이용한 자기관리 중재는 교사나 또래 등 다른 사람의 지시사항을 필요로 하지 않으므로, 독립적인 수행의 기회를 증가시키고, 복잡한 과제 수행도 습득된 기술을 유지하도록 촉진한다.

표 10-6 자기관리기술의 하위유형

하위유형	설명	예
자기점검법	학생 스스로 자신의 과제지향적 행동을 지속적으로 점검하여 기록하게 하는 것으로서 과제에 대한 주의집중과 완수율과 정확도를 높이기 위하여 많이 사용된다. 자기점검법은 그림단서, 일정표, 점검표 등을 이용해 이미 수행된 자신의 행동을 점검하는 것이다.	학생 스스로 자신의 자리이탈 빈도를 기록한다.
자기강화법	학생이 스스로 정한 목표를 달성했을 경우에 스스로 선택한 강화를 자신에게 제공하는 것이다.	학생이 목표행동인 줄넘기 100번을 성공적으로 하고 나서 자신이 강화로 선택한 컴퓨터게임을 10분 동안 한다.
자기교수법	학생이 과제의 수행순서를 스스로 말해 가면서 과제를 수행하도록 하는 전략이다. 제3자가 언어적 촉진과 단서를 제공하는 것이 아니라 학생 스스로 언어적 촉진과 단서를 제공하며 학업적 또는 사회적 문제를 해결하도록 하는 것이다. 즉, 자기주도적인 내적 언어전략을 이용해 바람직한 성과를 성취할 수 있도록 적절한 행동을 수행하는 것이다.	두 자릿수 덧셈의 각 단계를 스스로 말하고 행동으로 옮긴다. 최종 단계에서는 자신의 내적 언어로 행동을 통제한다.

(3) 선택기술

자폐성 장애학생도 적절한 지원이 제공되고 교수상황이 자폐성 장애의 특성에 맞게 수정되면 자신이 선호하는 것을 표현하고 문제해결기술이나 선택기술을 습득할 수 있다. 자율적이고 독립적인 선택을 하는 것이 어려운 중도중복 장애학생도 최대한 한 자신의 삶에 영향을 미치는 결정에 부분적이더라도 적극적으로 참여할 수 있도록 해야 한다. 자신이 선호하는 것을 표현하고 선택할 기회를 제공하는 것이 자폐성 장애학생의 문제행동을 감소시키고, 적절한 과제에 참여하도록 촉진하며, 학업성취를 향상시킨다. 방명애(2012)는 전환기 장애학생들에게 자신의 적성에 맞는 직업 탐색하기, 자신이 선호하는 주거 유형 알기, 자신의 시간과 비용을 고려하여 합리적인 여가활동 선택하기, 선택에 따른 결과 예상하기, 특정 상황에서의 적절한 행동과 부적절한 행동을 구별하기, 필요에 따라 계획 변경하기 등의 활동을 제안한다. 자폐성 장애학생에게 교수 상황에서 선택할 기회를 부여하는 방법은 다음과 같다. 첫째, 주제에 관련된 여러 가지 활동 중 선택할 수 있도록 한다. 예를 들어, 교통수단에 대해 학습한 후 자동차에 관한 책을 읽거나, 자동차 그림을 그리거나, 찰흙이나 블록으로 자동차 모형을 만드는 활동 중 선택할 수 있도록 한다. 둘째, 한 가지 활동 내에서 선택할 수 있도록 한다. 예를 들어, 자폐성 장애학생이 학급 청소를 할 때 자신이 좋아하는 창문을 선택하여 닦을 수 있도록 한다. 셋째, 자폐성 장애학생이 집단활동에 참여할 때 함께 활동을 할 사람, 활동을 할 시간과 장소를 선택하게 할 수도 있다.

(4) 자기옹호기술

자폐성 장애학생이 비장애학생들과 통합되어 상호작용의 기회가 증가할수록 자기 권리를 스스로 주장하고 자기주장성이 강한 효과적인 의사소통을 하며, 타협점을 찾기 위해 상대방의 의견과 절충하는 기술이 필요하다. 자기주장기술은 상대방이 부정적 반응을 보일 위험을 무릅쓰고 대인관계 상황에서 구어적 또는 비구어적으로 자신의 권리, 의견, 신념 등을 표현하는 학습된 기술이다. 자폐성 장애학생이 효과적으로 자기옹호기술을 습득하기 위해서 다음과 같은 구체적인 하위기술이 필요하다(Tabone, in press). 첫째, 권리에 관련된 책임을 인식하고, 자기주장과 공격성을 분별할 수 있으며, 자기주장에 내재되어 있는 위험요인을 이해할 수 있어야 한다. 둘째, 1인칭 대명사를 사용하여 간단하고 직접적인 방법으로 권리를 표현하는 언어적 주장기술이 있어야 한다. 또한 자기주장을 가장 효과적으로 할 수 있는 상황을 알 수 있어야 하고, 상대방의 공격적 언행에 적절히 반응할 수 있어야 하며, 방해요소를 극복하고 지속적으로 자기주장을 할 수 있어야 한다. 셋째, 자신의 권리를 옹호할 때 적절한 몸짓, 자세, 얼굴 표정, 눈 맞춤 등을 할 수 있어야 한다. 넷째, 상대방의 의견과 절충하며, 타협하고 설득하는 기술이 있어야 하고, 상대방의 감정, 의견, 경험을 이해하고 존중한다는 것을 적절하게 표현할 수 있어야 한다. 다섯째, 상대방의 의견을 적극적으로 경청하는 대화기술이 있어야 한다.

자기옹호기술을 향상시키기 위한 교수프로그램은 무엇에 관하여 어떻게 옹호할 것인가를 다루어야 하며 다음과 같은 구체적인 내용을 포함해야 한다(방명애, 2012). 첫째, 공격적이지 않으면서도 자기주장성이 강한 의사소통을 하는 법을 교수한다. 둘째, 일대일, 소그룹, 대집단 상황에서 효과적으로 적절하게 의사소통하는 기술을 교수한다. 셋째, 갈등 상황에서 상대방과 타협하거나 설득하는 법을 교수한다. 넷째, 상대방의 이야기를 적극적으로 청취하는 법을 교수한다. 자기옹호기술을 향상시키기 위해

하위척도	하위영역	활동주제	년 월 일
4. 자기옹호	(7) 나의 권리 찾기	① 공공장소에서 나의 권리 찾기	이름 :

 극장에서 영화를 관람하는 데 불편한 점이 생겼습니다. 어떻게 하면 좋을지 생각해 봅시다.

→ 내 자리에 다른 사람이 앉아 있을 때

나는 어떻게 해야 할까요?

그냥 서 있는다. 그러면 어떻게 될까요?	자리를 비켜달라고 말한다. 그러면 어떻게 될까요?
▷ _____	▷ _____

나의 권리를 찾는 바른 행동은 무엇일까요?

▷ _____

→ 옆사람이 떠들어서 관람을 하기 어려울 때

나는 어떻게 해야 할까요?

그냥 참고 영화를 본다. 그러면 어떻게 될까요?	정중하게 조용히 해달라고 말한다. 그러면 어떻게 될까요?
▷ _____ ▷ _____	▷ _____ ▷ _____

나의 권리를 찾는 바른 행동은 무엇일까요?

▷ _____

[그림 10-3] 자기옹호기술 교수를 위한 활동의 예시

출처: 방명애(2012), p. 196.

서는 장애학생이 자신의 강·약점에 대한 인식과 이해가 있어야 하며, 문제해결과 선택의 과정에서 학습한 자기옹호기술을 상황에 알맞게 사용할 수 있어야 한다. 또한 필요할 때 도움 요청하기, 상대방의 공격적인 말에 대답하기, 소비자로서의 권리 주장하기, 학교에 결석하거나 지각할 때 교사에게 스스로 연락하기, 면접 상황에서 자기옹호하기 등도 일상생활에서 자기옹호기술을 적용할 수 있는 기회가 될 수 있다. 자기옹호기술 교수를 위한 활동의 예시를 [그림 10-3]에 제시하였다.

(5) 지원망구성기술

특수교육의 목표 중 하나는 장애학생을 가능한 한 독립적이 되도록 돕는 데 있다. 그러나 모든 인간은 지원망을 구성하여 서로 도움을 주고 받으며 살아가기 때문에 독립적이라는 것이 다른 사람의 도움이 전혀 필요하지 않다는 것을 의미하지 않는다. 자폐성 장애학생을 위한 지원망을 구성하는 데 있어서의 기본 가정은 다음과 같다 (Wehman, 2011b). 첫째, 자폐성 장애학생을 포함한 모든 사람은 누구나 지역사회의 다른 구성원에게 지원과 도움을 제공할 수 있는 능력이 있다. 둘째, 지원망 구성은 일방적인 지원관계가 아니라 서로 도움을 주고받는 상호적인 지원관계에 근거한다. 셋째, 친구나 동료로서 도움을 주고받는 자연적 지원관계가 전문가들로부터의 지원만큼 중요하다. 넷째, 각 개인이 필요로 하는 지원은 서로 다르며 시간에 따라 변하므로 지원망에서 제공되는 지원은 융통성이 있어야 하고 수정이 가능해야 한다. 다섯째, 지원망 구성은 이질적 집단인 통합학급에서 가장 효과적이다. 지원망을 구성하는 데 있어서의 교사의 역할은 지원 촉진자이다. 예를 들어, 학생을 지원할 수 있는 전문가를 찾아 연결시켜 주기도 하고, 또래교수나 협동학습을 통해 학생 간 우정관계가 형성되도록 촉진하기도 한다. 즉, 교사는 학생이 포괄적이고 통합된 지원 체계를 형성해 나가도록 도와야 한다. 효과적인 지원망은 구성원들이 서로에게 도움을 주고받을 수 있어야 한다. 자폐성 장애학생은 지원망을 구성하기 위하여 자신을 지원해 줄 수 있는 주변 사람들을 탐색할 기회가 있어야 하고, 상대방에게 친근감을 표현하는 방법에 대해 학습해야 하며, 전화, SNS, 이메일 등을 이용해 지속적인 대인관계를 유지하는 기술을 습득해야 한다. 자원봉사자를 활용하면 자폐성 장애학생에게 의미가 있는 대인관계를 형성할 기회를 제공할 수 있을 뿐만 아니라, 학교와 지역사회의 협력관계를 형성하는 데도 도움이 된다.

(6) 지역사회활용기술

최근 특수교육의 교육과정에서 생활기술의 중요성이 강조되고 있으며, 특수교육 현장에서는 지역사회활용기술이 활발히 교수되고 있다. 자폐성 장애학생이 생산적이고 독립적인 성인으로 성장하기 위해서는 미용실, 우체국, 은행, 주민센터 등에서 서비스를 이용할 수 있어야 한다. 자폐성 장애학생은 상점에서 물건을 구입하고, 다양한 방법으로 물건값을 지불하고, 지역정보 신문이나 잡지를 통하여 자신이 필요한 정보를 습득하여 활용하는 방법을 학습하여야 하며, 지역사회에서 위급한 상황에 처했을 때 도움을 요청하는 방법도 알아야 한다. 또한 자폐성 장애학생은 버스, 기차, 지하철, 도보 등을 이용하여 지역사회 내에서 독립적으로 이동할 수 있는 능력을 향상시켜야 한다.

자폐성 장애학생이 지역사회를 성공적으로 활용하기 위해서는 학교와 가정과 지역사회가 협력관계를 형성하여, 자폐성 장애학생의 자기결정기술 향상이라는 공동의 목표를 위해 노력해야 한다. 가정에서 학생의 자기결정기술을 촉진하기 위해서 사용할 수 있는 열 가지 제안은 다음과 같다(Wehman, 2011a). 첫째, 부모는 자폐성 장애자녀가 자신의 주변세계를 탐색할 수 있는 기회를 부여하며, 가능한 한 독립적으로 생활기술을 적용해 볼 수 있도록 허용해야 한다. 둘째, 부모는 자폐성 장애자녀가 자신의 말이나 행동이 다른 사람들에게 영향을 미친다는 것을 학습할 기회를 부여해야 한다. 셋째, 자존감과 자신감은 자기결정기술이 발달하는 데 중요한 요인이다. 부모는 자신의 긍정적인 자존감을 자폐성 장애자녀에게 모델로 보여 주어야 하며, 가족이 함께 의사결정을 해야 할 때(예: 외식할 식당을 결정하거나 함께 작업해야 하는 일의 순서를 정할 때) 자폐성 장애자녀도 자신의 의견을 표현할 기회를 부여하여야 한다. 넷째, 부모는 자폐성 장애자녀가 자신이 가지고 있는 장애에 대해 질문할 때 회피하지 말아야 한다. 부모는 자폐성 장애자녀가 모든 사람이 독특하다는 것을 이해하고 자신의 능력과 강점을 발견하도록 돕고, 자녀가 자신의 장애로 인한 제한점을 긍정적으로 수용할 수 있도록 도와야 한다. 다섯째, 부모는 자폐성 장애자녀가 자신의 강점과 선호성에 근거하여 현실적으로 타당한 목표를 설정하는 것과 목표를 성취해 가는 과정을 인식하고 적극적으로 참여할 수 있도록 도와야 한다. 여섯째, 부모는 자폐성 장애자녀가 학교, 교회, 지역사회에서 다른 연령, 성별, 직업 등 다양한 특성과 배경을 가진 사람들과 상호작용할 기회를 부여하여, 모든 사람이 강·약점을 가지고 있는 독특한 존재임을 인식할 수 있도록 도와야 한다. 일곱째, 좌절을 느낄 수밖에 없는 높은 수준의 수행을 요구해서는 안 되지만, 자폐성 장애자녀가 도전해 볼 만한 수준의 목표를 정할 수 있도록 돕는다. 여덟째, 부모는 자폐성 장애자녀로 하여금 자신의 행동에 책임질 기회를 부여해야 한다. 부모는 자폐성 장애자녀에게 강요하기보다는 특정 행동을 수행해야 하는 타당한 이유와 근거를 설명하고, 가능한 한 자신이 선택하도록 돕고 스스로 선택의 결과를 경험하고 평가하며 책임질 수 있도록 해야 한다. 아홉째, 부모는 가정에서 선택의 기회를 최대한 많이 제공하고, 자폐성 장애자녀의 선택이 존중받고 있음을 느낄 수 있도록 한다. 마지막으로, 부모는 자폐성 장애자녀의 행동이나 과제에 대해 효과적으로 교정적 피드백을 제공해야 한다.

(7) 사회성기술

대부분의 자폐성 장애학생은 한 개인의 독립적인 삶을 영위하고 자신이 속한 사회의 구성원으로서 성공적으로 적응하는 데 필요한 사회적 능력에 결함을 보인다. 자폐성 장애학생의 사회성 발달은 그 학생의 발달적, 인지적, 언어적 수준과 깊은 연관성이 있다. 예를 들어, 자폐성 장애학생에게 시선 맞추기, 미소 짓기, 인사하기 등의 사회적 행동을 집중적으로 훈련시켰다 할지라도 그 행동을 사용할 적절한 상황과 시간을 식별할 수 있는 것은 각 학생의 사회적 단서를 처리하는 인지능력에 따라 달라진다. 또한 자폐성 장애학생의 사회적 능력의 결함은 의사소통을 방해하는데, 의사소통이 진행될 때 상대방에게서 사회적 단서를 감지하고 그 단서가 의미하는 것을 해석한 후 적절한 방법으로 반응해야 하기 때문이다. Morgan과 Riesen(2016)은 사회성 기술의 다섯 가지 하위기술을 제시하였다. 첫 번째 하위기술은 또래관계기술로서 칭찬하기, 도움이나 지원 제공하기와 받기, 감사표현 등을 포함하며, 두 번째 하위기술은 자기관리기술로서 자신의 기분 인식하기와 통제하기, 갈등 상황에서 타협하기, 자신의 행동 기록하기 등을 포함한다. 세 번째 하위기술인 학업기술은 개인과제 완성하기, 교사의 지시 경청하기 및 협력과제에 참여하기 등을 포함하며, 네 번째 하위기술인 순응기술은 지시 이해하기, 규칙 준수하기, 자유시간 활용하기 등을 포함하고, 다섯 번째 하위기술인 자기주장기술은 대화 시작하기, 칭찬과 비판 수용하기, 놀이나 활동에 또래 초대하기 등을 포함한다.

(8) 협력기술

자폐성 장애학생은 팀 구성원으로서 협력하고 참여하는 기술을 습득해야 공동체에서의 역할을 감당할 수 있다. 협력의 목표는 공통의 목표를 성취하기 위하여 모든 구성원이 적극적으로 참여하고 목표 성취를 위해 기여할 수 있도록 협력하는 것이다. 효과적인 협력기술을 가지고 있는 사람은 팀의 다른 구성원을 신뢰하고, 긍정적인 태도를 가지며, 약속한 것을 지키고 자신에게 부여된 과제를 완수하는 사람으로서 시간 약속을 잘 지키고 복장을 단정히 하며 상대방의 이야기를 적극적으로 경청하는 사람이다. 팀 구성원들과 갈등 상황이 발생할 경우에는 갈등이 생긴 원인을 규명하고, 다른 사람의 입장을 취해 보며, 대안 중에서 가장 바람직한 선택을 하고 자신이 선택한 결과를 평가할 수 있어야 한다(McDonnell & Hardman, 2009). 자폐성 장애학생이 자신이 속한 팀 구성원의 장점과 단점을 인식하고 협력의 장점을 인식하여 팀에서의 자신의 역할을 인식하는 것이 중요하다. 자폐성 장애학생은 다른 사람의 관점을 취하기, 다양한 상황에서의 규칙 지키기, 갈등상황에서 해결책 찾기, 자신의 감정과 의견을 '나 전달법'으로 적절하게 표현하기 등의 학습활동을 통해 협력기술을 향상시켜야 한다.

(9) 스트레스관리기술

스트레스는 사람과 부담이 되거나 본인의 관리능력을 벗어난다고 인지되는 환경과의 특수한 관계를 의미한다. 스트레스 여부는 스트레스라고 일반적으로 분류되는 객관적 사건이나 위기상황 자체가 아니라 그 사건이나 위기상황에 대해 각 개인이 내리는 주관적인 평가에 의해 결정된다. 즉, 환경과 사람과의 관계를 스트레스라고 볼 수 있는데, 생체와 환경과의 상호작용에서 생기는 생물체 내부의 역동적인 상태뿐만 아니라 스트레스 원인과 그에 대처하는 능력과 이용이 가능한 자원과의 관계를 어떻게 평가할 것인가 하는 심리적인 과정도 포함한다(Wehman, Smith, & Schall, 2008). 자폐성 장애학생은 자신에게 부담이 되거나 자신의 관리능력을 벗어난다고 간주되는 환경에 자주 노출되는 만큼 스트레스에 대한 대처능력과 해소 기술을 향상시켜야 한다. 자폐성 장애학생이 스트레스가 발생하였을 때 자신이 사용할 수 있는 스트레스 대처자원(예: 부모, 교사)을 인식하고, 자신만의 스트레스 대처전략(예: 음악 듣기, 친구와 이야기하기)을 개발하며, 최대한 스트레스에 대처하기 위해 스스로 통제하는 것을 학습하지 못하면, 자폐성 장애학생은 스트레스를 문제행동으로 나타낼 가능성이 많아진다. 자폐성 장애학생은 스트레스 상황 인식하기, 스트레스 원인 알기, 성취 가능한 목표 수립하기, 스트레스 상황에 적절하게 대처하기, 문제해결을 위한 대안 찾기, 스트레스에 대해 적절하게 표현하기, 개인 또는 집단 여가활동에 참여하기 등의 활동을 통해 스트레스를 관리하는 능력을 향상시켜야 한다. 최근까지 우리나라 특수교육 분야에서는 자폐성 장애학생을 양육하는 부모나 함께 사는 형제자매의 스트레스에 관하여 많은 연구가 이루어진 반면에, 자폐성 장애학생 본인의 스트레스와 스트레스 대처능력에 대해서는 많은 연구가 이루어지지 않았으므로 후속 연구가 필요하다. 스트레스관리기술 교수를 위한 활동의 예시를 [그림 10-4]에 제시하였다.

3) 자기결정기술 중심의 전환계획 프로그램 예시

임대섭과 방명애(2010)는 자기결정기술 중심의 전환계획 프로그램이 지적장애인의 전환계획 인식, 자기결정기술 및 적응행동에 미치는 영향을 밝히기 위하여 자기결정기술 중심으로 전환교육 성과 영역인 직업생활, 주거생활, 여가생활, 중등 이후 교육 영역에 대한 전환계획 프로그램을 개발하여 전공과 지적장애인에게 적용하여 효과를 검증하였다. 연구설계는 사전-사후 통제집단 설계를 사용하였으며, S 특수학교 전공과 지적장애인 16명을 실험집단으로 하였고, H 특수학교 전공과 지적장애인 16명을 통제집단으로 하였다. 중재는 한 학기 동안 46회기 실시되었으며, 자료처리는 두 집단의 종속변인 증가분에 대한 두 독립표본 t 검증을 실시하였다. 연구결과는 다음과 같다. 첫째, 교사의 평정에 따르면, 자기결정기술 중심의 전환계획프로그램이 전공과 지적장애인의 전환계획인식을 향상시켰다. 둘째, 전공과 지적장애학생의 자기보고서에 따르면, 자기결정기술 중심의 전환계획 프로그램이 전환계획에 대한 이해, 적용 자신감, 태도를 향상시켰다. 셋째, 교사의 평정에 따르면, 자기결정기술 중심의 전환계획프로그램이 전공과 지적장애인의 자기결정기술의 9개의 하위기술 중 자기관리기술, 선택기술, 자기옹호기술, 지역사회활용기술 네 가지 하위영역을 향상시켰다. 넷째, 교사평정에 따르면, 자기결정기술 중심의 전환계획프로그램이 전공과 지적장애인의 집단 활동 시 적응행동을 향상시켰다. 임대섭과 방명애(2010)가 개발하여 적용한 자기결정기술 중심의 전환계획 영역별 프로그램의 내용을 〈표 10-7〉에 제시하였다.

하위척도	하위영역	활동주제	년 월 일
9. 스트레스 관리	(7) 다양한 여가 활동의 특성 알기	① 여가활동의 장단점 알아보기	이름:

 아래의 여가 활동 중 내가 좋아하는 활동을 골라 좋은 점을 적어 봅시다.

컴퓨터 게임	좋은 점	• 신난다. • •
영화 관람하기	좋은 점	• 친구들과 함께 갈 수 있다. • •
도자기 만들기	좋은 점	• 접시를 만들어 팔 수 있다. • •
그림 그리기	좋은 점	• 멋진 그림으로 집을 꾸밀 수 있다. • •

 여가활동이 항상 즐겁고 좋은 것은 아닙니다. 이번에는 아래 여가활동의 나쁜 점이 무엇일지 생각해 봅시다.

컴퓨터 게임	나쁜 점	• 눈이 나빠진다. • •
영화 관람하기	나쁜 점	• 돈이 많이 든다. • •
도자기 만들기	나쁜 점	• 어렵다. • •
그림 그리기	나쁜 점	• 시간이 많이 걸린다. • •

[그림 10-4] 스트레스관리기술 교수를 위한 활동의 예시

출처: 방명애(2012), p. 355.

표 10-7   자기결정기술 중심의 전환계획 영역별 프로그램의 내용

회기	전환계획 영역	전환계획 활동주제	세부 활동 내용	자기결정기술 관련 영역	자료출처*
1	직업생활	나에 대한 기본정보 알기	내가 좋아하는 일 인식하기	자기인식능력	자료출처2
2	직업생활	친구들과 나의 기분 인식하기	직장 및 학교에서 상대방과 나의 기분 파악하기	자기인식능력	자료출처1
3	여가생활	선물하기	상대방이 좋아하는 것 알기	선택기술	자료출처1
4	주거생활	음식 선택하기	가지고 있는 돈으로 먹을 수 있는 음식 선택, 포장 부탁하기	선택기술	자료출처2
5	주거생활	좋아하는 색의 옷 선택하기	좋아하는 색 붙이기, 좋아하는 옷 색 선택하기	선택기술	자료출처2
6	직업생활	직업 선택하기	직업의 종류, 나의 장래희망 알기	선택기술	자료출처1
7	여가생활	여가활동 선택하기	여가활동 적고 점검하기	선택기술	자료출처1
8	주거생활	나의 좋은 점과 고쳐야 할 점 알기	가정 및 일상생활에서 나의 강점과 약점 알기	자기인식능력	자료출처2
9	여가생활	내가 좋아하는 것 선택하기	내가 좋아하는 운동 선택하기	선택기술	자료출처2
10	직업생활	사과하기	친구(동료)의 발을 밟았을 때 사과하는 표현하기	자기옹호기술	자료출처1
11	여가생활	거절할 수 있어요	좋지 않은 제안에 거절하기	자기옹호기술	자료출처1
12	직업생활	도움 요청하기	과제가 어려워요, 감사표현	자기옹호기술	자료출처1
13	여가생활	텔레비전 보기	좋아하는 TV프로그램 말하기	스트레스관리기술	자료출처2
14	주거생활	약국 이용하기	아픈 곳 말하기, 처방전대로 복용하기, 약국에서 살 수 있는 것 알기	지역사회활용기술	자료출처1
15	여가생활	생일 초대장 꾸미기	생일 초대장 꾸미기	지원망구성기술	자료출처1
16	주거생활	은행 이용하기	예금 인출하기	지역사회활용기술	자료출처1
17	여가생활	공연장 이용하기	공연장 이용 절차 및 예절, 좌석 찾기	지역사회활용기술	자료출처1
18	주거생활	내가 해야 할 일	주거생활로 인한 스트레스 해소하기	스트레스관리기술	자료출처1
19	중등이후교육	자신의 독특한 학습 요구	자신의 독특한 학습 요구 알기	자기인식능력	자료출처3
20	중등이후교육	자신에게 필요한 지원 인식하기	자신에게 필요한 지원 인식하기	자기인식능력	자료출처3
21	중등이후교육	계획대로 하기	계획대로 하기	자기인식능력	자료출처3
22	직업생활	직업 관련 지역사회 자원	지역사회 자원 활용, 제공되는 서비스 파악하기	지역사회활용기술	자료출처3
23	여가생활	여가활동 관련 지역사회 자원	지역사회 여가활동의 종류 알기	지역사회활용기술	자료출처3
24	주거생활	주거 관련 지역사회 자원	성인으로서 독립적으로 살기 위한 주거지와 활용 가능한 지역사회 자원 알기, 관련 서비스 정보 얻는 방법 알기	지역사회활용기술	자료출처3
25	중등이후교육	선호성과 흥미	원하는 것을 이루기 위해 배워야 할 것 인식하기	자기인식능력	자료출처3
26	여가생활	상황에 따른 인사말	결혼, 생일, 졸업 축하 및 병문안 인사말 알기	사회성기술	자료출처1

회기	전환계획 영역	전환계획 활동주제	세부 활동 내용	자기결정기술 관련 영역	자료출처*
27	직업생활	면접에 필요한 기술 익히기	면접방법, 옷차림, 목표 표현하기	자기옹호기술	자료출처2
28	직업생활	직업 및 고용의 목적 알기	전환을 위한 교수목적과 목표 쓰기	사회성기술	자료출처3
29	중등이후교육	교육계획 회의 협력자 알기	협력하고 싶은 나, 가족, 친구, 이웃. 직장에서 자신의 전환계획 협력 팀 참여자 알기	협력기술	자료출처3
30	여가생활	여가활동 관련 지역사회 자원	여가 및 오락을 위한 목적 찾기	지역사회활용기술	자료출처3
31	중등이후교육	교육 관련 지역사회 자원	교육 관련 지역사회 자원 찾아 기록하기	지역사회활용기술	자료출처3
32	주거생활	주거생활을 위한 목적 쓰기	주거 및 생활과 관련된 성과 알기	자기관리기술	자료출처3
33	중등이후교육	고등교육의 성과 알기	고등교육과 관련된 성과 알기	자기관리기술	자료출처3
34	직업생활	내 장점과 어울리는 직업 찾기	나의 장점에 대하여 자기강화 상장 주기, 내가 잘하는 것과 어울리는 직업 찾기	자기인식능력	자료출처4
35	주거생활	문제해결 대안 인식하기	가정에서 발생하는 문제의 해결방법 찾기	자기관리기술	자료출처1
36	직업생활	직장에서 의사소통하기	옹호하기, 취소하기, 단호한 것과 공격적인 것의 차이 알기	자기옹호기술	자료출처3
37	주거생활	주거 관련 계획 세우기	주거방법 알기, 계획 세우기	자기관리기술	자료출처4
38	주거생활	주거생활에 알맞은 옷 선택하기	집안에서 입는 옷과 외출복 구별하기, 상황에 맞는 옷 선택하기	선택기술	자료출처4
39	주거생활	주거생활에 필요한 도움 요청하기	집안 물건이 고장 났을 때 행동 구별하기, 도움 요청하기	자기옹호하기	자료출처4
40	여가생활	동호회 가입하기	학교동아리 가입하기, 지역사회 동호회 가입하기	지원망구성기술	자료출처4
41	여가생활	내가 잘할 수 있는 여가활동 선택하기	여가활동 선택하고, 전화해서 자세히 알아보기	선택기술	자료출처4
42	주거생활	자기 일 목표 세우고 평가하기	목표 달성하기, 방청소하기, 세탁하기	자기관리기술	자료출처4
43	직업생활	회사에서 감정 조절하기	피곤한 회사원, 싸우는 사람들 사이에서 감정 조절하기	자기관리기술	자료출처4
44	여가생활	다른 사람과 함께 나눌 수 있는 취미 찾기	내가 다른 사람과 함께 할 수 있는 활동이나 취미, 방법 찾기	지원망구성기술	자료출처4
45	직업생활	직업 선택하고 계획 세우기	생산, 판매, 서비스업으로 직업 분류하기, 꿈을 이루기 위한 직업 계획 세우기	선택기술	자료출처4
46	직업생활	회사에서 지켜야 할 예의	회사에서 지켜야 할 예절을 상황별로 파악하기	협력기술	자료출처4

* 자료출처1: 방명애(2006c).
  자료출처2: 방명애, 김수현(2006).
  자료출처3: 방명애(2012).
  자료출처4: 방명애, 이숙향, 이영선 공역(2009).

요약

□ 전환교육 프로그램의 주요 구성요소를 설명할 수 있다.

전환교육은 장애학생으로 하여금 중등학교 졸업 후 직면하게 될 성인으로서의 삶을 준비할 수 있도록 개별학생의 특성과 선호성을 반영하여 직장생활, 중등 이후 교육(예: 직업교육, 평생교육, 고등교육), 자립생활, 지역사회 활동 등에 참여하는 데 필요한 기술, 지식 및 기능을 교육하는 것이다. 전환교육 프로그램의 다섯 가지 구성요소는 다음과 같다. 첫 번째 구성요소인 학생개발은 장애학생의 직업 전 기술과 직업기능을 평가하고, 평가에 기초하여 개별학생에게 필요한 생활기술과 고용기술을 교수하고 체계적으로 다양한 직업을 경험할 수 있도록 지원하며, 구조화된 진로와 직업교육을 제공하는 것을 포함한다. 두 번째 구성요소인 학생중심의 계획은 학생의 교육 필요성에 따라 효과적인 전략을 적용하여 개별화교육계획과 개별화 전환계획을 개발하고, 그 과정에 학생 본인을 최대한 참여시키는 것을 포함한다. 세 번째 구성요소인 프로그램 구조는 합리적인 교육철학에 기초하여 전략적인 계획을 가지고 프로그램 정책을 수립하고 프로그램을 평가하여, 인적 및 물적 자원을 개발하고 적절하게 할당하는 것을 포함한다. 네 번째 구성요소인 가족참여는 장애학생의 교육적 의사결정에 있어서 가족에게 권한을 부여하고, 가족이 전환교육 팀의 구성원으로서 적극적으로 참여하도록 가족이 필요로 하는 교육과 지원을 제공하는 것을 포함한다. 다섯 번째 구성요소인 기관 간 협력은 장애학생에게 교육과 서비스를 제공하는 기관들이 협력적인 서비스를 제공하기 위하여 기관 간 협력을 위한 계획과 조직 간 협력 체계를 구축하고, 기관 간 협력을 실시할 수 있는 인적 자원을 개발하는 것을 포함한다.

□ 개별화 전환계획을 설명할 수 있다.

미국 「장애인교육법(IDEA)」은 중등 장애학생의 개별화교육 프로그램에 장애학생의 성인생활로의 전환을 어떻게 지원할 것인지에 대한 내용을 포함하도록 규정하고 있다. 이러한 규정을 만드는 이유는 개별화교육 프로그램 팀이 장애학생의 성공적인 성인생활 적응과 관련된 교육과정이나 교과목에 관심을 집중하도록 하기 위한 것이다. 장애학생의 개별화교육계획에 있는 이와 관련된 부분을 개별화 전환계획이라고 한다.

개별화 전환계획은 장애학생이 성공적으로 성인생활에 적응하는 데 필요한 교육 프로그램이나 관련 서비스 형태를 세부적으로 기술하여야 하며, 성과중심의 교육과정으로 구성되어야 한다. 「IDEA」는 장애학생의 연령에 적합한 전환평가를 하고, 전환목표를 달성하기 위한 전환서비스를 제공하며, 각 전환서비스에 대해 구체적인 서비스 활동과 일차적인 책임자 및 각 전환서비스의 시작일과 종료일을 개별화 전환계획에 명시하도록 요구하고 있다. 또한 장애학생의 강점에 기초하여 개별화 전환계획을 작성하여야 하며, 장애학생을 위한 전환계획은 이르면 이를수록 좋다고 제안하고 있다. 장애학생을 위한 IEP/ITP 팀은 네 가지 영역(직업, 중등 이후 교육과 훈련, 주거, 여가생활)에서 추구하는 교육성과와 목적을 구체화하여야 하며, 이러한 교육성과와 목적을 성취할 수 있는 개별화된 교수 프로그램과 활동을 개발하여야 한다.

□ 전환교육의 교육성과 영역을 설명할 수 있다.

전환교육의 교육성과 영역은 중등 이후 교육영역, 직업 영역, 주거생활 영역, 여가활동 영역을 포함한다. 중등 이후 교육 영역에서는 자폐성 장애학생이 본인이 원하는 경우 지역사회의 전문대학이나 직업기술 프로그램 또는 대학교에 진학할 수 있도록 성공적인 전환목표를 성취하는 데 필요한 기능적 교육과정에 기초하여 사회성기술, 의사소통기술, 학습전략 등에 대해 교육을 제공해야 한다. 직업 영역에서는 자폐성 장애학생이 직업생활에 적극적으로 참여하는 구성원이 될 수 있도록 개별적인 특성과 선호도 등을 고려하여 경쟁고용, 지원고용, 보호 작업고용 등을 전환목표로 설정하고 적절한 전환교육을 제공하여야 한다. 주거생활 영역의 경우, 가족과 함께 살거나 시설 기관에 거주하는 선택 외에 자폐성 장애인이 선택할 수 있는 지역사회의 주거유형은 지원생활, 양육 가정, 공동생활 가정 등이 있다. 여가활동 영역에서는 자폐성 장애학생에게 각 학생의 흥미와 관심에 따라 다양한 게임, 음악 감상, 수영, 사진 찍기, 줄넘기 등을 학습할 기회를 제공하여야 한다. 자폐성 장애학생은 지역사회에서 여가활동을 즐기기 위해서 신체적인 능력이나 사회성 기술 등을 습득할 필요가 있다. 또한 지역사회의 여가시설을 활용하기 위해서 이동수단을 활용할 수 있는 능력이 필요하며, 여가활동을 함께 즐길 수 있는 친구가 있으면 여가활동의 만족도를 높이는 데 유익할 것이다.

□ 전환활동 중심의 기능적 교육과정을 설명할 수 있다.

　자폐성 장애학생을 위한 전환교육에 포함될 수 있는 기능적 교육과정의 내용을 아홉 가지 범주로 나누어 설명하면 다음과 같다. 첫째 범주인 자기관리는 화장실 사용하기, 목욕하기, 옷 입기, 건강관리하기, 기본적 안전 예방조치 실행하기 등을 포함한다. 둘째 범주인 개인 생활환경에서의 가사활동 완수는 음식 준비하기, 청소하기, 세탁하기, 수리하기, 관리하기, 시장 보기, 가사와 관련된 필수품 보관하기 및 적절한 사용하기 등을 포함한다. 셋째 범주는 개인적 작업과제의 효과적 관리이다. 효과적인 작업자는 자신의 시간과 재료를 조직하고, 과제를 완수하기까지 수행하여 기대되는 수행 기준을 유지하는 책임을 맡아야 하므로 자폐성 장애학생은 작업과제를 준비하기 위한 개별화된 절차, 과제완수 시간이나 질적 요구를 충족시키는 것에 대해 학습할 기회가 있어야 한다. 넷째 범주인 지역사회 활용을 위해 자폐성 장애학생은 도움 요청하기, 지시 따르기, 돈 사용하기 등의 생활기술과 의사소통기술을 학습해야 한다. 다섯째 범주는 지역사회 내에서의 이동이다. 자폐성 장애학생은 사전계획과 훈련이 없으면 지역사회 관련 지점(예: 거리 이름, 지역사회 경계표)과 이정표를 따라 이동하는 데 어려움을 나타내므로 여행과 이동 상황을 준비하는 개별화된 절차, 지역사회에서 이동하고 접근할 수 있는 기술과 전략을 습득할 기회가 필요하다. 여섯째 범주인 효과적인 의사소통을 위해 자폐성 장애학생은 의사소통의 목적을 성취할 수 있는 인지력을 향상시키고, 자신의 인지 능력에 가장 적합한 의사소통 체계를 사용하며, 다른 사람의 의도를 이해하는 것을 돕는 전략들(예: 표정과 몸짓 관찰하기, 이해하지 못할 때 다시 설명해 달라고 요청하기)을 습득할 기회가 있어야 한다. 일곱째 범주인 집단 상황에서의 협력적 참여를 위해 자폐성 장애학생은 집단의 사회적 기대를 이해하고 상대방이 말하는 것을 주의를 집중하여 듣고, 다양한 집단 활동에 참여하고 필요에 따라 도움을 요청하는 것 등을 학습하여야 한다. 여덟째 범주는 비구조화된 시간을 구조화시켜 관리하는 것이다. 자폐성 장애학생은 성인생활로의 성공적인 전환을 위하여 사용 가능한 시간과 활동에 필요한 시간을 인식하고, 비구조화된 시간에 할 수 있는 활동을 찾고, 필요에 따라 도움을 요청하는 것 등을 학습할 기회가 있어야 한다. 아홉째 범주인 자기결정 능력을 향상시키기 위하여 자폐성 장애학생은 자신의 특성과 욕구를 인식하고, 사회적으로 수용될 수 있는 방법으로 적절하게 표현하며 자신이 선택한 것을 주장할 수 있고, 진로탐색과 지역사회 작업장에서 다양한 직업을 시도해 볼 기회를 가져야 한다.

□ 전환교육 성과로서의 자기결정기술의 중요성을 설명할 수 있다.

자기결정기술은 자폐성 장애학생이 독립적인 성인으로서의 삶을 영위하기 위하여 반드시 성취해야 하는 교육성과이다. 미국의 경우, 모든 학생을 위한 질 높은 교육을 내세우는 교육개혁의 물결과 장애학생의 진로교육과 통합교육의 중요성이 부각되면서 교육목표로서의 자기결정기술의 중요성이 특수교육 분야에서 강조되고 있고 법적, 정책적, 재정적 지원이 활발하다. 자폐성 장애학생의 자기결정기술이 향상되면 학업수행, 고용, 평생교육 프로그램 참여, 독립성, 삶의 질 등의 교육성과가 향상되므로 자기결정 기술을 촉진하는 것은 사회로 전이를 준비하는 자폐성 장애학생 교육의 최상의 실제로 간주된다.

제 **11** 장

자폐성 장애학생을 위한 가족지원

학습 목표

▣ 자폐성 장애학생이 가족에게 미치는 영향을 설명할 수 있다.

▣ 가족의 스트레스와 적응과정을 설명할 수 있다.

▣ 가족기능의 생태학적 진단과정을 설명할 수 있다.

▣ 교사와 가족 간 협력과 의사소통 방법을 설명할 수 있다.

▣ 자폐성 장애학생 가족의 역량강화를 위한 지원을 설명할 수 있다.

▣ 자폐성 장애학생을 위한 가족매개 중재를 설명할 수 있다.

▣ 자폐성 장애학생 가족의 자조모임의 필요성을 설명할 수 있다.

핵심 용어

- 가족 기능family function
- 가족 삶의 질family quality of life
- 가족 역량강화family empowerment
- 가족매개 중재family-mediated intervention
- 가족지원 자조모임family support self-help meeting
- 부모 대 부모 프로그램parent-to-parent program

- 부모매개 학습parent mediated learning
- 부모훈련parent training
- 생애주기life cycle
- 생태지도eco-map
- 생태학적 접근ecological approach
- 양육기술parenting skills
- 이중 ABCX 모델double ABCX model
- 초학문적 접근transdisciplinary approach

철수는 특수학급에 배치된 8세 자폐성 장애학생으로, 구어로 의사소통을 하지 못하며 자해행동과 공격행동 등 문제행동을 심하게 나타낸다. 통합학급 교사는 철수의 문제행동으로 인한 스트레스를 호소하며, 철수는 비장애학생들과도 심한 갈등관계에 있다. 지역아동센터에서 학습지원을 받고 있으나, 교사가 자폐성 장애 특성에 대한 인식이 부족하여 적절한 중재를 제공하지 못한다. 철수는 장애인복지관 놀이프로그램에 정기적으로 참여하고 있으며, 엄마와 누나 영희와 안정되고 긍정적인 관계를 형성하고 있다. 영희는 철수에 대해 긍정적인 태도를 가지고 적극적으로 돌보고 있고 학교에서도 철수를 옹호하며 학업성적과 친구관계도 원만하고 스케이트 팀에 속해 활발하게 여가활동을 한다. 철수의 아버지는 중소기업에 다니는 회사원으로 가정경제는 비교적 안정적이며 친구와 스포츠 활동을 통해 삶의 활력을 얻는다. 철수 아버지는 자폐성 장애의 원인이 철수 엄마라고 생각하여 갈등관계에 있고, 딸과의 관계도 불안정하고 철수로 인해 스트레스를 많이 받는다. 철수 엄마는 부모지원 자조모임과 교회활동을 통해 사회적 지지와 정서적 지원을 받고 있으며, 자녀와 안정적이고 긍정적인 관계를 가지고 있다. 그러나 철수 엄마는 시댁 식구들과 갈등을 겪고 있어서 정서적으로 불안하며, 영희를 잘 돌보지 못한다는 죄책감과 철수의 미래에 대한 걱정으로 늘 우울해 한다.

특수교사는 팀 접근을 실시하기 위하여 철수 가족, 지역아동센터 교사, 장애인 복지관 교사와 논의하여 철수를 위한 개별 차원의 긍정적 행동지원 프로그램을 개발하여 적용하고, 철수가 가장 싫어하는 수학을 가르칠 때는 철수의 시각적 강점에 초점을 맞추어 도식을 이용하여 교수하여 철수의 학업성취와 수업참여 행동을 향상시켰으며, 철수는 그림교환 의사소통 중재를 통해 자신의 의사를 표현하는 것을 학습하게 되었다. 철수의 가족은 스트레스를 감소시키고 가족 기능을 향상시키기 위하여 주 1회 가족이 함께 가족상담을 받게 되었다. 가족상담사의 제안에 따라, 철수 아빠는 아내와의 관계를 향상시키기 위하여 매주 부부상담을 받고 부모지원 자조모임에 적극적으로 참여하며, 자녀와 함께 스포츠센터를 다니게 되었다. 철수엄마는 불안증상과 우울증상에 대해 약물치료를 받고, 가족상담사의 도움으로 상황에 대한 불합리하고 부정적인 견해를 합리적이고 긍정적인 견해로 전환하는 인지적 재구조화 훈련을 받아 남편과의 관계를 향상시키고 시댁과의 갈등을 해결하려고 노력하고 있다. 영희는 정기적으로 아빠와 스포츠센터를 다니고 둘만의 대화시간을 가지며 솔직한 의사소통을 하기 시작하였고, 부모의 역할을 떠맡는 일을 지양하고 철수의 미래에 대한 책임감으로 인한 과도한 심리적 부담감을 줄여 나가기 시작하였다.

장애를 가진 자녀를 양육하는 것은 부모에게 스트레스를 증가시킨다. 특히 자폐성 장애자녀를 양육하는 것은 사회적 의사소통기술의 부재, 문제행동, 감각적 과잉반응과 과소반응, 비전형적 관심 등으로 말미암아 초래되는 어려움 때문에 주 양육자는 비장애자녀 또는 다른 발달장애자녀를 양육하는 것보다 스트레스를 더 많이 받는다. 자폐성 장애자녀를 양육하는 데 있어서 부모의 자기효능감과 사회적 지원이 가족의 인내력과 탄력성에 영향을 미치므로 자폐성 장애학생의 가족에게 제공되는 포괄적이고 장기적인 중재 프로그램은 초학문적이어야 하며, 가정, 학교, 지역사회가 연계하여 예방적인 협력적 중재 접근을 실시하여야 한다. 이 장에서는 자폐성 장애학생의 가족을 이해하기 위하여 자폐성 장애학생이 가족에게 미치는 영향, 가족의 스트레스와 적응 과정, 가족기능의 생태학적 진단과정을 살펴보고, 가족 지원의 유형으로서 교사와 가족 간의 협력과 의사소통 방법, 자폐성 장애학생 가족의 역량강화를 위한 지원, 가족매개 중재, 가족 대 가족 자조모임을 다루고 있다.

1. 자폐성 장애학생 가족의 이해

1) 자폐성 장애학생이 가족에게 미치는 영향

가족의 삶의 질은 자녀의 웰빙에 필수적인 요소이다. 가족 관계, 특히 부모-자녀 관계는 자녀의 심리적, 사회적, 정신적, 정서적 및 경제적 웰빙에 중요하다(방명애, 2015). 가족의 기능과 가족 간 관계에 문제가 생기면 가족 구성원의 전반적인 웰빙에 문제가 발생한다. 자폐성 장애자녀의 행동문제 때문에 가족은 지역사회와 여가활동에 제약을 받는다. 예를 들어, 공격행동이 심한 자폐성 장애자녀와 함께 대중교통을 이용하거나 음식점에 가거나 영화관에 갈 경우에 가족은 자폐성 장애자녀가 주변 사람들에게 피해를 줄까 봐 지속적으로 긴장을 할 수밖에 없다. 따라서 자폐성 장애학생의 가족은 점차 지역사회 활동의 기회를 기피하게 되고, 주변 사람들도 생일 파티나 결혼식 등에 자폐성 장애학생이 오는 것을 꺼리게 되므로 자폐성 장애학생 가족의 사회적 관계도 위축될 수 있다.

자폐성 장애자녀를 양육하는 부모는 비장애자녀나 다른 장애자녀를 양육하는 부모들에 비해 스트레스를 많이 받으며 행동문제가 심할수록 부모의 스트레스 수준도 높고, 이혼으로 인해 가정이 해체될 가능성도 높아진다. 자폐성 장애자녀가 태어나면 가족 구성원들은 여러 가지 심리적, 사회적 어려움을 겪을 수 있으며, 대부분 이러한 어려움을 가장 많이 겪는 사람은 주 양육자인 자폐성 장애학생의 어머니이다. 주 양육자인 어머니는 장애자녀를 돌보는 시간이 많고, 심리적으로도 매우 밀착되어 있으며, 급식문제, 배설문제, 발작문제, 행동문제 등으로 인해 과민해질 가능성이 높아서 다른 가족 구성원들에게 신경질적으로 대하고 갈등을 유발할 수도 있다. 자폐성 장애자녀의 행동문제와 어머니의 웰빙 간 상관관계가 있어서 자폐성 장애자녀가 문제행동을 많이 나타낼수록 어머니의 웰빙지수는 낮아진다(Obeid & Daou, 2015). 장애자녀를 돌봐야 하는 부모의 책임은 매일 장애자녀의 식사, 세수, 목욕, 놀이, 수면, 질병 등을 관리하는 것을 포함하는데, 자녀의 장애를 받아들이지 못하는 부모는 매일 장애자녀를 돌보면서 심한 내적 · 심리적 갈등을 겪기도 한다. 이 외에도 부모는 만성피로와 수면장애 같은 육체적 및 정신적 고통을 겪기도 하고, 장애자녀의 장래에 대한 고민과 걱정으로 지속적으로 근심하는 반면에, 여가를 즐기며 스트레스를 해소할 시간과 기회는 부족하다. 자폐성 장애학생의 부모는 장애자녀를 낳았다는 죄의식과 사회로부터 받는 소외감과 미래에 대한 책임감 등으로 삶의 질에 부정적인 영향을 받을 수도 있다. 자폐성 장애학생 부모의 대처방법도 다양하다. 자폐성 장애자녀를 양육하는 부모는 자녀의 장애 특성, 자녀와의 상호작용 방법, 자녀를 옹호하는 방법 등에 대한 지식과 정보를 습득하여 대처하기도 하고, 지지적인 배우자와 양육부담을 나누고 지인들로부터 사회적 지원을 얻으면서 대처하기도 하며, 종교에 귀의하여 초자연적인 힘을 가진 영적 절대자에게 의존하여 대처하기도 한다.

자폐성 장애자녀의 어머니가 아버지보다 자녀로 인해 사회적 활동, 가족관계, 가족의 일상사 등 가정의 정상성(family normality)을 위협받는다고 더 심각하게 지각하는 경향이 있어서 장애자녀의 문제에 대처하는 것을 더 어려워한다(Ellis & Hirsch, 2000). 자폐성 장애자녀를 양육하는 어머니가 경험하는 스트레스와 심리적인 갈등은 다른 가족 구성원들보다 더 심각한 수준일 가능성이 높다. 이는 아버지는 주로 생계유지를 위한 외부활동에 참여하는 반면에 어머니는 자녀양육과 가사에 일차적인 책임을 지는 전통적인 성역할의 기대에서 비롯된 것으로 해석할 수 있다. 자폐성 장애자녀의 아버지도 경제적으로 일차적인 부담을 가지면서 좌절감, 죄책감, 분노, 상실감, 긴장감 등은 어머니와 유사하나 아버지는 어머니에 비해 자신의 감정표현을 덜 하는 경향이 있다.

자폐성 장애자녀를 학교, 복지관, 치료실 등에 데리고 다녀야 하는 부모는 비장애자녀의 양육에 쏟을 시간과 에너지가 부족하다. 자폐성 장애학생의 형제자매는 부모로부터 무시당하는 느낌을 가지기도 하고 분노를 나타내기도 하며, 자폐성 장애 형제자매가 없는 비장애 또래에 비해 정서행동문제를 많이 나타내기도 한다. 가족 간의 사회적 상호작용은 한 인간의 사회적 발달을 위해 필요한 경험의 기반을 제공하며 특히 형제자매 간의 상호작용은 인간의 삶에서 가장 장기적이고 지속적이고 영향력이 있는 상호작용이다. 장애학생은 형제자매 간의 사회적 상호작용을 통해서 다양한 대인관계를 경험하게 되고, 그 결과 부모가 제공해 줄 수 없는 정서적, 지적, 사회적 지원을 받는다. 비장애 형제자매는 장애아동과 가족 구성원으로서 함께 생활하면서 놀이 친구가 되기도 하고, 대변자나 보호자 역할을 하기도 하며, 학교나 지역사회의 다른 아이들과 연결해 주는 교량 역할을 하기도 한다.

그러나 자폐성 장애학생의 부모는 장애자녀를 양육하면서 겪는 정신적 고통과 육체적 고통을 비장애자녀들에게 전이시키기도 하며, 비장애 형제자매는 장애학생과 가족 구성원으로서 함께 살면서 부모 못지않게 장애 형제자매에 대한 보호와 양육의 요구에 부담감을 느낀다. 또한 부모가 장애자녀를 돌보느라 시간이 부족하여 충분한 사랑과 관심을 표현하지 못하는 경우에 비장애 형제자매는 자신에 대한 부모의 사랑과 관심이 부족하다고 느끼기도 하고, 장애 형제자매의 미래에 대한 심리적인 부담을 느끼기도 하고, 친구관계에 어려움을 겪을 수도 있다. 장애 형제자매가 눈에 띄는 문제행동을 나타내거나 걸음걸이가 이상하거나 구어표현이 불분명할 경우에 비장애 형제자매는 창피해 하는 반응을 보일 수도 있다. 뿐만 아니라, 부모는 보상 심리로 인하여 비장애자녀에게 과도한 성취를 하라고 압박하기도 한다. 반면에 장애 형제자매의 존재로 인하여 비장애 형제자매가 연령에 비해 성숙한 사고를 하기도 하고, 자아의식과 사회적 능력이 향상되기도 하며, 통찰력과 인내심을 기를 수도 있고, 타인의 입장에 공감하며 배려하는 사람으로 성장하기도 한다. 그러나 부모의 책임을 비장애자녀에게 떠맡기는 부모화(parentification)는 비장애자녀의 스트레스와 불안을 증가시키며, 자폐성 장애 형제자매와의 관계에 부정적인 영향을 미칠 수 있으므로 주의를 기울여야 한다(Tomeny et al., 2017).

요약하면, 자폐성 장애자녀를 양육하는 가족은 양육스트레스를 많이 받아서 부정적인 영향을 받게 되기도 하지만, 자폐성 장애자녀를 양육하는 모든 가족이 부정적인 양육태도를 가지거나 양육스트레스에 부적응하는 것이 아니다. 자폐성 장애자녀로 인해 가족의 결속력이 강화되고 가족 구성원이 서로 더 잘 이해하고 포용하게 되어 가족의 적응력이 향상될 수도 있다.

2) 가족의 스트레스와 적응과정

자폐성 장애자녀를 양육하는 가족이 스트레스를 효과적으로 관리하며 적응해 가는 과정에 가족이 활용할 수 있는 자원과 스트레스 사건에 대한 가족의 주관적 평가가 중요한 변인으로 작용한다. 박애선(2013)이 자폐성 장애학생 어머니 173명을 대상으로 양육스트레스와 심리적 웰빙의 관계에 대해 연구한 결과에 따르면, 자폐성 장애학생 어머니의 양육스트레스가 낮을수록 심리적 웰빙은 높게 나타났다. 또한 자폐성 장애학생 어머니의 양육스트레스가 심리적 웰빙에 영향을 미치는 과정에서 가족 기능성과 사회적 지지가 매개 역할을 하는 것으로 나타났다. 즉, 가족 기능성이 높을수록, 그리고 사회적 지지가 높을수록 자폐성 장애학생 어머니의 심리적 안녕감이 높아지고 잘 적응하게 된다. 가족 기능성이 높아지면 가족 간의 응집성과 적응성이 향상되어 가족의 삶의 질이 향상된다. 사회적 지지는 자폐성 장애자녀의 양육 스트레스로 인한 부정적인 영향을 감소시켜 주고, 가족의 사회적 지원망 확장은 장애학생 가족의 적응에 긍정적인 영향을 미친다. 따라서 가족 간 효과적인 의사소통과 협력을 통해 가족 기능성을 향상시키고, 친인척과 친구 등의 비공식적인 지지체계를 통해 장애자녀를 이해해 주고 실제로 자녀 양육을 지원할 필요가 있다. 또한 자녀의 장애에 대해 최신 정보를 지속적으로 제공하고 생애주기별 교육과 관련 서비스를 제공하는 전문가들의 지지체계를 강화함으로써 자폐성 장애학생 어머니의 부정적인 심리 상태를 최소화하고 심리적 안녕감과 긍정적인 양육행동을 향상시킬 필요가 있다.

가족 스트레스는 자폐성 장애학생의 사회적응에도 영향을 미친다. 이주희와 정현주(2009)의 연구결과에 따르면, 가족스트레스 정도가 높을수록 자폐성 장애학생의 사회적응 정도는 낮아지는데, 가족스트레스가 자폐성 장애학생의 사회적응에 영향을 미치는 과정에 가족탄력성과 사회적 지지가 매개역할을 하는 것으로 나타났다. 즉, 가족 간의 갈등과 스트레스가 자폐성 장애학생의 자기존중, 자기보호, 놀이 활동, 대인관계 등에 부정적인 영향을 미친다. 또한 가족이 위기를 극복할 수 있다고 느끼는 가족강인 성이 높을수록, 가족구성원 간의 가족응집성이 높을수록, 가족의 문제해결 대처전략 이 긍정적일수록 자폐성 장애학생의 사회적응에 미치는 가족스트레스의 부정적인 영향은 감소한다. 또한 자폐성 장애학생 가족이 정서적 지지, 정보적 지지, 물질적 지지, 자신의 행위를 인정해 주는 평가적 지지를 많이 받을수록 자폐성 장애학생의 사회적 응에 미치는 가족스트레스의 부정적인 영향은 감소한다. 따라서 가족탄력성을 향상시 키기 위하여 자폐성 장애학생 가족의 역량을 강화할 필요가 있으며, 협력적 접근을 통해 자폐성 장애학생 가족이 필요로 하는 사회적 지지를 제공할 필요가 있다.

　가족의 스트레스 요인은 자폐성 장애자녀의 출생과 더불어 나타나는 자폐성 장애의 특성, 문제행동, 사회성기술과 의사소통 능력의 결핍뿐만 아니라, 추가적으로 나타나 는 가족해체, 실직, 질병 등의 부정적인 생활사건 등을 포함한다. 자녀가 처음 자폐성 장애로 진단받으면 부모는 자기 자녀와 다른 아이들을 비교하고 자녀에 대한 꿈과 현 실 간의 괴리를 느끼게 되고, 특히 자폐성 장애의 특성이 갑자기 심해질 때나 학교에 입학하고 청소년기와 성인기에 진입하는 등의 가족의 생애주기 사건이 발생할 때 스 트레스를 많이 받게 된다. Manning, Wainwright와 Bennett(2011)는 자폐성 장애자녀 를 양육하는 195개 가족의 적응을 분석한 결과, 자폐성 장애자녀의 문제행동이 적게 나타날수록, 위기 상황에 대한 가족의 주관적 평가가 긍정적일수록, 그리고 주관적으 로 인식하는 사회적 지위가 높을수록 가족의 기능이 높았다. 또한 자폐성 장애자녀의 문제행동이 많이 나타날수록, 영적 지원이 미흡할수록, 어머니의 나이가 많을수록, 위 기상황에 대한 가족의 주관적 평가가 부정적일수록, 그리고 주관적으로 인식하는 사 회적 지위가 낮을수록 부모의 스트레스 수준이 높았다.

　가족의 적응과정에 중요한 영향을 미치는 가족자원은 가족의 건강, 심리적 역량, 경 제적 능력, 가족 간의 관계, 지인들의 정서적 지지와 사회적 지지, 지역사회의 효과적 인 지원 네트워크, 가족 결속력, 가족 탄력성 등을 포함한다. 사회적 지지는 사회적 상 호작용을 통해 자연적으로 도움을 주는 행동부터 정서적 지원, 정보적 지원, 신체적 지원을 제공하는 것까지 포함한다(방명애, 2016). Pozo 등(2013)이 자폐성 장애자녀를 양육하는 어머니 58명을 대상으로 자료를 수집하여 분석한 결과, 자녀의 자폐성 장애 특성이 경미할수록, 가족 결속력과 사회적 지지 수준이 높을수록 어머니는 가족의 삶의 질과 심리적 웰빙을 높게 인식하였다. 가족 결속력은 가족 구성원 간의 정서적 유대감을 의미하며, 가족체계 내에서 가족이 느끼는 독립성 수준과 관련되어 있다. 가족 결속력은 한쪽 끝은 과도한 분리(disengagement)가 있고 다른 한쪽 끝은 과도한 얽힘(enmeshment)으로 구성된 연속체이다. 가족의 결속력이 낮으면 가족은 생활사건을 함께 결정하지도 않고 서로의 삶에 관여하지 않는다. 이러한 경우에 자폐성 장애학생은 가족으로부터 소외되고, 독립성 발달, 의사소통기술, 사회성기술, 일상생활기술 등을 습득하는 데 필요한 지원을 얻지 못한다. 반면에 가족 구성원 각자의 적절한 독립성이 결여되어 가족의 삶이 과도하게 얽혀 있는 경우, 가족 구성원 각자가 받는 스트레스를 고스란히 서로 주고받게 되어 스트레스가 증가한다. 즉, 가족 결속력이 지나치게 높은 경우에 가족 모두가 헤어나기 힘든 곤경에 다 함께 매몰되어 가족의 기능이 약화될 수 있다. 따라서 적절한 가족 결속력을 유지하면서도 가족 구성원 각자의 개인으로서의 정체성을 유지하는 균형이 중요하다.

탄력적인 가족의 특성을 자폐성 장애학생의 가족에게 적용하면 다음과 같다(Obeid & Daou, 2015). 첫째, 자폐성 장애자녀와 다른 가족 구성원을 균형 있게 돌본다. 둘째, 자폐성 장애자녀로 인해 주어진 상황을 긍정적으로 인식하려고 노력한다. 셋째, 가족 구성원 간의 의사소통을 증진하여 서로를 이해하기 위해 노력한다. 넷째, 가족 구성원 모두가 가족 공동체에 헌신하며 각자의 역할을 담당한다. 다섯째, 자폐성 장애로 인해 초래되는 문제를 해결하는 데 있어서 가족이 주체자로서 능동적으로 대처한다. 자폐성 장애자녀를 돌보는 데 전문가의 도움이 필요하다는 것을 인정하고 협력관계를 유지한다. 여섯째, 가족 구성원 간에 융통성 있고 유연한 관계를 유지한다. 일곱째, 자폐성 장애자녀로 인해 사회로부터 고립되지 않기 위해 지역사회 활동에 적극적으로 참여하며 사회적으로 통합되기 위해 노력한다. Bayat(2007)의 연구결과에 따르면 자폐성 장애자녀를 양육하는 가족이 가족자원을 활용하는 능력과 가족 결속력 간에 상관관계가 있다. 응답자 가족 중 2/3 정도가 자녀의 자폐성 장애로 인해 가족 간의 관계가 더 가까워졌고, 함께 자녀를 돌보고 가사를 나누어 수행하는 과정에서 서로를 더 이해하게 되었을 뿐만 아니라, 가족이 역경을 해석하는 관점이 긍정적으로 바뀌어 가족 탄력성이 향상되었다고 보고하였다.

가족이 스트레스 사건을 경험하며 적응해 가는 과정에 스트레스 사건에 대한 가족의 주관적 평가도 영향을 미친다. 이는 스트레스 사건이 초래한 위기 상황을 가족이 어떻게 인식하며 평가하고, 위기 상황에 대해 어떠한 의미를 부여하느냐를 의미하며, 위기 상황에 대해 인지적으로 긍정적인 평가를 하면 긍정적인 정서를 유도하여 위기 상황을 긍정적으로 보게 된다는 것이다(김수정, 2012). 예를 들어, 자폐성 장애자녀를 신이 주신 은혜와 축복으로 여기고 긍정적으로 평가하여 긍정적인 인식을 가지고 있으면 자폐성 장애가 가족에게 미치는 부정적인 영향을 완화시킬 수 있다. 반면에 자폐성 장애를 재앙으로 인식하고 가족이 장애에 대해 서로를 비난하며 미래에 대해 희망이 없다고 평가함으로써 가지게 되는 부정적이고 비합리적인 시각은 인지적 및 정서적 여과지 역할을 하므로 중립적인 생활사건이 발생해도 부정적으로 인식하게 되므로 스트레스 사건에 대해 긍정적으로 적응하기 어렵다. 반면에 자폐성 장애자녀 가족이 주관적으로 지각하는 사회적 지원과 자기효능감을 향상시키면 가족의 탄력성과 인내력이 향상되므로 가족이 겪는 고통을 약화시킬 수 있다(Weiss et al., 2013).

스트레스 사건에 대한 가족의 적응과정에 중요한 역할을 하는 가족의 대처능력은 스트레스를 유발하는 사건에 대한 가족의 주관적인 평가에 기초하고, 가족자원을 사용하여 스트레스에 대처하는 역량이며, 가족기능의 균형을 회복하는 전략을 포함한다. 예를 들어, 가족이 자폐성 장애자녀가 태어난 것을 사랑하고 결속할 수 있는 기회라고 긍정적으로 인식하고, 조부모가 가까운 곳으로 이사와서 양육을 돕고, 자폐성 장애 부모 자조모임을 통해 사회적 및 정서적 지원을 받으며, 자폐성 장애의 특성과 중재 방법에 대해 부모교육을 받아서 자폐성 장애자녀의 양육스트레스에 적극적으로 대처할 수 있다. Stuart와 McGrew(2009)가 자폐성 장애자녀를 양육하는 어머니 78명의 자료를 분석한 결과, 자녀의 자폐성 장애 특성이 심할수록, 가족의 요구가 많을수록, 수동적인 회피 대처전략을 사용할수록, 사회적 지지를 덜 받을수록 가족이 자폐성 장애자녀를 양육하는 데 부담을 더 크게 느꼈다.

스트레스 사건에 대한 가족의 적응은 가족기능과 자녀양육에 있어서 새로운 수준으로 균형을 잡게 되는 것을 의미하는데, 양육의 질이 향상되고 부부관계가 더 가까워지는 등 가족이 긍정적으로 적응할 수도 있고, 가족 구성원이 우울장애에 걸리거나 이혼을 하는 등 부정적으로 적응할 수도 있다. 가족의 적응력은 상황적 스트레스 또는 자녀의 발달적 스트레스에 대해 긍정적으로 변화할 수 있는 가족의 능력을 의미하며 가족의 가치와 문화적 배경에 의해 영향을 받는다. 가족의 적응력도 가족 결속력과 마찬가지로 한쪽 끝은 스트레스에 대해 긍정적으로 변화하는 것이 불가능한 경우이고 다른 한쪽 끝은 과도하게 지속적으로 변화하여 가족체계 내에서 혼동이 발생하는 경우로 연속선상에서 나타날 수 있으며, 대부분의 가족은 연속선상의 중간쯤에 위치한다. 의학적 지원을 포함한 초학문적인 지원을 통하여 자폐성 장애학생의 행동문제를 감소시키고 학업적 수행 능력을 향상시키면 부모의 스트레스가 감소되고 정신건강이 향상되므로 가족의 적응력도 향상된다(Hsiao, 2016).

자폐성 장애자녀를 양육하는 어머니의 심리적응 유형에 따라 교사의 지원 방법도 달라져야 한다(구미향, 이양희, 2002). 제1유형인 적극적 노력형의 어머니는 자신이 노력하는 만큼 자녀의 발달 상태가 향상될 거라는 신념을 가지고, 자녀의 장애로 인한 문제를 최소화하고 문제해결 방안을 찾기 위해 적극적으로 노력한다. 교사는 이 유형에 속하는 어머니의 헌신적이고 긍정적인 태도와 열정을 인정하되 장애에 대해 비현실적인 신념을 가지지 않도록 객관적인 정보를 제공하고, 어머니가 단기간에 에너지를 지나치게 소모하지 않도록 다른 가족의 참여를 격려해야 한다. 제2유형인 현실 순응형의 어머니는 자녀가 장애를 가지고 있다는 현실을 숙명처럼 받아들이고 현실적인 희망을 가지고 균형을 유지하며 살기 원하기 때문에 자녀의 교육에 바치는 헌신의 정도가 일정하다. 교사는 이 유형에 속한 어머니의 한결같은 태도를 존중하되 장애자녀와 관련된 현실을 개선하기 위하여 도전할 수 있도록 격려해야 한다. 제3유형인 경계선적 적응형의 어머니들은 자녀의 장애를 인정하지 못하고 불확실한 미래에 대한 걱정과 내적 갈등이 많고 자신에 대해 분노와 불안과 우울 같은 부정적인 정서를 가지고 있을 가능성이 높다. 교사는 이 유형에 속한 어머니가 장애자녀를 인정하고 자신의 부정적 정서를 통제하며 적절한 대처전략을 찾을 수 있도록 격려해야 한다. 제4유형인 상대적 만족추구형의 어머니들은 장애자녀를 짐스러운 존재로 여기고 자녀의 장애로 인해 야기되는 문제에 대해서 자신에게 통제력이 없다고 생각하며, 자신과 비슷한 처지에 있는 다른 사람과 비교하여 상대적인 고통을 느끼거나 상대적인 만족감을 느끼기도 한다. 교사는 이 유형에 속한 어머니가 장애자녀의 긍정적인 측면에 초점을 맞추도록 돕고 교육활동에 적극적으로 참여할 수 있도록 격려해야 한다.

앞에서 설명한 가족의 스트레스와 적응과정을 McStay, Trembath와 Dissanayake (2014)은 [그림 11-1]과 같이 이중 ABCX 모델로 설명한다. 이 모델은 스트레스를 야기하는 위기 사건 발생 후 가족이 적응해 가는 과정에서 스트레스 사건에 대한 가족의

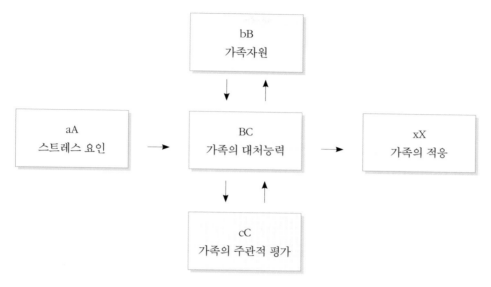

[그림 11-1] 가족 적응의 이중 ABCX 모델

출처: McStay, Trembath, & Dissanayake (2014), p. 3102.

주관적인 평가와 가족이 사용할 수 있는 가족자원에 따라 가족이 적응하기 위해 사용할 수 있는 대처능력이 다르다는 것을 전제한다(Pickard & Ingersoll, 2017). [그림 11-1]에서 A는 가족의 스트레스이며 a는 추가로 발생하는 스트레스와 요구이다. B는 가족이 스트레스를 유발하는 사건에 대처하기 위해서 사용할 수 있는 내적 및 외적 자원이고 b는 추가로 발생하는 자원이다. C는 스트레스 사건에 대한 가족의 주관적인 평가이며, c는 추가로 발생하는 가족의 주관적 평가이다. BC는 가족의 주관적 평가와 가족자원에 따른 가족의 대처능력이고, X는 가족의 적응이며 x는 추가로 발생하는 가족의 적응이다.

3) 가족기능의 생태학적 진단

(1) 표준화 검사를 이용한 진단

가족의 스트레스, 가족의 적응성, 가족의 응집성, 가족이 인지하는 사회적 지지 등 가족의 기능과 특성을 진단하기 위하여 다양한 표준화검사가 개발되어 사용되고 있다. Pai와 Kapur(1981)이 개발한『가족스트레스 척도(Family Stress Scale)』는 정서적 문제와 관련된 스트레스, 신체적 문제와 관련된 스트레스, 사회적 문제에 관련된 스트레스, 경제적 문제와 관련된 스트레스 등을 측정하는 도구로서 이주희와 정현주(2009)의 연구에서 사용되었다. Olson 등(2011)이 개발한 『가족적응성 및 응집성 척도(Family Adaptability and Cohesiveness Evaluation Scale IV: FACES-IV)』는 가족의 정서적 유대감, 가족의 지지, 가족 구성원 간의 경계, 가족의 공동시간, 친구관계, 가족의 레크리에이션 등을 측정하는 도구로서 이선애(2004)의 연구에서 사용되었다. Zimet 등(1988)이 개발한 『인지된 사회적 지지의 다차원적 척도(The Multidimensional Scale of Perceived Social Support: MSPSS)』는 친구 지지, 친인척 지지, 전문가 지지의 세 가지 요인으로 구성되어 있고, Likert 5점 척도로 측정하여 응답 점수가 높을수록 사회적 지지를 많이 받는 것으로 간주하는 도구로서 Osman 등(2014)과 박애선(2013) 연구에서 사용되었다.

(2) 생태지도를 이용한 진단

자폐성 장애자녀의 존재는 가족체계 전체에 영향을 미친다. 생태지도(eco-map)는 한 개인의 가족관계, 물질적 자원, 사회적 지원, 정서적 지원, 정보적 지원, 각 구성원의 상대적 장점 등에 관한 사회적 관계망을 나타내는 도식(Hartman, 1995)으로서 최근 장애 또는 질병이 있는 가족의 사회적 지원망을 파악하기 위하여 다양한 분야에서 활용되고 있다. 자폐성 장애학생 가족에게 지원을 제공할 수 있는 제공자 범주는 가족, 친인척, 친구와 부모 자조모임 등의 비공식적 관계망, 특수교사와 학교 등의 전문가와 서비스 제공 기관이 있다. Correa 등(2011)이 장애자녀를 양육하는 25명의 푸에르토리코 라틴계 편모 가정의 사회적 지원망을 생태지도를 통해 분석한 결과, 가족과 친인척의 지원이 62%로 가장 많았고, 교사, 의사, 사회복지사 등의 전문가 지원이 20%, 친구, 이웃, 직장 동료 등 비공식적인 관계망의 지원이 18%로 나타났다. 이렇게 현재 존재하고 있는 가족의 사회적 지원망을 파악하는 것은 어느 범주의 지원을 향상시켜야 하는지에 대한 정보를 제공하므로 효율적이고 효과적인 가족중재 프로그램을 개발하는 데 매우 유익하다. 사회적 관계망의 지원이 강도가 높고 다양한 것도 중요하지만, 더 중요한 것은 활용이 가능한 지원을 얼마나 효과적으로 사용하느냐이다.

생태지도를 이용하여 자폐성 장애학생의 가족을 진단하는 것은 여러 가지 장점이 있다(Dunst, 2007). 첫째, 생태지도를 주기적으로 작성하는 경우에 가족과 관련된 다양한 사회적 관계가 시간에 따라 어떻게 달라지는지 알 수 있다. 둘째, 전문가가 자폐성 장애학생의 가족과 함께 생태지도를 만드는 과정에서 의미가 있고 솔직한 의사소통을 할 수 있다. 셋째, 가족 구성원이 각자 자기성찰을 하는 기회가 될 수 있으며, 전문가와 함께 가족의 생태지도를 작성할 경우에 전통적인 설문지와 표준화 척도를 이용하여 가족진단을 할 경우보다 장애학생의 가족과 전문가 간의 라포 형성이 잘될 가능성이 높다. 넷째, 가족지원의 진단과정에 생태지도를 활용하면 자폐성 장애학생의 가족은 판단을 받고 있다는 위압감에서 벗어나게 되고, 전문가가 자신의 상황을 이해하고 싶어 한다고 느끼게 된다.

생태지도를 작성하는 방법은 세 단계로 나누어 설명할 수 있다(Baumgartner et al., 2012). 첫 번째 단계는 자폐성 장애학생 가족으로 하여금 가족을 의미하는 중심 원 안에 가족 구성원을 의미하는 작은 원들을 그리고, 중심 원 밖에 긍정적이건 부정적이건 상호작용이 오가며 사회적 관계를 맺고 있는 사람, 모임, 또는 기관 등을 작은 원으로 그리게 한다. 두 번째 단계에서 전문가는 장애학생의 가족이 각각의 관계망과 어떤 관계를 맺고 있는지에 대한 이야기를 하고 선으로 관계의 특성을 표시해야 한다. 즉, 다양한 형태의 선을 사용하여 긍정적이고 안정적인 관계, 불안정한 관계, 갈등 또는 스트레스 관계 등 관계의 유형을 나타낼 수 있다. 이 경우, 선을 여러 겹으로 표시하여 관계의 강도를 나타낼 수 있다. 세 번째 단계에서, 필요에 따라 가족의 사회적 관계망에서 주고받는 정서적 지원, 물질적 지원, 정보적 지원 등 다양한 지원의 유형을 표시할 수 있고, 화살표를 이용하여 자원, 에너지, 관심 또는 스트레스 관계의 방향을 표시할 수도 있다. 생태지도는 각 가족의 특성에 따라 개별화된 양식으로 창의적으로 작성할 수 있다.

이 장의 앞 사례에 제시한 철수 가족의 사회적 관계망을 표시한 생태지도를 [그림 11-2]에 제시하였다. 철수 가족의 생태지도에 근거하여, 효과적인 가족지원을 위해서 가족 구성원 각자의 관계망을 분석해 볼 필요가 있다. 예를 들어, 철수는 학교와 스트레스 관계를 가지고 있으므로 개별화교육 프로그램을 통해서 철수에게 학업적, 행동적 및 의사소통적 중재를 적용하는 것과 더불어 철수가 사회적 지지와 정서적 지원을 얻을 수 있도록 교사와 또래와의 관계를 향상시킬 수 있는 지원 프로그램이 필요하다. 철수 아버지의 경우, 가족 구성원들과의 관계가 약하거나 갈등관계에 있으므로 가족과의 관계를 회복하는 것이 우선시되며 가족이 서로 협력하여 스트레스를 해결할 수 있도록 부모훈련과 자조모임 등을 통해 지원해야 한다. 철수 어머니는 친인척과의 효

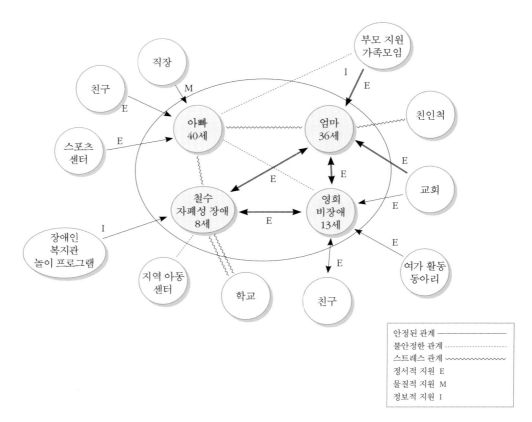

[그림 11-2] 철수 가족의 생태지도

과적인 의사소통 방법을 모색하고, 교회모임, 가족지원 자조모임, 건강가정지원센터 등을 통해 지속적으로 정서적 및 사회적 지원을 받을 수 있도록 해야 한다. 영희는 교회, 친구, 여가활동 동아리 등의 사회적 지원망을 통해 잘 적응하고 있으나, 청소년기라는 발달 시기를 고려하여 사회적 지지와 정서적 지원을 체계적으로 받을 수 있도록 장애 형제자매 모임에 참여하거나 예방적 차원에서 정기적인 상담을 제공하는 것이 바람직하다. 이러한 가족지원은 포괄적이고 장기적인 초학문적인 협력적 접근을 하여야 한다(방명애, 2017).

2. 가족지원의 유형

1) 교사와 가족 간의 협력과 의사소통

자폐성 장애학생을 위한 효과적인 교육과 서비스를 제공하기 위해서 교사와 가족 간의 협력과 의사소통은 매우 중요하다. 자폐성 장애학생의 가족과 효과적인 의사소통을 하기 위한 교사 지침은 다음과 같다(Heward et al., 2016; Howard et al., 2014; Turnbull et al., 2014). 첫째, 교사는 자폐성 장애학생의 가족을 상담이 필요한 내담자로 취급해서는 안 되며, 협력자로서의 가족에게 권한을 부여하여 평등하게 대하며 가족의 의견을 적극적으로 경청해야 한다. 예를 들어, 부모가 교사가 제안하는 자녀의 교수목표에 동의하지 않을 경우에 가족의 더 기본적인 요구가 무엇인지에 대해 적극적으로 경청하며 파악할 필요가 있다. 둘째, 교사는 자녀의 장애 특성이나 상태에 대해 부모를 비난하는 태도로 대해서는 안 되며, 부모가 개방적이고 자유롭게 자신의 의견을 말할 수 있도록 대화 분위기를 조성하고 신뢰관계가 형성될 수 있도록 최선을 다하여야 한다. 셋째, 가족의 사생활을 침해하는 질문을 통해 부모를 당혹하게 해서는 안 되며, 개별 가족의 문화적 특성을 존중하며 자폐성 장애자녀의 장점을 중심으로 접근하면서 가족을 격려하고 가족참여를 독려하여야 한다. 넷째, 교사는 가족을 적이나 지적 능력이 결여된 비전문가로 취급하거나, 자폐성 장애 가족을 '염려형'이나 '공격형'이라는 부정적인 명칭을 부여하여 낙인을 찍으면 안 된다. 다섯째, 교사는 장애학생의 가족과 대화를 할 때 가족의 감정에 민감하게 반응하여 가족을 난처하게 만들어서는 안 되고, 자폐성 장애학생뿐만 아니라 가족 전체 구성원을 고려하여야 하며, 대화의 주제에서 벗어나지 않도록 주의하여야 한다. 여섯째, 특수교사는 특수교육 전문가이므로 장애학생의 교육과 관련 서비스에 초점을 맞추어 가족과 의사소통을 해야 하며, 특수교사가 부부 상담사나 치료사나 재정 전문가의 역할을 모두 떠맡아서는 안 된다. 장애학생 가족이 특수교육 관련 서비스 이외의 서비스와 지원이 필요할 경우에는 그러한 서비스와 지원을 제공할 수 있는 전문가 또는 전문기관에 의뢰하여야 한다. 일곱째, 교사는 장애학생 가족이 맹목적인 낙관주의나 비관주의에 빠지지 않도록 돕고, 자폐성 장애자녀의 특성을 분석하여 현실적인 미래 목표를 계획하고 준비하도록 도와야 한다. 마지막으로 특수교사가 장애학생의 가족이 궁금해 하는 모든 것에 대한 해답을 알고 있는 것은 아니므로 가족과 대화를 하는 도중에 답변할 수 없는 질문을 받을 경우에 솔직하게 모른다고 대답하고, 적절한 답변을 해 줄 수 있는 전문가나 전문기관을 소개해 주는 것이 중요하다.

자폐성 장애학생의 가정과 학교가 의사소통할 수 있는 방법은 다양하다(Heward et al., 2016). 첫째, 개별화교육 프로그램을 위한 회의나 부모 상담 등을 통해 직접 대면하여 의사소통을 할 수 있다. 교사와 장애학생의 가족이 직접 만나서 정보를 교환하고 의견을 조율하는 것이 매우 효과적임에도 불구하고 부모 상담을 앞두고 교사는 긴장하고 부모는 걱정이 앞설 수도 있으므로 교사는 부모와 신뢰관계를 형성하여 효과적인 상담이 될 수 있도록 부모 상담을 위해 치밀하게 준비하고 체계적으로 접근하여야 한다. 둘째, 이메일, 문자 메시지, 가정통신문, 알림장, 웹사이트 등을 통해 글자를 이용하여 장애학생 가정과 교사가 지속적으로 효과적인 의사소통을 할 수 있다. 서면으로 의사소통을 할 경우, 교사는 장애학생 가족의 사회문화적 및 언어적 특성과 부모의 교육수준 등을 고려하여 전문적인 용어가 아닌 일상용어를 이용하여 가독성을 높여야 한다. 셋째, 전화나 음성 메시지를 통해 의사소통을 할 수도 있다. 효과적인 의사소통을 위해 특수교사는 자폐성 장애학생의 각 가족이 선호하는 의사소통 방법을 파악할 필요가 있다.

2) 가족 역량강화를 위한 가족지원

「장애인 등에 대한 특수교육법」(2008)은 제1장 제2조(정의) 제2항에 가족지원을 특수교육 관련 서비스에 포함시키고 있으며, 제28조(특수교육 관련 서비스) 제1항과 동법 시행령 제23조(가족지원) 제1항에 가족지원 제공 방법을 명시함으로써 특수교육대상자의 가족을 지원하기 위해 서비스를 제공해야 한다는 것을 법제화하였다. 가족지원의 궁극적인 목표는 자폐성 장애학생과 가족의 삶의 질을 향상시키는 것이다. 가족의 삶의 질을 향상시키기 위해 필수적인 가족의 역량강화(family empowerment)는 가족에게 자폐성 장애에 대한 지식과 지역사회 자원에 대한 정보 등을 제공하여 전문적 역량을 향상시키고, 심리적 지원을 통해 가족의 강점을 강화하여 가족의 효능감과 자신감을 증진시키는 것이다(Volkmar et al., 2014). 즉, 가족지원은 전문가가 가족이 원하는 욕구와 필요를 무조건 제공하는 것이 아니라, 이미 가족이 가지고 있는 강점과 대처능력에 기초하여 긍정적인 가족 기능을 촉진하여 가족이 독립적으로 문제를 해결하는 능력을 습득하도록 역량을 강화하는 것이다.

자폐성 장애자녀의 생애주기에 따라 가족의 지원요구도 달라진다(Heward et al., 2016). 초기 아동기의 자폐성 장애자녀를 양육하는 가족은 장애의 진단평가에 대한 지원과 가족에 대한 정서적 지원을 필요로 하며, 중기 아동기의 자폐성 장애자녀를 양육하는 가족은 효과적인 치료와 교육적 중재 및 교육기관에 관심이 많다. 청소년기 자폐성 장애자녀를 양육하는 가족은 2차 성징, 또래관계, 진로교육 등에 대한 요구가 많으며, 자폐성 장애성인을 돌보는 가족은 직업훈련 프로그램, 지원고용, 주거생활, 지역사회 시설 확대, 성년 후견인 제도 등에 대한 요구가 많다.

Kochhar-Bryant(2007)은 장애자녀를 양육하는 가족이 장애에 대해 경험하고 배우면서 장애를 수용하기까지의 과정을 5단계로 구성한 회복모델(resilience model)을 제시하였다. 장애를 인지(identification of disability)하는 1단계는 자녀가 장애를 가지고 있다는 것을 인지한 가족이 장애를 부정하는 기간을 지나 실망하며 슬퍼하고 미래의 불확실성 때문에 불안해하는 단계이다. 장애에 대해 독학(self-education)을 하는 2단계는 장애의 특성과 예후에 대해 정보를 습득하고, 장애자녀의 강점과 약점을 파악하며 필요한 서비스를 제공할 수 있는 전문가를 찾는 단계이다. 가족에 대해 성찰(reflection about family)하는 3단계는 가족구성원들이 자신의 실망과 분노를 인지하고 친구와 친인척 등 비공식적인 지원망과 전문적 지원을 받게 되며, 가족의 장점과 대처기술에 기초하여 장애자녀를 지원하기 위해 가족자원을 재분배하는 단계이다. 가족의 역량강화와 장애자녀의 권리를 옹호(advocacy and empowerment)하는 4단계는 장애자녀의 법적 권리에 대한 정보를 수집하고, 장애자녀를 위한 지원을 제공할 수 있는 지역사회의 서비스를 파악하고 학교의 교육에도 적극적으로 참여하며, 장애학생 부모협회에도 가입하여 활동하면서 점차 회복되어 가는 단계이다. 자녀의 장애에 대해 감사하고 의미를 깨닫게 되는(appreciation and enlightenment) 5단계는 장애자녀를 양육하는 가족이 장애로 인하여 가족 결속력을 향상시키고 가족의 새로운 강점을 발견하게 된 것에 감사하면서 위기 상황의 긍정적인 측면을 인식하게 되고, 장애자녀의 강점을 인식하고 장애자녀가 필요로 하는 지원과 가족이 필요로 하는 지원을 분리하여 생각할 수 있게 되는 단계이다. 그러나 장애자녀를 양육하는 모든 가족이 이 다섯 단계를 순차적으로 다 경험하는 것도 아니고, 모든 가족이 5단계에 도달하지도 않는다. 장애 자녀를 양육하는 가족은 장애로 인해 초래된 위기 상황에 지속적으로 적응하는 과정에 있으므로 가족지원을 제공하는 전문가는 각 가족의 특성을 고려하여 가족탄력성이 회복될 수 있도록 세심하게 배려하여야 한다.

가족공동체는 각 가족 구성원의 신체적, 심리적, 정서적 및 사회문화적 등의 모든 부문에 영향을 미치므로 탄력적이고 기능적인 가족의 역동성은 개인이 행복한 삶을 누리는 것과 밀접한 관계가 있다. 가족이 활용할 수 있는 다양한 자원에 기초하여 자폐성 장애자녀의 양육과 관련하여 향상시켜야 하는 가족의 기능은 다음과 같다 (Turnbull et al., 2014). 첫째, 사랑의 기능이다. 가족체계(family system) 관점에서 보면 가족 구성원 간의 사랑과 애착은 가족 관계에서 가장 우선시되는 것으로, 자녀와 부모 사이의 상호 교류적 관계를 촉진시켜 궁극적으로 가족 간의 정서적인 유대 관계를 강하게 만들어 주는 역할을 하게 된다. 자폐성 장애학생의 가족도 서로 수용하고 인정하며 사랑을 주고받을 필요가 있다. 둘째, 영적 기능이다. 가족의 영적 기능은 자폐성 장애자녀가 가지고 있는 장애의 의미를 해석하는 것에 영향을 미치며, 종교적인 공동체에서 사회적 지지를 받으며 정서적 교류를 함으로써 가족의 영적 기능이 강화될 수 있다. 셋째, 경제적 기능이다. 자폐성 장애학생 가족에 대한 경제적인 비용은 의학적 중재, 언어치료, 행동중재, 보완대체 의사소통체계 등으로 인해 발생할 수 있으며, 이러한 경제적인 비용 부담은 가족의 삶의 질에 부정적인 영향을 미칠 수 있다. 넷째, 일상적인 보호기능이다. 이는 가족 구성원들의 신체적·정신적 욕구를 충족시킬 수 있도록 지원하는 것이며, 가정에서 매일 제공되는 요리, 청소, 세탁, 건강, 이동수단 등에 관련된 것들을 의미한다. 다섯째, 사회적 기능이다. 사회성은 개인을 위한 전반적인 삶의 질에서 핵심 요소이다. 사람은 연령에 상관없이 우정의 기쁨과 실망 모두를 경험할 기회가 필요한데, 자폐성 장애학생의 가족은 자녀의 자폐성 장애 특성으로 인해 사회적 기능을 적절하게 수행하는 데 많은 어려움을 경험한다. 여섯째, 여가기능이다. 오락, 놀이 그리고 여가를 즐기는 것은 자폐성 장애학생과 가족이 삶의 질을 높이기 위해 중요한데, 자폐성 장애학생 가족은 스포츠, 게임, 취미 등 실내외 활동에 참여하는 데 어려움을 겪는다. 일곱째, 교육기능이다. 교육은 취업, 경제 그리고 삶의 질에서 핵심 요소이다. 자폐성 장애학생은 가정에서 의도적인 교육활동이건 비의도적인 교육활동이건 교수적 상황에 지속적으로 노출되므로 교육기능을 수행하는 자폐성 장애학생의 가족은 교육기능의 역량을 강화할 필요가 있다.

가족의 위험요인은 가정불화, 미흡한 양육기술, 불안정한 애착관계, 일관성 없는 훈육, 관리감독 부재, 부모와의 부정적 관계, 부모의 정신병리 등이며, 자녀의 전반적인 발달을 저해할 뿐만 아니라, 자녀의 정서행동문제, 약물중독, 반사회적 행동, 범죄 등의 요인이 되기도 한다. Jones 등(2014)이 자폐성 장애자녀를 양육하는 어머니 71명과 아버지 39명으로부터 자료를 수집하여 분석한 결과에 따르면, 자녀가 가지고 있는 자폐성 장애를 긍정적으로 수용하는 경우에 부모의 정신적 웰빙 지수가 높고 자폐성 장애자녀의 문제행동으로 인한 부모의 우울증상, 불안증상, 스트레스 등이 감소하였다. 즉, 자폐성 장애자녀의 문제행동이 부모의 정신건강 문제를 일으키는 데 있어서 부모의 장애수용 여부가 매개변인으로 작용한다는 것이다. Weiss 등(2012)도 자폐성 장애자녀의 행동문제가 부모의 정신건강 문제에 영향을 주는 데 있어서 부모의 장애수용과 부모의 역량강화가 매개변인으로 작용한다고 보고하였다. 즉, 부모가 자녀의 장애를 수용하고 역량이 강화되어 있는 경우에 자폐성 장애자녀의 문제행동이 부모의 정신건강에 부정적인 영향을 덜 준다는 것이다. 자폐성 장애자녀를 양육하는 어머니 138명으로부터 수집된 자료를 분석한 Weiss 등(2013)의 연구결과에 따르면, 어머니가 사회적 지지를 많이 받고 있다고 인식하고 자기효능감이 높은 경우에 가족의 인내력이 향상되고, 스트레스에 대해 덜 고통스럽게 느낀다.

최근 국내외에서 자폐성 장애학생 가족의 기능을 강화하기 위해 자폐성 장애에 대한 지식과 정보를 제공하고, 자폐성 장애자녀와의 상호작용 방법 및 자폐성 장애자녀를 옹호하는 방법 등을 포함한 가족중재 프로그램이 개발되고 있다. 이금섭과 송미화(2007)는 자폐성 장애 유아 어머니를 대상으로 가족기능 강화 프로그램을 개발하고 적용함으로써 정서적 지지가 향상되었고, 개인적 역량이 강화되었으며, 가족 간의 화목도 향상되었다고 보고하였다.

호주 퀸즈랜드 대학이 개발하여 20여 개 국가에 보급하여 프로그램 효과를 평가하고 있는 가족중재 프로그램인 '3개의 P-긍정적 양육 프로그램(the Triple P-Positive Parenting Program)'은 다학문적 중재로서 지역사회도 참여하며, 부모의 긍정적인 양육기술을 촉진하고 아동학대와 방임의 위험과 문제행동의 위험요인을 감소시키는 예방적 접근을 강조한다(Sanders, 1999). 긍정적 양육프로그램의 목표는 안전하고 긍정적인 학습 환경을 조성하고, 자녀에 대해 명료하고 합리적인 규칙을 정하여 규칙을 준수하면 강화를 제공하고 규칙을 위반하면 효과적인 징계전략을 사용하며, 부모가 자기를 스스로 돌아보도록 하고 부모의 양육기술 중 특히 자기조절기술을 강조한다. 긍정적 양육프로그램을 통해 부모-자녀 간의 긍정적 상호작용의 기회를 제공하고, 모델링을 통해 부모의 양육기술을 향상시키고, 가족 간의 강한 유대감을 형성하는 방법도 교수하며, 개인상담, 집단상담, 전화상담, 온라인 자기주도 프로그램 등 다양한 교수방법을 사용하고, 프로그램은 5단계로 구성되어 있다. 1단계에서는 모든 부모를 대상으로 아동발달이나 자녀양육에 대한 일반적인 정보를 라디오, 텔레비전 등 대중매체를 통해 제공한다. 2단계에서는 전문가를 통해 긍정적 자녀양육과 회복력이 있는 자녀로 키우기 등에 대한 90분 단기 세미나를 3회기 제공한다. 3단계에서는 경도-중등도의 문제행동을 나타내는 자녀를 양육하는 부모를 대상으로 양육기술과 심리교육적 중재에 대해 4회기 상담을 제공한다. 4단계에서는 중등도-중도의 문제행동을 나타내는 자녀를 양육하는 부모를 대상으로 8~10주 동안 행동중재 전략을 습득하고 적용할 수 있도록 모델링, 연습, 자기평가 과정을 통해 훈련한다. 4단계의 부모훈련이 효과가 없는 경우 5단계에서는 체계적인 가족중재를 실시한다. Chung, Leung과 Sanders(2015)가 홍콩의 학령 전 아동들의 부모를 대상으로 Triple P의 4단계인 집단중재와 부모토론 집단중재의 효과를 비교분석하였는데, 두 중재 모두 자녀의 문제행동을 감소시키는 데 효과적이라고 보고하였다.

3) 가족매개 중재

최근 자폐성 장애학생의 가족을 중재자로 활용하여 자폐성 장애학생의 의사소통 능력을 향상시키고 문제행동을 감소시키며, 학습을 향상시키고 상호작용을 증가시키는 것을 목표로 하는 연구들이 활발하게 진행되고 있다.

(1) 맥락중심의 실제에 기초한 부모매개 학습

맥락중심의 실제(contextually mediated practices)는 다음의 네 가지 구성요소를 포함하는 중재 접근이다(Dunst & Raab, 2004; Dunst, 2007). 첫째, 학생의 흥미와 아동의 삶을 구성하는 일상적인 가족활동과 지역사회 활동을 맥락화(contextualized)할 수 있는지 판별한다. 예를 들어, 장애학생이 다리 근육을 단련하기 위하여 계단을 반복해서 오르내리는 것은 탈맥락화된 학습 기회이지만, 누나와 가위바위보를 하며 게임으로 계단을 오르내리는 것은 맥락화된 학습 기회이다. 일상적인 지역사회 학습의 기회의 범주는 다양하다. 맥락화된 학습 기회는 장보기, 빨래 돕기, 청소 돕기, 재활용품 분류하기, 심부름하기 등의 가족활동뿐만 아니라 서점이나 도서관 가기, 영화 보기, 박물관 가기 등의 문화활동에도 포함시킬 수 있다. 취미활동 모임이나 교회 모임에 참석하기, 걷기, 자전거 타기, 썰매 타기 등 외에도 가족과 외식하고, 마트에서 쇼핑하는 것도 일상적인 지역사회 활동을 하면서 장애학생에게 학습의 기회를 제공할 수 있다.

둘째, 자폐성 장애학생의 흥미에 기반을 두고 최상의 학습 기회를 제공해 줄 활동을 선택한다. 자폐성 장애학생의 학습은 학습자의 흥미에 기초를 두고, 학습자의 참여를 촉진하며, 학습자의 동기를 유발할 때 최대화될 수 있다. 장애학생이 개인적으로 흥미를 가지고 있거나 학생이 관심을 보이는 사람, 사물, 사건들은 학생의 관심을 유지시키기에 적합하며, 장애학생이 상호작용을 하도록 돕고, 사회적 활동에 참여하도록 촉진할 가능성이 높다. 맥락적 접근의 목표는 장애학생이 일상에서 일어나는 활동에 참여할 기회를 증가시키는 것에 중점을 둔다. 예를 들어, 장애학생이 물을 좋아한다면, 화분에 물 주기, 어항의 물 갈기, 목욕하면서 물놀이하기, 종이배를 물에 띄우기 등의 활동을 통해 장애학생에게 학습 기회를 제공할 수 있다.

셋째, 교사는 부모로 하여금 장애자녀의 흥미와 능력을 발견하고 인정해 주고, 흥미와 능력에 관한 정보를 이용하여 자녀의 흥미에 맞는 일상적인 학습활동에 참여하게 하며, 일상적인 활동의 맥락에서 자녀의 학습을 촉진하고 능력을 발휘할 수 있도록 격려하고 지지하기 위하여 다양한 방법과 전략을 사용하여 부모매개 학습(parent-mediated learning)을 실행해야 한다.

넷째, 부모를 통한 장애자녀의 일상적인 학습 기회의 효과를 장애자녀와 부모 측면으로 나누어 평가한다. 맥락중심의 실제에 기초한 부모교육의 성공 여부는 장애학생이 사회문화적으로 의미가 있는 일상적인 활동에 참여할 기회가 증가된 정도와 부모매개 학습의 결과로 장애학생과 부모의 유능성과 자신감이 향상된 정도로 평가할 수 있다. 장애학생의 상호작용적 유능성은 장애학생이 일상적인 활동에서 사람 및 사물과의 상호작용을 더 많이 개시하고, 친사회적이고 주도적으로 통제하려고 시도할 때 향상된다. 부모의 유능성은 장애자녀의 흥미를 발견하고, 흥미에 기초하여 학습 맥락으로서의 일상적인 활동을 선택하며, 일상적인 활동에 장애자녀의 참여를 증가시키고 지원하는 부모의 능력을 의미한다.

(2) 자폐성 장애 특성 관련 가족매개 중재

자폐성 장애자녀가 의사소통 능력과 사회적 상호작용을 위한 능력이 부족하고, 문제행동을 나타낼 경우에 부모를 포함한 가족 구성원들은 스트레스를 받게 된다. 따라서 이러한 문제를 해결하기 위하여 자폐성 장애자녀를 양육하는 가족이 훈련을 받고 중재자가 되어 가족매개 중재를 실시하면 가족의 역량이 강화되고, 가족의 효능감이 증가한다. 또한 가정이나 지역사회의 자연적인 상황에서 수시로 장기간 중재를 적용할 수 있으므로 일반화 효과가 향상되고 시간적으로나 경제적으로 효율적일 뿐만 아니라, 가족의 효능감과 자폐성 장애자녀의 양육에 대한 자신감도 향상될 수 있다(Robertson, 2016). 자폐성 장애자녀를 양육하는 가족이 자녀의 교육과 치료 접근에 중요한 역할을 할 수 있는 공동 치료자이며 중재자라는 인식이 확산됨에 따라 가족매개 중재가 활발하게 실시되고 있다. 자폐성 장애학생 가족 관련 국내연구 동향을 파악하기 위하여 이소현과 김지영(2013)이 1994~2012년에 출판된 국내 가족 실험연구 22편을 분석한 결과, 6편은 가족이 중재대상자였고, 16편은 가족이 중재자로 참여하였다. 또한 자폐성 장애성인을 대상으로 하는 연구가 한 편도 없었고, 자폐성 장애자녀의 아버지만 중재자로 참여한 연구가 한 편도 없었다는 연구결과에 근거하면, 생애주기의 전 연령에 대한 후속연구와 아버지가 중재자로 참여하는 후속연구가 필요함을 알 수 있다. 자폐성 장애자녀의 삶의 질을 향상시키기 위하여 특수교육 분야뿐만 아니라, 의학, 사회복지, 일반교육, 아동학, 가족학 등의 분야에서도 가족매개 중재연구가 활발히 진행되고 있는 것으로 미루어 자폐성 장애학생 가족지원을 위해서는 초학문적인 협력적 중재가 필수라는 것을 시사하고 있다.

가족이 중재자로 참여하는 연구는 주로 자폐성 장애의 주요 특성인 의사소통, 사회적 상호작용 및 문제행동을 중재목표로 한다. 자폐성 장애자녀를 양육하는 가족이 행동지원 전략을 습득하여 중재자로 참여하는 연구 대부분이 가족매개 중재가 자폐성 장애학생의 문제행동을 감소시키고 대체행동을 증가시키는 데 효과적이었다고 보고하고 있다. Robertson(2016)이 자폐성 장애 흑인학생의 부모로 하여금 자녀에게 차별강화와 시각적 지원을 적용하여 행동중재를 하도록 훈련한 결과 문제행동은 감소하였고, 대체행동은 증가하였다. 김경민과 이숙향(2012)이 멀티미디어 상황이야기 중재를 대상자 간 중다기초선 설계를 적용하여 가정과 학교의 협력 상황에서 실시한 결과, 연구 대상 3명 중 2명의 문제행동이 감소하였고 수업참여행동이 증가하였다. Ingersoll 등 (2016)은 가족매개 중재의 두 가지 유형을 비교하였다. 첫 번째 유형은 자폐성 장애자녀를 위해 원격 부모매개 중재를 받은 부모가 주체가 되어 중재를 실시하는 '자기주도 중재모델'이고 두 번째 유형은 원격 부모교육을 받은 후 주기적으로 전문가의 지원을 받는 '전문가 지원 중재모델'이다. 두 집단 모두 부모의 자기효능감과 자녀에 대한 긍정적 인식과 중재충실도가 향상되었고, 자폐성 장애자녀의 언어능력이 향상되었다. 반면에 자폐성 장애자녀의 사회성 기술은 전문가 지원 중재 모델 집단에서만 향상되었다. 이러한 결과는 가족매개 중재를 실시할 경우에 부모교육을 실시한 후에 전문가의 지속적인 모니터링과 지원이 필요함을 시사한다. 한선경, 김영태와 박은혜(2012)가 무발화 중도 자폐성 장애학생의 의사소통을 향상시키기 위하여 태블릿 PC를 이용하여 가족이 참여하는 보완대체의사소통 중재를 실시한 결과, 무발화 중도 자폐성 장애학생의 의사소통 시도와 의사소통 복구 빈도와 보완대체의사소통 체계 사용과 발성 모두 증가하였다.

4) 가족 자조모임

자폐성 장애학생의 가족은 사회적 지지와 정서적 지원을 필요로 한다. 자폐성 장애학생의 가족은 다른 사람으로부터 이해받고 격려받고 싶어 하며, 자폐성 장애자녀를 양육한 경험이 있는 가족들로부터 자폐성 장애로 인한 시련을 극복한 경험을 듣고 미래에 대한 희망을 가지고 싶어 한다. 또한 자폐성 장애학생의 가족이 직면하고 있는 문제를 해결하는 데 실제적인 도움을 줄 수 있는 지역사회 자원에 대한 정보도 얻기를 원한다.

(1) 자폐성 장애학생 부모 대 부모의 일대일 지원

장애학생 가족의 정서적 지원을 제공하는 데 있어서 부모 대 부모 프로그램과 부모 지원 모임이 도움이 된다. 이 프로그램들은 정서적 지원을 제공할 뿐만 아니라 정보를 제공하는 역할도 한다. 장애학생 가족에게 정서적 자원을 제공하는 가장 좋은 방법은 유사한 경험을 가지고 있는 다른 가족들을 연결시켜 주는 것이며, 일대일 정서적 지원 방법 중 가장 널리 알려져 있고 가장 가치가 있는 방법은 부모 대 부모 지원이다. 부모 대 부모 프로그램은 장애자녀를 양육한 경험이 있고 부모교육을 받은 베테랑 부모와 장애자녀를 양육하는 데 지원이 필요한 신입 부모를 일대일로 연결시켜 주는 것이다.

장애학생 부모 대 부모를 일대일로 짝지워 주는 것은 다음 여섯 가지 요소를 고려하여 실시하는 것이 좋다(Turnbull et al., 2014). 첫째, 자폐성 장애자녀를 양육한 경험이 있는 부모와 자폐성 장애자녀를 양육하기 시작한 부모를 짝지워 주는 것이 좋다. 둘째, 자폐성 장애자녀를 양육한 경험이 있는 가족과 신입 가족이 유사한 문제에 직면해 있는 경우에 더 실질적인 도움을 제공할 수 있다. 예를 들어, 두 가족 모두 한 부모 가정인 경우에 서로의 어려움을 더 잘 이해할 수 있고 적절하고 실질적인 지원을 제공할 수 있다. 셋째, 자폐성 장애자녀를 양육하기 시작한 신입 부모가 도움을 필요로 할 경우에 24시간 이내 응답해 줄 수 있기 위해서 자폐성 장애자녀를 양육한 경험이 있는 부모가 지리적으로 가까운 위치에 사는 것이 좋다. 넷째, 자폐성 장애자녀를 양육한 경험이 있는 부모와 신입 부모가 양육하는 자폐성 장애자녀의 특성이 비슷한 경우가 좋다. 예를 들어, 신입 부모가 자폐성 장애자녀의 자해행동 때문에 어려워하는 경우에 자녀의 자해행동을 중재한 경험이 있는 부모가 도움을 받은 지역사회의 전문기관에 대한 실질적인 정보를 제공할 수 있다. 지원을 제공하는 부모는 자신이 다른 사람을 도우면서 보람과 자부심을 느낄 수 있을 뿐만 아니라 자신이 자폐성 장애자녀를 양육하며 학습한 것을 연습하고 강화하는 기회를 얻게 된다.

(2) 자폐성 장애학생 가족지원 자조모임

자폐성 장애학생 가족의 자조모임은 서로의 감정을 나누고 정서적 지원을 주고받으며 사회적 지지 기반을 넓히고 서로 지원하고 교육하는 지원집단이다(Turnbull et al., 2015). 자폐성 장애자녀를 양육하는 부모는 자폐성 장애자녀를 이해하지 못하는 주변 사람들에 대해 좌절을 느끼기도 하고 자폐성 장애자녀를 위해 자신의 삶 전체를 희생해야 한다고 인식하여 분노를 느끼기도 한다. 부모 자신의 사망 후에도 자폐성 장애자녀는 지속적으로 삶의 전반적인 지원이 필요하다는 데 대한 슬픔을 느끼기도 하고, 비장애자녀를 방치한다는 죄책감을 가지기도 한다. 자폐성 장애자녀를 위한 전문적인 교육과 서비스를 찾는 데 어려움을 겪게 되면서 적절한 가족지원을 제공받지 못하면 가족 구성원이 우울장애나 불안장애를 나타내기도 하고 가족이 해체되기도 한다. 비장애 형제자매도 부모의 관심, 시간, 자원을 독차지하는 자폐성 장애 형제자매에 대해 질투심을 느낄 수도 있고, 자폐성 장애 형제자매를 거부하는 또래들과 주변 사람들에 대해 분노를 느낄 수도 있다. 또한 비장애 형제자매들은 자폐성 장애 형제자매를 돌보느라 지쳐 있는 부모를 보호해야 하는 부담감과 부모의 사망 후에 자신이 자폐성 장애 형제자매를 돌봐야 한다는 책임감과 자폐성 장애가 자신의 자녀에게 유전될지도 모른다는 두려움을 느낄 수 있다. 따라서 자폐성 장애학생 가족의 자조모임을 통해 소속감을 느끼며, 자신이 느끼는 감정이 정상이라는 위안감을 가지게 되고, 서로의 가족에 대한 이야기와 경험담, 그리고 성취감을 솔직하게 공유할 수 있는 기회를 얻는다. 자폐성 장애학생의 가족지원 자조모임에 참여한 부모들은 연대감을 느끼면서 자신의 문제를 어떻게 해결하는지 서로의 대처기술을 공유하고 다른 가족이 가진 경험적 지식으로부터 도움을 받는다. 이러한 지식을 통해 자폐성 장애자녀와 관련된 교육적 결정에 있어서 동료가 있다는 자신감을 얻기도 한다.

지역사회에 부모 지원 모임이 존재하는지 교육청이나 학교의 특수교육 담당자에게 문의할 수도 있고, 지역의 건강가정 지원센터에 연락하여 부모 지원 모임을 제공해 줄 수 있는지 문의하거나, 부모 지원 모임의 목록을 알아보기 위해 지역사회의 웹사이트를 알아볼 수도 있다. 예를 들어, 인터넷을 검색하여 한국장애인부모회(www.kpat.or.kr)나 한국자폐인사랑협회(www.autismkorea.kr) 등의 웹사이트를 통해 자폐성 장애학생의 부모 지원 모임에 대한 정보를 얻을 수도 있다.

요약

□ 자폐성 장애학생이 가족에게 미치는 영향을 설명할 수 있다.

자폐성 장애자녀를 양육하는 가족은 자녀의 의사소통기술과 사회성기술의 부재, 문제행동, 감각적 과잉반응과 과소반응, 비전형적 관심 등으로 스트레스를 많이 받는다. 부모의 책임을 비장애자녀에게 떠맡기는 부모화는 비장애자녀의 스트레스와 불안을 증가시키며 자폐성 장애 형제자매와의 관계에 부정적인 영향을 미칠 수도 있다. 그러나 자폐성 장애자녀를 양육하는 모든 가족이 부정적인 양육태도를 가지거나 양육 스트레스에 부정적으로 대처하는 것은 아니다. 가족이 자폐성 장애자녀를 양육하는 것에 대해 긍정적으로 생각하고 사회적 지지를 충분히 받을 경우, 자폐성 장애자녀로 인해 가족의 결속력이 강화되고 가족 구성원이 서로 더 잘 이해하고 포용하게 되어 가족의 적응력이 향상될 수도 있다.

□ 가족의 스트레스와 적응과정을 설명할 수 있다.

가족의 스트레스 요인은 자폐성 장애자녀의 출생과 더불어 나타나는 자폐성 장애의 특성, 문제행동, 사회성기술의 결핍, 의사소통 능력의 결핍뿐만 아니라, 추가적으로 나타나는 가족해체, 실직, 질병 등의 부정적인 생활사건을 포함한다. 가족의 적응과정에 중요한 영향을 미치는 가족자원은 가족의 건강, 심리적 역량, 경제적 능력, 가족 간의 관계, 지인들의 정서적 지원과 사회적 지지, 지역사회의 효과적인 지원 네트워크, 가족 결속력, 가족 탄력성 등을 포함한다. 가족의 적응과정에 스트레스 사건에 대한 가족의 주관적 평가도 영향을 미친다. 이는 스트레스 사건이 초래한 위기 상황을 가족이 어떻게 인식하며 평가하고, 위기 상황에 대해 어떠한 의미를 부여하느냐는 것이며, 위기 상황에 대해 인지적으로 긍정적인 평가를 하면 긍정적인 정서를 유도하여 위기 상황을 긍정적으로 보게 된다는 것이다. 가족의 적응과정에 중요한 역할을 하는 가족의 대처능력은 스트레스를 유발하는 위기 사건에 대한 가족의 주관적인 평가에 기초하여 가족자원을 효과적으로 사용하여 스트레스에 대처하는 능력으로서 가족기능의 균형을 회복하는 전략을 포함한다. 가족의 적응은 가족기능과 자녀양육에 있어서 새로운 수준으로 균형을 잡게 되는 것을 의미하는데, 양육의 질이 향상되고 부부관계가 더 가까워지는 등 가족이 긍정적으로 적응할 수도 있고, 가족 구성원이 우울장애에 걸리거나 이혼을 하는 등 부정적으로 적응할 수도 있다. 가족 적응의 이중 ABCX 모델의 A는 스트레스 요인이며, B는 가족자원이고, C는 스트레스를 유발한 위기 사건에 대한 가족의 주관적인 평가이며, BC는 가족의 대처능력이고 X는 가족의 적응이다.

□ 가족기능의 생태학적 진단과정을 설명할 수 있다.

생태지도는 한 개인의 가족관계, 물질적 자원, 사회적 지원, 정서적 지원, 정보적 지원, 각 구성원의 상대적 장점 등에 관한 사회적 관계망을 나타내는 도식이다. 생태지도를 이용하여 자폐성 장애학생의 가족을 진단하는 것은 여러 가지 장점이 있다. 첫째, 생태지도를 주기적으로 작성하는 경우에 가족과 관련된 다양한 사회적 관계가 시간에 따라 어떻게 달라지는지 알 수 있다. 둘째, 전문가가 자폐성 장애학생의 가족과 함께 생태지도를 만드는 과정에서 의미가 있고 솔직한 의사소통을 할 수 있다. 셋째, 가족 구성원이 각자 자기성찰을 하는 기회가 될 수 있으며, 전문가와 함께 가족의 생태지도를 작성할 경우에 전통적인 설문지와 표준화 척도를 이용하여 가족진단을 할 경우보다 장애학생의 가족과 전문가 간의 라포 형성이 잘될 가능성이 높다. 넷째, 가족지원의 진단과정에 생태지도를 활용하면 자폐성 장애학생의 가족은 판단을 받고 있다는 위압감에서 벗어나게 되고, 전문가가 자신의 상황을 이해하고 싶어 한다고 느끼게 된다.

□ 교사와 가족 간의 협력과 의사소통 방법을 설명할 수 있다.

교사와 자폐성 장애학생 가족 간의 효과적인 의사소통을 위한 지침은 다음과 같다. 첫째, 교사는 자폐성 장애학생의 가족에게 권한을 부여하여 평등하게 대하며 가족의 의견을 적극적으로 경청해야 한다. 둘째, 교사는 자폐성 장애학생의 가족과 신뢰관계가 형성될 수 있도록 최선을 다해야 한다. 셋째, 자폐성 장애자녀의 강점을 중심으로 접근하여 가족을 격려하고 가족참여를 독려하여야 한다. 넷째, 교사는 자폐성 장애학생의 가족을 부정적인 명칭을 부여하여 낙인을 찍으면 안 된다. 다섯째, 교사는 장애학생의 가족과 대화를 할 때 가족 전체를 고려하여야 하며, 대화의 주제에서 벗어나지 않도록 주의하여야 한다. 여섯째, 장애학생 가족이 특수교육 관련 서비스 이외의 서비스와 지원이 필요할 경우에는 그러한 서비스와 지원을 제공할 수 있는 전문가 또는 전문기관에 의뢰하여야 한다. 일곱째, 교사는 가족이 자폐성 장애자녀의 특성을 분석하여 현실적인 미래 목표를 계획하고 준비하도록 도와야 한다. 마지막으로, 특수교사가 가족과 대화를 하는 도중에 답변할 수 없는 질문을 받을 경우에 솔직하게 모른다고 대답하고, 적절한 답변을 해 줄 수 있는 전문가나 전문기관을 소개해 주는 것이 중요하다. 교사는 자폐성 장애학생의 가족과 직접 만나거나 이메일, 가정통신문, 문자 메시지, 알림장, 전화, 음성 메시지 등을 통해 효과적으로 의사소통을 할 수 있다.

□ 자폐성 장애학생 가족의 역량강화를 위한 지원을 설명할 수 있다.

가족의 삶의 질을 향상시키기 위해 필수적인 가족의 역량강화는 가족에게 자폐성 장애에 대한 지식과 지역사회 자원에 대한 정보 등을 제공하여 전문적 역량을 향상시키고, 정서적 지원을 제공하여 가족의 강점을 강화하여 가족의 효능감과 자신감을 증진시키는 것이다. 가족지원을 통해 향상시켜야 하는 가족의 기능은 사랑의 기능, 영적기능, 경제적 기능, 일상적인 보호기능, 사회적 기능, 여가기능, 교육기능 등이다.

☐ 자폐성 장애학생을 위한 가족매개 중재를 설명할 수 있다.

가족매개 중재는 자폐성 장애학생의 가족을 중재자로 활용하여 자폐성 장애학생의 의사소통 능력, 학습능력, 사회성기술을 향상시키고 문제행동을 감소시키는 것을 목표로 한다. 맥락중심의 부모매개 학습은 맥락화할 수 있는 일상적인 가족활동과 지역사회 활동을 판별하고, 자폐성 장애학생의 흥미에 기반을 두어 활동을 선택하고, 부모매개 학습을 실행한 후에 평가하는 단계를 포함한다. 자폐성 장애자녀를 양육하는 가족이 훈련을 받고 중재자가 되어 가족매개 중재를 실시하면 가족의 역량이 강화되고, 가족의 효능감이 증가하며, 가정이나 지역사회의 자연적인 상황에서 수시로 장기간 중재를 적용할 수 있으므로 일반화 효과가 향상되고 시간적으로나 경제적으로 효율적일 뿐만 아니라, 가족의 효능감과 자폐성 장애자녀의 양육에 대한 자신감도 향상될 수 있다.

☐ 자폐성 장애학생 가족의 자조모임의 필요성을 설명할 수 있다.

자폐성 장애학생의 가족은 사회적 지지와 정서적 지원을 필요로 한다. 자폐성 장애학생의 가족은 다른 사람으로부터 이해받고 격려받고 싶어 하며, 자폐성 장애자녀를 양육한 경험이 있는 가족들로부터 자폐성 장애로 인한 시련을 극복한 경험을 듣고 미래에 대한 희망을 가지고 싶어 한다. 또한 자폐성 장애학생 가족이 직면하고 있는 문제를 해결하는 데 실제적인 도움을 줄 수 있는 지역사회 자원에 대한 정보도 얻기를 원한다. 따라서 부모 대 부모 일대일 지원 프로그램과 가족 자조모임이 효과적이다.

자폐성 장애학생을 위한 지원 체계

민우 어머니는 주변 사람들로부터 민우의 발달이 다른 아이들과 다른 것 같다는 말을 수차례 들었으며, 어머니 본인도 민우가 다른 아이들과 조금 다르다고 느꼈다. 또한 최근에 실시한 건강검진 결과 또래에 비해 발달이 늦고, 이에 따라 정밀 검사를 받을 것을 권고받았다. 이러한 일이 반복되자 민우 어머니는 민우에게 어떤 어려움이 있는지, 있다면 어느 정도의 어려움이 있는지를 진단하기 위하여 진단을 받으려 했으나, 실제로 여러 가지 현실적인 걱정이 앞서기 시작했다. 장애 진단을 받으려면 어느 기관에 가서 진단을 받아야 할까? 정신과 의사 선생님이 있는 개인 병원에서 진단을 받아도 괜찮은지, 혹은 종합 병원에서 진단을 받아야 하는지, 종합 병원은 최소 6개월 이상 진단이 밀려 있으니 기다리라고만 하였다. 혹자는 병원이 아닌 발달장애아동을 치료 교육하는 전문가들이 있는 전문 기관에서 진단을 받아 보라고도 권고하였다. 이러한 주변 사람들의 권고는 많지만 막상 진단을 받으려하니 아직도 답답한 상황이다.

지수의 가족은 오랜 기다림 끝에 장애 진단을 받고, 특수교육을 받아야 한다고 해서 특수교육지원센터에서 특수교육대상자 판정을 받았다. 그러나 집 주변의 학교에는 특수교사가 배치되지 않았고, 특수교사가 배치된 학교에 가서 지원을 받으려 하니 집에서 20분 정도 걸어 다녀야 하는 상황이다. 또한 여러 학부모로부터 다양한 치료지원을 받아야 한다고 들었다. 어떤 분은 언어치료를 권고하였고, 어떤 어머니는 놀이치료를 권고하였다. 또 다른 사람은 감각자극이 예민하므로 작업치료를 해야 한다고 권고하였다. 그리고 치료지원을 위한 바우처 제도에 대해서도 이야기를 들었다. 지우에게 가장 적합한 치료는 무엇인지, 과연 조금 거리가 있더라도 특수교사가 있는 학교에 입학하는 것이 바람직한 일인지 모든 일이 혼란스럽기만 하다.

자폐성 장애자녀를 둔 부모들은 자녀의 발달에 어려움이 있는 것을 알게 되거나 어려움이 있을 것 같은 생각이 들 때 어디서 진단을 받아야 하며, 진단을 받은 후 무엇을 어떻게 해야 하는지, 누구와 의논해야 하는지 등으로 많은 혼란을 겪는다. 이러한 혼란은 보다 빠른 시기에 장애 여부를 진단받고 적절한 중재를 받을 수 있는 시간을 놓치게 되는 결과를 초래하기도 한다. 진단을 받은 후에도 어디에서 어떤 도움을 받아야 하는지, 우리 아이에게 필요한 지원은 무엇인지 등과 같은 여러 가지 직면한 문제로 어려움을 겪는다. 더욱이 학령기를 지나 직업을 가지고 독립적인 생활을 해야 하는 연령이 되면 본인을 포함하여 부모와 가족의 고민과 지원에 대한 요구가 더욱더 강해질 수 있다.

자폐성 장애학생을 위한 지원 체계는 2007년 「장애인 등에 대한 특수교육법」에서 특수교육대상자에 자폐성 장애를 포함시킴으로써 그 기반이 마련되었다. 자폐성 장애학생을 위한 지원 체계에 보다 많은 영향을 미치는 관련법으로는 「장애인복지법」과 「발달장애인 권리보장 및 지원에 관한 법」「장애아동 복지지원법」「장애인 차별금지 및 권리 구제 등에 관한 법률」「장애인 권리 협약」등이 있다. 이러한 법률과 더불어 자폐성 장애학생의 지원 체계에 간접적으로 영향을 미치는 법률은 「영유아 보육법」「아동복지법」「청소년복지법」「청소년복지지원법」「한부모가족지원법」「건강가정기본법」등이 있다. 이처럼 국가의 여러 법령과 법규는 생태학적 구조의 외부 체계로 장애학생과 가족에게 영향을 미친다. 그러나 이러한 지원 체계가 있음에도 이러한 법규의 제반 사항들이 잘 실현되도록 하는 것은 관련 전문가와 학부모, 자폐인 당사자 간의 협력과 지원을 위한 노력이 필요하다.

이에 따라 이 장에서는 자폐성 장애학생을 위한 지원 체계를 살펴보고 이러한 지원 체계를 실현하기 위한 방안을 구체적으로 살펴보고자 한다. [그림 12-1]은 자폐성 장애학생을 위한 지원 체계의 기본 흐름이며 이 장에서는 이러한 기본 체계의 흐름에 따른 지원 체계를 살펴보고자 한다.

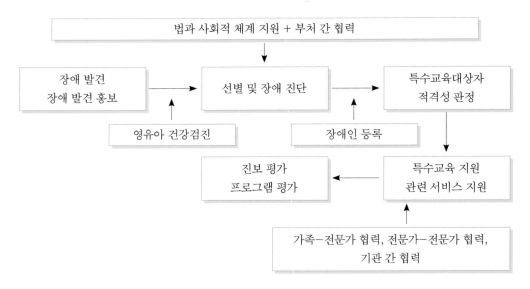

[그림 12-1] 자폐성 장애학생을 위한 지원 체계

1. 특수교육대상자의 조기발견과 선별 체계

자폐성 장애학생을 특수교육대상자로 선정하고 교육적 지원을 실행하기에 앞서 국가는 장애를 지니고 특수교육적 지원이 필요한 대상자를 조기에 발견하기 위한 노력을 기울여야 한다. 이에 따라 이 절에서는 장애의 조기발견, 장애 진단 및 장애인 등록 절차, 특수교육대상자 선정과 배치에 대하여 살펴보고자 한다.

1) 장애의 조기발견과 선별

(1) 조기발견

자폐성 장애는 사회·의사소통에서 어려움이라는 장애 특성으로 인해 특별히 조기 발견과 조기중재가 중요하다. 사회의사소통 능력의 습득은 의사소통 대상자와 눈맞춤을 하며, 다른 사람의 행동을 모방하고, 사회적 상호작용을 주고받는 기본 행동을 통해 이루어지는데 이러한 행동은 출생 직후부터 성숙과 사회적 교류를 통해 습득될 수 있다. 따라서 자폐성 장애아동의 이러한 초기 사회의사소통 능력의 습득을 지원하기 위한 조기 중재가 필요하며 이를 위해 무엇보다 조기발견이 필요하다.

자폐성 장애를 조기에 발견하려면 먼저 모든 국민을 대상으로 자폐성 장애가 무엇인지, 자폐성 장애의 조기발견이 왜 필요한지, 자폐성 장애를 조기에 발견했을 때 받을 수 있는 지원은 무엇인지 등을 체계적으로 알리는 대중인식 개선 활동과 홍보가 필요하다. 우리나라의 여러 법령에서는 영유아의 장애 및 장애 가능성을 조기에 발견하기 위한 노력으로 일반인과 관련자를 대상으로 한 홍보와 선별검사를 실시해야 한다고 규정하고 있다(예:「장애인 등에 대한 특수교육법」「장애인복지법」「장애아동 복지지원법」).

조기발견을 위하여 국가와 지방자치 단체는 지역주민과 관련 기관을 대상으로 홍보를 실시해야 한다(「장애인 등에 대한 특수교육법」, 2016). 예를 들어, 지역보건소에서 지역주민을 대상으로 발달에 어려움이 있는 영유아에 대한 조기 선별의 중요성을 알리거나 조기선별 후 어려움이 있는 것으로 판단되는 경우 그 이후에 어떤 절차가 필요한지, 이러한 과정에서 어떤 도움을 받을 수 있는지 등에 대한 구체적인 정보를 제공하거나, 영유아를 지도하는 유치원의 영아학급 담당교사나 어린이집 교사를 대상으로 홍보자료를 배포하는 것(예:『선생님, 우리 아이들 잘 크고 있나요?: 발달이 늦은 영유아 조기발견을 위한 어린이집 보육교사 안내서』) 등이 이에 해당한다([그림 12-2] 참조).

[그림 12-2] 조기발견을 위한 대중인식 자료의 예시

출처: 보건복지부(2009).

(2) 선별검사

일반인을 대상으로 한 홍보와 더불어 적극적인 대상자 발견을 위한 노력이 이루어져야 하는데, 이를 위해 선별검사를 실시하게 된다. 선별검사의 주요 목적은 발달상의 어려움이 있는지 여부와 보다 심화된 진단이 필요한지 여부를 파악하기 위한 것이다. 선별검사는 대개 두 가지 유형으로 실시될 수 있는데, 해당 연령의 모든 영유아를 대상으로 하는 대량 선별검사와 장애 위험 가능성이 높은 집단을 대상으로 하는 선택적 선별검사로 구분될 수 있다(이소현, 2003). 우리나라에서는 해당 지역 내 보건소와 병원 또는 의원(醫院)에서 모든 영유아를 대상으로 선별검사를 실시하도록 하고 있다. 이를 위해 국민건강보험공단에서는 0~71개월의 모든 영유아에게 영유아건강검진을 실시하도록 하고 있다.

장애아동 조기발견을 위한 국가 및 지방자치 단체의 책무성과 관련한 관련 법규와 내용은 〈표 12-1〉에 제시된 바와 같으며, 조기선별을 위한 영유아 건강검진체계는 [그림 12-3]에 제시하였다.

표 12-1 장애아동 조기발견 관련 법규

법령	관련조항	내용
「장애인 등에 대한 특수교육법」 (2016)	제5조 (국가 및 지방자치단체의 임무)	① 국가 및 지방자치단체는 특수교육대상자에게 적절한 교육을 제공하기 위하여 다음 각 호의 업무를 수행하여야 한다.
	제14조 (장애의 조기발견 등)	① 교육장 또는 교육감은 영유아의 장애 및 장애 가능성을 조기에 발견하기 위하여 지역주민과 관련 기관을 대상으로 홍보를 실시하고, 해당 지역 내 보건소와 병원 또는 의원(醫院)에서 선별검사를 무상으로 실시하여야 한다. ② 교육장 또는 교육감은 제1항에 따른 선별검사를 효율적으로 실시하기 위하여 지방자치단체 및 보건소와 병·의원 간에 긴밀한 협조체제를 구축하여야 한다.
「발달장애인 권리보장 및 지원에 관한 법률」 (2016)	제4조 (국가와 지방자치단체의 책무)	① 국가와 지방자치단체는 발달장애인의 적절한 발달과 원활한 사회통합을 촉진하기 위하여 장애를 최대한 조기에 발견하여 지원할 수 있도록 필요한 조치를 강구해야 한다.
	제23조 (조기진단 및 개입)	① 국가와 지방자치단체는 발달장애인의 장애를 조기에 발견하기 위하여 검사도구의 개발, 영유아를 둔 부모에 대한 정보제공 및 홍보 등 필요한 정책을 적극적으로 강구하여야 한다.

	제9조 (국가와 지방자치 단체의 책임)	① 국가와 지방자치단체는 장애 발생을 예방하고, 장애의 조기발견에 대한 국민의 관심을 높이며, 장애인의 자립을 지원하고, 보호가 필요한 장애인을 보호하여 장애인의 복지를 향상시킬 책임을 진다.
「장애인복지법」 (2017)	제10조 (국민의 책임)	모든 국민은 장애 발생의 예방과 장애의 조기 발견을 위하여 노력하여야 하며, 장애인의 인격을 존중하고 사회통합의 이념에 기초하여 장애인의 복지향상에 협력하여야 한다.
「장애아동 복지지원법」 (2016)	제12조 (장애의 조기발견)	① 시장·군수·구청장은 「국민건강보험법」 제52조, 「의료급여법」 제14조 및 「모자보건법」 제10조 제1항에 따라 영유아에 대하여 정기적인 건강검진·예방접종을 실시하는 경우 장애의 유무를 조기에 발견하기 위하여 선별검사를 실시할 수 있다. ② 국가와 지방자치단체는 장애의 조기발견을 위하여 방송·신문 및 인터넷 등 다양한 매체를 이용하여 홍보하여야 한다.

1단계: 대상자 선정(국민건강보험공단)

생후 4개월부터 71개월까지의 영유아를 대상으로 검진시기별로 선정합니다.

검진 시기	검진 종류	검진 기간
4개월	건강검진	생후 4~6개월
9개월	건강검진	생후 9~12개월
18개월	건강검진	생후 18~24개월
	구강검진	생후 18~29개월
30개월	건강검진	생후 30~36개월
42개월	건강검진	생후 42~48개월
	구강검진	생후 42~53개월
54개월	건강검진	생후 54~60개월
	구강검진	생후 54~65개월
66개월	건강검진	생후 66~71개월

* 66개월 검진은 2012년 4월 1일부터 시행

2단계: 건강검진표 발송 및 수령

영유아 건강검진표는 공단에서 직장가입자 및 세대주 주민등록주소지로 우편 발송해 드리고 있으며, 전국 영유아 검진기관에서 검진을 받을 수 있습니다.

3단계: 검진시기별 검진항목

검진 시기			항목
4개월	건강검진	생후 4~6개월	문진 및 진찰, 신체 계측, 건강교육
9개월	건강검진	생후 9~12개월	문진 및 진찰, 신체 계측, 발달선별검사 및 상담, 건강교육
18개월	건강검진	생후 18~24개월	문진 및 진찰, 신체 계측, 발달선별검사 및 상담, 건강교육
	구강검진	생후 18~29개월	구강 문진 및 진찰, 구강보건교육
30개월	건강검진	생후 30~36개월	문진 및 진찰, 신체 계측, 발달선별검사 및 상담, 건강교육
42개월	건강검진	생후 42~48개월	문진 및 진찰, 신체 계측, 발달선별검사 및 상담, 건강교육
	구강검진	생후 42~53개월	구강 문진 및 진찰, 구강보건교육
54개월	건강검진	생후 54~60개월	문진 및 진찰, 신체 계측, 발달선별검사 및 상담, 건강교육
	구강검진	생후 54~65개월	구강 문진 및 진찰, 구강보건교육
66개월	건강검진	생후 66~71개월	문진 및 진찰, 신체 계측, 발달선별검사 및 상담, 건강교육

건강검진 항목별 검진방법

검진항목	검진방법
문진 및 진찰	문진표, 진찰, 청각 및 시각 문진, 시력검사
신체 계측	키, 몸무게(체질량지수), 머리둘레
건강교육	영양, 수면, 안전, 구강, 대소변 가리기, 정서 및 사회성, 개인 위생, 취학 준비 등을 교육
발달평가	한국 영유아 발달선별검사(K-DST) 도구에 의한 검사 및 상담

구강검진 항목별 검진방법

검진항목	검진방법
구강 문진 및 진찰	구강 문진표 및 진찰
구강보건교육	매뉴얼을 이용한 보호자 및 유아 구강보건교육

4단계: 건강검진 결과 통보(검진기관)

영유아 건강검진 결과는 검진 완료 후 수검자의 보호자에게 직접 통보해 드립니다.

[그림 12-3] 영유아 건강검진체계

출처: http://minwon.nhis.or.kr/menu/retriveMenuSet.xx?menuId=MENU_WBMAE0104

2. 장애 진단 및 장애인 등록 체계

선별검사를 통해 장애가 의심되는 경우 혹은 선별검사를 거치지 않았더라도 보호자와 교육전문가 및 의료전문가, 대상자를 잘 아는 주변 사람들에 의해 장애가 의심되는 경우 장애 진단을 의뢰하게 된다. 진단에 의뢰된 대상자는 여러 다양한 포괄적인 검사와 종합적인 평가 과정을 거쳐 장애 진단을 받게 되는데, 이때 자폐성 장애 여부를 진단하는 것은 물론 자폐성 장애의 정도, 전반적인 인지 능력의 정도 등을 진단한다.

1) 장애 진단

대개 장애 진단은 의료기관에서 실시하는데 선별검사에 의해 발달의 어려움이 의심되는 경우, 의료기관에 장애 진단을 의뢰한다. 장애 진단을 의뢰받은 의료기관은 장애인의 장애상태를 진단한 후 진단서를 장애 진단을 의뢰한 시장·군수·구청장에게 통

「장애인복지법 시행규칙」 제3조(장애인의 등록신청 및 장애 진단)
① 장애인의 등록을 신청하려는 자는 신청서를 관할 읍·면·동장을 거쳐 특별자치시장·특별자치도지사·시장·군수·구청장(자치구의 구청장을 말하며, 이하 시장·군수·구청장이라 한다)에게 제출하여야 한다.
② 제1항에 따른 등록신청을 받은 시장·군수·구청장은 등록대상자와의 상담을 통하여 그 장애상태가 제2조에 따른 장애인의 기준에 명백하게 해당되지 아니하는 경우 외에는 지체 없이 보건복지부장관이 정하는 장애유형별 해당 전문의가 있는 의료기관에 장애 진단을 의뢰하여야 한다.
③ 제2항에 따라 장애 진단을 의뢰받은 의료기관은 장애인의 장애상태를 진단한 후 별지 제3호 서식의 진단서를 장애 진단을 의뢰한 시장·군수·구청장에게 통보하여야 한다.
④ 시장·군수·구청장은 제3항에 따라 통보받은 진단 결과에 대하여 보다 정밀한 심사가 필요하다고 인정되는 경우에는 국민연금공단에 장애 정도에 관한 심사를 의뢰할 수 있다. 이 경우 장애 정도에 관한 국민연금공단의 심사 방법 및 기준 등에 필요한 사항은 보건복지부장관이 정하여 고시한다.

보하여야 한다. 장애진단서를 통보받은 시장·군수·구청장은 진단 결과에 대하여 보다 정밀한 심사가 필요하다고 인정되는 경우에는 국민연금공단에 장애정도에 관한 심사를 의뢰할 수 있다(「장애인복지법 시행규칙」, 2017).

2) 자폐성 장애 진단과 장애 등급 판정

「장애인복지법 시행규칙」 장애 등급 판정 기준 고시문에 제시된 자폐성 장애 진단과 장애 등급 판정 기준은 [그림 12-4]와 같다(보건복지부고시 제2015-188호, 일부개정 2015. 11. 4.).

가. 장애 진단기관 및 전문의
　　의료기관의 정신건강의학과(소아정신건강의학과) 전문의

나. 진료기록 등의 확인
　　장애 진단을 하는 전문의는 원인 질환 등에 대한 충분한 치료 후에도 장애가 고착되었음을 진단서, 소견서, 진료기록 등으로 확인하여야 한다(필요시 환자에게 타 병원 진료기록 등을 제출하게 한다).

다. 장애 진단 및 재판정 시기
　　(1) 전반성발달장애(자폐증)가 확실해진 시점(최소 만 2세 이상)에서 장애를 진단한다.
　　(2) 수술 또는 치료로 기능이 회복될 수 있다고 판단하는 경우에는 장애 진단을 처치 후로 유보하여야 한다. 다만, 1년 이내에 국내 여건 또는 장애인의 건강상태 등으로 인하여 수술 등을 하지 못하는 경우는 예외로 하되 필요한 시기를 지정하여 재판정을 받도록 하여야 한다.
　　(3) 소아청소년은 만 6세 미만에서 장애판정을 받은 경우 만 6세 이상~만 12세 미만에서 재판정을 실시하여야 한다. 만 6세 이상 만 12세 미만 기간에 최초 장애판정 또는 재판정을 받은 경우 향후 장애상태의 변화가 예상되는 경우에는 만 12세 이상 만 18세 미만 사이에 재판정을 받아야 한다.
　　(4) 향후 장애 정도의 변화가 예상되는 경우에는 반드시 재판정을 받도록 하여야 한다. 이 경우 재판정의 시기는 최초의 진단일로부터 2년 이상 경과한 후로 한다. 2년 이내에 장애상태의 변화가 예상될 때에는 장애의 진단을 유보하여야 한다.
　　(5) 재판정이 필요한 경우에 장애 진단을 하는 전문의는 장애 진단서에 그 시기와 필요성을 구체적으로 명시하여야 한다.

라. 자폐성 장애 진단 절차

자폐성 장애의 장애 등급 판정은 (1) 자폐성 장애의 진단명에 대한 확인, (2) 자폐성 장애의 상태 확인, (3) 자폐성 장애로 인한 정신적 능력장애 상태의 확인, (4) 자폐성 장애 등급의 종합적인 진단의 순서를 따라 이루어진다.

(1) 자폐성 장애의 진단명에 대한 확인

① 우리나라에서 공식적인 자폐성 장애의 분류체계로 사용하고 있는 국제질병분류표 ICD-10(International Classification of Diseases, 10th Version)의 진단지침에 따른다.

② ICD-10의 진단명이 F84 전반성발달장애(자폐증)인 경우에 자폐성 장애 등급판정을 한다.

(2) 자폐성 장애의 상태(impairment) 확인

진단된 자폐성 장애의 상태가 자폐성 장애 등급판정기준에 따라 어느 등급에 적절한지를 임상적 진단평가과정을 통하여 판단한 뒤 등급을 정하며, 자폐증상의 심각도는 전문의의 판단에 따른다. 또한 K-CARS 또는 여러 자폐성 척도를 이용하여 판단할 수 있다. 이 경우 사용한 척도와 그 점수 및 판단 소견을 기술한다.

(3) 자폐성 장애로 인한 정신적 능력 장애(disability) 상태의 확인

자폐성 장애에 대한 임상적 진단평가와 보호자 및 주위 사람의 정보와 일상 환경에서의 적응 상태 등을 감안하여 등급판정을 내린다.

(4) 자폐성 장애 등급의 종합적인 진단

자폐성 장애의 상태와 전반적 발달 척도(Global Assessment Scale) 평가를 종합하여 최종 장애 등급 진단을 내린다.

등급	장애 등급기준
제1급	ICD-10의 진단기준에 따른 전반성발달장애(자폐증)로 정상발달의 단계가 나타나지 아니하고, 지능지수가 70 이하이며, 기능 및 능력 장애로 인하여 주위의 전적인 도움이 없이는 일상생활을 해 나가는 것이 거의 불가능한 사람
제2급	ICD-10의 진단기준에 따른 전반성발달장애(자폐증)로 정상발달의 단계가 나타나지 아니하고, 지능지수가 70 이하이며, 기능 및 능력 장애로 인하여 주위의 많은 도움이 없으면 일상생활을 해 나가기 어려운 사람
제3급	제2급과 같은 특징을 가지고 있으나 지능지수가 71 이상이며, 기능 및 능력 장애로 인하여 일상생활 혹은 사회생활을 해 나가기 위하여 간헐적으로 도움이 필요한 사람

[그림 12-4] 자폐성 장애 진단과 장애 등급 판정 기준

출처: 「장애인복지법 시행규칙」 [별표1] 장애인의 장애 등급표(개정 2015. 8. 3.).

3) 장애인 등록

앞 절차를 거쳐 자폐성 장애 진단을 받고 장애 등급을 판정받은 경우, 보건복지부령이 정하는 사항을 특별자치시장·특별자치도지사·시장·군수 또는 구청장(자치구의 구청장을 말한다. 이하 같다)에게 등록하여야 한다. 이에 따라 등록을 신청한 장애인이 「장애인복지법」 제2조의 장애인의 정의에 부합하는 경우 장애인 등록증을 내 주어야 한다(「장애인복지법」, 2016). 또한 필요한 경우 장애인 등록에 필요한 진단비 및 검사비를 지원할 수도 있다(〈표 12-2〉 참조).

> 「장애인복지법」 제32조(장애인 등록)
> ① 장애인, 그 법정대리인 또는 대통령령이 정하는 보호자는 장애 상태와 그 밖에 보건복지부령이 정하는 사항을 특별자치시장·특별자치도지사·시장·군수 또는 구청장(자치구의 구청장을 말한다. 이하 같다)에게 등록하여야 하며, 특별자치시장·특별자치도지사·시장·군수·구청장은 등록을 신청한 장애인이 제2조에 따른 기준에 맞으면 장애인등록증(이하 '등록증'이라 한다)을 내 주어야 한다.

표 12-2 장애인 등록 진단비 및 검사비 지원

지원 대상	• 생계, 의료급여 수급자가 신규 장애인 등록을 하거나 재판정 시기가 도래하여 재진단을 받아야 하는 경우
선정기준	• 생계급여 및 의료급여 수급자 • 국가 유공 상이자 중 보훈대상자 • 시장/군수/구청장이 직권으로 장애 상태를 확인하는 경우
지원내용	• 진단비 지원 • 검사비 지원
신청방법	• 읍/면/동을 방문하거나 우편으로 신청

출처: http://www.bokjiro.go.kr/welInfo/retrieveGvmtWelInfo.do?welInfSno=332

3. 특수교육대상자 선정과 배치

자폐성 장애 진단을 받고 장애 등급을 판정받았거나, 장애 진단은 받지 않았으나 「장애인 등에 대한 특수교육법」에서 정한 절차에 따라 특수교육대상자로 선정되어 특수교육지원을 받을 수 있다. 이와 관련한 법규(「장애인 등에 대한 특수교육법」 제14, 15, 16조)를 살펴보면 다음과 같다.

1) 장애의심 영유아 및 장애학생 발견과 진단 평가 의뢰

보호자 또는 보호자 또는 각급학교의 장은 장애를 가지고 있거나 장애를 가지고 있다고 의심되는 영유아 및 학생을 발견한 때에는 교육장 또는 교육감에게 진단·평가를 의뢰하여야 하며, 각급학교의 장이 진단·평가를 의뢰하는 경우에는 보호자의 사전 동의를 받아야 한다. 진단·평가를 의뢰받은 교육장 또는 교육감은 즉시 특수교육지원센터에 회부하여 진단·평가를 실시해야 한다(「장애인 등에 대한 특수교육법」, 2016).

2) 진단·평가 실시

특수교육지원센터는 진단·평가가 회부된 후 30일 이내에 진단·평가를 시행하여야 하고 이러한 진단·평가의 과정에서는 부모 등 보호자의 의견진술의 기회가 충분히 보장되어야 한다. 특수교육지원센터는 진단·평가를 통하여 특수교육대상자로의 선정 여부 및 필요한 교육지원 내용에 대한 최종의견을 작성하여 교육장 또는 교육감에게 보고하여야 한다(「장애인 등에 대한 특수교육법」, 2016).

3) 특수교육대상자 선정 여부 및 교육 지원 내용 결정

교육장 또는 교육감은 특수교육지원센터로부터 최종의견을 통지받은 때부터 2주일 이내에 특수교육대상자로의 선정 여부 및 제공할 교육지원 내용을 결정하여 부모 등 보호자에게 서면으로 통지하여야 한다. 교육지원 내용에는 특수교육, 진로 및 직업교육, 특수교육 관련 서비스 등 구체적인 내용이 포함되어야 한다. 교육장 또는 교육감이 특수교육대상자를 선정할 때에는 진단·평가결과를 기초로 하여 고등학교 과정은 교육감이 시·도특수교육운영위원회의 심사를 거쳐 중학교 과정 이하의 각급학교는 교육장이 시·군·구특수교육운영위원회의 심사를 거쳐 결정한다(「장애인 등에 대한 특수교육법」, 2016).

4) 선정 기준

이상과 같은 선정 과정을 거쳐 특수교육대상자로 선정되는 자폐성 장애를 지닌 특수교육대상자는 선정 기준은 다음과 같다.

> 「장애인 등에 대한 특수교육법」 제10조 관련 별표
> 자폐성 장애를 지닌 특수교육대상자는 사회적 상호작용과 의사소통에 결함이 있고, 제한적이고 반복적인 관심과 활동을 보임으로써 교육적 성취 및 일상생활 적응에 도움이 필요한 사람으로 정한다.

5) 특수교육대상자 배치 유형

특수교육대상자로 선정된 자폐성 장애학생은 일반학교의 일반학급, 일반학교의 특수학급, 특수학교에 배치된다. 장애영아는 특수학교의 유치원과정, 영아학급 또는 특수교육지원센터에 배치할 수 있으며, 장애영아가 의료기관, 복지시설 또는 가정 등에 있을 경우에는 특수교육교원 및 특수교육 관련서비스 담당 인력 등으로 하여금 순회교육을 제공할 수 있다(「장애인 등에 대한 특수교육법」, 2016).

6) 특수교육대상자 배치 절차

교육장 또는 교육감은 특수교육대상자를 학교에 배치할 때에는 해당 학교의 장과 특수교육대상자에게 각각 문서로 알려야 한다. 또한 특수교육대상자를 일반학교의 일

반학급에 배치한 경우에는 특수교육지원센터에서 근무하는 특수교육교원에게 그 학교를 방문하여 학습을 지원하도록 하여야 한다. 그리고 각급학교의 장은 특수교육대상자에 대한 교육지원의 내용을 추가·변경 또는 종료하거나 특수교육대상자를 재배치할 필요가 있으면 개별화교육지원 팀의 검토를 거쳐 교육장 및 교육감에게 그 특수교육대상자의 진단·평가 및 재배치를 요구할 수 있다(「장애인 등에 대한 특수교육법」, 2016).

- 특수교육대상자 배치 시 고려할 사항
  - 특수교육대상자의 장애 정도·능력·보호자의 의견 등을 종합적으로 판단(「장애인 등에 대한 특수교육법」 제17조 제2항)
  - 거주지에서 가장 가까운 곳에 배치(「장애인 등에 대한 특수교육법」 제17조 제2항)
  - 통합교육의 이념을 실현하기 위한 노력을 기울여야 함(「장애인 등에 대한 특수교육법」 제21조 제1항)
  - 필요한 경우 순회 교육을 받을 수 있도록 지원해야 함(「장애인 등에 대한 특수교육법」 제25조 제2항)

표 12-3 순회교육의 정의와 순회교육을 지원할 수 있는 상황

구분	관련 내용	관련 법과 조항
순회교육의 정의	순회교육이란 특수교육교원 및 특수교육 관련서비스 담당 인력이 각급학교나 의료기관, 가정 또는 복지시설(장애인복지시설, 아동복지시설 등을 말한다. 이하 같다) 등에 있는 특수교육대상자를 직접 방문하여 실시하는 교육이다.	「장애인 등에 대한 특수교육법」 제2조 제8항
순회교육을 지원할 수 있는 상황	첫째, 일반학교에서 통합교육을 받고 있는 특수교육대상자를 지원하기 위한 경우 둘째, 장애 정도가 심하여 장·단기의 결석이 불가피한 특수교육대상자의 교육을 위하여 필요한 경우 셋째, 이동이나 운동기능의 심한 장애로 인하여 각급학교에서 교육을 받기 곤란하거나 불가능하여 복지시설·의료기관 또는 가정 등에 거주하는 특수교육대상자의 교육을 위하여 필요한 경우	「장애인 등에 대한 특수교육법」 제25조

4. 교육 지원 체계

자폐성 장애학생을 위한 교육 지원 체계는 [그림 12-5]에 제시하였다. 자폐성 장애학생을 위한 교육은 크게 영유아 및 초중등교육과 고등교육 및 평생교육 지원을 받을 수 있다. 더불어 장애영아는 무상교육대상자로, 유치원 과정부터 초중등 교육은 의무교육대상자로 특수교육지원을 받을 수 있다. 자폐성 장애학생은 일반학교 일반학급, 일반학교 특수학급, 특수학교 등에 배치될 수 있으며, 일반학교 일반학급에 배치된 학생과 기타 필요한 경우 순회 지도를 받을 수 있다.

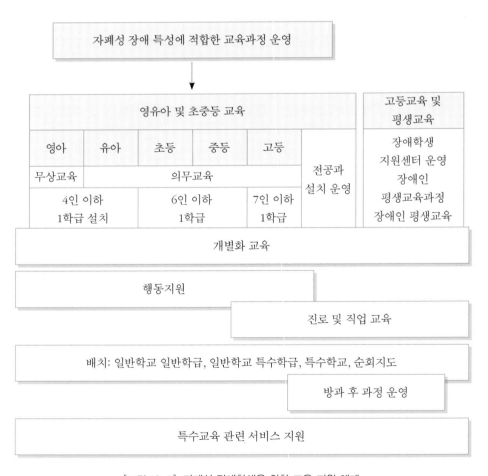

[그림 12-5] 자폐성 장애학생을 위한 교육 지원 체계

자폐성 장애학생을 위한 교육은 자폐성 장애 특성에 적합한 사회적 의사소통 및 사회적 상호작용을 촉진할 수 있어야 하며, 이를 위해 개별화교육계획에 따른 교육적 지원이 이루어져야 한다. 더불어 개별화행동지원을 제공해야 하며, 중학교 이후의 학생들에게는 진로 직업 교육이 이루어져야 한다.

1) 특수교육대상자 특성을 반영한 교육과정 운영

「장애인 등에 대한 특수교육법」 제20조에서는 특수교육기관의 유치원·초등학교·중학교·고등학교과정의 교육과정은 장애의 종별 및 정도를 고려하여 교육부령으로 정하고, 영아교육과정과 전공과의 교육과정은 교육감의 승인을 받아 학교장이 정한다고 하였다. 그리고 특수교육기관의 장 및 특수교육대상자가 배치된 일반학교의 장은 교육과정의 범위 안에서 특수교육대상자 개인의 장애종별과 정도, 연령, 현재 및 미래의 교육요구 등을 고려하여 교육과정의 내용을 조정하여 운영할 수 있다고 하여 궁극적으로 자폐성 장애 특성에 적합한 교육과정을 운영하고 교육을 실행해야 한다고 명시하였다(「장애인 등에 대한 특수교육법」, 2016).

이처럼 특수교육대상자 특성을 고려한 교육과정 운영을 위하여 『2017년 특수교육 운영계획』(교육부 특수교육정책과, 2016)에서는 첫째, 특수학교 학교교육과정 편성과 운영을 철저히 해야 하고, 둘째, 특수학급 및 통합학급 교육과정 편성과 운영을 철저히 할 것, 셋째, 장애유형 및 특성을 고려한 교육과정 운영 강화, 넷째, 중도 중복장애학생을 위한 학교 수준의 교육과정 편성과 운영 지원 강화 및 중점학교 교육과정 편성과 운영 지원 강화 등을 시행하도록 하였다.

또한 특수학교 자유학기제 시행을 위한 기반 마련과 추진체계를 구축하기 위한 노력을 기울이고 있다(교육부 특수교육정책과, 2016).

2) 개별화교육

'개별화교육'이란 각급학교의 장이 특수교육대상자 개인의 능력을 계발하기 위하여 장애유형 및 장애특성에 적합한 교육목표·교육방법·교육내용·특수교육 관련 서비스 등이 포함된 계획을 수립하여 실시하는 교육이다. 「장애인 등에 대한 특수교육법」

제2조와 제22조, 동법 시행규칙 제4조에서는 개별화교육의 정의와 개별화교육지원 팀
구성을 다음과 같이 명시하였다.

「장애인 등에 대한 특수교육법」에 제시된 개별화교육

제2조(정의)

7. '개별화교육'이란 각급학교의 장이 특수교육대상자 개인의 능력을 계발하기 위하여
장애유형 및 장애특성에 적합한 교육목표·교육방법·교육내용·특수교육 관련 서비
스 등이 포함된 계획을 수립하여 실시하는 교육을 말한다.

제22조(개별화교육)

① 각급학교의 장은 특수교육대상자의 교육적 요구에 적합한 교육을 제공하기 위하여
보호자, 특수교육교원, 일반교육교원, 진로 및 직업교육 담당 교원, 특수교육 관련 서
비스 담당 인력 등으로 개별화교육지원 팀을 구성한다.

② 개별화교육지원 팀은 매 학기마다 특수교육대상자에 대한 개별화교육계획을 작성
하여야 한다.

이러한 법적 요건을 철저히 이행하기 위해서『2017년 특수교육 운영계획』에서는 개
별화교육 계획을 강화하도록 하였으며 이에 관련된 구체적인 내용은 다음과 같다.

표 12-4   2017년 특수교육 운영계획

구분	관련 내용
개별화교육팀 구성	• 보호자, 특수교육교원, 일반교육교원, 진로 및 직업교육 담당교원, 특수교육 관련 서비스 담당인력 등으로 구성
	• 계별화교육계획 작성 시 일반교육교원, 학부모 참여 및 충분한 안내와 의견 수렴 절차 준수 • 개별화교육지원 관련 부모교육 기회 제공
개별화교육 계획 내용	• 특수교육대상자의 인적사항과 교육지원이 필요한 영역의 현재 학습수행수준, 교육목표, 교육내용, 교육방법, 평가계획 및 제공할 특수교육 관련서비스의 내용과 방법 등을 포함 • 치료지원 등 특수교육 관련서비스 제공 시 지원사항을 개별화교육계획에 포함 작성

평가	• 매 학기마다 개별화교육계획에 따른 각 특수교육대상자의 학업성취도 평가를 실시하고, 그 결과를 통합학급 교사, 특수교육대상자 또는 보호자에게 통보
개별화교육 계획 관련 행정 사항	• 매 학년 시작일부터 2주 이내 개별화교육지원팀 구성, 매 학기 시작일부터 30일 이내에 개별화교육계획 작성, 전학 및 상급학교 진학 시 전출학교는 전입학교로 14일 이내에 개별화교육계획 송부
특수학급 미설치 일반학교에 배치된 특수교육대상자에 대한 지원	• 인근 특수교육지원센터 및 특수학교(급) 등과 협력하여 개별화교육지원팀을 구성하여 개별화교육계획 수립 및 교육지원
일반교사와의 협력	개별화교육지원팀 구성 · 운영 시 일반교육교원의 참여 및 역할 확대

출처: 교육부 특수교육정책과(2016), p. 17의 내용을 표로 구성하였음.

3) 진로 및 직업 교육

「장애인 등에 대한 특수교육법」(2016)에서는 '진로 및 직업교육'이란 특수교육대상자의 학교에서 사회 등으로의 원활한 이동을 위하여 관련 기관의 협력을 통하여 직업재활훈련 · 자립생활훈련 등을 실시하는 것으로 정의하였다. 이에 따라 동법 제23조에서는 '중학교 과정 이상의 각급학교의 장은 특수교육대상자의 특성 및 요구에 따른 진로 및 직업교육을 지원하기 위하여 관련 기관과의 협의체를 구성하여야 한다'고 명시하였다. 이와 더하여 '직업평가 · 직업교육 · 고용지원 · 사후관리 등의 직업재활훈련 및 일상생활적응훈련 · 사회적응훈련 등의 자립생활훈련을 실시해야 한다'고 하였다. 이를 위해 '대통령령으로 정하는 자격이 있는 진로 및 직업교육을 담당하는 전문인력을 두어야 하며, 진로 및 직업교육의 실시에 필요한 시설 · 설비를 마련해야 하고, 특수교육지원센터는 특수교육대상자에게 효과적인 진로 및 직업교육을 제공'해야 한다. 동법 제24조에서는 특수교육기관에는 고등학교 과정을 졸업한 특수교육대상자에게 진로 및 직업교육을 제공하기 위하여 수업연한 1년 이상의 전공과를 설치 · 운영할 수 있도록 하였다.

이와 관련하여 「장애인복지법」에서는 '각 개인의 적성과 능력에 적합한 직업에 종사할 수 있도록 직업 지도, 직업능력 평가, 직업 적응훈련, 직업훈련, 취업 알선, 고용 및 취업 후 지도 등 필요한 정책을 강구하여야 한다'고 하였다.

4) 고등교육 및 평생교육 지원

「장애인 등에 대한 특수교육법」과 「발달장애인 지원법」에서는 자폐성 장애인의 고등교육을 위한 지원과 평생교육과정을 설치하도록 하였다.

장애학생의 고등교육 지원의 대표적인 조항은 장애학생지원센터의 설치와 운영이다. 즉, 장애학생이 대학에 입학할 경우, 대학에서는 장애학생의 대학 교육지원을 위하여 장애학생지원센터를 설치하고 운영해야 하는데, 장애학생이 재학하고 있지 아니하거나 대통령령으로 정하는 바에 따라 장애학생 수가 일정 인원 이하인 소규모 대학 등은 장애학생 지원부서 또는 전담직원을 둠으로써 이에 갈음할 수 있다.

「장애인 등에 대한 특수교육법」에서는 각급학교의 장은 해당 학교의 교육환경을 고려하여 장애인의 계속교육을 위한 장애인 평생교육과정을 설치, 운영할 수 있도록 하였다. 또한 초·중등교육을 받지 못하고, 학령기를 지난 장애인을 위하여 학교 형태의 장애인평생교육시설을 설치·운영할 수 있다고 하였다. 이 법에서 정한 장애인 평생교육 지원과 관련하여 「발달장애인 지원법」에서는 이와 관련한 규정을 보다 강화하였는데, 국가와 지방자치단체는 발달장애인에게 평생교육의 기회가 충분히 부여될 수 있도록 특별자치시·특별자치도·시·군·구(자치구를 말한다. 이하 같다)별로 평생교육기관을 지정하여 발달장애인을 위한 교육과정을 적절하게 운영하도록 조치하여야 한다고 하였다.

지금까지 살펴본 평생교육 관련 규정을 시행하기 위한 조건은 평생교육 시설의 설치 운영과 평생교육 프로그램 개발 및 운영이다. 즉, 장애인의 장애 특성과 능력과 요구 등을 고려하여 체계적인 평생 교육 프로그램과 교육과정이 개발되어야 한다.

5. 치료 및 관련서비스 지원 체계

'특수교육 관련서비스'란 특수교육대상자의 교육을 효율적으로 실시하기 위하여 필요한 인적·물적 자원을 제공하는 서비스로서, 상담지원·가족지원·치료지원·보조인력 지원·보조공학기기 지원·학습보조기기 지원·통학지원 및 정보접근지원 등을 의미한다(「장애인 등에 대한 특수교육법」, 2016). 「특수교육법」의 '특수교육 관련서비스'

교육부 특수교육정책과에서 특수교육대상자의 교육을 효율적으로 실시하기 위해 제공

1. 서비스 대상
   1) 지원대상: 특수교육대상자 중 치료지원대상자로 선정된 자
   2) 선정기준: 특수교육대상자 중 치료지원을 희망하는 학생을 대상으로 진단ㆍ평가를 실시하
      고, 치료지원대상자 선정
2. 서비스 내용: 치료사 채용, 바우처 및 치료지원 제공기관(병ㆍ의원, 장애인복지관, 사설치료
   실 등)을 통해 물리치료, 작업치료 등의 서비스 제공
3. 서비스 신청방법: 시ㆍ도 교육청에 신청
4. 서비스 신청절차

초기상담 및 서비스 신청	사실 조사 및 심사	서비스 결정	서비스 제공
시ㆍ도 교육청에서 특수교육대상자 치료지원 서비스를 상담하고 서비스 신청 ⇨	시ㆍ도 교육청에서 사실을 확인하고 자격 여부를 심사 ⇨	시ㆍ도 교육청에서 서비스를 결정 ⇨	시ㆍ도 교육청에서 해당 서비스를 제공

[그림 12-6] 특수교육대상자 치료지원 서비스

출처: http://www.bokjiro.go.kr/welInfo/retrieveGvmtWelInfo.do?welInfSno=18

와 관련서비스의 치료지원에 필요한 인력에 관련한 구체적 사항은 다음에 제시한 바와 같다.

치료 및 관련서비스 지원은 특수교육대상 학생에 대한 치료지원, 상담지원, 교육과정 운영을 위한 보조인력지원, 차량지원, 교재 교구 지원, 기숙사 지원, 보조공학기기지원으로 구분될 수 있다. 이와 더불어, 자기결정권, 의사소통 지원, 정보서비스 지원, 상담지원이 이루어져야 한다. 그 외 평생교육지원, 문화ㆍ예술ㆍ여가ㆍ체육시설 지원, 의료 지원 체계 구축, 복지서비스 연계가 이루어져야 한다. 마지막으로 가족지원이 이루어져야 한다.

「장애인 등에 대한 특수교육법」에 제시된 특수교육 관련서비스

제28조(특수교육 관련서비스)

① 교육감은 특수교육대상자와 그 가족에 대하여 가족상담 등 가족지원을 제공하여야 한다.

② 교육감은 특수교육대상자가 필요로 하는 경우에는 물리치료, 작업치료 등 치료지원을 제공하여야 한다.

③ 각급학교의 장은 특수교육대상자를 위하여 보조인력을 제공하여야 한다.

④ 각급학교의 장은 특수교육대상자의 교육을 위하여 필요한 장애인용 각종 교구, 각종 학습보조기, 보조공학기기 등의 설비를 제공하여야 한다.

⑤ 각급학교의 장은 특수교육대상자의 취학 편의를 위하여 통학차량 지원, 통학비 지원, 통학 보조인력의 지원 등 통학 지원 대책을 마련하여야 한다.

⑥ 각급학교의 장은 특수교육대상자의 생활지도 및 보호를 위하여 기숙사를 설치·운영할 수 있다. 기숙사를 설치·운영하는 특수학교에는 특수교육대상자의 생활지도 및 보호를 위하여 교육부령으로 정하는 자격이 있는 생활지도원을 두는 외에 간호사 또는 간호조무사를 두어야 한다.

⑦ 제6항의 생활지도원과 간호사 또는 간호조무사의 배치기준은 국립학교의 경우 교육부령으로, 공립 및 사립 학교의 경우에는 시·도 교육규칙으로 각각 정한다.

⑧ 각급학교의 장은 각급학교에서 제공하는 각종 정보(교육기관에서 운영하는 인터넷 홈페이지를 포함한다)를 특수교육대상자에게 제공하는 경우 특수교육대상자의 장애유형에 적합한 방식으로 제공하여야 한다.

⑨ 제1항부터 제8항까지의 규정에 따른 특수교육 관련서비스의 제공을 위하여 필요한 사항은 대통령령으로 정한다.

제24조(치료지원)

① 제28조 제2항에 따른 치료지원에 필요한 인력은 주무부장관이 공인한 민간자격을 소지한 사람으로 한다.

② 교육감 또는 특수학교의 장은 특수교육지원센터 또는 특수학교에 치료실을 설치·운영할 수 있다.

③ 교육감은 장애인복지시설 등과 연계하여 치료지원을 할 수 있다.

1) 치료지원 서비스

「장애인 등에 대한 특수교육법」 제24조에 의하면 특수교육대상자가 필요로 하는 경우에는 물리치료, 작업치료 등 치료지원을 제공해야 한다. 치료지원에 필요한 인력은 주무부장관이 공인한 민간자격을 소지한 사람으로 하며, 교육감 또는 특수학교의 장은 특수교육지원센터 또는 특수학교에 치료실을 설치·운영할 수 있도록 하였다. 그와 더불어 장애인 복지시설 등과 연계하여 치료지원을 할 수 있다.

치료지원과 관련한 정책으로는 발달재활서비스와 치료지원 서비스 등이 있는데, 구체적인 내용은 〈표 12-5〉와 같다.

표 12-5　치료지원 서비스의 예시(2017년 기준)

사업명	지원대상	지원내용	비고
발달재활 서비스	• 연령기준: 만 18세 미만 장애아동 • 장애유형: 뇌병변, 지적, 자폐성, 언어, 청각, 시각 장애아동 • 소득기준: 전국가구 평균소득 150% 이하 • 기타요건:「장애인복지법」상 등록장애아동. 다만, 등록이 안 된 만 6세 미만 아동은 의사진단서(검사자료 포함)로 대체 가능	• 매월 14~22만 원의 발달재활 서비스 바우처 지원 • 언어·청능, 미술·음악, 행동·놀이, 심리, 감각·운동 등 발달재활서비스 선택하여 이용	읍·면·동에 신청
특수교육 대상자 치료지원 서비스	특수교육대상자가 치료지원을 희망하면, 진단·평가 실시하여 치료지원대상자 선정	치료사 채용, 바우처, 치료지원 제공기관(병·의원, 장애인복지관, 사설치료실 등)을 통해 물리치료, 작업치료 등을 지원	시·도 교육청에 신청

출처: http://www.bokjiro.go.kr/welInfo/retrieveGvmtWelInfo.do?welInfSno=358

2) 교육과정 운영에 필요한 관련서비스 지원

「장애인 등에 대한 특수교육법」 제28조에서는 특수교육 관련서비스를 명시하였는데, 그중 특수교육대상자를 위한 교육과정 운영에 필요한 관련서비스 지원내용은 다음과 같다.

「장애인 등에 대한 특수교육법」 제28조(특수교육 관련서비스)

④ 각급학교의 장은 특수교육대상자의 교육을 위하여 필요한 장애인용 각종 교구, 각종 학습보조기, 보조공학기기 등의 설비를 제공하여야 한다.

⑤ 각급학교의 장은 특수교육대상자의 취학 편의를 위하여 통학차량 지원, 통학비 지원, 통학 보조인력 지원 등 통학 지원 대책을 마련하여야 한다.

⑥ 각급학교의 장은 특수교육대상자의 생활지도 및 보호를 위하여 기숙사를 설치 · 운영할 수 있다. 기숙사를 설치 · 운영하는 특수학교에는 특수교육대상자의 생활지도 및 보호를 위하여 교육부령으로 정하는 자격이 있는 생활지도원을 두는 외에 간호사 또는 간호조무사를 두어야 한다.

⑦ 제6항의 생활지도원과 간호사 또는 간호조무사의 배치기준은 국립학교의 경우 교육부령으로, 공립 및 사립학교의 경우에는 시 · 도 교육규칙으로 각각 정한다.

• 특수교육대상자 지원내용
  - 교육비(교과서대, 학용품비, 부교재비 등) 지원
  - 급식비, 학교 우유급식 지원
  - 장애학생 도우미 지원
  - 장애인 정보화 교육
  - 장애학생 정보격차 해소 지원
  - 방과 후 과정 지원, 방과 후 과정 경비 지원
  - 특수교육보조원(교내 교수 학습 활동 및 이동 보조) 지원
  - 특수교육대상자 치료지원 서비스

3) 의사소통 및 정보서비스 지원

「장애인 등에 대한 특수교육법」에서는 각급학교의 장은 각급학교에서 제공하는 각종 정보(교육기관에서 운영하는 인터넷 홈페이지를 포함한다)를 특수교육대상자에게 제공하는 경우 특수교육대상자의 장애유형에 적합한 방식으로 제공하여야 한다고 하였다. 이와 더불어 「발달장애인 지원법」 제10조 제2항에서는 발달장애인이 자신의 의사를 원활하게 표현할 수 있도록 학습에 필요한 의사소통도구를 개발하고 의사소통지원

전문인력을 양성하여 발달장애인에게 도움이 될 수 있도록 평생교육기관 등을 통하여 필요한 교육을 실시하여야 한다고 하였다.

> **「발달장애인 권리 보장 및 지원에 관한 법률」 제10조(의사소통지원)**
>
> ① 국가와 지방자치단체는 발달장애인의 권리와 의무에 중대한 영향을 미치는 법령과 각종 복지지원 등 중요한 정책정보를 발달장애인이 이해하기 쉬운 형태로 작성하여 배포하여야 한다.
>
> ② 교육부장관은 발달장애인이 자신의 의사를 원활하게 표현할 수 있도록 학습에 필요한 의사소통도구를 개발하고 의사소통지원 전문인력을 양성하여 발달장애인에게 도움이 될 수 있도록 「초·중등교육법」 제2조 각 호의 학교와 「평생교육법」 제2조 제2호의 평생교육기관 등을 통하여 필요한 교육을 실시하여야 한다.
>
> ③ 행정자치부장관은 국가와 지방자치단체의 민원담당 직원이 발달장애인과 효과적으로 의사소통할 수 있도록 의사소통 지침을 개발하고 필요한 교육을 실시하여야 한다. (개정 2014. 11. 19.)
>
> ④ 제1항부터 제3항까지에 따른 정책정보의 작성 및 배포, 의사소통도구의 개발·교육 및 전문인력 양성, 민원담당 직원에 대한 의사소통 지침 개발 및 교육 등에 필요한 사항은 대통령령으로 정한다.

4) 행동지원

대부분의 자폐성 장애학생은 이들이 나타내는 '제한적 반복행동과 관심 및 활동'으로 인해 여러 다양한 사회적 상황에서 생활하고 적응하는 데 어려움을 겪는다. 더불어 이들과 함께 생활하는 가족과 학교의 친구와 교사들도 이러한 특성을 이해하고 상호작용하는 데 어려움을 겪는다. 이에 따라 제6장에서 안내한 바와 같이 교사들은 체계적인 행동 지원 방안을 알고 자폐성 장애학생에게 이를 적용할 수 있어야 한다.

「발달장애인 권리 보장 및 지원에 관한 법률」에서는 자폐성 장애인의 행동발달증진센터를 설치·운영하도록 하였으며, 다음은 이에 관련한 법과 시행규칙의 내용이다.

「발달장애인 권리 보장 및 지원에 관한 법률」 제24조(재활 및 발달 지원)
④ 국가와 지방자치단체는 자해·공격 등 행동문제로 인하여 일상생활에 곤란을 겪는 발달장애인을 전문적으로 지원하기 위하여 대통령령으로 정하는 바에 따라 행동발달 증진센터를 설치·운영할 수 있다.

「발달장애인 권리 보장 및 지원에 관한 법률 시행규칙」 제17조(행동발달증진센터의 설치·운영)
① 행동발달증진센터에는 다음 각 호의 전담인력을 갖추어야 한다.
　1. 행동발달증진센터의 장 1명
　2. 행동치료 전문가 및 행동치료 지원 전문가 3명 이상
② 행동발달증진센터는 발달장애인의 보호와 치료에 필요한 장치로서 안전벽, 안전문, 폐쇄회로 텔레비전 등 관찰시설, 비상벨, 모서리 안전장치, 놀이공간 등을 설치한 치료실을 독립된 공간으로 3개 이상을 갖추어야 한다.

5) 자기결정권 보장

「발달장애인 권리 보장 및 지원에 관한 법률」 제8조에서는 자폐성 장애인이 주거지를 결정하고, 의료행위에 대한 동의나 거부, 타인과의 교류, 복지서비스의 이용 여부와 서비스 종류의 선택 등을 스스로 결정할 수 있도록 자기결정권을 보장해야 한다고 명시하였다. 이를 위해 충분한 정보와 의사결정에 필요한 도움을 제공해야 하며, 스스로 의사를 결정할 능력이 충분하지 않은 경우, 보호자가 발달장애인의 의사결정을 지원할 수 있다고 하였다.

「발달장애인 권리 보장 및 지원에 관한 법률」 제8조(자기결정권의 보장)
① 발달장애인은 자신의 주거지의 결정, 의료행위에 대한 동의나 거부, 타인과의 교류, 복지서비스의 이용 여부와 서비스 종류의 선택 등을 스스로 결정한다.
② 누구든지 발달장애인에게 의사결정이 필요한 사항과 관련하여 충분한 정보와 의사결정에 필요한 도움을 제공하지 아니하고 그의 의사결정능력을 판단하여서는 아니 된다.

③ 제1항 및 제2항에도 불구하고 스스로 의사를 결정할 능력이 충분하지 아니하다고 판단할 만한 상당한 이유가 있는 경우에는 보호자가 발달장애인의 의사결정을 지원할 수 있다. 이 경우 보호자는 발달장애인 당사자에게 최선의 이익이 되도록 하여야 한다.

6) 문화·예술·여가·체육시설 지원

「발달장애인 권리 보장 및 지원에 관한 법률」(2015)에서는 자폐성 장애인이 영화, 전시관, 박물관 및 국가·지방자치단체 등이 개최하는 각종 행사 등을 관람, 참여, 향유할 수 있도록 발달장애인을 지원할 수 있다고 하였다. 이를 위해 발달장애인의 특성과 흥미에 적합한 방식으로 설계된 시설, 놀이기구, 프로그램 및 그 밖의 장비 등을 지원할 수 있으며, 발달장애인의 생활체육을 활성화시키기 위하여 생활체육 행사 및 생활체육 관련 단체를 지원할 수 있다고 하였다.

7) 자폐성 장애인을 위한 공공 후견인 제도

「발달장애인 권리 보장 및 지원에 관한 법률」(2015)에서는 성년후견제 이용지원을 법제화하였다. 성년후견제는 (1) 일상생활에서 의사를 결정할 능력이 충분하지 아니하거나 매우 부족하여 의사결정의 대리 또는 지원이 필요하다고 볼 만한 상당한 이유가 있는 경우, (2) 발달장애인의 권리를 적절하게 대변하여 줄 가족이 없는 경우, (3) 별도의 조치가 없으면 권리침해의 위험이 상당한 경우에 해당하여 후견인을 선임할 필요가 있지만 자력으로 후견인을 선임하기 어렵다고 판단되는 경우에는 그를 위하여 「민법」 제9조(성년후견제 이용지원)에 따라 가정법원에 성년후견개시, 한정후견개시 또는 특정후견의 심판을 청구할 수 있다고 하였다. 이에 따라 국가에서는 발달장애인 공공 후견지원사업을 시행하고 있다. 공공후견지원사업의 지원 대상은 19세 이상의 발달장애인이며, 선정기준은 전국가구 평균 소득의 150% 이하에 해당하는 경우이다. 지원 내용으로는 심리절차비용과 후견인 활동비용 등이다(보건복지부, 2016).

6. 자폐성 장애인의 가족 및 보호자 지원 체계

자폐성 장애학생의 가족과 보호자는 학생과 지속적으로 생활하고 상호작용하며, 양육하는 매우 중요한 사회적 환경이다. 이에 따라 법규에서는 가족의 의무와 권리를 규정하였으며, 이를 위해 가족지원이 실현되어야 한다고 하였다.

「장애인 등에 대한 특수교육법」에서 규정하고 있는 보호자의 권리와 의무는 다음과 같다. 첫째, 자녀가 장애를 가지고 있다고 의심되는 경우, 진단을 의뢰할 수 있으며, 각급학교 장이 진단을 의뢰하는 경우에는 보호자가 동의해야 하는 권리를 갖는다. 또한 진단·평가의 과정에서 보호자는 그들의 의견을 진술할 수 있는 기회를 보장받을 수 있는 권리를 지닌다. 둘째, 보호자는 자녀에 대해 의무교육 기회를 보호하고 존중해야 해야 할 의무가 있다. 자녀가 의무교육대상자가 아닌 무상교육 대상자로 만 3세 미만인 경우, 보호자는 교육장에게 자녀의 조기교육을 요구할 수 있다. 셋째, 특수교육대상자의 교육기관 배치 시에는 특수교육대상자의 장애 정도와 능력을 반영하는 것은 물론, 보호자의 의견이 반영되어야 한다. 넷째, 보호자는 자녀의 요구에 적합한 교육을 위해 개별화교육지원 팀 구성원으로 참여할 수 있는 권리를 지닌다.

이러한 권리와 의무를 지니고 자녀를 양육하는 가족을 위해 가족지원이 실행되어야 한다고 하였다. 「장애인 등에 대한 특수교육법」에서는 관련서비스로 가족지원을 규정하고 있다. 동법 시행령에서는 가족지원을 위한 방법으로 가족 상담, 양육 상담, 보호자교육, 가족지원 프로그램 운영 등을 실행해야 한다고 규정하고 있다.

「발달장애인 지원법」에서는 보다 구체적으로 가족과 보호자에 대한 지원을 규정하였으며, 이 법에서 규정하고 있는 가족지원 관련 조항은 다음과 같다. 첫째, 보호자가 자녀를 적절하게 보호하고 양육하는 데 필요한 정보를 제공하거나 관련 교육을 받을 수 있도록 보호자의 정보를 제공해야 하고, 둘째, 장애자녀와 생활하는 보호자에 대한 심리 상담을 지원해야 하며, 셋째, 가족의 일상적인 양육부담을 줄이고 보호자의 정상적인 사회활동을 돕기 위하여 돌봄 및 일시적 휴식 지원 서비스를 제공하고, 형제·자매로서 발달장애인이 아닌 아동 및 청소년이 건전하게 성장할 수 있도록 이들의 정서발달과 심리적 부담 해소 등을 위한 프로그램 운영을 지원할 수 있는 휴식지원 등을 제공해야 한다.

이러한 행정적 지원 외에도 자폐성 장애자녀를 둔 부모를 중심으로 결성된 대표적인 기관으로는 '자폐인 사랑협회'가 있는데, 이 협회에서는 자폐인 자녀를 양육하는 부모를 지원하기 위하여 여러 다양한 사업을 실시하고 있다. 자폐인 사랑협회는 상담, 생애주기별 역량강화 및 가족지원사업, 자립 및 사회통합지원사업, 교육연구사업, 권리옹호사업, 인식개선사업, 정책개발 및 제도 개선 사업 등을 실시하고 있다. 이 협회는 미국 자폐성 장애아동 부모협회인 'Autism Speaks'와도 활발한 연계활동을 하고 있으며, 매년 4월 1일에는 자폐인의 날 행사를 개최하여 일반인의 장애 인식을 개선하고

표 12-6 자폐성 장애인의 가족 및 보호자 지원 법률

법률	관련 조항 및 내용
「장애인 등에 대한 특수교육법」	• 보호자의 의무 • 정부와 학교의 보호자에 대한 책임 및 보호자의 권리 • 가족지원(가족 상담, 양육 상담, 보호자교육, 가족지원 프로그램 운영)
「장애인 차별 금지 및 권리 구제 등에 관한 법률」	• 장애인 차별 방지(제29, 30조) • 친권자 및 양육책임자에 대한 국가와 지방자치단체의 지원책 마련(제36조)
「장애인복지법」	• 당사자 및 부모 의견수렴(제5조) • 세제상의 조치, 공공시설 이용료 감면, 운임료 감면 조치(제30조) • 장애인이 부양하는 자녀 또는 장애인인 자녀의 교육비 지급(제38조) • 장애아동수당과 보호수당 지급(제50조) • 활동보조인 등 서비스 지원(제55조)
「장애인 권리 협약」	• 종합적 정보 서비스 및 지원물 제공에 대한 정부의 책무 규정(제29조) • 직계가족이 장애아동을 돌볼 수 없을 경우 대체적 보호를 제공해야 할 정부의 책무 규정(제29조)
「장애아동 복지 지원법」	• 발달재활서비스(재활치료), 장애아 보육지원 등의 법적 근거 마련(제19, 26조) • 의료비 지원(제19조) • 보조기구 지원(제20조) • 발달재활서비스 지원(제21조) • 보육지원(제22조)
「발달장애인 권리 보장 및 지원에 관한 법률」	• 보호자에 대한 정보제공과 교육(제30조) • 보호자에 대한 상담지원(제31조) • 휴식지원(제32조)

제12장 자폐성 장애학생을 위한 지원 체계

자 노력하고 있다. 또한 최근에는 부모 양육 기술 훈련(Parnet Skill Training)을 실시하여 자폐성 장애 진단을 처음 받고 자녀와 상호작용하는 방법에 어려움을 겪는 부모들을 보다 체계적으로 지원하고 있다(www.autismkorea.kr).

요약

이 장에서는 자폐성 장애학생을 위한 지원 체계를 살펴보았다. 자폐성 장애학생을 위한 지원 체계는 기본적으로 국가의 법령과 국가 정책이라고 하는 외부 체계에서부터 장애학생과 지속적으로 상호작용하는 가족 구성원 및 학교와 학급에 이르기까지 그 체계의 수준에서부터 내용에 이르기까지 매우 다층적인 구조로 구성되었으며, 이러한 구조적 틀은 상호 영향을 주고받는다. 자폐성 장애학생을 위한 교육적 지원 체계는 「장애인 등에 대한 특수교육법」에 의해 그 면모를 갖추기 시작하였으며, 그 외 여러 다양한 관련 법령에 의해 지원을 받는다. 특별히 최근 「발달장애인 권리 보장 및 지원에 관한 법률」이 제정됨으로써 보다 다양한 지원을 보장받을 수 있게 되었다. 그러나 자폐성 장애자녀를 둔 대부분의 부모는 어디에서부터 어떻게 지원을 받아야 하는지 알지 못해 혼란스러워한다. 이에 따라 이 장에서는 자폐성 장애학생을 위한 교육 및 치료 지원을 포함한 지원 체계를 관련 법령과 관련 행정 부처에서 제시한 여러 지원 요소를 중심으로 살펴보았다.

□ 자폐성 장애의 조기발견과 선별 체계를 이해할 수 있다.
- 조기발견: 자폐성 장애아동은 그 장애 특성으로 인해 조기 중재가 필요하며 이를 위해 무엇보다 조기발견이 필요하다. 자폐성 장애를 조기에 발견하려면 먼저 모든 국민을 대상으로 자폐성 장애가 무엇인지, 자폐성 장애의 조기발견이 왜 필요한지, 자폐성 장애를 조기에 발견했을 때 받을 수 있는 지원은 무엇인지 등을 체계적으로 알리는 대중 인식 개선 활동과 홍보가 필요하다.
- 선별검사: 선별검사의 주요 목적은 발달상의 어려움이 있는지와 보다 심화된 진단이 필요한지 여부를 파악하기 위한 것이다. 우리나라의 경우 해당 지역 내 보건소와 병원 또는 의원(醫院)에서 모든 영유아를 대상으로 선별검사를 무상으로 실

시하도록 하여 장애 및 발달의 어려움을 조기에 발견하기 위한 노력을 기울이고 있다.

□ 자폐성 장애의 장애 진단 및 장애인 등록 체계를 알고 안내할 수 있다.
• 장애 진단: 선별검사에 의해 발달에 어려움이 의심되는 경우 의료기관에 장애 진단을 의뢰하며 의뢰받은 의료기관은 장애 상태를 진단한 후 진단서를 통보하고 정밀검사가 필요한 경우 장애 정도에 대한 진단을 의뢰할 수 있다.
• 자폐성 장애 등급 판정 및 장애인 등록: 우리나라 「장애인복지법 시행규칙」에 따르면 전반성발달장애(자폐증)은 1, 2, 3급으로 구분하고 있다. 자폐성 장애 진단을 받고 장애 등급 판정을 받은 경우, 보건복지부령이 정하는 사항을 특별자치시장·특별자치도지사·시장·군수 또는 구청장에게 등록하고, 이러한 절차에 따라 등록을 신청하고 장애인의 정의에 부합하는 경우 장애인 등록증을 내 주어야 한다.

□ 특수교육대상자의 선정 및 배치 절차를 이해하고 적용할 수 있다.
• 특수교육대상자 선정: 특수교육지원센터는 진단·평가가 회부된 후 30일 이내에 진단·평가를 시행하여야 하고 특수교육대상자로의 선정 여부 및 필요한 교육지원 내용에 대한 최종 의견을 작성하여 교육장 또는 교육감에게 보고하여야 한다.
• 특수교육대상자 배치: 특수교육대상자로 선정된 자폐성 장애학생은 일반학교의 일반학급, 일반학교의 특수학급, 특수학교에 배치된다.

□ 자폐성 장애학생을 위한 특수교육 지원 체계를 알고 안내할 수 있다.
• 특수교육대상자 특성을 반영한 교육과정 운영: 특수교육대상자를 위한 교육과정은 장애의 종별 및 정도를 고려하여야 한다. 그러므로 자폐성 장애인의 장애 특성과 장애 정도를 반영한 교육과정을 운영해야 한다.
• 개별화교육: 개별화교육이란 특수교육대상자 개인의 능력을 계발하기 위하여 장애유형 및 장애특성에 적합한 교육목표·교육방법·교육내용·특수교육 관련서비스 등이 포함된 계획을 수립하여 실시하는 교육이다.
• 진로 및 직업교육: 진로 및 직업교육이란 특수교육대상자의 학교에서 사회 등으

로의 원활한 이동을 위하여 관련 기관의 협력을 통하여 직업재활훈련·자립생활 훈련 등을 실시하는 것이다. 그러므로 자폐성 장애인이 학교를 졸업한 후 사회에 적응할 수 있도록 진로 및 직업교육을 제공해야 한다.

• 고등교육 및 평생교육지원: 자폐성 장애인의 고등교육과 평생교육을 위해 체계적인 고등교육 프로그램과 평생교육 프로그램이 개발되어야 한다.

□ 자폐성 장애학생을 위한 치료 및 관련서비스 지원 체계를 알고 안내할 수 있다.

자폐성 장애학생을 위한 치료 및 관련서비스 지원 체계는 매우 다양하고, 교육부와 보건복지부 등 여러 관련 부처에서 지원 서비스를 실시하고 있다. 치료지원서비스에는 물리치료 및 작업치료와 언어치료, 놀이치료 등이 대표적인 치료 서비스로 제공되고 있으며, 이 외에도 학생의 요구와 필요에 따라 다양한 치료지원 서비스가 이루어질 수 있다. 또한 교육과정의 원활한 운영을 위해 장애인용 각종 교구 및 학습보조기, 보조공학기기 등의 설비를 제공받을 수 있다. 또한 의사소통 및 정보지원 서비스, 행동지원, 자기결정권 보장, 문화·예술·여가·체육시설 지원, 공공후견인 제도 등 다양한 지원 체제가 있다.

□ 자폐성 장애인의 가족과 보호자를 위한 지원 체계를 알고 안내할 수 있다.

자폐성 장애인의 보호자에게 필요한 주요 지원 내용으로는 자녀의 발달과 교육 및 장애 특성 등에 대한 정보 제공과 심리 상담 지원, 돌봄 및 일시적 휴식 지원 서비스, 형제·자매로서 발달장애인이 아닌 아동 및 청소년이 건전하게 성장할 수 있도록 이들의 정서발달과 심리적 부담 해소 등을 위한 프로그램 등이 있다.

참고문헌

강삼성, 이효신(2012). 학급수준의 긍정적 행동지원이 통합학급 초등학생의 문제행동과 학교생활 만족도에 미치는 영향. 정서·행동장애연구, 28(3), 1-35.

강승모(2014). 시각적 지원 수업 전략이 자폐성 장애학생의 과학적 탐구능력과 수업참여 행동에 미치는 영향. 한국교원대학교 대학원 석사학위논문.

교육과학기술부(2009). 특수교육 연차보고서. 서울: 교육과학기술부.

교육부 특수교육정책과(2016). 2017년 특수교육 운영계획. 세종: 교육부.

교육부(2016). 2016 특수교육통계. 세종: 교육부.

교육부(2017). 특수교육 연차보고서. 세종: 교육부.

구미향, 이양희(2002). 자폐아 어머니의 심리적응 유형 분석연구: 어머니와 전문가의 주관적 관점을 중심으로. 대한가정학회지, 40(6), 117-131.

국립특수교육원(2009). 특수교육학 용어사전. 서울: 하우.

국립특수교육원(2014). 2014 특수교육실태조사. 충남: 국립특수교육원.

김경민, 이숙향(2012). 가정과 학교의 협력을 통한 멀티미디어 상황이야기 중재가 자폐아동의 문제행동과 수업참여행동에 미치는 영향. 특수교육, 11(2), 27-54.

김미삼, 전진아, 이윤경(2012). 자폐범주성장애 아동과 지적장애 아동의 초기 의사소통 행동 비교. 자폐성장애연구, 12(2), 1-20.

김미영, 이소현, 허수연(2012). 자폐범주성 장애 아동을 대상으로 한 중심축 반응 훈련 중재의 메타분석-단일대상연구를 중심으로. 특수아동교육연구, 14(3), 1-23.

김민영, 이소현(2006). 환경중심 의사소통 중재가 자폐아동의 자발적인 기능적 의사소통 행동에 미치는 영향. 특수교육, 5(2), 31-56.

김보경, 박지연(2017). 학년 단위의 긍정적 행동지원을 통해 실시된 보편적 지원이 통합학급 초등학생의 사회적 능력, 수업참여행동 및 학교 분위기에 대한 인식에 미치는 영향. 정서·행동장애연구, 33(1), 85-105.

김상은, 김은경(2010). Touchmath 원리와 직접교수를 적용한 수학지도가 자폐성 장애 학생의 덧셈·뺄셈 연산 수행에 미치는 효과. 특수교육학연구, 15(2), 89-113.

김소년(2001). 자폐성 장애 아동의 수학 능력. 단국대학교 대학원 미간행 석사학위논문.

김소연, 이소현(2011). 생활 속 글감을 활용한 마인드맵 교수가 중학교 자폐 학생의 읽기 전략 수행 및 읽기 이해에 미치는 영향. 자폐성장애연구, 11(1), 1-22.

김수정(2012). 장애아동 가족의 양육부담과 가족적응과의 관계에서 장애아동이 가족에 미친 긍정적 기여에 대한 부모 인식의 매개효과. 한국가족복지학, 35, 41-72.

김애화, 김의정, 김자경, 최승숙(2012). 학습장애 이론과 실제. 서울: 학지사.

김영란(2012). 특수학교차원의 긍정적 행동지원이 장애학생의 행동과 개별화교육목표 성취 및 학생 행동관리에 대한 교사의 인식에 미치는 영향. 이화여자대학교 미간행 박사학위논문.

김영익, 권순복(2006). 통합 환경에서 사진교환 의사소통 체계를 이용한 중재가 발달장애 유아의 행동요구하기 기능에 미치는 효과. 특수교육재활과학연구, 45(4), 103-126.

김영태(2014). 아동언어장애의 진단 및 치료(2판). 서울: 학지사.

김영표, 신현기(2008). 장애학생의 수학적 문장제 문제해결에 관한 교수방법의 중재 효과: 메타분석. 특수교육저널: 이론과 실천, 9(1), 413-437.

김완숙, 방명애(2014). 자폐성 장애 아동을 위한 사회적 상황이야기 중재를 활용한 국내외 실험연구 분석. 자폐성장애연구, 14(1), 47-73.

김은경(2009). 자폐범주성 장애 아동 대상의 중심축 반응훈련 중재 연구에 관한 문헌 분석. 자폐성장애연구, 9(1), 101-122.

김은경(2010). 자폐 스펙트럼 장애 영유아의 초기 사회적 의사소통 특성에 관한 종단 연구. 자폐성장애연구, 10(2), 25-49.

김은경, 방명애, 박현옥(2014). 자폐성장애 교육 관련 연구의 동향 분석: 국내 특수교육 분야 학술지 논문을 중심으로. 특수교육학연구, 49(3), 167-193.

김해선, 김은경, 전상신(2016). 상황이야기 중재가 자폐성 장애 아동의 자발적인 사회적 행동에 미치는 효과. 특수교육저널: 이론과 실천, 17(3), 283-312.

나경은(2010). 학습장애 학생의 수학문장제 해결 기술에 대한 도식기반중재의 효과. 학습장애연구, 7(1), 135-156.

노승림(2016). 자폐성장애 학생을 위한 읽기이해 중재연구 분석: 국내외 단일대상연구를 중심으로. 자폐성장애연구, 16(3), 21-47.

노승림, 김은경(2011). 직접교수를 적용한 도식기반 전략 교수가 자폐스펙트럼장애 학생의 문장제 문제 수행에 미치는 영향. 정서·행동장애연구, 27(4), 359-388.

노승림, 김은경(2014). 읽기전략 교수가 ADHD 초등학생의 읽기이해에 미치는 효과. 특수교육학연구, 49(2), 69-98.

노은호, 김은경(2010). 통합상황에서 강화된 환경중심 언어중재가 자폐 아동의 자발화와 반향어에 미치는 효과. 한국보육학회지, 10(1), 169-193.

문현미, 권명옥, 김정일, 이근용, 손영미(2007). 보완적 의사소통체계의 사용이 자폐성 유아의 자발적 구어 촉진에 미치는 효과 비교: 그림교환의사소통체계와 수화체계를 중심으로. 정서·행동장애연구, 23(3), 509-533.

박경석, 방명애, 홍점숙(2015). 시각적 단서를 이용한 자기관리중재가 지적장애 고등학생의 현금인출기 사용기술에 미치는 영향. 지적장애연구, 17(2), 25-47.

박계신, 박현옥, 이효신 공역(2015). 자폐스펙트럼장애 유아 교육의 이론과 실제(*Educating young children with autism spectrum disorders: A guide for teachers, counselors, and psychologists*). Barton, E. E. & Harn, B. 공저. 서울: 시그마프레스. (원저는 2012년에 출간).

박애선(2013). 자폐성장애아동 어머니의 양육스트레스가 심리적 안녕감에 미치는 영향: 가족 기능성과 사회적 지지의 매개효과 검증. 한국가족복지학, 41, 142-165.

박지현, 송현주(2016). ADHD 성향 초등학교 고학년의 계획 및 조직화 중심 실행기능 향상 프로그램 효과. 재활심리연구, 23(1), 159-171.

박향희, 홍경훈, 홍석미, 김수진(2015). 한국어 영유아자폐성장애 선별검사 수정판(KM-CHAT-R) 타당성 연구. 유아특수교육연구, 15(1), 1-20.

박현옥(2001a). 다른 사람의 믿음에 대한 이해를 중심으로 한 일반학생과 정신지체 학생 및 자폐학생의 생각의 원리 발달. 특수교육학연구, 35(4), 99-120.

박현옥(2001b). 자폐아동의 다른 사람에 대한 인식의 발달과 모방의 사회적 역할. 특수교육연구, 8, 119-136.

박현옥(2001c). 장애 학생의 암시적 기억과 교수적 적용방안. 재활복지, 5(2), 102-126.

박현옥(2004). 자폐아동을 위한 상황이야기 중재 효과 고찰. 정서·행동장애연구, 20(2), 285-307.

박현옥(2005). 나의 학교 이야기: 발달장애아동의 사회적 기술 향상을 위한 상황이야기. 서울: 파라다이스복지재단.

박현옥(2007). 장애아동의 발달단계와 교육과정에 근거한 상황이야기 개발 및 적용 효과 검증: 일반교육 프로그램에 통합된 장애아동의 사회적 적응 지원을 중심으로. 정서·행동장애연구, 23(3), 75-102.

박현옥(2008). 마음이해 능력에서의 개인차 관련 요인에 대한 선행연구 고찰. 자폐성장애연구, 8(1), 155-173.

박현옥(2011). 자폐성 장애 아동을 위한 마음이해 향상 프로그램. 서울: 학지사.

박현옥(2012). 자폐스펙트럼장애 아동의 제한된 행동과 관심에 대한 교사의 경험과 인식. 자폐성장애연구, 12(2), 131-157.

박현옥(2017). 자폐성 장애 학생의 제한된 특별한 관심을 활용한 교육적 지원 요소의 중요도와 실행도 분석. 유아특수교육연구, 17(1), 25-43.

박현옥, 김은경, 방명애(2016). 자폐성장애 학생의 연령 및 지능에 따른 제한적 반복행동 분석. 자폐성장애연구, 16(1), 77-106.

박현옥, 이소현(2001). 자폐아동과 일반아동의 심리적 상태에 대한 표현어휘 능력 비교. 언어청각장애연구, 6(2), 392-405.

박현옥, 이소현(2010). 마음이해 향상 프로그램이 자폐성 장애 아동의 정서-믿음 과제 수행 및 심리적 상태 관련 표현 어휘와 사회성에 미치는 효과. 특수교육학연구, 45, 73-99.

박현옥, 이정은, 노진아, 권현수, 서선진, 윤현숙 공역(2010). 특수교육개론(Special education for today's teachers: An introduction). Rosenberg, M. S., Westling, D. L., & Mcleskey, J. 공저. 서울: 학지사. (원저는 2008년 출간)

박현옥, 장지연(2015). 자폐스펙트럼 장애 학생의 특별한 관심의 정도와 영향에 대한 학부모와 교육전문가의 인식. 자폐성장애연구, 15(2), 1-22.

박현옥, 장지연, 김은주(2017). 자폐성 장애 학생의 제한된 특별한 관심을 활용한 선호도와 강점 중심의 교육 모델 개발. 자폐성장애연구, 17(1), 21-45.

박혜진(2013). 자폐범주성장애아동을 위한 모방기술 중재 관련 연구문헌 분석. 자폐성장애연구, 13(2), 65-86.

방명애(1999). 자폐아 교육의 최상의 실제. 정서·행동장애연구, 15(1), 149-172.

방명애(2000). 자폐아동의 인지특성과 교수전략. 정서·행동장애연구, 16(1), 139-157.

방명애(2001). 정신지체아동의 지체정도와 학교급간이 의사결정기술에 미치는 영향. 특수교육학연구, 36(1), 147-168.

방명애(2006a). 자기결정기술 활동프로그램의 적용이 정신지체학생의 자기결정기술에 미치는 영향. 재활복지, 10(1), 60-84.

방명애(2006b). 역할놀이 중심의 자기결정 활동프로그램의 적용이 정신지체 학생의 자기결정기술과 적응행동에 미치는 영향. 특수교육연구, 13(1), 179-200.

방명애(2006c). 자기결정기술 활동 프로그램. 서울: 도서출판 특수교육.

방명애(2008). 청소년기 자폐범주성 장애학생의 전환교육. 한국자폐학회 추계 학술대회 자료집(pp. 59-70). 서울: 한국자폐학회.

방명애(2012). 전환기 장애학생을 위한 자기결정기술 활동 프로그램. 서울: 굿에듀북.

방명애(2015). 장애학생 학부모 상담 및 갈등해결을 위한 전략. 직무연수 제9기 자료집(pp. 71-76). 경기: 국립특수교육원.

방명애(2016). 장애학생 가족지원 및 부모상담. 자격연수 제2기 자료집(pp. 417-428). 충남: 국립특수교육원.

방명애(2017). 부모상담 및 가족지원을 위한 진단평가의 실제. 직무연수 제7기 자료집(pp. 19-25). 충남: 국립특수교육원.

방명애, 김수현(2001). 정신지체 고등학생을 위한 의사결정기술 교수프로그램의 적용효과. 언어청각장애연구, 6(2), 463-480.

방명애, 김수현(2006). 장애학생을 위한 의사결정기술 교수프로그램. 서울: 파라다이스복지재단.

방명애, 오경숙, 박혜영(2004). 연극놀이 훈련프로그램이 정신지체학생의 적응행동과 감각표현에 미치는 영향. 놀이치료연구, 8(2), 93-109.

방명애, 이숙향, 이영선 공역(2009). 장애학생을 위한 자기주도적 전환계획 프로그램(*Whose future is it anyway?*). Wehmeyer, M., Lawrence, M., Garner, N., Sooukup, J., & Palmer, S. 공저. 서울: 굿에듀북. (원저는 2004년 출간)

방명애, 이효신 공역(2013). **정서행동장애: 이론과 실제(제5판)**[*Emotional and behavioral disorders: theory and practice* (5th ed.)]. Webber, J., & Plotts, C. A. 공저. 서울: 시그마프레스.

방명애, 전수정(2007). 초등통합학급 역할놀이 중심의 자기결정기술 프로그램이 장애아동의 자기결정기술과 비장애아동의 정서능력 및 장애아동에 대한 태도에 미치는 영향. 유아특수교육연구, 7(1), 157-173.

방명애, 최하영(2003). 초등 경도장애아동을 위한 자기결정기술 프로그램의 적용효과에 대한 특수교사와 일반교사의 인식비교. 특수교육연구, 10(2), 99-122.

방선주, 김은경(2010). 과정중심 쓰기 교수가 자폐성 장애 학생의 쓰기 능력에 미치는 효과. 정서·행동장애연구, 26(3), 151-178.

보건복지부(2009). 선생님, 우리 아이들 잘 크고 있나요?: 발달이 늦은 영유아 조기발견을 위한 어린이집 보육교사 안내서. 세종: 보건복지부.

보건복지부(2016). 2016년 발달장애인지원 사업 안내. 세종: 보건복지부.

상지연, 김은경(2009). 그림교환의사소통체계(PECS) 훈련이 자폐 유아의 자발적 사물요구하기 기능 습득과 일반화에 미치는 효과. 자폐성장애연구, 9(2), 1-23.

서경희(2001). 아스퍼거 증후군: 인지적 결손을 중심으로. 재활심리연구, 8(2), 83-103.

서경희(2002). 자폐아의 단어재인 과정. 난청과 언어장애연구, 25(2), 97-109.

서경희(2013). 고기능 자폐장애 청소년과 아스퍼거장애 청소년의 비언어적 의사소통 특성. 정서·행동장애연구, 29(1), 73-106.

서경희, 김미경(2004). 고기능 자폐아의 중앙응집. 정서·행동장애연구, 20(1), 315-336.

성경선, 방명애(2012). 정신연령을 통제한 자폐장애 아동과 비장애 아동의 생각의 원리와 실행기능의 과제수행 능력 비교. 특수아동교육연구, 14(2), 53-71.

심경희, 김은경(2015). 그래픽 조직자 활용 읽기지도가 자폐스펙트럼장애 중학생의 설명글 읽기

이해에 미치는 영향. 정서·행동장애연구, 31(3), 553-577.

양명희(2015). 개별대상연구. 서울: 학지사.

양명희(2016). 행동수정이론에 기초한 행동지원(2판). 서울: 학지사.

유현아, 방명애, 홍점숙(2016). 스마트러닝 기반의 수세기 학습이 자폐성장애 학생의 수세기 수행과 수업참여행동에 미치는 영향. 자폐성장애연구, 16(1), 27-51.

은백린, 문진수, 은소희, 이혜경, 신손문, 성인경, 정희정(2010). 현행 영유아 및 소아청소년 건강 검진제도의 평가 및 대안. *Korean Journal of Pediatrics*, 53(3), 300-306.

이경숙, 정석진, 박진아, 신의진, 유희정(2015). 자폐스펙트럼장애 영유아의 조기 선별 요인. 자폐성장애연구, 15(3), 1-24.

이경숙, 정석진, 조숙환, 신의진, 전민경, 안수인(2016). 국내 영유아 자폐스펙트럼장애의 SACS-K 적용: 자폐스펙트럼장애, 발달지연, 일반 집단 지표 비교. 자폐성장애연구, 16(1), 1-26.

이금섭, 송미화(2007). 가족기능 강화 프로그램 개발을 위한 기초연구: 자폐성 장애 유아 어머니를 대상으로. 정서행동장애연구, 23(3), 477-507.

이동휘, 이효신(2014). 위치단서 유무에 따른 비연속 시행 훈련이 자폐 스펙트럼 장애 아동의 단어재인에 미치는 영향. 정서·행동장애연구, 30(2), 29-55.

이선애(2004). 만성질환 아동 가족의 가족탄력성이 가족적응에 미치는 영향. 부산대학교 미간행 박사학위논문.

이성봉, 방명애, 김은경, 박지연(2014). 정서 및 행동장애(2판). 서울: 학지사.

이성용, 김진호(2016). 컴퓨터를 활용한 읽기 교수가 지적장애학생의 일견 단어 읽기 기술에 미치는 효과. 특수교육학연구, 50(4), 111-137.

이소현(2003). 유아특수교육. 서울: 학지사.

이소현, 김지영(2013). 자폐범주성 장애 학생 가족 관련 국내연구 동향 및 발전 과제. 특수교육, 12(2), 111-133.

이소현, 서정하(2008). 파워카드 전략을 사용한 사회적 시작행동 중재가 아스퍼거 증후군 유아의 사회적 상호작용에 미치는 영향. 자폐성장애연구, 8(2), 1-21.

이소현, 윤선아, 박현옥, 이수정, 이은정, 박혜성, 서민경, 정민영 공역(2014). SCERTS 모델 (*SCERTS model*). Prizant, B. M., Wetherby, A. M., Rubin, E., Laurent, A. C., & Rydell, P. J. 공저. 서울: 학지사. (원저는 2010년에 출간)

이소현, 이은정 공역(2009). 자폐 범주성 장애 아동의 사회성 및 의사소통 발달: 조기진단 및 중재 (*Social & communication development in autism spectrum disorders*). Charman, T., & Stone, W. 저. 서울: 시그마프레스. (원저는 2008년에 출간)

이은주, 이소현(2008). 토막만화대화 중재가 초등학교 고학년 자폐 아동의 수업 중 문제행동 및 수업참여행동에 미치는 영향. 자폐성장애연구, 8(1), 1-22.

이정원, 이소현(2002). 어머니의 글 없는 그림책 읽기 중재가 자폐아동의 심리적 상태 관련 발화에 미치는 영향. 언어청각장애연구, 7(2), 200-224.

이종숙(2009). 고기능 자폐스펙트럼장애 선별질문지(ASSQ) 타당도 검증과 ASSQ, 마음이론, 실행기능, 사회성 기술 간의 관계. 한국발달심리학회지, 22(1), 93-114.

이종숙, 조희정(2009). 고기능 자폐스펙트럼장애 선별질문지(ASSQ) 타당도 검증과 ASSQ, 마음이론, 실행기능, 사회성 기술 간의 관계. 한국심리학회지: 발달, 22(1), 93-114.

이종희, 김은경(2012). 연재만화대화 중재가 고기능 자폐성 장애 아동의 사회적 상호작용에 미치는 효과. 정서·행동장애연구, 28(3), 225-258.

이주희, 정현주(2009). 가족스트레스가 자폐성 장애아동의 사회적응에 미치는 영향: 가족탄력성과 사회적 지지의 조절효과 검증. 아동학회지, 30(4), 15-31.

이현정, 노승림, 김은경(2012). 파워카드 전략을 이용한 중재가 고기능 자폐성 장애 청소년의 자발적 발화에 미치는 효과. 자폐성장애연구, 12(2), 79-104.

이효신(2002). 자폐스펙트럼장애와 실행기능: 신경심리학적 접근. 한국특수교육학회 추계학술대회 자료집.

이효신, 민기연(2007). 자폐성 아동의 이야기 내용 이해와 회상 능력 향상을 위한 이야기지도 작성 활동의 효과. 정서·행동장애연구, 23(4), 53-75.

이효신, 방명애, 박현옥, 김은경 공역(2010). 아스퍼거증후군(*Complete guide to Asperger's syndrome*). Attwood, T. 저. 서울: 시그마프레스. (원저는 2007년 출간)

이효신, 이정남(2004). PECS를 이용한 자폐장애 유아의 자발적 의사표현 행동 향상. 정서·행동장애연구, 20(4), 335-351.

이효정(2010). 자폐 범주성 장애 학생의 교과학습 향상을 위한 학업기술 교수 전략. 정서·행동장애연구, 26(1), 247-279.

이효정(2014). 사라진 진단명 혹은 새로운 출발: 아스퍼거 증후군과 DSM-5 관련 연구현황 및 쟁점. 자폐성장애연구, 14(1), 1-20.

이효정, 이영선, 김붕년, 김예니(2015). 발달장애인의 문제행동 지원을 위한 기능평가의 활용: 국내·외 문헌분석. 자폐성장애연구, 15(2), 121-145.

임대섭, 방명애(2010). 자기결정기술 중심의 전환계획프로그램이 전공과 지적장애인의 전환계획인식, 자기결정기술 및 적응행동에 미치는 영향. 자폐성장애연구, 10(2), 85-111.

임해주, 전병운, 김정민(2013). 자폐성 장애학생을 위한 스마트러닝의 국내·외 연구 동향 분석: 단일대상연구 중심으로. 정서·행동장애연구, 29(3), 355-381.

장혜성, 박승희(2002). PECS를 통한 자폐아동의 시각적 의사소통능력에 관한 고찰. 특수교육, 1, 29-46.

전상신, 김은경(2009). 상황이야기 중재가 자폐성 장애 아동의 자발적 발화에 미치는 효과. 특수교육학연구, 44(1), 149-173.

전홍식(1999). 자폐성 장애아동의 사칙연산 오류 유형 분석. 단국대학교 교육대학원 미간행 석사학위논문.

정경희, 배소영(2006). 한국 영유아의 제스츄어 및 의미 발달. 언어청각장애연구, 11(1), 1-13.

정은혜, 곽승철, 전병운(2013). 자폐성장애 학생의 쓰기중재 연구 동향. 정서·행동장애연구, 29(3), 383-408.

조은숙, 이윤경(2006). 고기능 자폐스펙트럼장애 아동의 낱말재인 및 읽기이해 특성. 언어청각장애연구, 11(3), 208-218.

진미영(2009). 일반학급 상황에서의 자폐범주성 장애 학생의 사회적 상호작용 중재에 대한 고찰. 자폐성장애연구, 9(2), 25-44.

차지숙, 방명애, 장역방(2016). 시각적 단서를 이용한 자기관리중재가 자폐성장애 학생의 커피 만들기 기술 습득에 미치는 영향: 단일대상연구. 재활심리연구, 23(4), 783-802.

최선미, 곽승철(2014). 그림교환의사소통체계를 이용한 중재가 발달장애학생의 수업참여행동에 미치는 영향. 특수아동교육연구, 16(2), 195-215.

최승희, 이효신(2011). 교사의 긍정적 행동지원이 자폐성장애 학생의 부적응행동에 미치는 영향. 정서·행동장애연구, 27(1), 51-76.

최진혁, 김일수, 박재국(2015). 스마트기기를 활용한 비디오 자기 모델링이 자폐스펙트럼장애 학생의 수학 문장제 문제해결에 미치는 효과. 특수교육재활과학연구, 54(4), 403-423.

최혜승(2015). 학령기 자폐성장애 학생을 위한 학업 중재 연구 분석: 국내 읽기, 쓰기, 수학 중재 연구를 중심으로. 특수교육교과교육연구, 8(3), 77-110.

편도원, 곽승철, 전병운, 임경원(2009). 자폐성 장애아동의 읽기이해에 관한 연구 동향. 특수교육학연구, 44(3), 279-306.

한국장애인고용공단(2016). 장애인 구인 구직 및 취업동향 2016년 1/4분기 분석.

한선경, 김영태, 박은혜(2012). 태블릿 PC를 이용한 AAC 중재가 무발화 중도 자폐범주성장애학생의 의사소통 양상에 미치는 영향. 언어청각장애연구, 17, 92-106.

한은선, 김은경(2016). 그림교환의사소통체계(PECS)를 활용한 긍정적 행동지원이 자폐성장애 초등학생의 문제행동에 미치는 영향. 행동분석·지원연구, 3(2), 17-41.

한홍석, 박주연(2011). 긍정적 행동지원이 중증 자폐성 장애학생의 자해행동과 공격행동에 미치는 영향. 정서·행동장애연구, 27(1), 141-167.

허은정(2010). 그림교환 의사소통 체계(PECS) 프로그램이 자폐아동의 요구하기, 자발적 발화 및 눈맞춤에 미치는 효과. 정서·학습장애연구, 26(3), 179-208.

홍점숙, 방명애(2014). 도식기반 전략교수가 자폐성 장애학생의 수학 문장제 문제해결 수행에 미치는 효과. 정서·행동장애연구, 30(3), 203-226.

홍지희, 오혜정(2008). 학교일과 스크립트를 이용한 강화된 환경중심 언어중재가 자폐아동의 의사소통 기능에 미치는 효과. 정서·행동장애연구, 24(2), 231-254.

Adams, L., Gouvousis, A., VanLue, M., & Waldron, C. (2004). Social story intervention: Improving communication skills in a child with an autism spectrum disorder. *Focus on Autism and Other Developmental Disabilities, 19,* 87-94.

Ahearn, W. H. (2003). Using simultaneous presentation to increase vegetable consumption in a mildly selective child with autism. *Journal of Applied Behavior Analysis, 36,* 361-365.

Alberto, P. A., & Troutman, A. C. (2012). *Applied behavior analysis for teachers* (9th ed.). London: Pearson.

Alberto, P. A., Waugh, R. E., Fredrick, L. D., & Davis, D. H. (2013). Sight word literacy: A functional-based approach for identification and comprehension of individual words and connected text. *Education and Training in autism and Developmental Disabilities, 48*(3), 332-350.

Alcantara, J. I., Weisblatt, E. J. L., Moore, B. C. J., & Bolton, P. E. (2004). Speech-in-noise perception in high-functioning individuals with autism or Asperger's syndrome. *Journal of Child Psychology & Psychiatry, 45,* 1107-1114.

Aljunied, M., & Frederickson, N. (2013). Does Central Coherence Relate to the Cognitive Performance of Children with Autism in Dynamic Assessments? *Autism: The International Journal Of Research And Practice, 17*(2), 172-183.

American Psychiatric Association (1968). *Diagnostic and statistical manual of mental disorders* (2nd ed.). Washington, DC: American Psychiatric Association.

American Psychiatric Association (1980). *Diagnostic and statistical manual of mental disorders* (3rd ed.). Washington, DC: American Psychiatric Association.

American Psychiatric Association (1994). *Diagnostic and statistical manual of mental disorders* (4th ed.). Washington, DC: American Psychiatric Association.

American Psychiatric Association (2000). *Diagnostic and statistical manual of mental disorders* (4th ed., text rev.). Washington, DC: American Psychiatric Association.

American Psychiatric Association (2013). *Diagnostic and statistical manual of mental disorders* (5th ed.). Washington, DC: American Psychiatric Association.

Angermeier, K., Schlosser, R. W., Luiselli, J. K., Harrington, C., & Carter, B. (2008). Effects of iconicity on requesting with the Picture Exchange Communication System in children with autism spectrum disorder. *Research in Autism Spectrum Disorders, 2*(3), 430–446.

Archer, A. L., & Hughes, C. A. (2010). *Explicit Instruction: Effective and Efficient Teaching.* New York, NY: Guilford Press.

Arthur-Kelly, M., Sigafoos, J., Green, B., Mathisen, B., & Arthur-Kelly, R. (2009). Issues in the use of visual supports to promote communication in individuals with autism spectrum disorder. *Disability and Rehabilitation, 31*(18), 1474–1486.

Asaro, K., & Saddler, B. (2009). Effects of planning instruction on a young writer with Asperger syndrome. *Intervention in School and Clinic, 44*(5), 268–275.

Asaro-Saddler, K., & Saddler, B. (2010). Planning instruction and self-regulation training: Effects on writers with autism spectrum disorders. *Exceptional Children, 77*, 107–124.

Asher, S. R., & Paquette, J. A. (2003). Loneliness and peer relations in childhood. *Current Directions in Psychological Science, 12*(3), 75–78.

Asperger, H. (1944). Die autistischen psychopathen im kindesalter(Autistic psychopathy in children). *Archiv fur Psychiatrie und Nervenkrankheiten, 117*, 76–136.

Attwood, T. (1998). *Asperger's syndrome: A guide for parents and professionals.* Philadelphia, PA: Jessica Kingsley.

Ayres, A. J. (1979). *An introduction to sensory integration.* San Antonio, TX: Therapy Skills Builders.

Ayres, A. J. (1989). *Sensory Intergration and Praxis Tests.* Los Angeles, CA: Western Psychological Services.

Baker, J. E., & Myles, B. S. (2003). *Social skills training for children and adolescents with asperger Syndrome and social-communication problems.* Shawnee, KS: Autism Asperger Publishing Company.

Bambara, L. M., Cole, C. L., Kunsch, C., Tsai, S., & Ayad, E. (2016). A peer-mediated intervention to improve the conversational skills of high school students with Autism Spectrum Disorder. *Research In Autism Spectrum Disorders, 27*, 29–43.

Bang. M. (2008). *Self-determination curriculum and adaptations for the aged developmentally disabled population.* Paper presented at the Aged Developmental Disabilities Conference.

Moline, IL: Western Illinois University.

Baranek, G. T. (2002). Efficacy of sensory and motor interventions for children with autism. *Journal of Autism and Developmental Disorders, 32*(5), 397–422.

Baranek, G. T., Little, L. M., Parham, L. D., Ausderau, K. K., & Sabatos-Devito, M. G. (2014). Sensory features in autism spectrum disorders. In F. R. Volkmar, S. J. Rogers, R. Paul, & K. A. Pelphrey (Eds.), *Handbook of autism and pervasive developmental disorders* (pp. 378–407). Hoboken, NJ: Wiley & Sons.

Barnard-Brak, L., Rojahn, J., Richman, D. M., Chesnut, S. R., & Wei, T. (2015). Stereotyped behaviors predicting self-injurious behavior in individuals with intellectual disabilities. *Research in Developmental Disabilities, 11*(36), 419–427.

Barnett, J. E. H., & Cleary, S. (2015). Review of evidence-based mathematics interventions for students with autism spectrum disorders. *Education and Training in autism and Developmental Disabilities, 50*(2), 172–185.

Barnhill, G. P. (2005). Functional behavioral assessment in schools. *Intervention in School & Clinic, 40*(3), 131–143.

Baron-Cohen, S. (1991). Do people with autism understand what causes emotion? *Child Development, 62*(1), 385–395.

Baron-Cohen, S., Allen, J., & Gillberg, C. (1992). Can autism be detected at 18 months? The needle, the haystack, and the CHAT. *The British Journal of Psychiatry, 161*(6), 839–843.

Baron-Cohen, S., Ring, H. A., Wheelwright, S., Bullmore, E. T., Brammer, M. J., Simmons, A., & Williams, S. C. (1999). Social intelligence in the normal and autistic brain: An fMRI study. *The European Journal Of Neuroscience, 11*(6), 1891–1898.

Baumeister, A. A., MacLean, W. E., Kelly, J., & Kasari, C. (1980). Observational studies of retarded children with multiple stereotyped movements. *Journal of Abnormal Child Psychology, 8*, 501–521.

Baumgart, D., & VanWalleghem, J. (1987). Teaching sight words: A comparison between computer-assisted and teacher-taught methods. *Education and Training in Mental Retardation, 22*(1), 56–65.

Baumgartner, J., Burnett, L., DiCarlo, C. F., & Buchanan, T. (2012). An inquiry of children's social support networks using eco-maps. *Child Youth Care Forum, 41*, 357–369.

Bayat, M. (2007). Evidence of resilience in families of children with autism. *Journal of Intellectual Disability Research, 51*, 702–714.

Bayliss, A. P., & Tipper, S. P. (2005). Gaze and arrow cueing of attention reveals individual differences along the autism spectrum as a function of target context. *British Journal of Psychology, 96*, 95-114.

Beck, A. R., Stoner, J. B., Bock, S. J., & Parton, T. (2008). Comparison of PECS and the use of a VOCA: A replication. *Education and Training in Developmental Disabilities, 43*(2), 198-216.

Bedrosian, J., Lasker, J., Speidel, K., & Politsch, A. (2003). Enhancing the written narrative skill of an AAC student with autism: Evidence-based research issues. *Topics in Language Disorders, 23*(4), 305-324.

Belgard, T. G., Jankovic, I., Lowe, J. K., & Geschwind, D. H. (2014). Population structure confounds autism genetic classifier. *Molecular psychiatry, 19*(4), 405-407.

Berninger, V. W., Cartwright, A. C., Yates, C. M., Swanson, H. L., & Abott, R. D. (1994). Developmental skills related to writing and reading acquisition in the intermediate grades: Shared and unique functional systems. *Department of Educational Psychology, 6*(2), 161-196.

Berninger, V. W., Vaughan, K. B., Abbott, R. D., Abbott, S. P., Rogan, L. W., Brooks, A., Reed, E., & Graham, S. (1997). Treatment of handwriting problems in beginning writers: Transfer from handwriting to composition. *Journal of Educational Psychology, 89*(4), 652-666.

Berninger, V. W., Vaughan, K. B., Abbott, R. D., Begay, K., Byrd, K., Coleman, K. B., Curtin, G., Hawkins, J. M., & Graham, S. (2002). Teaching spelling and composition alone and together: Implications for the simple view of writing. *Journal of Educational Psychology, 94*(2), 291-304.

Berry, D. (2007). *The effectiveness of the touch math curriculum to teach addition and subtraction to elementary aged students identified with autism.* Ontario, CA: Live Oak Education Center.

Bertenthal, B. I. (1996). Origins and early development of perception action, and representation. *Annual Reviews Psychology, 47*, 431-459.

Bethune, K. S., & Wood, C. L. (2013). Effects of wh-question graphic organizers on reading comprehension skills of students with autism spectrum disorders. *Education and Training in autism and Developmental Disabilities, 48*(2), 236-244.

Bettelheim, B. (1956). Childhood schizophrenia as a reaction to extreme situations. *Journal of Orthopsychiatry, 26*, 507-518.

Bettelheim, B. (1967). *The empty fortress: Infantile autism and the birth of the self.* New York, NY: Free Press.

Bishop, A. E., Sawyer, M., Alber-Morgan, S. R., & Boggs, M. (2015). Effects of a graphic organizer training package on the persuasive writing of middle school students with autism. *Education and Training in Autism and Developmental Disabilities, 50*(3), 290-302.

Bishop, D. V. M., Aamodt-Leeper, G., Creswell, C., McGurk, R., & Skuse, D. H. (2001). Individual differences in cognitive planning on the Tower of Hanoi task: Neuropsychological maturity or measurement error? *Journal of Child Psychology and Psychiatry, 42*(4), 551-556.

Bleuler, E. (1950). *Dementia praecox, or the group of schixoprenias.* New York, NY: International Universities Press.

Bondy, A. S., & Frost, L. A. (1994). The picture-exchange communication system. *Focus on Autistic Behavior, 9*(3), 1-19.

Bondy, A. S., & Frost, L. A. (2011). *A picture's worth: PECS and other visual communication strategies in autism.* Bethesda, MD: Woodbine House.

Borys, S. V., Spitz, H. H., & Dorans, B. A. (1982). Tower of Hanoi performance of retarded young adults and nonretarded children as a function of solution length and goal state. *Journal of Experimental Child Psychology, 33*(1), 87-110.

Bottema-Beutel, K., Yoder, P., Woynaroski, T., & Sandbank, M. P. (2014). Targeted interventions for social communication symptoms in preschoolers with autism spectrum disorders. In F. R. Volkmar, S. J. Rogers, R. Paul, & K. A. Pelphrey (Eds.), *Handbook of autism and pervasive developmental disorders* (4th ed., Vol. 2, pp. 230-262). Hoboken, NJ: Wiley & Sons.

Boucher, J., & Lewis, V. (1989). Memory impairments and communication in relatively able autistic children. *The Journal of Child Psychology and Psychiatry, 30*(1), 99-122.

Bozkus-Genc, G., & Yucesoy-Ozkan, S. (2016). Mate-analysis of pivotal response training for children with autism spectrum disorder. *Education and Training in Autism and Developmental Disabilities, 51*(1), 13-26.

Brandt, J. A. A., Weinkauf, S., Zeug, N., & Klatt, K. P. (2016). An evaluation of constant time delay and simultaneous prompting procedures in skill acquisition for young children with autism. *Education and Training in Autism and Developmental Disabilities, 51*(1), 55-66.

Breit-Smith, A., & Justice, L. (2010). Emergent literacy skills. In C. Carnahan & P. Williamson (Eds.), *Quality literacy instruction for students with autism spectrum disorders* (pp. 219-

252). Shawness, KS: Autism Asperger Publishing.

Brian, J. A., & Bryson, S. E. (1996). Disembedding performance and recognition memory in autism/PDD. *Journal of child Psychology and Psychiatry, 37*(7), 865–872.

Brian, J. A., Tipper, S. P., Weaver, B., & Bryson, S. E. (2003). Inhibitory mechanisms in autism spectrum disorders: Typical selective inhibition of location versus facilitated perceptual processing. *Journal of Child Psychology & Psychiatry and Allied Disciplines, 45*, 1107–1114.

Brolin, D. E. (1997). *Life-centered career education: A competency-based approach* (5th ed.). Reston, VA: The Council for Exceptional Children.

Brolin, D. E., & Loyd, R. J. (2003). *Career development and transition services: A functional life skills approach* (4th ed.). Upper Saddle River, NJ: Pearson.

Browder, D. M., Wakeman, S., Spooner, F., Ahlgrim-Delzell, L., & Algozzine, B. (2006). Research on reading instruction for individuals with significant cognitive disabilities. *Exceptional Children, 72*, 392–408.

Browder, D., & Xin, Y. (1998). A meta-analysis and review of sight word research and its implications for teaching functional reading to individuals with moderate and severe disabilities. *Journal of Special Education, 32*, 130–153.

Brown, A. B., & Elder, J. H. (2014). Communication in autism spectrum disorder: a guide for pediatric nurses. *Pediatric nursing, 40*(5), 219–225.

Brown, F. (1991). Creative daily scheduling: A non-intrusive approach to challenging behaviors in community residences. *Journal of the Association for Persons with Severe Handicaps, 16*(2), 75–84.

Brown, L. (2009). Take the pencil out of process. *Teaching Exceptional Children, 42*(1), 14–21.

Bruin, C. L., Deppeler, J. M., Moore, D. W., & Diamond, N. T. (2013). Public school-based interventions for adolescents and young adults with an autism spectrum disorder: A meta-analysis. *Review of Educational Research, 83*(4), 521–550.

Brusca, R. M., Nieminen, G. S., Carter, R., & Repp, A. C. (1989). The relationship of staff contact and activity to the stereotypy of children with multiple disabilities. *Journal of the Association for Persons with Severe handicaps, 14*, 127–136.

Bundy, A. C., & Murray, E. A. (2002). Sensory integration: A Jean Ayres' theory revisted. In A. C. Bundy, S. J., Lane, & E. A. Murray (Eds.), *Sensory integration: Theory and practice* (2nd ed., pp.3–33). Philadelphia, PA: Davis.

Burke, J. C., & Cerniglia, L. (1990). Stimulus complexity and autistic children's responsivity: Assessing and training a pivotal behavior. *Journal of Autism and Developmental Disorders, 20,* 233-253.

Cafiero, J. M. (1998). Communication power for individual with autism. *Focus on Autism and Other Developmental Disabilities, 13*(2), 113-121.

Cameto, R., Marder, C., Wagner, M., & Cardoso, D. (2003). *NLTS2 Data Brief.* Menio Park, CA: SRI International.

Cardon, T. A., & Wilcox, M. J. (2011). Promoting imitation in young children with autism: a comparison of reciprocal imitation training and video modeling. *Journal of Autism and Developmental Disorders, 41,* 654-666.

Carlson, B., McLaughlin,T. F., Derby, K. M., & Blehcher, J. (2009). Teaching preschool children with autism and developmental delays to write. *Electronic Journal of Research in Educational Psychology, 7*(1), 225-238.

Carnahan, C. R., Williamson, P. S., & Christman, J. (2011). Linking cognition and literacy in students with autism spectrum disorder. *Teaching Exceptional Children, 43*(6), 54-62.

Carr, E. G., & Durand, V. M. (1985). Reducing behavior problems through functional communication training. *Journal of applied behavior analysis, 18*(2), 111-126.

Carr, M. E., Moore, D. W., & Anderson, A. (2014). Self-management interventions on students with autism: A meta-analysis of single-subject research. *Exceptional Children, 81*(1), 28-44.

Carrier, J. K., & Peak, T. (1975). *Non-slip: Non-speech language initiation program.* Saint Albans: H & H Enterprises.

Carter, E. W., Cushing, L. S., Clark, N. M., & Kennedy, C. H. (2005). Effects of peer support interventions on students' access to the general curriculum and social interaction. *Research and Practice for Persons with Severe Disabilities, 30*(1), 15-25.

Casanova, M. F., Buxhoeveden, D. P., & Brown, C. (2002). Clinical and macroscopic correlates of minicolumnar pathology in autism. *Journal of Child Neurology, 17*(9), 692-695.

Case-Smith, J., & Bryan, T. (1999). The effects of occupational therapy with sensory integration emphasis on preschool-age children with autism. *American Journal of Occupational Therapy, 53,* 489-497.

Case-Smith, J., Weaver, L. L., & Fristad, M. A. (2015). A systematic review of sensory processing interventions for children with autism spectrum disorders. *Autism, 19*(2), 133-148.

CDC (2016). *Facts About ASD*. Retrieved from http://www.cdc.gov/ncbddd/autism/facts.html

Center, D. B. (1999). *Strategies for social and emotional behavior: A teacher's guide*. Norcros, GA: XanEdu.

Centers for Disease Control and Prevention (2016). Prevalence of autism spectrum disorders among children aged 8 years: Autism and developmental disabilities monitoring network, 11 sites, United States, 2012. *Mortality Morbidity Weekly Report Surveillance Summaries, 65*, 1-28.

Chall, J. (1983). *Stages of Reading Development* (pp. 10-24). New York, NY: McGraw Hill.

Charlop-Christry, M. H., Carpenter, M., & Leblanc, L. A. (2002). Using the PECS with children with autism. *Journal of Applied Behavior Analysis, 35*(3), 213-233.

Chawarska, K., Klin, A.., & Volkmar, F. R. (2008). *Autism spectrum disorders in infants and toddlers: Diagnosis, assessment, and treatment*. New York, NY: Guilford Press.

Chawarska, K., Shic, F., Macari, S., ⋯ & Bryson, S. (2014). 18-Month Predictors of Later Outcomes in Younger Siblings of Children With Autism Spectrum Disorder: A Baby Siblings Research Consortium Study. *Journal of the American Academy of Child & Adolescent Psychiatry, 53*(12), 1317-1327.

Chen, W., Landau, S., Sham, P., & Fombonne, E. (2004). No evidence for links between autism, MMR and measles virus. *Psychological Medicine, 34*(3), 543-553.

Chow, S. M. K. (2005). The suitability of the Sensory Profile for diagnosing sensory modulation dysfunctions in Chinese children. *International Journal of Rehabilitation Research, 28*(2), 153-158.

Christensen, D. L., Bilder, D. A., Zahorodny, W., Pettygrove, S., Durkin, M. S., Fitzgerald, R. T., ⋯ & Yeargin-Allsopp, M. (2016). Prevalence and characteristics of autism spectrum disorder among 4-year-old children in the autism and developmental disabilities monitoring network. *Journal of Developmental & Behavioral Pediatrics, 37*(1), 1-8.

Christensen-Sandfort, R. J., & Whinnery, S. B. (2013). Impact of milieu teaching on communication skills of young children with autism spectrum disorder. *Topics in Early Childhood Special Education, 32*(4), 211-222.

Chung, S., Leung, C., & Sanders, M. (2015). The Triple P-Positive Parenting Programme: The effectiveness of group Triple P and brief parent discussion group in school settings in Hong Kong. *Journal of Children's services, 10*(4), 339-352.

Church, C., Alisanski, S., & Amanullah, S. (2000). The Social, Behavioral, and Academic

Experiences of Children with Asperger Syndrome. *Focus on Autism and Other Developmental Disabilities, 15*(1), 12-20.

Cihak, D. F., & Foust, J. L. (2008). Comparing number lines and touch points to teach addition facts to students with autism. *Focus on Autism and Other Developmental Disabilities, 23*, 131-137.

Clark, G. M., & Patton, J. R. (2006). *Transition Planning Inventory: Administration and resource guide*. Austin, TX: PRO-ED.

Clark, P., & Rutter, M. (1977). Compliance and resistance in autistic children. *Journal of Autism and Developmental Disorders, 7*(1), 33-48.

Cohen, E., Miller, L. J., & Tickle-Degnen, L. (2000). Parental hopes for therapy outcomes: Children with sensory modulation disorders. *American Journal of Occupational Therapy, 54*, 36-43.

Cohen, M. J., & Sloan, D. L. (2007). *Visual supports for people with autism: A guide for parents & professionals*. Bethesda, MD: Woodbine House.

Colle, L., Baron-Cohen, S., Wheelwright, S., & Lely, H. (2008). Narrative discourse in adults with high-functioning autism or asperger syndrome. *Journal of Autism and Developmental Disorders, 38*, 28-40.

Cooper, J. O., Heron, T. E., & Heward, W. L. (2007). *Applied behavior analysis* (2nd ed.). Upper Saddle River, NJ: Pearson Merrill Prentice Hall.

Correa, V. I., Bonilla, Z. E., & Reyes-MacPherson, M. E. (2011). Support networks of single Puerto Rican mothers of children with disabilities. *Journal of Child and Family Studies, 20*, 66-77.

Council for Exceptional Children (2011). *Federal outlook for exceptional children*. Arlington, VA: Council for Exceptional Children.

Council for Exceptional Children (2015). *What Every Special Educator Must Know: Professional Ethics and Standards*. Arlington, VA: Council for Exceptional Children.

Cowan, R., O'Connor, N., & Samella, K. (2003). The skills and methods of calendrical savants. *Intelligence, 31*(1), 51-65.

Craig, H. K., & Telfer, A. S. (2005). Hyperlexia and autism spectrum disorder. *Topics in Language Disorders, 25*(4), 364-374.

Cullinan, D. (2007). *Students with emotional and behavioral disorders* (2nd ed.). Upper Saddle River, NJ: Pearson Merrill Prentice Hall.

Dalrymple, N. J. (1995). Environmental supports to develop flexibility and independence. In K. A. Quill (Ed.), *Teaching children with autism: Strategies to enhance communication and socialization* (pp. 243-264). New York, NY: Delmar Publishers.

Davidson, M. M., & Weismer, S. E. (2014). Characterization and predication of early reading abilities in children on the autism spectrum. *Journal of Autism and Other Developmental Disabilities, 22*(4), 259-267.

Dawson, G., Rogers, S., Munson, J., ⋯ & Varley, J. (2010). Randomized, controlled trial of an intervention for toddlers with autism: The Early Start Denver Model. *Pediatrics, 125*(1), 17-23.

Dawson, G., Toth, K., Abbott, R., Osterling, J., Munson, J., Estes, A., & Liaw, J. (2004). Early social attention impairments in autism: Social orienting, joint attention, and attention to distress. *Developmental psychology, 40*(2), 271.

Dawson, G., Webb, S., Schellenberg, G. D., Dager, S., Friedman, S., Aylward, E., & Richards, T. (2002). Defining the broader phenotype of autism: Genetic, brain, and behavioral perspectives. *Development and psychopathology, 14*(3), 581-611.

DeGangi, G. A. (1991). Assessment of sensory, emotional, and attentional problems in regulatory disordered infants: Part 1. *Infants and Young Children, 3*, 1-8.

Delano, M. E. (2007). Use of strategy instruction to improve the story writing skills of a student with Asperger syndrome. *Focus on Autism and Other Developmental Disabilities, 22*, 252-258.

Delis, D. C., Kaplan, E., & Kramer, J. H. (2001). *D-KEFS: Delis-Kaplan executive function system*. San Antonio, TX: The Psychological Corporation.

DeStefano, F., Price, C. S., & Weintraub, E. S. (2013). Increasing exposure to antibody-stimulating proteins and polysaccharides in vaccines is not associated with risk of autism. *Journal of Pediatrics, 163*(2), 561-567.

Dettmer, S., Simpson, R. L., Smith-Myles, B., & Ganz, J. B. (2000). The use of visual supports to facilitate transitions of students with autism. *Focus on Autism and Other Developmental Disabilities, 15*, 163-169.

Didierjean & Cauzinlle-Marmeche (1998). Reasoning by analogy: Is it schema-mediated or case-based? *European Journal of Psychology of Education, 13*(3), 385-398.

Dodge, K. A., Lansford, J. E., Murks, V. S., Bates, J. E., Pettit, G. S., Fontaine, R., & Price, J. M. (2003). Peer rejection and social information-processing factors in the development of aggressive behavior problems in children. *Child Development, 74*(2), 374–393.

Doja, A., & Roberts, W. (2006). Immunizations and autism: A review of the literature. *Canadian Journal of Neurological Sciences, 33*(4), 341–346.

Donaldson, J., & Zager, D. (2010). Mathematics interventions for students with high functioning autism/Asperger's syndrome. *Teaching Exceptional Children, 42*(6), 40–46.

Duffy, G. G., & Roehler, L. R. (1989). Why strategy instruction is so difficult and what we need to do about it. Cognitive Strategy Research. In C. B. McCormick, G. C. Miller, & M. Pressley, *Cognitive strategy research: From basic research to educational applications* (pp. 133–154). New York, NY: Springer.

Dunlap, G., Kern, L., & Worcester, J. (2001). ABA and academic instruction. *Focus on Autism and Other Developmental Disabilities, 16*(2), 129–136.

Dunn, W. (1991a). Assessing human performance related to brain function: Neuroscience foundations of human performance. *AOTA Self Study Series, 12,* 3–38.

Dunn, W. (1991b). The sensorimotor systems: A framework for assessment and intervention. In F. P. Orelove & E. Sobsey, (Eds.), *Educating children with multiple disabilities: A transdisciplinary approach* (2nd ed., pp. 39–40). Baltimore, MD: Brookes.

Dunn, W. (1997). The impact of sensory processing abilities on the daily lives of young children and their families: A conceptual model. *Infants and Young Children, 9*(4), 23–35.

Dunn, W. (1999). *Sensory profile: User's manual.* New York, NY: Harcourt Assessment.

Dunn, W. (2001). The sensations of everyday life: Empirical theoretical and pragmatic considerations. *American Journal of Occupational Therapy, 55*(6), 608–620.

Dunn, W. (2007). Supporting children to participate successfully in everyday life by using sensory processing knowledge. *Infants & Young Children, 20*(2), 84–101.

Dunn, W., Myler, B. S., & Orr, S. (2002). Sensory processing issues associated with Asperger syndrome: A preliminary investigation. *The American Journal of Occupational Therapy, 56,* 97–102.

Dunn, W., Saiter, J., & Rinner, L. (2002). Asperger syndrome and sensory processing: A conceptual model and guidance for intervention planning. *Focus on Autism and Other Developmental Disabilities, 17*(3), 172–185.

Dunst, C. J. (2007). Early intervention for infants and toddlers with developmental disabilities. In S. L. Odom, R. H. Horner, M. E. Snell, & J. Blacher (Eds.), *Handbook of developmental disabilities* (pp. 531–551). New York, NY: Guilford Press.

Dunst, C. J., & Raab, M. (2004). Parents' and practitioners' perspectives of young children's everyday natural learning environments. *Psychological Reports, 93*, 251-256.

Dunst, C. J., Raab, M., Trivette, C. M., Parkey, C., Gatens, M., Ellis, J. B., & Hirch, J. K. (2000). Reasons for living in parents of developmental delayed children. *Research in Developmental Disabilities, 21*, 323-327.

Durkin, D. (1993). *Teaching them to read* (6th ed.). Boston: Allyn & Bacon.

Dyer, K., Dunlap, G., & Winterling, V. (1990). Effects of choice making on the serious problem behaviors of students with severe handicaps. *Journal of Applied Behavior Analysis, 23*(4), 515-524.

Earles-Vollrath, T. L., Cook, K. T., Robbins, L., & Ben-Arieh, J. (2008). Instructional strategies to facilitate successful learning outcomes for students with autism spectrum disorders. In R. L. Simpson & B. S. Myles (Eds.), *Educating children and youth with autism.* Austin, TX: PRO-ED.

Engelmann, S., Haddox, P., Hanner, S., & Osborn, J. (2002). *Corrective reading thinking basics: Comprehension A.* Columbus, OH: SRA McGraw-Hill.

Faherty, C., & Hearsey, K. (1996). *Visually structured tasks: Independent activities for students with autism and other visual learners.* Chapel Hell, NC: Division TEACCH.

Field, S., & Hoffman, A. (1996). *Steps to self-determination: A curriculum to help adolescents learn to achieve their goals.* Austin, TX: Pro-Ed.

Filipek, P. A., Accardo, P. J., Baranek, G. T., Cook, Jr, E. H., Dawson, G., Gordon, B., Gravel, J. S., Johnson, C. P., Kallen, R. J., Levy, S. E., Minshew, N. J., Ozonoff, S., Prizant, B. M., Rapin, I., Rogers, S. J., Stone, W. L., Teplin, S., Tuchman, R. F., & Volkmar, F. R. (1999). The screening and diagnosis of autistic spectrum disorders. *Journal of Autism and Developmental Disorders, 29*, 439-484.

Fisher, A. G., Murray, E. A., & Bundy, A. (1991). *Sensory integration: Theory and practice.* Philadelphia, PA: F. A. Davis Co.

Fletcher, D., Boon, R. T., & Cihak, D. F. (2010). Effects of the TouchMath program compared to a number line strategy to teach addition facts to middle school students with moderate intellectual disabilities. *Education and Training in Autism and Developmental Disabilities, 45*, 449-458.

Flexer, R. W., Baer, R. M., Luft, P., & Simmons, T. J. (2012). *Transition planning for secondary students with disabilities* (4th ed.). Upper Saddle River, NJ: Pearson.

Flores, M. M., & Ganz, J. B. (2007). Effectiveness of direct instruction for teaching statement inferences, use of facts, and analogies to students with developmental disabilities and reading delays. *Focus on Autism and Other Developmental Disabilities, 22*, 244–251.

Flores, M. M., & Ganz, J. B. (2009). Effects of direct instruction on the reading comprehension of students with autism and developmental disabilities. *Education and Training in Autism and Developmental Disabilities, 44*(1), 39–53.

Flores, M. M., Nelson, C., Hinton, V., Franklin, T. M., Strozier, S. D., Terry, L., & Franklin, S. (2013). Teaching reading comprehension and language skills to students with autism spectrum disorders and developmental disabilities using direct instruction. *Education and Training in Autism and Developmental Disabilities, 48*(1), 41–48.

Fombonne, E. (1999). The epidemiology of autism: A review. *Psychological medicine, 29*(4), 769–786.

Fombonne, E. (2003). Epidemiological surveys of autism and other pervasive developmental disorders: an update. *Journal of autism and developmental disorders, 33*(4), 365–382.

Frank, A. R., Wacker, D. P., Berg, W. K., & McMahon, C. M. (1985). Teaching selected microcomputer skills to retarded students via picture prompts. *Journal of Applied Behavior Analysis, 18*(2), 179–185.

Fredeen, R. M., & Koegel, R. L. (2006). The pivotal role of initiations in habilitation. In R. L. Koegel & L. K. Koegel (Eds.), *Pivotal response treatments for autism: Communication, social, & academic development* (pp. 165–188). Baltimore, MD: Brookes.

Fredrick, L. D., Davis, D. H., Alberto, P. A., & Waugh, R. E. (2013). From initial phonics to functional phonics: Teaching word–analysis skills to students with moderated intellectual disability. *Education and Training in Autism and Developmental Disabilities, 48*(1), 49–66.

Freeman, B. J., Rahbar, B., Ritvo, E. R., Bice, T. L., Yokota, A., & Ritvo, R. (1991). The stability of cognitive and behavioral parameters in autism: A twelve–year prospective study. *Journal of American Academy of Child & Adolescent Psychiatry, 30*(3), 479–482.

Frith, U. (1991). *Autism and Asperger syndrome.* Cambridge, UK: Cambridge University Press.

Frith, U. (2006). *How cognitive theories can halp us explain autism.* Presentation to the U. C. Davis Mind Institute. Retrieved March 13, 2017 from http://www.ucdmc.ucdavis.edu/mindinstitute

Frith, U., & Happé, F. (1994). Autism: Beyond "theory of mind". *Cognition, 50*, 115–132.

Frith, U., & Snowling, M. (1983). Reading for meaning and reading for sound in autistic and dyslexic children. *British Journal of Developmental Psychology, 1*(4), 329-342.

Frost, L. A., & Bondy, A. S. (1994). *The picture ex-change communication system training manual.* Cherry Hill, NJ: Pyramid Educational Consultants.

Fuson, K. C., & Willis, G. B. (1989). Second graders' use of schematic drawings in solving addition and subtraction word problems. *Journal of Educational Psychology, 81*(4), 514-520.

Gabriels, R. L., Cuccaro, M. L., Hill, D. E., Ivers, B. J., & Goldson, E. (2005). Repetitive behaviors in autism: relationships with associated clinical features. *Research in Developmental Disabilities, 26,* 169-181.

Gagnon, E. (2016). *The Power Card Strategy 2.0: Using Special Interests to Motivate Children and Youth With Autism Spectrum Disorder.* Shawnee: Aapc Publishing.

Ganz, J. B., & Florez, M. M. (2008). Effects of the use of visual strategies in play groups for children with autism spectrum disorders and their peers. *Journal of Autism and Developmental Disorders, 38,* 926-940.

Ganz, J. B., Simpson, R. L., & Lund, E. M. (2012). The picture exchange communication system(PECS): A promising method for improving communication skills of learners with autism spectrum disorders. *Education and Training in Autism and Developmental Disabilities, 47*(2), 176-186.

Garfin, D. G., & Lord, C. (1986). Communication as a social problem in autism. In E. Schoplet & G. B. Mesibov (Eds.), *Social behavior in autism* (pp. 133-152). New York: Plenum Press.

Gately, S. E. (2008). Facilitating reading comprehension for students on the autism spectrum. *Teaching Exceptional Children, 40*(3), 40-45.

Geary, D. C., Hoard, M. K., Byrd-Craven, J., Nugent, L., & Numtee, C. (2007). Cognitive mechanisms underlying achievement deficits in children with mathematical learning disability. *Child Development, 78*(4), 1343-1359.

Gibbs, V., Aldridge, F., Chandler, F., Witzlsperger, E., & Smith, K. (2012). Brief Report: An Exploratory Study Comparing Diagnostic Outcomes for Autism Spectrum Disorders Under DSM-IV-TR with the Proposed DSM-5 Revision. *Journal of Autism and Developmental Disorders, 42*(8), 1750-1756.

Gibson, J., Adams, C., Lockton, E., & Green, J. (2013). Social communication disorder outside autism? A diagnostic classification approach to delineating pragmatic language impairment, high functioning autism and specific language impairment. *Journal of child psychology and psychiatry, 54*(11), 1186–1197.

Gilliam, J. E. (2006). *GARS-2: Gilliam autism rating scale* (2nd ed.). London: Pearson.

Goldstein, G., Johnson, C. R., & Minshew, N. J. (2001). Attentional processes in autism. *Journal of autism and developmental disorders, 31*(4), 433–440.

Goldstein, S., & DeVries, M. (2013). Autism spectrum disorder enters the age of multidisciplinary treatment. In S. Goldstein & J. A. Naglieri (Eds.), *Interventions for autism spectrum disorders translating science into practice.* New York: Stringer.

Goodman, G., & Williams, C. M. (2007). Intervention for increasing the academic engagement of students with autism spectrum disorders in inclusive classrooms. *Teaching Exceptional Children, 39*(6), 53–61.

Graham, S., & Harris, K. R. (2003). Students with learning disabilities and the process of writing: A meta-analysis of SRSD studies. In H. L. Swanson, K. R. Harris, & S. Graham (Eds), Handbook of learning disabilities (pp. 323–344). New York, NY: The Guildford Press.

Graham, S., & Perin, D. (2007). *Writing next: Effective strategies to improve writing of adolescents in middle and high school.* New York, NY: Alliance for Excellent Education.

Graham, S., Harris, K. R., & Fink, B. (2000). Extra handwriting instruction: Prevent writing difficulties right from the start. *Teaching Exceptional Children, 33*(2), 88–91.

Gray, C. (1994). *Comic strip conversations: Colorful, illustrated interactions with students with autism and related disorders.* Jenison, MI: Jenison Public Schools.

Gray, C. (2015). *The New Social Story Book, Revised and Expanded 15th Anniversary Edition: Over 150 Social Stories that Teach Everyday Social Skills to Children and Adults with Autism and their Peers.* Arlington, TX: Future Horizons.

Gray, K., Keating, C., Taffe, J., Brereton, A., Einfeld, S., & Tonge, B. (2012). Trajectory of behavior and emotional problems in autism. *American Journal on Intellectual and Developmental Disabilities, 117*(2), 121–133.

Green, N. D. (2009). *The effectiveness of the TouchMath program with fourth and fifth grade special education students.* Retrieved from http://files.eric.ed.gov/fulltext/ED507708.pdf

Greenspan, S. I., & Wieder, S. (2006). *Engaging Autism: Using the Floortime Approach to Help Children Relate, Think, and Communicate.* Cambridge, Ma: Da Capo Press.

Gresham, F. M., Watson, T. S., & Skinner, C. H. (2001). Functional behavioral assessment: Principles, procedures, and future directions. *School Psychology Review*, *30*(2), 156-172.

Grigorenko, E. L., Klin, A., Pauls, D. L., Senft, R., Hooper, C., & Volkmar, F. (2002). A descriptive study of hyperlexia in a clinically referred sample of children with developmental delays. *Journal of Autism and Developmental Disorders*, *32*(1), 3-12.

Griswold, D. E., Barnhill, G. P., Myles, B. S., Hagiwara, T., & Simpson, R. L. (2002). Asperger syndrome and academic achievement. *Focus on Autism and Other Developmental Disabilities*, *17*(2), 94-102.

Guess, D., & Carr, E. (1991). Emergence and maintenance of stereotypy and self-injury. *American Journal on Mental Retardation*, *96*, 299-319.

Guess, D., Benson, H., & Siegel-Causey, E. (2008). Concepts and issues related to choice making and autonomy among persons with severe disabilities. *Research & Practice for Persons with Severe Disabilities*, *33*(1-2), 75-81.

Hall, L. J. (2009). *Autism spectrum disorders: From theory to practice.* Upper Saddle River, NJ: Pearson.

Hall, L. J. (2012). *Autism Spectrum Disorders: From theory to practice* (2nd ed.). Upper Saddle River, NJ: Pearson.

Halpern, A. S. (1985). Transition: a look at the foundation. *Exceptional Children*, *51*, 486-498.

Hancock, T. B., & Kaiser, A. P. (2002). The effects of trainer-implemented enhanced milieu teaching on the social communication of children with autism. *Topics in Early Childhood Special Education*, *27*(1), 39-54.

Hanley, G. P., Jin, C.S., Vanselow, N. R., & Hanratty, L. A. (2014). Producing meaningful improvements in problem behavior of children with autism via synthesized analyses and treatments. *Journal of Applied Behavior Analysis*, *47*(1), 16-36.

Happé, F., Booth, R., Carlton, R., & Hughes, C. (2006). Executive functioning deficits in autism spectrum disorder and attention-deficit hyperactivity disorder: Examining profile across domains and ages. *Brain and Cognition*, *61*(1), 25-39.

Happé, F., & Frith, U. (2006). The weak coherence account: detail-focused cognitive style in autism spectrum disorders. *Journal of Autism and Developmental Disorders*, *36*(1), 5-25.

Hart, J. E., & Whalon, K. J. (2008). Promote academic engagement and communication of students with autism spectrum disorder in inclusive settings. *Intervention in School and Clinic*, *44*(2), 116-120.

Hart, N. V., Fitzpatrick, P., & Cortesa, C. (2010). In-depth analysis of handwriting curriculum and instruction in four kindergarten classrooms. *Reading and Writing, 23*(6), 673–699.

Hartman, A. (1995). Diagrammatic assessment in family relationships. *Families in Society, 76,* 111–122.

Hartup, W. W. (1996). The company they keep: Friendships and their developmental significance. *Child Development, 67*(1), 1–13.

Hastings, D., Brecklein, K., Cermak, S., Reynolds, R., Rosen, H., & Wilson, J. (1997). *Notetaking for deaf and hard of hearing students: A report of the national task force on quality of services in the postsecondary education of deaf and hard of hearing students.* Retrieved from https://files.eric.ed.gov/fulltext/ED437777.pdf

Hawken, L. S., Vincent, C. G., & Schumann, J. (2008). Response to intervention for social behavior: Challenges and opportunities. *Journal of Emotional and Behavioral Disorders, 16*(4), 213–225.

Heflin, L. J., & Alaimo, D. F. (2007). *Students with autism spectrum disorders: Effective instructional practices.* Upper Saddle River, NJ: Pearson.

Heimann, M., Nelson, K. E., Tjus, T., & Gillberg, C. (1995). Increasing reading and communication skills in children with autism through an interactive multimedia computer program. *Journal of Autism and Developmental Disorders, 25*(5), 459–481.

Heward, W. L., Alber-Morgan, S. R., & Konrad, M. (2016). *Exceptional children: An introduction to special education* (11th ed.). Upper Saddle River, NJ: Pearson Education.

Higgins, E. L., & Raskind, M. H. (2000). Speaking to read: The effects of continuous vs. discrete speech recognition systems on the reading and spelling of children with learning disabilities. *Journal of Special Education Technology, 15*(1), 19–30.

Hippler, K., & Klicpera, C. (2004). A retrospective analysis of the clinical case records of 'autistic psychopaths' diagnosed by Hans Asperger and his team at the University Children's Hospital, Vienna. *Philosophical Transactions: Biological Sciences, 358*(1430), 291–301.

Hirstein, W., Iversen, P., & Ramachandran, V. S. (2001). Autonomic response of autistic children to people and objects. *Proceedings Biological Sciences, 268*(1479), 1883–1888.

Hobson, R. P. (2010). Emotion, self/other awareness, and autism: A developmental perspective. In P. Goldie (Ed.), *Oxford handbook of philosophy of emotions* (pp. 445–472). Oxford, UK: Oxford University Press.

Hoch, T. A., Babbitt, R. L., Coe, D. A., Krell, D. M., & Hackbert, L. (1994). Contingency contacting: Combining positive reinforcement and escape extinction procedures to treat persistent food refusal. *Behavior Modification, 18*, 106-128.

Hodgdon, L. A. (2011). *Visual strategies for improving communication: Practical supports for autism spectrum disorders.* Troy, MI: QuirkRoberts.

Hodgon, L. Q. (1995). Solving social-behavioral problems through the use of visually supported communication. In K. A. Quill (Ed.), *Teaching children with autism: Strategies to enhance communication and socialization* (pp. 262-286). Albany, NY: Delamr.

Howard, V. F., Williams, B. F., Miller, D., & Aiken, E. (2014). *Very young children with special needs: A foundation for educators, families, and service providers* (5th ed.). Upper Saddle River, NJ: Pearson.

Howlin, P. (1998). *Children with autism and Asperger syndrome: A guide for practitioners and careers.* Chichester, UK: Wiley.

Howlin, P., & Rutter, M. (1989). Mothers'speech to autistic children: A preliminary causal analysis. *Journal of Child Psychology and Psychiatry, 30*(6), 819-843.

Hoyt, K. B. (1977). *A primer for career education.* Washington, DC: US Government Printing Office.

Hsiao, Y. (2016). Pathways to mental health-related quality of life for parents of children with autism spectrum disorder: roles of parental stress, children's performance, medical support, and neighbor support. *Research in Autism Spectrum Disorders, 23*, 122-130.

Huang, C., Chiang, C., & Hung, C. (2016). Young children with autism spectrum disorders imitate in the context of others' prior intention. *Autism, 21*(1), 1-9.

Huemer, S. V., & Mann, V. (2010). A comprehensive profile of decoding and comprehension in autism spectrum disorders. *Journal of Autism and Developmental Disorders, 40*(4), 485-493.

Hughes, C., Golas, M., Cosgriff, J., Brigham, N., Edwards, C., & Cashen, K. (2011). Effects of a social skills interventions among high school students with intellectual disabilities and autism and their general education peers. *Research & Practice for Persons with Severe Disabilities, 36*, 46-61.

Hughes, C., Harvey, M., Cosgriff, J., Reilly, C., Heilingoetter, J., Brigham, N., Kaplan, L., & Bernstein, R. (2013). A peer-delivered social interaction intervention for high school students with autism. *Research & Practice for Persons with Severe Disabilities, 38*, 1-16.

Hume, K., & Odom, S. (2007). Effects of an individual work system on the independent functioning of students with autism. *Journal of Autism and Developmental Disorders, 37*(6), 1166-1180.

Hunt-Berg, M., Rankin, J. L., & Beukelman, D. R. (1994). Ponder the possibilities: Computer-supported writing for struggling writers. *Learning Disabilities Research and Practices, 9*(3), 169-178.

Hutchins, T. L., & Prelock, P. A. (2013). The social validity of Social Stories for supporting the behavioral and communicative functioning of children with autism spectrum disorder. *International Journal Of Speech-Language Pathology, 15*(4), 383-395.

Ibañez, L. V., Grantz, C. J., & Messinger, D. S. (2013). The Development of Referential Communication and Autism Symptomatology in High-Risk Infants. *Infancy, 18*(5), 687-707.

Ingersoll, B., Wainer, A. L., Berger, N. L., Pickard, K. E., & Bonter, N. (2016). Comparison of a self-directed and therapist-assisted telehealth parent-mediated intervention for children with ASD: a pilot RCT. *Journal of autism and Developmental Disorders, 46*(7), 2275-2284.

Jiang, X., & Grabe, W. (2007). Graphic organizers in reading instruction: Research findings and issues. *Reading in a Foreign Language, 19*(1), 34-55.

Jitendra, A., & Xin, Y. P. (1997). Mathematical word-problem-solving instruction for students with mild disabilities and students at risk for math failure: A research synthesis. *The Journal of Special Education, 30*(4), 412-438.

Jolliffe, T., & Baron-Cohen, S. (1997). Are people with autism and Asperger syndrome faster than normal on the Embedded Figures Test? *Journal of Child Psychology and Psychiatry, 38*(5), 527-534.

Jolliffe, T., & Baron-Cohen, S. (1999). The strange stories test: A replication with high-functioning adults with autism or asperger syndrome. *Journal of Autism and Developmental Disorders, 29*(5), 395-406.

Jones, L., Hastings, R. P., Totsika, V., Keane, L., & Rhule, N. (2014). Child behavior problems and parental well-being in families of children with autism: the mediating role of mindfulness and acceptance. *American journal on Intellectual and Developmental Disabilities, 119*(2), 171-185.

Jordan, R., & Powell, S. (1995). *Understanding and teaching children with autism*. New York, NY: John Wiley & Sons.

Jung, S., Sainato, D. M., & Davis, C. A. (2008). Using high-probability request sequences to increase social interactions in young children with autism. *Journal of Early Intervention*,

30(3), 163-187.

Kabot, S., & Reeve, C. (2010). *Setting up classroom spaces that support students with autism spectrum disorders.* Lenexa, KS: AAPC Publishing.

Kaiser, A. P., & Roberts, M. Y. (2013). Parents as communication partners: An evidence-based strategy for improving parent support for language and communication in everyday settings. *Perspectives on Language Learning and Education, 20,* 96-111.

Kaiser, A. P., Hancock, T. B., & Nietfeld, J. P. (2000). The effects of parent-implement enhanced milieu teaching on the social communication of children who have autism. *Early Education & Development, 11*(4), 423-446.

Kalyva, E., & Avramidis, E. (2005). Improving communication between children with autism and their peers through the 'Circle of Friends': A small-scale intervention study. *Journal of Applied Research in Intellectual Disabilities, 18,* 253-261.

Kamps, D. M., Dugan, E. P., Leonard, B. R., & Daoust, P. M. (1994). Enhanced small group instruction using choral responding and student interaction for children with autism and developmental disabilities. *American Journal on Mental Retardation, 99*(1), 60-73.

Kamps, D. M., Leonard, B. R., Dugan, E. P., Boland, B., & Greenwood, C. R. (1991). The use of ecobehavioral assessment to identify naturally occurring effective procedures in classrooms serving students with autism and other developmental disabilities. *Journal of Behavioral Education, 1*(4), 367-397.

Kanner, L. (1943). Autistic disturbances of affective contact. *Nervous Child, 2,* 217-250.

Kaplan, B. J., Polatajko, H. J., Wilson, B. N., & Faris, P. D. (1993). Reexamination of sensory integration treatment: A comparison of two efficacy studies. *Journal of Learning Disabilities, 26,* 342-347.

Kaufman, A. S., & Kaufman, N. L. (2004). *Kaufman Assessment Battery for Children* (2nd ed.). Circle Pines, MN: AGS.

Kern, L., Vorndran, C. M., Hilt, A., & Ringdahl, J. E. (1998). Choice as an intervention to improve behavior: A review of the literature. *Journal of Behavior Intervention, 8*(2), 151-169.

Kientz, M. A., & Dunn, W. (1997). A comparison of the performance of children with and without autism on the Sensory Profile. *American Journal of Occupational Therapy, 51*(7), 530-537.

Kim, S. H., Paul, R., Tager-Flusberg, H., & Lord, C. (2014). Language and communication in autism. In F. R. Volkmar, S. J. Rogers, R. Paul, & K. A. Pelphrey (Eds.), *Handbook of autism and pervasive developmental disorders* (4th ed., Vol. 1, pp. 230-262). Hoboken, NJ: Wiley & Sons.

Kimball, J. G. (1999). Sensory integration frame of reference. In P. Kramer & Hinojosa (Eds.), *Frames of reference for pediatric occupational therapy* (pp. 87-175). Baltimore, MD: Williams & Wilkins.

Kingsley, R. E. (2000). *Concise text of neuroscience.* Philadelphia, PA: Lippincott Williams & Wilkins.

Kleinhans, N., Akshoomoff, N., & Delis, D. C. (2005). Executive functions in autism and Asperger's disorder: Flexibility, fluency, and inhibition. *Developmental neuropsychology, 27*(3), 379-401.

Klin, A., Jones, W., Schultz, R., Volkmar, F., & Cohen, D. (2002a). Defining and quantifying the social phenotype in autism. *The American Journal of Psychiatry, 159*, 895-908.

Klin, A., Jones, W., Schultz, R., Volkmar, F., & Cohen, D. (2002b). Visual fixation patterns during viewing of natualistic social situations as predictors of social competence in individuals with autism. *Archives of General Psychiatry, 59*, 809-816.

Kochhar-Bryant, C. A. (2007). *Collaboration and system coordination for students with special needs: From early childhood to the post-secondary years.* Upper Saddle River, NJ: Merrill/Prentice Hall.

Koegel, L. K., Koegel, R. L., Harrower, J. K., & Carter, C. M. (1999). Pivotal response intervention I: Overview of approach. *Journal of the Association for Persons with Severe Handicaps, 24*(3), 174-185.

Koegel, L. K., Koegel, R. L., Shoshan, Y., & McNerney, E. (1999). Pivotal response intervention II: Preliminary long-term outcome data. *Journal of the Association for Persons with Severe Handicaps, 24*(3), 186-198.

Koegel, L. K., Singh, A. K., & Koegel, R. L. (2010). Improving motivation for academics in children with autism. *Journal of Autism and Developmental Disorders, 40*(9), 1057-1066.

Koegel, R. L., Kim, S., Koegel, L. K., & Schwartzman, B. (2013). Improving socialization for high school students with ASD by using their preferred interests. *Journal of Autism and Developmental Disorders, 43*, 2121-213.

Koegel, R. L., & Koegel, L. K. (2006). *Pivotal Response Treatments for Autism: Communication, Social, and Academic Development.* Baltimore, MD: Brookes Publishing Company.

Koegel, R. L., & Koegel, L. K. (2012). *The PRT Pocket Guide: Pivotal Response Treatment for Autism Spectrum Disorders* (1st ed.). Baotimore: Paul Brooks Pub.

Koegel, R. L., Koegel, L. K., & Carter, C. M. (1999). Pivotal teaching interactions for children with Autism. *School Psychology Review, 28*(4), 576–594.

Koegel, R. L., Koegel, L. K., Vernon, T. W., & Brookman-Frazee, L. I. (2017). Pivotal Response Treatment for Individuals with Autism Spectrum Disorder. In J. R. Weisz & A. E. Kazdin (Eds.), *Evidence-Based Psychotherapies for Children and Adolescents* (p. 290). New York, NY: Guilford Press.

Koegel, R. L., Werner, G. A., Vismara, L. A., & Koegel, L. K. (2005). The effectiveness of contextually supported play date interactions between children with autism and typically developing peers. *Research and Practice for Persons with Severe disabilities, 30*(2), 93–102.

Kohler, P. (1996). *A taxonomy for transition programming: Linking research and practice.* Champaign: University of Illinois Transitions Research Institute.

Kokina, A., & Kern, L. (2010). Social Story interventions for students with autism spectrum disorders: A meta-analysis. *Journal of Autism and Developmental Disorders, 40*, 812–826.

Kolko, D. J., Anderson, L., & Campbell, M. (1980). Sensory preference and overselective responding in autistic children. *Journal of Autism and Developmental Disorders, 10*(3), 259–271.

Koppenhaver, D. A., & Erickson, K. A. (2003). Emergent literacy supports for preschoolers with autism and severe communication impairments. *Topics in Language Disorders, 23*, 283–292.

Koppenhaver, D., & Williams, A. (2010). A conceptual review of writing research in augmentative and alternative communication. *Journal of Augmentative and Alternative Communication, 26*(3), 158–176.

Lai M. -C., Lombardo M. V., Chakrabarti, B., & Baron-Cohen, S. (2013) Subgrouping the Autism "Spectrum": Reflections on DSM-5. *PLOS Biology, 11*(4), e1001544.

Lamers, K., & Hall, L. J. (2003). The response of children with autism to preferred prosody during instruction. *Focus on Autism and Other Developmental Disabilities, 18*(2), 93–102.

Lancioni, G. E., O'Reilly, M. F., & Emerson, E. (1996). A review of choice research with people with severe and profound developmental disabilities. *Research in Developmental Disabilities, 17*, 391–411.

Lancioni, G. E., VandenHof, E., Furniss, F., O'Reilly, M. F., & Cunha, B. (1999). Evaluation of a computer-aided system providing pictorial task instructions and prompts to people with severe intellectual disability. *Journal of Intellectual Disability Research, 43*(1), 61-66.

Landry, R., & Bryson, S. E. (2004). Impaired disengagement of attention in young children with autism. *Journal of Child Psychology & Psychiatry, 45*, 1115-1122.

Lane, S. J. (2002). Structure and function of the sensory system & Sensory modulation. In A. C. Bundy, S. J. Lane, & E. A. Murray (Eds.), *Sensory integration: Theory and practice* (2nd ed., pp. 35-70, 101-122). Philadelphia, PA: F. A. Davis Co.

Lang, R., O'Reilly, M., Healy, O., Rispoli, M., Lydon, H., Streusand, W., Davis, T., Kang, S., Sigafoos, J., Lancioni, G., Didden, R., & Giesbers, S. (2012). Sensory integration therapy for autism spectrum disorders: A systematic review. *Research for Autism Spectrum Disorders, 6*, 1004-1018.

Laugeson, E. A., Ellingsen, R., Sanderson, J., Tucci, L., & Bates, S. (2014). The ABC's of teaching social skills to adolescents with autism spectrum disorder in the classroom: The UCLA PEERS program. *Journal of Autism and Developmental Disorders, 44*, 2244-2256.

Laugeson, E. A., Frankel, F., Gantman, A., Dillon, A. R., & Mogil, C. (2012). Evidence-based social skills training for adolescents with autism spectrum disorders: The UCLA PEERS program. *Journal of Autism and Developmental Disorders, 42*(6), 1025-1036.

Laushey, K. M., & Heflin, L J. (2000). Enhancing social skills of kindergarten children with autism through the training of multiple peers as tutors. *Journal of Autism and Developmental Disorders, 30*(3), 183-193.

Lee, S., Simpson, R., & Shoran, K. (2007). Effects and implications of self-management for students with autism: A meta-analysis. *Focus on Autism & Other Developmental Disabilities, 22*, 2-13.

Lerna, A., Esposito, D., Conson, M., Russo, L., & Massagli, A. (2012). Social-communicative effects of the Picture Exchange Communication System(PECS) in Autism Spectrum Disorders. *International Journal of Language & Communication Disorders, 47*, 609-617.

Levin, L., & Carr, E. G. (2001). Food selectivity and problem behavior in children with developmental disabilities: Analysis and intervention. *Behavior Modification, 25*, 443-470.

Lezak, M. D., Howieson, D. B., & Loring, D. W. (1995). Executive functions and motor performance. *Neuropsychological assessment, 3*, 650-685.

Lichtenstein, P., Carlström, E., Råstam, M., Gillberg, C., & Anckarsäter, H. (2010). The

Genetics of Autism Spectrum Disorders and Related Neuropsychiatric Disorders in Childhood. *American Journal of Psychiatry, 167*(11), 1357-1363.

Linderman, T. M., & Stewart, K. B. (1999). Sensory integrative-based occupational therapy and functional outcomes in young children with pervasive developmental disorders: A single-subject study. *American Journal of Occupational Therapy, 53,* 207-213.

Lord, C., Corsello, C., & Grzadzinski, R. (2014). Diagnostic Instruments in Autistic Spectrum Disorders. In F. R. Volkmar, S. J. Rogers, R. Paul, & K. A. Pelphrey (Eds.), *Handbook of autism and pervasive developmental disorders* (4th ed., Vol, 2, pp. 610-650). Hoboken, NJ: Wiley & Sons.

Lord, C., Rutter, M., Dilavore, P., & Risi, S. (2002). *Autism Diagnostic Observation Schedule.* Los Angeles, CA: Western Psychological Services.

Lord, C., Rutter, M., & Le Couteur, A. (1994). Autism Diagnostic Interview-Revised: a revised version of a diagnostic interview for caregivers of individuals with possible pervasive developmental disorders. *Journal of Autism and Developmental Disorders, 24*(5), 659-685.

Lotter, V. (1966). Epidemiology of autistic conditions in young children. *Social psychiatry, 1*(3), 124-135.

Lotter, V. (1967). Epidemiology of autistic conditions in young children. *Social psychiatry, 1*(4), 163-173.

Lovaas, O. I. (2003). *Teaching individuals with developmental delays: Basic intervention techniques.* Austin, TX: Pro-Ed.

Lovaas, O. I., Berberich, J. P., Perloff, B. F., & Schaeffer, B. (1966). Acquisition of imitative speech by schizophrenic children. *Science, 151*(3711), 705-707.

Lovaas, O. I., Schreibman, L., Koegel, R., & Rehm, R. (1981). Selective responding by autistic children to multiple sensory input. *Journal of Abnormal Psychology, 77*(3), 211-222.

Luiselli, J. K. (2008). *Effective Practices for Children with Autism: Educational and Behavioral Support Interventions That Work.* New York, NY: Oxford University Press.

Luiselli, J. K., Ricciardi, J. N., & Gilligan, K. (2005). Liquid fading to establish milk consumption by child with autism. *Behavioral Interventions, 20,* 155-163.

MacDuff, G. S., Krantz, P. J., & McClannahan, L. E. (1993). Teaching children with autism to use photographic activity schedules: Maintenance and generalization of complex response chains. *Journal of Applied Behavior Analysis, 26*(1), 89-97.

Machalicek, W., O'Reilly, M. F., Beretvas, N., Sigafoos, J., Lancioni, G., Sorrells, A., Lang, R.,

& Rispoli, M. (2008). A review of school-based instructional interventions for students with autism spectrum disorders. *Research in Autism Spectrum Disorders, 2*(3), 395-416.

Mackenzie, H. (2008). *Reaching and teaching the child with autism spectrum disorder: Using learning preferences and strengths.* Philadelphia, PA: Jessica Kingsley.

Magiati, I., Ong, C., Lim, X. Y., Tan, J. W., Ong, A. Y. L., Patrycia, F., Fung, D. S. S., Sung, M., Poon, K. K., & Howlin, P. (2016). Anxiety symptoms in young people with autism spectrum disorder attending special schools: Associations with gender, adaptive functioning and autism symptomatology. *Autism, 20*(3), 306-320.

Mahoney, G., & MacDonald, J. D. (2007). *Autism and developmental delays in young children: The Responsive Teaching curriculum for parents and professionals.* Austin, TX: PRO-ED.

Mancil, R. G. (2006). Functional communication training: A review of the literature related to children with autism. *Education and Training in Autism and Developmental Disabilities, 41*(3), 213-224.

Manning, M. M., Wainwright, L., & Bennett, J. (2011). The double ABCX model of adaptation in racially diverse families with a school-age child with autism. *Journal of Autism and Developmental Disorders, 41*, 320-331.

Martin, J. E., & Marshall, L. H. (1995). Choice maker: A comprehensive self-determination transition program. *Intervention, 30*(3), 147-156.

Martin, J. E., Marshall, L. H., Wray, D., Wells, L., O'Brien, J., & Olvey, G. (2004). *Choose and take action: Finding the right job for you.* Longmont, CO: Sopris West.

Mason, L. H. (2004). Explicit self-regulated strategy development versus reciprocal questioning: Effects on expository reading comprehension among struggling readers. *Journal of Educational Psychology, 96*(2), 283-296.

Mason, L. H., Kubina, R. M., Valasa, L. L., & Cramer, A. (2010). Evaluating effective writing instruction for adolescent students in an emotional and behavior support setting. *Behavioral Disorders, 35*(2), 140-156.

Massey, N. G., & Wheeler, J. J. (2000). Acquisition and generalization of activity schedules and their effects on task engagement in a young child with autism in an inclusive pre-school classroom. *Education and Training in Mental Retardation and Developmental Disabilities, 35*, 326-335.

Mastropieri, M. A., & Scruggs, T. E. (1997). Best practices in promoting reading

comprehension in students with learning disabilities 1976 to 1996. *Remedial and Special Education, 18*(4), 197-213.

Matson, J. L, & Nebel-Schwalm, M. (2007). Assessing challenging behaviors in children with autism spectrum disorders: A review. *Research in Developmental Disabilities, 28*, 567-579.

Mayer, R. E., & Hegarty, M. (1996). The process of understanding mathematics problems. In R. J. Sternberg & T. Ben-Zeev (Eds.), *The nature of mathematical thinking* (pp. 29-53). Mahwah, NJ: Lawrence Elbaum.

Mayes, S., & Calhoun, S. (2003). Ability profiles in children with autism: Influence of age and IQ. *Autism, 6*(4), 65-80.

Mazzotti, V. L., Rowe, D. A., Kelley, K., Test, D. W., Fowler, C. H., Kohler, P., & Kortering, L. J. (2009). Linking transition assessment and postsecondary goals: Key elements in the secondary transition planning process. *Teaching Exceptional children, 42*(2), 44-51.

McDonnell, J., & Hardman, M. L. (2009). *Successful transition programs: Pathways for students with intellectual and developmental disabilities.* Los Angeles, CA: Sage Publications.

McGill, R. J., Baker, D., & Busse, R. (2015). Social Story interventions for decreasing challenging behaviors: A single-case meta-analysis 1995-2012. *Educational Psychology In Practice, 31*(1), 21-42.

McLoughlin, J. A., & Lewis, R. B. (2008). *Assessing students with special needs* (7th ed.). Upper Saddle River, NJ: Merrill Publishing Company.

McStay, R. L., Trembath, D., & Dissanayake, C. (2014). Stress and family quality of life in parents of children with autism spectrum disorder: Parent gender and the double ABCX model. *Journal of Autism and Developmental Disorders, 44*, 3101-3118.

Meadan, H., Ostrosky, M. M., Triplett, B., Michna, A., & Fettig, A. (2011). Using visual supports with young children with autsim spectrum disorder. *Teaching Exceptional Children, 43*, 28-35.

Meese, R. L. (2001). *Teaching learners with mild disabilities: Integrating research and practice* (2nd ed.). Singapore: Wadworth Thomson Learning.

Merkley, D. M., & Jefferies, D. (2001). Guidelines for implementing a graphic organizer. *The Reading Teacher, 54*(4), 350-357.

Mesibov, G. B., & Howley, M. (2003). *Accessing the curriculum for pupils with autistic spectrum disorders.* London: David Fulton.

Mesibov, G. B., & Shea, V. (2010). The TEACCH program in the era of evidence-based practice. *Journal of Autism and Developmental Disorders, 40*(5), 570-579.

Mesibov, G. B., Shea, V., & McCaskill, S. (2012). Structured teaching and the TEACCH program. In D. Zager, M. L. Wehneyer, & R. L. Simpson (Eds.), *Educating students with autism spectrum disorders* (pp.99-112). New York, NY: Rouledge.

Mesibov, G. B., Shea, V., & Schopler, E. (2004). *The TEACCH Approach to Autism Spectrum Disorders.* New York, NY: Springer Pub.

Meyer, L., & Evans, I. (1989). *Nonaversive intervention for behavior problems: A manual for home and community.* Baltimore, MD: Brookes.

Meyers, J. E., & Meyers, K. R. (1995). *Rey Complex Figure Test and recognition trial professional manual.* Tampa, FL: Psychological Assessment Resources.

Miller, J. N., & Ozonoff, S. (2000). The external validity of Asperger disorder: Lack of evidence from the domain of neuropsychology. *Journal of abnormal psychology, 109*(2), 227.

Miller, L. J., & Lane, S. J. (2000). Toward a consensus in terminology in sensory integration theory and practice: Par 1: Taxonomy of neurophysiological processes. *Sensory Integration Special Interest section Quarterly, 23*(1), 1-4.

Miller, L. J., Anzalone, M. E., Lane, S. J., Cermak, S. A., & Osten, E. T. (2007). Concept evolution in sensory integration: A proposed nosology for diagnosis. *The American Journal of Occupational Therapy, 61*(2), 135-140.

Miller, S. P., & Mercer, C. D. (1993). Using data to learn about concrete-semiconcrete-abstract instruction for students with math disabilities. *Learning Disabilities Research & Practice, 8,* 89-96.

Minshew, N. J., Meyer, J., & Goldstein, G. (2002). Abstract reasoning in autism: A disassociation between concept formation and concept identification. *Neuropsychology, 16*(3), 327.

Minshew, N., Goldstein, G., Muenz, L., & Payton, J. (1992). Neuropsychological functioning of non-mentally retarded autistic individuals. *Journal of Clinical and Experimental Neuropsychology, 14*(5), 749-761.

Mirenda, P. (2003). Toward functional augmentative and alternative communication for students with autism: Manual signs, graphic symbols, and voice output communication aids. *Language, speech, and hearing services in schools, 34*(3), 203-216.

Mirenda, P., & Iacono, T. (2009). *Autism spectrum disorders and AAC.* Baltimore, ML: Paul H.

Brookes Publishing.

Moes, D. (1998). Integrating choice-making opportunities within teacher-assigned academic tasks to facilitate the performance of children with autism. *Journal of the Association for Persons with Severe Handicaps, 23*(4), 319-328.

Monchi, O., Petrides, M., Petre, V., Worsley, K., & Dagher, A. (2001). Wisconsin card sorting revisited: Distinct neural circuits participating in different stages of the task identified by event-related functional magnetic resonance imaging. *The Journal of Neuroscience, 21*(19), 7733-7741.

Morgan, R. L., & Riesen, T. (2016). *Promoting successful transition to adulthood for students with disabilities.* New York, NY: The Guildford Press.

Mulligan, S. (2002). Advances in sensory integration research. In A. C. Bundy, S. J., Lane, & E. A. Murray (Eds.), *Sensory integration: Theory and practice* (2nd ed., pp. 397-411). Philadelphia, PA: Davis.

Mundy P., Sigman M., Ungerer J., & Sherman T. (1986). Defining the social deficits of autism: The contribution of nonverbal communication measures. *Journal of Child Psychology and Psychiatry, 27,* 657-669.

Munk, D. D., & Repp, A. C. (1994). The relationship between instructional variables and problem behavior: A review. *Exceptional Children, 60*(5), 390-401.

Myles, B. S., & Adreon, D. (2001). *Asperger syndrome and adolescence: Practical solutions for school success.* Shawnee, KS: Autism Asperger Publishing.

Myles, B. S., & Simpson, R. L. (2001). Understanding the hidden curriculum: An essential social skill for children and youth with asperger syndrome. *Intervention in School and Clinic, 36*(5), 279-286.

Myles, B. S., Cook, K. T., Miller, N. E., Rinner, L., & Robbins, L. A. (2000). *Asperger syndrome and sensory issues: Practical solutions for making sense of the world.* Shawnee, KS: Autism Asperger Publishing.

Myles, B. S., Dunn, W., Rinner, L., Hagiwara, T., Reese, M., Huggins, A., & Becker, S. (2004). Sensory issues in children with Asperger syndrome and autism. *Education and Training in Developmental Disabilities, 39*(4), 283-290.

Myles, B. S., Grossman, B. G., & Aspy, R. (2007). Planning a comprehensive program for students with autism spectrum disorders using evidence-based practices. *Education and Training in Developmental Disabilities, 42*(4), 398-409.

Myles, B. S., Hilgenfeld, T. D., Barnhill, G. P., Griswold, D. E., Hagiwara, T., & Simpson, R. L. (2002). Analysis of reading skills in individuals with Asperger syndrome. *Focus on Autism and Other Developmental Disabilities, 17*(1), 44–47.

Myles, B. S., Simpson, R. L., & Bock, S. J. (2001). *Asperger syndrome diagnostic scale.* Framingham, MA: Therpro.

Myles, B. S., Trautman, M. L., & Schelvan, R. L. (2004). *The hidden curriculum: Practical solutions for understanding unstated rule.* Shawnee, KS: Autism Asperger Publishing Company.

Nation, K., & Norbury, C. F. (2005). Why reading comprehension fails: Insights from developmental disorders. *Topics in Language Disorders, 25*(1), 21–32.

Nation, K., Clarke, P., Wright, B., & Williams, C. (2006). Patterns of reading ability in children with autism spectrum disorder. *Journal of Autism and Developmental Disorders, 36*(7), 911–919.

National Autism Center (2009). *Evidence-based practice and autism in the schools: an educator's guide to providing appropriate interventions to students with autism spectrum disorders* (2nd ed.). Randolph, MA: National Autism Center.

National Autism Center (2015). *Findings and conclusions: National standards project, phase 2.* Randolph, MA: National Autism Center.

National Early Literacy Panel (2008). *Developing early literacy: Report of the National Early Literacy Panel.* Washington, DC: National Institute for Literacy.

National Reading Panel (2000). Teaching children to read: An evidence-based assessment of the scientific research literature on reading and its implication for reading instruction.

National Research Council (2001). *Educating children with autism.* Washington, DC: National Academy Press.

Neitzel, J. (2010). Positive behavior supports for children and youth with autism spectrum disorders. *Preventing School Failure, 55*(4), 247–255.

Neufeld, V., Law, K. C. Y., & Lucyshyn, J. M. (2014). Integrating best practices in positive behavior support and clinical psychology for a child with autism and anxiety-related problem behavior: A clinical case study. *Canadian Journal of School Psychology, 29*(3), 258–276.

Newman, A. (2003). *Assessing sensory processing abilities in Israeli children aged 3–10: A study of cross-cultural adaptation of the Sensory Profile caregiver questionnaire.*

Unpublished doctoral dissertation. New York, NY: New York University.

Nichols, S., Moravcik, G. M., & Tetenbaum, S. P. (2009). *Girls growing up on the autism spectrum*. London: Jessica Kingsley Publications.

Nolet, V., & McLaughlin, M. J. (2005). *Accessing the general curriculum: Including students with disabilities in standards-based reform* (2nd ed). Thousand Oaks, CA: Corwin Press.

O'Connor, I. M., & Klein, P. D. (2004). Exploration of strategies for facilitating the reading comprehension of high-functioning students with autism spectrum disorders. *Journal of Autism and Developmental Disorders, 34*(2), 115-127.

O'Neill, M., & Jones, R. S. (1997). Sensory-perceptual abnormalities in autism: A case for more research? *Journal of Autism and Developmental Disorders, 27*(3), 283-293.

O'Riordan, M. A., Plaisted, K. C., Driver, J., & Baron-Cohen, S. (2001). Superior visual search in autism. *Journal of Experimental Psychology, 27*(3), 719-730.

Obeid, R., & Daou, N. (2015). The effects of coping style, social support, and behavioral problems on the well-being of mothers of children with autism spectrum disorders in Lebanon. *Research in Autism Spectrum Disorders, 10*, 59-70.

Olcay-Gul, S., & Tekin-Iftar, E. (2016). Family generated and delivered social story intervention: Acquisition, maintenance, and generalization of social skills in youth with ASD. *Education and Training in Autism and Developmental Disabilities, 51*(1), 67-78.

Olson, D. H. (2011). FACES IV and the complex model: Validation study. *Journal of Marital Family, 37*(1), 64-80.

Ontario Ministry of Education (2007). *Effective educational practices for students with autism spectrum disorders*. Toronto: Ontario Ministry of Education.

Oosterling, I. J., Wensing, M., Swinkels, S. H., Van der Gaag, R. J., Visser, J. C., Woudenberg, T., ⋯ & Buitelaar, J. K. (2010). Advancing early detection of autism spectrum disorder by applying an integrated two-stage screening approach. *Journal of Child Psychology & Psychiatry, 51*(3), 250-258.

Osborne, L., & Reed, P. (2009). The relationship between parenting stress and behavior problems of children with autistic spectrum disorders. *Exceptional Children, 76*, 54-73.

OSEP Technical Assistance Center on Positive Behavioral Interventions and Supports (2015a). *Positive Behavioral Interventions and Supports(PBIS) Implementation Blueprint: Part I-Foundations and supporting information*. Eugene, OR: University of Oregon. Retrieved December 17, 2016 from http://www.pbis.org

OSEP Technical Assistance Center on Positive Behavioral Interventions and Supports (2015b). *Positive Behavioral Interventions and Supports(PBIS) Implementation Blueprint: Part 2-Foundations and supporting information*. Eugene, OR: University of Oregon. Retrieved December 17, 2016 from http://www.pbis.org

Osman, A., Lamis, D. A., Freedenthal, S., Gutierrez, P. M., & McNaughton-Cassill, M. (2014). The multidimensional scale of perceived social support: analyses of internal reliability, measurement invariance, and correlates across gender. *Journal of Personality Assessment, 96*(1), 103-112.

Ozdemir, S. (2008). The effectiveness of Social Stories on decreasing disruptive behaviors of children with autism: Three case studies. *Journal of Autism and Developmental Disorders, 38*, 1689-1696.

Ozonoff, S. (1995). Reliability and validity of the Wisconsin Card Sorting Test in studies of autism. *Neuropsychology, 9*(4), 491.

Ozonoff, S., Cook, I., Coon, H., Dawson, G., Joseph, R. M., Klin, A., ⋯ & Rogers, S. J. (2004). Performance on Cambridge Neuropsychological Test Automated Battery subtests sensitive to frontal lobe function in people with autistic disorder: Evidence from the Collaborative Programs of Excellence in Autism network. *Journal of autism and developmental disorders, 34*(2), 139-150.

Ozonoff, S., Pennington, B. F., & Rogers, S. J. (1991). Executive function deficits in high-functioning autistic individuals: relationship to theory of mind. *Journal of child Psychology and Psychiatry, 32*(7), 1081-1105.

Pai, S., & Kapur, R. L. (1981). The burden on the family of a psychiatric patient: Development of an interview schedule. *The British Journal of Psychiatry, 138*(4), 332-335.

Palermo, M. T., & Curatolo, P. (2004). Pharmacologic treatment of autism. *Journal of Child Neurology, 19*, 155-164.

Paparella, T., Goods, K. S., Freeman, S., & Kasari, C. (2011). The emergence of nonverbal joint attention and requesting skills in young children with autism. *Journal of Communication Disorders, 44*, 569-583.

Park, C. J., Yelland, G. W., Taffe, J. R., & Gray, K. M. (2012). Brief report: The relationships between language skills, adaptive behavior, and emotional and behavioral problems in pre-schoolers with autism. *Journal of Autism and Developmental Disorders, 42*, 2761-2766.

Paul, R. (2008). Interventions to improve communication in autism. *Child and Adolescent Psychiatric Clinics of North America, 17*(4), 835-856.

Paul, R., Orlovski, S. M., Marcinko, H. C., & Volkmar, F. (2009). Conversational behaviors in youth with high-functioning ASD and Asperger syndrome. *Journal of autism and developmental disorders, 39*(1), 115-125.

Paul, R., & Wilson, K. P. (2009). Assessing speech, language, and communication in autism spectrum disorders. In S. Goldstein, J. A. Naglieri, & S. Ozonoff (Eds.), *Assessment of autism spectrum disorders* (pp. 171-208). New York, NY: The Guilford.

Pennington, R. C., & Delano, M. E. (2012). Writing instruction for students with autism spectrum disorders: A review of literature. *Focus on Autism and Other Developmental Disabilities, 27*(3), 158-167.

Pennington, R. C., Stenhoff, D. M., Gibson, J., & Ballou, K. (2012). Using simultaneous prompting to teach computer-based story writing to a student with autism. *Education and Treatment of Children, 35*(3), 389-406.

Perfetti, C. A., Landi, N., & Oakhill, J. (2013). The acquisition of reading comprehension skill. In M. J. Snowling & C. Hulme (Eds.), *The science of reading: A handbook* (pp. 336-365). Hoboken, NJ: Wiley Press.

Petalas, M. A., Hastings, R. P., Nash, S., Dowey, A., & Reilly, D. (2009). "I like that he always shows who he is": The perceptions and experiences of siblings with a brother with autism spectrum disorder. *International Journal of Disability, Development, & Education, 56*, 381-399.

Petursdottir, A., McComas, J., McMaster, K., & Horner, K. (2007). The effects of scripted peer tutoring and programming common stimuli on social interactions of student with autism spectrum disorders. *Journal of Applied Behavior Analysis, 40*(2), 353-357.

Pickard, K. E., & Ingersoll, B. R. (2017). Using the double ABCX model to integrate services for families of children with ASD. *Journal of Child and Family Studies, 26*(3), 810-823.

Pierson, M. R., & Glaeser, B. C. (2005). Extension of Research on Social Skills Training Using Comic Strip Conversations to Students Without Autism. *Education & Training In Developmental Disabilities, 40*(3), 279-284.

Plitt, M., Barnes, K. A., & Martin, A. (2015). Functional connectivity classification of autism identifies highly predictive brain features but falls short of biomarker standards. *NeuroImage: Clinical, 7*, 359-366.

Podell, D. M., Tournaki-Rein, N., & Lin, A. (1992). Automatization of mathematics skills via computer-assisted instruction among students with mild mental handicaps. *Education and Training in Mental Retardation, 27*(3), 200-206.

Potter, C., & Whittaker, C. (2001). *Enabling communication in children with autism.* London: Jessica Kingsley Publishers.

Pozo, P., Sarria, E., & Brioso, A. (2013). Family quality of life and psychological well-being in parents of children with autism spectrum disorders: A double ABCX model. *Journal of Intellectual Disability Research, 58*(5), 442-458.

Premack, D., & Premack, A. J. (1974). Teaching visual language to apes and language-deficient persons. In R. Schiefelbusch & L. Lloyd (Eds.), *Language perspectives-Acquisition, retardation and intervention.* London: MacMillan.

Prior, M., & Ozonoff, S. (2007). Psychological factors in autism. In F. Volkmar (Ed.), *Autism and pervasive developmental disorders* (pp. 69-128). Cambridge: Cambridge University Press.

Prizant, B. M., Wetherby, A. M., Rubin, E., Laurent, A. C., & Rydell, P J. (2006). *The SCERTS model: A comprehensive educational approach for children with autism spectrum disorders, Volume I Assessment, Volume II Program planning and intervention.* Baltimore, MD: Brookes.

Quill, K. A. (1997). Instructional consideration for young children with autism: The rationale for visually cued instruction. *Journal of Autism and Developmental Disorders, 27*(6), 697-714.

Quill, K. A. (2000). *Do-watch-listen-say: Social and communication intervention for children with autism.* Baltimore, MD: Paul H. Brookes.

Rao, S. M., & Gagie, B. (2006). Learning through seeing and doing: Visual supports for children with autism. *Teaching Exceptional Children, 38*(6), 26-33.

Reaven, J. A., Hepburn, S. L., & Ross, R. G. (2008). Use of the ADOS and ADI-R in children with psychosis: Importance of clinical judgment. *Clinical Child Psychology and Psychiatry, 13*(1), 81-94.

Reichle, J., & Wacker, D. P. (2017). *Functional communication training for problem behavior.* New York, NY: The Guilford Press.

Reichow, B., & Barton, E. E. (2014). Evidence-based psychological intervention for individuals with autism spectrum disorders. In F. R. Volkmar, S. J. Rogers, R. Paul, & K.

A. Pelphrey (Eds.), *Handbook of autism and pervasive developmental disorders* (4th ed., Vol, 2, pp. 972-973). Hoboken, NJ: Wiley & Sons.

Reichow, B., & Volkmar, F. R. (2011). Evidence-based practices in autism: Where we started. In B. Reichow, P. Doehring, D. V. Cicchetti, & F. R. Volkmar (Eds.). *Evidence-based practices and treatments for children with autism* (pp. 3-24). New York, NY: Springer.

Repp, A. C., Barton, L. E., & Gottlieb, J. (1983). Naturalistic studies of institutionalized profoundly or severely mentally retarded persons: the relationship of density and behavior. *American Journal of Mental Deficiency, 87*, 441-447.

Repp, A. C., Karsh, K. G., Deitz, D. E. D., & Singh, N. N. (1992). A study of the homeostatic level of stereotypy and other motor movements of persons with mental handicaps. *Journal of Intellectual Disabilities Research, 36*, 61-75.

Rhea, P., Augustyn, A., Klin, A., & Volkmar, F. R. (2005). Perception and production of prosody by speakers with autism spectrum disorders. *Journal of Autism and Developmental Disorders, 40*(5), 570-579.

Roberts, M. Y., & Kaiser, A. P. (2015). Early intervention for toddlers with language delays: A randomized controlled trial. *Pediatrics, 135*(4), 686-693.

Robertson, R. E. (2016). Effectiveness and acceptability of parent-implemented behavior interventions for children with autism in three african American families. *Education and Training in Autism and Developmental Disabilities, 51*(2), 107-121.

Robins, D. L., Fein, D., Barton, M. L., & Green, J. A. (2001). The Modified Checklist for Autism in Toddlers: An initial study investigating the early detection of autism and pervasive developmental disorders. *Journal of autism and developmental disorders, 31*(2), 131-144.

Robinson, E. B., Howrigan, D., Yang, J., Ripke, S., Anttila, V., Duncan, L. E., ··· & Neale, B. M. (2014). Response to 'Predicting the diagnosis of autism spectrum disorder using gene pathway analysis'. *Molecular psychiatry, 19*(8), 860-861.

Rockwell, S. B., Griffin, C. C., & Jones, H. A. (2011). Schema-based strategy instruction in mathematics and the word problem-solving performance of a student with autism. *Focus on Autism and Other Developmental Disabilities, 26*, 87-95.

Rogers, M. F., & Myles, B. S. (2001). Using Social Stories and Comic Strip Conversations to Interpret Social Situations for an Adolescent with Asperger Syndrome. *Intervention in School & Clinic, 36*(5), 310-313.

Rogers, S. J., & Dawson, G. (2010). *Early Start Denver Model for Young Children with Autism: Promoting language, learning & engagement.* New York, NY: Guildford Press.

Rogers, S. J., Estes, A., Lord, C., Vismara, L., Winer, J., Fitzpatrick, A., ⋯ & Dawson, G. (2012). Effects of a brief Early Start Denver Model(ESDM)-based parent intervention on toddlers at risk for autism spectrum disorders: A randomized controlled trial. *Journal Of The American Academy Of Child And Adolescent Psychiatry, 51*(10), 1052-1065.

Rogers, S. J., Hepburn, S., & Wehner, E. (2003). Parent reports of sensory symptoms in toddlers with autism and those with other developmental disorders. *Journal of Autism and Developmental Disorders, 33,* 631-642.

Rogers, S. J., Vismara, L., Wagner, A. L., McCormick, C., Young, G., & Ozonoff, S. (2014). Autism Treatment in the First Year of Life: A Pilot Study of Infant Start, a Parent-Implemented Intervention for Symptomatic Infants. *Journal of Autism & Developmental Disorders, 44(12),* 2981-2995.

Rosenberg, R. E., Law, J. K., Yenokyan, G., McGready, J., Kaufmann, W. E., & Law, P. A. (2009). Characteristics and Concordance of Autism Spectrum Disorders Among 277 Twin Pairs. *Archives of Pediatrics & Adolescent Medicine, 163*(10), 907-914.

Rosenblatt, J., Bloom, P., & Koegel, R. L. (1995). Overselective responding: Description, implication, and intervention. In R. L. Koegel & L K. Koegel (Eds.), *Teaching children with autism: Strategies for initiating positive interactions and improving learning opportunities* (pp. 33-42). Baltimore, MD: Brookes.

Rowland, C. M. (2009). Presymbolic communicators with autism spectrum disorders. In P. Mirenda & T. Iacono (Eds.), *Autism spectrum disorders and AAC* (pp. 51-81). Baltimore, ML: Paul H. Brookes Publishing.

Rutter M., & Thapar A. (2014). Genetics of autism spectrum disorders. In F. R. Volkmar, S. J. Rogers, R. Paul, & K. A. Pelphrey (Eds.), *Handbook of Autism and Pervasive Developmental Disorders* (4th ed, Vol. 1, pp. 411-423). Hoboken, NJ: Wiley & Sons.

Rutter, M. L. (2011). Progress in Understanding Autism: 2007-2010. *Journal of Autism and Developmental Disorders, 41*(4), 395-404.

Rutter, M., Bailey, A., & Lord, C. (2003). *The social communication questionnaire: Manual.* Los Angeles, CA: Western Psychological Services.

Safran, S. P., Safran, J. S., & Ellis, K. (2003). Intervention ABCs for children with Asperger syndrome. *Topics in Language Disorders, 23*(2), 154-165.

Sagarin, J. D. (1998). *Toward a different model of autism: Exploring the sensory experiences of those diagnosed with autism or pervasive developmental disorder.* Unpublished dissertation thesis. Worcester, MA: Clark University.

San Martín, C., Montero, I., Navarro, M. I., & Biglia, B. (2014). The development of referential communication: improving message accuracy by coordinating private speech with peer questioning. *Early Childhood Research Quarterly, 29*(1), 76-84.

Sanders, M. R. (1999). Triple P- Positive Parenting Program: Towards an empirically validated multilevel parenting and family support strategy for the prevention of behavior and emotional problems in children. *Clinical Child and Family Psychology Review, 2*(2), 71-90.

Saulnier, C. A. (2002). *Sensory reactivity in children with and without autism.* Unpublished doctoral dissertation. Storrs, CT: University of Connecticut.

Scahill, L., Turin, E., & Evans, A. N. (2014). The history of autism: from pillar to post. In T. E. Davis III, S. W. White, & T. H. Ollendick (Eds.), *Handbook of autism and anxiety* (pp. 3-13). New York, NY: Springer.

Scattone, D., Wilczynski, S. M., Edwards, R. P., & Rabian, B. (2002). Decreasing disruptive behaviors of children with autism using Social Stories. *Journal of Autism and Developmental Disorders, 32,* 535-543.

Schaaf, R. C. (2011). Interventions that address sensory dysfunction for individuals with autism spectrum disorders: Preliminary evidence for the superiority of sensory integration compared to other sensory approaches. In B. Reichow, P. Doehring, D., Cicchetti, & F. Volkmar (Eds.), *Evidence-based practices and treatments for children with autism* (pp. 245-273). New York, NY: Springer.

Schiffman, H. R. (1996). *Sensation and perception: An integrated approach* (4th ed.). New York, NY: John Wiley.

Schmidt, C., & Stichter, J. P. (2012). The Use of Peer-Mediated Interventions to Promote the Generalization of Social Competence for Adolescents with High-Functioning Autism and Asperger's Syndrome. *Exceptionality, 20*(2), 94-113.

Schneider, N., & Goldstein, H. (2010). Using social stories and visual schedules to improve socially appropriate behaviors in children with autism. *Journal of Positive Behavior Interventions, 12*(3), 149-160.

Schopler, E., Mesibov, G. B., & Hearsey, K. (1995). Structured teaching in the TEACCH system. In E. Schopler & G. B. Mesibov (Eds.), *Learning and cognition in autism* (pp.

243-268). New York, NY: Plenum Press.

Schopler, E., Reichler, R. J., & Renner, B. R. (1986). *CARS: The Child-hood Autism Rating Scale*. Los Angeles, CA: Western Psychological Services

Scott, K. S. (1993). Multisensory mathematics for children with mild disabilities. *Exceptionality, 4*(2), 97-111.

Scruggs, T. E., & Mastropieri, M. A. (2000). The Effectiveness of Mnemonic Instruction for Students with Learning and Behavior Problems: An Update and Research Synthesis. *Journal of Behavioral Education, 10*(2/3), 163-173.

Seigel, B. (1996). *The world of the autistic child: Understanding and treating autism spectrum disorders*. New York, NY: Oxford University Press.

Sesma, H. W., Mahone, E. M., Levine, T., Eason, S. H., & Cutting, L. E. (2009). The contribution of executive skills to reading comprehension. *Child Neuropsychology, 15*(3), 232-246.

Shah, A., & Frith, U. (1993). Why do autistic individuals show superior performance on the block design task? *Journal of Child Psychology and Psychiatry, 34*(8), 1351-1364.

Shipley-Benamou, R., Lutzker, J. R., & Taubman, M. (2002). Teaching daily living skills to children with autism through instructional video modeling. *Journal of Positive Behavior Interventions, 4*(3), 166-177.

Shogren, K. A., Faggella-Luby, M. N., Bae, S. J., & Wehmeyer, M. L. (2004). The effect of choice-making as an intervention for problem behavior: A meta-analysis. *Journal of Positive Behavior Interventions, 6*(4), 228-237.

Short, A. B., & Schopler, E. (1988). Factors relating to age of onset in autism. *Journal of autism and developmental disorders, 18*(2), 207-216.

Sigafoos, J. (1998). Choice making and personal selection strategies. In J. K. Luiselli & M. J. Cameron (Eds.), *Antecedent control: Innovative approaches to behavioral support* (pp. 187-221). Baltimore, MD: Paul H. Brookes.

Simmons, E. S., Lanter, E., & Lyons, M. C. (2014). Supporting mainstream educational success. In F. R. Volkmar, S. J. Rogers, R. Paul, & K. A. Pelphrey (Eds.), *Handbook of autism and pervasive developmental disorders* (pp. 838-857). Hoboken, NJ: Wiley & Sons.

Simonsen, B., & Myers, D. (2015). *Classwide positive behavior interventions and supports: a guide to proactive classroom management*. New York, NY: The Guilford Press.

Simpson, L. A., & Bui, Y. (2016). Effects of a peer-mediated intervention on social interactions of students with low-functioning autism and perceptions of typical peers. *Education and Training in Autism and Developmental Disabilities, 51*(2), 162-178.

Simpson, L. l., & Yvonne, B. (2016). Effects of a Peer-Mediated Intervention on Social Interactions of Students with Low-Functioning Autism and Perceptions of Typical Peers. *Education & Training In Autism & Developmental Disabilities, 51*(2), 162-178.

Simpson, R. L., & Myles, B. S. (1993). Successful integration of children and youth with autism in mainstreamed settings. *Focus on Autism and Other Developmental Disabilities, 7*(6), 1-13.

Simpson, R. L., & Myles, B. S. (2008). *Educating children and youth with autism: Strategies for effective practices.* Austin, TX: PRO-ED.

Simpson, R. L., Myles, B. S., & LaCava, P. G. (2008). Understanding and responding to the needs of children and youth with autism spectrum disorders. In R. L. Simpson & B. S. Myles (Eds.), *Educating children and youth with autism* (pp. 1-59). Austin, TX: PRO-ED.

Sitlington, P. L., Neubert, D. A., & Clark, G. M. (2010). *Transition education and services for students with disabilities* (5th ed.). Upper Saddle River, NJ: Pearson.

Skinner, B. F. (1957). *Verbal Behavior.* New York, NY: Appleton-Century-Crofts.

Smith, E. A., & Van Houten, R. (1996). A comparison of the characteristics of self-stimulatory behaviors in "normal" children and children with developmental delays. *Research in Developmental Disabilities, 17,* 253-268.

Smith, T. (2001). Discrete Trial Training in the Treatment of Autism. *Focus on Autism and Other Developmental Disabilities, 16,* 86-92.

Smith, T., Groen, A. D., & Wynn, J. W. (2000). Randomized trial of intensive early intervention for children with pervasive developmental disorder. *American Journal on Mental Retardation, 105*(4), 269-285.

Smith, T., Oakes, L., & Selver, K. (2014). Alternative treatments. In F. R. Volkmar, S. J. Rogers, R. Paul, & K. A. Pelphrey (Eds.), *Handbook of autism and pervasive developmental disorders* (pp. 1051-1069). Hoboken, NJ: Wiley & Sons.

Snowling, M., & Frith, U. (1986). Comprehension in "hyperlexic" readers. *Journal of Experimental Child Psychology 42*(3), 392-415.

Soussignan, R., Schaal, B., Schmit, G., & Nadel, J. (1995). Facial responsiveness to odours in normal and pervasively developmentally disordered children. *Chemical Senses, 20*(1),

47-59.

Southall, C. M., & Gast, D. L. (2011). Self-management procedures: A comparison across the autism spectrum. *Education and Training in Autism and Developmental Disabilities*, *46*(2), 155-171.

Spector, J. E. (2011). Sight word instruction for students with autism: An evaluation of the evidence base. *Journal of Autism and Developmental Disorders, 41*(10), 1411-1422.

Spencer, V. G., Evmenova, A. S., Boon, R. T., & Hayes-harris, L. (2014). Review of research-based interventions for students with autism spectrum disorders in content area instruction: Implications and considerations for classroom practice. *Education and Training in Autism and Developmental Disabilities, 49*(3), 331-353.

Steingard, R. J., Zimnitzky, B., DeMaso, D. R., Bauman, M. L., & Bucci, J. P. (1997). Sertraline treatment of transition-associated anxiety and agitation in children with autistic disorder. *Journal of Child and Adolescent Psychopharmacology, 7*(1), 9-15.

Stone, W. L., Ousley, O. Y., Yoder, P. J., Hogan, K. L., & Hepburn, S. L. (1997). Nonverbal communication in two-and three-year-old children with autism. *Journal of autism and developmental disorders, 27*(6), 677-696.

Storey, K., & Post, M. (2012). *Positive behavior supports in classrooms and schools: Effective and practical strategies for teachers and other service providers.* Springfield, IL: Charles C Thomas Publisher.

Strain P. S., McGee, G., & Kohler, F. W. (2001). Inclusion of children with autism in early intervention environments. In M. J. Guralnick (Ed.), *Early childhood inclusion: Focus on change* (pp.337-363). Baltimore, MD: Paul H Brookes Pub.

Stuart, M., & McGrew, J. H. (2009). Caregiver burden after receiving a diagnosis of an autism spectrum disorder. *Research in Autism Spectrum Disorders, 3*, 86-97.

Sugai, G., & White, W. J. (1986). Effects of using object self-stimulation as a reinforcer on the prevocational work rates of an autistic child. *Journal of Autism and Developmental Disorders, 16*, 459-471.

Sundberg, M. L., & Partington, J. W. (1999). The need for both discrete trial and natural environment language training for children with autism. In P. M. Ghezzi, W. L. Williams, & J. E. Carr (Eds.), *Autism: Behavior analytic perspectives* (pp. 139-156). Reno, NV: Context Press.

Szatmari, P., Archer, L., Fisman, S., Streiner, D.L., & Wilson, F. (1995). Asperger's syndrome and autism: Differences in behavior, cognition, and adaptive functioning. *Journal of the American Academy of Child and Adolescent Psychiatry, 34,* 1662-1671.

Szatmari, P., Bryson, S. E., Boyle, M. H., Streiner, D. L., & Duku, E. (2003). Predictors of outcome among high functioning children with autism and Asperger syndrome. *Journal of Child Psychology and Psychiatry, 44*(4), 520-528.

Tabone, F. (in press). *The ASD independence workbook: Transition skills for teens and young adults with autism.* Oakland, CA: Instant Help.

Tager-Flusberg, H., Joseph, R., & Folstein, S. (2001). Current directions in research on autism. *Developmental Disabilities Research Reviews, 7*(1), 21-29.

Taniai, H., Nishiyama, T., Miyachi, T., Imaeda, M., & Sumi, S. (2008). Genetic influences on the broad spectrum of autism: Study of proband-ascertained twins. *American Journal of Medical Genetics Part B: Neuropsychiatric Genetics, 147*(6), 844-849.

Tarbox, J., Dixon, D. R., Sturmey, P., & Matson, J. L. (2014). *Handbook of Early Intervention for Autism Spectrum Disorders: Research, Policy, and Practice.* New York, NY: Springer.

Tasmania Department of Education (2008). *Individual Transition Plan.* Tasmania, Austrailia: The Department of Education.

Tasmania Department of Education (2013). 2014-2017 Learners First Strategic Plan. Retrieved from http://www.education.tas.gov.au/about-us/our-department/strategic-plan

Taylor, R. L. (2000). *Assessment of exceptional students: Educational and psychological procedures.* Boston, MA: Allyn and Bacon.

Tecchio, F., Benassi, R., Zappasodi, F., Gialloreti, L. E., Palermo, M., Seri, S., & Rossini, P. M. (2003). Auditory Sensory Processing in Autism: A Magnetoencephalographic Study. *Biological Psychiatry, 54*(6), 647-654.

Test D. W. (2011). *Evidence-based instructional strategies for transition.* Baltimore, ML: Brookes.

Test, D. W., Fowler, C. H., Richter, S. M., White, J., Mazzotti, V., Walker, A. R., Kohler, P., & Kortering, L. (2009). Evidence-based practice in secondary transition. *Career Development for Exceptional Individuals, 32*(2), 115-128.

Thiemann, K., & Kamps, D. (2008). Promoting social-communicative competence of children with autism in integrated environments. In R. L. Simpson & B. S. Myles (Eds.), *Educating children and youth with autism: Strategies for effective practice* (2nd ed., pp. 267-298). Austin, TX: PRO-ED.

Tiegerman, E., & Primavera, L. H. (1984). Imitating the autistic child: Facilitating communicative gaze behavior. *Journal of autism and developmental disorders, 14*(1), 27-38.

Tomasello, M. (2008). *Origins of human communication*. Cambridge, MA: The MIT Press.

Tomeny, T. S., Berry, T. D., Fair, E. C., & Riley, R. (2017). Parentification of adult siblings of individuals with autism spectrum disorder. *Journal of Child and Family Studies, 26*(4), 1056-1067.

Totsika, F. D., Kerr, M., & Hastings, R. P. (2010). Behavior problems, psychiatric symptoms, and quality of life for older adults with intellectual disability with and without autism. *Journal of Autism and Developmental Disorders, 40*, 1171-1178.

Trainor, A. A. (2005). Self-determination perceptions and behaviors of diverse students with LD during the transition planning process. *Journal of Learning Disabilities, 38*(3), 233-249.

Travers, J. C., Higgins, K., Pierce, T., Boone, R., Miller, S., & Tandy, R. (2011). Emergent literacy skills of preschool students with autism: A comparison of teacher-lead and computer-assisted instruction. *Education and Training in Autism and Developmental Disabilities, 46*(3), 326-338.

Tsai, L. Y. (2013). Asperger's disorder will be back. *Journal of Autism and Developmental Disorders, 43*(12), 2914-2942.

Tsao, L., & Odom, S. L.(2006). Sibling-Mediated Social Interaction Intervention for Young Children With Autism. *TECSE, 26*(2), 106-123.

Tsatsanis, K. D. (2004). Heterogeneity in learning style in Asperger syndrome and high-functioning autism. *Topics in Language Disorders, 24*(4), 260-270.

Tsatsanis, K. D., & Powell, K. (2014). Neuropsychological characteristics of autism spectrum disorders. In F. R. Volkmar, S. J. Rogers, R. Paul, & K. A. Pelphrey (Eds.), *Handbook of autism and pervasive developmental disorders* (4th ed., Vol, 2, pp. 302-331). Hoboken, NJ: Wiley & Sons.

Turnbull, A. Turnbull, R., Erwin, E., Soodak, l. C., & Shogren, K. A. (2014). *Families, professionals, and exceptionality: Positive outcomes through partnerships and trust* (7th ed.). Upper Saddle River, NJ: Pearson Education.

Turnbull, A., Turnbull, R., Wehmeyer, M. L., & Shogren, K. A. (2015). *Exceptional lives: Special education in today's schools* (8th ed.). Upper Saddle River, NJ: Pearson.

Twachtman-Cullen, D. (2000). More able children with autism spectrum disorders:

Sociocommunicative challenges and guidelines for enhancing abilities. In A. M. Wetherby & B. M. Prizant (Eds.), *Autism spectrum disorders: A transactional perspective* (pp. 225-249). Baltimore, MD: Brookes.

Twachtman-Cullen, D., & Twachtman-Bassett, J. (2014). Language and social communication. In L. A. Wilkinson (Ed.), *Autism spectrum disorder in children and adolescents: Evidence-based assessment and intervention in schools.* Washington, DC: American Psychological Association.

U. S. Department of Education (2011). *The Post-high school outcomes of young adults with disabilities up to 8 years after high school: A report from the National Longitudinal Transition Studies-2(NLTS2).* Washington, DC: National Center for Special Education Research Institute of Education Sciences.

Verhoeff, B. (2013). Autism in flux: A history of the concept from Leo Kanner to DSM-5. *History of Psychiatry, 24*(4), 442-458.

Vivanti, G., Hudry, K., Trembath D., Barbaro, J., Richdale, A., & Dissanayake., C. (2013). Towards the DSM-5 criteria for autism: Clinical, cultural, and research implications. *Australian Psychologist, 48*(4), 258-261.

Vivian, L., Hutchins, T. L., & Prelock, P. A. (2012). A family-centered approach for training parents to use Comic Strip Conversations with their child with autism. *Contemporary Issues in Communication Science and disorders, 39*, 30-42.

Volkmar, F. R., & Klin, A. (2005). Issues in the classification of autism and related conditions. In F. R. Volkmar, R. Paul, A. Klin, & D. Cohen (Eds.), *Handbook of Autism and Pervasive Developmental Disorders* (pp. 5-41). Hoboken, NJ: John Wiley & Sons.

Volkmar, F. R., Reichow, B., Westphal, A., & Mandell, D. S. (2014). Autism and the autism spectrum: Diagnostic concepts. In F. R. Volkmar, S. J. Rogers, R. Paul, & K. A. Pelphrey (Eds.), *Handbook of autism and pervasive developmental disorders* (4th ed., Vol, 1, pp. 3-27). Hoboken, NJ: Wiley & Sons.

Volkmar, F. R., Roger, S. J., Paul, R., & Pelphrey, K. A. (2014). *Handbook of Autism and Pervasive Developmental Disorder* (4th ed.). Hoboken, NJ: Wiley & Sons.

Wahlberg, T., & Magliano, J. P. (2004). The ability of high function individuals with autism to comprehend written discourse. *Discourse Processes, 38*(1), 119-144.

Walton, K. M., & Ingersoll, B. R. (2012). Evaluation of a sibling-mediated imitation intervention for young children with autism. *Journal of Positive Behavior Interventions,*

14(4), 241-253.

Wang, P., & Spillane, A. (2009). Evidence-based social skills interventions for children with autism: A meta-analysis. *Education and Training in Developmental disabilities, 44*(3), 318-342.

Watanabe, M., & Sturmey, P. (2003). The effect of choice-making opportunities during activity schedules on task engagement of adults with autism. *Journal of Autism and Developmental Disorders, 33*(5), 535-538.

Waters, H. E., & Boon, R. T. (2011). Teaching money computation skills to high school students with mild intellectual disabilities via the TouchMath program. *Education and Training in Autism and Developmental Disabilities, 46*, 544-555.

Watkins, L., O'Reilly, M., Kuhn, M., Gevarter, C., Lancioni, G., Sigafoos, J., & Lang, R. (2015). A Review of Peer-Mediated Social Interaction Interventions for Students with Autism in Inclusive Settings. *Journal Of Autism & Developmental Disorders, 45*(4), 1070-1083.

Watson, L. R., Patten, E., Baranek, G. T., Poe, M., Boyd, B. A., Freuler, A., & Lorenzi, J. (2011). Differential associations between sensory response patterns and language, social, and communication measures in children with autism or other developmental disabilities. *Journal of Speech, language, and Hearing Research, 54*, 1562-1576.

Wechsler, D. (2003). *Wechsler Intelligence Scale for Children* (4th ed.). San Antonio, TX: Psychological Corporation.

Wechsler, D., Orsini, A., & Pezzuti, L. (2012). *WISC-IV: Wechsler intelligence scale for children: manuale di somministrazione e scoring*. Milano: Giunti Organizzazioni Speciali.

Wehman, P. (2011a). *Essentials of transition planning*. Baltimore, ML: Brookes.

Wehman, P. (2011b). *Functional curriculum for elementary and secondary students with special needs* (3rd ed.). Austin, TX: PRO-ED.

Wehman, P. (2012). *Life beyond the classroom: Transition Strategies for young people with disabilities* (5th ed.). Baltimore, ML: Paul H. Brookes.

Wehman, P., Smith, M. D., & Schall, C. (2008). *Autism & the transition to adulthood: Success beyond the classroom*. Baltimore, ML: Paul H. Brookes.

Wehmeyer, M. L., & Schalock, R. L. (2001). Self-determination and quality of life: Implications for special education services and supports. *Focus on Exceptional Children, 33*(8), 1-16.

Wehmeyer, M. L., Agran, M., Huches, C., Martin, J., Mithaug, D. E., & Palmer, S. (2007).

Promoting self-determination in students with intellectual and developmental disabilities. New York, NY: Guilford.

Wehmeyer, M. L., Shogren, K. A., Zager, D., Smith, T. E., & Simpson, R. (2010). Research-based principles and practices for educating students with autism: Self-determination and social interactions. *Education and Training in Autism and Developmental Disabilities, 45*(4), 475-486.

Weiss, J. A., Cappadocia, M. C., MacMullin, J. A., Viecili, M., & Lunsky, Y. (2012). The impact of child problem behaviors of children with ASD on parent mental health: the mediating role of acceptance and empowerment. *Autism, 16*(3), 261-274.

Weiss, J. A., Robinson, S., Fung, S., Tint, A., Chalmers, P., & Lunsky, Y. (2013). Family hardiness, social support, and self-efficacy in mothers of individuals with Autism Spectrum Disorders. *Research in Autism Spectrum Disorders, 7*, 1310-1317.

Westby, C. (2004). *Reading between the lines for social and academic success.* Paper presented at 9th Annual Autism Spectrum Disorders Symposium, "Social and Academic Success for Students with ASD".

Wetherby, A., Watt, N., Morgan, L., & Shumway, S. (2007). Social Communication Profiles of Children with Autism Spectrum Disorders Late in the Second Year of Life. *Journal of Autism and Developmental Disorders, 37*(5), 960-975.

Wetherby, A., Woods, J., Allen, L., Cleary, J., Dickinson, H., & Lord, C. (2004). Early indicators of autism spectrum disorders in the second year of life. *Journal of Autism and Developmental Disorders, 34*(5), 473-493.

Whitby, P. J. S. (2013). The effects of Solve It! on the mathematical word problem solving ability of adolescents with autism spectrum disorders. *Focus on Autism and Other Developmental Disabilities, 28*, 78-88.

Wilczynski, S. M., Rue, H., Hunter, M., & Christian, L. (2012). Elementary behavioral intervention strategies: Discrete trial training, differential reinforcement, and shaping. In P. A. Prelock & R. J. McCauley (Eds.), *Treatment of autism spectrum disorders: Evidence-based intervention strategies for communication and social interactions* (pp. 49-78). Baltimore, MD: Paul H. Brookes Publishing.

Wilkinson, L. (2008). Self-management for children with high-functioning autism spectrum disorders. *Intervention in School & Clinic, 43*(3), 150-157.

Williams, J. P. (1993). Comprehension of students with or without learning disabilities:

Identification of narrative themes and idiosyncratic text representation. *Journal of Educational Psychology, 85*(4), 631-641.

Wilson, L. L. (2007). Child and adult social-emotional benefits of response-contingent child learning opportunities. *Journal of Early and Intensive Behavior Intervention, 4,* 379-391.

Wing L. (1981). Asperger's syndrome: A clinical account. *Psychological Medicine, 11,* 115-130.

Wolff, W. (2004). The history of autism. *European Child & Adolescent Psychiatry, 13*(4), 201-208.

Wong, C., Odom, S. L., Hume, K., Cox, A. W., Fettig, A., Kucharczyk, S., Brook, M., Plavnick, J. B., Fleury, V. P., & Schultz, T. R. (2013). *Evidence-based practices for children, youth, and young adults with autism spectrum disorder.* Chapel Hill, The University of North Carolina, Frank Porter Graham Child Development Institute, Autism Evidence-Based Practice Review Group.

World Health Organization (1967). *International classification of diseases and related health problems* (8th rev.). Geneva, Switzerland: World Health Organization.

World Health Organization (1978). *International classification of diseases and related health problems* (9th rev.). Geneva, Switzerland: World Health Organization.

World Health Organization (1992). *International classification of diseases and related health problems* (10th rev.). Geneva, Switzerland: World Health Organization.

Yaw, J. S., Skinner, C. H., Parkhurst, J., Taylor, C. M., Booher, J., & Chambers, K. (2011). Extending research on a computer-based sight-word reading intervention to a student with autism. *Journal of Behavioral Education, 20*(1), 44-54.

Zein, F. E., Solis, M., Vaughn, S., & McCulley, L. (2014). Reading comprehension interventions for students with autism spectrum disorders: A synthesis of research. *Journal of Autism and Developmental Disorders, 44*(6), 1303-1322.

Zentall, S. S. (2007). Math performance of students with ADHD: Cognitive and behavioral contributors and interventions. In D. B. Berch & M. M. M. Mazzocco (Eds.), *Why is math so hard for some children? The nature and origins of mathematical learning difficulties and disabilities* (pp. 219-244). Baltimore, MD: Brookes.

Zimet, G. D., Dahlen, N. W., Zimet, S. G., & Farley, G. K. (1988). The multidimensional scale of perceived social support. *Journal of Personality Assessment, 52*(1), 30-41.

http://afirm.fpg.unc.edu/social-narratives

http://autismpdc.fpg.unc.edu/sites/autismpdc.fpg.unc.edu/files/imce/documents/PRT-
    Complete-10-2010.pdf

http://minwon.nhis.or.kr/menu/retriveMenuSet.xx?menuId=MENU_WBMAE0104

http://pecsusa.com/pecs/

http://www.autismkorea.kr

http://www.bokjiro.go.kr/welInfo/retrieveGvmtWelInfo.do?welInfSno=18

http://www.bokjiro.go.kr/welInfo/retrieveGvmtWelInfo.do?welInfSno=332

http://www.bokjiro.go.kr/welInfo/retrieveGvmtWelInfo.do?welInfSno=358

http://www.moe.go.kr

http://www.mohw.go.kr/front_new/policy/index.jsp?PAR_MENU_ID=06&MENU_ID=
    063701&PAGE=4&topTitle=의료지원

http://www.myaac.co.kr/web/software/product

찾아보기

인명

Dagher, A. 142

Daou, N. 356, 360

Davis, C. A. 86

Dawson, G. 95, 96, 140

Delis, D. C. 139, 142

Dissanayake, C. 362

Dorans, B. A. 143

Dunn, W. 204, 206, 218

Dunst, C. J. 364

Edwards, C. 86

Edwards, R. P. 72

Esposito, D. 66

Estes, A. 96

Filipek, P. A. 62

Fitzpatrick, A. 96

Flexer, R. W. 323

Frederickson, N. 144

Frith, U. 144, 145, 152

Frost, L. A. 66, 67, 71, 120

Gagnon, E. 78, 79

Gast, D. L. 180, 181

Gevarter, C. 86

Glaeser, B. C. 81

Golas, M. 86

Goldstein, G. 140, 141, 143

Gouvousis, A. 72

Gray, C. 72, 73, 74, 75, 81, 82

Hall, L. J. 335

Happé, F. 143, 144

Harrower, J. K. 89

Hartman, A. 364

Heflin, L. J. 239

Heward, W. L. 367, 368, 369

Hippler, K. 130

Howard, V. F. 367

Hsiao, Y. 362

Hughes, C. 86, 143

Hutchins, T. L. 81

Ingersol, B. R. 375

Itard, J. 14

Johnson, C. R. 140

Jolliffe, T. 145

Jones, L. 371

Joseph, R. M. 140

Jung, S. 86

Kalyva, E. 86, 88

Kanner, L. 15, 21, 56

Kaplan, B. J. 142

Kapur, P. L. 363

Kern, L. 72

Kim, S. 86

Kleinhans, N. 139, 141, 142

Klicpera, C. 130

Klin, A. 140

Kochhar-Bryant, C. A. 369

Koegel R. L. 86, 89, 90, 91, 94

Koegel, L. K. 86, 89, 90, 91, 94

Kohler, P. 319

Kohlerm F. W. 86, 87, 88

Kokina, A. 72

Kramer, P. 142

내용

저자 소개

방명애(Bang, Myongye)
미국 미시간주립대학교 특수교육학 전공 철학박사
현 우석대학교 특수교육과 교수

박현옥(Park, Hyunok)
이화여자대학교 특수교육학 전공 특수교육학박사
현 백석대학교 유아특수교육과 교수

김은경(Kim, Eunkyung)
단국대학교 특수교육학 전공 교육학박사
현 단국대학교 특수교육과 교수

이효정(Lee, Hyojung)
미국 캔자스대학교 특수교육학 전공 철학박사
현 동국대학교 교육학과 부교수

자폐성 장애학생 교육
Educating Students with Autism Spectrum Disorders

2018년 3월 30일 1판 1쇄 발행
2023년 1월 20일 1판 7쇄 발행

지은이 • 방명애 · 박현옥 · 김은경 · 이효정
펴낸이 • 김 진 환
펴낸곳 • ㈜ **학지사**

04031 서울특별시 마포구 양화로 15길 20 마인드월드빌딩 5층
대표전화 • 02) 330-5114   팩스 • 02) 324-2345
등록번호 • 제313-2006-000265호
홈페이지 • http://www.hakjisa.co.kr
페이스북 • https://www.facebook.com/hakjisabook

ISBN 978-89-997-1508-2 93370

정가 **22,000**원

이 도서의 국립중앙도서관 출판시도서목록(CIP)은 서지정보유통지원시스템 홈페이지(http://seoji.nl.go.kr)와 국가자료공동목록시스템(http://www.nl.go.kr/kolisnet)에서 이용하실 수 있습니다.
(CIP제어번호: CIP2018005357)

출판미디어기업 **학지사**

간호보건의학출판 **학지사메디컬** www.hakjisamd.co.kr
심리검사연구소 **인싸이트** www.inpsyt.co.kr
학술논문서비스 **뉴논문** www.newnonmun.com
원격교육연수원 **카운피아** www.counpia.com